ACCESO GRATIS **a la Lectura en la Nube**

Para visualizar el libro electrónico en la nube de lectura envíe junto a su nombre y apellidos una fotografía del código de barras situado en la contraportada del libro y otra del ticket de compra a la dirección:

ebooktirant@tirant.com

En un máximo de 72 horas laborables le enviaremos el código de acceso con sus instrucciones.

NUEVAS TENDENCIAS EN EL DERECHO DE LA COMPETENCIA Y DE LA PROPIEDAD INDUSTRIAL E INTELECTUAL IV

NUEVAS TENDENCIAS EN EL DERECHO DE LA COMPETENCIA Y DE LA PROPIEDAD INDUSTRIAL E INTELECTUAL IV

Anxo Tato Plaza
Julio Costas Comesaña
Pablo I. Fernández Carballo-Calero
Francisco J. Torres Pérez
Sara Louredo Casado
Directores

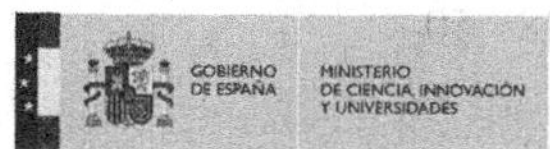

Este libro ha sido realizado y editado en el marco del Proyecto de Investigación del Programa Estatal para Impulsar la Investigación Científico-Técnica y su Transferencia, del Plan Estatal de Investigación Científica, Técnica y de Innovación 2021-2023P "El Derecho de la competencia y de la propiedad industrial e intelectual frente a las tecnologías disruptivas y la nueva regulación de los mercados digitales y audiovisuales" (Referencia PID2022-136697NB-I00). Los directores de esta obra colectiva son profesores de la Universidad de Vigo.

tirant lo blanch
Valencia, 2024

En caso de erratas y actualizaciones, la Editorial Tirant lo Blanch publicará la pertinente corrección en la página web www.tirant.com.

© TIRANT LO BLANCH
EDITA: TIRANT LO BLANCH
C/ Artes Gráficas, 14 - 46010 - Valencia
TELFS.: 96/361 00 48 - 50
FAX: 96/369 41 51
Email: tlb@tirant.com
www.tirant.com
Librería virtual: www.tirant.es
DEPÓSITO LEGAL: V-2273-2024
ISBN: 978-84-1197-048-8

Si tiene alguna queja o sugerencia, envíenos un mail a: *atencioncliente@tirant.com*. En caso de no ser atendida su sugerencia, por favor, lea en *www.tirant.net/index.php/empresa/politicas-de-empresa* nuestro procedimiento de quejas.

Responsabilidad Social Corporativa: http://www.tirant.net/Docs/RSCTirant.pdf

Índice

Prólogo *23*

PARTE PRIMERA: DERECHO ANTITRUST

Capítulo 1.
LA DELIMITACIÓN DE LOS MERCADOS DIGITALES: UNA APROXIMACIÓN A LA NUEVA COMUNICACIÓN DE LA COMISIÓN EUROPEA *27*

ANA MARÍA AIDO VÁZQUEZ

I. INTRODUCCIÓN: ¿POR QUÉ ES NECESARIA UNA NUEVA COMUNICACIÓN? 29

II. NOVEDADES EN LA DELIMITACÓN DE LOS MERCADOS DIGITALES 36

1. Metodología general para la definición del mercado 36
   1.1. Mercado relevante de producto 37
   1.2. Mercado geográfico relevante 45
   1.3. Aplicación prospectiva de la delimitación del mercado 46
2. Delimitación del mercado en condiciones específicas 48
   2.1. Plataformas multilaterales 48
   2.2. Ecosistemas digitales 55
3. Cálculo de las cuotas de mercado 57

III. CONCLUSIONES 59

Capítulo 2.
LA RECLAMACIÓN DE DAÑOS POR INFRACCIÓN DEL DERECHO DE LA COMPETENCIA: UN EJEMPLO DE LITIGACIÓN MASIVA EXTRAMUROS DE LA DIRECTIVA 2020/1828 (UE) RELATIVA A ACCIONES DE REPRESENTACIÓN *67*

ALICIA ARMENGOT VILAPLANA

I. INTRODUCCIÓN 68

II. La no previsión de mecanismos especiales de tutela: El ejercicio individual de las acciones por los perjudicados a través de los cauces ordinarios previstos por la LEC 70

III. El ejercicio de una acción colectiva para la tutela de consumidores afectados por una infracción del Derecho de la competencia. 77
a) Consideraciones generales 77
b) El ejercicio de una acción colectiva de reclamación de daños por una infracción del Derecho de la competencia en el marco de la LEC de 2000 78
1. Adecuación de la regulación de la LEC para esta materia 78
2. Tipo de intereses tutelados y consecuencias de su calificación 79
3. Contenido de la sentencia que estima la acción colectiva 86
4. La ejecución de la sentencia colectiva 87
c) La futura adaptación de la Directiva 2020/1828/UE en materia de acciones de representación para la protección de los consumidores 89
IV. LA CONFIGURACIÓN DE MECANISMOS ESPECIALES DE TUTELA PARA ESTA MATERIA: EL PLEITO TESTIGO 95
V. A MODO DE REFLEXIÓN FINAL 99

Capítulo 3.
LA AUTOPREFERENCIA COMO UNA NUEVA MODALIDAD DE ABUSO DE POSICIÓN DOMINANTE *103*
Fernando Cachafeiro
I. INTRODUCCIÓN 103
II. LA CONDUCTA ABUSIVA DEL OPERADOR DOMINANTE 106
1. DEFINICIÓN DE ABUSO 106
2. TIPOS DE ABUSO 110
3. TEST DE LEGALIDAD 111
3.1. Test de legalidad de los abusos excluyentes 111
3.2. Test de legalidad de los abusos de explotación 113
II. LA DISCRIMINACIÓN EN EL DERECHO DE LA COMPETENCIA 114
1. ¿ABUSO EXCLUYENTE O ABUSO DE EXPLOTACIÓN? 114
2. LA DISCRIMINACIÓN DE COMPETIDORES 116
3. LA DISCRIMINACIÓN DE PROVEEDORES Y CLIENTES 117
3.1. El artículo 102 c) TFUE 117
3.2. Abusos que causan una «desventaja competitiva» 120
III. LA AUTOPREFERENCIA 121
1. LA SENTENCIA GOOGLE SHOPPING DEL TRIBUNAL GENERAL 121

2. LA CONDUCTA: ¿FAVORECER Y PERJUDICAR O SÓLO FAVORECER? ... 124
3. TRES IDEAS PARA EMPEZAR ... 127
3.1. La autopreferencia es un tipo de abuso autónomo ... 127
3.2. «Leveraging» no es abusivo per se ... 132
3.3. El auto-favorecimiento tampoco es abusivo per se ... 134
4. LA CLAVE: EL CIERRE ANTICOMPETITIVO DEL MERCADO ... 135
4.1. Cierre anticompetitivo del mercado ... 135
4.2. Carácter super-dominante ... 138
4.3. Cambio de modelo ... 139
4.4. Ausencia de lógica de la conducta ... 141
4.5. Las búsquedas generales son necesarias para los comparadores de tiendas rivales ... 144
5. EL PRINCIPIO DE «NEUTRALIDAD DE LA RED» ... 145
6. ¿CUÁL ES EL TIPO DE LEGALIDAD DE LA CONDUCTA? 147
7. INCIDENCIA DE LA LEY DE MERCADOS DIGITALES ... 151
IV. CONCLUSIONES ... 155

Capítulo 4.
EVOLUCIÓN DE LAS ACCIONES PRIVADAS POR INFRACCIÓN DE NORMAS DE LA COMPETENCIA EN ESPAÑA ... *161*

Francisco Marcos
1. Introducción ... 163
2. El marco legal para la aplicación judicial de las prohibiciones de conductas anticompetitivas ... 167
3. La evolución de la litigación de aplicación privada del Derecho de la competencia ... 171
3.1. La "saga de las gasolineras" ... 173
3.2. Las acciones por infracciones del Derecho de la competencia en la organización y explotación de competiciones deportivas ... 175
3.3. Las primeras acciones consecutivas por daños causados por cárteles ... 178
3.4. Las acciones consecutivas al cártel de camiones, al cártel de los automóviles y al cártel de la leche ... 182
4. El futuro de las acciones por infracciones del Derecho de la competencia ... 195
4.1. Consolidación de la aplicación judicial del derecho de la competencia ... 197

4.1. Trivialización de la aplicación judicial del derecho de la competencia 203
4.2. Sofisticación de la aplicación judicial del derecho de la competencia 209
5. Conclusiones 213

Capítulo 5.
"EL ABUSO DE LA POSICIÓN DOMINANTE EN EL MERCADO FARMACÉUTICO: A VUELTAS CON LA BIG PHARMA" *221*

Eduardo Marcos Martínez

I. Introducción. 222
II. Delimitación del Mercado Farmacéutico. 224
III. El procedimiento administrativo ante la Comisión Nacional de los Mercados y la Competencia 229
IV. La CNMC y los Principios Rectores en la denominada Constitución económica 238
V. Conclusiones. 247

Capítulo 6.
EL NUEVO RÉGIMEN JURÍDICO DE LA ESTIBA PORTUARIA. CUESTIONES CLAVE SOBRE EL CONFLICTO DE LOS ESTIBADORES EN ESPAÑA DESDE LA PERSPECTIVA DE COMPETENCIA *251*

Sabela Rocha Domínguez

INTRODUCCIÓN 251
CAPÍTULO I: MARCO NORMATIVO DE LAS RELACIONES LABORALES EN LA ESTIBA PORTUARIA ANTES DE LA STJUE DE 11 DE DICIEMBREDE 2014 252
1. NORMATIVA ESPAÑOLA SOBRE LA ESTIBA Y DESESTIBA PORTUARIA 252
1.1. Los orígenes. La Organización de Trabajos Portuarios . 252
1.2.El RDL 2/1986. Las Sociedades Estatales de Estiba y Desestiba 253
1.3. Las Agrupaciones de Interés Económico 254
1.4. Las Sociedades Anónimas de Gestión de Estibadores Portuarios 257
CAPITULO II. LA SENTENCIA DEL TRIBUNAL DE JUSTICIA DE LA UNIÓN EUROPEA DE 11 DE DICIEMBRE DE 2014 263
1. EL INICIO DEL PROCEDIMIENTO. EL DICTAMEN MOTIVADO DE LA COMISIÓN 263

2. LA SENTENCIA DEL TJUE DE 2014. LA INCOMPATIBILIDAD DEL RÉGIMEN JURÍDICO ESPAÑOL DE ESTIBA PORTUARIA CON LA LIBERTAD DE ESTABLECIMIENTO EN EL MERCADO INTERIOR EURPOEO 265
CAPÍTULO III. EL CAMBIO DEL RÉGIMEN JURÍDICO DE LA ESTIBA PORTUARIA 268
1. EL REAL DECRETO-LEY 8/2017 268
2. LA MODIFICACIÓN DEL IV ACUERDO MARCO 272
3. EL EXPEDIENTE SANCIONADOR DE LA CNMC Y EL IMPACTO DEL REAL DECRETO-LEY 9/2019 273
3.1. La apertura del expediente sancionador de la CNMC... 273
3.2. El Real Decreto-Ley 9/2019 274
3.3. Análisis del expediente sancionador de la CNMC 276
4. LA LEY 4/2022 Y EL V ACUERDO MARCO DE LA ESTIBA 281
4.1. Análisis de la nueva regulación de los Centros Portuarios de Empleo 281
4.2. El V Acuerdo Marco de la Estiba 285
5. CONCLUSIONES 287

PARTE SEGUNDA: COMPETENCIA DESLEAL Y PUBLICIDAD

Capítulo 7.
¿HAY COMPETENCIA DESLEAL AL NO DECIR QUE UN DIBUJO LO HA GENERADO UNA INTELIGENCIA ARTIFICIAL? *295*
Antonio Alonso-Bartol Bustos
I. INTRODUCCIÓN 296
II. ILÍCITOS DE COMPETENCIA DESLEAL. Entre los ilícitos de engaño y omisiones engañosas y el ilícito de confusión 301
1. ¿Qué ilícito de competencia desleal elegimos y por qué los actos de engaño y omisiones engañosas? 301
2. Análisis de los actos de engaño y omisiones engañosas (Artículos 5 y 7 de la LCD) 304
III. POSIBILIDADES DE APLICACIÓN DE LA COMPETENCIA DESLEAL Y COMPLEMENTARIEDAD RELATIVA 309
IV. DEFECTOS DE INFORMACIÓN Y RELEVANCIA JURIDICA PARA LA TOMA DE DECISIONES DEL CONSUMIDOR 315
1. Información falsa, veraz pero presentada de forma errónea o ausencia de información relevante 315

2. Alteración del comportamiento económico del consumidor 319
V. CONCLUSIONES 321

Capítulo 8.
LA PROTECCIÓN SUPLEMENTARIA DE LAS FORMAS FUNCIONALES POR EL DERECHO DE LA COMPETENCIA DESLEAL *327*

Manuel Bernet Páez

I. Introducción 328
II. La protección de las formas funcionales en el derecho de la competencia DESLEAL alemán 330
1. De la tesis de la prioridad a la tesis de la equivalencia de tutelas 330
2. Un paso más allá: La protección concedida a las formas previamente patentadas por el derecho de la competencia desleal 333
3. La consagración de la tesis de la equivalencia 337
4. Evaluación de la tesis de la equivalencia por la doctrina 341
III. La protección de las formas funcionales en el derecho de la competencia desleal estadounidense 342
1. Dilema no resuelto: Prioridad o igualdad entre los regímenes en conflicto 342
2. La sentencia Traffix Devices: La patente previa como prueba de funcionalidad 346
IV. UNA PROPUESTA SOBRE EL dilema de la TUTELA POR EL DERECHO DE LA COMPETENCIA DESLEAL de las formas protegidas previamente como patentes de invención 348
V. Conclusiones 358

Capítulo 9.
LA NUEVA LEY DE MERCADOS DIGITALES ¿UN INSTRUMENTO DE COMPETENCIA DESLEAL DE DIMENSIÓN ANTITRUST? POSIBLES IMPLICACIONES PARA EL DERECHO NACIONAL *361*

Marcos Cruz González

I.- INTRODUCCIÓN 362
II.- ANÁLISIS DE LA NATURALEZA JURÍDICA DE LA LEY DE MERCADOS DIGITALES. EL COMETIDO DE DISCIPLINAR A LOS GRANDES OPERADORES EN LOS MERCADOS DIGITALES 366
2.1.- Breve presentación de la "Digital Markets Act" 366

2.2.- La declaración de Gatekeeper como punto central del nuevo régimen: estructura del ilícito del DMA ... 381
III.- IMPLICACIONES PARA EL ORDENAMIENTO JURÍDICO NACIONAL. LA REVIVISCENCIA DEL ART. 3 LDC Y SUS COMPLEJIDADES APLICATIVAS ... 392
3.1.- Paralelismos con la regulación nacional española (art. 3 LDC): ... 392
3.2.- Consecuencias de la estructura del ilícito para el Derecho nacional (Art. 1.5 DMA): ... 396

Capítulo 10.
SOBRE LAS NUEVAS NORMAS RELATIVAS A LA DESLEALTAD DE LAS RESEÑAS DE CONSUMIDORES Y USUARIOS EN EL ENTORNO DIGITAL ... *409*
Laura Diéguez Aguilera
I.- Consideraciones preliminares y propósito de este trabajo ... 411
II.- Marco normativo de las prácticas desleales sobre reseñas de bienes y servicios ... 418
III.- Algunas Consideraciones terminológicas previas y el ámbito de aplicación personal o subjetivo de la normativa objeto de análisis ... 421
1.- Consideraciones terminológicas previas ... 421
1.1.- Noción de reseña ... 422
1.2.- Noción de sitio de reseñas ... 424
2.- Ámbito de aplicación personal o subjetivo de la normativa sobre reseñas ... 425
IV.- Principales medidas de lucha contra la deslealtad de las reseñas provenientes de la Directiva (ue) 2019/2161 ... 428
1.- Obligación de información a cargo de los empresarios sobre la autenticidad de las reseñas y la consideración del incumplimiento de esta obligación como una omisión engañosa ... 428
2.- Prácticas sobre reseñas reputadas per se desleales ... 431
2.1. La afirmación de que las reseñas provienen de clientes reales sin tomar las medidas adecuadas y necesarias para confirmarlo ... 432
2.2.- La incorporación de reseñas ficticias o la manipulación de reseñas reales con el fin de promocionar productos y servicios ... 435
v.- A modo de epílogo ... 442

Capítulo 11.
PRÁCTICAS DESLEALES CON CONSUMIDORES: ILÍCITO DE CONSUMO E ILÍCITO DESLEAL *449*
EVA M. DOMÍNGUEZ PÉREZ
I. REFORMULACIÓN DE LA RELACIÓN DEL DERECHO DE LA COMPETENCIA DESLEAL Y DEL DERECHO DE CONSUMO. 449
1. Introducción: las iniciales reformas legislativas en materia de Derecho de consumidores y Derecho de la competencia desleal. 449
2. El inicio de la reformulación de la relación jurídica entre el Derecho de consumidores y el Derecho de la competencia desleal. 451
II. UNA VISION CRÍTICA SOBRE LOS RECIENTES PLANTEAMIENTOS DE LA RELACIÓN ENTRE LOS CONTRATOS CELEBRADOS POR LOS CONSUMIDORES Y EL DERECHO DE LA COMPETENCIA DESLEAL. 454
1. Las recientes Directivas UE en materia de consumidores 454
2. El nuevo art. 20 bis TRCU: las medidas correctoras por la realización de prácticas desleales hacia el consumidor 458
2.1. Contratos celebrados por los consumidores bajo la influencia de prácticas desleales 458
2.2. Crítica a la regulación de las medidas correctoras ex art. 20 bis TRCU: concepto, efectos, y problemática que plantean 461

Capítulo 12.
PRINCIPALES NOVEDADES DE LAS INICIATIVAS REGULATORIAS DEL GREENWASHING DE CARÁCTER ARMONIZADOR EN LA UNIÓN EUROPEA *489*
ANA MIRANDA ANGUITA
I.- CONSIDERACIONES PRELIMINARES Y PROPÓSITO DE ESTE TRABAJO 491
1.- Preliminar: el blanqueo ecológico como comportamiento desleal en auge en el tráfico mercantil contemporáneo 491
2.- La utilidad del vigente Derecho de la competencia desleal para hacer frente a las conductas de blanqueo ecológico y el propósito de este trabajo 497
II.- La Propuesta de Directiva sobre empoderamiento de los consumidores para la transición ecológica 502
1.- Consideraciones previas 502

2.- Las principales medidas propuestas ... 506
2.1.- Nuevas definiciones ... 506
2.2.- Prácticas engañosas por acción ... 508
2.4.- Prácticas engañosas por omisión ... 510
2.5.- Nuevas prácticas reputadas desleales per se o en cualquier circunstancia ... 511
III.- La Propuesta de Directiva sobre alegaciones medioambientales explícitas ... 515
iv.- Valoración general de estas iniciativas regulatorias ... 522

Capítulo 13.
EL MARKETING ALGORÍTMICO BASADO EN DATOS REVELADORES DE UN TRASTORNO POR USO DE VIDEOJUEGOS. UN ANÁLISIS DESDE EL DERECHO DE LA COMPETENCIA DESLEAL ... *533*
IRENE SÁNCHEZ FRÍAS
I. Cuestiones preliminares. La persuasión basada en perfiles y la manipulación algorítmica en la normativa española y comunitaria. ... 533
1. La persuasión basada en perfiles como estrategia de marketing ... 533
2. La manipulación algorítmica del consumidor a través del uso de datos personales en la normativa española y de la Unión Europea ... 537
II. El marketing persuasivo basado en técnicas de compromiso sobre datos reveladores de adicción al juego del destinatario. ¿Una práctica agresiva? ... 539
1. La publicidad como modelo de negocio en los videojuegos. 539
2. Requisitos generales para la agresividad de la práctica ... 541
3. La explotación de datos reveladores de una adicción al videojuego como medio de influencia indebida ... 543
III. La explotación de datos sobre adicción a los videojuegos ante la cláusula general de deslealtad ... 550
1. El concepto de "adicción a los videojuegos" como causa de especial vulnerabilidad. ... 551
2. La buena fe y la diligencia profesional ante la explotación de datos reveladores de la adicción del usuario ... 556
3. La distorsión del comportamiento económico del usuario a través de la explotación de sus datos relativos al uso de videojuegos. ... 560
CONCLUSIONES ... 564

Capítulo 14.
ALTERACIONES DE LAS ESTRATEGIAS PUBLICITARIAS EN LÍNEA CON OCASIÓN DE LAS EVIDENCIAS REGLAMENTARIAS *569*
Trinidad Vázquez Ruano
1. APUNTES PRELIMINARES 570
2. TUTELA DE LA PRIVACIDAD Y PRÁCTICAS PROMOCIONALES 572
2.1. Garantía de la información personal de los destinatarios .. 572
2.2. Propuesta normativa comunitaria y cambio de paradigma 580
3. REDES SOCIALES E IDENTIFICACIÓN DEL MENSAJE 586
3.1. El uso de las redes sociales con un propósito comercial 586
3.2. Previsiones autonormativas en relación con la publicidad a través de redes sociales 590
4. CONTINGENTES ALTERACIONES EN LA DIFUSIÓN PROMOCIONAL EN LÍNEA 593
4.1. Un nuevo panorama reglamentario 593
4.2. Aproximación a diversas estrategias promocionales en línea 598
5. IDEAS FINALES 604

PARTE TERCERA: PROPIEDAD INDUSTRIAL E INTELECTUAL

Capítulo 15.
MARCAS Y HUMOR: UNA PAREJA DE HECHO *611*
Dra. Dª Blanca Bagó Oria
I. PLANTEAMIENTO 612
II. Las parodias como excepción al derecho de propiedad intelectual 614
A) Función y justificación 614
B) Delimitación de las parodias 616
C) Condiciones de aplicación. 620
III. Racionalidad económica común del Derecho de marcas y del Derecho de Propiedad Intelectual. 627
IV. la parodia de las marcas comerciales: EL ARTÍCULO 39 lpi EN EL MERCADO. Justificación y condiciones. 630
A) La parodia y el riesgo de asociación 636
B) La información como condicionante 647
C) El humor y la denigración 661

V. CONCLUSIONES Y PROBABILIDAD DE LA PARODIA EN EL DERECHO DE MARCAS 671

Capítulo 16.
LAS RECIENTES Y FUTURAS 'HECHURAS' LEGISLATIVAS DEL DISEÑO INDUSTRIAL EUROPEO *677*

María Isabel Candelario Macías

1.- Introducción. 677
2.- La legislación europea vigente del diseño industrial. 685
2.1. La Ley 20/2003, de protección jurídica del diseño industrial. 686
3.- Las propuestas legislativas europeas sobre el dibujo y modelos. 692
4.- Reflexiones finales. 717

Capítulo 17.
DERECHO DE AUTOR E INTELIGENCIA ARTIFICIAL: DELIMITACIÓN DE LAS EXCEPCIONES Y LIMITACIONES DEL DERECHO DE REPRODUCCIÓN *723*

Marta Cernadas Lázare

I. INTRODUCIÓN 723
II. EL DERECHO DE REPRODUCCIÓN 724
III. EL COPYRIGHT Y SUS EXCEPCIONES 727
1. Minería de textos y datos 732
IV. LA INFRACCIÓN DEL DERECHO DE REPRODUCCIÓN POR UNA IA 738
1. El empleo de obras protegidas como input 739
2. El empleo de obras protegidas como output 743
V. REFLEXIONES 744

Capítulo 18.
EL CARÁCTER DISTINTIVO DE LA MARCA EN LA ERA DE LA INTELIGENCIA ARTIFICIAL *749*

Irene Filgueira Loureiro

I. INTRODUCCIÓN 750
II. EL CARÁCTER DISTINTIVO DE LA MARCA EN SEDE DE REGISTRO 751
1. Carácter distintivo abstracto y concreto 753
2. La apreciación de la prohibición absoluta relativa a los signos carentes de carácter distintivo 756

3. La relación entre la ausencia de carácter distintivo y otras prohibiciones absolutas 758
4. La distintividad sobrevenida de la marca o *secondary meaning* 762
III. EL CARÁCTER DISTINTIVO Y LA PROTECCIÓN DE LA MARCA: ESPECIAL MENCIÓN AL RIESGO DE CONFUSIÓN .. 766
IV. APRECIACIÓN DEL CARÁCTER DISTINTIVO DE LA MARCA POR LA INTELIGENCIA ARTIFICIAL 772
1. La Inteligencia Artificial y el Derecho de marcas 772
2. La apreciación del carácter distintivo de la marca por sistemas de Inteligencia Artificial 775
3. Problemas de la apreciación automatizada del carácter distintivo de la marca por la Inteligencia Artificial 778
V. CONCLUSIÓN 784

Capítulo 19.
ALGUNAS CONSIDERACIONES SOBRE LA NULIDAD ABSOLUTA POR MALA FE COMO ÚLTIMA SOLUCIÓN A LOS CONFLICTOS PERMANENTES ENTRE FAMILIAS DE MARCAS *787*
BELÉN GARCÍA ÁLVAREZ
I. INTRODUCCION 788
II. MARCAS Y FAMILIAS DE MARCAS 789
III. LA ACCION DE NULIDAD ABSOLUTA 791
1. Consideraciones previas 791
2. La acción de nulidad absoluta por mala fe 794
2.1. Marco temporal 794
2.2. Prueba de la mala fe 795
2.3. Grado de nulidad 795
2.4. Concepto de mala fe 796
2.5. Algunas cuestiones sobre procedimiento y órgano competente 801
V. CONCLUSIONES 805

Capítulo 20.
ALGUNAS NOTAS SOBRE LA ACCIÓN DE INDEMNIZACIÓN DE DAÑOS POR VIOLACIÓN DEL SECRETO EMPRESARIAL. *809*
RAMÓN MIGUEL GIRONA DOMINGO
I. INTRODUCCIÓN 809
II. EL SECRETO EMPRESARIAL Y LAS RAZONES QUE JUSTIFICAN UNA ACCIÓN SINGULAR DE INDEMNIZACIÓN DE DAÑOS Y PERJUICIOS 810

III. CONCEPTO Y NATURALEZA DE LA ACCIÓN DE DAÑOS . 812
IV. LOS DAÑOS INDEMNIZABLES 813
V. EL CÁLCULO DEL DAÑO 816
VI. CONCLUSIÓN 818

Capítulo 21.
LA PROPIEDAD INDUSTRIAL A LA LUZ DE LA ACTIVIDAD JURISPRUDENCIAL DEL TRIBUNAL DE JUSTICIA DE LA COMUNIDAD ANDINA. NUEVO PARADIGMA EN LA RESOLUCIÓN DE CONFLICTOS *819*

Juan Pablo Gonzales Bustos

1. INTRODUCCIÓN 819
2. LA COMUNIDAD ANDINA COMO ORGANIZACIÓN INTERNACIONAL 826
3. EL TRIBUNAL DE JUSTICIA DE LA COMUNIDAD ANDINA 830
   3.1. Acerca de las competencias del Tribunal de Justicia 831
   3.2. Situación actual del Tribunal de Justicia 833
4. CODIFICACIÓN DE LAS SENTENCIAS DEL TRIBUNAL DE JUSTICIA 835
5. RESULTADOS DEL TRABAJO Y DISCUSIÓN 837
   5.1. Análisis descriptivo de las sentencias del Tribunal de Justicia 837
   5.2. Análisis exploratorio de las decisiones interpretadas por el Tribunal de Justicia 840
   5.3. Análisis descriptivo de la interpretación de la Decisión 486 842
6. CONCLUSIONES 846

Capítulo 22.
EVOLUCIÓN JURISPRUDENCIAL EN MATERIA DE PROTECCIÓN DE DISEÑOS DESDE LA SENTENCIA DEL TRIBUNAL DE JUSTICIA DE LA UNIÓN EUROPEA DE 12 DE SEPTIEMBRE DE 2019 (COFEMEL VS G-STAR RAW) *853*

Julia Lago Muñoz

I. EL ASUNTO COFEMEL ANTE EL TJUE. 854
II. LA DECISIÓN DEL SUPREMO PORTUGUÉS. 858
III: SENTENCIAS AL HILO DE COFEMEL (12 DE SEPTIEMBRE DE 2019 EN ADELANTE). 860
   1. Año 2020: 860
   2. Año 2021: 868

3. Año 2022: ... 872
4. Año 2023: ... 875

Capítulo 23.
¿LA LIMITACIÓN DE LA LISTA DE PRODUCTOS Y SERVICIOS ES UNA SOLUCIÓN ADECUADA PARA SOLVENTAR CONFLICTOS ENTRE MARCAS Y DENOMINACIONES GEOGRÁFICAS PROTEGIDAS? ... *881*
Ángel Martínez Gutiérrez
I. APROXIMACIÓN AL PROBLEMA ... 881
II. NEFASTA CONSECUENCIAS DERIVADAS DE LA PRÁCTICA ADMINISTRATIVA ... 884
III. ARGUMENTACIÓN CONTRARIA A DICHA EXESIS ADMINISTRATIVA. POSICIÓN DEL TRIBUNAL SUPREMO ... 886
a) Las Directrices de la EUIPO carecen de valor jurídico ... 886
b) Las figuras de calidad son dominio público. Imposibilidad de apropiación individual ... 887
c) Reconocimiento de un derecho de uso de la figura de calidad a favor de operadores económicos ... 888
d) El derecho de uso de las figuras de calidad no implica el derecho de registrar una marca y obtener un derecho de exclusiva sobre el nombre protegido ... 890
e) La limitación de la lista de productos no elimina la totalidad de consecuencias negativas sobre la figura de calidad derivadas de semejante marca controvertida. ... 891
f) El pretendido registro de marca debe calificarse de fraude de ley. ... 895
g) La aplicación analógica del Derecho de marcas depone en contra. ... 896
IV. A MODO DE COROLARIO ... 897

Capítulo 24.
LA ESTRATEGIA DE LA UNIÓN EUROPEA PARA LA PROTECCIÓN DE LOS PRODUCTOS DE CALIDAD Y ORIGEN ... *899*
Pilar Montero García-Noblejas
I. INTRODUCCIÓN ... 899
II. LA APUESTA DE LA UNIÓN EUROPEA POR MANTENER EL SISTEMA DE INDICACIONES GEOGRÁFICAS PARA PRODUCTOS ARTESANALES E INDUSTRIALES ... 902
1. Etapas preparatorias de la aprobación del Reglamento ... 902

2. La creación de un nuevo derecho de propiedad intelectual para productos artesanales e industriales en la Unión Europea 906
2.1. Objetivos del Reglamento ... 906
2.2. Justificación del Reglamento ... 907
2.3. Fundamento de la reforma ... 909
3. Principales características específicas del régimen aplicable a los productos artesanales e industriales protegidos por indicación geográfica ... 913
3.1. Sistema inspirado en el de los productos agrícolas ... 913
3.2. Exhaustividad de la competencia de la Unión Europea para un sistema de calidad único ... 914
3.3. Requisitos de protección ... 916
3.4. Procedimiento de registro ... 917
3.5. Organizaciones de productores ... 920
3.6. Controles ... 921
3.7. Ámbito de protección ... 922
4. LA PROGRESIVA ARMONIZACION DE LAS INDICACIONES GEOGRÁFICAS AGRÍCOLAS ... 924
4.1. Evolución legislativa ... 924
4.2. Objetivo de la reforma y potenciales novedades ... 926
5. CONCLUSIONES PRELIMINARES ... 930

Prólogo

Durante los días 23 y el 24 de octubre de 2023 se celebró en la Facultade de Ciencias Xurídicas e do Traballo de la Universidade de Vigo la IV edición del "Congreso Internacional Carlos Fernández Nóvoa Novas tendencias no Dereito da competencia e da propiedade industrial e intelectual". En la obra colectiva aquí prologada se recogen prácticamente la totalidad de las comunicaciones y ponencias que fueron presentadas en dicho Congreso y aceptadas para su publicación.

El Congreso y este libro son actividades desarrolladas en el marco del Proyecto de Investigación financiado por el Ministerio de Ciencia, Innovación y Universidades: "El Derecho de la Competencia y de la Propiedad Industrial e Intelectual frente a las tecnologías disruptivas y la nueva regulación de los mercados digitales y audiovisuales" (2023-2026); y del Proyecto de investigación financiado por la Xunta de Galicia en la convocatoria de grupos con potencial de crecimiento "Retos para un mercado de traballo equitativo, sostible e aberto a competencia no contexto da nova economía e da dixitalización" (2022-2024).

Con estas actividades, complementadas por la edición anual de la revista Actas de Derecho Industrial, el Área de Derecho Mercantil de la Universidad de Vigo, continúa contribuyendo modestamente a un homenaje constante y merecido al maestro Carlos Fernández-Nóvoa que, como referencia doctrinal y académica en el ámbito del derecho de la propiedad industrial e intelectual, seguirá guiando nuestro quehacer. Precisamente, en el año 2016, se organizaba el I Congreso con un firme propósito de dotar de constancia y continuidad a una actividad científica de primer nivel. Fruto de aquella primera edición, veía la luz en 2017 el primer volumen de una serie de publicaciones que han servido, a la postre, como libros de Actas de los Congresos. En el año 2019, se publicaba un segundo volumen, recopilatorio de las comunicaciones y ponencias presentadas en el II Congreso del año 2018. Por su parte, el tercer volumen derivó III Congreso celebrado en 2021 y fue publicado en 2022.

En esta línea temporal, fruto del IV Congreso organizado en 2023, la presente obra colectiva incorpora un título y estructura semejantes a las anteriores ediciones garantizando cierta continuidad metodológica. Nos hallamos, en suma, ante una labor de transferencia plasmada en una colección de obras que compilan trabajos de investigación de primer nivel tanto nacionales como internacionales en los ámbitos del Derecho de la competencia y de la propiedad industrial e intelectual. Este cuarto volumen aglutina 24 colaboraciones agrupadas en tres grandes bloques temáticos. El primer bloque está dedicado al Derecho de defensa de la competencia y agrupa seis trabajos. En un segundo bloque temático se reúnen ocho colaboraciones relacionadas con el Derecho de la competencia desleal y la publicidad. Finalmente, el bloque tercero diez aportaciones relacionadas con del Derecho de la propiedad industrial e intelectual. Como elemento común de todos los trabajos destacamos la actualidad de las temáticas abordadas, la rigurosidad y valor académico de los textos publicados y, por todo ello, la utilidad que presentan para cualquier profesional, académico o investigador en las temáticas objeto de estudio. Además de ello, el volumen aquí presentado corrobora dos firmes objetivos del Área de Derecho mercantil de la Universidad de Vigo. Por una parte, el de preservar la memoria de D. Carlos Fernández-Nóvoa como maestro fundador de la Escuela Gallega de Derecho Industrial y, por otra, el continuar con el brillante magisterio del profesor José Antonio Gómez Segade que, como primer discípulo de D. Carlos, ha preservado y engrandecido nuestra Escuela.

Con la esperanza de que la presente obra sirva como un eslabón más en esta cadena temporal de conocimiento que fue iniciada por nuestros maestros, esperamos que sea de su agrado y suponga un avance en el estudio del Derecho de la competencia, la propiedad industrial e intelectual.

Los directores de la obra
Universidad de Vigo
Vigo, a 30 de abril de 2024

PARTE PRIMERA:
DERECHO ANTITRUST

Capítulo 1.

LA DELIMITACIÓN DE LOS MERCADOS DIGITALES: UNA APROXIMACIÓN A LA NUEVA COMUNICACIÓN DE LA COMISIÓN EUROPEA

DIGITAL MARKETS DEFINITION: AN APPROACH TO THE NEW EUROPEAN COMMISSION NOTICE

ANA MARÍA AIDO VÁZQUEZ[1]

Sumario: I. INTRODUCCIÓN: ¿POR QUÉ ES NECESARIA UNA NUEVA COMUNICACIÓN? II. NOVEDADES EN LA DELIMITACIÓN DE LOS MERCADOS DIGITALES. 1. Metodología general para la definición del mercado. *1.1. Mercado relevante de producto.* 1.1.1. Parámetros de la competencia distintos al

---

1 Investigadora predoctoral FPU del área de Derecho Mercantil de la Universidad de Vigo. Dirección de correo electrónico: anamaria.aido@uvigo.gal.
El presente trabajo ha sido elaborado en el marco del Proyecto de Investigación financiado por el Ministerio de Ciencia, Innovación y Universidades: "El Derecho de la Competencia y de la Propiedad Industrial e Intelectual frente a las tecnologías disruptivas y la nueva regulación de los mercados digitales y audiovisuales" (2023-2026) y del Proyecto de Investigación financiado por la Xunta de Galicia: "Retos para un mercado de traballo equitativo, sostible e aberto á competencia no contexto da nova economía e da dixitalización" (2022-2024) al que pertenece el Grupo DMT (Grupo de la Universidad de Vigo con Potencial de Crecimiento).

precio. 1.1.2. Relevancia de la sustituibilidad de la oferta. *1.2. Mercado geográfico relevante. 1.3. Aplicación prospectiva de la delimitación del mercado.* 2. Delimitación del mercado en condiciones específicas. *2.1. Plataformas multilaterales. 2.2. Ecosistemas digitales.* 3. Cálculo de las cuotas de mercado. III. CONCLUSIONES. BIBLIOGRAFÍA.

Contents: I. INTRODUCTION: WHY IS A NEW NOTICE NECESSARY? II. NEW DEVELOPMENTS IN DIGITAL MARKETS DEFINITION. 1. General methodology for market definition. *1.1. Relevant product market.* 1.1.1. Nonprice parameters of competition. 1.1.2. Relevance of supply-side substitutability. *1.2. Relevant geographic market. 1.3. Prospective application of market definition.* 2. Relevant market definition under specific conditions. *2.1. Multi-sided platforms. 2.2. Digital ecosystems.* 3. Calculation of market shares. III. CONCLUSIONS. BIBLIOGRAPHY.

Resumen: La expansión de los mercados digitales está generando nuevos retos doctrinales y normativos para el Derecho de defensa de la competencia, pues estos presentan una serie de características que los diferencian de los mercados "tradicionales". Esto plantea la necesidad de adaptar algunas de las herramientas clásicas del Derecho *antitrust* a las particularidades de estos sectores.

En este sentido, la Comisión Europea ha revisado su metodología de delimitación del mercado relevante, habiéndose publicado la nueva *Comunicación relativa a la definición del mercado de referencia a efectos de la normativa comunitaria en materia de competencia* el 8 de febrero de 2024. Así pues, el presente estudio se centra en analizar los cambios propuestos en este documento respecto al texto original adoptado en 1997.

Palabras clave: Derecho de la competencia, mercado relevante, economía digital, plataformas multilaterales, ecosistemas digitales.

Abstract: The expansion of digital markets is generating new doctrinal and regulatory challenges for competition law, as they present a series of characteristics that differentiate them from "traditional" markets. This raises the need to adapt some of the classic competition tools to the particularities of these sectors.

In this regard, the European Commission has revised its methodology for relevant market definition, and the new *Notice on the definition of the relevant market for the purposes of Union competition law* has been published on February 8th 2024. This paper focuses on analysing the changes proposed in this document with respect to the original text adopted in 1997.

Keywords: Competition law, relevant market, digital economy, multi-sided platforms, digital ecosystems.

I. INTRODUCCIÓN: ¿POR QUÉ ES NECESARIA UNA NUEVA COMUNICACIÓN?

Como es sabido, la definición del mercado relevante -también denominado mercado de referencia- es un paso esencial en la valoración del carácter competitivo o anticompetitivo de las distintas actuaciones sometidas al control de las autoridades de competencia y de los tribunales[2]. De hecho, en ámbitos como el abuso de posición de dominio o el control de concentraciones, la delimitación del mercado constituye, en gran parte de los casos, la clave de la legalidad de la conducta u operación analizada, puesto que permite fijar el marco analítico necesario para determinar la existencia de poder de mercado, lo cual es fundamental a la hora de valorar si la práctica posee o no capacidad para restringir la competencia y perjudicar a los consumidores[3].

A nivel comunitario, la *Comunicación relativa a la definición del mercado de referencia a efectos de la normativa comunitaria en materia de competencia* (en adelante, la Comunicación), publicada por la Comisión Europea (en adelante, la Comisión), en el Diario Oficial de las Comunidades Europeas, el 9 de diciembre de 1997[4], es el referente básico para la delimitación del mercado relevante en todos los asuntos de defensa de la compe-

---

2 Sobre la delimitación del mercado relevante, *vid.*, entre otros, GUTIÉRREZ, I., PADILLA, A. J., "Economía de la competencia", en *Tratado de Derecho de Competencia*, Bosch, Barcelona, 2005, pp. 34-42; MOTTA, M., *Política de competencia: teoría y práctica*, Fondo Cultura Económica, México, 2021, pp.137-153.

3 DÍEZ ESTELLA, F., "Algunas consideraciones en torno a la *Comunicación sobre Definición de Mercado Relevante* de la Comisión Europea y las *Merger Guidelines* del Departamento de Justicia de EE.UU.", *Anuario de la Competencia*, núm. 1, 2000, pp. 321-322.

4 COMISIÓN EUROPEA, "Comunicación de la Comisión relativa a la definición de referencia a efectos de la normativa comunitaria en

tencia, que son analizados tanto por la Comisión como por las autoridades nacionales.

Por primera vez desde su adopción, dicha Comunicación ha sido objeto de un exhaustivo proceso de revisión y actualización, el cual comenzó en 2020, cuando la Comisión inició una consulta pública sobre la metodología para delimitar los mercados. Posteriormente, en julio de 2021, fueron publicados los resultados de la evaluación de la Comunicación, los cuales pusieron de manifiesto que, a pesar de que esta continuaba siendo una guía útil y pertinente en gran parte de los casos, resultaba necesario adaptarla a los avances de la práctica decisoria de la Comisión y de la jurisprudencia comunitaria[5].

Ciertamente, son muchos los cambios que se han producido en las últimas décadas, especialmente, en relación con el desarrollo de los mercados digitales. Estos presentan una serie de rasgos, que hacen que su funcionamiento difiera de las dinámicas ordinarias de los mercados que históricamente han sido objeto del análisis de competencia. En concreto, suelen tratarse de mercados bilaterales o multilaterales, estructurados sobre la base de plataformas, que ofrecen productos o servicios a, al menos, dos grupos distintos de clientes[6].

---

materia de competencia", Diario Oficial C372, de 9 de diciembre de 1997, pp. 5-13. En lo sucesivo, la Comunicación.

5 COMISIÓN EUROPEA, «Commission Staff Working Document "Evaluation of the Commission Notice on the definition of relevant market for the purposes of Community competition law of 9 December 1997"» [en línea], (2021), https://competition-policy.ec.europa.eu/system/files/2021-07/evaluation_market-definition-notice_en.pdf. [Consulta: 20/11/2023].

6 Sobre la caracterización de los mercados tecnológicos, *vid.* DÍEZ ESTELLA, F., "Google, Internet y Derecho de la Competencia: ¿viejas reglas para nuevos mercados?", *CEF Legal–Revista Práctica de Derecho*, núms. 163-164, 2014, pp. 7-10.

A pesar de que la caracterización de las plataformas digitales ha sido abordada en numerosos estudios[7], cabe aquí mencionar, de forma sucinta, algunas de sus particularidades. En este sentido, debemos partir, como ha indicado ROBLES MARTÍN-LABORDA, de que los mercados de múltiples caras no son nuevos, sino que siguen el mismo modelo de negocio que, por ejemplo, adoptan los editores de periódicos desde hace siglos[8]. Sin embargo, el desarrollo actual de estos mercados ha incorporado características que los hace particularmente complejos.

Así, un rasgo propio de estas plataformas es que la interdependencia entre los grupos de usuarios se materializa en unos importantes efectos de red. Dichos efectos pueden ser directos (el valor de un producto aumenta al crecer el número de sus usuarios), o indirectos (la presencia de usuarios en un lado del mercado incentiva la del otro lado)[9].

En este sentido, GONZÁLEZ CASTILLA ha destacado que los efectos de red no son un invento de las plataformas digitales, puesto que se dan en muchos negocios, sean o no de plataforma. Sin embargo, lo verdaderamente diferencial es que, en el entorno digital, los efectos de red son tan relevantes y exponenciales, que constituyen la principal fuente competitiva de creación de valor de las plataformas y, asimismo, son el ele-

---

7 Entre ellos, a nivel de la UE, *vid.* CRÉMER, J., DE MONTJOYE, Y., SCHWEITZER, H., «Competition Policy for the Digital Era» [en línea], (2019), https://ec.europa.eu/competition/publications/reports/kd0419345enn.pdf. [Consulta: 20/11/2023].

8 ROBLES MARTÍN-LABORDA, A., «Plataformas digitales y control de concentraciones: la relevancia de los efectos de red», *El almacén del Derecho* [en línea], (2017), https://almacendederecho.org/plataformas-digitales-control-concentraciones-la-relevancia-los-efectos-red. [Consulta: 20/11/2023].

9 *Ibidem.*

mento que impulsa su tendencia al crecimiento y a la concentración para beneficiarse de las economías de escala[10].

Conforme a ello, las plataformas suelen aplicar una estructura de precios no neutral, puesto que sus clientes no pagan de acuerdo con el coste marginal del servicio, sino que uno de los lados del mercado paga más y el otro menos por aquello que reciben. En consecuencia, con frecuencia, las plataformas digitales ofrecen productos o servicios gratuitos -sin coste monetario- a los usuarios de un lado del mercado para poder extraer ganancias del otro lado[11]. Ejemplos de estos mercados son el de los buscadores de información o el de las redes sociales, en los que los clientes no pagan un precio por acceder a ellos. Si bien, en estos casos, puede considerarse que el coste de acceso se relaciona con el intercambio de información personal de estos consumidores[12]. En efecto, muchos mercados de precio cero pueden considerarse *attention markets* o mercados de atención, donde los usuarios acceden a servicios en línea "gratis", pero, a cambio, pagan con su atención a anuncios, sus datos personales o su actividad de navegación[13].

Asimismo, en los mercados tecnológicos, los costes de cambio para los usuarios son mínimos. En este sentido, en primer

---

10 GONZÁLEZ CASTILLA, F., *La economía colaborativa ante el Derecho de la competencia. Una introducción al análisis antitrust y regulatorio de las plataformas*, Aranzadi, Cizur Menor, 2019, p. 61.

11 *Ibidem*, pp. 61-62.

12 LOUREDO CASADO, S., "La creación de barreras de entrada por las plataformas *e-commerce* a partir de los datos de los usuarios", en *Estudios de la Red Académica de Defensa de la Competencia (RADC) 2022*, Aranzadi, Cizur Menor, 2022, p. 123.

13 OXENHAM ALLEN, S., CHRISTENSEN, B., CONRAD, J., GRIMMER, N., PRATT, J., «Market definition in the digital economy: considerations for how to properly identify relevant markets», *American Antitrust Institute* [en línea], (2020), https://www.antitrustinstitute.org/wp-content/uploads/2020/06/Allen.pdf. [Consulta: 20/11/2023], pp. 4-5.

lugar, cabe mencionar dos características de las plataformas digitales: la interoperabilidad y el *multi-homing*. La primera se puede definir como la capacidad de diferentes servicios digitales para cooperar y comunicarse entre sí[14]. Con frecuencia, los datos proporcionados a una plataforma son directamente exportables a otra que funciona de manera similar, evitando que el usuario deba introducirlos de nuevo[15]. Por su parte, el *multi-homing* se refiere la capacidad de los clientes para utilizar simultáneamente varias plataformas que compiten entre sí[16] -por ejemplo, en ocasiones, los usuarios usan de forma simultánea distintos buscadores (*Google, Bing,* etc.) o poseen varias cuentas de correo electrónico (*Gmail, Outlook, Hotmail,* etc.) a la vez[17]-.

Por otro lado, también resulta importante destacar la especial velocidad a la que se producen los cambios en los mercados digitales, por lo que, ante tal dinamismo, resulta contraproducente emplear en su evaluación herramientas analíticas de carácter estático[18].

Todas estas circunstancias hacen que la delimitación del mercado relevante presente dificultades adicionales en el caso de los mercados digitales. En efecto, gran parte de los conceptos introducidos por la digitalización -como el de plataformas multilaterales, globalización, efectos de red o competencia en

---

14 OCDE, «Practical approaches to assessing digital platform markets for competition law enforcement», [en línea], (2019), https://one.oecd.org/document/DAF/COMP/LACF(2019)4/en/pdf, [Consulta: 20/11/2023],p. 12.

15 LOUREDO CASADO, S., *op. cit.*, p. 132.

16 OCDE, «Practical approaches to assessing digital platform markets for competition law enforcement», cit., p.10.

17 DÍEZ ESTELLA, F., "Google, Internet y Derecho de la Competencia: ¿viejas reglas para nuevos mercados?", cit., p. 9.

18 *Ibidem*, p. 13.

parámetros distintos al precio- no son abordados por la Comunicación de 1997. Ello ha justificado, en última instancia, la actualización de este documento, con el fin de adaptarlo a la actual realidad económica.

Así pues, el 8 de noviembre de 2022, la Comisión publicó el proyecto de Comunicación revisada[19], invitando a que las partes interesadas aportasen sus observaciones sobre el mismo, las cuales se han tenido en consideración para la elaboración de la versión final del documento. Finalmente, el 8 de febrero de 2024, se ha publicado el texto definitivo de la nueva Comunicación[20].

En particular, a través de la actualización de la Comunicación, la Comisión pretende ofrecer una mayor orientación, transparencia y seguridad jurídica a las empresas para facilitar el cumplimiento de la normativa *antitrust*, así como aumentar la eficiencia de las valoraciones en materia de competencia[21].

La Comunicación revisada contiene numerosas novedades respecto a la versión original -téngase en cuenta que posee una extensión considerablemente más amplia-. Muchos de estos cambios codifican la práctica decisoria de la Comisión, así como las pautas jurisprudenciales que desde entonces se han convertido en doctrina.

En este trabajo, pretendemos ofrecer una primera aproximación a la nueva Comunicación, resaltando algunas de las

---

19 COMISIÓN EUROPEA, «Draft revised Market Definition Notice» [en línea], (2022), https://ec.europa.eu/commission/presscorner/detail/en/ip_22_6528. [Consulta: 20/11/2023].

20 COMISIÓN EUROPEA, "Comunicación de la Comisión relativa a la definición de mercado de referencia a efectos de la normativa de la Unión en materia de competencia", Diario Oficial de la Unión Europea C/2024/1645, de 22 de febrero de 2024, pp. 1-35. En lo sucesivo, la Comunicación revisada.

21 Comunicación revisada, párrafos 3-5.

cuestiones más destacables, fundamentalmente, en lo relativo a la delimitación de los mercados en el entorno digital[22]. Para ello, en la exposición, se intentará seguir, en la medida de lo posible, el esquema que presenta el propio documento. Así pues, en primer lugar, se abordarán las novedades sobre la metodología general para definir el mercado de referencia, desde el punto de vista de producto y geográfico. Seguidamente, se analizará el proceso de delimitación del mercado en circunstancias específicas, concretamente, en presencia de plataformas multilaterales y ecosistemas digitales. Y, por último, se hará referencia a las orientaciones sobre el cálculo de las cuotas de mercado en los entornos digitales.

---

22 Cabe mencionar que la *Digital Markets Act* (DMA) -también conocida como Ley de Mercados Digitales ha comenzado a aplicarse a principios de mayo de 2023. Esta normativa obliga a la Comisión a determinar qué operadores de los mercados digitales tienen la consideración de guardianes de acceso y, en consecuencia, deberán cumplir una serie de las obligaciones regulatorias para garantizar una competencia leal y no falseada. A efectos de designar a los guardianes de acceso, la Comisión lleva a cabo una delimitación de los "servicios básicos de plataforma", que son prestados por estos operadores, pero, -como la propia Comisión indica en sus decisiones-, esta delimitación no influye en la definición del mercado relevante a efectos de aplicar la normativa de competencia y viceversa, pudiendo ambos análisis llevar a resultados distintos. El objeto del presente trabajo consiste en analizar las novedades de la nueva Comunicación sobre la definición del mercado relevante, por lo que no abordaremos la delimitación de los servicios básicos de plataforma a efectos de designar a las empresas que actúan como guardianes de acceso, de acuerdo con la DMA.

II. NOVEDADES EN LA DELIMITACÓN DE LOS MERCADOS DIGITALES

1. Metodología general para la definición del mercado

En la Comunicación revisada, muchos de los conceptos generales sobre la delimitación del mercado relevante se mantienen inalterados respecto a la versión original. Así pues, dicha delimitación continúa implicando la definición del mercado tanto de producto como geográfico sobre la base de la sustituibilidad de la demanda y, en cierta medida, de la oferta[23]. Asimismo, en línea con el texto de 1997, se identifican tres fuentes principales de presiones a las que se ven sometidas las empresas en los asuntos de competencia: sustituibilidad de la demanda, sustituibilidad de la oferta y competencia potencial. De las anteriores, "la sustituibilidad de la demanda constituye el medio más inmediato y eficaz de restringir el comportamiento de los suministradores de un determinado producto"[24].

Cabe mencionar que, como novedad, en esta nueva versión de la Comunicación, también se hace referencia a la delimitación temporal del mercado, indicándose que, en determinados casos, factores como la estacionalidad o la diferenciación entre horario punta y fuera del horario punta deben ser tenidos en cuenta a la hora de definir el mercado de producto y geográfico relevante[25].

---

[23] Comunicación revisada, párrafo 12.

[24] *Ibidem*, párrafo 23.

[25] *Ibidem*, párrafo 13.

1.1. Mercado relevante de producto

En cuanto al mercado relevante de producto, la nueva versión de la Comunicación indica que dicho mercado "comprende todos aquellos productos que los clientes consideren intercambiables o sustituibles por el producto de la(s) empresa(s) afectada(s), sobre la base de las características de los productos, sus precios y su uso previsto, teniendo en cuenta las condiciones de competencia y la estructura de la oferta y la demanda en el mercado"[26].

Por ello, el principal método que la Comisión utiliza para definir este mercado consiste en el análisis de la sustituibilidad de los productos desde el punto de vista del consumidor, es decir, en la determinación de los productos que los clientes consideran sustitutivos en atención a su uso -sustituibilidad técnica-, su precio -sustituibilidad económica- y la percepción sobre ellos -sustituibilidad psicológica-[27].

A pesar de que este paradigma no haya cambiado, la nueva Comunicación incluye diversas aclaraciones en torno a la metodología específica para delimitar el mercado relevante de producto, las cuales se examinan a continuación.

1.1.1. Parámetros de la competencia distintos al precio

Con carácter general, las empresas compiten en precios y, por ello, el criterio económico objetivo que se ha venido utilizando para determinar si dos o más productos son o no sustitutivos es la elasticidad cruzada de la demanda, es decir, la forma

---

26 *Ibidem*, párrafo 12 a).

27 RODRÍGUEZ RODRIGO, J., "Poder de mercado y mercado de referencia en la economía digital", en *Nuevas tendencias en el Derecho de la Competencia y de la Propiedad Industrial III*, Comares, Granada, 2022, p. 125.

en que la demanda de un producto varía en respuesta a las variaciones del precio de otro producto[28].

En este sentido, en la Comunicación de 1997, el precio aparece como el parámetro clave de la competencia, que debe ser considerado a la hora de delimitar el mercado relevante. Por ende, en dicho documento, se explica que para determinar si un producto forma parte del mercado de referencia se puede aplicar la prueba del monopolista hipotético[29], también conocida como test SSNIP por sus siglas en inglés[30], la cual fue importada de las *Merger Guidelines* de Estados Unidos de 1982[31].

De acuerdo con esta herramienta, si una empresa realiza una subida de precios pequeña, pero significativa -entre un 5% y 10%-, y no temporal, es posible que los clientes se inclinen por otros productos o servicios de empresas rivales, haciendo que el aumento de precios no resulte rentable para la empresa. En este caso, el mercado relevante debe incluir esos productos o servicios.

Sin embargo, en los últimos años, se ha cuestionado la eficacia de este tradicional método a la hora de delimitar ciertos mercados, especialmente, en el ámbito digital. Así, por ejem-

---

28 HERNÁNDEZ RODRÍGUEZ, F., "Prohibición del abuso de posición dominante en el mercado", en *Derecho de la Libre Competencia Comunitario y Español*, Aranzadi, Cizur Menor, 2009, pp. 122-123.

29 Comunicación, párrafos 15-19.

30 SSNIP equivale a "Small but Significant Non-Transitory Increase in Price".

31 Las *Merger Guidelines* fueron publicadas en 1968 por el Departamento de Justicia y la *Federal Trade Commission* de Estados Unidos. Sus posteriores reediciones datan de 1982, 1984, 1992 y 1997. Actualmente, se encuentran vigentes las *Horizontal Merger Guidelines* de 2010 y las *Vertical Merger Guidelines* de 2020. Asimismo, el 28 de diciembre de 2023, se publicó la nueva versión de las Merger Guidelines. *Vid.* U.S. DEPARTMENT OF JUSTICE & THE FEDERAL TRADE COMMISSION, «Merger Guidelines», [en línea], (2023), https://www.ftc.gov/system/files/ftc_gov/pdf/2023_merger_guidelines_final_12.18.2023.pdf. [Consulta: 25/04/2024].

plo, en el asunto *Google Shopping*, la Comisión declaró explícitamente que el test SSNIP no resultaba apropiado para definir el mercado de referencia, ya que *Google* presta sus servicios de búsqueda gratuitamente a los usuarios[32].

En consecuencia, la nueva Comunicación reconoce, acertadamente, que existen otros parámetros competitivos, distintos al precio del producto o servicio, tales como "su nivel de innovación, su calidad en diversos aspectos -como, por ejemplo, su sostenibilidad, su eficiencia en el uso de los recursos, su durabilidad, el valor y los diversos usos que ofrece el producto, la posibilidad de integrarlo con otros productos, la imagen que transmite o la seguridad y la protección de la privacidad que confiere-, así como su disponibilidad, en particular en términos de plazo de producción, resiliencia de las cadenas de suministro, fiabilidad del suministro y costes del transporte", que pueden ser relevantes para la definición del mercado de referencia y, por tanto, deben incorporarse en el análisis de la sustituibilidad de la demanda[33].

En concreto, en relación con los servicios suministrados de forma gratuita a través de las plataformas digitales, la Comisión destaca la importancia de atender a elementos no relacionados con el precio, como "las funcionalidades del producto[34], su uso previsto[35], las pruebas de la existencia de sustitución hipoté-

---

32 Decisión C(2017) 4444 final de la Comisión, de 27 de junio de 2017 [asunto AT.39740 – *Google Search (Shopping)*], párrafo 245.

33 Comunicación revisada, párrafo 15.

34 *Vid.* la definición del mercado de los servicios de comunicación para consumidores y de los servicios de redes sociales en la Decisión C(2014) 7239 final de la Comisión, de 3 de octubre de 2014 [asunto M.7217 – *Facebook/WhatsApp*], párrafos 24-33 y 51-61.

35 A modo de ejemplo, *vid.* la definición del mercado de los servicios de búsqueda general en la Decisión C(2017) 4444 final de la Comisión, de 27 de junio de 2017 [asunto AT.39740 – *Google Search (Shopping)*], párrafos 163-183.

tica o en el pasado[36], los obstáculos o costes que conlleva la sustitución, como la interoperabilidad con otros productos, la portabilidad de los datos y las características de la expedición de licencias[37]”[38].

Además, en la nueva versión de la Comunicación, se reconoce que, en casos de competencia no basada en el precio, como es el caso los productos de precio monetario cero y de las industrias con un alto nivel de innovación, la aplicación del análisis SSNIP se complica[39]. Por ello, la Comisión no se muestra muy rígida en la necesidad de aplicar dicho test, afirmando que no tiene la obligación de aplicarlo empíricamente y que otro tipo de datos son igualmente válidos para la definición del mercado de referencia[40].

En estos contextos, en línea con lo que sostienen algunos autores[41], la nueva Comunicación apunta que la prueba SSNDQ[42] puede ser una alternativa pertinente al clásico test

---

36 *Vid.*, por ejemplo, la delimitación del mercado de los servicios de redes sociales profesionales en la Decisión de la Comisión C(2016) 8404 final, de 6 de diciembre de 2016 [asunto M.8124 – *Microsoft/LinkedIn*], párrafos 108-110.

37 En este sentido, *vid.* la definición del mercado de las tiendas de aplicaciones para Android y de los sistemas operativos de teléfonos móviles inteligentes sujetos a licencia en la Decisión C(2018) 4761 final de la Comisión, de 18 de julio de 2018 [asunto AT.40099 — *Google Android*], párrafos 284-305 y 239, respectivamente.

38 Comunicación revisada, párrafo 98.

39 *Ibidem*, párrafo 30.

40 *Ibidem*, párrafo 31.

41 *Vid.*, entre otros, NEWMAN, J. M., “Antitrust in Zero-Price Markets: Applications”, *Washington University Law Review*, vol. 94, 2016, pp. 69-71; RODRÍGUEZ RODRIGO, J., *op. cit.*, pp. 141-142.

42 SSNDQ equivale a “Small but Significant Non-Transitory Decrease in Quality”.

SSNIP, puesto que, en lugar de basarse en el precio, se centra en la calidad de la experiencia de uso del producto o servicio en cuestión, teniendo en consideración factores como la facilidad de uso, la eficiencia, la ausencia de publicidad, la privacidad o la seguridad, entre otros[43].

Dicho test sirve para valorar el impacto que tiene en la demanda una disminución pequeña y permanente de la calidad del producto o servicio y, de esta forma, delimitar los productos sustitutivos y, por consiguiente, el mercado relevante[44]. Sin embargo, su implementación ha sido muy cuestionada, ya que definir y cuantificar un parámetro de carácter cualitativo, como lo es la calidad, plantea importantes dificultades en la práctica[45].

Así pues, en cuanto a la aplicación de esta herramienta, resulta paradigmático el asunto *Google Android*, al cual la nueva Comunicación se refiere expresamente. En este caso, para delimitar el mercado de referencia, la Comisión evaluó si los fabricantes, usuarios y desarrolladores de aplicaciones sustituirían las tien-

---

43 RUIZ PERIS, J. I., "Gatekeepers, discriminación autopreferente exclusionaria y reforzamiento de la posición de dominio: la nueva propuesta europea de Digital Market Act", en *Competencia en mercados digitales y sectores regulados*, Tirant lo Blanch, Valencia, 2021, p. 36.

44 RODRÍGUEZ RODRIGO, J., *op. cit.*, pp. 141-142.

45 En este sentido, la OCDE apunta que identificar una única definición de calidad es una tarea ardua, ya que se trata de un concepto multidimensional que abarca, entre otras cuestiones, la durabilidad, la fiabilidad, el diseño, el rendimiento y la seguridad de un producto. El concepto de calidad incorpora un importante elemento de subjetividad, puesto que algunos aspectos de la calidad pueden ser valiosos sólo para algunos clientes o menos valiosos para unos que para otros. Además, a pesar de que algunos atributos de calidad son ciertos, objetivos y observables; otros son subjetivos y dependen de las percepciones de los consumidores. *Vid.* OCDE, «The Role and Measurement of Quality in Competition Analysis» [en línea], (2013), https://www.oecd.org/competition/Quality-in-competition-analysis-2013.pdf, [Consulta: 20/11/2023], p. 6.

das de aplicaciones para *Android* por otras tiendas de distintos sistemas operativos para los que se pueden conceder licencias en el caso de que se produjera una disminución pequeña, pero significativa y no temporal, de la calidad de las primeras[46].

A pesar de que no está muy claro el procedimiento que se siguió para seleccionar las cualidades examinadas ni el grado de empeoramiento de la calidad aplicado, el Tribunal General de la Unión Europea parece conceder a la Comisión un amplio margen de actuación, al confirmar en su sentencia que el modelo SSNDQ constituye una prueba pertinente a efectos de definir el mercado relevante y que la determinación de un nivel cuantitativo preciso de degradación de la calidad del producto no puede ser un requisito previo para aplicar dicho test, resaltando que el aspecto fundamental es que la disminución de la calidad sea pequeña, pero significativa y no transitoria[47].

Atendiendo a este asunto, la nueva Comunicación se limita a indicar que el test SSNDQ puede ser utilizado como marco conceptual para realizar una valoración cualitativa de las limitaciones de la competencia, pero no se aplica de manera cuantitativa debido a las dificultades derivadas de la cuantificación de la calidad[48].

---

46 Decisión C(2018) 4761 final de la Comisión, de 18 de julio de 2018, [asunto AT.40099 – *Google Android*], párrafos 284-305.

47 STG de 14 de septiembre de 2022, *Google y Alphabet/Comisión*, T-604/18, EU:T:2022:541, párrafos 177 y 180.

48 Comunicación revisada, nota a pie 54. Sobre este aspecto, de acuerdo con MANDRESCU, resulta probable que el pronunciamiento del TGUE al que nos hemos referido haya desincentivado a la Comisión para ofrecer orientaciones más concretas sobre la aplicación del test SSNDQ en la versión final de la nueva Comunicación. *Vid.* MANDRESCU, D., «The draft notice on market definition and multisided (digital) platforms – avoiding rather than resolving some of the main challenges», [en línea], (2022), https://www.lexxion.eu/en/coreblogpost/the-draft-notice-on-market-definition-and-

Este nuevo enfoque de la Comisión es acorde a los resultados de la evaluación de la Comunicación, en la que las partes interesadas manifestaron la necesidad de que, en relación con los mercados digitales, el documento incluyese orientaciones en torno a posibles alternativas a la prueba SSNIP[49], que prestasen menor atención al precio y tomasen en consideración otros factores como la calidad o los costes[50].

1.1.2. Relevancia de la sustituibilidad de la oferta

En la evaluación de la Comunicación de 1997, algunas alegaciones sugirieron que la sustituibilidad de la oferta se excluyera de la definición del mercado y se tuviera en cuenta en la fase de evaluación de la competencia. Por el contrario, otras empresas, concretamente del sector digital, propusieron que la sustituibilidad

---

multisided-digital-platforms-avoiding-rather-than-resolving-some-of-the-main-challenges/. [Consulta: 20/11/2023].

49 En la última versión de las *Merger Guidelines* de Estados Unidos se introduce un nuevo método para definir el mercado relevante. Esta prueba se presenta como una ampliación del test SSNIP, mencionado en las anteriores directrices, y podrá estar basada tanto en un incremento del precio (SSNIP) como en un empeoramiento de otras condiciones competitivas (SSNIPT), -definidas en sentido amplio-, como la calidad, el servicio, la inversión en capacidad, la elección de la variedad, las características del producto o el esfuerzo innovador (U.S. DEPARTMENT OF JUSTICE & THE FEDERAL TRADE COMMISSION, *op. cit.*, pp. 41 y ss).

50 En relación a las posibles variantes de la prueba SSNIP, la nueva versión de la Comunicación solo se refiere al análisis SSTDQ, pero no menciona otras alternativas, como, por ejemplo, el test SSNIC ("Small but Significant Non-Transitory Increase in Cost"), el cual sí aparece en los resultados de la evaluación de la Comunicación. Esta prueba se basa en los costes no monetarios que los clientes pagan por un bien gratuito, como la atención o los datos. *Vid.*, en este sentido, NEWMAN, J. M., *op. cit.*, pp. 64-69.

de la oferta se tuviera en cuenta a efectos de la definición del mercado en la misma medida que la sustituibilidad de la demanda.

Sobre este punto, en la Comunicación revisada, la Comisión confirma su anterior postura, indicando que "la sustitución de la oferta también puede ser pertinente para la definición del mercado de referencia, especialmente cuando es tan efectiva e inmediata como la sustitución de la demanda y cuando produce condiciones de competencia similares en los distintos productos afectados"[51]. Asimismo, establece que, normalmente, esto puede darse cuando las empresas comercializan diversos niveles de calidad de un producto[52].

En este sentido, sobre la importancia que puede tener la sustituibilidad de la oferta en la economía digital, GONZÁLEZ CASTILLA ha apuntado que las distintas calidades en los servicios ofrecidos por las plataformas digitales deberían agruparse en un mismo mercado de producto en la medida en que gran parte de los operadores digitales de un determinado sector pueden ofrecer las diversas calidades sin incurrir en costes o riesgos adicionales significativos.

Así, por ejemplo, en el caso de las plataformas que prestan servicios de intermediación en la contratación de alojamientos, se sostiene que los clientes podrían no considerar sustituibles los alojamientos ofrecidos por operadores con orientaciones distintas, como *Airbnb* (viviendas completas), *Handiscover* (alojamiento para personas con discapacidad) o *Couchsurfing* (viviendas compartidas). Sin embargo, aunque estas empresas se dirijan a grupos de clientes distintos, cualquiera de ellas podría pasar a ofrecer otro tipo de alojamiento de distinta calidad sin costes significativos[53].

---

51 Comunicación revisada, párrafo 23 b).

52 *Ibidem*, párrafo 34.

53 GONZÁLEZ CASTILLA, F., *op. cit.*, p. 109.

1.2. Mercado geográfico relevante

Una vez definido el mercado relevante de producto, se debe delimitar la dimensión geográfica de dicho mercado. En relación con el mercado geográfico, los cambios incluidos en la versión actualizada de la Comunicación son escasos. En concreto, se indica, de forma muy similar al texto de 1997, que "el mercado geográfico de referencia comprende la zona en la que la(s) empresa(s) afectada(s) ofrecen o demandan los productos de referencia, en la que las condiciones de competencia son lo suficientemente homogéneas como para que puedan valorarse los efectos del comportamiento o la concentración que se investiga, y que puede distinguirse de otras zonas geográficas, en particular, porque las condiciones de competencia son sensiblemente distintas en dichas zonas"[54].

La Comunicación original solo enumera la dimensión nacional, comunitaria o del Espacio Económico Europeo (EEE) de los mercados, por lo que no reconoce explícitamente que el mercado geográfico relevante puede ser mundial. Sobre este aspecto, en el proceso de evaluación, se puso de manifiesto que esto resulta incompleto, ya que existen mercados que superan el EEE, especialmente, en el ámbito digital.

Así pues, la nueva Comunicación establece, de acuerdo con lo sostenido por la Comisión y la jurisprudencia en diversos asuntos, que "los mercados geográficos pueden abarcar mercados locales o mundiales, dependiendo de los hechos del caso"[55]. Además, se indica que "cuando los clientes de todo el mundo tienen acceso a los mismos proveedores en condiciones similares independientemente de la ubicación de los

---

54 Comunicación revisada, párrafo 12 b).

55 *Ibidem*, párrafo 38.

clientes, es probable que el alcance del mercado geográfico de referencia sea mundial"[56].

Sobre este punto, cabe destacar, de acuerdo con lo sostenido por la OCDE, que, a pesar de que la digitalización se asocie a productos o servicios de ámbito global y sin fronteras, esto no significa necesariamente que el mercado pertinente para el análisis de la competencia sea internacional, puesto que las condiciones competitivas pueden ser distintas en las diferentes zonas geográficas.

En este sentido, los factores culturales y lingüísticos, los cambios en la regulación y el bloqueo de zonas geográficas pueden restringir el ámbito geográfico de los mercados de productos digitales[57]. Y, por ello, la Comisión puede definir un mercado como mundial, dejando al margen zonas específicas, en las que difieren las condiciones de competencia[58]. Así, por ejemplo, en el asunto *Google Android*, la Comisión definió como mundial, excluyendo a China, el mercado para la concesión de licencias de sistemas operativos de teléfonos móviles inteligentes y de tiendas de aplicaciones para *Android*, ya que las condiciones competitivas en dicho país son diferentes[59].

1.3. Aplicación prospectiva de la delimitación del mercado

Por último, en relación con la metodología general para delimitar el mercado de referencia, cabe destacar que la nueva

---

56 *Ibidem*, párrafo 69.

57 OCDE, «Manual de la OCDE sobre política de competencia en la era digital», [en línea], (2022), https://www.oecd.org/daf/competition/manual-de-la-ocde-sobre-politica-de-competencia-en-la-era-digital.pdf. [Consulta: 20/11/2023].

58 Comunicación revisada, nota a pie 67.

59 Decisión C(2018) 4761 final de la Comisión, de 18 de julio de 2018 [asunto AT.40099 – *Google Android*], párrafos 406-410 y 416-421.

Comunicación también incluye aclaraciones sobre la aplicación prospectiva de la definición del mercado de referencia, especialmente en aquellos mercados, en los que se esperan transiciones estructurales, como cambios tecnológicos o normativos.

Se trata de un avance positivo, pues la importancia de estas cuestiones en la práctica se ha incrementado en los últimos años y resulta probable que continúe haciéndolo[60]. En efecto, los mercados digitales exigen un análisis más dinámico, dada la alta velocidad a la que se producen los cambios en forma de cortos ciclos de innovación[61].

Así pues, se establece que "la Comisión puede tener en cuenta las transiciones esperadas en la estructura del mercado cuando el asunto requiera una evaluación prospectiva". Sobre este punto, la Comunicación podría ser más clara, ya que se refiere a las transiciones estructurales del mercado, que implicarían cambios efectivos en la dinámica general de la demanda y la oferta, "previstas a corto o medio plazo", pero no proporciona orientaciones sobre lo que esto significa en la práctica[62].

Asimismo, se señala explícitamente que, en las industrias que evolucionan con rapidez, especialmente en aquellas carac-

---

[60] EBEN, M., «The Draft Revised Market Definition Notice: The European Commission Brings the Relevant Market Further into the 21st century», [en línea], (2023), https://competitionlawblog.kluwercompetitionlaw.com/2023/01/26/the-draft-revised-market-definition-notice-the-european-commission-brings-the-relevant-market-further-into-the-21st-century/. [Consulta: 20/11/2023].

[61] THE EUROPEAN CONSUMER ORGANISATION, «Review of the Market Definition Notice for the purposes of EU Competition Law», [en línea], (2023), https://www.beuc.eu/sites/default/files/publications/BEUC-X-2023-002_Review_of_the_market_definition_notice_for_the_purposes_of_EU_Competition_Law.pdf. [Consulta: 20/11/2023].

[62] Comunicación revisada, párrafo 21.

terizadas por continuos avances tecnológicos, a la hora de definir el mercado relevante, se pueden tomar en consideración los cambios previstos en las posibilidades de sustitución entre productos, a causa de una variación en la dinámica de competencia, derivada de transiciones estructurales del mercado, tales como la aparición de productos o procesos nuevos, cambios normativos o tecnológicos[63].

2. *Delimitación del mercado en condiciones específicas*

Uno de los principales cambios de la Comunicación es la inclusión de un nuevo epígrafe, en el que se explica la metodología para definir el mercado de referencia en determinados escenarios: ante diferenciación significativa, discriminación de precios, inversiones en I+D significativas, plataformas multilaterales y mercados de posventa, empaquetamiento y ecosistemas digitales.

En particular, en este apartado del trabajo, se analizarán las secciones relativas a las plataformas multilaterales y a los ecosistemas digitales, las cuales son esenciales, dada su relevancia en la economía digital.

2.1. Plataformas multilaterales

La nueva versión de la Comunicación dedica un apartado a la delimitación del mercado relevante en presencia de plataformas multilaterales[64]. Como se ha señalado previamente, estas empresas suelen operar en el entorno digital y se caracterizan por permitir la interacción entre distintos grupos de usuarios. Esto provoca que la demanda de un grupo de usuarios influya

---

63 *Ibidem*, párrafo 55.

64 *Ibidem*, párrafos 94-98.

en la demanda del otro grupo, lo que resulta, como apuntábamos anteriormente, en fuertes efectos de red y estructuras de precios peculiares[65].

Precisamente, la existencia de varios tipos de usuarios o clientes suscita la compleja cuestión de si se deben delimitar distintos mercados interconectados -tantos como grupos de usuarios haya- en lugar de un único mercado de múltiples lados. A este respecto, si bien se debería dar una respuesta de manera casuística en atención a las peculiaridades del caso concreto, parece que el elemento fundamental radica en la posible interrelación entre los dos lados de la plataforma[66].

Así pues, una gran parte de la doctrina considera esencial la distinción entre las plataformas transaccionales y no transaccionales[67]. Las primeras, las cuales hacen referencia a plataformas en que las partes contratan un servicio -por ejemplo, *Uber, Airbnb,* etc.-, deben ser analizadas como operadores de un único mercado de varios lados. Por el contrario, en el caso de las plataformas no transaccionales, cuyo negocio difiere de la intermediación en la prestación de servicios -por ejemplo, los motores de búsqueda genéricos (*Google, Bing,* etc.) y especiali-

---

65 *Vid. supra* epígrafe I.

66 FILISTRUCCHI, L., GERADIN, D., VAN DAMME, E., AFFELDT, P., "Market Definition in Two-Sided Markets: Theory and Practice", *TILEC Discussion Paper núm. 2013-009,* 2013, pp. 9-10.

67 En este sentido, *vid.* FILISTRUCCHI, L., GERADIN, D., VAN DAMME, E., AFFELDT, P., "Market Definition in Two-Sided Markets: Theory and Practice", *Journal of Competition Law & Economics,* Vol. 10, 2014, pp. 293-339; BUNDESKARTELLAMT, «Working Paper: The Market Power of Platforms and Networks» [en línea], (2016), https://www.bundeskartellamt.de/SharedDocs/Publikation/EN/Berichte/Think-Tank-Bericht-Zusammenfassung.pdf?__blob=publicationFile&v=2, [Consulta: 20/11/2023], pp. 18-32. Sobre el concepto de plataformas de la economía colaborativa y su distinción de las plataformas digitales transaccionales, *vid.* GONZÁLEZ CASTILLA, F., *op. cit.*, pp. 23 y 27.

zados (*Tripadvisor, Skyscanner*, etc.), las redes sociales (*LinkedIn, Facebook*, etc.) o las plataformas audiovisuales (*Netflix, Spotify*, etc.)-, sí podrían existir dos o más mercados diferenciados con competidores distintos[68].

En línea con este planteamiento, la Comisión delimitó un único mercado en el caso de plataformas de varios lados interrelacionados en distintas decisiones. Así, por ejemplo, en *Travelport/Worldspan*, reconoció la naturaleza bilateral del mercado al señalar que un "sistema global de distribución" es una plataforma de dos caras, que permite que las agencias de viaje y los proveedores de servicios de viajes interactúen. En este caso, dado el carácter transaccional de las plataformas, definió solo un mercado relevante de la distribución electrónica de servicios de viaje a través de sistemas globales de distribución[69].

De forma similar, en el asunto *Google/DoubleClick*, se definió como relevante el mercado de la intermediación publicitaria en línea, uniendo el lado de los anunciantes y el de los editores, sin necesidad de dividir más este mercado en función de las distintas formas de publicidad o canales de venta[70]. También en la Decisión *Microsoft/LinkedIn*, la Comisión definió un único mercado para los servicios de contratación en línea, que englobaba tanto a los demandantes de empleo como a quienes los contrataban[71].

---

68 GONZÁLEZ CASTILLA, F., *op. cit.*, pp. 96-103. En el mismo sentido, *vid.* GRAEF, I. "Stretching EU Competition Law Tools for Search Engines and Social Networks, *Internet Policy Review*, vol. 4, núm. 3, 2015, pp. 3-4.

69 Decisión C(2007) 3938 de la Comisión, de 21 de agosto de 2007 [asunto COMP/M.4523 Travelport/Worldspan], párrafos 9-21.

70 Decisión C(2008) 927 final de la Comisión, de 11 de marzo de 2008 [asunto COMP/M.4731 – *Google/ DoubleClick*], párrafos 57-73.

71 Decisión de la Comisión C(2016) 8404 final, de 6 de diciembre de 2016 [asunto M.8124 – *Microsoft/LinkedIn*], párrafos 126-151.

Por otro lado, en relación con las plataformas no transaccionales, también existen diversos casos, donde la Comisión optó por definir mercados relevantes diferenciados para cada uno de los servicios ofrecidos por dichos operadores. Así, por ejemplo, en varios asuntos, se identificaron distintos mercados para la publicidad *online* y los contenidos ofrecidos usuarios[72].

Sin embargo, este enfoque basado en la tipología de la plataforma no siempre ha sido seguido por la Comisión. Sirva de ejemplo el asunto *Mastercard*, donde sostuvo que la existencia de una demanda bilateral -titulares y comerciantes de tarjetas- no implica la existencia de un único "producto conjunto" suministrado por una "empresa conjunta"[73]. Por ende, en este caso, se identificaron tres mercados diferenciados: i) mercado intersistemas, en el que compiten los distintos sistemas de tarjetas; ii) mercado de emisión, dentro del cual los bancos emisores compiten por la clientela integrada por los titulares de tarjetas; y iii) mercado de adquisición, en el cual los bancos compiten por la clientela integrada por los comerciantes a los que prestan los servicios técnicos y de asesoramiento para que puedan aceptar el uso de las tarjetas.

---

72 *Vid.*, entre otros, el asunto M.5727 – *Microsoft/Yahoo! Search Business*, párrafos 61-81 (publicidad *online*), párrafos 85-86 (búsqueda en internet); el asunto M.7217 – *Facebook/WhatsApp*, párrafo 34 (servicios de comunicación para consumidores), párrafo 61 (redes sociales), párrafo 79 (publicidad *online*); y el asunto M.8124 – *Microsoft/LinkedIn*, párrafos 74-83 (servicios de comunicaciones corporativas), párrafos 87-117 (redes sociales profesionales), párrafos 126-47 (servicios de selección *online*), párrafos 152-161 (publicidad *online*).

73 Decisión de la Comisión, de 19 de diciembre de 2007, [asunto COMP/34.579 – *MasterCard*, asunto COMP/36.518 – *EuroCommerce*, asunto COMP/38.580 – *Tarjetas Comerciales*], párrafo 257.

En particular, la Comisión rechazó la delimitación de un solo mercado de dos lados[74], basándose en que esta opción llevaría a desconocer la complejidad de la estructura vertical de cada uno de los mercados, no reflejaría que el producto relevante no solo es el de los servicios de pago en sentido estricto, sino que las emisoras operan otros servicios que deben tenerse en cuenta, y que sería una postura contradictoria con la mantenida en otros mercados bilaterales como el de la prensa. Sin embargo, estos argumentos no fueron convincentes para parte de la doctrina, puesto que no respetan la distinción entre las plataformas transaccionales y no transaccionales[75].

De la práctica de la Comisión se desprende que la delimitación de las plataformas de múltiples lados no es una cuestión

---

74 Esta era la opción defendida por la empresa *Mastercard,* la cual entendía que el mercado relevante era aquel donde los distintos sistemas de tarjetas de crédito competían junto con otros medios de pago, como los cheques o el dinero en efectivo. En consecuencia, consideraba que la prueba SSNIP debía de aplicarse a la suma de los dos precios cargados a ambos lados de la demanda, es decir, las tarifas de los titulares de las tarjetas y de los comerciantes. *Vid.* GONZÁLEZ CASTILLA, F., *op. cit.*, pp. 97-98.

75 Para una crítica a los argumentos de la Comisión, *vid.* FILISTRUCCHI, L., GERADIN, D., VAN DAMME, E., AFFELDT, P., “Market Definition in Two-Sided Markets: Theory and Practice”, cit., pp. 19-21.
En sentido contrario, otros autores consideran que, si bien la categorización de las plataformas en transaccionales y no transaccionales como criterio teórico para la delimitación del mercado de referencia es un enfoque claro y transparente, este puede resultar demasiado general. Por ello, consideran que el enfoque contrario, como el sostenido por la Comisión en el asunto *Mastercard,* conduce a una delimitación del mercado más refinada y precisa, donde se tiene en consideración otros factores, como la estructura vertical del mercado, la diferente naturaleza de los servicios y los distintos tipos de competencia y competidores en varios niveles del mercado (KALESNÁ, K., “Relevant Market–Digital challenges”, *Bratislava Law Review,* vol. 7, núm. 1, 2023, pp. 81-82).

pacífica. A este respecto, la nueva Comunicación no añade grandes aportaciones respecto lo que ya se ha mencionado. En concreto, la Comisión se limita a indicar que existen dos alternativas a la hora de analizar las plataformas multilaterales: i) definir un único mercado relevante, que incluya el conjunto de productos o servicios ofrecidos por la plataforma, de manera que abarque a todos los grupos de usuarios, o bien, ii) definir mercados separados para cada uno de los lados de la plataforma.

Asimismo, la Comisión matiza que, en función de los hechos del caso concreto, puede resultar más conveniente definir mercados separados cuando existan diferencias significativas en las posibilidades de sustitución entre los diferentes lados de la plataforma. Para evaluar las posibilidades de sustitución, se pueden tener en cuenta los siguientes factores: si las empresas ofrecen productos sustituibles para cada grupo de usuarios; el grado de diferenciación de los productos en cada lado -o la percepción de cada grupo de usuarios de dicha diferenciación-; los factores comportamentales como las decisiones de *single-homing* o *multi-homing* de cada grupo de usuarios y la naturaleza -transaccional o no transaccional- de la plataforma[76].

Así pues, con las anteriores declaraciones, la Comisión parece aclarar que el criterio teórico basado en la distinción de las plataformas transaccionales y no transaccionales simplemente es uno de los factores a valorar en la definición del mercado, pero no constituye un principio absoluto e inequívoco. Además, pone de manifiesto que atender a las circunstancias concretas del asunto resulta esencial para identificar el número de mercados que deben ser definidos en cada caso.

Por otro lado, en relación con las plataformas que ofrecen distintos productos a cada grupo de usuarios, entre los que no

---

[76] Comunicación revisada, párrafo 95.

se produce una transacción -como, por ejemplo, *Google*, que ofrece servicios de motor de búsqueda a los usuarios y espacios publicitarios a los anunciantes-, ROBLES MARTÍN-LABORDA ha destacado que el hecho de delimitar varios mercados relevantes independientes y valorar la posición de la empresa en cada uno de ellos puede provocar que la interrelación que existe entre los distintos lados de la plataforma sea ignorada por la Comisión[77].

En este sentido, la nueva Comunicación advierte que, en aquellos casos en que se hayan definido varios mercados, en la valoración de la competencia, cabe tener en cuenta las interacciones entre los distintos lados de la plataforma[78].

Asimismo, en este apartado del documento, también se aborda otro de los desafíos planteados por las plataformas multilaterales: la aplicación de la prueba SSNIP. En particular, la utilización de esta herramienta presenta dos dificultades en estos contextos. La primera se refiere a cómo debe ser aplicada en mercados multilaterales, donde existen fuertes efectos de red indirectos. A nivel doctrinal, no existe consenso sobre si debe aplicarse a la plataforma en su conjunto o a cada uno de los lados de esta por separado[79].

A este respecto, la nueva Comunicación no aporta más información, puesto que se limita a advertir que la presencia de efectos de red indirectos puede complicar la evaluación de la sustitución de la demanda y, concretamente, la aplicación de

---

77 ROBLES MARTÍN-LABORDA, A., *op. cit.*

78 Comunicación revisada, párrafo 95.

79 En este sentido, *vid.* FRANCK, J., PEITZ, M., "Market Definition in the Platform Economy", *Cambridge Yearbook of European Legal Studies*, vol. 23, 2021, pp. 117-120.

la prueba SSNIP, sin aportar ninguna orientación sobre cómo la Comisión procederá en la práctica[80].

Además, como adelantábamos anteriormente, la prueba SSNIP encuentra una segunda dificultad en el ámbito de las plataformas digitales, consistente en su forma de aplicación en los mercados de precio cero. Sobre esta cuestión, la nueva Comunicación establece que el hecho de que no se exija un precio como contraprestación por el servicio no implica que no exista un mercado de referencia para dicho servicio[81]. Además, se indica que, en estos casos, los parámetros distintos al precio, a los cuales nos referimos previamente, son esenciales para evaluar la sustituibilidad de la demanda y definir el mercado relevante[82].

2.2. Ecosistemas digitales

Algunas empresas del ámbito digital, como *Google* o *Apple*, han creado los conocidos como "ecosistemas". Según BOURREAU, un ecosistema digital puede definirse como una línea de productos y servicios con un vínculo tecnológico que aumenta su complementariedad[83]. Así, un ejemplo de ecosiste-

---

[80] Comunicación revisada, párrafo 96.

[81] *Ibidem*, párrafo 97. La posición de que puede existir un mercado cuando un producto o servicio se ofrece sin remuneración monetaria por parte de los usuarios ya ha sido adoptada por la Comisión en distintos casos relacionados con plataformas multilaterales. En este sentido, *vid.*, por ejemplo, los asuntos AT.37792 – *Microsoft*, AT.39740 – *Google Search (Shopping)*, AT.40099 – *Google Android*, M.6281 – *Microsoft/Skype*, M.7217 – *Facebook/WhatsApp*, y M.8124 – *Microsoft/LinkedIn*.

[82] *Vid. supra* epígrafe 1.1.1.

[83] BOURREAU, M., «Some Economics of Digital Ecosystems – Note for the OECD Hearing on Competition Economics of Digital Ecosystems», [en línea], (2020), https://one.oecd.org/document/DAF/COMP/WD(2020)89/en/pdf, [Consulta: 20/11/2023], p. 3.

ma sería un conjunto de productos formado por un sistema operativo, las aplicaciones de *software*, la tienda de aplicaciones (*app stores*) y los dispositivos de *hardware* (teléfonos inteligentes, *tablets*, etc.)[84].

La nueva Comunicación aborda brevemente la cuestión de los ecosistemas digitales en el apartado titulado "Definición del mercado en presencia de mercados de postventa, paquetes y ecosistemas digitales". En concreto, la Comisión vincula la delimitación del mercado en presencia de ecosistemas digitales a la metodología aplicable a los mercados de posventa -también conocidos como *after markets*- y de paquetes.

Por un lado, se establece que, en determinadas circunstancias, se puede entender que los ecosistemas digitales constan de un producto principal y de varios productos secundarios, cuyo consumo está vinculado al producto principal por interoperabilidad o vínculos tecnológicos. En esos casos, la Comisión dispone que, al definir el mercado de producto, se podrían aplicar principios similares a los aplicables a los mercados de posventa.

Sobre este planteamiento, cabe destacar el asunto *Google Android*, en el que la Comisión definió distintos mercados para varias de las partes de lo que se describe como el ecosistema *Android*. En particular, entendió que no se cumplían las condiciones necesarias para considerar que las tiendas de aplicaciones y los sistemas operativos de teléfonos móviles inteligentes compitiesen conjuntamente como un sistema y, por tanto, correspondiese definir un mercado que abarcase ambos productos[85].

---

84 WHISH, R., BAILEY, D., *Competition Law*, Oxford University Press, Oxford, 2021, p. 36.

85 En concreto, entre las razones resaltadas por la Comisión para justificar su decisión, se incluye (1) el hecho de que las tiendas de aplicaciones y los sistemas operativos son solo componentes del dispositivo móvil inteligente y el gasto en aplicaciones es pequeño en comparación con

Por otro lado, en la nueva Comunicación, se indica que cuando en el ecosistema, los productos secundarios se ofrezcan como un paquete, la Comisión también puede evaluar la posibilidad de que ese paquete constituya un mercado de referencia por sí solo[86].

Por último, la Comisión parece adoptar un enfoque más flexible, al aclarar que no todos los ecosistemas se ajustan a un enfoque de mercado de posventa o de paquetes, pero que, en cualquier caso, se pueden considerar distintos factores, como los efectos de red, los costes de sustitución y las decisiones de uso de los usuarios -*single* o *multi-homing*- a efectos de definir el mercado de producto ante la presencia de un ecosistema digital[87].

3. Cálculo de las cuotas de mercado

Como es sabido, una vez delimitado el mercado de referencia, se calculará la cuota de mercado de las empresas a las que se pretende examinar desde la perspectiva del Derecho de la competencia. Normalmente, a efectos de determinar dicha cuota, se parte de la cifra de negocios -volumen de ventas o,

---

los costes de un dispositivo móvil inteligente; (2) la elección de una tienda de aplicaciones por parte de un usuario está determinada por su elección de un dispositivo móvil inteligente y el sistema operativo móvil correspondiente y un usuario no puede, por razones técnicas, instalar una tienda de aplicaciones que no haya sido desarrollada para ese sistema operativo; (3) las tiendas de aplicaciones y los sistemas operativos son productos independientes que satisfacen diferentes necesidades; (4) *Google* brinda acceso a *Android* sin *Play Store*, y (5) existen empresas que ofrecen sólo uno de estos productos. *Vid.* Decisión C(2018) 4761 final de la Comisión, de 18 de julio de 2018 [asunto AT.40099 — *Google Android*], párrafo 299.

86 Comunicación revisada, párrafo 104.

87 *Ibidem.*

en su caso, de compras- de la empresa en cuestión. Sin embargo, la nueva Comunicación matiza que, dependiendo de los productos o de las industrias en cuestión, otros parámetros pueden ofrecer información más útil o complementaria para la determinación de dichas cuotas[88].

En concreto, en materia de plataformas digitales, se propone atender a distintas métricas cuantificables en los mercados de precio cero, como el número de usuarios[89] o el número de visitas de la plataforma[90], el tiempo dedicado en la plataforma

---

88 *Ibidem*, párrafos 107 y 108.

89 En *Facebook/WhatsApp*, el cálculo de la cuota de mercado combinada de *Facebook Messenger* y *WhatsApp*, en el mercado del EEE de las aplicaciones de comunicaciones en smartphones iOS y Android, se basó en los "datos de alcance", es decir, en el porcentaje de usuarios que han utilizado una aplicación durante más de 30 días. En este caso, la Comisión indica que, en el ámbito de las aplicaciones de comunicaciones, lo que realmente resulta importante, a efectos de evaluar el *engagement* o compromiso de uso de los usuarios del servicio en cuestión, no es la duración de las comunicaciones en sí, sino el hecho de que el servicio se utilice efectivamente cada mes y día, así como el número de mensajes. Por ello, en el referido asunto, la Comisión también intentó analizar otras métricas, como el número de mensajes enviados y recibidos a través de las aplicaciones; sin embargo, no consiguió recopilar un conjunto de datos fiable, dada la falta de datos de algunos proveedores y la incoherencia de algunos métodos de registro. *Vid.* Decisión C(2014) 7239 final de la Comisión, de 3 de octubre de 2014 [asunto M.7217 – *Facebook/WhatsApp*], párrafos 95-98.

90 En *Google Shopping*, para examinar la posición de *Google* en el mercado relevante, se utilizaron las cuotas de mercado por volumen por varias razones. En primer lugar, los servicios de búsqueda se prestan gratuitamente a los usuarios, por lo que no se pueden calcular las cuotas de mercado por valor. Además, la Comisión no logró obtener valores precisos sobre el *"Revenue per Search"* (RPS) o "Ingresos por Búsqueda" de los principales buscadores genéricos. Por último, los anunciantes tienen en cuenta las métricas de uso a la hora de decidir

o las cifras de audiencia, el número de descargas[91] y actualizaciones, el número de interacciones o el volumen o valor de las transacciones realizadas a través de la plataforma.

Además, en relación con las cuotas de mercado, cabe resaltar que estas deben ser examinadas con cierta cautela en el ámbito de las plataformas digitales, ya que, como sostienen la Comisión y el Tribunal General, pueden tener una menor relevancia[92]. Esto se debe al carácter dinámico de los mercados tecnológicos, así como a las interdependencias entre los distintos grupos de usuarios de las plataformas, que pueden provocar que altas cuotas de mercado no impliquen un poder de mercado significativo y viceversa[93].

III. CONCLUSIONES

La delimitación de los mercados digitales presenta una serie de dificultades derivadas de la inadaptación de las herramientas clásicas de competencia a las peculiaridades que estos sectores presentan. En concreto, estas herramientas fueron

---

dónde colocar sus anuncios. Por ello, a efectos de calcular las cuotas de mercado por volumen de *Google*, se tuvo en cuenta el número de visitas de los distintos motores de búsqueda genéricos en los países del EEE. *Vid.* Decisión C(2017) 4444 final de la Comisión, de 27 de junio de 2017 [asunto AT.39740 – *Google Search (Shopping)*], párrafos 273-284.

91 En *Google Android*, la Comisión calculó las cuotas de mercado de las distintas tiendas de aplicaciones *Android* en atención al número de aplicaciones descargadas a través de cada tienda. *Vid.* Decisión C(2018) 4761 final de la Comisión, de 18 de julio de 2018, [asunto AT.40099 – *Google Android*], párrafos 591-593.

92 En este sentido, *vid.*, por ejemplo, asunto M.7217 – *Facebook/WhatsApp*, párrafo 99.

93 FRANCK, J., PEITZ, M., *op. cit.*, p. 95.

desarrolladas para los mercados tradicionales, donde el precio es el elemento competitivo principal. Sin embargo, en los entornos digitales, donde suelen operar plataformas, que se benefician de los fuertes efectos de red y las economías de escala derivados de su naturaleza multilateral, la competencia puede basarse, además de en el precio, en otros parámetros como la innovación o la calidad. Además, la definición de estos mercados también encuentra desafíos derivados de los rápidos desarrollos tecnológicos, que provocan que los modelos estáticos no sean adecuados en estos contextos.

En este escenario, la revisión de la Comunicación de 1997 sobre la delimitación del mercado relevante constituye, sin duda, una iniciativa positiva, que contribuirá a que los métodos de definición de los mercados se adapten a las características de economía digital, logrando así preservar el valor esencial de tal definición en el Derecho de la competencia comunitario.

En concreto, el nuevo texto, en relación con la metodología general para delimitar el mercado de referencia, tanto desde la dimensión de producto como geográfica, incorpora novedades significativas, que afectan a la definición de los mercados tecnológicos, entre los que cabe destacar la mayor importancia que se le concede a los factores distintos al precio, como la calidad o la innovación, a la hora de analizar la sustituibilidad de la demanda; las aclaraciones relativas a la aplicación de la prueba SSNIP y su variante SSNDQ; las condiciones para delimitar mercados mundiales o las orientaciones en materia de aplicación prospectiva de la delimitación del mercado en aquellos casos en que se esperan transiciones estructurales derivadas de cambios tecnológicos o normativos.

En cuanto a la definición del mercado en circunstancias específicas, especialmente importantes resultan las secciones dedicadas a la delimitación de las plataformas multilaterales y los ecosistemas digitales, donde se abordan distintas cuestiones de gran controversia, como el número de mercados que deben ser definidos en el caso de plataformas de múltiples lados, la delimitación de los mercados de precio cero o el análisis de los ecosistemas.

A pesar de ofrecer algunas orientaciones generales, como, por ejemplo, la indiscutible importancia de tener en cuenta los efectos de red en la definición del mercado, la Comunicación revisada pone de manifiesto la complejidad para ofrecer soluciones unívocas a los retos planteados por los mercados digitales, resaltando la necesidad de atender a las circunstancias concretas de cada caso, a efectos de adoptar el enfoque más adecuado para delimitar el mercado relevante.

Por otro lado, cabe destacar que la nueva Comunicación codifica, fundamentalmente, los avances de la práctica decisoria de la Comisión y de la jurisprudencia de la UE, a la vez que deja abiertas algunas cuestiones sobre las que todavía no existe consenso. Se trata de un planteamiento cauto y sensato, siempre que la Comisión se proponga actualizar dicho instrumento con mayor frecuencia en el futuro, pues parece probable que los estudios y la práctica en materia de delimitación de los mercados digitales continúen evolucionando en los próximos años. Por ello, a efectos de lograr los objetivos de trasparencia y seguridad jurídica, que la Comisión se ha propuesto alcanzar con la revisión de la Comunicación, los avances que se vayan produciendo a futuro deberían incorporarse en el referido documento, requiriéndose actualizaciones más frecuentes.

En suma, dada la importancia de delimitar correctamente los mercados en los asuntos de competencia, la actualización de la Comunicación representa una oportunidad para que la Comisión adecue el proceso de definición del mercado a las exigencias de los entornos digitales, proporcionando así una mayor seguridad jurídica a todos los agentes del mercado.

BIBLIOGRAFÍA

BOURREAU, M., «Some Economics of Digital Ecosystems – Note for the OECD Hearing on Competition Economics of Digital Ecosystems», [en línea], (2020), https://one.oecd.org/document/DAF/COMP/WD(2020)89/en/pdf. [Consulta: 20/11/2023].

BUNDESKARTELLAMT, «Working Paper: The Market Power of Platforms and Networks» [en línea], (2016), https://www.bundeskartellamt.de/SharedDocs/Publikation/EN/Berichte/Think-Tank-Bericht-Zusammenfassung.pdf?__blob=publicationFile&v=2. [Consulta: 20/11/2023].

COMISIÓN EUROPEA, "Comunicación de la Comisión relativa a la definición de referencia a efectos de la normativa comunitaria en materia de competencia", Diario Oficial C372, de 9 de diciembre de 1997, pp. 5-13.

COMISIÓN EUROPEA, "Comunicación de la Comisión relativa a la definición de mercado de referencia a efectos de la normativa de la Unión en materia de competencia", Diario Oficial de la Unión Europea C/2024/1645, de 22 de febrero de 2024, pp. 1-35.

COMISIÓN EUROPEA, «Commission Staff Working Document "Evaluation of the Commission Notice on the definition of relevant market for the purposes of Community competition law of 9 December 1997"» [en línea], (2021), https://competition-policy.ec.europa.eu/system/files/2021-07/evaluation_market-definition-notice_en.pdf. [Consulta: 20/11/2023].

COMISIÓN EUROPEA, «Draft revised Market Definition Notice» [en línea], (2022), https://ec.europa.eu/commission/presscorner/detail/en/ip_22_6528. [Consulta: 20/11/2023].

CRÉMER, J., DE MONTJOYE, Y., SCHWEITZER, H., «Competition Policy for the Digital Era» [en línea], (2019), https://ec.europa.eu/competition/publications/reports/kd0419345enn.pdf. [Consulta: 20/11/2023].

DÍEZ ESTELLA, F., "Algunas consideraciones en torno a la *Comunicación sobre Definición de Mercado Relevante* de la Comisión Europea y las *Merger Guidelines* del Departamento de Justicia de EE.UU.", *Anuario de la Competencia,* núm. 1, 2000, pp. 321-344.

DÍEZ ESTELLA, F., "Google, Internet y Derecho de la Competencia: ¿viejas reglas para nuevos mercados?", *CEF Legal–Revista Práctica de Derecho,* núms. 163-164, 2014, pp. 5-44.

EBEN, M., «The Draft Revised Market Definition Notice: The European Commission Brings the Relevant Market Further into the 21st century», [en línea], (2023), https://competitionlawblog.kluwercompetitionlaw.com/2023/01/26/the-draft-revised-market-definition-notice-the-european-commission-brings-the-relevant-market-further-into-the-21st-century/. [Consulta: 20/11/2023].

FILISTRUCCHI, L., GERADIN, D., VAN DAMME, E., AFFELDT, P., "Market Definition in Two-Sided Markets: Theory and Practice", *TILEC Discussion Paper núm. 2013-009,* 2013, pp. 1-48.

FILISTRUCCHI, L., GERADIN, D., VAN DAMME, E., AFFELDT, P., "Market Definition in Two-Sided Markets: Theory and Practice", *Journal of Competition Law & Economics,* Vol. 10, 2014, pp. 293-339.

FRANCK, J., PEITZ, M., "Market Definition in the Platform Economy", *Cambridge Yearbook of European Legal Studies,* vol. 23, 2021, pp. 91-127.

GONZÁLEZ CASTILLA, F., *La economía colaborativa ante el Derecho de la competencia. Una introducción al análisis antitrust y regulatorio de las plataformas,* Aranzadi, Cizur Menor, 2019.

GRAEF, I. "Stretching EU Competition Law Tools for Search Engines and Social Networks", *Internet Policy Review,* vol. 4, núm. 3, 2015, pp. 1-10.

GUTIÉRREZ, I., PADILLA, A. J., "Economía de la competencia", en *Tratado de Derecho de Competencia,* Bosch, Barcelona, 2005.

HARTMAN, R., TEECE, D., MITCHELL, W., JORDE, T., "Assessing Market Power in Regimes of Rapid Technological Change", *Industrial and Corporate Change,* vol. 2, 1993.

HERNÁNDEZ RODRÍGUEZ, F., "Prohibición del abuso de posición dominante en el mercado", en *Derecho de la Libre Competencia Comunitario y Español,* Aranzadi, Cizur Menor, 2009.

KALESNÁ, K., "Relevant Market–Digital challenges", *Bratislava Law Review,* vol. 7, núm. 1, 2023, pp. 77-88.

LOUREDO CASADO, S., "La creación de barreras de entrada por las plataformas *e-commerce* a partir de los datos de los usuarios", en *Estudios de la Red Académica de Defensa de la Competencia (RADC) 2022,* Aranzadi, Cizur Menor, 2022.

MANDRESCU, D., «The draft notice on market definition and multisided (digital) platforms – avoiding rather than resolving some of the main challenges», [en línea], (2022), https://www.lexxion.eu/en/coreblogpost/the-draft-notice-on-market-definition-and-multisided-digital-platforms-avoiding-rather-than-resolving-some-of-the-main-challenges/. [Consulta: 20/11/2023].

MOTTA, M., *Política de competencia: teoría y práctica*, Fondo Cultura Económica, México, 2021.

NEWMAN, J. M., "Antitrust in Zero-Price Markets: Applications", *Washington University Law Review*, vol. 94, 2016, pp. 49-111.

ORGANIZACIÓN PARA LA COOPERACIÓN Y EL DESARROLLO ECONÓMICOS, «The Role and Measurement of Quality in Competition Analysis» [en línea], (2013), https://www.oecd.org/competition/Quality-in-competition-analysis-2013.pdf. [Consulta: 20/11/2023].

ORGANIZACIÓN PARA LA COOPERACIÓN Y EL DESARROLLO ECONÓMICOS, «Practical approaches to assessing digital platform markets for competition law enforcement», [en línea], (2019), https://one.oecd.org/document/DAF/COMP/LACF(2019)4/en/pdf. [Consulta: 20/11/2023].

ORGANIZACIÓN PARA LA COOPERACIÓN Y EL DESARROLLO ECONÓMICOS, «Manual de la OCDE sobre política de competencia en la era digital», [en línea], (2022), https://www.oecd.org/daf/competition/manual-de-la-ocde-sobre-politica-de-competencia-en-la-era-digital.pdf. [Consulta: 20/11/2023].

OXENHAM ALLEN, S., CHRISTENSEN, B., CONRAD, J., GRIMMER, N., PRATT, J., «Market definition in the digital economy: considerations for how to properly identify relevant markets», *American Antitrust Institute* [en línea], (2020), https://www.antitrustinstitute.org/wp-content/uploads/2020/06/Allen.pdf. [Consulta: 20/11/2023].

ROBLES MARTÍN-LABORDA, A., «Plataformas digitales y control de concentraciones: la relevancia de los efectos de red», El almacén del Derecho [en línea], (2017), https://almacendederecho.org/plataformas-digitales-control-concentraciones-la-relevancia-los-efectos-red. [Consulta: 20/11/2023].

RODRÍGUEZ RODRIGO, J., "Poder de mercado y mercado de referencia en la economía digital", en *Nuevas tendencias en el Derecho de la Competencia y de la Propiedad Industrial III*, Comares, Granada, 2022.

RUIZ PERIS, J. I., "Gatekeepers, discriminación autopreferente exclusionaria y reforzamiento de la posición de dominio: la nueva propuesta europea de Digital Market Act", en *Competencia en mercados digitales y sectores regulados*, Tirant lo Blanch, Valencia, 2021.

THE EUROPEAN CONSUMER ORGANISATION, «Review of the Market Definition Notice for the purposes of EU Competition Law», [en línea], (2023), https://www.beuc.eu/sites/default/files/publications/BEUC-X-2023-002_Review_of_the_market_definition_notice_for_the_purposes_of_EU_Competition_Law.pdf. [Consulta: 20/11/2023].

U.S. DEPARTMENT OF JUSTICE & THE FEDERAL TRADE COMMISSION, «Merger Guidelines», [en línea], (2023), https://www.ftc.gov/system/files/ftc_gov/pdf/2023_merger_guidelines_final_12.18.2023.pdf. [Consulta: 25/04/2024].

WHISH, R., BAILEY, D., *Competition Law*, Oxford University Press, Oxford, 2021.

Capítulo 2.

LA RECLAMACIÓN DE DAÑOS POR INFRACCIÓN DEL DERECHO DE LA COMPETENCIA: UN EJEMPLO DE LITIGACIÓN MASIVA EXTRAMUROS DE LA DIRECTIVA 2020/1828 (UE) RELATIVA A ACCIONES DE REPRESENTACIÓN

ALICIA ARMENGOT VILAPLANA

Profesora Titular de Derecho Procesal

Universidad de Valencia

Alicia.armengot-vilaplana@uv.es[1]

SUMARIO: I. INTRODUCCIÓN. II. LA NO PREVISIÓN DE MECANISMOS ESPECIALES DE TUTELA: EL EJERCICIO INDIVIDUAL DE LAS ACCIONES POR LOS PERJUDICADOS A TRAVÉS DE LOS CAUCES ORDINARIOS PREVISTOS POR LA LEC. III. EL EJERCICIO DE UNA ACCIÓN COLECTIVA PARA LA TUTELA DE CONSUMIDORES AFECTADOS POR UNA INFRACCIÓN DEL DERECHO DE LA COMPETENCIA: *a) Consideraciones generales. b) El ejercicio de una acción colectiva de reclamación de daños por una infracción del Derecho de la competencia en el marco de la LEC de 2000. c) La futura adaptación de la*

---

1 Esta publicación es parte del proyecto de I+D+i (PID2021-122569OB-I00: Instrumentos para la justicia civil ante los litigios-masa. En especial, acciones de representación y régimen del proceso testigo), financiado por MCIN/AEI/10.13039/501100011033/ y "FEDER Una manera de hacer Europa".

Directiva 2020/1828/UE en materia de acciones de representación para la protección de los consumidores. IV. LA CONFIGURACIÓN DE MECANISMOS ESPECIALES DE TUTELA PARA ESTA MATERIA: EL PLEITO TESTIGO. V. A MODO DE REFLEXIÓN FINAL. VI. BIBLIOGRAFÍA

RESUMEN: La Directiva 2014/104/UE reconoció el derecho de cualquier persona -sea consumidor o empresario, sea autoridad pública-, a reclamar una indemnización por los daños sufridos como consecuencia de una infracción del Derecho de la competencia, correspondiendo a los Estados miembros la configuración de los procedimientos adecuados para la efectividad de este derecho. Si bien este tipo de reclamaciones pueden alcanzar un número considerable, la citada Directiva no obligó a los Estados miembros a implantar mecanismos de recurso colectivo para este ámbito, amparándose en la conveniencia de un tratamiento horizontal de la litigación colectiva. No obstante, la Directiva 2020/1828/UE, en materia de acciones de representación, dejó fuera del elenco de materias para las que resulta obligado implantar esta técnica, a las acciones para la reclamación de daños antitrust, quedando en manos de los Estados miembros diferentes posibilidades que son abordadas en este trabajo.

PALABRAS CLAVE: Daños antitrust. Litigación colectiva. Consumidores.

I. INTRODUCCIÓN

La Directiva 2014/104/UE relativa a determinadas normas por las que se rigen las acciones por daños en virtud del Derecho nacional, por infracciones del Derecho de la competencia de los Estados miembros y de la Unión Europea (en adelante, la Directiva de Daños) reconoció el derecho de cualquier persona -sea consumidor o empresario, sea autoridad pública-, a reclamar una indemnización por los daños sufridos como consecuencia de una infracción del Derecho de la competencia, correspondiendo a los Estados miembros la configuración de los procedimientos adecuados para la efectividad de este derecho. Si bien este tipo de reclamaciones pueden alcanzar un número considerable, la citada Directiva no obligó a los Estados miembros a implantar mecanismos de recurso colectivo para este ámbito, amparándose en la conveniencia de un tratamiento horizontal de la litigación colectiva[2].

La idea de evitar una regulación sectorial para cada ámbito en el que resultara viable el mecanismo de la acción colectiva ya había sido apuntada por la Recomendación de la Comisión de 11 de junio de 2013, sobre los principios comunes aplicables a los mecanismos de recurso colectivo de cesación o de indemnización en los Estados miembros. En esta disposición, se hacía mención expresa al recurso colectivo como un instrumento adecuado para los litigios en materia de Competencia (Considerando 7), incluyendo referencias dirigidas a evitar la litigación abusiva y la imposición de indemnizaciones punitivas. La Recomendación diferenciaba además el supuesto de las acciones de grupo o demandas acumuladas, de las acciones de representación (considerandos 17 y 18), cuyo ejercicio debía atribuirse a entidades acreditadas con carácter estable, a organismos públicos, y a entidades acreditadas expresamente (ad hoc). Se aludía, en fin, a las acciones colectivas consecutivas y a la necesidad de evitar la pendencia de las mismas en tanto la autoridad pública no hubiera finalizado el procedimiento para declarar la violación del Derecho de la UE.

Tras esa Recomendación, la disposición llamada a contemplar esa regulación horizontal de las acciones colectivas era la Directiva 2020/1828/UE sobre acciones de representación para la protección de los intereses colectivos de los consumi-

---

2 Como establecía el considerando 13 de la Directiva "La presente Directiva no debe exigir a los Estados miembros que introduzcan mecanismos de recurso colectivo para la aplicación de los artículos 101 y 102 del TFUE. Sin perjuicio de la indemnización por la pérdida de oportunidades, un resarcimiento pleno en virtud de la presente Directiva no debe conducir a un exceso de resarcimiento, ya sea mediante daños punitivos, múltiples o de otro tipo"

dores. Sin embargo, esta norma obligó a los Estados Miembros a instaurar un mecanismo de recurso colectivo para una serie de materias que se detallaban en el anexo I, y entre las cuales no se incluían las reclamaciones de daños por infracciones del Derecho de la competencia. Quedaba pues en manos de los Estados Miembros la decisión de aplicar un instrumento de recurso colectivo para este tipo de procesos[3].

Así las cosas, la tarea de configurar procedimientos adecuados para lograr la efectividad del derecho al pleno resarcimiento puede discurrir por distintos caminos. Es posible, en primer lugar, que el legislador interno no prevea un procedimiento especial, de forma que las múltiples reclamaciones que puedan plantearse en este ámbito se tramiten a título individual y por los cauces de los procesos declarativos ordinarios previstos por la LEC. Es posible, en segundo lugar, que estas reclamaciones se planteen de acuerdo con las normas de la LEC que regulan la acción colectiva de manera que sean los consumidores -pero solo ellos- quienes puedan hacer uso de este instrumento. Cabe, en fin, plantearse si debería configurarse un instrumento procesal específico que pueda aligerar la tramitación de las múltiples reclamaciones de daños que se presentan y que pueda ser utilizado tanto por consumidores, como por empresarios o autoridades públicas. Analizaremos cada una de estas opciones teniendo en cuenta el marco normativo actual y las posibles reformas que deberán producirse en el futuro.

II. LA NO PREVISIÓN DE MECANISMOS ESPECIALES DE TUTELA: EL EJERCICIO INDIVIDUAL DE LAS

---

[3] GASCÓN INCHAUSTI, F., "¿Hacia un modelo europeo de tutela colectiva?", *Cuadernos de Derecho Transnacional*, octubre 2020, vol. 12, núm. 2, p. 1293.

ACCIONES POR LOS PERJUDICADOS A TRAVÉS DE LOS CAUCES ORDINARIOS PREVISTOS POR LA LEC.

La primera de las posibilidades apuntadas nos conduce a la situación actual en la que el legislador no ha previsto un cauce procesal específico para el ejercicio de estas acciones civiles. En efecto, desde la perspectiva procesal, la adaptación de la Directiva de Daños a nuestro ordenamiento por el Real Decreto-ley 9/2017, de 26 de mayo, supuso la introducción en el contexto de la LEC de una regulación específica -aplicable exclusivamente en este tipo de procesos- y consistente en posibilitar el acceso a las fuentes de prueba por cualquiera de las partes (art. 283 bis LEC). Esta regulación -inserta en las disposiciones generales sobre la prueba-, permite superar los consabidos límites de las diligencias preliminares, posibilitando la obtención de información que obre en poder de la parte contraria y que resulte necesaria para la iniciación del proceso o la demostración de los hechos. Otras especialidades aplicables a este tipo de procesos se contemplaron en el Título VI de la LDC; así, p. ej., la presunción iuris tantum de la producción del daño ante una infracción calificada como cártel (art. 76.3); normas especiales sobre carga de la prueba (art. 76.1 y 78.3 II); la posibilidad de que el juez efectúe una estimación del daño cuando éste resulte de imposible demostración (art. 76.2 LDC); la eficacia irrefutable -en un proceso de reclamación de daños- de la resolución firme de una autoridad de la competencia española o de un órgano jurisdiccional español (art. 75 LDC); o la posibilidad del tribunal de requerir a la autoridad de la competencia para que informe sobre los criterios para la cuantificación de las indemnizaciones (art. 76.4 LDC).

No existiendo por tanto un cauce procesal especial para estas acciones, su ejercicio podrá efectuarse por profesionales, por consumidores o por autoridades públicas, tramitándose por los cauces del juicio ordinario por razón de la materia (art. 249.1.4 LEC) y ante el Juzgado de lo Mercantil territorialmente competente (art. 86 bis 2 LOPJ). Ambas afirmaciones requieren alguna consideración.

Por lo que se refiere a la competencia objetiva, hoy parece fuera de discusión que este tipo de procesos deben ser conocidos por el Juzgado de lo Mercantil, ello a tenor de lo dispuesto en el art. 86 bis 2 LOPJ que atribuye expresamente a su conocimiento "las pretensiones de resarcimiento del perjuicio ocasionado por la infracción del Derecho de la competencia". Con anterioridad a la reforma de este precepto por la LO 7/2022, de 27 de julio -y antes incluso de la reforma de la LDC por el Real Decreto-ley 9/2017, de 26 de mayo-, se planteó la posibilidad de que estas pretensiones fueran conocidas por el Juzgado de Primera Instancia, entendiendo que en su examen y resolución no se discutía sobre el Derecho de la competencia sino sobre una reclamación de cantidad por un ilícito extracontractual (art. 1902 CC). Esta interpretación fue rechazada por considerar que incluso el ejercicio de acciones consecutivas -en las que tenía mayor peso el argumento-, provocaba el planteamiento de una pretensión sobre una materia específica y no una pretensión de responsabilidad civil extracontractual. El Decreto-ley 9/2017 por el que se adaptó la Directiva de daños supuso crear un régimen específico de responsabilidad con importantes particularidades, lo que justifica la atribución del conocimiento de los procesos en los que se exija tal responsabilidad al Juzgado de lo Mercantil[4].

---

[4] GASCÓN INCHAUSTI, F., "Aspectos procesales de las acciones de daños derivados de infracciones de las normas sobre defensa de la competencia: apuntes a la luz de la directiva 2014/104 y de la propuesta de ley de transposición", *Cuadernos de derecho transnacional*, vol. 9, núm. 1, 2017, pp. 129-130. También sobre las dudas en relación con el tribunal competente: VIDAL, P., CAPILLA, A., y GUAL, C., "El nuevo régimen de reclamación de daños en España por ilícitos de competencia", *Actualidad Jurídica Uría Menéndez*, núm. 47-2017, p. 49.

De otro lado, cabe también cuestionarse si estas reclamaciones deben tramitarse en todo caso por los cauces del juicio ordinario por razón de la materia, o debería acudirse al proceso declarativo correspondiente por la cuantía si se entiende que la pretensión versa exclusivamente sobre reclamación de cantidad (art. 249.1.4 LEC). Al respecto, cabría nuevamente diferenciar entre las acciones consecutivas (*follow-on*) y las acciones autónomas (*stand-alone*). En las primeras, la pretensión de reclamación de daños partirá de una infracción ya declarada por las autoridades de Competencia, debiendo el juez civil comprobar y cuantificar el perjuicio que dicha infracción haya provocado en el particular; y desde ese punto de vista quedaría justificada la tramitación de estos procesos por los cauces del juicio declarativo correspondiente por razón de la cuantía[5].

---

[5] Tal como ha declarado el TS, Sala 1ª, en el Auto de 13 de octubre de 2022 (Numroj: ATS 13977/2022; TOL9.259.771): "SEGUNDO. (...). Atendiendo a la materia, defensa de la competencia, conforme al art. 249.1.4º la tramitación procedente para este tipo de demandas es la del juicio ordinario "siempre que no versen exclusivamente sobre reclamaciones de cantidad, en cuyo caso se tramitarán por el procedimiento que les corresponda en función de la cuantía que se reclame [...]". La acción ejercitada, de daños ocasionados por una conducta contraria al Derecho de la competencia (antitrust), se apoya en la previa declaración de infracción por resolución firme de la Comisión Nacional de los Mercados y la Competencia (CNMyC) de fecha 23 de julio de 2015, con el efecto previsto en el art. 9 de la Directiva 2014/104. El ejercicio de estas acciones de reclamación de cantidad supone la evaluación de las repercusiones económicas de la conducta anticompetitiva y toma como punto de partida la decisión de la CNMyC. En ese examen pueden incidir cuestiones ciertamente complejas, pero todas dirigidas a la cuantificación del daño, sin que la mayor o menor complejidad pueda erigirse en un criterio para seguir una vía procesal u otra. Lo preponderante (exclusivo) en la demanda es la cuantificación del daño ("reclamación de cantidad"), por lo que la cuantía de lo reclamado debe regir para la elección del procedimiento a seguir conforme al art. 249.1.4ºLEC. Y en el asunto

Cuando, en cambio, en el proceso civil para la reclamación de daños no se parte de una previa declaración de la existencia de infracción, el juez, antes de pronunciarse sobre la indemnización, deberá analizar si tal infracción existe, y tal especificidad justificará la tramitación del proceso por los cauces del juicio ordinario por razón de la materia.

Con todo, las acciones consecutivas de reclamación de daños presentan particularidades que las diferencian de meras reclamaciones de cantidad (presunción del perjuicio, normas especiales sobre carga de la prueba, estimación del daño, o eficacia de las resoluciones administrativas, entre otras), y ello justificaría la tramitación de estas pretensiones por el juicio ordinario por razón de la materia[6]. Admitir lo contrario supondrá que un proceso en el que la cuantía de los daños reclamados no supere los 3.000 euros y se tramite por los cauces del juicio verbal por razón de la cuantía, sea un proceso cuya sentencia no podrá ser apelada (art. 455.1 LEC) ni accederá por ende a la casación (art. 477.1 LEC). De otro lado, cuando la cantidad reclamada excediere de 3.000 euros pero no superase los

---

que examinamos será el juicio verbal. La ausencia de un trámite de audiencia previa y la limitación de los recursos, no supone merma de derechos a las partes. Además, este procedimiento, más económico y ágil, se acomoda a los principios de efectividad y equivalencia que establece la propia Directiva 2014/104 en su artículo 4".

6 No obstante, la práctica demuestra que este tipo de pretensiones se están tramitando por los cauces del juicio verbal por la cuantía, ello a pesar de acumular la acción declarativa a la de resarcimiento de daños. Así, la SJM núm. 1 de Cádiz núm. 99/2021 de 5 de abril de 2021 (ECLI:ES:JMCA:2021:509; TOL8.414.323) Como explica HITCHINGS, P., en la determinación del juicio verbal como cauce adecuado para estas reclamaciones ha pesado más la consideración de la condición de consumidor del demandante que las especialidades que la materia pueda presentar, en La influencia del Derecho europeo en los procesos de daños por infracción del Derecho de la competencia, Tirant lo Blanch, Valencia, 2024, p. 469.

15.000 (art. 250.2 LEC), estaremos ante una sentencia apelable, pero resultará dudoso si -a tenor de lo dispuesto por el art. 82.2 LOPJ en sus apartados 1º y 3º- tal recurso deberá ser resuelto por un solo magistrado, quedando excluido también en este caso el recurso de casación (art. 477.1 LEC)[7].

Aclarados estos dos presupuestos procesales, y situados en el plano del ejercicio individual de estas acciones, nada impedirá que diversos perjudicados decidan acumular sus respectivas pretensiones procesales en una única demanda, en el bien entendido de que en tal caso no estaremos ante una acción colectiva, sino ante un procedimiento que servirá de cauce para conocer de una pluralidad de pretensiones completamente individualizadas, tanto en su elementos subjetivos (demandantes y demandado/s), cuanto en sus elementos objetivos (peticiones distintas en cada una de las pretensiones puesto que no todos los demandantes reclamarán necesariamente la misma cantidad; causas de pedir que presentarán conexión -art. 72 LEC- porque descansarán en el mismo hecho -la conducta contraria a las normas de Competencia-). Y así, estaremos ante una acumulación de pretensiones cuando dos o más empresarios adquirentes de camiones interponen una única demanda en

---

[7] Ciertamente, el art. 82.2.1º segundo párrafo de la LOPJ se refiere expresamente a las sentencias dictadas por el JPI en juicios verbales determinados por razón de la cuantía; para las sentencias dictadas por el Juzgado de lo Mercantil, el apartado 3º de ese mismo precepto no establece que el recurso de apelación deba resolverse por un solo magistrado. No obstante, la interpretación del TS conduce a entender que la apelación contra las sentencias dictadas en juicios verbales por razón de la cuantía procedentes del Juzgado de lo Mercantil, también se resolverán por un solo magistrado, excluyéndose con ello el acceso a la casación. Así, se entendía en el anterior Acuerdo de la Sala Primera del TS sobre criterios para el acceso a la casación de 27 de enero de 2017 al indicar que no serán recurribles en casación "Las sentencias dictadas o que debieron dictarse por un único magistrado, por no actuar la Audiencia Provincial en tales casos como órgano colegiado".

la que acumulan sus respectivas pretensiones frente al mismo demandado (-el fabricante de los camiones, p. ej.-), con el fin de que se tramiten y resuelvan en el mismo procedimiento.

La acumulación de pretensiones produce economía procesal, pues un mismo procedimiento va a servir para resolver una pluralidad de pretensiones procesales, pudiendo practicarse una única actividad probatoria que sea útil para demostrar la existencia del perjuicio en todas las pretensiones acumuladas. No obstante, la acumulación también debe tener un límite, pues no es adecuado sobrecargar un procedimiento diseñado en principio para tramitar una única pretensión procesal con un elevado número de pretensiones. En este sentido, no existe una norma procesal que indique al juez el número de pretensiones máximas que se pueden acumular en una demanda, pero sí existe la posibilidad de inadmitir dicha acumulación atendiendo a derechos fundamentales como el derecho de defensa del demandado, el equilibrio o igualdad de las partes en el proceso, o el derecho a un proceso sin dilaciones indebidas. Téngase en cuenta que la LEC no contempla la posibilidad de ampliar el plazo para la contestación a la demanda en esos supuestos en los que se han acumulado un elevado número de pretensiones; el demandante habrá dispuesto del tiempo necesario para redactar y presentar la demanda; el demandado, en cambio, solo dispondrá del plazo previsto por la LEC tanto si debe responder a una demanda en la que se haya planteado una única pretensión procesal como a aquella otra en la que se hayan acumulado un elevado número de pretensiones.

Una lectura de los pronunciamientos del TS en los que se han ido resolviendo las principales cuestiones que se suscitaban en este tipo de reclamaciones (plazo de prescripción, demostración del perjuicio, etc.), ponen de manifiesto que la práctica totalidad de los procedimientos resueltos han sido iniciados por empresarios o consumidores a título individual.

Por citar algunos ejemplos, en el asunto resuelto por la STS, Sala 1ª, núm. 946/2023, de 14 de junio[8], la demanda fue interpuesta por Grúas Jordán S.L., contra AB Volvo y Renault Truck SAS reclamando el sobrecoste pagado por la compra de siete camiones de la marca de las demandadas. Por su parte, en la STS, Sala 1ª, núm. 949/2023, de 14 de junio[9], la demanda había sido interpuesta por un particular frente a la empresa fabricante del camión adquirido por el primero (Daf Trucks N.V). En la STS, Sala 1ª, núm. 947/2023[10], la demandante era la sociedad Llácer y Navarro, S.L. que había adquirido en el período 1997-2011 ciento ocho vehículos marca Renault, y que posteriormente vendió a otras mercantiles.

III. EL EJERCICIO DE UNA ACCIÓN COLECTIVA PARA LA TUTELA DE CONSUMIDORES AFECTADOS POR UNA INFRACCIÓN DEL DERECHO DE LA COMPETENCIA.

a) Consideraciones generales

Cuando una infracción del Derecho de la competencia haya provocado perjuicios a un número considerable de consumidores o usuarios del mismo producto o servicio, el planteamiento de una acción colectiva que permita conocer en un único procedimiento una situación que ha afectado a una multiplicidad de personas puede presentarse como una opción adecuada, especialmente cuando el perjuicio padecido por cada consumidor es exiguo y no resulta factible iniciar un proceso individual para su reclamación. Sería el caso, p. ej., de los consumidores

8 (Numroj: STS 2479/2023; TOL9.607.512)

9 (Numroj: STS 2494/2023; TOL9.607.384)

10 (Numroj: STS 2480/2023 ; TOL9.607.325)

que pagaron un sobreprecio por la compra de su dispositivo móvil como consecuencia de prácticas anticompetitivas de los fabricantes; o también los consumidores que pagaron un sobreprecio por la compra de azúcar, leche o cualquier otro producto de uso cotidiano. En tales casos, las cantidades que pueden reclamar los consumidores a título individual no justifican la iniciación de singulares y múltiples procesos; sin embargo, la suma de todos esos perjuicios individuales justificaría el planteamiento de una acción colectiva. Esta acción, además, cumplirá una función que excede del interés particular de los consumidores y que se dirige a la auto-regulación del mercado.

Ocurre que las normas que disciplinan la acción colectiva en el contexto de la LEC presentan ciertas deficiencias que han conducido a su inoperatividad, resultando desalentador el planteamiento de la misma habida cuenta de los obstáculos que debe superar. Apuntaré, en primer lugar, los principales problemas que, en el contexto normativo actual, pueden plantearse cuando se ejerce una acción colectiva en defensa de consumidores perjudicados por una infracción del Derecho de la competencia; y, apuntaré, en segundo lugar, las modificaciones que deberían producirse en esta regulación con ocasión de la adaptación de la Directiva 2020/1828/UE en materia de acciones de representación.

b) El ejercicio de una acción colectiva de reclamación de daños por una infracción del Derecho de la competencia en el marco de la LEC de 2000.

1. Adecuación de la regulación de la LEC para esta materia

La primera cuestión que surge cuando se pretende ejercer una acción colectiva en el contexto de la LEC reside en determinar si la materia a la que se refiere dicha acción puede considerarse incluida en el hecho dañoso al que se refiere el art. 11.2 LEC. Al respecto debe tenerse en cuenta que las reclamaciones de daños por infracciones del Derecho de la competencia son de base extracontractual, en tanto surgen a raíz de una conducta contraria a las normas reguladoras de la Competencia, si bien, el daño padecido por el consumidor resultará de un previo acto de consumo. Una interpretación flexible de la noción de hecho dañoso a la que se refiere la LEC permitiría entender que este tipo de reclamaciones entrarían en el ámbito de la acción colectiva de la LEC, limitándose, en todo caso, a reclamaciones planteadas por consumidores[11].

2. Tipo de intereses tutelados y consecuencias de su calificación

La segunda cuestión que se plantea es la de determinar si los perjudicados por el hecho dañoso a los que se referirá dicha acción pertenecen a un grupo de consumidores determinados o fácilmente determinables (art. 11.2 LEC), o a un grupo de consumidores indeterminados o de difícil determinación (art. 11.3 LEC). Se trata de un concepto jurídico indeterminado -el de la fácil o difícil determinación de los consumidores- que ha sido interpretado por los tribunales de manera dispar, existiendo resoluciones que han considerado indeterminados a los consumidores habida cuenta de lo costoso de la determinación[12], y otras que han considerado que, pese a la complejidad

---

11 MARTÍN PASTOR, J., "Las acciones colectivas en España: especial referencia a la aplicación privada de la competencia", en *La compensación de los daños por infracción de las normas de competencia tras la directiva 2014/104/UE*, Aranzadi, 2016, p. 190.

12 El AAP de Barcelona (Sección 16ª) núm. 135/2011 de 31 de mayo, confirma el auto del juzgado que había estimado la oposición interpuesta por Vodafone contra el auto que había accedido a la práctica de la diligencia preliminar consistente en determinar a los integrantes del grupo de afectados por la interrupción del servicio de telefonía móvil durante doce horas. La AP entiende que la

de la determinación, siempre que la misma sea posible deberá considerarse que los consumidores son determinados[13]. La circunstancia de que no se contemple en la LEC un trámite de certificación de la acción colectiva, ha provocado que la diligencia preliminar prevista por el art. 256.1.6º LEC y destinada a determinar a los integrantes del grupo de afectados, sea

---

determinación de los consumidores es posible, pero difícil, por lo que considera que el proceso debe tramitarse como proceso para la tutela de consumidores indeterminados, no siendo precisa la notificación previa a los consumidores afectados.

13 Así, el AAP de Madrid (Sección 28ª) núm. 148/2018 de 21 septiembre, resuelve el recurso de apelación contra el auto que había puesto fin al proceso por falta de notificación a los consumidores afectados de la futura iniciación del proceso (art. 15.2 LEC). En este caso, la asociación Facua había interpuesto demanda contra Telefónica solicitando la declaración de desleal de la conducta consistente en la subida de la tarifa de un producto en contra de lo publicitado; la condena a cesar en dicha práctica, y la condena a la devolución a los consumidores de las cantidades abonadas indebidamente. Los afectados eran más de 4 millones de personas. El Auto de instancia consideró que eran perfectamente determinables: "No existe dificultad en la individualización de los mismos, toda vez que sus datos identificativos deben constar en TELEFÓNICA DE ESPAÑA SAU, mediante soportes aptos para su tratamiento de datos, y ello máxime en una relación comercial duradera con tales clientes, que solo puede ser entablada a través de la facilitación de datos personales de dichos clientes, para el pago de los servicios mediante domiciliación en cuenta. (…)". Presentado recurso de apelación en el que se alega que se trataba de un supuesto de intereses difusos atendiendo a la dificultad de practicar la comunicación a cada uno de los consumidores (más de 4 millones), la AP declara: "(12)- (…) el número mayor o menor de afectados no implica por sí mismo la imposibilidad de determinación individual de cada uno de ellos. Ya se ha señalado que, muchos o pocos, los mismos constan con sus datos de identidad y localización en ficheros o soportes, cada uno de los mismos, sin que su potencial elevado número suponga un desdibujamiento de ese rasgo de determinación de los afectados, apreciado legalmente".

utilizada por los demandantes como un instrumento dirigido a certificar la futura acción, y ello porque la resolución de esa diligencia obligará al juez a pronunciarse sobre el carácter -determinable o no- de los consumidores afectados por la acción.

Lo cierto es que la calificación de la acción colectiva como una acción en defensa de un interés colectivo (perteneciente a consumidores determinados o determinables), o en defensa de un interés difuso (perteneciente a consumidores indeterminados o de difícil determinación) provoca importantes consecuencias en el régimen procedimental de la acción, pues cuestiones como la atribución de legitimación, el régimen de publicidad e intervención de los consumidores en el proceso, o los requisitos de la sentencia, van a depender de ese concepto.

En efecto, comenzando por la legitimación para el ejercicio de estas acciones, el art. 11 LEC establece una diferente atribución en función de la posible determinación de los consumidores. Así, cuando los consumidores afectados son determinados o determinables, la LEC atribuye legitimación a asociaciones de consumidores y usuarios, a los propios grupos de afectados -sin necesidad de que se constituyan como asociación-, y a entidades legalmente creadas para la defensa de los intereses de los consumidores. Por su parte, cuando los consumidores afectados son indeterminados o de difícil determinación, la LEC restringe la legitimación atribuyéndola exclusivamente a asociaciones de consumidores y usuarios que, conforme a la ley, sean representativas, esto es, que formen parte del Consejo de Consumidores y Usuarios (art. 24.2 LGDCU)[14].

---

[14] Establece este precepto que "A efectos de lo previsto en el artículo 11.3 de la Ley de Enjuiciamiento Civil, tendrán la consideración legal de asociaciones de consumidores y usuarios representativas las que formen parte del Consejo de Consumidores y Usuarios, salvo que el ámbito territorial del conflicto afecte fundamentalmente a una comunidad autónoma, en cuyo caso se estará a su legislación específica"

Lo anterior supone que si los consumidores perjudicados por la conducta contraria al Derecho de la competencia son indeterminados (el caso, p. ej. de los consumidores de azúcar, leche, etc.), la acción colectiva solo podrá ejercerse por asociaciones de consumidores representativas. Si, en cambio, los perjudicados por la conducta anticompetitiva son consumidores determinados o determinables (caso de los adquirentes de un coche o de un camión), la legitimación será más amplia. En esta línea, la única acción colectiva en materia de daños que se conoce fue la interpuesta por la asociación Ausbanc contra Telefónica tras haber sido sancionada por la Comisión Europea por abuso de posición dominante en el mercado de banda ancha, demanda que no llegó a prosperar por falta de legitimación activa de la asociación demandante, esto es, por no tener la condición de asociación representativa[15].

---

15 AAP Madrid, Sección 28, núm. 139/2013 de 30/09/2013 (Numroj: AAP M 2461/2013): "cuando de la defensa de intereses difusos se trata, la normativa resulta más exigente de manera que, junto a la inscripción en el registro administrativo y demás requisitos básicos, el art. 11.3 exige para el otorgamiento de esa legitimación excepcional la concurrencia de un presupuesto adicional señalando que "...la defensa de estos intereses difusos corresponderá exclusivamente a las asociaciones de consumidores y usuarios que, conforme a la Ley, sean representativas ...", carácter representativo que concreta y define el art. 22-2 de la L.G.D.C.U. en la redacción -vigente en la fecha de interposición de la demanda- dada por la Ley 44/2006 (idéntica al texto del art. 24-2 de la actual L.G.D.C.U. de 2007) al decir que "A efectos de lo previsto en el artículo 11.3 de la Ley de Enjuiciamiento Civil tendrán la consideración legal de asociaciones de consumidores y usuarios representativas las que formen parte del Consejo de Consumidores y Usuarios, salvo que el ámbito territorial del conflicto afecte fundamentalmente a una comunidad autónoma, en cuyo caso se estará a su legislación específica ...". En opinión de la apelante AUSBANC el Art. 11-3 solamente exige el carácter representativo, de tal suerte que la única virtualidad que tendría el tenor normativo del Art. 22-2 L.G.D.C.U sería la de dispensar a aquellas asociaciones

En segundo lugar, la calificación de la acción como una acción en defensa de intereses colectivos o en defensa de intereses difusos va a determinar también un régimen diferente de publicidad y de intervención en el proceso de los consumidores afectados. De entrada, la LEC contempla una disposición aplicable en ambos supuestos y destinada a efectuar el llamamiento de los consumidores al proceso para que hagan valer su derecho o

---

que formasen parte del Consejo de Consumidores y Usuarios de la necesidad de acreditar su representatividad, pero ello sin excluir la posibilidad de que esa representatividad sea acreditada por otro medios por parte de cualesquiera asociaciones que no formen parte del expresado organismo en vista de que, en su sentir, la hipótesis de pertenencia al mismo no está mencionada en el precepto con carácter cerrado o exhaustivo. No podemos, sin embargo, compartir tal punto de vista. De la simple lectura del Art. 11-3 L.E.C. se infiere que el legislador no se ha conformado con exigir la nota de la representatividad sino que ha querido dotar a este concepto de un contenido definitorio de naturaleza legal, pues no le basta con que la asociación sea representativa sino que requiere que lo sea "conforme a la ley". Esta importante precisión del precepto tiene su correlato natural dentro del capítulo de la L.G.D.C.U. destinado a la regulación de tales asociaciones. En tal sentido, hemos visto como el Art. 22-2 de dicha ley no se limita a indicar que "...tendrán la consideración legal de asociaciones de consumidores y usuarios representativas las que formen parte del Consejo de Consumidores y Usuarios..." , sino que nos señala claramente que tal determinación o definición se efectúa "a efectos de lo previsto en el artículo 11.3 de la Ley de Enjuiciamiento Civil " , con cuya fórmula se completa de manera natural el reenvío que efectúa este último precepto a la legalidad del ramo. Como acertadamente señala la parte apelada, es evidente que la ley no ha querido dar a la noción de "representatividad" el carácter de concepto jurídico indeterminado, o lo que es igual, no le ha bastado con una remisión a las cualidades semánticas o al sentido coloquial del vocablo "representativas" sino que ha establecido de manera clara que ese concepto ha de ser integrado mediante una definición legal, y esa definición legal no es ni puede ser otra que la contenida en el Art. 22-2 L.G.D.C.U".

interés individual. Este llamamiento se articula por medio de la publicación de la admisión de la demanda en medios de comunicación con difusión en el ámbito territorial en el que se haya manifestado la lesión de los derechos o intereses (art 15.1 LEC).

A partir de esa regulación común, la LEC establece un diferente régimen en función del interés colectivo o difuso cuya tutela se solicita. Así, cuando los consumidores afectados son un grupo de personas determinado o determinable, la entidad legitimada que pretenda iniciar el proceso deberá notificar previamente a los consumidores afectados la futura presentación de la demanda, pudiendo éstos intervenir en el proceso en cualquier momento (art. 15.2 LEC). Esta notificación individual y previa al proceso no se exige cuando los consumidores afectados son indeterminados o de difícil determinación; en tal caso, tras la admisión de la demanda y la publicación de la misma, se suspenderá el proceso por un plazo máximo de dos meses, durante el cual los consumidores podrán intervenir; transcurrido dicho plazo, no se admitirán más intervenciones, sin perjuicio de que los consumidores puedan adherirse a la sentencia y puedan solicitar su ejecución en los términos previstos por los arts. 221 y 519.1 LEC (art. 15.3 LEC).

Trasladada esta regulación al ámbito en el que nos encontramos resultará que si la acción colectiva para reclamar los daños va a afectar a consumidores determinados (así, p. ej., los compradores de un coche o de un camión), la entidad demandante deberá notificar individualmente a todos los consumidores la futura iniciación del proceso, debiendo acreditar el cumplimiento de dicho requisito para que la demanda sea admitida. Si, en cambio, los consumidores que han sufrido daños por la conducta anticompetitiva son indeterminados (así, p. ej. los consumidores de azúcar, leche, etc.), no será necesaria esa notificación.

Si bien la jurisprudencia no ha sido uniforme en la interpretación de esta notificación, no exigiéndola en supuestos en los que los consumidores eran determinados, con carácter general se ha entendido que tal notificación debe practicarse de manera individualizada y fehaciente, no pudiendo sustituirse por una comunicación generalizada o por su difusión en medios de comunicación. Se trata así de una exigencia que puede obstaculizar el ejercicio de la acción colectiva cuando los consumidores afectados son muy numerosos, pues el coste económico de esta notificación puede ser disuasorio del planteamiento de la acción.

Además, la LEC no concretó cuál debe ser la conducta del consumidor después de haber recibido esa notificación, dejando la incertidumbre acerca de si es suficiente esa notificación para que la sentencia le vincule, o, en cambio, es precisa una manifestación expresa del consumidor para quedar sujeto a la sentencia, no existiendo tampoco ningún trámite a través del cual el consumidor pueda desvincularse del proceso. Se trata sin duda del *punctum dolens* de esta regulación que mayor confusión ha generado. La jurisprudencia del TS[16] y del TC[17] conduce a entender que es preciso un acto expreso del consumidor para quedar vinculado por la sentencia, acto que puede consistir en la intervención formal del consumidor en el proceso, o en manifestar a la entidad demandante su conformidad para que sus datos consten en la demanda como consumidor adherido a la misma.

Con todo, cuando el número de consumidores afectados es muy elevado, la intervención procesal se ha revelado como un instrumento totalmente inadecuado, revistiendo de complejidad la tramitación del proceso y provocando enormes dilaciones en la emisión de la sentencia. La experiencia ha puesto además de manifiesto que, en algún caso, la intervención procesal de los consumidores no se ha visto compensada con el reconocimiento de su situación jurídica individual en la

---

16 STS, Sala 1ª, núm. 375/2010, de 17 de junio (TOL1.920.055).

17 STC 148/2016, de 19 de septiembre; también en la Ss TC 206/2016, 207/2016, 208/2016, 209/2016, 218/2016, 221/2016, 223/2016).

sentencia[18], existiendo cierta confusión entre la intervención procesal de los consumidores en la pretensión colectiva planteada por la entidad demandante, y la intervención de los consumidores para formular su propia pretensión procesal que se acumulará a la pretensión colectiva (art. 221.1.3º LEC).

En definitiva, existiendo el llamamiento de los consumidores mediante la publicación de la admisión de la demanda en medios de comunicación (art. 15.1 LEC), el requisito de la notificación previa e individual a los consumidores afectados puede verse como una doble carga injustificada. La notificación previa podría tener sentido si, como indica el art. 222.3 LEC, la sentencia que ponga fin a este proceso alcanzara a todos los consumidores afectados por la acción, independientemente de que se hubieran personado o no en el proceso. Pero en la medida en que el TC ha entendido que la sentencia solo va a afectar a los consumidores personados o a los adheridos a la demanda, deja de tener sentido esa notificación en relación con todos los consumidores.

3. Contenido de la sentencia que estima la acción colectiva

En tercer lugar, la sentencia que pone fin al proceso también presenta un diferente régimen cuando los consumidores son determinados o indeterminados. Pese a que la redacción del art. 221.1.1º LEC no lo indica expresamente, la jurisprudencia ha entendido que el primer apartado de ese precepto viene referido a procesos en los que los consumidores son determinados, mientras que el segundo viene referido a procesos en los que los afectados son indeterminados. En el primer

---

18 Así en la SJM núm. 11 de Madrid núm. 471/2010, de 7 de abril 2016 (TOL5.679.941), en la conocida como macro-demanda de Adicae, la sentencia no hizo una identificación nominal de los consumidores afectados, ni siquiera de los que se habían personado.

caso, la sentencia deberá individualizar a los consumidores a los que alcanzará la sentencia y sobre los que se producirá el efecto de cosa juzgada; cuando esa individualización no sea posible, la sentencia establecerá los datos, características y requisitos que deben concurrir en los consumidores para que puedan beneficiarse de la sentencia y puedan solicitar, en su caso, la ejecución[19]. No cabría descartar una aplicación simultánea de los dos apartados admitiendo una sentencia en la que se determinaran, por un lado, los consumidores identificados en el proceso, y se fijaran, de otro, las características que deben concurrir en los restantes para poderse beneficiar de la sentencia.

4. La ejecución de la sentencia colectiva

Por último, en lo relativo a la ejecución forzosa de la sentencia colectiva, la regulación de la LEC -concentrada en el apartado 1 del art. 519- resulta insuficiente para lograr que los consumidores obtengan el pleno resarcimiento del daño padecido. Dicho precepto contempla un incidente a través del cual los consumidores que no hayan participado en el proceso, pero cumplan las características descritas en la sentencia para poder beneficiarse de la misma, soliciten, acreditándolo

---

19 LA STS (Sala 1ª) núm. 861/2010 de 29 diciembre (TOL2.031.067) se basa en un proceso en el que se ejercita por una asociación de consumidores (Ausbanc) contra Caixa de Estalvis de Tarragona una acción colectiva por la que se solicita la condena al cese en el uso de una cláusula (la de redondeo al alza del tipo de interés variable de los préstamos hipotecarios) por considerarla abusiva, y la condena a la devolución de las cantidades indebidamente abonadas por los consumidores, además de otras peticiones. En este caso -pese a ser consumidores determinables, aunque muy numerosos-, no se identificaban en la demanda, siendo la sentencia la que estableció las características que debían concurrir en los consumidores para poder beneficiarse de la sentencia (arts. 221.1.1ª párrafo II y 519 LEC).

ante el tribunal, su reconocimiento de la condición de consumidor perjudicado. Ocurre que el tenor literal del 519.1 LEC alude únicamente a ese reconocimiento de la condición de beneficiario de la condena, pero no a la actividad declarativa necesaria para concretar la cantidad que corresponderá a cada consumidor[20]. Esta regulación resulta por tanto incompleta cuando el proceso se ha seguido para la tutela de intereses de consumidores indeterminados, pues éstos no habrán intervenido necesariamente en el proceso, ni se habrá practicado una prueba individual dirigida a demostrar los perjuicios sufridos por cada consumidor. Consecuentemente, o bien la sentencia fijará como condena una cantidad a tanto alzado para cada consumidor afectado, o bien fijará las bases para el cálculo de esa indemnización de manera que su liquidación dependa de una mera operación aritmética (art. 219.2 LEC)[21]. De manera similar a lo previsto para las reclamaciones de daños, en la futura regulación horizontal de las acciones colectivas será pre-

[20] Art. 519.1 LEC: "Cuando las sentencias de condena a que se refiere la regla primera del artículo 221 no hubiesen determinado los consumidores o usuarios individuales beneficiados por aquélla, el tribunal competente para la ejecución, a solicitud de uno o varios interesados y con audiencia del condenado, dictará auto en el que resolverá si, según los datos, características y requisitos establecidos en la sentencia, reconoce a los solicitantes como beneficiarios de la condena. Con testimonio de este auto, los sujetos reconocidos podrán instar la ejecución".

[21] La SAP de Burgos, Sección 3ª, núm. 347/2006, de 31 de julio de 2006, resuelve el recurso de apelación contra la sentencia de instancia que había desestimado una acción colectiva planteada por una asociación de consumidores en reclamación de una indemnización por las retenciones producidas en una autopista a consecuencia de una fuerte nevada. La AP admite la responsabilidad de la entidad concesionaria demandada, condenando a indemnizar por daño moral a los consumidores en una cantidad uniforme (150 euros), y por daños materiales en la cantidad que resultara de acuerdo con los criterios fijados por la propia sentencia. Sentencia confirmada por la STS, Sala 1ª, núm. 473/2010, de 15/07/2010 (Roj: STS 4717/2010).

cisa una norma que flexibilice la demostración del perjuicio sufrido por cada consumidor y que posibilite su estimación, fijándose una cantidad global para el colectivo de consumidores que deberá ser objeto de posterior liquidación.

c) La futura adaptación de la Directiva 2020/1828/UE en materia de acciones de representación para la protección de los consumidores

Como se adelantó, la Directiva 2020/1828/UE no incluyó las reclamaciones de daños por infracciones del Derecho de la competencia como uno de los ámbitos en los que los Estados Miembros están obligados a implantar un mecanismo de recurso colectivo, quedando en manos del legislador interno bien la posibilidad de extender la acción colectiva en defensa de los consumidores a este tipo de reclamaciones, bien la de diseñar un procedimiento especial para esta materia.

El texto por el que se pretende transponer a nuestro ordenamiento la Directiva 2020/1828/UE (NOTA A PIE DE PÁGINA: Proyecto de LO de medidas en materia de eficiencia del Servicio Público de Justicia y de acciones colectivas para la protección y defensa de los derechos e intereses de los consumidores y usuarios, aprobado por el Congreso el 19 de marzo de 2024, BOCG de 22 de marzo de 2024), no contiene una descripción detallada de las materias para las que resultará aplicable esta acción, sino que la considera adecuada para cualquier ámbito siempre que resulten perjudicados los derechos e intereses colectivos de los consumidores. Esta fórmula abierta permite incluir en el ámbito de aplicación de la acción colectiva los daños sufridos por consumidores como consecuencia de las infracciones del Derecho de la competencia[22].

---

[22] Como expresa la Exposición de motivos del Proyecto de LO (ap. VI, p. 22 BOCG): "Se propone un ámbito de aplicación amplio, que dé

En las siguientes líneas haré referencia a algunos de los cambios normativos que resultan necesarios en nuestro ordenamiento desde la óptica de la norma europea y con el referente de la propuesta de transposición, incidiendo en las cuestiones que mayor repercusión pueden tener en las reclamaciones de daños por infracciones del Derecho de la competencia.

Comenzando por el tema de la legitimación, la adaptación de la Directiva va a suponer que este tipo de acciones solo puedan ser planteadas por entidades habilitadas, esto es, por entidades que cumplan ciertos requisitos y hayan obtenido la acreditación como tales entidades. Además de los organismos públicos, la Directiva considera que son las asociaciones de consumidores y usuarios las entidades que se encuentran en la posición adecuada para acceder al estatus de entidad habilitada. En cuanto a los requisitos para obtener esa habilitación, la Directiva establece una distinción, de suerte que para ejercer una acción colectiva nacional los requisitos podrán fijarse por el Estado miembro, pero para el ejercicio de una acción transfronteriza -ejercida por una entidad habilitada en un Estado distinto de aquel en el que ha obtenido la habilitación- deberán cumplirse los requisitos que establece la propia Directiva (art. 4.3). Ello, en atención al tema que nos ocupa, implicará la desaparición de la LEC del confuso criterio de la determina-

---

cobertura al ejercicio de acciones frente a cualquier tipo de infracción en que se hayan visto perjudicados los derechos e intereses colectivos de los consumidores y usuarios. Con ello se cubre tanto lo previsto en la Directiva, que en su anexo remite a un vastísimo corpus normativo, resultado de la actividad legislativa de la Unión Europea en los más variados ámbitos en que puede aflorar una relación de consumo, como a cualquier otro supuesto de vulneración de los derechos del consumidor que no entre en dicho anexo". Sobre el tema, GASCÓN INCHAUSTI, F., "Algunas claves del Anteproyecto de Ley de Acciones de Representación de los intereses colectivos de los consumidores", *Almacén de Derecho*, 17 de febrero de 2023.

ción o indeterminación de los consumidores para atribuir la legitimación de manera más o menos amplia, así como la desaparición de la legitimación de entidades o grupos que no hayan obtenido la acreditación como entidad habilitada. Si bien la Directiva permite la habilitación "ad hoc" de entidades para el ejercicio de acciones nacionales, no parece recomendarlo, inclinándose por la existencia de entidades con demostrada estabilidad, solvencia y transparencia.

En particular, para el ejercicio de las acciones colectivas nacionales, el legislador interno puede decidir si los criterios que la Directiva exige a las entidades habilitadas para ejercer acciones transnacionales deben exigirse también para el ejercicio de acciones nacionales, de manera que exista, quizás, un menor número de entidades habilitadas, pero con los requisitos necesarios para ejercer acciones nacionales y acciones transfronterizas. En esta línea, el proyecto propone la modificación del texto refundido de la Ley General para la Defensa de los Consumidores y Usuarios unificando los requisitos exigidos a las entidades habilitadas tanto para ejercer acciones nacionales como transfronterizas.

Atendiendo a la posición de los consumidores en relación con el proceso colectivo, la Directiva no define un modelo único europeo, sino que deja margen de actuación a los Estados miembros para que diseñen un modelo de inclusión voluntaria, un modelo de autoexclusión, o una combinación de ambos. Solo impone el modelo de adhesión voluntaria para aquellos consumidores que no tengan su residencia habitual en el Estado miembro en el que se ha ejercido la acción de resarcimiento. Partiendo de esa libertad de configuración, el proyecto de 2024 se decanta por el modelo *opt-out* o de autoexclusión con carácter general, permitiendo al tribunal que de forma excepcional acuerde el modelo de *opt-in* o de adhesión voluntaria, siempre que la cuantía de lo reclamado por el consumidor supere los 3.000 euros (art. 848.3). Por lo que ahora importa, considero que el modelo de autoexclusión es el adecuado para las reclamaciones de daños por infracciones del Derecho de la competencia, y ello porque permitirá que los consumidores que hayan sufrido un perjuicio no muy elevado puedan obtener esa reparación sin necesidad de iniciar un proceso individual ni personarse formalmente en el proceso colectivo. Cuando, en cambio, la cantidad que corresponda a cada consumidor por los daños sufridos a consecuencia de una conducta anticompetitiva sea elevada, lo que procederá será, bien el ejercicio individual de esa pretensión, bien una acción colectiva en la que sea precisa la manifestación del consumidor para quedar vinculado por la sentencia[23].

Sea cual sea el sistema que acabe por imponerse, la Directiva deja claro que los consumidores no serán parte en el procedimiento y no podrán por tanto proponer prueba, interponer recursos, o entorpecer el desarrollo del procedimiento[24]. Podrán manifestar su voluntad de quedar incluidos en el proceso y resultar vinculados por la sentencia (*opt-in*), o, en su caso, su voluntad de quedar excluidos del proceso (*opt-out*), pero esas expresiones de voluntad deberán formalizarse mediante mecanismos sencillos o informatizados que deberá activar la entidad habilitada y no mediante el instrumento de la intervención procesal que contempla actualmente la LEC (art. 15).

La pieza clave en el funcionamiento de la acción colectiva que acabe por diseñarse va a consistir en un trámite, llamado de certificación, y dirigido a que el juez decida si el conflicto que se describe en la demanda reúne las características adecuadas para tramitarse como acción colectiva. Se trata de un control judicial que excede del mero examen de los presupues-

---

23 AGUILERA MORALES, M., "Ante el reto de diseñar un modelo de tutela colectiva de manos de la Directiva (UE) 2020/1828", en *Revista Española de Derecho Europeo*, 78-79 (abril-septiembre 2021), p. 120.

24 LÓPEZ SÁNCHEZ, J., "La desvinculación en las acciones de representación (opt-out) y el derecho a la tutela judicial efectiva", en *Diario La Ley*, núm. 10282, 9 de mayo de 2023.

tos procesales y que se adentra en consideraciones relativas al número de consumidores, a la homogeneidad de sus pretensiones, y a la viabilidad de la acción colectiva para ese conflicto atendiendo a "la naturaleza de la infracción y las características de los daños o perjuicios sufridos por los consumidores" (considerando 49)[25]. Será por tanto en este momento de la certificación cuando el juez deberá decidir si, caso de continuar la tramitación por los cauces de la acción colectiva, los consumidores deberán adherirse voluntariamente a la misma para que la sentencia les afecte o, en cambio, quedarán sujetos al proceso salvo que expresen su voluntad de excluirse. Esta fase de certificación requerirá el control de otras cuestiones como la del posible tercero financiador de la acción -excluyendo un eventual conflicto de intereses-, o la de la legitimación de la entidad habilitada pues, además de estar constituida como tal, deberá concurrir el interés legítimo o la conexión entre la pretensión planteada por esa entidad y los fines de la misma.

La Directiva en materia de acciones de representación no obliga a los Estados miembros a crear un procedimiento especial, sino que fija algunas exigencias que deberán incardinarse en el modelo procedimental que acabe por diseñarse. En particular, por lo que se refiere a la actividad probatoria, la Directiva contempla la obligación de los Estados Miembros de regular el deber de exhibición de pruebas que obren en poder de la parte contraria (art. 18 Directiva). Se tratará de una regulación general que deberá ceder en el caso de que se ejerza una acción colectiva de reclamación de daños y ello por cuanto existe ya para este ámbito una regulación específica en

---

25 También la Directiva establece en su considerando 12 que "debe corresponder a los Estados miembros determinar el grado de similitud exigido entre las pretensiones individuales o el número mínimo de consumidores afectados por una acción de representación para obtener medidas resarcitorias".

el art. 283 bis LEC. En la misma línea, la Directiva relativa a las acciones de representación no establece ninguna orientación en relación con la cuantificación del perjuicio de los consumidores en el caso de que se estime una acción de resarcimiento. Establece su considerando 50 que la sentencia que estime una acción resarcitoria deberá "identificar a los consumidores individuales o, al menos, describir el grupo de consumidores que tienen derecho a las soluciones que esas medidas resarcitorias proporcionan y, en su caso, indicar el método de cuantificación del daño o perjuicio y los trámites correspondientes que deban cumplir los consumidores y los empresarios para que se apliquen las soluciones"[26]. El Proyecto de LO de 2024, en relación con el contenido de la sentencia que estime una acción resarcitoria, contempla diferentes hipótesis consistentes bien en fijar la cuantía que corresponde a cada consumidor o a cada grupo de consumidores; bien en fijar -según las estimaciones del tribunal- una cantidad que represente el importe máximo de las sumas que deberían abonarse a los consumidores y que serán objeto de posterior liquidación[27]. Para las acciones co-

---

[26] De manera más escueta indica el art. 9.5 de la Directiva que "Cuando una medida resarcitoria no especifique de manera individual a los consumidores que pueden beneficiarse de las soluciones que aquella proporcione, delimitará al menos el grupo de consumidores que pueden beneficiarse de tales soluciones", añadiendo el apartado 6 que "Los Estados miembros velarán por que las medidas resarcitorias permitan a los consumidores beneficiarse de las soluciones que proporcionen dichas medidas resarcitorias sin necesidad de ejercitar otra acción".

[27] Como dice la exposición de motivos del Proyecto de LO "El tribunal ha de pronunciarse tratando de alcanzar el mayor grado de determinación posible en cuanto a los beneficiarios y a la concreta prestación que corresponde a cada uno de ellos. Se contempla, asimismo, la conveniencia de establecer una cantidad a tanto alzado, aparentemente suficiente para hacer frente a las responsabilidades pecuniarias, que pueda ser objeto de modificación si al darle cumplimiento se advierte su insuficiencia".

lectivas de reclamación de daños por infracciones del Derecho de la competencia, estas disposiciones deberán cohonestarse con las previsiones en materia de prueba que específicamente contempla la LDC tales como la presunción del perjuicio (art. 76.3), las normas especiales sobre carga de la prueba, o la posibilidad de que el tribunal proceda a la estimación del perjuicio cuando su prueba excesivamente difícil o prácticamente imposible (art. 76.2).

Por último, dictada la sentencia colectiva, la Directiva deja claro que los consumidores deben poder beneficiarse de la sentencia sin necesidad de iniciar un proceso individual. Los Estados miembros deberán fijar el plazo en el que los consumidores podrán solicitar ser beneficiarios de la sentencia. Y en el caso de que la sentencia colectiva haya condenado al empresario infractor a una cantidad global, la liquidación de esa cantidad entre los consumidores será una tarea que podrá encomendarse a la propia entidad habilitada o una entidad profesional. También la Directiva exige a los Estados miembros que establezcan el destino de las cantidades que hayan sido abonadas por el empresario condenado y no hayan sido finalmente repartidas entre los consumidores (art. 9.7 Directiva 2020/1828).

IV. LA CONFIGURACIÓN DE MECANISMOS ESPECIALES DE TUTELA PARA ESTA MATERIA: EL PLEITO TESTIGO

Para cerrar este recorrido por las diferentes posibilidades que se plantean a la hora de configurar procedimientos adecuados para la efectividad del derecho al pleno resarcimiento cabe referirse a otra técnica pensada para supuestos en los que se genera una litigación masiva. Se trata de la técnica del pleito testigo o del proceso modelo que suele ir unida a otro mecanismo procesal: el de la extensión de los efectos de la sentencia dictada en un proceso, en otro proceso posterior. Esta segunda técnica, existente en el proceso contencioso administrativo, se ha introducido en el proceso civil junto con la del pleito testigo, a través del Real Decreto-Ley 6/2023, de 19 de diciembre, acotando su aplicación a los procesos en materia de condiciones generales de la contratación. Si bien la regulación finalmente aprobada presenta ciertas lagunas que ya habían sido apuntadas por la doctrina[28], interesa en estos momentos conocer en qué consiste esta técnica y reflexionar sobre su adecuación para dar una respuesta, aparentemente más rápida, a las múltiples reclamaciones que pueden plantearse en relación con una misma infracción del Derecho de la competencia.

---

[28] ORTELLS RAMOS, M., "Proceso colectivo, procesos en serie y proceso testigo. Jueces y CGPJ ante los litigios civiles en masa", en *Revista General de Derecho Procesal,* núm. 54, 2021; BANACLOCHE PALAO, J., "La reforma de los procesos civiles prevista en el Proyecto de Ley de eficiencia procesal (disposiciones generales, juicio ordinario y juicio verbal)", *Diario La Ley,* núm. 10140, 28 de septiembre de 2022 (LA LEY 8174/2022); FERNÁNDEZ LÓPEZ, M., "Medidas especiales para la litigación en masa: algunos comentarios sobre la propuesta de regulación del pleito testigo y de la extensión de efectos desde la perspectiva de su impacto en los derechos procesales", en *El Derecho Procesal: entre la Academia y el Foro,* Barcelona, 2022; NOYA FERREIRO, M. L., "El pleito testigo: del proceso administrativo al proceso civil", en *El Derecho Procesal entre la Academia y el Foro,* Barcelona, 2022; REYNAL QUEROL, N., "El proceso testigo en el proyecto de ley de medidas de eficiencia procesal", *Justicia,* 2022, 1; NEIRA PENA, A. M, "El procedimiento testigo. ¿Una alternativa a las acciones colectivas?", en *Logros y retos de la justicia civil en España,* Valencia, 2023; LÓPEZ GIL, M., "El pleito testigo y la extensión de efectos de las sentencias en el proceso de consumidores", Ponencia presentada en las VIII Jornadas de la Asociación de Profesores de Derecho Procesal "Proceso y Garantías", Palmas de Gran Canaria, 26-27 de abril de 2023; MORENO GARCÍA, L., El pleito testigo como herramienta para hacer frente a la litigación en masa en condiciones generales de la contratación, en Más allá de la Justicia: nuevos horizontes del Derecho Procesal, Tirant lo Blanch, Valencia, 2024, pp. 331-343.

En esencia, esta técnica consiste en la elección -dentro de una pluralidad de procesos pendientes con identidad objetiva sustancial-, de uno de ellos, o bien, en diseñar un proceso ex novo, artificial, cuyo objeto coincida con el resto de procesos pendientes, configurándolo con la finalidad de servir de modelo para el resto de procesos idénticos. El proceso modelo se tramitará con carácter preferente quedando suspendidos el resto de procesos en los que concurran las identidades necesarias fijadas por la ley; estas identidades podrán consistir, por ejemplo, en la identidad del demandado en los procesos pendientes -todas las reclamaciones se dirigen frente al mismo o mismos empresarios-, y en la identidad de la causa de pedir, que concurrirá cuando las reclamaciones objeto de los procesos suspendidos se fundamenten en la misma infracción del Derecho de la competencia. Esta técnica debe ir acompañada de medidas de publicidad adecuadas para que el interesado que pretenda iniciar un proceso de reclamación de daños tenga conocimiento de la existencia de un proceso modelo ante un órgano jurisdiccional determinado y pueda comprobar las identidades necesarias para acogerse a esta técnica.

Dictada sentencia en el proceso modelo, se planteará ante los demandantes de los procesos suspendidos tres posibilidades: a) desistir del proceso planteado que había quedado en suspenso; esta opción será la más frecuente cuando el proceso modelo acabe con sentencia desestimatoria o cuando extraprocesalmente el demandante del proceso suspendido haya obtenido la reparación del daño; b) solicitar la continuación del proceso suspendido por entender, entre otras posibles razones, que puede obtener una sentencia diferente a la dictada en el proceso modelo; esta posibilidad deberá atenderse por exigencias del derecho a la tutela judicial efectiva (art. 24 CE); c) solicitar la extensión de los efectos de la sentencia dictada en el proceso modelo en el proceso suspendido.

En contra de lo que pudiera parecer, esta última posibilidad no implicará un automatismo a la hora de resolver el proceso suspendido; deberá plantearse un incidente en el que se garantice el derecho de defensa del demandado frente a la opción ejercida por el demandante. En este punto, será preciso atender a la sentencia dictada en el proceso modelo y a la concreción de los efectos cuya extensión se solicita. Y así, si la sentencia dictada en el proceso modelo ha declarado el derecho del demandante a ser resarcido del perjuicio sufrido como consecuencia de una infracción del Derecho de la competencia y ha condenado al demandado a satisfacer cierta cantidad, el demandante del proceso suspendido podrá solicitar la extensión de los efectos de esa sentencia en la medida en que su pretensión sea idéntica a la resuelta en el proceso modelo y así se haya constatado cuando se acordó la suspensión del proceso; lo anterior supondrá (i) que no será necesario un nuevo examen judicial de la situación jurídica del demandante del proceso suspendido en tanto deberá reconocérsele también su derecho a ser resarcido del perjuicio; y (ii) en cuanto a la condena dineraria, el automatismo de la extensión de los efectos de la sentencia dictada en el proceso modelo dependerá del contenido de la misma. Si, tal como permite el art. 76.2 LDC, en los procesos de reclamación de daños el juez puede proceder a la estimación del importe del daño cuando la demostración del mismo es extremadamente difícil o prácticamente imposible, y la sentencia dictada en el proceso modelo ha resuelto con base en esa estimación, el mismo criterio deberá aplicarse en el proceso suspendido, no siendo precisa una nueva actividad probatoria para la demostración del perjuicio padecido por el demandante del proceso suspendido.

En todo caso, parece necesario un incidente de carácter documental en el que el demandante del proceso suspendido que debió aportar con la demanda los medios de prueba documentales en los que justifica su pretensión (art. 265 LEC), manifieste, tras conocer la sentencia dictada en el proceso modelo, la opción que considere adecuada, y, caso de solicitar la extensión de los efectos de la sentencia dictada en el proceso modelo, concrete las cantidades que reclama; este escrito deberá ser puesto en conocimiento del demandado para garantizar su derecho de defensa, y tras ese trámite, podrá el juez dictar la sentencia del proceso suspendido.

V. A MODO DE REFLEXIÓN FINAL

Tras este somero repaso por dos de las técnicas que pueden implantarse ante situaciones de litigiosidad masiva como las que se generan en las acciones de daños, cabría concluir con una reflexión para el futuro pues, en el momento de redactar estas líneas, sigue pendiente la adaptación de la Directiva 2020/1828/UE a nuestro ordenamiento y, por lo que a la técnica del pleito testigo se refiere, su regulación en el art. 438 bis LEC se ha limitado a los procesos en materia de condiciones generales de la contratación, no siendo extensible a los procesos de reclamación de daños.

Considero a este respecto que la técnica del pleito testigo puede resultar adecuada cuando lo que se plantean son acciones de daños consecutivas (*follow-on*). En este tipo de acciones, el juez civil parte de una declaración acerca de la existencia de la infracción, quedando el proceso reducido a comprobar la existencia del perjuicio y el importe del mismo. La tramitación del proceso elegido como modelo con carácter preferente, y la posibilidad de que los demás procesos suspendidos soliciten la extensión de los efectos de la sentencia dictada en el proceso modelo puede ser una solución adecuada ante la reiteración de reclamaciones con identidad objetiva sustancial, esto es, fundamentadas en la misma infracción declarada contraria al Derecho de la competencia.

Cuando, en cambio, se plantea una acción de daños de manera autónoma (*stand-alone*), la declaración jurisdiccional sobre la existencia de la infracción y el alcance de la responsabilidad del empresario demandado, constituirán el objeto de un proceso civil que requerirá un tratamiento ordinario de sus pretensiones, con plenas posibilidades de alegación y defensa para ambas partes. La circunstancia de que, en un proceso de este tipo, exista un número elevado de consumidores perjudicados por la infracción que puedan beneficiarse de la sentencia, justificará el ejercicio de una acción colectiva, garantizando el derecho al pleno resarcimiento de los consumidores sin necesidad de que intervengan en el proceso.

BIBLIOGRAFÍA

AGUILERA MORALES, M., "Ante el reto de diseñar un modelo de tutela colectiva de manos de la Directiva (UE) 2020/1828", en *Revista Española de Derecho Europeo,* 78-79 (abril-septiembre 2021).

BANACLOCHE PALAO, J., "La reforma de los procesos civiles prevista en el Proyecto de Ley de eficiencia procesal (disposiciones generales, juicio ordinario y juicio verbal)", *Diario La Ley,* núm. 10140, 28 de septiembre de 2022 (LA LEY 8174/2022).

FERNÁNDEZ LÓPEZ, M., "Medidas especiales para la litigación en masa: algunos comentarios sobre la propuesta de regulación del pleito testigo y de la extensión de efectos desde la perspectiva de su impacto en los derechos procesales", en *El Derecho Procesal: entre la Academia y el Foro,* Barcelona, 2022.

GASCÓN INCHAUSTI, F., "Aspectos procesales de las acciones de daños derivados de infracciones de las normas sobre defensa de la competencia: apuntes a la luz de la directiva 2014/104 y de la propuesta de ley de transposición", *Cuadernos de derecho transnacional,* vol. 9, núm. 1, 2017.

"¿Hacia un modelo europeo de tutela colectiva?", *Cuadernos de Derecho Transnacional,* octubre 2020, vol. 12, núm. 2

"Algunas claves del Anteproyecto de Ley de Acciones de Representación de los intereses colectivos de los consumidores", *Almacén de Derecho,* 17 de febrero de 2023.

HITCHINGS, P., *La influencia del Derecho europeo en los procesos de daños por infracción del Derecho de la competencia,* Tirant lo Blanch, Valencia, 2024.

LÓPEZ GIL, M., "El pleito testigo y la extensión de efectos de las sentencias en el proceso de consumidores", Ponencia presentada en las VIII Jornadas de la Asociación de Profesores de Derecho Procesal "Proceso y Garantías", Palmas de Gran Canaria, 26-27 de abril de 2023.

LÓPEZ SÁNCHEZ, J., "La desvinculación en las acciones de representación (opt-out) y el derecho a la tutela judicial efectiva", en *Diario La Ley*, núm. 10282, 9 de mayo de 2023.

MARTÍN PASTOR, J., "Las acciones colectivas en España: especial referencia a la aplicación privada de la competencia", en *La compensación de los daños por infracción de las normas de competencia tras la directiva 2014/104/UE*, Aranzadi, 2016.

MORENO GARCÍA, L., El pleito testigo como herramienta para hacer frente a la litigación en masa en condiciones generales de la contratación, en *Más allá de la Justicia: nuevos horizontes del Derecho Procesal*, Tirant lo Blanch, Valencia, 2024.

NEIRA PENA, A. M, "El procedimiento testigo. ¿Una alternativa a las acciones colectivas?", en *Logros y retos de la justicia civil en España*, Valencia, 2023.

NOYA FERREIRO, M. L., "El pleito testigo: del proceso administrativo al proceso civil", en *El Derecho Procesal entre la Academia y el Foro*, Barcelona, 2022.

ORTELLS RAMOS, M., "Proceso colectivo, procesos en serie y proceso testigo. Jueces y CGPJ ante los litigios civiles en masa", en *Revista General de Derecho Procesal*, núm. 54, 2021.

REYNAL QUEROL, N., "El proceso testigo en el proyecto de ley de medidas de eficiencia procesal", *Justicia*, 2022, 1.

VIDAL, P., CAPILLA, A., y GUAL, C., "El nuevo régimen de reclamación de daños en España por ilícitos de competencia", *Actualidad Jurídica Uría Menéndez*, núm. 47-2017.

Capítulo 3.

LA AUTOPREFERENCIA COMO UNA NUEVA MODALIDAD DE ABUSO DE POSICIÓN DOMINANTE

FERNANDO CACHAFEIRO[1]

Profesor Titular de Derecho mercantil

Universidad de A Coruña

I. INTRODUCCIÓN

La prohibición de abuso de posición dominante recogida en el art. 102 del TFUE traza una línea divisoria entre, por un lado, la conducta de los operadores dominantes que excluye a los competidores de forma anticompetitiva y, por otro lado, la competencia basada en los propios méritos que, aunque puede obligar a ciertas empresas a abandonar el mercado, no resulta incompatible con la legislación de competencia. Aunque de manera intuitiva se entienda la diferencia entre ambos tipos de conducta, en la práctica resulta difícil distinguir la competencia excluyente de aquella basada en los méritos pues ambas pueden tener el mismo efecto en el mercado: la salida del mercado de los competidores de la empresa dominante. Por ejemplo, si como resultado de una agresiva política de precios de un operador dominante, resulta que un competidor es forzado a

[1] Trabajo realizado en el marco del proyecto de investigación «Big Data, competencia y protección de datos» (PID2021-127172NB-I00), del Plan Estatal de Investigación Científica, Técnica y de Innovación 2021-2023, cofinanciado por la Unión Europea y el Ministerio de Ciencia e Innovación – Agencia Estatal de Investigación.

abandonar el mercado, cabe preguntarse si dicha política constituye una forma legítima de competir en el mercado, basada en los méritos de la empresa dominante (menores costes de producción, economías de escala, producto más innovador, etc.) o, por el contrario, responde a una estrategia para excluir del mercado a las empresas rivales de manera anticompetitiva. Para intentar diferenciar ambas categorías, las autoridades de competencia y los tribunales deben analizar tanto las causas como los efectos de la salida del mercado de las empresas.

La dificultad de dilucidar cuándo un comportamiento es abusivo se pone de manifiesto al analizar la figura de la autopreferencia, objeto del presente trabajo, que se caracteriza por la presencia de un operador dominante verticalmente integrado que otorga a sus propios productos o servicios un trato privilegiado respecto de los productos o servicios de sus competidores. La «integración vertical» es una estrategia que permite a una empresa racionalizar sus operaciones asumiendo la propiedad directa de varias etapas de su proceso de producción («aguas arriba») o del proceso de distribución («aguas abajo») en lugar de depender de contratistas o proveedores/distribuidores externos. Esta integración vertical puede llevarse a cabo adquiriendo o estableciendo sus propios proveedores, fabricantes, distribuidores o puntos de venta (en lugar de subcontratarlos) y conlleva significativas ventajas como una mayor eficiencia, una reducción de costes o un aumento del control a lo largo del proceso de fabricación o distribución.

Sin embargo, la integración vertical también entraña riesgos para la competencia cuando el operador dominante verticalmente integrado trata de extender su poder económico en los mercados aguas arriba o aguas abajo en los que quienes antes eran sus proveedor, distribuidores o clientes, pasan a ahora a convertirse merced a la integración también en competidores. Una de las formas en que puede abusar de su posición y extender su poder de mercado aguas arriba o abajo es otorgando un trato preferente a sus productos y servicios respecto de los productos y servicios de sus proveedores o clientes, lo que se ha venido a denominar «autopreferencia».

Para abordar el estudio de la autopreferencia, el trabajo se estructura en tres partes. En la primera se analiza el concepto de conducta abusiva partiendo de la diferencia clásica entre abusos de explotación y abusos excluyentes. En la segunda parte, se estudia cómo aborda el Derecho de la competencia la diferencia de trato (es decir, la discriminación) partiendo de una distinción fundamental entre discriminación de competidores, de un lado, y de proveedores y clientes con los que no se compite, de otro. Finalmente, la tercera y más extensa parte del trabajo se dedica al estudio de la autopreferencia, a partir de los pronunciamientos del Tribunal General en su célebre sentencia *Google Shopping*[2]. La sentencia adopta como punto de partida la idea de que la autopreferencia constituye una forma de abuso *ad hoc* que ha de someterse a su propio test de legalidad, el cual se enmarca -a su vez- dentro de la categoría de abusos de posición de dominio que tienen lugar en otros mercados en los que también está presente el operador dominante («leveraging»). En segundo lugar, el Tribunal General estima que la autopreferencia no es en sí misma ilegal, sino que sólo tiene dicho carácter cuando tenga un efecto excluyente en el mercado, impidiendo a otras empresas competir con el operador dominante (cierre del mercado). Para valorar el carácter excluyente se han de valorar todas las circunstancias del caso, tales como el efecto sobre los usuarios finales, el carácter superdominante de Google, el paso de un modelo abierto a uno cerrado, la ausencia de lógica empresarial de la conducta o el hecho de que el buscador general sea la puerta por la que acceden los usuarios a los comparadores de tiendas rivales de Goo-

---

2 Sentencia del Tribunal General de 10 de noviembre de 2021, asunto T-612/17-*Google LLC contra Comisión Europea* (ECLI:EU:T:2021:763) conocida como sentencia *Google Shopping*.

gle. Finalmente, el Tribunal General también invoca el principio de neutralidad de la red positivizado en algunas normas de Derecho europeo. El trabajo culmina con una referencia a la Ley de Mercados Digitales que complementa la aplicación *ex post* del Derecho de la competencia con una regulación *ex ante* del negocio de las plataformas.

II. LA CONDUCTA ABUSIVA DEL OPERADOR DOMINANTE

1. DEFINICIÓN DE ABUSO

El art. 102 del TFUE no ofrece una definición legal de «abuso» sino que se limita a facilitar una serie de ejemplos de conductas potencialmente abusivas, lo cual ha obligado a las autoridades de competencia y a la jurisprudencia a tratar de esbozar una definición de conducta abusiva.

La sentencia *Hoffman La Roche* define el abuso de posición dominante como aquel comportamiento que «produce el efecto de obstaculizar, por medios diferentes de los que rigen una competencia normal de productos o servicios con arreglo a las prestaciones de los agentes económicos, el mantenimiento del nivel de competencia que aún exista en el mercado o el desarrollo de esa competencia»[3]. Por «competencia normal» se entiende la competencia basada en «los méritos»[4]. De acuerdo con

---

3 Sentencia del Tribunal de Justicia de 13 de febrero de 1979, asunto 85/76– *Hoffmann-La Roche & Co. AG contra Comisión* (ECLI:EU:C:1979:36), párrafo 91.

4 Sentencia del Tribunal de Justicia de 3 de julio de 1991, asunto C-62/86– *AKZO Chemie BV contra Comisión Europea* (ECLI:EU:C:1991:286), párrafo 70: «de ello se deduce que el artículo 86 (hoy 102) del Tratado prohíbe que una empresa que ocupa una posición dominante elimine

esta idea, se considera que una empresa dominante está compitiendo por sus propios méritos cuando, por ejemplo, ofrece un producto mejor que sus rivales a un precio más bajo que refleja sus menores costes: en tales circunstancias, no estaría abusando, aunque sus competidores hayan perdido clientes por ofrecer productos peores a precios menos atractivos. Siguiendo con el ejemplo propuesto, si la empresa dominante prácticamente regala sus productos, por debajo de su coste, para eliminar a un competidor del mercado, dicha conducta no sería una forma de competencia basada en los propios méritos[5].

La jurisprudencia europea también ha definido el abuso partiendo de la idea de que las empresas dominantes tienen una especial responsabilidad respecto del funcionamiento del mercado. Así, la sentencia *Michelin* afirma que, aunque «la acreditación de la existencia de una posición dominante no implica, en sí misma, ningún reproche a la empresa de que se trate (...) incumbe a ésta, independientemente de las causas que expliquen dicha posición, una responsabilidad especial de no impedir, con su comportamiento, el desarrollo de una competencia efectiva y no falseada en el mercado común»[6]. De esta especial responsabilidad, se deriva la conclusión de que se puede prohibir a la empresa dominante conductas que serían

---

a un competidor y refuerce de ese modo su posición, recurriendo a medios distintos de los que rigen una competencia basada en los méritos. En esta perspectiva, toda competencia por los precios no puede considerarse, sin embargo, legítima».

5 *Vid.* JONES, A., SUFRIN, B. y DUNNE, N., *EU Competition Law: text, cases, and materials,* 7ªEd., Oxford University Press, Oxford, 2019, págs. 371 y 372.

6 Sentencia del Tribunal de Justicia de 9 de noviembre de 1983, asunto 322/81-*NV Nederlandsche Banden Industrie Michelin contra Comisión* (ECLI:EU:C:1983:313), párrafo 57.

legítimas si fueran realizadas por una empresa sin poder de mercado[7].

Las nociones de «competencia normal», «competencia basada en los méritos» y «especial responsabilidad» son, en cualquier caso, imprecisas y no permiten articular fácilmente un test de legalidad que dictamine en qué casos y bajo qué circunstancias la conducta del operador dominante es abusiva. Por este motivo, la doctrina jurídica y económica ha propuesto distintas teorías para tratar de identificar el comportamiento abusivo en el mercado[8]. Disponer de un test legal para diferenciar el comportamiento legítimo del abusivo es de capital importancia pues si se califica erróneamente como abusiva a una conducta, se puede estar impidiendo una práctica que de otro modo tendría efectos positivos para la competencia en el mercado[9]. Cabe citar, en primer lugar, el test del sacrificio del propio beneficio («profit sacrifice») que considera ilegal la conducta del operador dominante que voluntariamente opta por un comportamiento que reduce los beneficios que podría haber obtenido (a cambio de eliminar a un competidor). Una variante del anterior, la encontramos en la teoría de la ausencia de sentido económico («no economic sense») por la que se

---

7 *Vid.* LIANOS, I., KORAH, V. y SICILIANI, P., *Competition law*, Oxford University Press, Oxford, 2018, págs. 895 y ss, quienes destacan que la libertad de competir del operador dominante está condicionada por la especial responsabilidad que tiene de conservar el funcionamiento competitivo del mercado.

8 El Comité de Competencia de la OCDE publicó en 2006 un informe en que se exponen los distintos test de legalidad para distinguir la conducta lícita, es decir, la competencia basada en los méritos, de la abusiva. *Vid.* OCDE, *Competition on the merits*, DAF/COMP(2005)27, de 30 de marzo de 2006.

9 *Vid.* GONZÁLEZ DÍAZ, F./ SNELDERS, R., *EU Competition Law, Volume 5. Abuse of dominance under article 102 TEFU*, Claeys & Casteels, Lovaina, 2013, pág. 122.

considera abusivo todo comportamiento que únicamente tiene sentido si se realiza para reducir la competencia en el mercado[10]. En segundo lugar, también se recurre al test del competidor igualmente eficiente («as efficient competitor») por el cual sólo se prohíben las conductas que excluyen a los competidores que son tan eficientes como la empresa dominante. De acuerdo con esta teoría, la eliminación de competidores menos eficientes no se considera un abuso pues el propio proceso competitivo acabará expulsándolos del mercado[11]. Por otro lado, cabe reseñar la teoría de la propia eficiencia («own efficiency») que estima razonable la conducta de la empresa dominante que mejora su eficiencia y abusiva la que reduce la eficiencia de sus competidores (independientemente, en este segundo caso, de que empeore o no la propia eficiencia de la empresa dominante). Finalmente, el carácter abusivo de una conducta puede hacerse depender de la reducción del beneficio del consumidor («consumer welfare») que exige contraponer los efectos positivos y negativos que la conducta tiene sobre el bienestar del consumidor. Ninguna de las teorías mencionadas está exenta de inconvenientes, ni resulta de general aplicación para toda clase de abusos, de ahí que las autoridades y tribunales hayan de recurrir a ellas con cautela[12].

---

10 *Vid.* O'DONOGHUE, R. y PADILLA, J., *The law and economics of article 102 TFEU,* 3ª Ed., Hart Publishing, Nueva York, 2020, págs. 279 y ss.

11 Sentencia Tribunal de Justicia de 3 de julio de 1991, asunto C-62/86– *AKZO Chemie BV contra Comisión*: en relación con los precios inferiores al coste total medio (ATC), el Tribunal de Justicia señala que: «dichos precios pueden eliminar del mercado a empresas que quizás sean tan eficaces como la empresa dominante pero que, debido a su inferior capacidad económica, son incapaces de resistir la competencia que se les hace» (párrafo 72).

12 Para un análisis exhaustivo de los distintos test de legalidad, *vid.* O'DONOGHUE, R. / PADILLA, J., *ob. cit.*, pág. 279 y ss.

2. TIPOS DE ABUSO

El abuso de posición dominante puede ser de dos tipos: abusos de explotación y abusos excluyentes[13]: en los primeros, la empresa dominante se aprovecha de su poder de mercado para imponer condiciones a sus proveedores o clientes que no habrían sido posibles en ausencia de dicha situación de predominio; en los segundos, utiliza el poder de mercado para excluir a sus competidores[14]. De esta manera, la explotación se refiere a conductas que lesionan directamente a quienes hacen negocios con el operador dominante (proveedores y clientes), mientras que en la exclusión la incidencia sobre éstos es sólo indirecta y tiene lugar como consecuencia de la eliminación de los competidores de la empresa dominante[15]. La práctica de las autoridades de competencia y de los tribunales europeos se ha centrado, fundamentalmente, en los abusos de tipo excluyen-

---

[13] El origen de esta clasificación lo encontramos en la célebre sentencia *Continental Can* (de 21 de febrero de 1973, asunto 6-72 [ECLI:EU:C:1973:22]) en la que el Tribunal de Justicia concluyó que la prohibición del art. 102 TFUE no se aplica sólo a las conductas que perjudican directamente a los consumidores (abusos de explotación) sino también a aquellas que afectan a la estructura de la competencia y, por ello, les perjudican indirectamente (abusos excluyentes): la explotación de una posición dominante no se refiere únicamente a las prácticas que pueden causar un perjuicio inmediato a los consumidores, sino también a las que les perjudican atacando una estructura de competencia efectiva» (párrafo 26).

[14] *Vid.* O'DONOGHUE, R. / PADILLA, J., *ob. cit.*, págs. 262-263.

[15] Sentencia del Tribunal de Justicia de 27 de marzo de 2012, asunto C-209/10–*Post Danmark I* (ECLI:EU:C:2012:172): «de la jurisprudencia resulta que el artículo 82 CE (hoy 102 TFUE) no se refiere únicamente a las prácticas que causan un perjuicio inmediato a los consumidores, sino también a las que les perjudican al impedir una estructura de competencia efectiva» (párrafo 20).

te, en la medida en que atentan contra el funcionamiento de la competencia en el mercado.

El establecimiento de estas dos categorías de abuso resulta útil para tratar de delimitar en qué casos una conducta resulta abusiva pues no es lo mismo que vaya dirigida frente a los competidores del operador dominante, en cuyo caso habrá que determinar si la misma perjudica el funcionamiento del mercado, que frente a sus clientes y proveedores, lo cual exigirá valorar en qué medida el interés de éstos resulta perjudicado. Sin embargo, conviene hacer notar que la distinción entre ambas no es absoluta pues, en numerosas ocasiones, una conducta puede perjudicar simultáneamente a los competidores y a los clientes/proveedores del operador dominante. Es más, hay algunos tipos de conductas abusivas que unas veces se dirigen frente a los clientes y proveedores y otras frente a los competidores, por lo que la misma conducta puede ser unas veces una forma de explotación y otras de exclusión. Así sucede, por ejemplo, en los supuestos de discriminación en los que el operador dominante puede discriminar a sus clientes/proveedores o a sus competidores.

3. TEST DE LEGALIDAD

3.1. Test de legalidad de los abusos excluyentes

Los abusos de tipo excluyente se consideran comprendidos en la prohibición de la letra *b)* del art. 102 FUE: «limitar la producción, el mercado o el desarrollo técnico en perjuicio de los consumidores». La definición del abuso excluyente es suficientemente amplia para comprender las conductas que limitan la competencia en el mercado en perjuicio de los consumidores. En este sentido, los tribunales y la Comisión Europea delimitan la figura de los abusos excluyentes en torno a la noción de cierre anticompetitivo del mercado («anticompetitive market foreclosure»). En su Comunicación sobre abusos excluyentes, la Comisión Europea afirma que los abusos excluyentes «obstaculizan o impiden el acceso efectivo de los competidores potenciales o reales a los suministros o mercados» de manera que el operador dominante «está en condiciones de incrementar de forma rentable sus precios en detrimento de los consumidores»[16]. De esta definición se deducen los dos elementos que han de darse para prohibir una conducta excluyente: de un lado, ha de cerrar el mercado, en el sentido de obstaculizar o eliminar a los competidores potenciales o reales y, de otro, debe causar un daño a los consumidores.

Para apreciar la existencia de un cierre anticompetitivo del mercado, se han de tener en cuenta aspectos como la solidez de la posición dominante (cuando más consolidada esté, más fácil será que la conducta provoque un cierre de mercado); las condiciones del mercado de referencia (tales como barreras de entrada y efectos de red); la posición de los competidores en dicho mercado (hay que tener especial cuidado cuando se perjudica a un competidor innovador o muy competitivo); o la situación de clientes y proveedores (ha de evaluarse si la práctica afecta a clientes y/o proveedores vinculados a la entrada o expansión de competidores)[17]. La Comunicación también se remite a alguno de los tests mencionados anteriormente,

---

[16] *Comunicación (2009/C 45/02) de la Comisión sobre Orientaciones sobre las prioridades de control de la Comisión en su aplicación del artículo 82 (hoy 102) del Tratado CE a la conducta excluyente abusiva de las empresas dominantes*, febrero de 2009, párrafo 19. En las fechas en que escribimos este trabajo, la Comisión Europea ha publicado una convocatoria de información con vistas a adoptar unas Directrices sobre la aplicación del artículo 102 del TFUE a las conductas excluyentes. Hasta que se adopten las directrices definitivas, la Comisión ha publicado en marzo de 2023 una Comunicación (C[2023] 1923 final) con algunas adaptaciones puntuales de las orientaciones de 2009.

[17] *Comunicación (2009/C 45/02)*, párrafo 20.

como el «sacrificio del propio beneficio» en relación con los precios predatorios[18], la «ausencia de sentido económico»[19]; o «el competidor tan eficaz» a la hora de abordar la conducta excluyente basada en el precio[20].

3.2. Test de legalidad de los abusos de explotación

Los abusos de explotación se encuentran recogidos en la letra *a)* del artículo 102 TFUE que prohíbe «imponer directa o indirectamente precios de compra, de venta u otras condiciones de transacción no equitativas». El precepto impide utilizar el poder de mercado para imponer precios excesivamente elevados o condiciones particularmente gravosas o injustas. Determinar si un precio es «excesivo» exige, en primer lugar, comparar el precio con el coste de producción del bien y, en segundo lugar, determinar si el precio es excesivo en sí mismo o en comparación el precio de un competidor. Por otro lado, para saber si las condiciones son «equitativas», se analiza si el poder de mercado del operador dominante le permite imponer a sus clientes condiciones que no les habría podido poner

---

18 *Comunicación (2009/C 45/02)*, párrafos 63 y ss: «la Comisión intervendrá en general cuando haya pruebas que demuestren que una empresa dominante aplica una conducta predatoria incurriendo deliberadamente en perdidas o renunciando a beneficios a corto plazo» (la cita es del párrafo 63).

19 *Comunicación (2009/C 45/02)*, párrafo 22: «si resulta que la conducta no puede sino crear obstáculos a la competencia y que no genera ninguna eficiencia, cabe deducir que produce un efecto anticompetitivo».

20 *Comunicación (2009/C 45/02)*, párrafos 23-24: «con objeto de evitar un cierre anticompetitivo del mercado, la Comisión intervendrá generalmente cuando la conducta en cuestión ya haya obstaculizado o pueda obstaculizar la competencia de competidores que se consideren tan eficientes como la empresa dominante» (la cita es del párrafo 23). Sin embargo, no existen indicaciones respecto del test aplicable a los abusos no relacionados con el precio.

si careciese de dicho poder[21]. A diferencia de lo que sucede con los abusos excluyentes, las autoridades y tribunales europeos no han desarrollado un criterio que permita delimitar, con carácter general, en qué casos una conducta constituye una explotación de clientes o proveedores.

II. LA DISCRIMINACIÓN EN EL DERECHO DE LA COMPETENCIA

1. *¿ABUSO EXCLUYENTE O ABUSO DE EXPLOTACIÓN?*

Las anteriores reflexiones son relevantes a la hora de entender cómo el Derecho de defensa de la competencia aborda la cuestión de la discriminación, en función de quienes son los destinatarios de la práctica. Por un lado, la empresa dominante puede otorgar un trato discriminatorio a sus competidores, que les impide o dificulta permanecer en el mercado, lo cual constituye un abuso de tipo excluyente. Pero, por otro lado, es evidente que el operador dominante también puede discriminar a empresas que se encuentran en un distinto nivel de la cadena de producción o distribución del bien (proveedores o clientes) en los que no está presente y, por lo tanto, no compite con ellas[22].

---

21 *Vid.* O'DONOGHUE, R. / PADILLA, J., *ob. cit.*, págs. 294 y ss.

22 Tradicionalmente se distinguían dos tipos de discriminación: de un lado, aquella que afectaba al mercado controlado por la empresa dominante («primary line») y, de otro lado, la relativa a los mercados aguas arriba o aguas abajo donde se encontraban sus proveedores o clientes («secondary line»). Sin embargo, no cabe desconocer que -como venimos comentando- el operador dominante puede también participar directamente en los mercados aguas arriba o aguas abajo, de manera que sus proveedores y/o clientes sean al mismo tiempo competidores de la empresa dominante. Como consecuencia de este fenómeno, hoy la mayoría de la doctrina considera que el examen

No se trata de una mera diferenciación semántica o conceptual sin relevancia. Antes al contrario, tiene gran trascendencia puesto que, en cada caso, los hechos relevantes, los incentivos de la empresa dominante y los efectos de la conducta son diferentes[23]. Con carácter general, se considera que la empresa dominante puede tener fuertes incentivos para discriminar a empresas con las que compite, por cuanto dicha práctica le puede otorgar una ventaja competitiva frente a ellos o, incluso, puede permitirle excluirlos del mercado. Por el contrario, en el caso de discriminación de empresas con las que no compite, la entidad dominante carece de un interés claro para adoptar medidas que pueda debilitar la posición competitiva de uno de sus clientes o proveedores, respecto del resto; en estas situaciones, no gana nada e incluso puede perder si se reducen las ventas o compras de las empresas afectadas[24].

Como veremos a continuación, la discriminación de competidores suele enmarcarse en alguna de las modalidades de abuso excluyente, mientras que la discriminación de clientes/

---

de la discriminación no ha de girar en torno al mercado en el que despliega sus efectos, sino al hecho de que sean o no competidores de la empresa dominante las empresas afectadas. Se habla así de «discriminación de competidores» o «excluyente», frente a la «discriminación de proveedores/clientes» o «de explotación». *Vid.*, O'DONOGHUE, R. / PADILLA, J., *ob. cit.*, pág. 304; BERGQVIST, C., "Discriminatory abuse–The missing link in the more effect based approach", University of Copenhagen Faculty of Law, *Legal Studies Research Paper Series,* paper no. 2020-90, pág. 6; HORNKOHL, L., "Article 102 TFEU, Equal Treatment and Discrimination after Google Shopping", *Journal of European Competition Law & Practice,* vol. 13, no. 2, 2022, pág. 100; y AHLBORN, C., VAN GERVEN, G. y LESLIE, W., "Bronner revisited: Google Shopping and the Resurrection of Discrimination Under Article 102 TFEU", *Journal of European Competition Law & Practice,* 2022, vol. 13, no. 2, pág. 88.

23 *Vid.*, O'DONOGHUE, R. / PADILLA, J., *ob. cit.*, pág. 304.

24 *Vid.* O'DONOGHUE, R. / PADILLA, J., *ob. cit.*, pág. 957.

proveedores encuentra su acomodo en la letra *c)* del art. 102 TFU que alude a la imposición de condiciones discriminatorias «a terceros contratantes».

2. LA DISCRIMINACIÓN DE COMPETIDORES

La Comisión y los tribunales europeos no han elaborado una teoría del daño general para la discriminación de competidores, sino que recurren a otras modalidades de abusos excluyentes en los que está presente, de una forma o de otra, la discriminación[25]. De este modo, cuando la discriminación afecta al funcionamiento del mercado, la misma ha de examinarse bajo el tipo de abuso excluyente en que tiene lugar porque lo que prima en estos casos no es la preocupación por la desigualdad de trato, sino por el cierre anticompetitivo del mercado[26].

Las «cláusulas de exclusiva» y los «descuentos de fidelidad» constituyen buenos ejemplos para explicar la anterior afirmación. Estas prácticas permiten al operador dominante excluir a sus competidores, de un lado, impidiéndoles que vendan a clientes o compren a proveedores mediante «obligaciones de compra o venta exclusiva» y, de otro lado, estableciendo determinados «descuentos de fidelidad» que, en la práctica, impidan o dificultan tratar con otros clientes o proveedores para no perder los beneficios del descuento. Pues bien, los clientes o proveedores con los que no se contrata por existir algún tipo de acuerdo exclusivo o descuento de fidelidad, resultan discriminados respecto de aquellos con los que sí se puede operar. Ahora bien, el carácter abusivo de la conducta no se deriva de dicha circunstancia (discriminación), sino de que se puede

---

25 Vid. HORNKOHL, L., *ob. cit.*, pág. 99 y 102-103.

26 *Vid.* O'DONOGHUE, R. / PADILLA, J., *ob. cit*, págs. 304-305.

estar impidiendo la entrada o la expansión de empresas competidoras del operador dominante.

La desigualdad de trato también se aprecia en el abuso por «compresión de márgenes» que tiene lugar cuando el margen entre el precio de venta de un bien y el precio de un insumo esencial para producir ese bien es «demasiado pequeño» para permitir que un rival eficiente compita o sobreviva de forma efectiva. Los reducidos márgenes impuestos por la empresa dominante implican una discriminación en la medida en que trata más favorablemente a su propio producto o servicio en un mercado adyacente que a los de sus competidores en dicho mercado. Sin embargo, también aquí el carácter abusivo de la conducta no depende de si ha habido o no una diferencia de trato injustificada, sino de si un competidor igualmente eficiente sería capaz de ser viable en el mercado adyacente con los ajustados márgenes impuestos por el operador dominante.

Finalmente, la «negativa de suministro» constituye otra forma de abuso excluyente que, en numerosas ocasiones, implica un trato discriminatorio. Así sucede cuando la empresa dominante se niega directamente a suministrar a un competidor o lo hace indirectamente imponiéndole condiciones de servicio que éste no puede aceptar. En estos casos, tampoco es relevante que la empresa dominante esté discriminando, sino que la negativa de venta está excluyendo del mercado a un competidor, entre otras cosas, porque constituye un producto o servicio que el competidor necesita para competir y no dispone de fuentes de aprovisionamiento alternativas.

3. LA DISCRIMINACIÓN DE PROVEEDORES Y CLIENTES

3.1. El artículo 102 c) TFUE

La discriminación entre clientes y proveedores, plantea cuestiones diferentes dado que con la misma no se pretende expulsar del mercado a los competidores del operador dominante. En efecto, la empresa dominante no adquiere ninguna ventaja competitiva respecto de la empresa víctima de la desigualdad, por la sencilla razón de que ambos no son competidores. Esta modalidad de abuso encuentra acomodo en la letra *c)* del art. 102 del TFUE que expresamente se refiere al abuso consistente en «aplicar *a terceros contratantes* condiciones desiguales para prestaciones equivalentes, que ocasionen a éstos una desventaja competitiva». En efecto, la alusión expresa a terceros contratantes («trading partners») como destinatarios de la discriminación, parece dar a entender que el precepto alude a la discriminación de proveedores y clientes de la empresa dominante y no a sus competidores[27].

---

[27] La jurisprudencia, sin embargo, adolece de falta de claridad en este sentido pues algunas sentencias de los tribunales europeos aplican el art. 102 c) TFUE a abusos de tipo excluyente, como sucedía por ejemplo en las ya citadas *Hoffman-La Roche* (*cit. supra* en la nota 3) o *Michelin* (*cit. supra* en la nota 7). Tal vez la sentencia paradigmática en este sentido es *British Airways* en la que se sancionó a la compañía área por aplicar tarifas discriminatorias a las agencias de viajes, con las que no compite, si bien la finalidad última de la conducta era perjudicar a una aerolínea rival por lo que se trataba, en definitiva, de una conducta excluyente (Sentencia del Tribunal de Justicia de 15 de marzo de 2007, asunto C-95/04 P–*British Airways v. Comisión* [ECLI:EU:C:2007:166]). En la actualidad la sentencia Meo parece haber dejado atrás las dudas jurisprudenciales existentes al descartar que el art. 102 c) TFE pueda aplicarse a los abusos excluyentes (sentencia del TJUE de 19 de abril de 2018, *asunto C-525/12-MEO–Serviços de Comunicações e Multimédia SA y Autoridade da Concorrência* [ECLI:EU:C:2018:270]). En este asunto, un canal de televisión portugués (MEO) denunció ser víctima de una discriminación por parte de la entidad gestora de derechos de autor que ofrecía tarifas más competitivas a un empresario rival. Se trataba de un claro caso de abuso de explotación pues la entidad de gestión no era competidora de Meo y su conducta afectaba únicamente a la competencia de Meo con su rival favorecido por mejores tarifas. Para resolver el caso, el Abogado General Wahl realizó un profundo

El abuso previsto en el art. 102 *c)* se subordina a la existencia de una diferencia de trato respecto de «prestaciones equivalentes» que ocasione a los terceros «una desventaja competitiva». En opinión de la mayoría de la doctrina, de la conjunción de ambos elementos, se deduce un test de legalidad menos estricto que el que se utiliza para los abusos de tipo excluyente dado que -como veremos a continuación- es más sencillo acreditar que se causa a los competidores una «desventaja competitiva», que probar que se ha provocado un «cierre anticompetitivo del mercado»[28]. El precepto se aplica también a un tipo concreto de discriminación, aquella basada en la nacionalidad o la localización geográfica, en la cual ni siquiera es preciso acreditar las consecuencias negativas sobre los clientes/proveedores afectados[29].

---

examen de la discriminación de precios de segunda línea (proveedores y clientes) y se decanta por aplicar el art. 102 c) TFUE a este tipo de supuestos (vid. los párrafos 61 y ss. de la Opinión del Abogado General). Aunque el análisis del Tribunal General es más sucinto, centrado en los efectos anticompetitivos de la discriminación, parece confirmar que este tipo de conductas deben quedar amparadas bajo el art. 102 c) TFUE.

28 *Vid.* SAUTER, W. y VEDDER, H. "Anti-competitive discrimination by digital platforms", *European Competition Law Review,* vol. 44, 2023, pág. 90.

29 Los tribunales europeos también recurren al art. 102 c) TFUE para sancionar conductas que directa o indirectamente discriminan en función de la nacionalidad o lugar de residencia del consumidor. En estos casos, la interpretación del precepto es estricta y se aplica sin necesidad de valorar la existencia o no de una situación de desventaja competitiva. Al respecto, señalan SAUTER, W. y VEDDER, H. (*ob. cit.*, pág. 90) que cuando la discriminación «fragmenta el mercado interior es especialmente problemática y puede considerarse anticompetitiva incluso aunque tenga efectos que favorecen la eficiencia».

3.2. Abusos que causan una «desventaja competitiva»

La aplicación de la prohibición del art. 102 *c)* TFUE gira en torno a las nociones de «condiciones desiguales», «prestaciones equivalentes» y «desventaja competitiva». En relación con las dos primeras, parece que existe cierto solapamiento entre ambas pues las razones que pueden llevar a considerar que dos prestaciones no son equivalentes con frecuencia son las mismas que explican las desiguales condiciones que se les aplican[30]. Además, aunque no lo diga expresamente el artículo, parece evidente que no sólo es discriminatorio tratar de manera desigual prestaciones equivalentes, sino también tratar de manera igual prestaciones desiguales[31].

La cuestión más difícil de dilucidar es qué se entiende por «desventaja competitiva» sin la cual el trato diferente no resulta abusivo. La principal conclusión que se deriva de la jurisprudencia es que es preciso que entre las empresas afectadas por el trato desigual exista una relación de competencia, sin la cual no es posible apreciar que la empresa discriminada se encuentra en una situación de desventaja competitiva respecto de la empresa o empresas favorecidas. Una vez establecida dicha relación, no basta con acreditar la mera presencia de una desigualdad de trato, sino que es preciso que la misma falsee la competencia en el mercado en el que compiten los clientes o proveedores afectados por la discriminación[32].

---

30 *Vid.* O'DONOGHUE, R. y PADILLA, J., *ob. cit.*, pág. 967.

31 *Vid.* O'DONOGHUE, R. y PADILLA, J., *ob. cit.*, pág. 975.

32 Sentencia MEO (*cit. supra* en la nota 27), párrafo 24: «La práctica comercial de la empresa en posición dominante no debe falsear la competencia en un mercado de una etapa anterior o posterior, es decir, la competencia entre proveedores o entre clientes de dicha empresa. En su competencia entre sí, las otras partes contratantes de

III. LA AUTOPREFERENCIA

1. LA SENTENCIA GOOGLE SHOPPING DEL TRIBUNAL GENERAL

Una vez analizado cómo el Derecho de la competencia evalua la discriminación, estamos en condiciones de abordar el tema de la autopreferencia, el cual no deja de ser una forma de discriminación entre los productos y servicios del operador dominante y los de sus rivales. A finales de 2021, el Tribunal General de la Unión Europea dictó su sentencia en el asunto *Google Shopping* en la que confirmó una de las decisiones más controvertidas y trascendentales de la Comisión Europea en materia de Derecho de la competencia de la última década. En efecto, tras siete años de investigación y tres intentos de compromisos fallidos, la Comisión Europea concluyó en 2017 que Google había abusado de su posición dominante y le impuso una multa de récord de 2.420 millones de euros. La decisión de la Comisión estimó que Google había diseñado la página de resultados de su conocido motor de búsqueda general de Internet («*Google Search*») para favorecer a su propio servicio de comparación de tiendas («*Google Shopping*») y perjudicar a los comparadores de tiendas rivales.

Según la Comisión Europea, este favorecimiento, al que denomina «autopreferencia», constaba de dos elementos: un favorecimiento de sus propios servicios y una relegación de los servicios de sus competidores. Por un lado, respecto del favorecimiento, Google mostraba su propio comparador de tiendas en su página de resultados generales en un lugar destacado y de forma atractiva, en «boxes» usados con este fin, sin someter-

---

la empresa en posición dominante no deben gozar de preferencias ni tampoco sufrir desventajas» (párrafo 24).

lo a los algoritmos de ajuste utilizados para la búsqueda general. En segundo término, en cuando a la relegación, los comparadores de tiendas competidores solo podían aparecer en la página de resultados generales y, dentro de esta, aparecían peor posicionados de lo que les correspondería en principio, debido a la aplicación de unos algoritmos de ajuste. La Comisión no sólo sancionó la conducta de Google imponiéndole una multa récord, sino que también le ordenó que pusiera fin a su conducta de autopreferencia y garantizara la igualdad de acceso a todos los proveedores terceros en su sitio web[33].

La decisión de la Comisión no cuestiona que Google pueda situar a *Google shopping* en un lugar destacado de su página web y con una apariencia más atractiva, para mejorar la experiencia de los usuarios interesados en la adquisición de productos,

---

[33] Una vez declarada la existencia de una infracción del art. 102 TFUE, la Comisión impuso a Google dos medidas correctoras («remedies»), a saber, la obligación de poner fin a la conducta abusiva y abonar una multa de 2.420 millones de euros. Respecto de la primera, la Comisión Europea declaró que debía «someter al servicio de comparación de tiendas de Google a los mismos procesos y métodos subyacentes de posicionamiento y visualización en las páginas de resultados de búsqueda general que los utilizados para los servicios de comparación de tiendas de la competencia. Dichos procesos y métodos deben incluir todos los elementos que influyen en la visibilidad, la activación, la clasificación o el formato gráfico de un resultado de búsqueda en las páginas de resultados de búsqueda general de Google» (párrafo 700). En cumplimiento de esta obligación de igualdad de trato, Google ha optado por incluir a los servicios de comparación de tiendas rivales en su comparador. Algunos autores cuestionan la forma en que Google ha puesto en práctica este principio de igualdad de trato, sin que la Comisión Europea haya planteado, hasta la fecha, reparos al cumplimiento de la sentencia. (*vid.* CARUGATI, C., "How to implement the self-preferencing ban in the European Union's Digital Markets Act", 2 diciembre 2022, s/p; y HOPPNER, T., "The European Google Shopping competition saga, compliance and the rule of law", *Global Competition Litigation Review*, 2022, no. 1, págs. 1 y ss.).

sino el hecho de que se excluya a los comparadores rivales de poder participar en ese posicionamiento y visualización privilegiados. Tampoco critica que se utilicen criterios de relevancia distintos para ordenar los resultados en las búsquedas generales y en el comparador de tiendas sino que, dentro de las búsquedas generales, se haya degradado la posición que ocupan los comparadores de tiendas independientes[34].

El Tribunal General confirma estas apreciaciones de la Comisión Europea pues, como resultado de la conjunción de ambas políticas, los consumidores se quedan con *Google Shopping* en lugar de buscar un sitio web competidor de comparación de tiendas[35]. En la medida en que el tráfico procedente de las páginas de resultados generales de Google representa una gran cuota del tráfico que reciben esos comparadores de tiendas independientes y que éste no puede sustituirse de forma efectiva por otras fuentes de usuarios la sentencia concluye que el

---

34 En el análisis de la conducta de Google es importante distinguir tres elementos clave destinados a captar la atención de los usuarios para que hagan *clic* en los resultados ofrecidos: *(i)* «posicionamiento» que es el lugar en el que aparecen en la página de resultados generales de Google (por ejemplo, arriba, a la derecha, dentro de un «box» o entre los demás resultados, etc.); *(ii)* «visualización» es una noción amplia que incluye cuestiones como si los resultados aparecen subrayados, con imágenes, etc.; y *(iii)* «relevancia» que alude a la posición que ocupa un ítem en la relación de resultados que ofrece el buscador (es decir, primero, segundo, etc.). Pues bien, la política de Google afectaba, en primer término, al posicionamiento y a la visualización de los resultados, en la medida en que los comparadores de tiendas rivales quedaban excluidos del comparador de tiendas de Google («Google shopping»), que goza de un posicionamiento y visualización privilegiados respecto de las búsquedas generales. Pero es que, además, Google también interfería en la relevancia al situar a los competidores rivales, dentro del buscador general, en una posición más atrasada de la que les correspondería aplicando parámetros objetivos.

35 Párrafo 69 de la sentencia.

comportamiento en cuestión puede afectar negativamente a la competencia en el mercado de comparadores de tiendas, permitiendo a Google ampliar su posición dominante a nuevos mercados[36].

La trascendencia de la sentencia del Tribunal General es incuestionable en la medida en que confirma la conclusión de la Comisión de que la autorreferencia constituye un abuso de posición dominante autónomo con arreglo al art. 102 TFUE. La principal cuestión que plantea, sin embargo, es determinar si la sentencia establece un test de legalidad suficientemente claro para determinar qué circunstancias deben darse para que la autorreferencia sea calificada como abuso de posición dominante. Pues de nada serviría declarar que constituye una modalidad de abuso autónoma, si no se acompaña de un test de legalidad también autónomo que permita aplicarla en el caso concreto, sin el cual seguíamos sin saber exactamente cuándo la autorreferencia equivale a un abuso de posición dominante y cuándo no.

La sentencia ha sido recurrida en casación por Google por lo que habrá que ver si el Tribunal de Justicia confirma la existencia de un tipo de abuso *ad hoc* para la autopreferencia y aclara las dudas que se han planteado en torno a la aplicación del mismo, a las que haremos referencia a lo largo de este trabajo.

2. LA CONDUCTA: ¿FAVORECER Y PERJUDICAR O SÓLO FAVORECER?

El análisis de las circunstancias que rodean el caso está condicionado por la especial gravedad que reviste la conducta de Google la cual, como tuvimos ocasión de exponer, no se limitó a dar prioridad a su propio servicio de comparación de tiendas,

---

36 Párrafo 68 de la sentencia.

sino que además relegó a los servicios de comparación rivales. De esta manera, la política de Google resulta doblemente discriminatoria: por un lado, favoreció a su propio servicio y, por otro, perjudicó a los servicios rivales lo cual influyó, sin lugar a duda, en la decisión final del Tribunal General[37].

Sin embargo, el Tribunal General no llega a afirmar de manera rotunda que la autopreferencia -como modalidad autónoma de abuso- deba contener ambos elementos de conducta, es decir, implicar la mejora del propio servicio de la empresa dominante más la degradación activa y coherente de los servicios competidores[38]. En algunas partes de la sentencia, el Tribunal General sí parece dar a entender que ambos elementos son constitutivos de la infracción, por ejemplo, cuando razona que Google no puede justificar su conducta en el intento de mejorar su producto, cuando al mismo tiempo degradó el de los rivales: es decir, podía justificar la discriminación positiva, pero no la negativa[39]. Sin embargo, en otros razonamientos de

---

37 «El comportamiento abusivo estaba formado por elementos objetivos, a saber, *el posicionamiento y la visualización más favorables*, en los resultados de búsqueda general de Google, del comparador de productos de Google, en relación con los comparadores de la competencia (...) *junto con la aplicación de los algoritmos de ajuste* de búsqueda general, *a los comparadores de productos de la competencia*» (párrafo 260 de la sentencia).

38 *Vid.* DEUTSCHER, E., "Google Shopping and the Quest for a Legal Test for Self-preferencing Under Article 102 TFEU", *European Papers*, vol. 6, no. 23, 2021, pág. 1354, quien considera una grave omisión el hecho de que la sentencia no clarificase este punto. En la misma línea, COLANGELO, G. ("Antitrust Unchained: The EU's Case Against Self-Preferencing Get access", *GRUR International*, vol. 72, no. 6, 2023, pág. 11) afirma que «ni siquiera está claro que la sentencia esté sancionando el favorecimiento como tal» pues la conducta resultaba abusiva en tanto que Google también «relegaba a los servicios (de comparación de tiendas) competidores».

39 Párrafo 187 de la sentencia.

la sentencia parece darse relevancia únicamente a la mejora del propio servicio de comparación de Google, al que sus competidores no tienen acceso.

Así las cosas, no está claro si, en el futuro, bastará la presencia de uno de estos elementos para concluir el carácter abusivo de la conducta de autopreferencia[40]. A favor de considerar que el mero favorecimiento es suficiente, cabe invocar la solución adoptada por la Ley de Mercados Digitales cuyo artículo 6.5 prohíbe indexar o clasificar los productos de la plataforma de una manera más favorable a los servicios o productos similares de terceros, sin necesidad de ninguna relegación o postergación de estos últimos[41]. En contra, se argumenta que el auto-favorecimiento es una práctica comercial que no puede considerarse abusiva sin la presencia de circunstancias agravantes como puede ser la relegación de los productos de los competidores[42].

Además, otro aspecto que subyace en la sentencia es la preocupación de que Google está manipulando a los usuarios fi-

---

[40] Como señala DEUTSCHER (*ob. cit.*, pág. 1355), si la conducta sancionada por el Tribunal exige la doble discriminación, positiva y negativa, que venimos comentando, nos encontraríamos ante una diferencia muy clara entre la conducta sancionada por el artículo 102 del Tratado y la prohibición de autopreferencia prevista en la Ley de Mercados Digitales cuyo artículo 6.1 d) se refiere únicamente a la prohibición de que el guardián del mercado favorezca en los rankings a sus propios productos o servicios, independientemente de que los productos o servicios rivales resulten relegados.

[41] *Vid. infra* el número 7 del aparado III de este trabajo.

[42] *Vid.* BERGQVIST, C., "Google Shopping and self-favouring as a separate abuse", *European Competition Law Review*, 2022, vol. 43, no. 4, págs. 194 y ss. El autor pone como ejemplo a Netflix y Amazon Prime que habitualmente priorizan sus propias producciones en sus plataformas, sin que su comportamiento pueda ser considerado abusivo en ausencia de las especiales circunstancias que rodearon al caso *Google Shopping*.

nales pues éstos esperan que el buscador les ofrezca resultados que sean neutrales, basados en criterios objetivos (dejando a un lado los «enlaces patrocinados» de los que el usuario es advertido), algo que no sucede en Google shopping donde se ofrecen únicamente los resultados en los términos que interesan a Google[43].

3. TRES IDEAS PARA EMPEZAR

3.1. La autopreferencia es un tipo de abuso autónomo

a) Modalidad de abuso autónoma

Como tuvimos ocasión de exponer, el art. 102 TFUE no contiene una lista cerrada de conductas abusivas, sino que se trata de una lista ejemplificativa que ha ido modelándose a lo largo de los años con el trabajo de las autoridades de la competencia y de los tribunales. Así las cosas, nada tiene de extraño que -con el paso del tiempo- vayan surgiendo conceptos nuevos de abuso como sucedió, por ejemplo, cuando se creó la categoría de «compresión de márgenes» como una forma de abuso independiente en el ámbito de la discriminación de precios. Continuando en esta línea, la principal innovación de la sentencia *Google Shopping* consiste en que viene a reconocer e instaurar un nuevo tipo de abuso -al que se ha venido a llamar «autopre-

---

43 *Vid.* BERGQVIST, C. y FAUSTINELLI, E., ("Leveraging conducts in the digital economy: A competition and regulatory perspective", *Research Handbook on EU Internet Law*, 2ª ed., Edward Elgar, 2023, s/p), quienes señalan al respecto que: «tampoco está claro si, en opinión del Tribunal, Google manipuló maliciosamente los resultados de las búsquedas, como afirma la DG COMP, y si esto empañó el caso. Se espera que el Tribunal de Justicia aborde al menos algunas de estas cuestiones, ya que Google ha recurrido la sentencia».

ferencia»- que resulta aplicable cuando una empresa dominante en un mercado favorece sus propios productos respecto de los de la competencia en un mercado adyacente[44].

La principal ventaja que presenta la existencia de un tipo de abuso *ad hoc* es que la determinación de en qué casos y condiciones la conducta resulta abusiva, no depende de las conclusiones expuestas por la jurisprudencia para otras modalidades de abuso. Es decir, la autopreferencia es un tipo de abuso independiente, sometido a su propio test de legalidad, sin que sea necesario acreditar que se dan las condiciones para aplicar los tipos de abuso excluyentes conocidos[45].

b) No es una negativa de venta o suministro

La principal línea de defensa de Google consistió en alegar que su conducta debía considerarse una negativa de venta o suministro y que, por lo tanto, la licitud o ilicitud de la misma debía apreciarse a partir del test de legalidad propio de esta modalidad de abuso, el cual exige acreditar -entre otras cir-

---

[44] La sentencia afirma que la conducta de Google es una forma autónoma de abuso en el tratamiento de los resultados de búsqueda, que se traduce en la promoción de los resultados del comparador de precios de Google y la degradación de los resultados de los comparadores de productos de la competencia (párrafo 240). *Vid.*, Al respecto, *vid.* HORNKOHL, L., *ob. cit.*, pág. 99 y 105. DEUTSCHER, E., *ob. cit.*, pág. 1348.

[45] La calificación de la conducta como una modalidad autónoma implica que la misma debe ser evaluada bajo un test de legalidad independiente. Así, SAUTER, W. y VEDDER, H. (*ob. cit.*, pág. 75) afirman que «las cuestiones relacionadas con la calificación de la conducta no son meramente teóricas, dado que la calificación jurídica viene acompañada de su correspondiente test de legalidad y dichos test determinan la carga de la prueba que recae en la Comisión Europea para sancionar un abuso de posición dominante».

cunstancias- el carácter indispensable del producto o servicio que el operador dominante se niega a vender[46].

Aunque el Tribunal General reconoce que es un caso relacionado con las condiciones de acceso a la página de resultados generales de Google[47] y que ésta presenta características de

---

46 Google se comparó con *Mediaprint*, un editor de periódicos que se había negado a distribuir revistas de la competencia a través de su red de distribución, lo que dio lugar a la sentencia *Bronner* (Sentencia del TJUE de 26 de noviembre de 1998, asunto C-7/97) en la que el TJUE estableció la denominada «doctrina de las instalaciones esenciales» («essential facilities»), en virtud de la cual las empresas dominantes deben conceder acceso a sus instalaciones únicamente cuando un producto o servicio es «indispensable» para realizar una actividad económica en un mercado en el que no hay sustitutivos potenciales o reales para el mismo, de manera que sin acceso al mismo se elimina a la competencia en dicho mercado. Google sostiene que su caso encaja en una denegación de suministro y que, por lo tanto, no se le puede imponer una obligación de compartir, sin acreditar primero que su servicio es «esencial», algo que no hizo la Comisión en la decisión impugnada (párrafo 203 de la sentencia). Al respecto, la Asociación de la Industria de la Computación y las Comunicaciones (CCAI por sus siglas en inglés, de la que forman parte Google, pero también Amazon, Meta y muchas otras empresas tecnológicas), afirma que la Comisión se basa en la falsa premisa de que el buscador de Google es «la puerta de entrada («gateway») a Internet», lo que considera erróneo dado que hoy en día existen muchas maneras de acceder a los sitios web y ninguno de ellas puede considerar una pasarela necesaria (párrafo 207 de la sentencia).

47 El Tribunal General está de acuerdo con Google en que, aunque la Comisión se había mostrado reacia a reconocerlo, en este caso se trata de examinar las condiciones de acceso al buscador de Google por parte de los comparadores de precios rivales, en la medida en que dicho acceso es «importante» para prestar el servicio de comparador de precios y «no reemplazable» (párrafo 219 de la sentencia). Por este motivo, considera que la decisión de la Comisión impugnada trata de garantizar que los comparadores de tiendas rivales tengan acceso a la página de resultados de Google y que su posicionamiento

«infraestructura esencial»[48], rechaza que estemos en presencia de una denegación de suministro porque dicha negativa tiene que ser expresa, algo que no sucede en el presente asunto[49].

---

y relevancia en la misma sea equivalente a la del comparador de precios de Google (párrafo 222).

48 La sentencia reconoce las similitudes que presenta el buscador general de *Google* con una infraestructura esencial ya que no existe ningún sustituto disponible y los servicios de compra competidores dependen generalmente del tráfico procedente de Google (párrafo 224). No obstante, *Google Search* es distinto que *Bronner*: a diferencia de las infraestructuras tradicionales, cuyo valor reside en la capacidad del propietario de excluir a otros, el valor del motor de búsqueda de Google reside en «su capacidad de estar abierto a resultados de fuentes externas» de terceros (párrafo 178).

49 El Tribunal General dictamina que sólo puede haber una negativa a contratar si es «expresa» en el sentido de que haya una solicitud de acceso y una consiguiente denegación y que, además, esta última sea la detonante del efecto anticompetitivo (párrafo 232). Cuando la negativa es meramente «tácita», nos encontramos ante un tipo de abuso diferente (párrafo 233). De hecho, dándole la vuelta al argumento de Google en el sentido de que cualquier negativa de acceso podría verse como una autopreferencia (para evitar los estrictos requisitos de la primera), la sentencia afirma que la mayoría de los abusos de posición dominante de tipo excluyente pueden verse como negativas de suministro implícitas, en la medida en que hacen más difícil el acceso al mercado, lo cual no debe llevar a aplicarles los estrictos requisitos de las infraestructuras esenciales (párrafo 234). En este sentido, el Tribunal General destaca las similitudes con otras modalidades de abuso en las que se discuten las condiciones de acceso a un servicio, como son la «compresión de márgenes» y la «vinculación de productos». En la primera, el titular de un producto o servicio eleva su coste para reducir la capacidad de competir de las empresas que lo utilizan en un mercado conexo (Sentencias del Tribunal de Justicia de 27 de febrero de 2021, asunto C-52/09-*Telia Sonera,* párrafos 55-56; y de 10 de julio de 2012, asunto C-295/12-*Telefónica contra Comisión,* párrafos 75 y 96), en la segunda, se obliga a los clientes que compran un producto, el producto vinculante, a comprar también otro producto de la empresa dominante, el denominado producto vinculado (Sentencia del Tribunal

A mayor abundamiento, el Tribunal general sostiene que las soluciones («remedies») que se aplican a una determinada conducta, no han de determinar la naturaleza jurídica de la misma. En otras palabras, el hecho de que a Google se le impongan unas condiciones de acceso equitativas para los comparadores de tiendas rivales en su página de resultados, no significa que estemos en un caso de denegación de suministro[50]. Y, siguiendo con esta línea de opinión, la sentencia también afirma que la aplicación de los criterios de la sentencia *Bronner*, no puede depender del tipo de remedios que se vaya a aplicar al caso, pues «la declaración de la existencia de una infracción precede, por su naturaleza, a la determinación de las medidas idóneas para poner fin a la misma»[51].

En definitiva, la sentencia concluye que, en los supuestos de autopreferencia, no es necesario acreditar el carácter esencial del producto o servicio prestado por el operador dominante, tal y como exigiría la jurisprudencia sobre denegación de suministro[52].

---

de Justicia de 17 de septiembre de 2007, asunto T-201/04-*Microsoft contra Comisión*. En ninguna de estas modalidades de abuso se exige que el producto o servicio sea indispensable y que, ante la ausencia de sustitutivos, la negativa a proveerlo elimine la competencia en el mercado (párrafo 235 de la sentencia).

50 Párrafo 244 de la sentencia.

51 «El hecho de que una de las formas de poner fin al comportamiento abusivo consista en permitir que los competidores figuren en los "boxes" que aparecen en la parte superior de la página de resultados de Google no significa que las prácticas abusivas se limiten a la presentación de dichos "boxes" y que los requisitos de identificación del abuso deban definirse teniendo en cuenta únicamente ese aspecto» (párrafo 245).

52 HORNKOHL, L. (*ob. cit.*, pág. 108) considera que la sentencia impone un test de legalidad relativamente estricto al exigir el efecto excluyente del mercado, pero no tan alto como en los casos de infraestructuras esenciales, a pesar de los efectos excluyentes de ambas conductas son comparables.

3.2. «Leveraging» no es abusivo per se

La autopreferencia es una modalidad de abuso que está ligada al fenómeno de la integración empresarial, ya sean en la cadena de producción o distribución del bien (integración vertical) o respecto de otros bienes (horizontal). En estas situaciones, la empresa dominante se aprovecha («leverage») de la fuerza que tiene en un mercado, para extender su poder e influencia a otros mercados (verticales u horizontales), con el riesgo de que excluya a sus competidores en dichos mercados. En la versión española de la sentencia, los servicios de traducción de la Unión Europea utilizan la expresión «efecto palanca» para aludir al «leveraging» lo cual constituye una aproximación reduccionista del término al quedarse sólo con una de sus acepciones, es decir, el «leveraging» como apalancamiento o situación en la que se recurre a deuda para adquirir algo o, en general, se aumenta la deuda que tiene una entidad. Por el contrario, como nos aclara el Diccionario de Cambridge, entre otros, el término «leveraging» tiene otras muchas acepciones que se adaptan mejor a la idea de abuso de posición dominante que estamos estudiando como son, de un lado, la capacidad de influir en otra persona o, de otro, la utilización de algo que ya tienes para conseguir otra cosa mejor. Por este motivo, consideramos más oportuno traducir el término «leveraging» como «influencia» o «aprovechamiento» de esa situación de privilegio.

Aunque, la economía digital reviste unas características que favorecen la expansión a nuevos productos y servicios y, por ende, preocupa la acumulación de poder económico que lleva consigo, la sentencia deja claro que la integración empresarial -en si misma considerada- no constituye un abuso de posición dominante, aunque para expandirse la empresa dominante se aproveche del poder económico que acumula en su mercado dominado[53]. En este punto encontramos la mayor divergencia

---

[53] O'DONOGHUE, R. y PADILLA, J., *ob. cit.* pág. 307: afirman respecto del leveraging que «es un término impreciso y potencialmente

entre la sentencia y la decisión de la Comisión Europea, la cual consideraba que la influencia o el aprovechamiento («leveraging») constituía una modalidad de abuso en sí mismo considerado[54]. Por consiguiente, el operador dominante puede asumir funciones que antes desempeñaban proveedores o clientes independientes o puede ampliar su modelo de negocio a nuevos productos o servicios sin que ello resulte ilegal, aunque para hacerlo se valga del poder económico del que dispone en su mercado principal pues, de prohibirse esta práctica, se estarían impidiendo conductas de las que pueden resultar efectos muy positivos en el mercado[55].

---

confuso en la medida en que incluye una amplia gama de conductas que pueden ser procompetitivas, anticompetivas o una mezcla de las dos», de manera que el «leveraging es simplemente una etiqueta que comprende varios tipos de conductas que tienen en común el hecho de que afectan a una empresa que está activa en dos o más mercados relacionados».

54 *Vid.*, en este sentido, BOUZORAA, Y., "Between Substance and Autonomy: Finding Legal Certainty in Google Shopping", *Journal of European Competition Law & Practice*, vol. 13, no. 2, pág. 146; y COLANGELO, G., *ob. cit.*, pág. 11 quien indica que: «mientras que el planteamiento de la Comisión parecía inédito -porque giraba en torno a la noción de autofavorecimiento como forma específica de leveraging- el Tribunal optó por el marco jurídico más definido de la discriminación».

55 El Derecho de la competencia de la UE nunca ha cuestionado como abusivo *prima facie* el hecho de que una empresa integre actividades coincidentes o complementarias. Del mismo modo, tampoco ha cuestionado nunca, en sí mismo, el hecho de que una empresa integrada favorezca sus propias actividades. De hecho, la autorreferencia es una manifestación de la competencia basada en los propios méritos a menudo inseparable de los beneficios procompetitivos que conlleva la integración de productos. En estos términos, como señala IBÁÑEZ PALOMO ("Self-Preferencing: Yet Another Epithet in Need of Limiting Principles", *World Competition*, vol. 43, no. 4, 2020, pág. 419), «el objetivo de la disciplina (el Derecho de la competencia) es garantizar que las empresas puedan explotar dichas ventajas (de la integración), no neutralizarlas».

En definitiva, hace falta algo más que utilizar el poder de mercado para integrarse vertical u horizontalmente, para poder concluir que se ha cometido un abuso de posición dominante[56].

3.3. El auto-favorecimiento tampoco es abusivo per se

La autopreferencia alude a la imposición de condiciones diferentes a empresas rivales que pueden estar en igualdad de condiciones, de ahí que nos encontremos en el ámbito de las conductas discriminatorias denominadas de primera línea[57]. Como tuvimos ocasión exponer, para analizarlas, debe partirse de la base de que la discriminación de competidores no es en sí misma ilegal, en la medida en que la desigualdad de trato puede estar justificada y generar eficiencias en el mercado. En otras palabras, las empresas, incluso las dominantes, no tienen una obligación general de ofrecer el mismo trato a sus competidores[58]. Lo que convierte a la discriminación de competidores y, por ende, a la autopreferencia en abusiva es el hecho de que la misma tenga un efecto excluyente, que provoque un cierre de mercado, impidiendo o limitando las posibilidades de competir en el mercado de las empresas afectadas por la desigualdad de trato[59]. En el apartado siguiente examinaremos las circunstan-

---

56 *Vid.* DEUTSCHER, E., *ob. cit.*, pág. 1351.

57 *Vid. infra* el apartado III de este trabajo.

58 Al igual que la integración vertical de una empresa puede tener efectos «pro» y «anti» competitivos, la discriminación de proveedores o clientes por parte de una empresa verticalmente integrada, también puede tener efectos positivos y negativos para la competencia. *Vid.* KOLASIŃSKI, M., "Self-preferencing in European Union competition law after the Google Shopping judgment", *European Competition Law Review*, 2022, vol. 43, no. 9, pág. 438.

59 *Vid.* HOVENKAMP, E., "Platform Discrimination Against Rivals: An Economic Framework for Antitrust Enforcement", *University of Southern California Center for Law & Social Science (CLASS) Law & Economics*

cias tenidas en cuenta por el Tribunal General para apreciar que la conducta de Google tuvo dicho efecto excluyente.

4. LA CLAVE: EL CIERRE ANTICOMPETITIVO DEL MERCADO

4.1. Cierre anticompetitivo del mercado

El Tribunal de Justicia considera que, en el caso de Google, la conducta ha tenido efectos excluyentes en el mercado al aumentar el tráfico de usuarios hacia su comparador de tiendas y reducir, al mismo tiempo, el volumen de usuarios que acaban en los comparadores rivales[60]. La sentencia considera probado que la reducción del tráfico de usuarios es consecuencia del cambio de política de Google, descartando que pudiera deberse a otros factores, como el auge de las plataformas de comercio electrónico como Amazon[61].

Research Paper Series, núm. 23-5, 2023, pág. 23; y COLANGELO, G., *ob. cit.*, pág. 18: «como reconoció el Tribunal General en la sentencia *Google Shopping*, la autopreferencia no puede considerarse prima facie ilícita y, por tanto, como tal fuera del ámbito de la competencia "on the merits", su apreciación gira en torno a la demostración de los efectos contrarios a la competencia, teniendo en cuenta las circunstancias del caso y el contexto jurídico y económico pertinente».

60 Google negaba que su conducta hubiese tenido impacto en el número de usuarios de los comparadores de tiendas rivales, ya sea a favor o en contra. La sentencia es bastante categórica en este sentido pues recuerda que, aunque con carácter general basta con acreditar los efectos potenciales de las conductas anticompetitivas, en el caso han quedado acreditados los efectos reales toda vez que la Comisión ha aportado datos de los usuarios que ambos tenían antes y después de realizar dichas prácticas (párrafos 401 y ss. de la sentencia).

61 Párrafos 391 y 392 de la sentencia. Como señala PERSCH ("Google Shopping: The General Court takes its position", s/p.), en este caso se observa el clásico problema del huevo o la gallina: ¿cambiaron los usuarios sus preferencias hacia las plataformas de comercio electrónico

La pérdida de usuarios provenientes del buscador general, en opinión del Tribunal General, incidió negativamente en la capacidad de competir de los buscadores de tiendas rivales de Google porque éstos necesitan de los usuarios para poder ser viables en el mercado y carecen de fuentes de acceso alternativas[62]. Dado que la mayoría del tráfico de usuarios de los com-

---

porque estaban mejor clasificadas en Google que los sitios web de comparación? o al revés, ¿mejoró la clasificación de las plataformas por el cambio de preferencias de los usuarios? Por otra parte, Google también alegaba que la Comisión debería haber tenido en cuenta la presión competitiva que ejercen las plataformas digitales sobre los comparadores de tiendas para valorar los efectos anticompetitivos de su conducta. Aunque las plataformas puedan incidir en la competencia en el mercado de comparación de tiendas, la sentencia concluye que una conducta de un operador dominante puede ser abusiva aunque sólo afecte a un grupo de competidores/clientes en un mercado y que, además, en el presente caso, se trataba de unos competidores (los comparadores de tiendas rivales de Google) con cuotas de mercado significativas (párrafos 504-506 de la sentencia). El Tribunal General sostiene que esta circunstancia podría explicar que las plataformas hayan aumentado su relevancia entre las búsquedas generales respecto de los comparadores de tiendas, pero no desvirtúa el hecho de que éstos últimos hayan sido relegados a las búsquedas generales y que no puedan acceder a la situación «privilegiada» de que disfruta el comparador de tiendas de Google.

62 La mayoría de los usuarios de los comparadores provienen de *Google Search.* En efecto, la sentencia reconoce que los usuarios de los comparadores de tiendas podían provenir, fundamentalmente, de las cuatro fuentes siguientes: *i)* el buscador general de Google, cuando el usuario visita la página para hacer una búsqueda; *ii)* los anuncios de texto de Google que se muestran cuando los usuarios navegan por otras webs, *iii)* la visita directa a las webs de los comparadores de productos, cuando los usuarios teclean la dirección en el navegador o utilizan una aplicación en el móvil; y *iv)* otras fuentes, como la visita de otros buscadores (*Bing* o *Yahoo,* por ejemplo), a través de emails recibidos con links a sus páginas, etc. De las cuatro fuentes mencionadas, el Tribunal General concluye que la mayoría del

paradores procede *Google Search*, la conducta de Google limita las posibilidades de competir de los comparadores rivales, lo que puede provocar que salgan del mercado o que se reduzcan sus incentivos para innovar[63].

En definitiva, la política de Google ha conducido a un cierre anticompetitivo del mercado («market foreclosure») en la medida en que la empresa dominante ha obstruido o impedido a sus competidores reales o potenciales llegar a los clientes mediante su conducta abusiva, en perjuicio de los consumidores[64]. Este efecto anticompetitivo debe analizarse caso a caso, a la luz de todas las circunstancias concurrentes, entre las que destacan las siguientes: *a)* el extraordinario poder de mercado de Google, al que considera «super dominante»; *b)* el cambio de conducta operado por Google, al pasar de un sistema abierto a uno cerrado; *c)* la irracionalidad de cerrar un sistema que funciona mejor abierto y que los consumidores esperan que tenga dicho carácter; *d)* la importancia que el tráfico de usuarios procedentes de la búsqueda general tiene para la viabilidad de los comparadores de tiendas, llegándolo a calificar de recurso cuasi esencial; y, finalmente, *e)* el principio de neutrali-

---

tráfico de los comparadores de precios provenía de una búsqueda general previa en Google, mientras que las fuentes alternativas para reemplazar la pérdida de usuarios provenientes de la primera tenían escasa relevancia (párrafos 447 y ss. de la sentencia).

63 Párrafo 451. Los efectos anticompetitivos se circunscribían, por tanto, al mercado de búsquedas específicas, descartando la sentencia ampliarlos al mercado de búsquedas generales, tal y como hacía la Comisión, lo que constituyó la única pequeña victoria de Google en la sentencia. *Vid.* PERSCH, J., "Google Shopping: The General Court takes its position", 15 Noviembre 2021, s/p.

64 IBAÑEZ PALOMO, P. ("Self-Preferencing: Yet Another Epithet in Need of Limiting Principles", *World Competition*, vol. 43, no. 4, 2020 pág. 438) afirma que «en los casos de autopreferencia, resulta especialmente importante que la conducta sólo se prohíba tras una evaluación significativa de su impacto sobre la competencia».

dad de la red. En las páginas siguientes analizaremos cada uno de estas circunstancias.

4.2. Carácter super-dominante

La sentencia destaca el papel predominante que tiene Google en las búsquedas por internet, que califica de «super dominante», lo cual ha de ser tenido en cuenta a la hora de examinar su conducta. Dicha situación de extraordinaria prevalencia es consecuencia de las características de mercado, entre las que destacan las economías de escala y los efectos de red, que conducen a una situación próxima a un «monopolio natural» que se da cuando la solución más eficiente es que haya una única empresa en el mercado[65].

La jurisprudencia ha recurrido en anteriores ocasiones al carácter super-dominante de una empresa, con frecuencia, ligada a la existencia de un «monopolio legal», es decir, una situación de dominio resultante de la regulación del mercado. Ahora bien, se trata de un concepto que ha de utilizarse con cautela pues no cabe imponer obligaciones particulares a un operador por el hecho de ser super-dominante, ni tampoco establecer presunciones de ilicitud derivadas de dicha condi-

---

65 La doctrina se encuentra divida acerca de si Google constituye o no un monopolio natural. Al respecto, HOVENKAMP, H. ("Antitrust and Platform Monopoly", *Yale Law Journal*, vol. 130, no. 8, 2021, pág. 1970 y ss.) señala que muy pocas plataformas digitales pueden considerarse monopolios naturales y que, en todo caso, sólo lo serían respecto de alguno de los servicios que prestan. Entre otras muchas circunstancias, el profesor HOVENKAMP considera que la persistencia de conductas excluyentes, como en el caso de Google reiteradamente sancionada por las autoridades de competencia, es un indicativo de que no es un monopolio natural pues, si lo fuese, no necesitaría de dichas prácticas para mantener su posición dominante en el mercado (pág. 1979).

ción[66]. Así pues, la amplitud del control del mercado debe emplearse únicamente a efectos de valorar si la conducta es susceptible de ocasionar un cierre anticompetitivo del mercado[67].

4.3. Cambio de modelo

Para valorar el efecto excluyente de la conducta, el Tribunal General pone también el foco en el cambio efectuado por *Google* que pasó de un sistema abierto cuando estaba en expansión en el mercado, a uno cerrado una vez que adquirió una posición de dominio[68]. En mercados con fuerte presencia de economías de red, como las plataformas digitales, las empresas pueden seguir una conducta que se denomina «abierto al principio, cerrado después» que busca conseguir rápidamente una amplia base de usuarios en unas condiciones muy favorables (usuarios que necesitan para generar ingresos de los anunciantes), para luego imponerles condiciones restrictivas o incluso cerrarles el mercado por completo[69].

---

66 *Vid.* D'AMICO, A. y BALASINGHAM, B., "Super-dominant and super-problematic? The degree of dominance in the Google Shopping judgement", *European Competition Journal,* vol. 18, no. 3, 2022, págs. 614 y ss.; y BUNWORTH, R., "In the Market for a New Form of Abuse? Google Shopping and the law on Self-Preferencing in the EU", *Hibernian Law Journal,* 2022, vol. 21, págs. 133-134 y 138.

67 Sentencia del Tribunal de Justicia de 17 de febrero de 2011, asunto C-52/09–*Konkurrensverket v. TeliaSonera Sverige* (ECLI:EU:C:2011:83): «el grado de implantación en el mercado tiene, en principio, consecuencias sobre el alcance de los efectos de la conducta de la empresa de que se trate más que sobre la existencia del abuso como tal» (párrafo 81). En la misma línea, *vid.* las Directrices de la Comisión Europea sobre abusos excluyentes, (cit. supra en la nota 16) párrafo 20.

68 Párrafos 176 y ss de la sentencia *Google shopping.*

69 *Vid.* SHAPIRO, C., "Exclusionary Conduct", Testimony Before the Antitrust Modernization Commission, 29 septiembre 2005.

La alusión al cambio de modelo encaja en la jurisprudencia del Tribunal de Justicia que desde hace años viene sosteniendo que es más difícil explicar la interrupción de un suministro que se venía prestando, que una negativa a contratar *ex novo*[70], de ahí que esta última haya de ser sometida a un test de legalidad más benévolo[71]. Aplicando esta lógica, la sentencia concluye que no está justificado excluir a los comparadores de tiendas rivales de *Google Shopping* (se está interrumpiendo un servicio), cuando históricamente el modelo de negocio de Google se basaba en indexar todos los resultados en el servicio de búsquedas.

A pesar de que la diferencia de trato puede estar justificada, someter a la interrupción de suministro a un test de legalidad más exigente no está exento de dificultades pues puede erigirse en un freno a la competencia dinámica ,en cuya virtud

---

70 Como señala la OCDE en su informe *Denegación de suministro* de 2019, «los tribunales y las autoridades de competencia establecen más fácilmente las condiciones comerciales (para contratar) entre dos empresas cuando la empresa dominante suministra actualmente el producto o servicio en cuestión a otras empresas, o lo ha hecho en el pasado» pues, de esta circunstancia, cabe extraer *a priori* las siguientes conclusiones: «a) es técnica y económicamente viable suministrar el producto o prestar el servicio en cuestión; b) es menos probable que exista una justificación objetiva para la denegación del suministro; y c) las condiciones en las que se presta el servicio en otro lugar pueden servir como referencia de la obligación de prestar el servicio a imponer a la empresa dominante» (DAF/COMP(2007)46, de 3 de septiembre de 2009, pág. 11).

71 En la sentencia de 25 de marzo de 2021, Asunto C-165/19P–*Slovak Telekom*, párrafos 45-49, el Tribunal de Justica afirma que el requisito de la indispensabilidad sólo se aplica cuando el operador dominante ha construido una infraestructura para sí mismo, es decir, que no la ha compartido antes (denegación *ex novo*). En la misma línea, se pronuncian las Directrices de la Comisión Europea sobre abusos excluyentes, (*cit.* supra en la nota 16) párrafo 84.

las empresas están legitimadas para adaptarse continuamente a los cambios de mercado[72].

4.4. Ausencia de lógica de la conducta

La sentencia examina también la racionalidad de la conducta para concluir que no tiene sentido que las búsquedas generales sean abiertas, es decir, arrojen los resultados de cualquier empresa, mientras que las búsquedas específicas (comparadores de tiendas) se limiten a las empresas que han llegado a un acuerdo con Google para participar en el sistema. El Tribunal General considera que la promoción de su servicio de comparación de tiendas limitado a las empresas que suscriben un acuerdo con Google resulta «anormal» dada la vocación universal que el buscador general de Google ha tenido siempre, ofreciendo resultados de búsqueda en virtud de parámetros objetivos y, por tanto, adoptando una perspectiva «neutral»[73]. De esta manera, al favorecer sus propios resultados especializados, en relación con resultados de terceros, Google va «en contra del modelo econó-

---

72 *Vid.* BOSTOEN, F., *ob. cit.*, págs. 83-84 y DEUTSCHER, E., *ob. cit.*, pág. 1353.

73 La sentencia sostiene que el valor de *Google Search* reside en que se nutre de fuentes abiertas, «que enriquecen (los resultados) y dotan de credibilidad a ese motor de búsqueda frente al público general» (párrafo 178). Además, le permiten disfrutar de efectos de red y economías de escala necesarios para su modelo de negocio pues se necesita alcanzar un elevado número de usuarios para generar ingresos publicitarios que compensen la gratuidad del servicio. El hecho de que *Google Shopping* limite el campo de sus resultados a los suyos propios «presenta una parte de riesgo y no es necesariamente racional, salvo en una situación, como la del presente asunto, en la que el dominio y las barreras a la entrada son tales que imposibilitan cualquier entrada en un plazo suficientemente rápido como respuesta a esta limitación de las opciones de los internautas» (párrafo 178).

mico en que se basa el éxito inicial de su motor de búsqueda»[74]. Esta afirmación del Tribunal puede interpretarse en el sentido de que Google ha sacrificado el carácter abierto de las búsquedas en su propio beneficio, sin que de la conducta se deriven ventajas para los usuarios del buscador general[75].

La principal crítica que se puede hacer a la sentencia en este punto es que no tiene en cuenta los distintos modelos de negocio de Google. Como es sabido, Google es una plataforma bilateral que conecta a usuarios de Internet y anunciantes (*Google Search*) o a usuarios de Internet con vendedores (*Google Shopping*). La primera se basa en un modelo de negocio «de precio cero» en el que los ingresos se generan únicamente en el lado del mercado de los anunciantes. Por tanto, para maximizar los ingresos del lado de la publicidad, la plataforma debe maximizar la participación del lado del usuario. Para ello, la plataforma debe ofrecer los mejores servicios posibles a los consumidores, por ejemplo, los resultados de búsqueda más relevantes. En estas condiciones, la plataforma consigue maximizar los beneficios de los dos lados del mercado -y los suyos- manteniendo el sistema abierto y sin necesidad de intervenir. La segunda, *Google Shopping*, utiliza un modelo de negocio «de precio dual» en el que tiene dos fuentes de ingresos: además de los provenientes de la publicidad, Google recibe comisiones

---

[74] La cita completa es: «dando por probado que Google favorece a sus propios resultados especializados, en relación con resultados de terceros, lo cual parece ir en contra del modelo económico en que se basa el éxito inicial de su motor de búsqueda, esta circunstancia incurre necesariamente en cierta forma de anormalidad» (párrafo 179).

[75] *Vid.* AHLBORN, C., VAN GERVEN, G. y LESLIE, W. (*ob. cit.*, pág. 92) opinan que el abuso de autopreferencia crea una herramienta para regular el acceso discriminatorio a ciertos productos abiertos cuando la empresa dominante degrada la calidad del servicio -al comprometer su carácter abierto- para discriminar en favor de su propio producto en un mercado verticalmente integrado.

de los vendedores adheridos (participación en el sistema, servicios vinculados a las ventas, etc.). Esta dualidad hace que la plataforma no sea neutral y pueda priorizar una fuente de ingresos frente a otras para maximizar su beneficio (por ejemplo, renunciando a ciertos ingresos publicitarios para potenciar su red de comercios adheridos). Pues bien, cuando se aplican distintas políticas de precios como consecuencia de la aplicación de distintos modelos de negocio (de precio cero o de precio dual) no cabe concluir automáticamente que se trata de una estrategia anti-competitiva, sino que puede ser racional y debe juzgarse caso por caso en función de sus efectos económicos[76].

Otro aspecto que preocupa de la sentencia es que se corre el riesgo de castigar a los modelos abiertos (como *Google Search*) frente a los cerrados (como *Apple*) cuando ambos pueden ser igualmente eficientes. En este sentido, los sistemas cerrados no tienen que dar «explicaciones» por favorecer a sus propios servicios, mientras que los sistemas abiertos podrían tener que enfrentarse a una acusación de estar abusando de su posición dominante[77].

---

76 BOUGETTE, P., GAUTIER, A. y MARTY, F. ("Business Models and Incentives: For an Effects-Based Approach of Self-Preferencing?", *Journal of European Competition Law & Practice*, 2022, vol. 13, no. 2, pág. 138) consideran que «el análisis desde el punto de vista de la competencia debe basarse en la comprensión de los modelos de negocio, los incentivos a los que se enfrentan las empresas y su posible impacto en el bienestar. Los cambios cuando una plataforma pasa de un modelo de precio cero a un modelo híbrido no son necesariamente una estrategia anómala que sólo tiene sentido en el contexto de una competencia obstaculizada, sino que pueden ser racionales y deben juzgarse caso por caso en función de los efectos económicos».

77 *Vid.* AHLBORN, C., VAN GERVEN, G. y LESLIE, W., *ob. cit.*, págs. 93 y ss.

4.5. Las búsquedas generales son necesarias para los comparadores de tiendas rivales

Como tuvimos ocasión de exponer, la sentencia considera que la conducta de Google ha tenido efectos excluyentes al reducir el tráfico de usuarios del buscador general de Google hacia los servicios de comparación de tiendas rivales, al tiempo que aumentó el tráfico hacia su propio comparador de tiendas, lo que obstaculizó la competencia en ese sector del mercado en la medida en que dicho tráfico juega un papel fundamental para la competencia de los comparadores de tiendas.

Para ilustrar la importancia del buscador general de Google para la competencia, la sentencia llega a afirmar que «presenta características que la asemejan a un recurso esencial (…) en el sentido de que no existe actualmente ningún sustituto real o potencial disponible que permita sustituirla en el mercado de una forma económicamente viable»[78]. La alusión a las similitudes con un recurso esencial obliga a preguntarse -en primer término- qué significa esta posición de cuasi-recurso esencial y en qué medida difiere de un recurso esencial genuino[79]. Y, lo que es más importante, qué sentido tiene invocar la existencia de un recurso esencial cuando previamente se ha descartado aplicar el test de legalidad de la denegación de venta o suministro en cuyo ámbito la jurisprudencia ha elaborado el concepto[80].

---

[78] Párrafo 224 de la sentencia *Google Shopping*.

[79] *Vid.* HORNKOHL, L., *ob. cit.*, pág. 108: «no está totalmente claro en qué se diferencia esa naturaleza de cuasi recurso esencial de un verdadero recurso esencial y qué implica para el test de legalidad».

[80] Como señala gráficamente DEUTSCHER, E., «el Tribunal de Primera Instancia afirma que la Comisión no estaba obligada a demostrar que la autopreferencia equivalía a una negativa a contratar en el sentido de la sentencia *Bronner*, para luego decirnos en el mismo apartado de la sentencia que, en cualquier caso, la Comisión había demostrado

5. EL PRINCIPIO DE «NEUTRALIDAD DE LA RED»

A la hora de abordar la discriminación por parte de una empresa dominante, el Tribunal General alude también al «principio de igualdad de trato» que es un principio general del Derecho europeo[81], el cual resulta también de aplicación en el ámbito del Derecho de la competencia en la medida en que «un sistema de competencia no falseada tan sólo es posible si se garantiza la igualdad de oportunidades entre los diferentes agentes económicos»[82].

La mención al principio de igualdad de trato es otro hito de la sentencia pues es la primera vez que se invoca en el ámbito del artículo 102 del TFUE. Para justificar su aplicación, se afirma que el legislador europeo ha positivizado el principio de igualdad de trato respecto de los proveedores de servicios de acceso a Internet[83] y que nada impide aplicar el mismo principio en un mercado próximo al anterior, como es el de las búsquedas on *line*, aunque el legislador no lo haya recogido

---

implícitamente que el comportamiento de Google cumplía los criterios *Bronner*» (*ob. cit.*, pág. 1351).

81 «El principio general de igualdad de trato, como principio general del Derecho de la Unión, exige que no se traten de manera diferente situaciones comparables y que no se traten de manera idéntica situaciones diferentes, a no ser que dicho trato esté objetivamente justificado» (párrafo 155 de la sentencia).

82 En este punto, el párrafo 180 de la sentencia invoca, a su vez, la sentencia de 14 de octubre de 2010, asunto C-280/08 P-*Deutsche Telekom/Comisión*, EU:C:2010:603, párrafo 230 y la jurisprudencia en ella citada.

83 Reglamento (UE) 2015/2120 del Parlamento Europeo y del Consejo, de 25 de noviembre de 2015, por el que se establecen medidas en relación con el acceso a una internet abierta (*vid.*, en este sentido, la sentencia de 15 de septiembre de 2020, asuntos C-807/18 y C-39/19-*Telenor Magyarország*, EU:C:2020:708, párrafo 47).

expresamente[84]. Aun reconociendo que Google no es un proveedor de servicios de acceso a Internet, el Tribunal General considera que la obligación legal de trato no discriminatorio impuesta a estos proveedores en el mercado ascendente, no puede ignorarse en el análisis de las prácticas de un operador como Google en el mercado descendente[85].

La doctrina se encuentra divida en relación con la aplicación del principio de igualdad de trato en el ámbito de la prohibición de abuso de posición dominante. Para una corriente, la alusión a la igualdad de trato puede verse como una referencia a derechos fundamentales, como el derecho de propiedad o la libertad de contratar, a los que con frecuencia recurre la jurisprudencia europea en materia de abuso de posición dominante[86]. Siguiendo con esta línea de opinión, se afirma también que el principio supone un paso más en la introducción de objetivos distintos de la eficiencia económica -como la justicia y la equidad- en el análisis de las conductas desde la óptica del artículo 102 TFUE[87]. Otros autores, sin embargo, cuestionan que se puedan aplicar los mismos principios legales a situaciones diferentes pues Google no es un proveedor de servicios de internet[88]. Desde esta perspectiva, se afirma que las plataformas

---

84 «Carece de incidencia, a estos efectos, que un texto legal imponga o no, con carácter general, tal acceso no discriminatorio a los resultados de búsqueda en Internet» (párrafo 180 de la sentencia *Google Shopping*).

85 Párrafo 180 de la sentencia, que se remite también a la sentencia, *Telenor Magyarország, cit. supra,* párrafo 47.

86 Sobre el particular, AHLBORN, C., VAN GERVEN, G. y LESLIE, W. (*ob. cit*, págs. 86 y ss.) invocan, entre otras, la sentencia *Bronner* y el debate en torno a la vulneración de los derechos de propiedad y a la libertad de contratar que podría suponer imponer el acceso a una infraestructura esencial.

87 *Vid.* HORNKOHL, L., *ob. cit.*, págs 106 y ss.

88 *Vid.* KOLANSKY, M., *ob. cit.*, pág. 439 quien señala que: «la fundamentación y los fines de la regulación del sector de las telecomunicaciones y del Derecho de la competencia son muy diferentes. La extrapolación de

digitales no pueden compararse con las redes de telecomunicaciones porque ponen en contacto a usuarios profesionales y usuarios finales en el plano digital, sin recurrir a una infraestructura física, prestando además una amplia gama de servicios, a menudo integrados con otros recursos de la plataforma, creando los denominados «ecosistemas digitales»: En un ámbito tan complejo como el de las plataformas, imponer un principio de igualdad de trato similar al de las redes de telecomunicaciones, puede poner en peligro las eficiencias que se generan con la integración de los distintos servicios prestados por la propia plataforma, a los que habitualmente dan preferencia[89].

6. ¿CUÁL ES EL TIPO DE LEGALIDAD DE LA CONDUCTA?

Como venimos comentando, la sentencia del Tribunal General parte del principio de que la autopreferencia sólo es abusiva en la medida en que tenga o pueda tener un efecto excluyente. La sentencia analiza con gran detalle las peculiaridades del ne-

---

las posiciones aceptadas en el ámbito de la primera al de la segunda es arriesgada y requiere una especial cautela. La justificación de la analogía presentada por el Tribunal General es significativamente limitada». En el mismo sentido, se pronuncian LINDEBOOM, J., "Rules, discretion, and reasoning according to law: a dynamic-positivist perspective on Google Shopping", *Journal of European Competition Law & Practice*, 2022, vol. 13, no. 2, pág. 69; y BERGQVIST, C., "Discriminatory abuse–The missing link in the more effect based approach", *ob. cit.*, pág. 194.

89 *Vid.* ORBACH, B., "Mandated neutrality, plattforms, and ecosystems", en *Research Handbook on Abuse of Dominance and Monopolization*, Edward Elgar, Northampton, 2022, págs. 359 y ss. El autor pone como ejemplo la decisión de Apple de comenzar a vender localizadores de objetos «Apple AirTag» lo cual ha perjudicado al principal vendedor de estos dispositivos en Estados Unidos (Tile, Inc.) incapaz de competir con la compatibilidad con el Iphone que Apple otorga a sus propios productos. Desde el punto de vista de la igualdad de trato, la política de Apple es negativa, «a los consumidores, sin embargo, parecen gustarles los productos de Apple» (página 363).

gocio de Google y las razones que pudieron llevarle a cambiar su modelo de negocio, antes de concluir que la conducta resulta abusiva. Sin embargo, la mayoría de la doctrina considera que el análisis de la sentencia se circunscribe en exceso a las circunstancias particulares de *Google* de ahí que no ofrezca una guía fiable para valorar cuando la autopreferencia puede considerarse abusiva respecto de servicios distintos de las búsquedas generales y específicas en Internet[90]. Por ejemplo, no está claro si para considerarse abusiva la autopreferencia, junto con la diferencia de trato, debe ser parte de una conducta carente de lógica económica, si es preciso que la empresa que se auto-favorece sea superdominante o si el servicio afectado ha de tener características similares a las una «essential facility»[91].

La ausencia de un verdadero test de legalidad es la mayor crítica que se puede hacer a la sentencia *Google Shopping* pues de nada sirve que el Tribunal General haya declarado la existencia de una nueva modalidad de abuso -a la que denomina autopreferencia- si esta afirmación no viene acompañada de un test de legalidad claro que permita declarar que la práctica es contraria al art. 102 del TFUE. Al proceder de esta manera -avanzar un nuevo tipo de abuso, sin acompañarlo de criterios claros- se

---

90 *Vid.*, en este sentido, TAMAYO VELASCO, J. "Algunas reflexiones en torno al caso Google Search: la Sentencia del Tribunal General de 10 de noviembre de 2021", *Revista de Derecho de la Competencia y la Distribución,* 2021, núm. 29, pág. 11. Resultan clarificadoras las palabras de COLANGELO, G. (*ob. cit.*, pág. 11): «en resumen, más que articular un test de legalidad para un nuevo tipo de infracción de la competencia, los criterios señalados en la sentencia para considerar abusivo el trato preferente parecen extremadamente sensibles a los hechos: tanto específicos de Google como de los motores de búsqueda. Por lo tanto, es difícil ver cómo, de acuerdo con estos criterios, una prohibición de autopreferencia puede aplicarse a diferentes formas de trato preferente, servicios digitales y modelos de negocio».

91 *Vid.* LINDEBOOM, J., *ob. cit.*, págs. 70-71.

corre el riesgo de dejar de utilizar los test de legalidad consolidados respecto de otras modalidades de abuso (como la negativa a contratar o la vinculación de productos) para aventurarse en el examen de la autopreferencia desprovisto de una correcta teoría del daño con la que analizar los efectos de la conducta[92].

Es una lástima que con su decisión de cerrar con compromisos la investigación en el caso *Amazon-Buy Box,* la Comisión Europea haya dejado pasar la oportunidad de seguir avanzando en el test de legalidad de la autopreferencia[93]. El «Buy Box» (hoy denominado «oferta destacada») es el cuadro de compra situado a la derecha de la página de detalles del producto de Amazon. Ahí es donde los clientes de Amazon pueden añadir rápida y fácilmente los artículos que desean comprar. Una vez que se incluye un producto, Amazon muestra las opciones de compra disponibles, apareciendo en primer lugar un vendedor junto con la opción «añadir a la cesta» o «comprar directamente» y, más abajo, se puede abrir un desplegable con otros

---

92 «El problema más importante de la autopreferencia como etiqueta es que podría conducir al abandono de la jurisprudencia sin un examen adecuado de los fundamentos que la sustentan y sin evaluar las consecuencias de apartarse de ella» (IBÁÑEZ COLOMO, P., "Self-Preferencing: Yet Another Epithet in Need of Limiting Principles", *World Competition,* vol. 43, no. 4, 2020, págs. 437). Algunos autores lamentan que la sentencia haya puesto tanto énfasis en aclarar por qué no aplica el test de legalidad de la denegación de venta o suministro y, sin embargo, no haya sido capaz de precisar cuál es el test de legalidad que se debe aplicar en su lugar (DEUTSCHER, E., *ob. cit.,* págs. 1351-52).

93 Decisión de la Comisión de 20 de diciembre de 2022, asuntos AT.40462– *Amazon Marketplace* y AT.40703 – *Amazon Buy Box.* La investigación de la Comisión aludía a tres aspectos de la política comercial de Amazon: a) la utilización de los datos de los vendedores en la plataforma; b) la selección de las ofertas ganadoras en el cuadro de compra; y c) los criterios de adhesión al sistema de venta preferente Prime. En el segundo aspecto citado encontramos un ejemplo de autopreferencia.

vendedores alternativos[94]. La gran mayoría de los clientes de Amazon se decantan por el vendedor que aparece en primer lugar en el «Buy Box» de ahí que el posicionamiento dentro del mismo sea un elemento clave para el éxito comercial.

La Comisión Europea cuestionó los criterios empleados por Amazon para seleccionar al «ganador» del «Buy Box». Amazon alegaba que el vendedor seleccionado correspondía a la mejor oferta en términos de precio, plazos de entrega y calidad. La Comisión Europea entendía, por el contrario, que los criterios de selección favorecían indebidamente las actividades minoristas de Amazon, así como a los vendedores que utilizaban los servicios logísticos y de entrega de Amazon («Amazon Prime»). De esta manera, Amazon estaba incurriendo en una autopreferencia al dar prioridad a los productos vendidos directamente por ella o por los vendedores adheridos al sistema Prime, frente al resto de vendedores que utilizan la plataforma.

La investigación se cerró en diciembre de 2022 al aceptar la Comisión Europea los compromisos presentados por Amazon, entre los que se incluía garantizar la igualdad de trato de

[94] El proceso de compra en Amazon puede resumirse de la siguiente manera: a) primero el cliente utiliza el buscador de la parte superior de la página web o aplicación; b) después selecciona entre los productos que se le muestran, aquel que desea comprar, que pasa al «buy box» (cuadro de compra) hoy denominado «featured offer» (oferta destacada) el cual se encuentra a la derecha de la página en la web o en una nueva pantalla que se abre en la aplicación; c) dentro del «buy box», el cliente elige la opción de compra que más le interesa. En el cuadro de compra se muestra un vendedor en primer lugar, junto con la opción «añadir a la cesta» o «comprar ya» y, más abajo, aparece la opción «otros vendedores en Amazon» por la que el cliente puede optar si desea conocer otras alternativas de compra. Aunque varios vendedores compiten por vender el mismo producto en Amazon, el que aparece en primer lugar en el cuadro de compra es el que en la mayoría de los casos consigue hacer la venta.

todos los vendedores a la hora de clasificar las ofertas para la selección del ganador del Buy Box[95]. Con la decisión de compromisos se ha perdido, como indicábamos, la oportunidad de seguir avanzando en el test de legalidad de la autopreferencia pues habría resultado interesante conocer en qué medida y bajo qué circunstancias una plataforma puede priorizar los productos vendidos directamente por ella (o sus asociados), respecto de los vendedores ajenos a la misma[96].

7. INCIDENCIA DE LA LEY DE MERCADOS DIGITALES

Para hacer frente a la acumulación de poder de mercado que han adquirido las plataformas en la economía digital, las autoridades europeas han promulgado la Ley de Mercados Digitales (LMD) que complementa la aplicación *ex post* del Derecho de la competencia con una regulación *ex ante* del negocio de las plataformas[97].

El objetivo principal de la LMD es garantizar «la equidad y la disputabilidad de los mercados en el sector digital»[98], sin que se haga referencia al bienestar del consumidor que constituye

---

95 Amazon también se comprometió a mostrar una segunda oferta competidora al ganador del «Buy Box» si se diferencia suficientemente de la primera en precio o entrega. Respecto de ambas ofertas, la plataforma deberá ofrecer la misma información descriptiva y la misma experiencia de compra.

96 *Vid.* BERGQVIST, C., “Amazon Buy Box – Another secret jewel on discrimination”, Noviembre 2023, en Kluwer Competition Law Blog.

97 Reglamento (UE) 2022/1925 del Parlamento Europeo y del Consejo de 14 de septiembre de 2022 sobre mercados disputables y equitativos en el sector digital y por el que se modifican las Directivas (UE) 2019/1937 y (UE) 2020/1828 (Ley de Mercados Digitales).

98 Artículo 1.1 de la LMD. Con carácter general, un mercado es «disputable» cuando las empresas pueden entrar y salir libremente del mismo sin costes irrecuperables.

la finalidad principal del Derecho de la competencia, el cual -por otro lado- continuará siendo aplicado en paralelo a la regulación sectorial[99]. Mientras que el Derecho de la competencia se articula en torno a una serie de obligaciones generales extraídas de la jurisprudencia, la Ley de Mercados Digitales contempla en sus artículos 5 y 6 una lista exhaustiva de obligaciones que los guardianes de acceso deben cumplir para garantizar mercados digitales justos y disputables[100]. La aplicación de la LMD recae sobre la Comisión Europea que asumirá por tanto el doble papel de regulador y de autoridad de la competencia en los mercados digitales en los que está presente un guardián de acceso[101].

En relación con la autopreferencia, objeto de este trabajo, el art. 6.5 de la LMD dispone que «el guardián de acceso

---

99 La pluralidad de fines perseguidos por la norma provoca que algunas de las obligaciones impuestas por el legislador encajen sin dificultad en el Derecho de defensa de la competencia, mientras que otras plantean cuestiones más ligadas al ámbito de la Competencia Desleal, junto con otras cuestiones como la protección de datos personales. *Vid.* RUIZ PERIS, J. I., "Gatekeepers, discriminación autopreferente exclusionaria y reforzamiento de la posición de dominio: La nueva propuesta europea de Digital Markets Act", en *Competencia en mercados digitales y sectores regulados, Competencia en mercados digitales y sectores regulados,* Tirant lo Blanch, Valencia, 2021, págs. 61 y ss.

100 Las obligaciones previstas en el art. 6 tienen una mayor complejidad técnica que las del art. 5 de ahí que la norma prevea la posibilidad de un diálogo con el regulador para precisar cómo dichas obligaciones deben ser aplicadas en el contexto de un determinado servicio prestado por un guardián de acceso.

101 A diferencia de lo que sucede en el Derecho de la competencia, en el que la aplicación está fuertemente descentralizada, en el caso de la LMD la Comisión Europea asume la competencia en exclusiva, limitando la participación de las autoridades nacionales de competencia a asistir a la Comisión en la supervisión del cumplimiento de sus disposiciones.

no tratará más favorablemente, ni en la clasificación ni en las funciones relacionadas de indexado y rastreo, a los servicios y productos ofrecidos por el propio guardián de acceso que a los servicios o productos similares de terceros. El guardián de acceso aplicará condiciones transparentes, equitativas y no discriminatorias a dicha clasificación». Como se puede observar, la norma no sólo prohíbe a los guardianes de acceso tratar mejor a sus propios productos y servicios en los rankings, sino que también les obliga a aplicar condiciones justas y no discriminatorias en la elaboración de los mismos.

Ahora bien, conviene poner de relieve, en primer lugar, que el ámbito de aplicación de la LMD y del Derecho de la competencia es diferente, pues el de la primera está doblemente limitado. Desde un punto de vista objetivo, la LMD se aplica únicamente a «los servicios básicos de plataforma» que incluyen aspectos como los servicios de intermediación en línea (Amazon), los motores de búsqueda en línea (Google), los sistemas operativos (Windows) y las redes sociales (Instagram)[102]. Desde una perspectiva subjetiva, la LMD se aplica a las empresas designadas como «guardianes de acceso» que son aquellas que ejercen «una gran influencia en el mercado interior», prestan un servicio que «constituye una puerta de acceso importante para que los usuarios profesionales lleguen a los usuarios finales», y tienen «una posición afianzada y duradera»[103].

En segundo término, respecto de las obligaciones impuestas por la LMD a los guardianes de acceso, entre las que se incluye la autopreferencia, deben realizarse las dos reflexiones siguientes. Por un lado, cabe plantearse en qué medida nos encontramos ante verdaderas reglas *ex ante* que puedan ser apli-

---

102 Artículos 1.2 y 2.2. de la LMD.

103 Artículos 1.2., 2.1. y 3 de la LMD. En septiembre de 2023, la Comisión Europea designó a los primeros seis guardianes de acceso: Alphabet (Google), Amazon, Apple, ByteDance (TikTok), Meta y Microsoft.

cadas directamente por los guardianes de acceso, pues se trata de cuestiones de una indudable complejidad técnica que han de aplicarse, además, respecto de una amplia gama de situaciones. La dificultad mencionada se aprecia en la prohibición de autopreferencia que obliga a aplicar condiciones justas y no discriminatorias en la elaboración de los rankings, a pesar de que las nociones de «justicia» y «no discriminación» son muy amplias y con un contenido claramente indeterminado[104].

Y, por otro lado, en la medida en que la LMD no contempla ninguna forma de exención del cumplimiento de las obligaciones, existen dudas respecto de qué debe hacerse en el caso de que la aplicación automática de una obligación pueda suponer dejar sin efecto conductas cuyos efectos pro-competitivos puedan compensar las restricciones de la competencia que causan. La imposibilidad de alegar una justificación no puede dejar de sorprender si se compara con el detallado análisis que realizaron tanto la Comisión Europea como el Tribunal de Justicia antes de concluir que Google había incurrido en un abuso de posición de dominio al favorecer su servicio de comparación de tiendas[105].

En definitiva, nos encontramos ante dos instrumentos legales -LMD y artículo 102 del TFUE- que resultan complementarios sin que uno pueda excluir al otro, de ahí que resulte prioritario efectuar una aplicación coherente entre ambos. Para que ello sea posible, es preciso delimitar adecuadamente los

---

104 SAUTER, W. y VEDDER, H., *ob. cit.*, pág. 97: «en definitiva, la obligación de aplicar condiciones justas, transparentes y no discriminatorias a los rankings exige un esfuerzo para ser aplicable. Supone realizar un balance entre la necesidad de tener mercados abiertos y disputables y la de preservar los incentivos del guardían de acceso para invertir en innovación y mejora de la calidad de sus servicios».

105 *Vid.* BERGQVIST, C. y FAUSTINELLI, E., *ob. cit.*, págs. 29 y ss.; y AUER, D. y RADIC, L., "The Growing Legacy of Intel", *Journal of European Competition Law & Practice*, vol. 14, no. 1, 2023, págs. 22 y ss.

objetivos que persigue la LMD, pues existe un riesgo de que la búsqueda de la equidad y disputabilidad de los mercados se confundan con el clásico objetivo de mejorar la eficiencia de los mercados en beneficio de los consumidores.

IV. CONCLUSIONES

En este trabajo hemos analizado la autopreferencia que, tras la publicación de la sentencia *Google Shopping* del Tribunal General, se ha convertido en la última modalidad de abuso de posición dominante surgida de la jurisprudencia. La aplicación de este tipo de abuso no está exenta de dificultades, empezando por la propia determinación de la conducta abusiva: ¿se trata de favorecerse a uno mismo o es necesario también relegar o perjudicar a los demás?

El elemento determinante para la evaluación del autofavorecimiento es que el mismo provoque un cierre anticompetitivo del mercado, es decir, que obstaculice o impide a las empresas rivales competir con la empresa dominante. Este efecto excluyente tiene lugar en un mercado aguas arriba o aguas abajo en el que el operador dominante está presente porque está verticalmente integrado. Para valorarlo deben tenerse en cuenta todas las circunstancias concurrentes, tras un análisis caso por caso. En este sentido, tanto la decisión de la Comisión como la sentencia del Tribunal General realizan un exhaustivo análisis de la conducta de Google para evaluar los efectos de la autopreferencia sobre el mercado. Se examinan aspectos como el carácter superdominante de la empresa norteamericana, el paso de un modelo abierto (*Google Search)* a uno cerrado (*Google Shopping*), la ausencia de lógica de la conducta (el modelo de Google se basa en una búsqueda objetiva de resultados) o el carácter necesario del producto o servicio que se autofavorece, sin el cual los rivales del operador dominante no pueden competir.

La principal crítica que se puede hacer a la figura de la autopreferencia es que carece de un verdadero test de legalidad que permita evaluar la conducta al margen de los servicios de búsqueda por Internet en los que surgió este tipo de abuso de posición dominante. Es una lástima que con la decisión de cerrar con compromisos la investigación abierta a Amazon, se haya perdido la oportunidad de profundizar en el estudio de las condiciones que tienen que darse para que un operador dominante verticalmente integrado, pueda favorecer a sus propios productos o servicios. Se trata de una cuestión que tendrá que dilucidar el Tribunal de Justicia cuando se pronuncie sobre el recurso de casación interpuesto a la sentencia del Tribunal General.

BIBLIOGRAFÍA

AHLBORN, C., VAN GERVEN, G. y LESLIE, W., "Bronner revisited: Google Shopping and the Resurrection of Discrimination Under Article 102 TFEU", *Journal of European Competition Law & Practice,* 2022, vol. 13, no. 2, págs. 87 y ss.

AUER, D. y RADIC, L., "The Growing Legacy of Intel", *Journal of European Competition Law & Practice,* vol. 14, no. 1, 2023, págs. 15 y ss.

BERGQVIST, C., "Discriminatory abuse–The missing link in the more effect based approach", University of Copenhagen Faculty of Law, *Legal Studies Research Paper Series,* paper no. 2020-90.

BERGQVIST, C., "Google Shopping and self-favouring as a separate abuse", *European Competition Law Review,* 2022, vol. 43, no. 4, págs. 191 y ss.

BERGQVIST, C., "Amazon Buy Box – Another secret jewel on discrimination", Noviembre 2023, disponible en Kluwer Competition Law Blog.

BERGQVIST, C. y FAUSTINELLI, E., "Leveraging conducts in the digital economy: A competition and regulatory perspective", *Research Handbook on EU Internet Law,* 2ª ed., Edward Elgar, 2023, disponible en: https://papers.ssrn.com.

BOSTOEN, F., "The General Court's Google Shopping Judgment: Finetuning the Legal Qualifications and Tests for Platform Abuse", *Journal of European Competition Law & Practice,* 2022, Vol. 13, No. 2, págs. 75 y ss.

BOUGETTE, P., GAUTIER, A., MARTY, F., “Business Models and Incentives: For an Effects-Based Approach of Self-Preferencing?”, *Journal of European Competition Law & Practice*, 2022, Vol. 13, No. 2, págs. 136 y ss.

BOUZORAA, Y., “Between Substance and Autonomy: Finding Legal Certainty in Google Shopping”, *Journal of European Competition Law & Practice*, vol. 13, no. 2, págs. 144 y ss.

BUNWORTH, R., “In the Market for a New Form of Abuse? Google Shopping and the law on Self-Preferencing in the EU”, *Hibernian Law Journal*, 2022, vol. 21, pags. 121 y ss.

COLANGELO, G., “Antitrust Unchained: The EU’s Case Against Self-Preferencing Get access”, *GRUR International*, vol. 72, no. 6, 2023, págs. 538 y ss.

CARUGATI, C., “How to implement the self-preferencing ban in the European Union’s Digital Markets Act”, 2 diciembre 2022, s/p (disponible en https://www.bruegel.org/policy-brief/how-implement-self-preferencing-ban-european-unions-digital-markets-act).

D’AMICO, A. y BALASINGHAM, B., “Super-dominant and super-problematic? The degree of dominance in the Google Shopping judgement”, *European Competition Journal*, vol. 18, no. 3, 2022, págs. 614 y ss.

DEUTSCHER, E., “Google Shopping and the Quest for a Legal Test for Self-preferencing Under Article 102 TFEU”, *European Papers*, vol. 6, no. 23, 2021, págs. 1345 y ss.

GAUDIN, G. y MANTZARI, D., “Google Shopping and the As-Efficient-Competitor Test: Taking Stock and Looking Ahead”, *Journal of European Competition Law & Practice*, vol. 13, no. 2, 2022, págs 125 y ss.

GONZÁLEZ DÍAZ, F. y TEMPLE LANG, J., “The concept of abuse”, en *EU Competition Law, Volume 5. Abuse of dominance under article 102 TEFU*, Claeys & Casteels, Lovaina, 2013.

HOPPNER, T., “The European Google Shopping competition saga, compliance and the rule of law”, *Global Competition Litigation Review*, 2022, no. 1, págs. 1 y ss.

HORNKOHL, L., “Article 102 TFEU, Equal Treatment and Discrimination after Google Shopping”, *Journal of European Competition Law & Practice*, vol. 13, no. 2, 2022, págs. 99 y ss.

HOVENKAMP, E., “Platform Discrimination Against Rivals: An Economic Framework for Antitrust Enforcement”, *University of Southern California Center for Law & Social Science (CLASS) Law & Economics Research Paper Series*, núm. 23-5, 2023.

HOVENKAMP, H., "Antitrust and Platform Monopoly", *Yale Law Journal,* vol. 130, no. 8, 2021, págs. 1952 y ss.

HUNT, M., DARBAZ, S. y SCHERF, R., "Self-Preferencing in Digital Markets", Digital Markets Guide–*Global Competition Review,* noviembre 2022, s/p, disponible on line: https://globalcompetitionreview.com

IBÁÑEZ COLOMO, P., "Indispensability and Abuse of Dominance: From Commercial Solvents to Slovak Telekom and Google Shopping", *Journal of European Competition Law & Practice,* vol. 10, no. 9, 2019, páginas 532 y ss.

IBÁÑEZ COLOMO, P., "Self-Preferencing: Yet Another Epithet in Need of Limiting Principles", *World Competition,* vol. 43, no. 4, 2020, págs. 417 y ss.

JONES, A., SUFRIN, B. y DUNNE, N., *EU Competition Law: text, cases, and materials,* 7ªEd., Oxford University Press, Oxford, 2019.

KOLASIŃSKI, M., "Self-preferencing in European Union competition law after the Google Shopping judgment", *European Competition Law Review,* 2022, vol. 43, no. 9, págs. 435 y ss.

LIANOS, I., KORAH, V. y SICILIANI, P., *Competition law,* Oxford University Press, Oxford, 2018.

LINDEBOOM, J., "Rules, discretion, and reasoning according to law: a dynamic-positivist perspective on Google Shopping", *Journal of European Competition Law & Practice,* 2022, vol. 13, no. 2, págs. 63 y ss.

MORENO BELLOSO, N., "Google v Commission (Google Shopping): A Case Summary", 15 Noviembre 2021, s/p (https://ssrn.com/abstract=3965639)

O'DONOGHUE, R. y PADILLA, J., *The law and economics of article 102 TFEU,* 3ª Ed., Hart Publishing, Nueva York, 2020.

PERSCH, J., "Google Shopping: The General Court takes its position", 15 Noviembre 2021, s/p (https://competitionlawblog.kluwercompetitionlaw.com/2021/11/15/google-shopping-the-general-court-takes-its-position/)

RUIZ PERIS, J. I., "Gatekeepers, discriminación autopreferente exclusionaria y reforzamiento de la posición de dominio: La nueva propuesta europea de Digital Markets Act", en *Competencia en mercados digitales y sectores regulados, Competencia en mercados digitales y sectores regulados,* Tirant lo Blanch, Valencia, 2021, págs. 29 y ss.

SAUTER, W. y VEDDER, H. "Anti-competitive discrimination by digital platforms", *European Competition Law Review,* vol. 44, 2023, págs. 88 y ss.

SHAPIRO, C., "Exclusionary Conduct", Testimony Before the Antitrust Modernization Commission, 29 septiembre 2005.

TAMAYO VELASCO, J. "Algunas reflexiones en torno al caso *Google Search*: la Sentencia del Tribunal General de 10 de noviembre de 2021", *Revista de Derecho de la Competencia y la Distribución*, 2021, no. 29, págs. 1 y ss.

ZENGER, H. y WALKER, M., "Theories of Harm in European Competition Law: A Progress Report", en Bourgeois, J. / Waelbroeck, D. (eds.), *Ten years of effects-based approach in EU competition law*, Bruylant, 2012, págs. 185 y ss. Available at SSRN: https://ssrn.com/abstract=2009296

Capítulo 4.

EVOLUCIÓN DE LAS ACCIONES PRIVADAS POR INFRACCIÓN DE NORMAS DE LA COMPETENCIA EN ESPAÑA

EVOLUTION IN SPAIN OF PRIVATE CLAIMS FOR INFRINGEMENT OF COMPETITION LAW

FRANCISCO MARCOS[1]

Resumen: Este trabajo analiza la evolución de la aplicación de las prohibiciones de conductas anticompetitivas por los tribunales en conflictos civiles/mercantiles hasta nuestros días. Los litigios por los daños causados por el cártel de camiones y de automóviles han popularizado las acciones indemnizatorias por conductas anticompetitivas en nuestro país. El Derecho de la competencia ha dejado de ser una disciplina jurídica arcana, cuya práctica se reservaba a un reducido grupo de profesionales especializados en Madrid y Barcelona, para emplearse por abogados en todo el país sin experiencia previa en la materia. Paralelamente, las disputas sobre la aplicación judicial del Derecho de la competencia han pasado de decidirse ante los tribunales mercantiles de Madrid y Barcelona para ventilarse ante los tribunales a lo largo de toda la geografía española.

---

1 *Professor of Law* (IE Law School), francisco.marcos@ie.edu. Actualizado a 18/12/23. El autor trabaja como consultor académico en CCS Abogados, que ha defendido al mayor número de perjudicados por el cártel de fabricantes camiones.

La popularización de la aplicación privada del Derecho de la Competencia ha contribuido a extender el conocimiento de esta materia, proporcionando una mayor consciencia a las empresas, a los consumidores y a los operadores jurídicos sobre las consecuencias de los cárteles y de otras conductas anticompetitivas, alertando a los perjudicados sobre el posible recurso a los tribunales para la obtención de compensaciones si se ha sufrido algún daño.

Las acciones privadas ante los tribunales por las prohibiciones de conductas anticompetitivas trascienden a los tradicionales litigios de restricciones verticales en la distribución de combustible y se han consolidado en una herramienta de uso frecuente por las empresas y por los particulares. Sin embargo, fruto seguramente del crecimiento explosivo de las reclamaciones de daños en esta fase inicial y, como consecuencia, de las limitaciones procesales para la organización colectiva de acciones, se ha producido cierta trivialización de estas reclamaciones, que se ha manifestado ocasionalmente en acciones planteadas sobre fundamentos incorrectos o sin un soporte probatorio suficiente de la cuantía del daño. La determinación del nivel probatorio de la cuantía del daño que se ha de requerir a los reclamantes y el contenido y alcance de la facultad judicial de estimación del daño son todavía cuestiones pendientes sobre las que será necesaria en el futuro una aclaración jurisprudencial (o incluso legislativa). Finalmente, junto a los litigios masivos cuando los daños son difusos, algunas de las reclamaciones de daños ya resueltas y otras pendientes apuntan a una progresiva maduración y sofisticación de la aplicación privada del Derecho de la competencia.

Palabras clave: Aplicación judicial, aplicación privada, Derecho de la competencia, compensación, indemnización de daños y perjuicios.

Abstract: This paper analyses the evolution of the enforcement of prohibitions of anti-competitive conduct by the courts in civil/commercial disputes in Spain up to the present day. Litigation over the damages in the truck and automobiles cartels has popularized antitrust damages actions. Competition law has ceased to be an arcane legal discipline, whose practice was reserved for a small group of specialized professionals in Madrid and Barcelona and is now being used by lawyers throughout the country with no prior experience in the field. At the same time, disputes over the judicial application of competition law have gone from being decided before the commercial courts in Madrid and Barcelona to being heard before courts throughout Spain.

The popularization of private enforcement of competition law has helped to spread knowledge of this legal discipline, raising awareness among businesses, consumers, and legal practitioners of the consequences of cartels and other anti-competitive conduct, alerting injured parties to the possible action in courts for compensation if they have suffered harm.

Private actions in court for prohibitions of anti-competitive conduct transcend the traditional disputes on vertical restraints in fuel distribution and have consolidates as a a frequently used tool by companies and individuals. However, because of the explosive growth of damage claims at this early stage and given the procedural limitations for the organization of class actions, there has been a certain trivialization of these claims, which has occasionally manifested itself in actions brought on incorrect grounds or without sufficient evidentiary support of the amount of the damage. The determination of the level of proof of the amount of the damage to be required from the claimants and the content and scope of the judicial power to estimate the damage are still pending questions on which clarification will be necessary in the future in case law (or even legislation). Finally, alongside mass litigation where the harm caused is diffuse, some of the claims already decided and others pending before the courts point to a progressive maturation and sophistication of private enforcement of competition law.

Keywords: Judicial enforcement, private enforcement, competition law, compensation, damages claims.

JEL Codes: K21, L40, K12, K13, K41

1. INTRODUCCIÓN

El Tribunal de Justicia de la UE declaró hace casi medio siglo que la aplicación privada-judicial de las prohibiciones de conductas anticompetitivas establecidas en el Tratado CEE era compatible con su aplicación pública-administrativa,[2] pero el proceso que ha llevado a la popularización del recurso a la aplicación privada de las prohibiciones de conductas anticompetitivas es un fenómeno reciente en España. La situación actual

---

2 Sentencia de 30/1/74 (127/73 *BRT/SABAM,* MP: A.J. Mackenzie Stuart, EU:C:1974:6).

es el resultado de la evolución confluyente de la interpretación del Derecho de la competencia de la UE y de la legislación nacional de defensa de la competencia.

En el plano del derecho de la UE, la evolución de las reglas sobre la aplicación privada de las prohibiciones antitrust ha estado jalonada por los principios que cabe extraer de la doctrina emanada del Tribunal de Justicia en dos docenas de sentencias dictadas en los últimos veinte años. La potestad de que los jueces y tribunales nacionales apliquen -directamente[3]- las prohibiciones de conductas anticompetitivas del Tratado se establece en el Reglamento CE/1/2003.[4]

Además, en materia de acciones para la compensación de daños por las infracciones de las prohibiciones, la Directiva UE/2014/104 codifica y desarrolla algunas de los principios establecidos en la jurisprudencia del TJUE.[5] La interpretación de la Directiva y de su normativa de transposición es hoy en día una de las principales fuentes de discrepancias en los tribunales nacionales, que han elevado una decena cuestiones prejudiciales al Tribunal de Justicia, principalmente sobre al hilo de las reclamaciones de daños causados por el cártel de camiones.[6]

---

3 No obstante, el Tribunal de Primera Instancia reconoció la competencia de los jueces y tribunales nacionales para aplicar *incidentalmente* las prohibiciones a solicitud de los particulares afectados, véase sentencia de 18/9/92 (T-24/90 *Automec Srl v. Comisión*, EU:T:1992:97) (¶¶90 y 92-93), véase Comunicación relativa a la cooperación entre la Comisión y los órganos jurisdiccionales nacionales para la aplicación de los artículos 85 y 86 del Tratado CEE (DOUE C39 de 13/2/93).

4 DOUE L1 de 4/1/2004. Véase Comunicación de la Comisión relativa a la cooperación entre la Comisión y los órganos jurisdiccionales de los Estados miembros de la UE para la aplicación de los artículos 81 y 82 CE (DOUE C101 de 27/4/2004).

5 DOUE L349 de 5/12/14. Véase MARCOS (2021D).

6 Al margen de otras que se mencionan más adelante, están pendientes de resolver la cuestión prejudicial elevada por el Tribunal Regional

Tabla 1. Decálogo del TJUE sobre la aplicación privada/acciones de daños antitrust

Fecha	Asunto	Ponente/ Sala	ECLI
20/9/01	C-453/99 *Courage*	M. Wathelet/ Gran Sala	EU:C:2001:465
13/7/06	C-295/04 a C-298/4 *Manfredi*	S. von Bahr/ Sala 3	EU:C:2006:461
14/6/11	C-360/09 *Pfleiderer*	E. Juhász/ Gran Sala	EU:C:2011:389
6/11/12	C-199/11 *Otis*	A. Arabadjiev/ Gran Sala	EU:C:2012:684
6/6/13	C-536/11 *Donau Chemie*	A. Tizzano/ Sala 1	EU:C:2013:366
5/6/14	C-557/12 *Kone*	A Rosas/Sala 5	EU:C:2014:1317
21/5/15	C-352/13 *CDC Hydrogen Peroxide*	M. Safjan/ Sala 4	EU:C:2015:335
23/11/17	C-547/16 Gasorba	D. Šváby/Sala 3	EU:C:2017:891
5/7/18	C-27/17 *flyLAL-Lithuanian Airlines*	C. Toader/ Sala 2	EU:C:2018:533
14/3/19	C-724/17 *Skanska*	A. Arabadjiev/ Sala 2	EU:C:2019:204
28/3/19	C-637/17 Cogeco	A. Arabadjiev/ Sala 2	EU:C:2019:263
29/7/19	C-451/18 *Tibor-Trans*	C. Toader / Sala 6	EU:C:2019:635
12/12/19	C-435/18 *Otis II*	I. Jarukaitis/ Sala 5	EU:C:2019:1069
15/7/21	C-30/20 *Volvo*	M. Safjan/ Sala 1	EU:C:2021:604

Alemán de Dortmund (Landgericht Dortmund) por Orden de 20/4/23 (*ASG 2 v. Land Nordrhein* Westfalen, C 253/23) sobre la conformidad con el Derecho UE de la prohibición de la gestión de cobro de créditos en caso de acciones por daños causados por prácticas colusorias, en particular en los casos de acciones aisladas (stand-alone). Otras en tramitación son sobre el emplazamiento de los demandados, la cuestión elevada por el Tribunal Supremo Español, auto de 7/10/22 (MP: R. Sarazá, TS:2022:13837A, *Transaqui SL v. AB Volvo* C-632/22), en materia de competencia judicial la Kúria Húngara, orden de 8/6/22 (*MOL v. Daimler,* C-425/22) y los Tribunales Supremo holandés (orden de 21/4/23, *Macedonian Thrace Brewery v. Heineken,* NL:HR:2023:660), de Apelación de Ámsterdam (C-673/23, Orden de 25/4/23, *Cartón ondulado, Smurfit/DS Smith/Toscana Ondulati/Unilever,* NL:GHAMS:2023:957) y de distrito de Ámsterdam (orden de 25/3/23, *Power Cables-Prysmian/ ABB/Nexans,* NL:GHAMS:2023:961) y sobre el régimen transitorio de la Directiva de Daños, orden del Městský soud v Praze (Municipal de Praga) de 30/9/21 (*Heureka Group v. Google,* C-605/21).

Fecha	Asunto	Ponente/ Sala	ECLI
6/10/21	C-882/19 *Sumal*	D. Šváby/Gran Sala	EU:C:2021:800
22/6/22	C-267/20 *DAF Trucks & AB Volvo*	A. Arabadjiev/ Sala 1	EU:C:2022:494
1/8/22	C-588/20 *Landkreis Northeim v. Daimler*	A. Arabadjiev/ Sala 1	EU:C:2022:607
10/11/22	C-163/21 Paccar	N. Wahl/Sala 2	EU:C:2022:863
12/1/23	C-57/21 *Regiojet*	N. Wahl/Sala 2	EU:C:2023:6
28/2/23	C-285/21 *Dalarjo*	A. Arabadjiev/ Sala 6	EU:C:2023:132
6/3/23	C-198/22 y C-199/22 *Deutsche Bank*	A. Arabadjiev/ Sala 1	EU:C:2023:166
16/3/23	C-312/21 *Tráficos Manuel Ferrer*	N. Wahl/Sala 2	EU:C:2023:99
20/4/23	C-25/21 *Repsol*	A. Arabadjiev/Sala 1	EU:C:2023:298

En el plano doméstico, inicialmente el Derecho español no contemplaba la aplicación judicial de las prohibiciones contenidas en la legislación nacional.[7] Para que procediera una acción de los perjudicados por la infracción que reclamase la indemnización de los daños sufridos se requería la existencia de un pronunciamiento previo firme del Tribunal de Defensa de la

[7] Véanse SSTS de 18/5/85 (*Aiscondel SA v. Montoro SA,* MP: J. B. De Heredia, ES:TS:1985:2020),de 30/12/93 (*Isidoro Rodríguez SA v. CAMPSA,* MP: G. Burgos, ES:TS:1993:9282), de 4/11/1999 (*UIP SRC v. Salsas Hermanos SA,* ES:TS:1999:6941, MP: J. Menéndez) y de 30/11/99 (*Catalonia Motor SA v. Nissan Motor Ibérica,* ES:TS:1999:7648, MP: J.M. Martínez-Pereda). Aunque después se admitió la posibilidad de la aplicación incidental de las prohibiciones del Tratado CEE a los efectos de la declaración de nulidad de los acuerdos anticompetitivos y la eventual compensación de los daños causados, véanse SSTS de 2/6/2000 (*DISA/Prodalca,* MP: F. Marín, ES:TS:2000:4520) y de 2/3/2001 (*Autolugo SL v. Mercedes-Benz España,* SA, MP: A. Villagomez, ES:TS:2001:1633) y de 15/3/2001 (*Gabai SA v. Petronor, SA,* MP: L. Martínez, ES:TS:2001:2068), y artículo 86ter.2.f) de la LOPJ, añadido por la LO 8/2003, de 9/7/2003 (BOE164 de 10/7/2003). Véase SANCHO (2009:3:7).

competencia (TDC).[8] Esto determinó que hasta 2007,[9] basándose en el derecho nacional, sólo fueran posibles las acciones "consecutivas" (*follow-on*) tras una resolución firme del TDC.[10]

2. EL MARCO LEGAL PARA LA APLICACIÓN JUDICIAL DE LAS PROHIBICIONES DE CONDUCTAS ANTICOMPETITIVAS

Independientemente de las sanciones administrativas a los infractores de las prohibiciones de conductas anticompetitivas que puedan imponer las autoridades de defensa de la competencia tras la incoación y tramitación del pertinente procedimiento sancionador, los afectados por dichas conductas pueden exigir que los tribunales se pronuncien sobre las responsabilidades civiles y penales de los infractores.

En el plano civil, las consecuencias jurídico-privadas de las infracciones varían en función de la tipología de las conductas infractoras y de las circunstancias en las que aquéllas se

---

[8] Véanse artículos 6 de la Ley 110/1963 de represión de las prácticas restrictivas de la competencia (BOE175 de 23/7/63) y 13.2 de la Ley 16/89 de Defensa de la competencia (BOE170 de 18/7/89). Véase Creus (1999).

[9] Desde entonces, "*De acuerdo con lo dispuesto en el artículo 86 ter 2. letra f de la Ley Orgánica 6/1985, del Poder Judicial, los Juzgados de lo Mercantil conocerán de cuantas cuestiones sean de la competencia del orden jurisdiccional civil respecto de los procedimientos de aplicación de los artículos 1 y 2 de la presente Ley*" (Disposición Adicional 1ª de la Ley 15/2007, de 3/7/2007, BOE159 de 4/7/2007).

[10] Véase, por ejemplo, STS de 6/5/85 (*Cristalería Esmar v. Cristalería Santanderina et al*, MP: R. Casares, ES:TS:1985:1501) que confirma una indemnización al perjudicado de 3 millones de pesetas, el boicot y la negativa de suministro denunciadas se remontaban a 1970, y el TDC dictó resolución sobre el asunto en junio de 1977.

produzcan. Los tribunales españoles han acomodado la aplicación judicial de las prohibiciones antitrust al marco legal existente para las reclamaciones de responsabilidad contractual y extracontractual, construyendo progresivamente una doctrina legal coherente sobre las cuestiones específicas que plantea en el plano privado la aplicación del derecho de defensa de la competencia.[11]

Si la infracción se consiste en un acuerdo o un contrato, procede su nulidad, como declara explícitamente respecto de las conductas anticompetitivas multilaterales en el TFUE (art. 101.2) y en la LDC (art. 1.2).[12] En los primeros tiempos la aplicación judicial del Derecho de la competencia se limitó a este tipo de asuntos.[13] Los tribunales también han concluido que la nulidad también procede si el contrato es el resultado de un abuso de posición dominante (artículos 102 TFUE y 2LDC).[14]

Por otro lado, si la infracción causa un daño, los perjudicados podrán reclamar el derecho a su compensación a través de una acción de reclamación extracontractual.[15] La conducta infractora constituye el ilícito que es causa del perjuicio que debe resarcirse (artículo 1902 CC). [16] Tras la transposición de la Directiva de daños se incorpora a la LDC un título específico

---

11 SANCHO (2019).

12 Véase HERRERO (2017).

13 Véase MARCOS (2014A:97-98).

14 Véase, recientemente, FD7 de la Sentencia de la Audiencia de Madrid (sec. 28) de 5/7/23 (*Mediaproducción SLU v. RFEF*, MP: J.M. De Vicente, ES:APM:2023:11108).

15 Véase MARCOS (2021D).

16 Véase FD12 de STS de 8/6/1 (*Galletas Guyón SA et al v. ACOR*, ES:TS:2012:5462), pero hay argumentos sólidos que pueden permitir construir una eventual responsabilidad contractual por mala fe o engaño en los casos en que el reclamante sea parte del acuerdo por el que se realiza la infracción.

para las acciones indemnizatorias en esta materia (Título VI. *De la compensación de los daños causados por las prácticas restrictivas de la competencia*).[17]

La Directiva introducen novedades sustantivas en el régimen de las acciones indemnizatorias antitrust, aunque siguen faltando reglas sobre la financiación de estos litigios y su colectivización para la reparación efectiva de los consumidores.[18]

Por otro lado, la Directiva tampoco contiene reglas en materia de causalidad e imputación de responsabilidad,[19] con lo que subsiste cierta discrepancia sobre las exigencias del principio de efectividad del Derecho de la UE y las limitaciones que este impone a la autonomía del legislador nacional, lo que podría reducir la eficacia de algunas de las nuevas reglas introducidas por la Directiva (presunción de daño de los cárteles, facultad de estimación judicial, responsabilidad solidaria de los co-infractores).[20] Por si esto fuera poco, también la determinación de su vigencia y régimen transitorio de la Directiva es controvertida sobre lo que el Tribunal de Justicia

---

17 Real Decreto-ley 9/17 de 26/5/17 (BOE126 de27/5/17), véase Marcos (2018). Las nuevas disposiciones rigen sólo para las acciones de daños, excluyendo las acciones de nulidad contractual (¶¶30-32 de la STJUE de 20/4/23, *Repsol*, C-25/21, EU:C:2023:298). Sobre el particular, véase Rodger, Sousa, Marcos (2018:46).

18 Véase Marcos (2021A).

19 Véase Galgo (2019:68-73). Aunque si lo hace la jurisprudencia del TJUE, véanse ¶¶22-27 de la STJUE 12/12/19 (C-435/18 *Otis Gmbh v. Land Oberösterreich et al.*, EU:C:2019:1069) y ¶¶ 38-40, 46 y 51 de la STJUE de 14/3/19 (C-724/17 *Vantaan kaupunki v. Skanska Industrial Solutions Oy et al.*, EU:C:2019:204). Véase Kokott y Schröder (2023).

20 Vease Robles (2015: 1118-1119).

ya se ha pronunciado,[21] y deberá de hacerlo todavía en el futuro próximo.[22]

Aunque el Tribunal de Justicia ha aclarado que el nuevo plazo de prescripción introducido por la Directiva (cinco años ex artículo 74 LDC), rige respecto de las acciones que no hubieran prescrito a la fecha de transposición de la Directiva,[23] subsisten dudas sobre su cómputo para las acciones consecutivas a decisiones no firmes de las autoridades de competencia.[24]

Junto a las reglas sustantivas sobre las reclamaciones por las infracciones del Derecho de la competencia, debe reseñarse la novedad que supone el mecanismo previsto para el acceso a las fuentes de prueba en este tipo de procesos, introducida en el artículo 283bis de la Ley de Enjuiciamiento Civil. Desde su entrada en vigor, esta herramienta ha sido utilizada asiduamente por demandantes y demandados en los tribunales españoles.[25]

---

21 Principalmente la sentencia (sala 1) de 22/6/22 (C-267/20 *DAF Trucks & AB Volvo*, MP: A. Arabadjiev, EU:C:2022:494), aunque todas las sentencias del TJUE que han interpretado las disposiciones de la Directiva contienen alguna referencia al particular.

22 C-605/21 (*Heureka Group v. Google)*.

23 Véase Marcos (2022A).

24 Véase Marcos (2021C), donde analizaba el *status questionis* antes de que se dictara la STJUE de 22/6/22 (C-267/20 *DAF Trucks & AB Volvo*), que "aclaró" el régimen transitorio de algunas de las disposiciones de la Directiva en materia de prescripción, las dudas relativas al *dies a quo* subsisten en la actualidad, como puede observarse en las posturas divergentes de los tribunales en esta materia en las reclamaciones de daños por el cártel de los automóviles.

25 Véase Marcos (2023D: 292-293). Véanse también las resoluciones de las que se recogen más adelante en las notas 85 y 86.

3. LA EVOLUCIÓN DE LA LITIGACIÓN DE APLICACIÓN PRIVADA DEL DERECHO DE LA COMPETENCIA

Las acciones judiciales-privadas por la infracción de las prohibiciones de conductas anticompetitivas han experimentado un aumento y desarrollo notable en las últimas tres décadas.[26] La litigación antitrust ha dejado de ser un fenómeno marginal, coto de un reducido número de profesionales en Madrid y Barcelona, generalizándose su utilización a lo largo de todo el país por abogados sin experiencia previa en la materia (véase Gráfico 1, meramente ilustrativo de lo que se expone en los siguientes apartados).

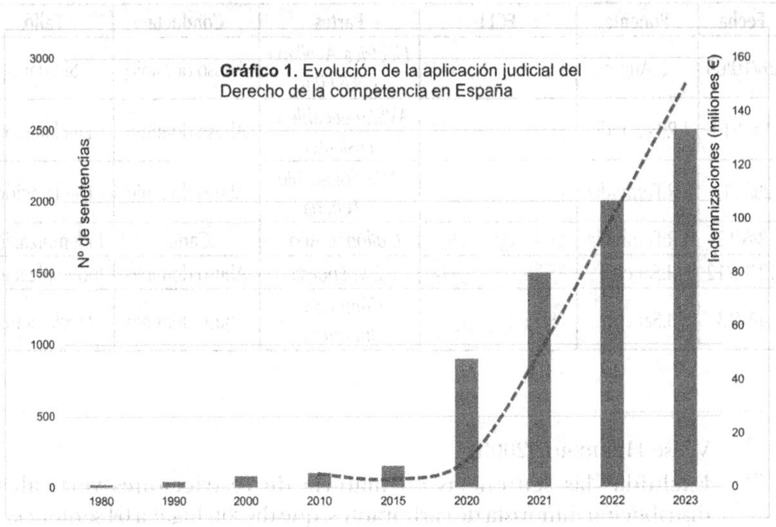

La popularización de la aplicación judicial se explica por el favorable entorno institucional que brinda para su desarrollo la jurisdicción mercantil, que ha dado respuesta rápida y razonable a las pretensiones de las partes en estos procesos. Las

---

[26] Véanse Álvarez y Pérez (2012), Díez (2017) y Díez (2019).

decisiones de los tribunales mercantiles en todo el país han construido progresivamente un acervo doctrinal que ha resuelto los problemas y dudas que se han planteado. Como se puede observar en los siguientes apartados, las lógicas limitaciones del sistema de recursos de casación al Tribunal Supremo y la consolidación en los últimos veinte años de su doctrina sobre las principales cuestiones que plantean este tipo de acciones hace que, progresivamente, cobre más relevancia la "jurisprudencia menor" de las Audiencias provinciales.[27]

Tabla 2. Sentencias del Tribunal Supremo sobre la aplicación privada/acciones de daños antitrust[28]

Fecha	Ponente	ECLI	Partes	Conducta	Fallo
26/10/05	C.Auger	ES:TS:2005:6533	*Eléctrica Avellana v. ENHER*	Abuso dominio	Sin daño
14/2/12	J.R.Ferrándiz	ES:TS:2012:1303	*AVS/Sogecable v. Euskaltel*	Abuso dominio	Declaración
29/3/12	J.R.Ferrándiz	ES:TS:2012:2629	*AVS/Sogecable v.Tenaria*	Abuso dominio	Declaración
8/6/12	J.R.Ferrándiz	ES:TS:2012:5462	*Gullón v. Acor.*	Cartel	Indemnización
12/11/12	I.Sancho	ES:TS:2012:7944	*X. v. Endesa*	Abuso dominio	Indemnización
4/9/13	I.Sancho	ES:TS:2013:4739	*Céntrica v. Iberdrola*	Abuso dominio	Declaración

27 Véase HERRERO (2003).

28 Excluidas las sentencias en materia de restricciones verticales distribución minorista de carburantes, que dieron lugar a 64 sentencias adicionales. En relación con estos asuntos, se han elevado al TJUE nueve cuestiones prejudiciales sobre la interpretación del artículo 101 del TFUE y de los Reglamentos de exención por categorías en materia de restricciones verticales (C-217/05; C-279/06, C-260/07, C-506/07, C-142/13, C-384/13), dos de ellas directamente relacionadas con dos cuestiones planteadas por demandas privadas de indemnización por daños y perjuicios: el efecto vinculante de las decisiones de compromisos (C-547/16) y el efecto vinculante de las decisiones de la autoridad nacional de competencia sobre restricciones verticales (C-716/19 inadmitida, pero resuelta después como C-25/21).

Fecha	Ponente	ECLI	Partes	Conducta	Fallo
7/11/13	R.Sarazá	ES:TS:2013:5819	*Nestlé v. Ebro*	Cartel	Indemnización
4/6/14	J.R.Ferrándiz	ES:TS:2014:2941	*Céntrica v. Endesa*	Abuso dominio	Indemnización
9/1/15	I.Sancho	ES:TS:2015:669	*AVS/Sogecable v. Mediapro*	Plurilateral	Nulidad
6/7/17	J. Orduña	ES:TS:2017:2792	*Céntrica v. Iberdrola*	Abuso dominio	No causación
3/11/17	J. Orduña	ES:TS:2017:3879	*Mediapro v. R. Zaragoza*	Plurilateral	Nulidad
12/6/23	R. Sarazá	ES:TS:2023:2492	*AGR v. CNH*	Cartel	Indemnización
12/6/23	I. Sancho	ES:TS:2023:2472	*X. v. CNH*	Cartel	Indemnización
12/6/23	I. Sancho	ES:TS:2023:2495	*Y. v. CNH*	Cartel	Indemnización
12/6/23	I. Sancho	*ES:TS:2023:2473*	*PNP v. CNH*	Cartel	Indemnización
12/6/23	R. Sarazá	ES:TS:2023:2475	*Eulen v. IVECO*	Cartel	Indemnización
12/6/23	P. Vela	ES:TS:2023:2474	*JMJL v. IVECO*	Cartel	Declaración
13/6/23	I. Sancho	*ES:TS:2023:2476*	*JAR v. MAN*	Cartel	Declaración
13/6/23	Vela	*ES:TS:2023:2477*	*W. v. MAN*	Cartel	Indemnización
13/6/23	Sarazá	ES:TS:2023:2497	*Sánchez Álvarez v. MAN*	Cartel	Indemnización
13/6/23	Díaz Fraile	ES:TS:2023:2478	*Hermanos Bailón v. MAN*	Cartel	Indemnización
14/6/23	Vela	ES:TS:2023:2479	*Grúas Jordán v. Volvo*	Cartel	Indemnización
14/6/23	Díaz Fraile	ES:TS:2023:2480	*Llácer y Navarro v. Volvo*	Cartel	Indemnización
14/6/23	Vela	ES:TS:2023:2493	*Gestión Infraest. Civiles v. Daimler*	Cartel	Indemnización
14/6/23	Sarazá	ES:TS:2023:2494	*JSAM v. DAF*	Cartel	Indemnización
14/6/23	Díaz Fraile	ES:TS:2023:2496	*Transportes Espec. S. XXI v. DAF*	Cartel	Indemnización
16/10/23	Díaz Fraile	ES:TS:2023:4200	*Manipulados G. Sancho v. CNH*	Cartel	Indemnización

3.1. La "saga de las gasolineras"

Como ya se ha indicado, los primeros tiempos de la aplicación judicial estuvieron dominados por acciones de nulidad de contratos de distribución de carburantes.[29] Se trataba de acciones aisladas (*stand-alone*) en las que las pretensiones de las estaciones de servicio eran rechazadas.[30]

La jurisprudencia en esta materia ha evolucionado con los sucesivos cambios del reglamento de exención por categorías de restricciones verticales y su interpretación del Tribunal de Justicia UE en nueve cuestiones prejudiciales.[31] A partir de 2015 el Tribunal Supremo ha estimado parcialmente las pretensiones

---

[29] La mitad de todas las sentencias dictadas hasta 2013, véase MARCOS (2014A:97-98). También existen reclamaciones sobre los contratos de distribución de otros productos (MARCOS (2021B: 311) y MARCOS (2013:172), véanse STS de 28/7/21 (*S. v. Distribuciones La Botica De Los Perfumes,* MP: P.J. Vela, ES:TS:2021:3191) y, entre otras muchas, sentencias de la Audiencia de Badajoz (sec. 3) de 4/5/22 (*R. v. v. Distribuciones La Botica De Los Perfumes,* MP: F.L. Cercas, ES:APBA:2022:715), de 20/11/20 (C. v. *Distribuciones La Botica De Los Perfumes,* MP: J. Calderón, ES:APBA:2020:1428), de 26/10/20 (C. v. *Distribuciones La Botica De Los Perfumes,* MP: J. González, ES:APBA:2020:1247), sentencia de la Audiencia de Madrid (sec. 28) de 24/7/20 (*Perkins Engines v. MODIPE,* MP: J.M. De Vicente, ES:APM:2020:9072), sentencia de la Audiencia de Valencia (sec. 7) de 11/1/23 (*E v. Candy Famili & Bosh y Vaquer,* MP:Mª PE Cerdán,ES:APV:2023:535), sentencia de la Audiencia de Valladolid (sec 3) de 17/11/29 (*Neumáticos Carrión v. Michelín,* MP: I. Martín, ES:APVA:2020:1536)

[30] No se trata de acciones aisladas puras, porque los reclamantes se apoyan parcialmente en decisiones previas de la autoridad de la competencia española o de la Comisión europea, véase MARCOS (2013:171).

[31] STJUE de 14/12/2006, *CEEES,* C-217/05, MP: U. Lõhmus, EU:C:2006:784); de 11/9/2008 (*Tobar,* C-279/06, MP: U. Lõhmus, EU:C:2008:485); de 2/4/2009 (*Pedro IV Servicios,* C-260/07, MP: U. Lõhmus, EU:C:2009:215), y de 23/11/17 (*Gasorba,* C-547/16, MP: D. Šváby, EU:C:2017:891) y Autos del TJUE de 3/9/2008, *Lubricarga,* MP: U. Lõhmus, C-506/07, EU:C:2009:504), de 27/3/14 (*Brigh Service SA,* C-142/13, MP: D.Šváby, EU:C:2014:204), de 4/12/14 ES *Pozuelo 4,* MP: D. Šváby, C-384/13, EU:C:2014:2425), de 28/10/20 (Repsol, C-716/19, MP: A. Arabadjiev, EU:C:2020:870) y de 20/4/23 (Repsol, C-25/21, MP: A. Arabadjiev, EU:C:2023:298).

de las estaciones de servicio sobre la duración excesiva de las exclusivas de suministro, lo que ha conducido a la declaración de nulidad de los contratos cuando las cláusulas afectadas se consideran parte esencial del contrato.[32] En cambio, las pretensiones relativas a la fijación de precio de reventa por las petroleras siempre han sido rechazadas, incluyendo las acciones iniciadas en los últimos años a partir de la confirmación por el Tribunal Supremo de la resolución de la CNC de 2009 (652/07 *REPSOL/CEPSA/BP*).[33] Aunque las reclamaciones de las estaciones de servicio siguen llegando a los juzgados mercantiles y a las audiencias provinciales, el Tribunal Supremo inadmite la inmensa mayoría de los recursos contra los fallos de los tribunales inferiores.

3.2. Las acciones por infracciones del Derecho de la competencia en la organización y explotación de competiciones deportivas

Junto a la "saga de las gasolineras" (en sus diferentes modalidades y oleadas), el otro sector en el que la aplicación judicial del Derecho de la competencia ha sido más fructífera es la cesión y explotación de los derechos de retransmisión del fútbol.[34] Son varias las acciones consecutivas a decisiones previas de las autoridades de la competencia (Antena 3 TV[35]

---

32 SSTS de 12/1/15 (*Ribeira Baixa & Ribeira Alta v. REPSOL,* MP: I. Sancho, ES:TS:2015:277), de 31/3/15 (*E.S. Pineda del Mar & Olma v. REPSOL,* MP: I. Sancho, ES:TS:2015:1553) y de 13/5/15 (*Promotores Internacional & Pablo Rada Combustibles v. REPSOL,* MP: I. Sancho, ES:TS:2015:2216).

33 Véase Marcos (2023B). Véanse, por ejemplo, sentencias del juzgado mercantil 16 de Madrid (S. Gil) de 1/9/22 (*CR v. CEPSA,* ES:JMM:2022:11919) y del juzgado mercantil 1 de Palma de Mallorca (Mª Campoy) de 5/4/23 (*Gasóleos Mallorca v. Repsol,* ES:JMIB:2023:1462).

34 Ya Arribas (2009:187-188), Marcos (2013:173) y Marcos (2021B:315).

35 Antena 3 TV contra la Liga Nacional de Fútbol Profesional por el abuso de posición dominante en la venta de los derechos de retransmisión de

y AVS[36]), pero también se han interpuesto numerosas acciones aisladas (Euskaltel contra AVS/Sogecable[37], Tenaria contra AVS/Sogecable,[38] Cableeuropa contra AVS/Sogecable[39] y dos de Mediapro contra la Federación Española de Fútbol[40]). También se han planteado varios litigios sobre la posible infracción del Derecho de competencia por los acuerdos de comercialización de los derechos de retransmisión de competiciones

los partidos de fútbol sancionado por el TDC en 1993 (RTDC de 10/6/93 (319/92 *Antena 3 v. LNFP et al*, ponente C. Alcaide), cuya reclamación de daños de €25,5 millones (en concepto de lucro cesante por pérdida de ingresos publicitarios) fue estimada por sentencia del juzgado de primera instancia 4 de Madrid (A. Basañez) de 7/6/05, *Antena 3 TV v. LNFP*, ES:JPI:2005:9), aunque revocada por sentencia de la Audiencia de Madrid (sec. 25bis) de 18/12/06 (ES:APM:2006:18320), al considerar que se trataba "sueños de ganancias" (FD4 *in fine*), confirmada por auto del Tribunal Supremo de 14/4/2009 (MP: J.A. Xiol, ES:TS:2009:4632A).

[36] En verdad no se trataba de una acción consecutiva, pues el pronunciamiento de la CNC se produjo con posterioridad al inicio de las disputas sobre el cumplimiento de los contratos entre las partes, después de dictada la sentencia del juzgado de primera instancia (sentencia del juzgado de 1ª instancia 36 de Madrid -Mª Ángeles Martín- de 15/3/10, ES:JPI:2010:46): RCNC de 14/4/10 (S/6/7 *AVS, Mediapro, Sogecable y Clubs de Fútbol de 1ª y 2ª División*, ponente J. Costas), que declaró nulas varias cláusulas de los contratos de adquisición y puesta en común de derechos de retransmisión de derechos audiovisuales de partidos de la Liga y Copa del Rey, sancionando a Mediapro, AVS, Sogecable y TVC Multimedia, véase STS de 9/1/15 (*AVS & Sogecable v. Mediapro*, MP: I. Sancho, ES:TS:2015:191) (¶¶15 y 16). Después, véase sentencia de la Audiencia de Barcelona (sec. 1) de 28/6/19 (*AVS v. Mediapro*, MP: M. Portella, ES:APB:2019:13902).

[37] STS de 14/2/12 (MP: J.R. Ferrándiz, ES:TS:2012:1303).

[38] STS de 29/3/12 (MP: J.R. Ferrándiz, ES:TS:2012:2629).

[39] Véase sentencia del juzgado mercantil 7 de Madrid (A. Sánchez) de 4/3/10 (ES:JMM:2010:158).

[40] Sentencias del juzgado mercantil 3 de Madrid (J. Montull) de 10/1/22 (ES:JMM:2022:1026) y de 17/2/22 (ES:JMM:2022:5199).

deportivas,[41] las normas sobre el «juego limpio financiero»,[42] la elaboración del calendario/jornadas de competición[43] y, últimamente, el reglamento de sobre agentes de futbolistas.[44]

---

41 Se trata de acciones consecutivas a la RCNC mencionada en la nota 34 *supra*, véanse SSTS de 3/11/17 (*Mediapro v. R. Zaragoza*, J. Orduña, ES:TS:2017:3879), SAP Madrid (sec. 28) de 26/9717 (*Getafe Club de Fútbol SAD v. Mediapro*, ES:APM:2017:12208, A. Galgo) y SAP Pontevedra (Sec. 6) de 4/11/15 (*RC Celta de Vigo v. Mediapro*, ES:APPO:2015:2317, J. Carrera), SAP Madrid (sec, 20) de 12/6/14 (*Atlético de Madrid v. Mediapro*, ES:APPO:2015:2317, R. De los Reyes Sanz), SAP Navarra (sec. 3) de 1/6/15 (*Club Atético Osasuna v. Mediapro*, A.H. Vila) Véase también el auto de la Audiencia de Madrid (sec. 10) de 17/11/10 (*R. Murcia, Club de Fútbol v. U.D. Salamanca et al v.*, ES:APM:2010:17484A, MP: J.M. Arias) rechaza la anulación del laudo arbitral dictado por incumplimiento de los acuerdos de comercialización conjunta de derechos audiovisuales. respecto de la comercialización del partido final de la Copa del Rey de 2019, véase auto 4/20 de la Audiencia de Madrid (sec. 28) de 14/1/20 (*Mediapro v. RFEF*, rollo 667/2019, MP: J.M. De Vicente) y, también, sobre el acceso al estadio para la grabación de los partidos de la liga de fútbol femenina, auto de la Audiencia de Barcelona (sec. 25) de 16/12/29 (*Mediapro v. FC Barcelona*, MP: S. Fernández, ES:APB:2020:10553A).

42 Véanse sentencias del juzgado mercantil 8 de Madrid de 16/3/17 (*Pedro León v. LNF*) y de la Audiencia de Madrid (sec. 28) de 15/2/19 (MP: A. Arribas, ES:APM:2019:11931) .

43 Véase sentencia del juzgado mercantil 2 de Madrid (A. Sánchez) de 27/5/20 (*LNFP v. RFEF*, MP:ES:JMM:2020:962), revocada parcialmente por sentencia de la Audiencia Provincial de Madrid (Sec. 28) de 18/6/21 (MP: A. Galgo, ES:APM:2021:10273), aunque no en el rechazo de que hubiera existido un abuso de dominio de la RFEF.

44 El juzgado mercantil 3 de Madrid (J. Montull) tramita una reclamación por el posible carácter anticompetitivo del Reglamento de la FIFA sobre agentes de fútbol de 12/12/22, habiendo concedido las medidas cautelares solicitadas por la Asociación Española de Agentes de Futbolistas de la FIFA suspenda la aplicación del Reglamento y la RFEF se abstenga de implementar la limitación de honorarios de los agentes que allí se prevé (auto 344/23 de 2/11/23, PO301/23). En el pasado, infructuosamente, se iniciaron acciones contra la FIFA por el régimen de transferencia de jugadores, véase Auto de

Igualmente, a partir de la declaración por la CNMC de la infracción del artículo 1 de la LDC por la Asociación de Clubes de Baloncesto (ACB) de la fijación de las condiciones económicas impuestas para el acceso a la Liga ACB,[45] está en tramitación la reclamación de uno de los perjudicados.[46]

En cualquier caso, el litigio más importante que concierne a la aplicación del Derecho de la competencia en esta materia se ha suscitado al hilo del lanzamiento de la Superliga europea,[47] encontrándose pendiente de resolver una cuestión prejudicial ante el TJUE (C-333/21).[48]

3.3. Las primeras acciones consecutivas por daños causados por cárteles

Al margen de lo anterior, y de una docena de acciones de aplicación del derecho de la competencia por abusos de domi-

---

la Audiencia de Madrid (sec. 28) de 1/6/18 (*LNFP v. FIFA*, MP: A. Galgo, ES:APM:2018:3164A)

45 RCNMC de 11/4/17 (*S/DC/0558/15 ACB*) confirmada por STS de 26/6/23 (MP: D. Córdoba, ES:TS:2023:2882).

46 El juzgado mercantil 10 de Barcelona (L. Martínez) rechazó el acceso fuentes de prueba de la ACB frente al Basquet Club Andorra, en el marco de la reclamación de daños de la última contra la primera, auto de 16/3/10 (ES:JMB:2020:2342A). Véanse Morabanc Andorra, "Demanda contra ACB por el cànon", Comunicado Oficial 2/8/19 y MARCOS (2017). Desde otra perspectiva, véase sentencia del juzgado de 1ª instancia 38 de Barcelona (F. González) de 26/10/22 (PO640/20, *Gipuzkoa Basket v. ACB*).

47 Véanse autos del juzgado mercantil 17 de Madrid (M. Ruiz) de 20/4/21 (*ESL v. FIFA y UEFA*, nº 14/21) y de 11/5/21 (ES:JMM:2021:747A), del juzgado mercantil 17 de Madrid (S. Gil) de 20/4/22 (nº 73/22) y auto de la Audiencia de Madrid (Sec.28) de 30/1/23 (MP: E. García, ES:APM:2023:2A).

48 El Abogado General Athanasios Rantos presentó sus conclusiones el 15/12/22 (EU:C:2022:993), la sentencia del Tribunal de Justicia será publicada el 21/12/23.

nio en la industria energética,[49] de telecomunicaciones,[50] y en la gestión colectiva de los derechos de propiedad intelectual,[51] por lo que se refiere a la compensación de los daños causados por cárteles, hasta hace una década los perjudicados sólo habían tenido éxito en las acciones indemnizatorias por el cártel del azúcar industrial.[52]

Posteriormente, como ha ocurrido en otros países de la UE, la utilización de acciones indemnizatorias a raíz de decisiones previas de la autoridad administrativa de competencia ha crecido de manera exponencial. La existencia de un pronunciamiento previo de la Comisión Europea o de la autoridad española de la competencia acredita la existencia de una infracción previa que puede proporcionar un fundamento sólido para la ulterior reclamación de los perjudicados.

Así, el cártel del seguro decenal, sancionado por la CNC en 2011 (S/0037/08 *Compañías de Seguro Decenal*), proporcionaba la primera oportunidad para las posibles reclamaciones de daños de los perjudicados: los promotores inmobiliarios que habrían pagado -según la propia resolución de la CNC- un sobreprecio de €282 millones en las pólizas contratadas en los seis

---

49 Véase Marcos (2021B: 314-315).

50 Véase Marcos (2021B: 313-314).

51 Id. últ. y Marcos (2013:172). Más recientemente, véanse sentencias de la Audiencia de Oviedo (sec. 1) de 20/11/20 (*SGAE v. Asociación Unirock*, MP: J. Antón, ES:APO:2020:4980) y de Barcelona (sec. 15) de 7/11/19 (*Producciones Rocknrock v. SGAE*, MP: J.F. Garnica, ES:APB:2019:13030), véase también *infra* nota 86.

52 Véanse Sentencias del Tribunal Supremo de 8/6/12 (*Gullón v. Acor*, MP: J. Ramón Ferrándiz, ES:TS:2012:5462) y de 7/11/13 (*Nestlé v. Ebro*, MP: R. Sarazá, ES:TS:2013:5819), comentadas en Marcos (2014B). Las indemnizaciones concedidas ascendieron a €4.960.384,47 más los intereses desde la interposición de las demandas y la condena en costas a los demandados.

años que duró el cártel.[53] Sin embargo, la única reclamación que ha tenido éxito en relación con este cártel ha sido la de un asegurador boicoteado y excluido del mercado.[54]

Dos años más tarde, la sanción por la CNC del cártel de los sobres de papel (S/0316/10 *Sobres de papel*) dio lugar más de una docena de reclamaciones de varias empresas, asociaciones no lucrativas y partidos políticos. Sus pretensiones indemnizatorias han sido parcialmente estimadas tanto por la Audiencia de Madrid (sec. 28) como por la Audiencia de Barcelona (sec. 15), con una sustancial divergencia en la valoración de los informes periciales de cuantificación del daño causado por el cártel y en las indemnizaciones concedidas, que no ha sido revisada en casación.[55]

---

53 Véase MARCOS (2011). Véanse sentencia del juzgado mercantil 2 de Madrid (A. Sanchez) de 9/6/20 (*Realia v. ASEFA, y SCOR*, ES:JMM:2020:5799), analizada críticamente en MARCOS (2020), revocada por Sentencia de la Audiencia de Madrid (sec. 28) de 19/5/22 (MP: Mª T. Vázquez, ES:APM:2022:8315). El juzgado mercantil 11 de Madrid (M. Ruiz) rechazó recientemente con un fundamento análogo al de la Audiencia la reclamación interpuesta frente a ASEFA y SCOR por PYC-Pryconsa, Isla Canela, Cogein y Monthisa (sentencia 74/22 de 30/11/23, PO84/17). Aparentemente, Acciona Inmobiliaria habría obtenido acceso al índice del expediente administrativo ante la CNC (véase Resolución del Consejo de Transparencia 752/18 de 1//3/19, 100-002015), pero no consta la iniciación de reclamación por su parte.

54 Véanse sentencia del juzgado mercantil 12 de Madrid (AMª Gallego) de 9/5/14 (*Musaat v. CASER, ASEFA y SCOR*, ES:JMM:2014:3797), confirmada sustancialmente por la sentencia de la Audiencia de Madrid (sec. 28) de 3/7/17 (MP: PMª Gómez, ES:APM:2017:9034) y por el auto del Tribunal Supremo de 23/9/20 (MP:J.M. Díaz, ES:TS:2020:7408A). Véanse DÍEZ Y ESTRADA (2014:195-200) y MARCOS (2014C). La indemnización concedida asciende a €2.928.848,80 más intereses (sin que ese cálculo pueda superar €3.550.615,70).

55 Mientras que la Audiencia de Barcelona (sec.15) calcula que el sobreprecio del cártel fue el 20%, la Audiencia de Madrid (sec. 28ª)

Tabla 3. Reclamaciones de daños por el cártel de los sobres de papel

Demandante	Sentencia de la Audiencia Provincial	Cuantía (€)	Tribunal Supremo
Cortefiel	Barcelona 15, 10/1/20 (L Rodriguez) ES:APB:2020:59	407.755	ES:TS:2022:15204A
Misiones Salesianas	Barcelona 15, 10/1/20 (JMª Ribelles) ES:APB:2020:58	1.034.124	ES:TS:2023:5577A
Grupo Planeta	Barcelona 15, 10/1/20 (JMª Ribelles) ES:APB:2020:201	1.223.466	ES:TS:2023:2785A
CIFDSA	Barcelona 15, 13/1/20 (JF Garnica) ES:APB:2020:60	9.79.000	ES:TS:2023:5065A
Mutua Madrileña	Barcelona 15, 13/1/20 (JF Garnica) ES:APB:2020:186	190.819,18	ES:TS:2023:2786A
Manos Unidas	Barcelona 15, 13/1/20 (JMª Fernández) ES:APB:2020:185	275.904	ES:TS:2022:10899A
Caixa Ontiyent	Barcelona 15, 13/1/20 (M Cervera) ES:APB:2020:184	249.900	ES:TS:2022:15210A
Bankoa	Barcelona 15, 13/1/20 (JMª Fernández) ES:APB:2020:698	124.882	ES:TS:2022:10896A
Obras Misionales Pontific.	Madrid28, 3/2/20 (MP G Plaza) ES:APM:2020:1	132.200	ES:TS:2023:3613A
Cámara de Comercio	Madrid28 3/2/20 (MP A Arribas) ES:APM:el2020:2	30.100	Firme
PSOE	Barcelona 15 2/7/22 (MP: JF Garnica) ES:APB:2022:1182	3.589.787,69	Casación pendiente
PSCAT	Barcelona 15, 27/10/22 (MP: L. Rodríguez) ES:APB:2022:9428	656.042	Casación pendiente
ING	Barcelona 15, 3/11/22 (MP: M. Cervera, ES:APB:2022:11190)	1.932.301	Casación pendiente
IFEMA	Madrid 28, 3/6/22 (MP: A. Arribas) (ES:APM:2022:8164	279.677,61	Firme
		10.126.958	

Fuente: Elaboración propia a partir de CENDOJ (N.D. no disponibles)

---

lo cifra en el 9,43% a partir del informe pericial de *Compass Lexecom* para *Adveo.* Véase Ribelles (2021).

A partir de la sentencia del Tribunal de Justicia UE de 22/6/22 (C-267/20), la extensión de los plazos de prescripción ha llevado a que recientemente se hayan puesto en marcha nuevas reclamaciones por un importe que supera los €25 millones por otros perjudicados (Cajasur y Kutxabank,[56] Izquierda Unida[57] y Partido Popular). [58]

3.4. Las acciones consecutivas al cártel de camiones, al cártel de los automóviles y al cártel de la leche

Las reclamaciones de daños causados por cárteles se han masificado con el cártel de los fabricantes de camiones, sobre el que se han pronunciado los tribunales mercantiles españoles en todas sus instancias. Se han dictado más de seis mil sentencias por los juzgados mercantiles, más de tres mil sentencias por las audiencias provinciales y dieciséis sentencias del Tribunal Supremo. En ellas, es unánime la afirmación de la existencia de un perjuicio causado por el cártel, el reconocimiento judicial del derecho de los perjudicados a su compensación y la

---

56 Véase auto del juzgado mercantil 3 de Barcelona (B. Pellicer) de 21/4/23 (ES:JMB:2023:1196A), que también concede un acceso parcial al expediente administrativo de la CNMC ex artículo 283bis LECiv, en relación con la reclamación de daños interpuesta por Kutxabank y Cajasur. La demanda interpuesta por Kutxabank reclama €7.380.396,69.

57 Véase auto del juzgado mercantil 10 de Barcelona (I. Fernández) de 6/6/23 (ES:JMB:2023:2116A) que concede un acceso parcial al expediente administrativo de la CNMC ex artículo 283bis LECiv, en relación con la reclamación de daños interpuesta por Izquierda Unida. La demanda interpuesta reclama €9.176.663,79.

58 Véase auto del juzgado mercantil 11 de Barcelona (J.Mª Fernández) de 29/11/22 (ES:JMB:2022:5570A) que concede un acceso parcial al expediente administrativo de la CNMC ex artículo 283bis LECiv, en relación con la reclamación de daños interpuesta por el Partido Popular. La demanda interpuesta reclama €10.602.701,21.

recíproca obligación de los infractores de compensarlo.[59] Subsiste, no obstante, una notable incertidumbre sobre la cuantificación del daño indemnizable.[60] Hay disparidad de criterios en los tribunales en la valoración de las pruebas periciales y sobre el cálculo judicial del daño.[61]

Aunque se han interpuesto más de 2000 recursos de casación ante el Tribunal Supremo, de sus pronunciamientos sobre la "primera oleada" de reclamaciones se extrae la determinación del alto tribunal a confirmar los fallos de los tribunales inferiores.[62] Ese extremo parece confirmarse en las últimas resoluciones dictadas por el Tribunal Supremo que, en su mayoría, inadmiten los recursos contra las sentencias dictadas en apelación, a pesar de que ello suponga en muchos casos "santificar" diferentes cuantificaciones del daño a partir de una valoración dispar de las mismas pruebas por las distintas Audiencias provinciales. No obstante, el Tribunal Supremo ha admitido los recursos de casación interpuestos frente a una veintena de sentencias de apelación, en su mayoría eran desestimatorias de las pretensiones de los reclamantes (principalmente por prescripción o falta de legitimación pasiva del demandado).[63]

---

59 Véase Platero (2023).

60 Martín (2022 y 2019).

61 Véase Marcos (2023A).

62 Véase Marcos (2023C). El importe total de las indemnizaciones concedidas por el Tribunal Supremo en sus primeras sentencias (asumiendo que la sección 9ª de la Audiencia de Valencia siga la estimación del daño mínimo del 5% del precio de compra de los vehículos en los dos casos devueltos para que se pronuncie de nuevo sobre ellos) asciende a €257.653 correspondientes a 149 camiones cartelizados.

63 Véanse Autos del Tribunal Supremo de 19/7/23 (*Grupo Bertolín SA v. MAN*, MP: MªA. Parra, ES:TS:2023:14440A); de 18/10/23 (*Concret Unión SL v. Volvo*, MP: Mª A. Parra, ES:TS:2023:13684A; *G v. Daimler*, MP: I. Sancho, ES:TS:2023:13746A; *O v. Volvo*, MP: F.

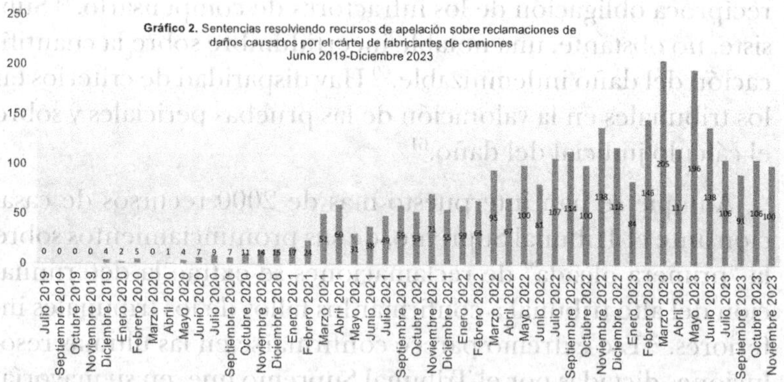

Fuente: Elaboración propia a partir de CENDOJ e información privada (2925 sentencias a 9/12/23).

A la fecha de cierre de este trabajo, s.e.u.o. las Audiencias Provinciales han dictado 2925 sentencias (véase gráfico 2), que resuelven reclamaciones por los daños sufridos en la compra de más de 15.500 camiones cartelizados y el monto total de las indemnizaciones concedidas supera €136 millones. La mayoría de las sentencias resuelven demandas individuales (67%) y es predominante que las sentencias resuelvan demandas del daño correspondiente a la compra de un único vehículo cartelizado (26%), resolviendo el 77% de las sentencias reclamaciones por la compra de cinco o menos camiones.

Los datos desagregados por Audiencia proporcionan una panorámica de la dispersión de los resultados de la litigación

---

Marín, ES:TS:2023:13829A; *LM v. Volvo,* ES:TS:2023:13834A; *LA v. DAF,* MP: Mª A. Parra ES:TS:2023:13836A, *R v. Renault,* MP: F. Marín, ES:TS:2023:13851A, *Transbenifayo SL v. DAF,* MP: I. Sancho, ES:TS:2023:14181A, 8/11/23 (*Transportes y Excavaciones Risueño SL v. Daimler,* MP: I. Sancho, ES:TS:2023:13827A; *C.A. v. L.A. v. Daimler,* MP: F. Marín, ES:TS:2023:14034A; *Transportes y Excavaciones Pérez Plumed SL v. IVECO,* MP: I. Sancho, ES:TS:2023:15375A) y de 15/11/23 (*A. v. Daimler,* MP: F. Marín, ES:TS:2023:15388A).

en este asunto (véase Tabla 4), cuya relevancia es indudable dada la limitación en el acceso por los recursos de casación al Tribunal Supremo.

Tabla 4. Estadística de sentencias dictadas recursos de apelación sobre reclamaciones de daños causados por el cártel de fabricantes de camiones

Audiencia	Nº Sentencias	Íntegra	Parcial	Desestima	Nulidad	Nº Camiones	Importe (€)
AP1Álava	11	9	1	1	0	55	916964,21
AP1Albacete	32	1	30	1	0	395	1375324,8
AP8Alicante	122	0	120	2	0	766	4455952,94
AP1Almería	243	4	231	6	2	550	8697055,06
AP1Ávila	34	34	0	0	0	142	2925235,99
AP2Badajoz	4	1	3	0	0	16	93141,47
AP15Barcelona	49	1	47	1	0	172	934833,53
AP3Burgos	27	15	12	0	0	71	920654,18
AP1Cáceres	68	68	0	0	0	286	5724963,78
AP5Cádiz	2	0	2	0	0	10	52159,08
AP4Cantabria	1	0	1	0	0	1	3482,5
AP1Córdoba	58	0	52	6	0	162	425558,259
AP4Coruña	164	1	157	6	0	1005	8873075,46
AP1Cuenca	27	25	2	0	0	255	5629111,22
AP1Girona	79	1	77	0	1	219	894379,557
AP1Gran Canaria	1	0	1	0	0	1	5524,85
AP1Granada	32	3	20	9	0	68	353571,64
AP1Guadalajara	30	0	29	1	0	160	549724,55
AP2Guipúzcoa	27	2	25	0	0	117	1163411,24
AP1Huesca	32	1	30	1	0	171	891985,873
AP1Jaén	18	0	10	8	0	59	333992,1
AP1 La Rioja	64	56	7	1	0	199	5427723,28
AP1León	37	0	36	1	0	259	5363824,08
APLleida2	32	32	0	0	0	74	1888662,96
AP1Lugo	50	0	48	1	1	344	1235819,29
AP28Madrid	90	0	73	16	1	523	1450670,38
AP32Madrid	39	0	38	1	0	174	489938,556
AP6Málaga	12	3	9	0	0	28	687590,86
AP4Murcia	80	0	74	5	1	691	2429415,9
AP1Navarra	24	0	23	1	0	153	978092,56
AP1Orense	52	0	51	0	1	228	752954,359
AP1Oviedo	260	0	259	1	0	976	5566300,74
AP1Palencia	76	0	69	4	3	462	1636955,13
AP5Palma	60	0	46	13	1	225	673382,07
AP1Pontevedra	161	0	153	7	1	864	2974057,5
AP1Segovia	63	61	0	2	0	383	8151192,72
AP1Sevilla	3	3	0	0	0	28	444841,21
AP1Soria	43	0	41	2	0	252	864840,405

Audiencia	Nº Sentencias	Íntegra	Parcial	Desestima	Nulidad	Nº Camiones	Importe (€)
AP1Tarragona	78	0	78	0	0	541	1908934,64
AP1Tenerife	2	2	0	0	0	8	85918,4
AP1Teruel	46	1	45	0	0	361	1359564,57
AP1Toledo	20	0	18	1	1	82	188464,79
AP9Valencia	183	0	137	45	1	1209	4485178,49
AP3Valladolid	136	124	5	3	4	666	13010603,8
AP4Vizcaya	41	0	34	2	5	282	778078,06
AP1Zamora	38	0	38	0	0	177	623354,42
AP5Zaragoza	174	131	41	2	0	1578	28305323,3
	2925	**579**	**2173**	**150**	**23**	**15448**	**136981784,7**

Nota: Las cifras relativas al número de camiones reclamados y, sobre todo, las que registran las indemnizaciones concedidas constituyen una aproximación (a la baja) a las reales. Es así, porque en torno al 2% de las sentencias no informan sobre el particular (¡), o se limitan a fijar un porcentaje sobre el precio de compra del vehículo (que no se menciona en la resolución). La cifra es también aproximada pues si bien algunas sentencias incluyen el interés legal del sobreprecio desde la compra del vehículo cartelizado en el cálculo del importe indemnizatorio otras no lo hacen, con lo que debería añadirse. Los intereses procesales proceden, en todo caso, desde la fecha de la interpelación judicial.

Las Audiencias que han resuelto un mayor número de recursos de apelación han sido la de Oviedo, de Almería y de Valencia. Con diferencia, la sección 9ª de la Audiencia de Valencia es la que se ha pronunciado en un mayor número de ocasiones contra las pretensiones de los reclamantes.[64] Por el contrario, la Audiencia de Cáceres (sección 1ª) siempre se ha pronunciado a favor de las pretensiones de los reclamantes, aceptando en todos sus fallos íntegramente sus pretensiones. Ese resultado es también el predominante en las Audiencias de Álava, Ávila, Burgos, Cuenca, La Rioja, Lleida, Segovia, Tenerife, Valladolid y Zaragoza. De hecho, ello permite explicar que sean estas dos últimas las que hayan concedido un monto indemnizatorio total más elevado.

64 Lógicamente, la mayoría de los recursos de casación admitidos por el Tribunal Supremo impugnan sentencias de la Audiencia de Valencia (todos menos uno de los admitidos, *supra* nota 62).

Por otra parte, las Audiencias de Zaragoza, Valencia y Coruña son las que han resuelto recursos relativos a un mayor número de camiones cartelizados, por encima del millar todas ellas.

Como ilustra el gráfico 3, subsiste una notable dispersión en las decisiones de las Audiencias sobre la cuantía del daño indemnizable. En primer lugar, algo menos de un cuarto de las sentencias aceptan íntegramente la pretensión estimatoria del demandante (a veces con modulaciones en el cálculo de los intereses). En segundo lugar, varias Audiencias provinciales recortan un cuarto (Audiencia de Almería),[65] un tercio (Audiencias de A Coruña[66] y de Granada)[67] o la mitad (Audiencia de Barcelona)[68] las pretensiones indemnizatorias de algunos reclamantes por las insuficiencias y debilidades en sus informes periciales. En cambio, todas ellas coinciden en estimar judicial-

---

65 Véase sentencia de 13/10/21 (*R. v. Volvo,* MP: J.A. Lozano, ES:APAL:2022:1032) y, —entre las últimas disponibles en CENDOJ, sentencia de 27/6/23 (*Agropulpí SL v. DAF, MP: S. Calero, ES:APAL:2023:1022*).

66 Véase Sentencia de 8/2/21 (*Excavaciones Pérez Lois SL et al v. MAN Truck & Bus,* MP: P.S. González-Carreró, ES:APC:2021:21) y entre las últimas disponibles en CENDOJ, sentencia de 9/10/23 (*Ferretería y Construcciones SARL SL et al v. Renault Trucks,* MP: P.S. González-Carreró,ES:APC:2023:2322).

67 Véase Sentencia de 9/1/22 (*Friobaza SL v. Fitat Chrysler,* MP: Mª C. Martínez del Páramo, ES:APGR:2022:1587) y, entre las últimas, sentencia de 25/10/23 (rollo 971/22, *AVH v. DAF,* MP: P. Sánchez Martín).

68 Desde su sentencia de 18/7/22 (*Grúas Transportes y Carretillas El Rayo Amarillo SL v. IVECO,* MP: JMª Ribelles, ES:APB:2022:7669), sigue un planteamiento análogo al de las Audiencias de Almería, A Coruña o Granada (supra notas 63-65) minora en un 50% la pretensión del reclamante (¶82). La más reciente que confirma esa postura es la sentencia de 15/9/73 (J v. Stellantis, MP: L. Rodríguez, ES:APB:2023:9483).

mente el daño en el 5% o el 7% del precio de compra cuando la pretensión indemnizatoria del demandante se extraía de estudios académicos sobre el daño causado por los cárteles.[69] En tercer lugar, la estimación judicial del daño en un sobreprecio del 5% del precio de compra del camión cartelizado, que el Tribunal Supremo en junio pasado consideró "daño mínimo", es la seguida en la mitad de las sentencias.

De hecho, varias Audiencias que antes estimaban judicialmente el sobreprecio del cártel en porcentajes más elevados al 5% del precio de compra del vehículo (León 15%, Alicante, Guipúzcoa 10%, Oviedo 8%), tras las sentencias del Tribunal Supremo de junio de 2023 han cambiado el criterio y reducido su estimación al mínimo del 5%.

Por otro lado, como puede observarse en el gráfico 4, en apelación la mayoría de las sentencias desestimatorias de las pretensiones de los reclamantes lo hacen por insuficiencia probatoria de la cuantía del daño, seguidas por la prescripción de la acción.

---

69 En la Audiencia de A Coruña (sec. 4ª) la estimación es el 7% del precio de compra, sentencia de 22/2/21 (*Metalber Capintería Mecánica, SL v. IVECO,* MP: P. S. Gonzále-Carreró, ES:APC:2021:358). Esa es también la estimación de la Audiencia de Granada en varios fallos, véase sentencia de 6/7/22 (*Construcciones Porman SA v. Traton,* MP: E.P. Pinazo, ES:APGR:2022:1137). En cambio, la estimación es eel 5% en las Audiencias de Almería (sec. 1), sentencia de 11/10/22 (*N v. DAF,* MP: S.Calero, ES:APAL:2022:981) y Barcelona (sec. 15ª), sentencia de 17/4/20 (*S v. CNH Industrial,* MP: M. Cervera, ES:APB:2020:2567), confirmada por STS de 12/6/23 (MP: I. Sancho, ES:TS:2023:2473). Véase también sentencias de 17/1/22 (*Sumal SL v. Mercedes Benz Trucks España,* MP: J.F. Garnica, ES:APB:2022:738) y de 26/3/23 (*Arids Rocamora SL v. MAN Truck & Bus Iberia,* MP: N. Lefort, ES:APB:2023:7016).

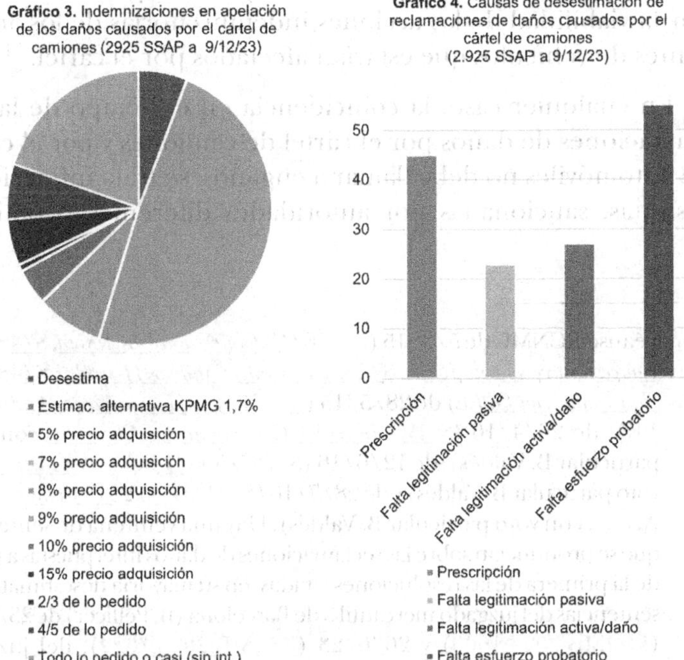

La litigación de los daños causados por el cártel de camiones coincide en el tiempo con las primeras reclamaciones de daños causados por el cártel de los fabricantes automóviles, sancionado por la CNMC en 2015 (S/482/13 *fabricantes de automóviles*).

El cártel de automóviles afectó a la distribución en España de vehículos de 32 marcas y se materializó a través de intercambios de información entre SEAT y las veinte filiales españolas de fabricantes de automóviles (con la colaboración y el auxilio de dos consultoras). La organización del cártel en tres círculos diferentes («Club de marcas», «Programa de intercambio de información de indicadores de posventa» y «Jornadas de Constructores») y la co-existencia durante parte de la infracción de otros ocho cárteles en la distribución minorista de automóviles sancionados por la CNC entre 2014 y 2016[70] puede condicionar la viabilidad de las acciones indemnizatorias de los adquirentes de vehículos que estarían afectados por el cártel. [71]

En cualquier caso, la coincidencia en el tiempo de las reclamaciones de daños por el cártel de camiones y por el cártel de automóviles no debe llamar a engaños: se trata infracciones distintas, sancionadas por autoridades diferentes (Comisión

---

70 Véanse RCNMC de 5/3/15 (S/486/13 *Concesionarios Toyota*, S/487/13 *Concesionarios Land Rover*, S/488/13 *Concesionarios Hyundai*, S/489/13 *Concesionarios OPEL*) de 28/5/15 (S/471/13 *Concesionarios Audi/Seat/VW*), de 26/4/16 (S/DC/505/14 *Concesionarios Chevrolet*, con voto particular B. Valdés), de 12/6/16 (S/DC/506/14 *Concesionarios Volvo*, voto particular B. Valdés) y de 28/7/16 (SAMAD/9/2014 *Concesionarios Nissan*, con voto particular B. Valdés). Hay una veintena de sentencias que se pronuncian sobre las reclamaciones de daños interpuestas a partir de la primera de las resoluciones citadas, en su mayoría desestimatorias, sentencias del juzgado mercantil 3 de Barcelona (B. Pellicer) de 23/6/23 (ES:JMB:2023:1603) y 26/6/23 (ES:JMB:2023:1622), del juzgado mercantil 1 de Bilbao (M. Bermúdez) de 14/3/18 (ES:JMBI:2018:1278), 9/7/19 (ES:JMBI:2019:1146, ES:JMBI:2019:1047), del juzgado mercantil 1 de Donostia (P. J. Malagón) de 11/7/19 (ES:JMSS:2019:1012, ES:JMSS:2019:1013 y ES:JMSS:2019:1014), del juzgado mercantil 1 de Oviedo (Mª C. Márquez) de 18/2/20 (ES:JMO:2020:569), del juzgado mercantil 3 de Gijón (R. Manso) de 9/3/20 (ES:JMO:2020:728 y ES:JMO:2020:729), del juzgado mercantil 1 de Oviedo (A. Muñoz) de 18/5/20 (ES:JMO:2020:1539), del juzgado mercantil 1 de Tarragona (C.A. Suárez) de 2/6/21 (ES:JMT:2021:4406), del juzgado mercantil 1 de Cádiz de 5/4/21 (ES:JMCA:2021:508, ES:JMCA:2021:509 y nº 91/21, JV825/19), de 11/5/21 (nº 139/21, JV1102/19), de 9/6/21 (nº 161/21, JV1100/19) y de 13/7/21 (nº 199/21, JV350/20). Fuera de las acciones contra los concesionarios Audi/VW/Seat se conoce solo la sentencia del juzgado mercantil 12 de Madrid (M. Guillamón) de 24/12/19 (ES:JMM:2019:4227), que desestima una demanda contra un concesionario Opel.

71 Véase MARCOS (2022D).

Europea y la CNMC), aunque ambas fueron calificadas como cárteles, la colusión sancionada en uno y en otro caso fueron de diversa naturaleza y alcance.

Aunque el volumen de reclamaciones de daños por el cártel de los automóviles es todavía modesto, el goteo de demandas presentadas ante los tribunales no cesa.[72] Dado los millones de potenciales perjudicados por este cartel no sería de extrañar que pronto las sentencias dictadas superen las cifras alcanzadas respecto de los daños causados por el cártel de fabricantes de camiones.[73] Medio centenar de juzgados mercantiles y siete Audiencias Provinciales han dictado ya más de cuatrocientas sentencias (véase la Tabla 4 con las catorce sentencias dictadas en apelación hasta la fecha).

---

72 Se puede apreciar también por la proliferación de resoluciones del Tribunal Supremo que resuelven conflictos de competencia -el último, que cita alguno de los anteriores, auto de 3/10/23 (*CyM v. General Motors*, ES:TS:2023:12885A, MP: P.J. Vela), resoluciones de las Audiencias sobre competencia territorial y objetiva -autos de la Audiencia de Jaén (sec.1) de 8/9/22 (B v. Ford España, ES:APJ:2022:493A, MP: B. Regidor), de la de Madrid (sec. 10) de 26/7/21 (Transportes y Grúas El Chato v. Renault, ES:APM:2021:3996A, MP: L. Puente) de la Vizcaya (sec. 3) de 8/7/22 (*I v. Renault*, ES:APBI:2022:1829A, MP: A. I. Gutiérrez) y por los incidentes de acceso a fuentes de prueba, véanse autos del juzgado mercantil 3 de Barcelona (B. Pellicer) de 29/5/23 (*Kia Ibérica*, ES:JMB:2023:1653A) y de 6/3/23 (*Kia Motor*, ES:JMB:2023:847A) y del juzgado mercantil 11 de Barcelona (J. Mª Fernández) de 10/7/23 (O v. SEAT, ES:JMB:2023:1984A),11/4/23 (*Cimentaciones y Ferralla v. SEAT*, ES:JMB:2023:1015A) y de 9/1/23 (*AD v. SEAT*, ES:JMB:2023:3A).

73 Los automóviles cartelizados serían más de 10 millones ("Las reclamaciones por el cártel de coches cogen velocidad" *Expansión* 8/11/21). En cambio, mi estimación de los camiones cartelizados en España no supera los 160.009, véase Marcos (2019).

Tabla 5. Sentencias de Audiencias Provinciales sobre reclamaciones de daños causados por el cártel de automóviles

Audiencia	Fecha	*Asunto*	M. Ponente	ECLI	Resultado
Soria (sec. 1)	5/6/23	*X v. BMW*	R.Mª Carnicero	ES:APSO:2023:209	Estimación judicial del sobreprecio en 5% precio de adquisición+ interés
Oviedo (sec.1)	5/7/23	*N v. Ford*	J.M. Raposo	ES:APO:2023:2226	Estimación judicial del sobreprecio en 5% precio de adquisición+ interés
Zaragoza (sec. 5)	5/7/23	*N. v. Opel España SL*	A.L.Pastor	ES:APZ:2023:1208	Estimación judicial del sobreprecio en 7% precio de adquisición+ interés
Madrid (sec.32)	7/7/23	*J v. BMW Ibérica*	A. Arribas	ES:APM:2023:11315	Sin daño/relación causal
Palencia (sec. 1)	17/7/23	T v. PSAG Automoviles Comercial España SA		ES:APP:2023:288	Estimación judicial del sobreprecio en 5% precio de adquisición+ interés
Madrid (sec.32)	21/7/23	Maqueda Gallego y Alvárez SL v. Toyota	E. García	ES:APM:2023:13066	Estimación judicial del sobreprecio en 5% precio de adquisición+ interés
Alicante (sec. 8)	29/7/23	*M v. Mitshubishi*	L.A. Soler	ES:APA:2023:915	Sin daño/relación causal
Zaragoza (sec. 5)	1/9/23	*A v. Peugeot Citröen Automóviles España SA*	M.D. Diego	ES:APZ:2023:1635	Estimación judicial del sobreprecio en 7% precio de adquisición+ interés
Zaragoza (sec. 5)	20/9/23	*F.v Opel España SL*	A.L.Pastor	ES:APZ:2023:1652	Estimación judicial del sobreprecio en 7% precio de adquisición+ interés
Oviedo (sec.1)	27/9/23	*A v. Ford españa SL*	J.M Raposo	ES:APO:2023:2851	Recurso inadmisible.
Valladolid (sec. 3)	29/9/23	*Patrisava SL v. BMW Ibérica SAU*	I. Martín Verona	ES:APVA:2023:1816	Estimación judicial del sobreprecio en 5% precio de adquisición+ interés
Oviedo (sec.1)	4/10/23	*L. v. Toyota España*	J.M Raposo	ES:APO:2023:3159	Recurso inadmisible.
Oviedo (sec. 1)	4/10/23	*A v. Stellantis España*	J.M Raposo	ES:APO:2023:3136	Recurso inadmisible.
Zaragoza (sec. 5)	25/10/23	*L v.Opel España SL*	A.Mª Martínez	rollo 66/23	Estimación judicial del sobreprecio en 7% precio de adquisición+ interés

Audiencia	Fecha	*Asunto*	M. Ponente	ECLI	Resultado
Madrid (sec.32)	7/11/23	*E v. Toyota España*	MªT.Vázquez	rollo 96/23 (voto particular A. Arribas)	Estimación judicial del sobreprecio en 5% precio de adquisición+ interés (voto particular *dies a quo*)

Hasta la fecha, algo más de la mitad de los pronunciamientos judiciales aceptan las pretensiones de los perjudicados (aunque sea parcialmente), observándose una notable divergencia de criterios para la cuantificación del daño (véase gráfico 5). La principal causa de desestimación de las reclamaciones es la insuficiencia probatoria del daño por el perjudicado, pues el demandante no presenta una cuantificación mínima del daño (véase gráfico 6). Varias sentencias se han detenido en cómo las particularidades de la conducta anticompetitiva sancionada por la CNMC (tres círculos del cártel, con participación y períodos variables de los infractores) pueden afectar a la producción del daño y a la eventual responsabilidad si la demanda no se dirige al fabricante del vehículo cartelizado, si no a otro distinto.[74] En relación con la incidencia de estas cuestiones en el cómputo del plazo de prescripción de las acciones y la facultad judicial de estimación del daño se ha elevado recientemente una nueva cuestión prejudicial al Tribunal de Justicia.[75]

---

[74] Véanse, por ejemplo, FD6 de la sentencia del juzgado mercantil 3 de Valencia (E. Pastor) de 21/10/22 (*X v. Toyota,* ES:JMV:2022:9610) y de 31/3/23 (*Y v. PSAG,* ES:JMV:2023:709) y del juzgado mercantil 5 de Madrid (M. Guillamón) de 7/10/22 (*J. I. v. Volvo,* ES:JMM:2022:10348). Véanse Gago (2018), Ribelles (2018) y Marcos (2022E).

[75] Véase auto del juzgado mercantil 3 de Valencia (E. Pastor) de 20/10/23 (*A v. Toyota España SL & Volkswagen,* ES:JMV:2023:2733A).

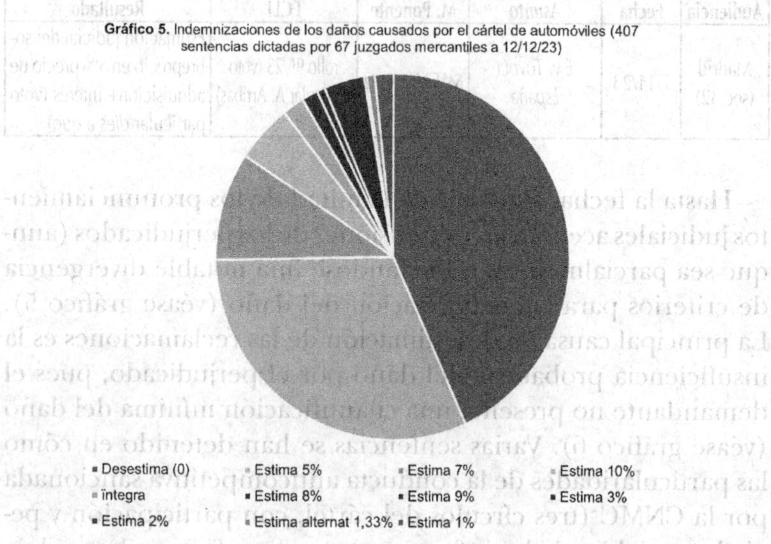

Fuente: Elaboración propia a partir de CENDOJ (308 sentencias) e información privada.

Finalmente, se han interpuesto varias reclamaciones de daños por el cártel de la leche, aunque la mayoría se encuentran en tramitación.[76]

---

[76] Véanse, sobre la competencia de los juzgados mercantiles, auto de la Audiencia de Lugo (sec. 1) de 26/1/22 (*G v. Lactalis*, MP: M. Iglesias, ES:APLU:2022:22A) y sobre la solicitud de acceso a parte del expediente administrativo tramitado ante la CNMC, autos del juzgado mercantil 3 de Barcelona (B. Pellicer) de 27/10/22 (*El Pinar de Caulina SL v. Nestlé*, ES:JMB:2022:5177A) y de 5/5/23 (*Granja La Presa et al v. Lactalis et al*, ES:JMB:2023:1437A); del juzgado mercantil 10 de Barcelona (I. Fernández) de 30/5/23 (*Mendi Txoko S. civil et al v. Danone*, ES:JMB:2023:1802A) y del juzgado mercantil 11 de Barcelona (J. Mª Fernández) de 20/6/22 (*Dovanea v. Nestlé et al*, ES:JMB:2022:5790A) 14/11/22 (*SAT El Cruce 39060 v. Danone*, ES:JMB:2022:5376A) y de 10/5/23 (ES:JMB:2023:1414A; ES:JMB:2023:1417A). Otra perspectiva del conflicto puede verse en la sentencia del juzgado mercantil 7 de Barcelona (R. N. García) de 20/6/19 (*Ganaderías Fonferri et a v. CAPSA*, ES:JMB:2019:8242) y autos 27/3/18 (ES:JMB:2018:954A) y de 3/7/18 (ES:JMB:2018:1997A).

La CNC sancionó este cártel en 2015,[77] pero la anulación de la multa por los tribunales contencioso-administrativos[78] ha condicionado el devenir de las reclamaciones interpuestas por los ganaderos contra los infractores.[79]

4. EL FUTURO DE LAS ACCIONES POR INFRACCIONES DEL DERECHO DE LA COMPETENCIA

Tras la explosión de las reclamaciones de daños por el cártel de los fabricantes de camiones y por el cártel de los fabricantes

---

77 RCNC de 26/2/15 (S/0425/12 *Industrias Lácteas 2*).

78 A partir de la sentencia de la Audiencia Nacional de 11/7/16 (*Nestlé v. CNMC,* MP:F. De la Peña, ES:AN:2016:3063), confirmada por STS de 24/7/18 (MP: Mª I. Perelló, ES:TS:2018:3007), sentencias de la Audiencia Nacional de 20/9/18 (*Nestlé v. CNMC,* MP: S.P. Soldevila, ES:AN:2018:5373; *Lactalis v. CNMC,* MP: S.P. Soldevila, ES:AN:2018:5301); de 28/9/18 (*AEG v. CNMC,* MP: R. Castillo, ES:AN:2018:5302); de 18/10/18 (*Danone v. CNMC,* MP: R, Castillo, ES:AN:2018:4039); de 24/10/18 (*Schreiber v. CNMC,* ES:AN:2018:3649; *Celega v. CNMC,* MP: B.Mª Santillán, ES:AN:2018:4035 y C.A.Peñasanta v. CNMC, MP: B.Mª Santillán, ES:AN:2018:4037); de 25/10/18 (*Gremio v. CNMC,* MP: F. De la Peña, ES:AN:2018:4036 y *Pascual v. CNMC,* MP: F. De la Peña, ES:AN:2018:4040); y de 2/11/18 (*CLAS v. CNMC,* MP: S. Soldevila, ES:AN:2018:4193). La CNMC sancionó de nuevo el cartel, con alguna variación en el perímetro de la infracción en la resolución de 11/7/19 (S/0425/12 *Industrias Lácteas 2*).

79 Véase sentencias del juzgado mercantil 1 de Granada (Mª J. Fernández) de 30/6/21 (*SAT San Antón v. Puleva et al,* ES:JMGR:2021:6331), del juzgado mercantil 1 de Oviedo (A. Muñoz) de 20/1/22 (*E. v. Danone,* ES:JMO:2022:828) del juzgado de 1ª instancia 2 de Lugo (MªH. Bouso) de 3/6/22 (*Ganadería Tres Pinos v. Grupo Lactalis et al,* ES:JPI:2022:902). La sección 3ª de la Audiencia de Granada revocó la decisión del tribunal de instancia, que había indemnizado en más de €2 millones a los ganaderos afectados, por la falta de legitimación activa de la reclamante (a la que se habían cedido las "acciones") por sentencia 389/23 de 29/9/23 (rollo 1303/21, MP: P. Sánchez).

de automóviles, la aplicación privada del Derecho de la competencia ha dejado de ser un fenómeno anecdótico o puntual.

La popularización de las reclamaciones por infracciones del Derecho de la competencia se observa tanto desde la perspectiva de los jueces como desde la perspectiva de los profesionales dedicados a estos asuntos.

Desde la perspectiva judicial, la multiplicación de los litigios ha obligado a muchos jueces mercantiles a dedicar tiempo a una disciplina tradicionalmente residual en su jurisdicción, que amenaza con inundar los estrados. Adicionalmente, la multiplicación de asuntos y la organización y planta judicial descentralizada conduce a que los tribunales de Madrid y Barcelona hayan dejado de ser los únicos que se pronuncien sobre estos asuntos.[80] Aunque, es lógico que en el futuro sigan siendo competentes para conocer de muchas reclamaciones, las reglas de competencia territorial llevan a que se presenten reclamaciones ante los juzgados mercantiles de todo el país.[81]

En el plano profesional, la democratización del derecho de la competencia se ha producido a medida que centenares de abogados en todo el país hayan empezado a utilizar estos

---

[80] Véase PASTOR (2020).

[81] Toda vez que se entiende que la competencia territorial corresponde a los tribunales del lugar de adquisición del bien afectado por la infracción -o el domicilio del consumidor cuando éste es el perjudicado, artículo 52.3 LECiv (Autos del Tribunal Supremo de 13/10/22, *CD v. BMW Ibérica SAU,* MP: P.J. Vela, ES:TS:2022:13976A, y *A v. Honda Motoreurope Ltd. Sucursal España,* MP: I. Sancho, ES:TS:2022:13977A). Las cifras sobre el reparto de asuntos por audiencias provinciales de las reclamaciones de daños por el cártel de los camiones son reveladoras, ni la Audiencia de Madrid, ni la Audiencia de Barcelona se encuentran entre las que hayan resuelto un mayor número de reclamaciones o las de mayor cuantía, aunque esto pueda explicarse por el mayor retraso acumulado que llevan todos los asuntos en esos partidos judiciales. Véase MARCOS (2023C).

procesos con asiduidad a raíz de las reclamaciones los daños causados por cárteles.[82]

En general, acuciados por el aluvión de procesos, tanto los profesionales como los jueces han dado muestras de un notable pragmatismo en la tramitación y resolución de las demandas. La rapidez en la gestión judicial de los asuntos e incidentes en las sucesivas instancias y la calidad de muchas de las resoluciones dictadas son buena prueba de ello, sobre todo si se compara con el exiguo balance que ofrecen el resto las jurisdicciones de la UE. Al margen de esas reclamaciones masivas, otras acciones y resoluciones recientes acreditan una consolidación de la aplicación judicial de las prohibiciones de conductas anticompetitivas (*infra* §4.1).

Aun así, el desarrollo de la aplicación privada en esta fase inicial ha pecado ocasionalmente de una cierta banalización de los litigios (*infra* §4.2), que paradójicamente, coexiste con notables muestras de creciente sofisticación de las reclamaciones por infracciones del derecho de la competencia (*infra* §4.3).[83]

4.1. Consolidación de la aplicación judicial del derecho de la competencia

A pesar de la falta de transparencia sobre las acciones interpuestas y en tramitación,[84] el vigor creciente de la aplicación privada se observa en una utilización más frecuente por los

---

[82] Esto ha ocurrido con los demandantes en todos los procesos, a juzgar por lo ocurrido con las reclamaciones de daños del cártel de sobres, de camiones, de automóviles y de la leche. En cambio, la defensa de los infractores sigue centralizada en algunos grandes despachos de Madrid y/o Barcelona.

[83] Véase Pastor (2023).

[84] Véase Marcos (2022f).

profesionales del Derecho de la Competencia más allá de las reclamaciones masivas de daños causados por cárteles. Las manifestaciones de esta progresiva consolidación son varias, y comprenden tanto la alegación de la infracción de las prohibiciones de conductas anticompetitivas como pretensión del demandante ("arma") y como defensa del demandado ("escudo").

La aplicación privada de la competencia se observa también en la utilización de los mecanismos judiciales para el acceso a fuentes de prueba a utilizar en las posteriores reclamaciones judiciales o como herramienta de tutela cautelar.

En cuanto al acceso a las fuentes de prueba, a pesar de la falta de experiencia en nuestro Derecho procesal con este mecanismo, no existe otra jurisdicción en la UE donde este mecanismo introducido por la Directiva de daños antitrust haya tenido tanta utilización. A partir de la experiencia que se ha vivido en el cártel de camiones, la utilización del incidente de acceso a las fuentes de prueba se ha extendido para recabar pruebas con las que preparar acciones "aisladas" (*stand-alone*) [85] y consecutivas,[86]

---

[85] Para preparar una eventual reclamación de daños causados por el abuso de posición dominante, autos de juzgado mercantil 3 de Barcelona (B. Pellicer) de 1/12/21 (*Unison Rights v. SGAE,* ES:JMB:2021:4168A) y del juzgado mercantil 1 de Girona (S. Aragonés) de 7/3/22 (*Escola Esquí Edelweiss v. Telesquís de Tossa de Alp. Das y Urús,* ES:JMGI:2022:934A). Véase también auto 143/23 de la Audiencia de Madrid (sec. 28) de 23(5/23 (*Servisa v. Interfunerarias & H. U. Fundación Jiménez Díaz,* rollo 968/22, MP: J.I. Zarzuelo), que revoca el auto nº 71/22 de juzgado mercantil 16 de Madrid (C. Nieto) de 8/4/22 (DP130/22), que había denegado el acceso a fuentes de prueba solicitado por Servisa a los efectos de acreditar un acuerdo colusorio o una práctica concertada para que los clientes en ese centro sanitario fueran atendidos por el Grupo Interfunerarias con exclusión de otras empresas (artículo 1.1 de la LDC), véase RTDC de 13/3/2001 (R 436/00 *Hospital La Princesa/Funerarias*).

[86] Véase auto del juzgado mercantil 5 de Madrid (M. Guillamón) de 18/3/22 (*Kapsch Carriercom España v. Nokia,* PO809/18) a resultas de la RCNMC de 8/6/17 (S/DC/0557/15 *Nokia*).

aunque sean muchos los casos en que los tribunales han rechazado las solicitudes de acceso al estar inspiradas en estrategias dilatorias o en usos desviados de esta herramienta.

Por otro lado, son frecuentes las disputas sobre medidas cautelares en estos asuntos,[87] con gran relevancia práctica y estratégica para las empresas implicadas.[88] En ocasiones, la relevancia de estas decisiones y de sus efectos en el mercado supera

---

Diversos tribunales han rechazado las solicitudes articuladas como diligencias preliminares ex artículo 251.1.6º LECiv (petición de quien pretenda iniciar un proceso para la defensa de los intereses colectivos de consumidores y usuarios al objeto de concretar a los integrantes del grupo de afectados cuando, no estando determinados, sean fácilmente determinables), para que la Dirección General de Tráfico (DGT) y la Agencia Estatal de la Administración Tributaria (AEAT) facilitaran diversos datos que permitieran identificar a los compradores de vehículos y las transacciones afectadas, véanse autos de la Audiencia de Zaragoza (sec. 5) de 1/7/21 (*OCU v. Opel España SL,* MP: A. Martínez, ES:APZ:2021:1149A), de Valladolid (sec. 3) de 2/12/22 (*OCU v. Renault Comercial* España SA, MP: I. Martín, ES:APVA:2022:1481A), de Barcelona (sec.15) 28/7/22 (OCU v. Toyota/Lexus, MP: J.F. Garnica, ES:APB:2022:7406A), de la Audiencia de Madrid (sec. 28) de 24/2/23 (*OCU v. Mercedes Benz España,* SA, MP: DP1475/20).y de 28/4/23 (*OCU v. Nissan Iberia SA,* MP: L. Rodriguez, ES:APB:2023:2643A). sólo la admitió en un primer momento el auto de Audiencia de Valladolid 14/6/21 (OCU v. Renault, MP: I. Martín, ES:APVA:2021:787A).

87 Véase Vilata (2016) y, por ejemplo, auto de la Audiencia de Barcelona (sec. 15) de 2/7/19 (*Easypark España v. Barcelona de Serveis Municipals,* MP: L. Rodríguez, ES:APB:2019:4469A) y auto Juzgado mercantil 10 de Barcelona (I. Fernández) de 14/3/23 (*Unison Rights v. SGAE,* ES:JMB:2023:613A), confirmado por auto de la Audiencia de Barcelona (sec. 15) de 10/11/20 (*Unison Rights v. SGAE,* MP: M. Cervera, ES:APB:2020:10035A).

88 En sede cautelar, en relación con las demandas de Mediapro contra la Federación Española de Fútbol (véase *supra* nota 39), auto del juzgado mercantil 3 de 26/7/19 (ES:JMM:2019:68A) y, respecto del primero, véase auto del juzgado mercantil 12 de Madrid (M. Guillamón) de 10/1/22 (ES:JMM:2019:45A).

al litigio principal,[89] pues la decisión de este último no llega a producirse o cuando lo hace la cuestión de fondo ha sido superada.[90]

A partir del efecto vinculante de los pronunciamientos previos de las autoridades de competencia,[91] continúan las reclamaciones de daños consecutivas a las resoluciones de la CNMC, varias acciones por el cártel de los cables se tramitan ante los juzgados mercantiles 7 y 11 de Barcelona, y la Audiencia decretado la continuación del proceso sin necesidad de esperar la confirmación de la resolución sancionadora.[92] Otras acciones consecutivas, aunque de naturaleza híbrida, han amplíado el

---

89 Véase, por ejemplo, autos del juzgado mercantil 3 de Madrid (M. Iglesias) de 21/3/2006 (*Endesa SA v. Gas Natural SDG & Iberdrola SA*, ES:JMM:2006:13A) y de la audiencia de Madrid (sec. 28) de 15/1/2007 (*Endesa SA v. Gas Natural SDG & Iberdrola SA*, ES:APM:2007:1A) y MARCOS (2013B).

90 Así, en la mayoría de las decisiones judiciales relevantes sobre el carácter anticompetitivo de las condiciones de juego limpio financiero (véase *supra* nota 41), véanse auto del juzgado mercantil 8 (F. Villena) de 17/11/14 (ES:JMM:2014:85A) y del juzgado mercantil 13 (J.Mª Fernández) de 30/1/23 (ES:JMB:2023:259A)

91 Véanse artículos 15 del Reglamento CE 1/2003 y artículo 75 de la LDC y SANCHO (2019).

92 Véanse autos de la Audiencia de Barcelona (sec. 15) de 10/2/23 (*Talleres Electrotécnicos de Pontevedra v. General Cable Sistemas SLU* et al. MP: J. F. Garnica, ES:APB:2023:2952A), de 21/2/23 (*Iberdrola v. General Cable Sistemas SLU et al*, MP: L. Rodríguez, ES:APB:2023:2949A) y de 5/7/23 (*Electrimet SA / Prelezec SA v. General Cable Sistemas SLU*, et al., MP: M. Diaz, ES:APB:2023:5162A). Iberdrola reclama en su acción €9.402.439 por el perjuicio sufrido como cliente por el reparto de mercado entre Amara NZero, Prysmian Group y Top Cable del Proyecto Peñaflores y ello a pesar de que había sido declarada por la CNMC responsable solidaria de la infracción como propietaria de una de las infractoras (véase SAN de 19/5/23, MP: M.D.S. Gandarillas, ES:AN:2023:2604).

período de reclamación más allá del declarado por la resolución de la autoridad de competencia.[93]

Adicionalmente, en las reclamaciones de daños en casos de cárteles, se han asumido y puesto en juego las posibilidades que, a partir de la jurisprudencia del TJUE,[94] se han abierto para la litigación contra las filiales de los infractores,[95] y ello se observa en las últimas "oleadas" de reclamaciones de daños por el cártel de camiones.

De otro lado, los demandados han hecho uso frecuente de la defensa de la repercusión del sobreprecio (*passing-on*), en virtud de la cual el daño provocado por la conducta anticompetitiva se habría trasladado por el perjudicado reclamante a sus clientes. A partir de la doctrina sentada por el Tribunal Supremo en su pionera sentencia sobre los caños causados por

---

93 Véase sentencia del juzgado mercantil 12 de Madrid (A.Mª Gallego, *NH Hotel Group v. EGEDA*, ES:JMM:2022:13462). La resolución de la CNC de 2/3/12 (S/157/09 *EGEDA*, ponente Mª J.González) declaró y sancionó la infracción hasta 2011, pero la sentencia declara e indemniza los daños posteriores pues no consta el cese de aquella (€1.133.051,33). Similar es el supuesto resuelto por la sentencia del juzgado mercantil 3 de Barcelona (B. Pellicer) de 21/7/22 (*Unison Rights v. SGAE*, ES:JMB:2022:8780) respecto de la RNCMC de 30/5/19 (S/DC/0590/16 *DAMA v. SGAE*).

94 Véanse SSTJUE de 14/3/19 (Sala 2, C-724/17 *Skanska,* MP: A. Arabadjiev, EU:C:2019:204) y de 6/10/21 (Gran Sala, C-882/19 *Sumal* , MP: D. Šváby, EU:C:2021:800). Véase Freund (2022).

95 Véase FD2º de la STS de 13/6/23 (*M v. MAN Truck & Bus Iberia SA*, MP: I. Sancho, ES:TS:2023:2476). Varias Audiencias Provinciales han desestimado las pretensiones del demandante al entender que no acredita un vínculo especial de las filiales que comercializaron el vehículo cartelizado con la infracción, véanse v. gr., sentencias de la Audiencia de Córdoba (sec. 1) de 25/7/23 (MP: P.R. Villamor, ES:APCO:2023:736) de la Audiencia de Jaén (sec. 1) de 25/11/21 (MP: N. Osuna, ES:APJ:2021:1530) de la Audiencia de Madrid (sec. 28) de 21/3/22 (MP: J.I, Zarzuelo, ES:APM:2022:3791).

el cártel del azúcar,[96] los tribunales han resuelto con notable pragmatismo este argumento, rechazándolo por ser meramente especulativo e hipotético en casi todos los supuestos, aunque excepcionalmente lo han aceptado cuando había una prueba efectiva de que verdaderamente el reclamante había repercutido el daño a un tercero.[97]

Finalmente, se empiezan a plantear las primeras reclamaciones para la compensación de daños por las Administraciones Públicas. ADIF realizo un procedimiento de contratación pública[98] de los servicios jurídicos necesarios para la interposición de las acciones indemnizatorias por los daños causados por el cártel de la electrificación y electromecánica ferroviaria,[99] aunque abortó el proceso un año más tarde cuando la Junta de Contratación le obligaba a contratar un abogado distinto del de su preferencia.[100] También se han entablado la primera de-

---

96 FD5 de la STS 7/11/13 (*Nestlé v. Ebro*, MP: R. Sarazá, ES:TS:2013:5819), En la doctrina, véanse Sarazá (20119), Robles (2021) y García-Perrote (2021).

97 Véase FD5 de las sentencias de la Audiencia Provincial de Barcelona (sect. 15) de 7/2/22 (*PSOE v. Printeos*, MP: J.Mª Ribelles, ES:APB:2022:1182), de 27/7/22 (*PSC v. Printeos*, MP: L. Rodríguez, ES:APB:2022:9428) y FD6 de la sentencia de la Audiencia de Madrid (sec. 28) e 19/5/22 (MP: Mª T. Vázquez, ES:APM:2022:8315). También Marcos (2022G). Critica con razón la solución si los compradores indirectos no reclaman, porque supone que el cartelista se queda con el sobreprecio ilícitamente obtenido Robles (2023).

98 Servicios de representación y defensa Jurídica para la reclamación de los daños y perjuicios causados a ADIF AV y a ADIF, respecto a las conductas sancionadas por la RCNMC de 14/3/19, Exp. 2.21/02110.0174 (BOE 260 de 30/10/21).

99 Sancionado por RCNMC de 14/3/19 (S/DC/0598/16 *Electrificación y Electromecánica Ferroviaria*).

100 Véase "Adif paraliza la megacausa por el cártel ferroviario" *ABC* 13/6/23 y "Adif cancela su mandato a Ontier para litigar contra el cártel del AVE" *El Economista* 10/6/23,

manda por el Servicio de Salud de una comunidad autónoma reclamando la compensación de los perjuicios causados por el cártel de los pañales para adultos.[101] Y cabe esperar que otras comunidades autónomas continúen la misma senda.

4.1. Trivialización de la aplicación judicial del derecho de la competencia

La popularización de la aplicación privada del Derecho de la competencia en España a través de las acciones indemnizatorias por los daños causados por cárteles se ha producido simultáneamente al desarrollo y consolidación del marco normativo aplicable (*supra* §2). Profesionales y jueces sin experiencia previa en la materia han debido adquirir con rapidez los conocimientos sobre el régimen legal de las conductas anticompetitivas y las habilidades necesarias para evaluar su incidencia su incidencia en el plano privado.

Aunque la intelección de las prohibiciones de conductas anticompetitivas en los textos normativos sea relativamente sencilla, su proyección en la realidad práctica de los mercados no lo es tanto. Para ello se utilizan diversas herramientas económicas, que recrean el contexto en el que se producen las infracciones y permiten calcular sus efectos en el mercado. Normalmente el análisis económico es un instrumento de apoyo en la aplicación del Derecho de la competencia, ora por las autoridades de competencia en sus investigaciones, sea por los tribunales para la cuantificación del daño.[102]

---

101 RCNMC de 26/5/16 (S/DC/0504/14 AIO). Véase "Cataluña reclama 526 millones a Essity y Hartmann por el 'cártel' de pañales" *Expansión* 9/2/23.

102 Véase Enrique Sanjuán (2017) *Valoración de daños en los supuestos antitrust,* Tirant lo Blanch 2017.

A la vista de lo anterior, puede entenderse que en esta fase inicial de la aplicación judicial se haya observado una cierta banalización de los litigios por quienes intervenían a estas disputas, sin incentivos, sin conocimientos adecuados, y sin el auxilio de las herramientas económicas necesarias. Ello ha ocurrido principalmente en las reclamaciones masivas de daños por los cárteles de camiones y de automóviles y, seguramente, sea debido también a la ausencia de instrumentos adecuados para la colectivización de las reclamaciones.

En efecto, a falta de un mecanismo apto para las acciones colectivas,[103] los juzgados se han visto inundados de miles de demandas individuales o, a lo sumo, de unos pocos perjudicados. La dispersión de litigios de escasa cuantía limita los incentivos de los perjudicados, determina un cauce procesal más rápido y ligero,[104] pero ello necesariamente afecta al devenir del proceso y a la calidad técnica de las reclamaciones, sin que quepa la apelación para las reclamaciones inferiores a €3.000.[105] Tampoco ha ayudado el obstruccionismo sin límite

---

103 Aunque la falta de acciones colectivas pudiera estar más bien relacionada con razones de índole económico, socio-cultural y logística que con razones estrictamente jurídicas, véanse VELA (2016:67-68) y MARCOS (2012:159).

104 No ayuda su tramitación como verbales (véase auto del TS de 10/10/22 , MP: I. Sancho, ES:TS:2022:13977A), Cfr. auto juzgado mercantil 3 de Valencia (E. Pastor) de 11/5/22 (*S v. Toyota,* ES:JMV:2022:1333A) y auto del juzgado mercantil 1 de Alicante (G. Martín) de 2/9/22 (ES:JMA:2022:1805A).

105 Artículo 455.1 LECiv ("*Las sentencias dictadas en toda clase de juicio, los autos definitivos y aquéllos otros que la ley expresamente señale, serán apelables, con excepción de las sentencias dictadas en los juicios verbales por razón de la cuantía cuando ésta no supere los 3.000€*"). Véanse sentencias de la Audiencia de Oviedo (sec. 1) de 27/6/23 (*A v. Ford España, MP: J.M. Raposo,* ES:APO:2023:2851), de 4/10/23 (MP: J.M. Raposo, *L. v. Toyota España,* ES:APO:2023:3159 *y A v. Stellantis España,* ES:APO:2023:3136

practicado por los demandados en sus defensas, sin la más mínima aproximación constructiva a la resolución de las disputas.

Como ha ocurrido en otras materias, la irrupción de los fondos de financiación de litigios[106] y el recurso a la *quota litis* de los abogados de los reclamantes (condicionando los honorarios del abogado al éxito de las reclamaciones)[107] facilita las iniciación de acciones indemnizatorias, pero la falta de instrumentos para la colectivización de las reclamaciones y las reglas en materia de costas judiciales actúan como elementos disuasorios para quien quiera se plantee interponer una reclamación.[108] En fin, ayuda poco la falta de veracidad de algunos anuncios de ofertas de servicios de reclamación, que exageran la probabilidad de éxito o inducen a confusión sobre la naturaleza y alcance de estas reclamaciones.[109]

En el plano profesional, la banalización de las reclamaciones se ha manifestado en la interposición de acciones que se construyen a partir de un pronunciamiento previo de la autoridad de la competencia del que no sólo no resultaba clara la producción de un daño indemnizable, sino que el daño se producía en mercados diferentes de los afectados por la infracción. Las acciones de daños por la manipulación del Euri-

) y auto de la Audiencia de Valladolid (sec. 3) de 12/9/22 (*Renault Comercial España v. M*, MP: I. Martín, ES:APVA:2023:779A).

106 "Los fondos de litigios se hacen fuertes en España" *Expansión* 21/1/20.

107 Véase STS de 4/11/2008 (ES:TS:2008:6610)

108 Salvo que el tribunal aprecie complejidad jurídica o fáctica, artículo 394 LEciv (con el tope de un tercio del valor total de la acción). En caso de estimación parcial, cada parte corre con sus propias costas y las comunes se dividen por iguales. La STJUE de 16/3/23 (Sala 2, C-312/21 *Tráficos Manuel Ferrer*, MP: N. Wahl, EU:C:2023:99) declaró que la aplicación de esas reglas no contravenía el derecho al resarcimiento íntegro del perjudicado (¶¶48 y 49), véase Chozas (2023).

109 Véase resolución de la sección 2ª del Jurado de Autocontrol de 15/7/20 (*FENIL v. Eskariam Advisor*).

bor constituyen un "botón de muestra" de este fenómeno.[110] Se trata de una suerte de "falsas" acciones consecutivas, pues el pronunciamiento de la Comisión Europea nada dice sobre los efectos del cártel del EURIBOR en el mercado de hipotecario referenciado a ese índice, sin que se haya realizado una construcción por los reclamantes que permita conectar aquella colusión con un sobreprecio en las cuotas de las hipotecas. Quizás ello explica su rechazo unánime por los tribunales.[111]

En otros casos, como ocurriera en los albores de la aplicación privada en España, las pretensiones basadas en la existencia de una infracción del Derecho de la competencia se construyen de manera incorrecta y deslavazada, como una más en un conjunto de pretensiones inconexas poco convincentes,[112] lo que lógicamente ha llevado a su rechazo por los tribunales.[113] Otro tanto puede decirse de aquéllas demandas en las

---

110 Véase MARCOS (2022C).

111 Aunque algunos juzgados mercantiles estimaron parcialmente las reclamaciones de los acreedores de hipotecas referenciadas a EURIBOR (sentencias del juzgado mercantiles 7 de Barcelona -R.N. García- de 21/7/21 ES:JMB:2021:6327, del juzgado mercantil 3 de Barcelona -B. Pellicer- de 26/7/21, ES:JMB:2021:6332, ES:JMB:2021:6333 y ES:JMB:2021:6334 y del juzgado mercantil 1 de Girona -Mª P. Lao- de 29/9/21, ES:JMGI:2021:6725), la mayoría de las sentencias dictadas han sido desestimatorias y ese es el criterio sostenido después por las Audiencias provinciales, véanse por todas, FD5 de la sentencias de la Audiencia de Barcelona (sec. 15) de 11/7/22 (*JMª v. v. Deutsche Bank AG,* MP: J.Mª Ribelles, ES:APB:2022:7849), de la Audiencia de Girona (sec.1) de 9/3/22 (*C y A v. Deutsche Bank AG,* MP: R. González, ES:APGI:2022:378) y de la Audiencia de Palencia (sec. 1) de 9/2/22 (*A v. Deutsche Bank AG,* MP: M. Bugidos, ES:APP:2022:121).

112 Véase MARCOS (2013:171).

113 Véase, v. gr., FD5 de la sentencia del juzgado mercantil 11 de Barcelona (J.Mª Fernández) de 19/1/22 (*Sistemas de computación por Módulos SL v. Micro Star International Co. Ltd., et al,* ES:JMB:2022:178) sobre un abuso de dominio en el mercado de productos informáticos en un tramo de calle muy determinado de Barcelona, la calle Sepúlveda. Véanse

que las pretensiones indemnizatorias se ejercían contra quien no tenía legitimación pasiva, pues ni era infractor o una sociedad filial suya.[114] La cuestión no es baladí, el demandante no sólo pierde la reclamación sino que es condenado al pago de las costas del contrario.

No obstante, la banalización de las reclamaciones se manifiesta sobre todo en la interposición de reclamaciones sin un mínimo intento de cuantificación del daño indemnizable. Aunque sea razonable presumir que la inmensa mayoría de los cárteles causan un daño, corresponde al perjudicado su cuantificación. Las dificultades de cuantificación no exoneran al perjudicado de acompañar su demanda de un cálculo del daño sufrido mediante un informe pericial.[115]

---

también sentencias de la Audiencia de Madrid (sec. 28) de 20/12/19 (*ANAPA v. Sociedad Estatal de Loterías y Apuestas del Estado,* MP: A. Arribas, ES:APM:2019:17868) y de 4/11/22 (*G v. Sociedad Estatal de Loterías y Apuestas del Estado,* MP: F. Villena, ES:APM:2022:15903) sobre abuso de dominio de la SELAE, en la que el demandante asume la posición de dominio y el abuso "*sin introducir ni analizar los elementos fácticos y jurídicos determinantes de la prohibición de abuso de posición de dominio*".

114 Ha ocurrido puntualmente en las reclamaciones de daños por el cártel de camiones (v. gr., sentencia de la Audiencia de Zaragoza -sec. 5- de 3/6/22, MP: A.M. Martínez, ES:APZ:2022:1285; y sentencia del juzgado mercantil 3 de Barcelona -B. Pellicer- de 22/3/21 ES:JMB:2021:1170), pero el auge se observa con las reclamaciones de daños por el cártel de automóviles (véanse sentencias del juzgado mercantil 1 de Murcia -Mª D. De las Heras- de 19/7/22, ES:JMMU:2022:9366; del juzgado mercantil 11 de Barcelona -JMª Fernández- de 28/9/22, ES:JMB:2022:9922, del juzgado mercantil 2 de Valladolid- A. Pérez-Bustos- de 4/12/22, ES:JMVA:2022:13959; del juzgado mercantil 1 de Badajoz -Z. V. González- de 5/4/23,, ES:JMBA:2023:487; del juzgado mercantil 3 de Murcia -L. Blanco- de 10/4/23, ES:JMMU:2023:849 y del juzgado mercantil 18 de Madrid- L. Orejas- de 28/7/23, , ES:JMM:2023:5277).

115 Aunque las sentencias del Tribunal Supremo resolviendo las casaciones en la "primera oleada" de acciones de reclamaciones de daños por el cártel de camiones hayan considerado suficiente que el cálculo del daño

Naturalmente, también algunos tribunales se han visto influenciados por esta tendencia a la banalización. La masificación de litigios incentiva a la repetición de sentencias, o al menos, a su inevitable diseño y construcción mediante "módulos" que se repiten de unas a otras (con los problemas que ello puede suscitar),[116] lo que dificulta en muchos casos discernir lo que afirma el tribunal de lo que afirma otro distinto citado por aquel.[117] El paroxismo se alcanza cuando un tribunal dicta la misma resolución ante una pluralidad litigios similares, sin un mínimo esfuerzo de adaptación a las particularidades de los casos y las partes en cada uno de ellos y, sobre todo, continúa haciéndolo independientemente de la continua corrección de sus fallos por los tribunales de apelación.[118]

---

por el demandante a partir de las estadísticas de sobreprecios extraídas de estudios sobre el comportamiento de cárteles, véase Marcos (2023C).

116 De "déjà vu" o paramnesia del recuerdo habla la sentencia de la Audiencia de Valencia de 29/6/20, MP: P. Martorell, *Talleres Navales Valencia v. Volvo*, ES:APV:2020:3516 (FD6), la expresión se repite en sentencias posteriores de la sección 9ª del tribunal valenciano.

117 Esa "técnica" se describe en el contexto de la revisión judicial de la RCNMC de 12/11/2009 (S/0037/08 *Compañías de Seguro Decenal*) en Marcos (2015).

118 En las reclamaciones por los daños causados por el cártel de camiones, el juzgado mercantil 2 de Zaragoza (MªC. Villellas) ha dictado más de ochenta sentencias que desestiman la demanda por prescripción (v. gr., sentencia de 15/3/19, *Hermanos Bailón v. CNH Industrial*, ES:JMZ:2019:208) y siguió haciéndolo durante años a pesar de que tempranamente la Audiencia de Zaragoza (sec. 5), corrigió el error (sentencias de 27/7/20, MP: J.C. Fernández, *Hermanos Bailon v. MAN* ES:APZ:2020:2046; LP v. CNH Industrial, ES:APZ:2020:2008) y esta postura ha sido confirmada por el Tribunal Supremo (SSTS de 12/6/23, I. Sancho, ES:TS:2023:2495 y 13/6/23, MP: J.Mª Díaz, ES:TS:2023:2478).

4.2. Sofisticación de la aplicación judicial del derecho de la competencia

Finalmente, el crecimiento en la aplicación judicial de las prohibiciones ha dado lugar a una progresiva sofisticación de las reclamaciones interpuestas y de las respuestas judiciales a las mismas.

Este refinamiento de las acciones privadas se observa en la aparición, junto a reclamaciones aisladas puras, otras que siguen a decisiones fallidas de la autoridad de competencia. Es el caso, por ejemplo, las reclamaciones de daños por el cártel del cartón, sancionado por la CNMC, pero que la Audiencia Nacional anuló por caducidad del expediente.[119] En teoría, la falta de responsabilidad administrativa de los infractores no obstaría para que los perjudicados reclamaran la compensación de los sobreprecios pagados por un cártel que se demostró que tuvo lugar, siempre -claro está- que la acción no esté prescrita.[120] La praxis española no es ajena a la posible inter-

---

[119] Véase RCNMC de 18/6/15 (S/0469/13 *Fabricantes de papel y cartón ondulado*). En 17 sentencias dictadas el 28/12/18 (MP: R. Castillo, *Lantero Cartón v. CNMC*, ES:AN:2018:5371; *Smurfit Kappa España v. CNMC*, ES:AN:2018:5360; *Cartonajes Europa v. CNMC*, ES:AN:2018:5307, *SAICA Paper v. CNMC*, ES:AN:2018:4674; MP: B.Mª Santillán: *Cartonajes de la Plana v. CNMC*, ES:AN:2018:5304, *Hispano Embalajes v. CNMC*, ES:AN:2018:5309, DICESA v. CNMC; ES:AN:2018:5369; F. De la Peña, EUROPAC v. CNMC, ES:AN:2018:5368; AFCO v. CNMC, ES:AN:2018:5365; Cartisa v. CNMC, ES:AN:2018:5363, Hinojosa v. CNMC, ES:AN:2018:5372; MP: S.P. Soldevila, *Cartonajes Santorromán v. CNMC*, ES:AN:2018:5303; *Cartonajes M. Petit v. CNMC*, ES:AN:2018:5308, INSOCA v. CNMC, ES:AN:2018:5366; *SAICA Pacl, DAPSA y Papelera del Ebro*, ES:AN:2018:5364) y de 28/1/19 (MP: S. P. Soldevila: *Microlan v. CNMC*, , ES:AN:2019:107; *SICESA v. CNMC*, ES:AN:2019:106).

[120] Lo que explicaría que los perjudicados tengan interés en acceder al expediente administrativo para construir su reclamación, véase Auto juzgado mercantil 10 de Barcelona (L. Orejas) de 23/11/22 (*Danone*

posición una acción judicial al margen e independientemente de la existencia de una investigación por las autoridades de competencia,[121] incluyendo que el tribunal alcance conclusiones dispares sobre la existencia de infracción.[122]

---

v. Cartonajes Europa et al., ES:JMB:2020:334A), confirmada por auto de la Audiencia de Barcelona (sec. 15) de 28/4/22 (MP: JMª Ribelles, ES:APB:2022:4486A).

121 Véanse, por ejemplo, ante un posible abuso de posición dominante [arts. 102TFUE y 2LDC] la sentencia del juzgado mercantil 3 de Elche (L. Seller) de 26/3/12 (*Ryanair v. AENA*. ES:JMA:2012:52) y la RCNC de 12/11/12 (S/388/11 Pasarelas aeropuertos, ponente Mª J. González); y ante limitaciones en los contratos de distribución a través de las licencias de marca territoriales que pudieran infringir los arts. 101 TFUE y 1 LDC al impedir u obstaculizar las importaciones paralelas, cfr. RCNMC de 29/6/17 (S/DC/0548/15 Terminación convencional Schweppes, sin ponente) y sentencia del juzgado mercantil 8 de Barcelona (M. Cervera) de 9/4/18 (*Schweppes v. Red Paralela*, ES:JMB:2018:3288) confirmada en este punto por la Audiencia de Barcelona (Sec 15) en sentencia de 22/7/19 (MP: L. Rodríguez, ES:APB:2019:9587) y por el Tribunal Supremo en sentencia de 13/9/23 (MP: I. Sancho, ES:TS:2023:3609). Sobre la misma problemática, cfr. sentencias del juzgado mercantil 1 de Santander (C. Martínez) de 21/3/16 (*Schweppes v. Manantial de Fuencaliente*, ES:JMS:2016:300), del juzgado de primera instancia 7 de Vitoria (Mª T. Trinidad) de 22/2/17 (*Schweppes v. Atlas Foods y Brains*, ES:JPI:2017:152), de la Audiencia de Granada (sec. 3) de 13/7/16 (MP: E. P. Pinazo, *Schweppes v. Exclusivas Priego*, ES:APGR:2016:1054), de la Audiencia de Valencia (sec. 9) de 17/6/16 (MP: R. Mª Andres, *Schweppes v. Cash Valencia*, ES:APV:2016:2794) y 28/2/17 (MP: G. Caruana, *Schweppes v. Alcodis Bebidas y Licores*, ES:APV:2017:1168) y sentencia de la Audiencia de Zamora (sec. 1) de 4/10/19 (MP: A. Descalzo, *Schweppes v. Pigazos Logística y Distribuciones*, ES:APZA:2019:447).

122 Cfr. Sentencia del juzgado mercantil 8 de Madrid (F.Villena) de 24/5/10 (*Astic v. Renfe*, ES:JMM:2010:18) y RCNC de 29/7/2008 (2763/07 *Astic v. RENFE Operadora*, ponente E. Conde). Aunque véase recientemente sentencia del juzgado mercantil 18 de Madrid (S. Gil) de 1/6/23 (*Astic v. Renfe*, ES:JMM:2023:4736).

Otra muestra ilustrativa de la sofisticación se observa en cierta tendencia litigación previa, durante la revisión judicial de las decisiones de la autoridad de la competencia, de diversas cuestiones en relación con el contenido y alcance de la vinculación del pronunciamiento de la autoridad. En previsión de las futuras reclamaciones en su contra, los infractores anticipan en la jurisdicción-contencioso administrativa la discusión sobre la vinculación del juez civil a la resolución firme de la autoridad de competencia (artículo 75.1 LDC)[123]. La creciente relevancia de la aplicación privada agudiza el ingenio de la defensa de los infractores, que intentan minar la ulterior aplicación privada atacando las decisiones de la autoridad de la competencia en la jurisdicción contencioso-administrativa.[124] Sólo así se puede entender el denodado esfuerzo por cuestionar la declaración de su responsabilidad de los beneficiarios de clemencia en algunos de los últimos sancionados por la CNMC.[125] Sin ir más

---

123 Se trata de algo sobre lo que ya había llamado la atención una veintena de votos particulares del magistrado Santiago P. Soldevila en las sentencias que anularon la resolución de la CNMC quien, en referencia al artículo 75.1 LDC habla del carácter "*expansivo*" de las resoluciones de las autoridades de competencia "*a los efectos de obtener una indemnización por daños por infracción de la normativa del Derecho de la Competencia*", véanse votos particulares a las sentencias de la Audiencia Nacional de 17/7/17 (*Pallet Tama v. CNMC.* MP: R. Castillo, ES:AN:2017:3234) 19/7/17 (*Serradora Boix v. CNMC,* MP: A. I. Resa, ES:AN:2017:3375; *Maderas Jose Sainz v. CNMC,* ES:AN:2017:3374; *Sanz Ull Hns. v. CNMC,* MP: B. Santillán, ECLI:ES:AN:2017:3364).; 21/7/17 (*Aglolak v. CNMC,* MP: F. De la Peña, ES:AN:2017:3389

124 Véase Marcos (2023E).

125 Véase, por ejemplo, SAN de 26/9/22 (*Arbora Ausonia, Procter & Gamble v. CNMC,* MP: B. Santillán, ES:AN:2022:4355), que aceptó la exclusión de la responsabilidad solidaria de la sucesora de la beneficiaria de clemencia, seguramente prensando en las posibles acciones indemnizatorias a la firmeza de la RCNC de 26/5/16 (S/DC/0504/14 AIO), véase supra nota 101.

lejos, en la revisión judicial de la multa al cártel de los cables,[126] se ha discutido sin tapujos que lo que el beneficiario de clemencia (exonerado de una multa de €11.569.440) persigue, al atacar la constatación de la CNMC de que el cártel produjo efectos en el mercado.[127]

Finalmente, otra suerte de utilización preventiva se observa en la interposición de acciones declarativas de que no se ha producido una infracción de las prohibiciones de conductas anticompetitivas (acciones negatorias).[128] Esta estrategia ha tenido su manifestación más singular la interposición de una "acción torpedo" contra algo más de una docena de perjudica-

---

Véase también las resoluciones dictadas por la Audiencia Nacional en la pieza de medidas cautelares sobre la impugnación de la RCNMC de 14/3/19 (S/DC/0598/16 Electrificación y electromecánica ferroviarias), siendo recurrente también el beneficiario de clemencia (AAN de 9/2/22, *Alstom v. CNMC*, MP: MdS. Gandarillas, ES:AN:2022:752A), que lo hace -como la propia Audiencia dice (FD1º de AAN de 19/7/19, *Indra v. CNMC*, MP: R. Castillo, ES:AN:2019:2466A)-: "si la futura sentencia redujese su grado de participación en el cártel, los *posibles afectados por el mismo que reclamen compensaciones por los daños y perjuicios padecidos en ejercicio de las acciones previstas en los arts . 71 y ss de la LDC no podrían reclamar a Alstom Transporte, S.A.U. que abonase compensaciones o indemnizaciones por encima de ese grado de participación*", véase *supra* notas 98-99 (y texto correspondiente).

126 RCNMC de 21/11/17 (S/DC/0562/15 *Cables BT/MT*).

127 Véanse sentencias de la Audiencia Nacional de 19/5/23 (*Grupo General Cable Sistemas Spain v. CNMC*, MP: R. Castillo, ES:AN:2023:2599) y 1/6/23 (*Grupo General Cable Sistemas v. CNMC*, MP: Mª J. Vegas, ES:AN:2023:2954). En el mismo caso la revisión judicial permite también anticipar una acción

128 Véase sentencia del juzgado mercantil 5 de Madrid (M. Guillamón) de 9/12/22 (*Colegio Brains v. Cobrains*, ES:JMM:2022:13563), confirmada por sentencia 77/2023 de la Audiencia de Madrid (sec. 32) de 23/11/23 (rollo 121/23, MP: A. Galgo).

das por el cártel de los sobres de papel.[129] La acción declarativa persigue "*que se declaren prescritas las acciones para reclamar por daños y perjuicios que las demandadas han anunciado que presentarán contra mis representadas, como consecuencia del daño que sostienen haber sufrido por los hechos declarados probados por la Resolución de la Comisión Nacional de la Competencia (en adelante CNC) de 25 de marzo de 2013 dictada en el expediente S/0316/10 Sobres de papel*". Es verdad que existe incertidumbre sobre la determinación del *dies a quo*, pero dudo que la pretensión sea estimada,[130] aunque seguramente lo único que se busca es retrasar el curso de las posibles acciones interpuestas y/o afectar al curso las posibles acciones futuras.

5. CONCLUSIONES

Este trabajo ha analizado la evolución de la aplicación de las prohibiciones de conductas anticompetitivas por parte de los tribunales españoles hasta la actualidad. Los litigios derivados de los daños causados por el cártel de camiones y automóviles han popularizado las acciones indemnizatorias por conductas

---

129 Las "acciones torpedo" son una maniobra de litigación transnacional por la que los infractores inician una disputa que persigue la declaración de que la infracción no existió con la que buscan "interferir" en las acciones indemnizatorias que emprendan los perjudicados, lo que puede retrasarlas y condicionarlas (*lis alibi pendens*), véase Beeston & Rutten (2015).

130 Según la demanda "*La justificación de la misma reside en el daño que para los intereses de mis mandantes implica tener a día de hoy la amenaza real de que, a corto, medio o largo plazo, se presenten frente a LA misma una serie de demandas, quizás millonarias, similares a las que han presentado otras empresas que se han considerado afectadas por la conducta sancionada por la CNC en la mencionada resolución de 25 de marzo de 2013. Reclamaciones que podrían llevar, de prosperar, a poner a mis representadas en una comprometida situación económica*" (Demanda Grupo Printeos v. Abanca et al, 4).

anticompetitivas en nuestro país. El Derecho de la competencia ha dejado de ser un campo jurídico oscuro, reservado a un grupo reducido de especialistas en Madrid y Barcelona, para ser utilizado por abogados en todo el territorio nacional sin experiencia previa en la materia. Al mismo tiempo, las disputas sobre la aplicación judicial del Derecho de la competencia ya no se limitan a los tribunales mercantiles de Madrid y Barcelona, sino que se están llevando a cabo en los tribunales a lo largo y ancho de toda España.

Esta expansión en la aplicación privada del Derecho de la Competencia ha contribuido a difundir el conocimiento de esta disciplina jurídica, generando una mayor conciencia entre empresas, consumidores y profesionales del derecho sobre las repercusiones de los cárteles y otras conductas anticompetitivas. Esto ha alertado a las partes afectadas sobre la posibilidad de recurrir a los tribunales para obtener compensaciones en caso de sufrir algún perjuicio.

Como el trabajo explica, las demandas privadas en los tribunales por violaciones de las prohibiciones de conductas anticompetitivas van más allá de los litigios tradicionales relacionados con restricciones en la distribución de combustible y se han convertido en una herramienta de uso común tanto para empresas como para individuos. No obstante, debido probablemente al crecimiento explosivo de las reclamaciones de daños en esta etapa inicial y a las limitaciones procesales para la organización colectiva de acciones, se ha producido una cierta trivialización de estas reclamaciones. Esto se ha manifestado ocasionalmente en demandas presentadas con fundamentos incorrectos o sin un respaldo probatorio suficiente sobre la magnitud del daño sufrido. La determinación del nivel de prueba requerido para establecer la cuantía del daño por parte de los demandantes, así como el alcance de la facultad judicial para valorar dicho daño, son aspectos que aún plantean interrogantes pendientes y que probablemente requerirán una aclaración jurisprudencial o incluso legislativa en el futuro.

Por último, además de los litigios masivos en casos de daños difusos, algunas de las reclamaciones de daños ya resueltas y otras pendientes apuntan hacia una progresiva maduración y sofisticación en la aplicación privada del Derecho de la competencia.

BIBLIOGRAFÍA

María Álvarez y Leticia Sosa (2012) "La experiencia en la aplicación privada desde la aprobación de la Ley de Defensa de la Competencia" en *Anuario ICO de la Competencia 2011-2012*, 193-222.

Alberto Arribas (2012) "¿Es eficaz la aplicación privada del Derecho de la competencia en España? El papel de los jueces de lo mercantil" en Gian A. Bennachio & Michele Carpagnano (dir) *Il Private Enforcement del Diritto Comunitario della Concorrenza: Ruolo e Competenze deli Giudici Nazionali*, CEDAM 2012, 181-191.

Sarah Beeston & Anouk Rutten (2015) "The Dutch torpedo case" *Competition Law Insight* 13/10/15, 14-15.

Antonio Creus (1999) "La privatización del Derecho de la Competencia" *Gaceta Jurídica de la UE y de la competencia* 200 (1999) 55-66.

José Manuel Chozas (2023) "Costas en litigios sobre reclamación de daños y perjuicios derivados del «cártel de fabricantes de camiones» y el principio de autonomía procesal de los Estados miembros de la UE. Comentario de la STJUE C-312/21" *Revista Española de Derecho Europeo* 84 (abril-junio 2023): 103-104.

Fernando Díez (2019) "La aplicación privada del derecho de la competencia: acciones de daños y pronunciamientos judiciales" *CDT* 11/1 (2019) 267-305.

- (2017) "Camiones, sobres de papel, azúcar y el seguro decenal: sobre los cárteles en España y las acciones resarcitorias de daños y perjuicios" *Anuario ICO de la Competencia 2017*, 215-248.

Fernando Díez y Clara Estrada (2014) "Las acciones de daños derivados de ilícitos anticompetitivos en España: Análisis de jurisprudencia reciente" *Revista de Derecho de la Competencia y Distribución* 15 (2014) 189-200.

Benedikt Freund (2022) "Heralds of Change: In the Aftermath of Skanska (C-724/11) and Sumal (C-882/19)" *International Review of Intellectual Property & Competition Law* 53 (2022): 246-253.

ÁNGEL GALGO (2019) " La relación de causalidad en las acciones de reclamación de daños" en CGAE (coord) *Acciones Follow-on. Reclamación de daños por infracciones del Derecho de la Competencia,* 2019, 59-76.

IGNACIO GARCÍA-PERROTE (2021) *La repercusión del sobrecoste y la compensación de los daños causados por un cártel,* Comares 2021.

CARMEN HERRERO (2017) "La nulidad de las conductas anticompetitivas" en A. ROBLES (coord.) *La lucha contra las restricciones de la competencia. Sanciones y remedios en el Ordenamiento español,* Comares 2017, 223-268.

JUAN F. HERRERO (2003) "El lugar de los tribunales de segundo grado en la elaboración de doctrina jurisprudencial" *Tribunales de Justicia* 12 (Dic. 2003) 51-62.

JULIANE KOKOTT y HANNA SCHRÖDER (2023) "Respective roles of EU and national law" en BARRY RODGER, MIGUEL SOUSA FERRO Y FRANCISCO MARCOS (eds.) *Research Handbook of Private Enforcement of Competition Law in the EU,* 2023, 82-100.

FRANCISCO MARCOS (2023E) "Cartel damages claims in Spain: lots of stuff beyond trucks, including a torpedo" *Almacén de Derecho* 10/10/23.

- (2023D) "Access to evidence: the 'disclosure scheme' of the Damages Directive" en RODGER, FERRO Y MARCOS (eds.) *Research Handbook of Private Enforcement of Competition Law in the EU*, 2023, 265-302.

- (2023C) "La litigación de daños por el cártel de camiones en el Tribunal Supremo: Comentario a las sentencias nº 926/23-928/23, 939/23-942/23 y 946/23-950/23" *Revista de Derecho de la Competencia y de la Distribución* 32 (2022) 1-27.

- (2023B) "Reclamaciones de daños contra Repsol, CEPSA y BP por la imposición del precio de reventa del combustible" *Almacén de Derecho* 25/1/23.

-(2023A) "Trucks Cartel Damages Claims: Thousand and Odd Judgments issued by Spanish Appeal Courts" *Zeitschrift für Europäisches Privatrecht* 1/2023: 178-212.

-(2022G) "La repercusión del sobrecoste del cártel de los sobres de papel y del cártel del seguro decenal: A propósito de las SSAP Madrid de 19/5/22 (*Realia v. Asefa & Scor*) y de Barcelona de 7/2/22 (*PSOE v. Tompla et al.)*" *Almacén de Derecho* 27/6/22.

-(2022F) "Transparencia y publicidad de la declaración de infracciones antitrust y de las resoluciones en los procesos de indemnización daños" *Actas de Derecho Industrial* 42 (2022) 131-148.

- (2022E) "Alcance y límites de la responsabilidad solidaria por los daños causados por el cártel de fabricantes de automóviles" *Revista Jurídica VLEX sobre Consumidores y Usuarios* 12 (2022) 46-72.

-(2022D) "Los daños causados por el cártel de los automóviles" en A. Fernández (coord) *Estudios de la Red Académica de Defensa de la Competencia (RADC) 2022*, Thomson, 361-396.

- (2022C) "Acciones indemnizatorias por la manipulación de los tipos de interés en hipotecas referenciadas al EURIBOR" *Revista de derecho bancario y bursátil* 165 (2022) 125-162.

- (2022B) "Identificación del perjuicio indemnizable en acciones consecutivas (follow-on) en caso de cárteles de la infracción (y sanción) a la compensación del daño" en J. Costas et al. (dirs) *Nuevas tendencias en el derecho de la competencia y de la propiedad industrial III*, Comares 2022, 39-65.

- (2022A) "Prescripción y daño en las reclamaciones de daños por conductas anticompetitivas: Luces y sombras de la sentencia del Tribunal de Justicia UE de 22/6/22 (C-267/20 DAF Trucks NV & AB Volvo/RM)" *Revista de Derecho de la Competencia y Distribución* 30/1 (2022).

- (2021D) "El derecho a la compensación de los daños causados por conductas anticompetitivas: De la jurisprudencia del Tribunal de Justicia de la UE a la Directiva UE/2014/104" en W. Wurmnest y S. Gómez (ed) Práctica judicial ante las reclamaciones de daños por infracciones del Derecho de la Competencia, Wolters-Kluwer/La Ley 2021, 62-74

- (2021C) "El régimen de prescripción de las acciones de daños por el «cártel de coches»" *Diario la Ley* 9975, 21/12/21.

-(2021B) "Spain" en Rafael Amaro (dir) *Private Enforcement of Competition Law in Europe Directive 2014/104/EU and Beyond*, Bruyllant-Larcier 2021, 365-382.

-(2021A) "The Uneven and Unsure Playing Field for Competition Damages' Claims in the EU: Shortcomings and Failures of Directive 2014/104/EU and Its Implementation" *International Review of Intellectual Property and Competition Law* 52 (2021) 468-476.

-(2020) "Un «paraguas roto» y el espejismo de los daños causados por el cártel del seguro decenal" *Almacén de Derecho* 19/6/20.

-(2019) "¿Cuántas víctimas del cártel de los fabricantes camiones hay en España?" *Almacén de Derecho* 9/7/19.

- (2018) "Spain" en Barry J. Rodger, Miguel S. Ferro y Francisco Marcos (eds) *The EU Antitrust Damages Directive: Transposition in the Member States*, Oxford U. Press 2018, 326-356.

-(2017) " Baloncesto y libre competencia: la multa y la penitencia de la Liga ACB" *Almacén de Derecho* 10/5/17.

-(2015) "Matrioskas judiciales en la revisión del cártel del seguro decenal" *Almacén de Derecho* 3/8/15.

-(2014C) "Indemnización de daños y perjuicios por boicot a raíz cártel del seguro de daños decenal (SDD): Notas a propósito de la sentencia del juzgado mercantil nº 12 de Madrid de 9 de mayo de 2014 (MUSAAT v. ASEFA, CASER y SCOR)" *Revista de Derecho de la Competencia y Distribución* 16 (2015).

-(2014B) "Compensación de daños causados por el cártel del azúcar" *Anuario de la Competencia ICO* 2014: 185-200.

-(2014A) "La aplicación privada del Derecho de defensa de la competencia por los tribunales españoles" *ICE: Revista de economía* 876 (2014) 91-104.

-(2013A) "Competition Law Private Litigation in the Spanish Courts (1999-2012)" *Global Competition Litigation Review* 2013/4: 167-2011.

-(2013B) "When Competition is the Last Concern: The Battle for the Control of ENDESA" en Barry J. Rodger (ed) *Landmark cases in competition law: around the world in fourteen stories*, Kluwer 2013, 287-318.

-(2012) "¿Es. Verdaderamente necesaria una iniciativa comunitaria destinada a incentivar las acciones de daños por cartel? Una mirada a la exxperiencia Española" en Gian A. Benacchio y Michele Carpagnano (ed) I Rimedi Civilistici agli illeciti anticoncorrenziali Private Enforcement of Competition Law, CEDAM 2012, 145-160

-(2011) "¿Por qué no puede haber muchas demandas de daños en el cártel español del seguro decenal?" en L.A. Velasco et al. (dir.) *La aplicación privada del derecho de la competencia,* Lex Nova, 2011, 303-335.

Gustavo A. Martín (2022) "Cuantificando daños por ilícitos antitrust, ¿Quo vadimus?" *CDT* 14/1 (2022) 387-404.

-(2019) *Competencia, Enriquecimiento y Daños,* Tirant Lo Blanch 2019.

Eduardo Pastor (2023) "Spanish antitrust litigation: ectasy and failure" EU Law live 26/6/23.

-2020 "Acciones «follow on»: la estimación judicial del daño en la práctica reciente de la jurisprudencia Española" *Revista Derecho Mercantil* 317 (2020) 7. BIB\2020\35111

ALEJANDRO PLATERO (2023) "Repercusiones civiles del ejercicio de las acciones follow on derivadas del cártel de camiones europeos "*Actualidad jurídica iberoamericana* 18 (2023) 148-171.

JOSÉ Mª RIBELLES (2021) "Criterios de la audiencia provincial de Barcelona en relación con el cártel de sobres" en J. MARTÍ ET AL (dir) *Daños y competencia: revisión de cuestiones candentes,* Tirant Lo blanch 2021,177-198.

-(2019) "Acciones follow-on y la doctrina de la solidaridad impropia" en CGAE (coord) *Acciones Follow-on. Reclamación de daños por infracciones del Derecho de la Competencia,* 2019, 49-58.

ANTONIO ROBLES (2023) "The Passing-On Defence: Don't let the Money stay in the Pockets of the Cartelists" *EULaw Live's Competition* Corner 3/7/23.

-(2021) "La defensa basada en la repercusión del daño (passing-on) causado por infracciones del derecho de la competencia" *Indret* 1/2021.

-(2015) "La función normativa de la responsabilidad por daños derivados de infracciones del Derecho de la competencia. Incidencia de la Directiva 2014/104/UE en nuestro Derecho Interno" en *Estudios sobre el futuro Código Mercantil: Libro homenaje al profesor Rafael Illescas Ortiz,* Universidad Carlos III de Madrid, 2015, 1110-1126.

BARRY J. RODGER, MIGUEL S. FERRO Y FRANCISCO MARCOS (2018) "Promotion and Harmonization of Antitrust Damages claims by Directive 2014/104/EU?" IN RODGER, FERRO Y MARCOS (eds) *The EU Antitrust Damages Directive: Transposition in the Member States,* 2018, 24-57.

IGNACIO SANCHO (2019) "El efecto vinculante de las decisiones de las autoridades de competencia" en CGAE (coord) *Acciones Follow-on. Reclamación de daños por infracciones del Derecho de la Competencia,* 2019, 107-126.

- (2009) "Ejercicio privado de acciones basadas en el derecho comunitario y nacional de la competencia" *Indret* 1/2009.

ENRIQUE SANJUÁN (2017) *Valoración de daños en los supuestos antitrust,* Tirant lo Blanch 2017.

RAFAEL SARAZÁ (2019)"El passing-on antes y después de la reforma de la Ley de Defensa de la Competencia" en CGAE (coord) *Acciones Follow-on. Reclamación de daños por infracciones del Derecho de la Competencia,* 2019, 15-28.

PEDRO VELA (2016) "Experiencia de la Sala primera del Tribunal Supremo en aplicación privada del Derecho de la Competencia" (capítulo 2) en JUAN I. RUIZ (dir) *La compensación de los daños por infracción de las normas de competencia tras la Directiva 2014/104/UE*, Ed. Thomson -Aranzadi, 53-76.

SALVADOR VILATA (2016) "Medidas cautelares y aplicación privada de la competencia" (capítulo 10) en RUIZ (dir) *La compensación de los daños por infracción de las normas de competencia tras la Directiva 2014/104/UE*, Ed. Thomson -Aranzadi, 285-303.

Capítulo 5.

"EL ABUSO DE LA POSICIÓN DOMINANTE EN EL MERCADO FARMACÉUTICO: A VUELTAS CON LA BIG PHARMA"

EDUARDO MARCOS MARTÍNEZ

Doctorando en Diritto Giupubblicisti en la Università degli Studi di Roma Tor Vergata (Roma II).

Sumario: Introducción. II. Delimitación Mercado Farmacéutico. III. El procedimiento administrativo ante la Comisión Nacional de los Mercados y la Competencia. III. b Natura jurídica de la Comisión Nacional de Competencia del Mercado. IV. La CNMC y los Principios Rectores en la denominada Constitución económica. *IV.b.. Acceso al Mercado y participación pública.V. Conclusiones. VI. Bibliografía.*

Resumen: En el presente trabajo, analizamos la posición que ocupan las Big Pharma en el mercado interior tras el Covid-19. Abogamos por una solución conjunta europea a la hora de acceder al mercado del medicamento. La metodología aplicada para lograr en este limitado espacio nuestra empresa, se basa, en el análisis de resoluciones emitidas por la Comisión Nacional de los Mercados y la Competencia, junto a las resoluciones e informes emitidos por la Comisión Europa, la jurisprudencia de nuestro Tribunal Supremo y los datos estadísticos obtenidos en nuestra búsqueda científica.

Palabras Clave: Abuso posición, medicamento, mercado, doble precio.

Abstract: In this paper, we analyse the position of Big Pharma in the internal market after Covid-19. We advocate a joint European solution for access to the medicines market. The methodology applied to achieve in this limited space is based on the analysis of resolutions issued by the National Commission of Markets and Competition, together with the resolutions and reports issued by the European Commission, the jurisprudence of our Supreme Court and the statistical data obtained in our scientific research.

Keywords: Abuse of position, medicine, market, double price.

I. INTRODUCCIÓN.

El estudio que presentamos a continuación, puede representar *a priori*, un tema más que estudiado en la ciencia jurídica, en el que aportar algo novedoso resulta cuanto menos, complejo. Sostiene esta afirmación, la producción científica realizada por relevantes cultores de la materia jurídica, localizados en todo el panorama internacional, quienes abordan y analizan teóricamente esta dañina práctica[1], lo que, indudablemente nos evoca, a razonar, que el tema seleccionado se califica como relevante, en la ciencia jurídica.

Siendo esta sede del tipo científica, no realizaremos un trabajo de reproducción normativa, sino que, más bien, nos centraremos en analizar metodológicamente la casuística relativa, a la posición que ocupan las grandes sociedades farmacéuticas en el mercado interior, y como, se proyecta en el panorama internacional.

Así pues, emprenderemos de manera práctica, el posible fenómeno del abuso de la posición dominante de las denominadas, *Big Pharma,* a la hora de comercialización de vacunas en el mercado interior tras la crisis sanitaria mundial, originada por el SARS-CoV-2 (COVID-19 en adelante).

---

[1] FERNÁNDEZ-NÓVOA RODRÍGUEZ, C., *Negativa de venta y abuso de posición dominante.* Actas de derecho industrial y derecho de autor, 9, 1983, pp. 197-206.; BASTIANON, S., & PARDOLESI R., *L'abuso di posizione dominante.* Milano, Giuffrè, 2001.; PARCU, P. L., MONTI, G., & BOTTA, M., *Abuse of Dominance in EU Competition Law.* Emerging Trends, 2017.

Menester resulta, destacar, la posición relevante que ocupa la industria farmacéutica en la economía interna de nuestro estado[2], representando además, un bien necesario para la consecución del artículo 43 de la Constitución española, principio rector referente al Derecho a la Salud del ciudadano[3].

En una sociedad como es la actual -fuertemente globalizada- la pandemia originada por el COVID-19, ha marcado un hito en los procesos de colaboración estatales y empresariales a la hora de buscar una solución conjunta, ante una amenaza invisible. Una de las múltiples soluciones adoptadas por los estados miembros, fue la colaboración técnico- económica de los Estados, junto a determinadas sociedades farmacéuticas.

Recordemos que, para evitar una distorsión negativa del mercado, los Estados se valen de instrumentos necesarios de control, que precedentemente a la pandemia, han venido ejerciendo funciones de vigilancia y control del mercado interior.

En consecuencia, la Comisión Nacional de Competencia (en adelante CNMC), se revela como órgano esencial estatal, para el buen funcionamiento del mercado interior, tanto de salvaguardia a nivel vertical, (Empresa- Consumidor) como horizontal, (Empresa- Empresa).

---

2 La industria farmacéutica en España, cuenta con un total de 103 plantas de producción de medicamentos de uso humano, once de ellas de medicamentos biológicos. Datos obtenidos de: *Estudio sobre la implantación industrial del sector farmacéutico en España.* Encontrado en: https://www.farmaindustria.es/web/wp-content/uploads/sites/2/2022/09/P-252-149-5-Estudio-de-la-implantacion-industrial-del-sector-farmaceutico-en-Espana.pdf. (Visto: 07/10/2023.)

3 Artículo 43. Se reconoce el derecho a la protección de la salud. 2. Compete a los poderes públicos organizar y tutelar la salud pública a través de medidas preventivas y de las prestaciones y servicios necesarios. La ley establecerá los derechos y deberes de todos al respecto.

Para finalizar este apartado introductorio, delimitamos la vacuna[4], como objeto de nuestro estudio, el ámbito de actuación geográfico es el territorio español, -sin perder de vista la Unión Europea- el sujeto a analizar son las sociedades farmacéuticas, el foro competente es la Comisión Nacional de Mercados y la jurisdicción nacional, y la ley aplicable, el Derecho Administrativo y el Derecho Mercantil.

II. DELIMITACIÓN DEL MERCADO FARMACÉUTICO.

Si tuviéramos que caracterizar al mercado farmacéutico, podríamos evidenciar como notable cualidad, que es, cuanto menos, intrincado. Realizar una delimitación del campo de mercado deviene crucial para obtener los resultados científicos derivados del presente trabajo.

El marco normativo que disciplina y establece como comportamiento prohibido por el derecho de defensa de la competencia, el abuso de la posición de dominio[5], encuentra su legislación aplicable en la normativa europea.

---

4 Recordemos que las vacunas son medicamentos de calidad farmacéutica continuamente comprobada. Las vacunas se fabrican de acuerdo con los mismos altos estándares que el resto de medicamentos. Los fabricantes de vacunas están obligados a cumplir las normas de calidad de fabricación y, como control adicional, las autoridades reguladoras pueden someter a los lotes de vacunas a pruebas de laboratorio antes de que se pongan a disposición del público.

5 El abuso de posición de dominio disciplinado en el artículo 102 del Tratado de Funcionamiento de la Unión Europea (TFUE), además del artículo 82 Tratado constitutivo de la Unión Europea (TCE). El artículo 2 de la Ley 15/2007, de 3 de julio, de Defensa de la Competencia la cual prohibía el abuso de la posición dominante por una o varias empresas. Interpreta el Comisión Nacional de la Competencia que una forma de explotación abusiva de posición dominante son la imposición de precios, negativa injustificada a satisfacer las demandas de compra de

La cuestión que suscita mayor problemática a la hora de catalogar una conducta como abusiva es, tal y como nos indica la profesora CANDELARIO[6], la falta de una definición inequívoca y exacta de consideración del fenómeno cierto, en el cual, ante un caso o hecho típico, pudiéramos encuadrarlo jurídicamente en una práctica relativa al abuso de posición de dominio.

Ahora bien, el artículo 102 TFUE no lista en *numerus clausus* de los cinco supuestos en los que podríamos determinar un comportamiento como abusivo, sino que, más bien, reza por una enumeración ejemplificativa de conductas identificables como abusivas.

Profundizando, debemos delimitar el concepto abstracto de mercado relevante, y al mismo tiempo, determinar el espacio económico donde actuamos, es decir, en nuestro caso, el espacio delimitado, es el mercado farmacéutico, que, *a priori,* parece un campo concreto, pero más lejos de la realidad, puesto que, tendremos para conseguir delimitar los bienes y productos que ofrecen las mercantiles farmacéuticas y el ámbi-

---

productos o de prestación de servicios. Véase, por ejemplo: Resolución de 30 de julio de 2009 (Expte. S/ 0652/07), el Consejo de la extinta CNC sancionó a REPSOL, CEPSA y BP, por infracción de los artículos 1 de la Ley 16/1989, de Defensa de la Competencia y 81 del TCE (actual artículo 101 del TFUE), al haber fijado indirectamente el precio de venta al público a empresarios independientes que operan bajo su bandera, restringiendo la 2 competencia entre las estaciones de servicio de su red y entre el resto de estaciones de servicio.

6 CANDELARIO MACIAS, M.I., *Los parámetros del abuso de posición de dominio en el sector eléctrico.* Revista CEFLEGAL. CEF, núm. 159. 2014, pp. 5-44.

to geográfico de actuación[7] para poder imputar la posición de dominio como abusiva[8].

Las farmacéuticas, ocupan dentro del mercado no una única posición o cuota de mercado, esto sería, una visión miope del análisis de actuación[9]. La diversidad de campo de mercado donde pueden actuar provoca, indudablemente, una complejidad de delimitación y de control[10] por las autoridades competentes a la hora de velar por la sana competencia[11].

---

7 Recordemos que la norma dicta lo siguiente: "Será incompatible con el mercado interior y quedará prohibida, en la medida en que pueda afectar al comercio entre los Estados miembros, la explotación abusiva, por parte de una o más empresas, de una posición dominante en el mercado interior o en una parte sustancial del mismo. Tales prácticas abusivas podrán consistir, particularmente, en: a) imponer directa o indirectamente precios de compra, de venta u otras condiciones de transacción no equitativas; b) limitar la producción, el mercado o el desarrollo técnico en perjuicio de los consumidores; c) aplicar a terceros contratantes condiciones desiguales para prestaciones equivalentes, que ocasionen a éstos una desventaja competitiva; d) subordinar la celebración de contratos a la aceptación, por los otros contratantes, de prestaciones suplementarias que, por su naturaleza o según los usos mercantiles, no guarden relación alguna con el objeto de dichos contratos".

8 Si bien, de acuerdo con la práctica europea, podemos delimitar el mercado geográfico de los medicamentos en un panorama nacional, dadas las sensibles diferencias entre las diversas normativas de los Estados miembros

9 Dentro del mercado, por ejemplo y no de manera cerrada, encontramos: medicamentos, cosmética, alimentación, parafarmacia.

10 Informe de fiscalización del sistema de compensación de los gastos por asistencia sanitaria gestionado por el Ministerio de Sanidad, consumo y Bienestar Social, ejercicio 2017. Informe nº 1.364. Encontrado en: https://www.tcu.es/repositorio/d40bc64e-708d-44e0-b10f-d00bd13bcc15/I1364.pdf. (Visto: 11/10/2023.

11 Tenemos que realizar mención expresa a la Estrategia Farmacéutica para Europa, el 26 de abril del 2023, la Comisión adoptó una

Las denominadas *Big Pharma,*[12] ocupan gran parte de la posición del mercado, son sustancialmente las principales empresas que operan en la Unión Europea y para la consecución de sus fines societarios y para poder satisfacer las demandas del amplísimo mercado, han creado una arquitectura societaria adapta para el buen funcionamiento mercantil, lo cual dificulta aún más el control por parte de los órganos encargados, también, ostentan además, gran parte de derechos de propiedad industrial, pero ello no conlleva *per se,* la existencia de un abuso de su posición de dominio[13].

Si bien, la respuesta eficaz adoptada por parte de los estados ante el Covid-19, fue la mutua colaboración con los fabricantes de vacunas y empresas de índole biotecnológico, con el fin de desarrollar, fabricar y promover la vacuna[14]. Esta necesitada

---

propuesta de Directiva y una de Reglamento que revisan y sustituyen la legislación farmacéutica anterior. Dicha estrategia, crea un nuevo marco regulador con el objetivo de apoyar a la industria en la promoción de investigación y utilizo de las tecnologías innovativas que pudieran ofrecer al paciente apoyo o terapia. Además, otro objetivo es tratar las deficiencias que existen en el mercado. Los cuatro pilares en los que se basa son: garantizar el acceso de los pacientes a medicamentos asequibles, fomento de la competitividad, innovación y sostenibilidad, mejorar de los canales de preparación y respuesta ante crisis, asegurando cadenas de suministro diversificadas y seguras con el objetivo además de subsanar una posible escasez de medicamentes y, por último, todo ello, promoviendo altos estándares de calidad, eficacia y seguridad.

12 KLINGE, T. J., FERNANDEZ, R., & AALBERS, M. B. *La financiarización de las grandes empresas farmacéuticas.* Revista Internacional De Sociología, 78(4), 2020.

13 Sentencia TJUE de 6 de diciembre de 2012, en el caso Astrazeneca AB y Astrazeneca plc contra la Comisión, C-457/10, EU: C2012:770.

14 Vease informe realizado por Airfinity: https://www.ifpma.org/wp-content/uploads/2023/01/i2023_airfinity_production_19.05.2021. (Visto: 09/10/2023)

colaboración, permitió que, en tiempos muy reducidos y ante una gran amenaza, producir una solución del tipo científica y global[15].

Pero la cuestión que se nos plantea a raíz de este trágico suceso, es que, si esta mutua colaboración, pudo ocasionar distorsiones negativas al Mercado, es decir, si ha reforzado aún más si cabe, la posición que ocupaban dentro del mercado estas sociedades con la recepción de fondos públicos y de publicidad[16].

Este interrogante no puede inducirnos a caer, en superadas teorías de que la competencia no ocasiona un bien al mercado, en esta corriente la CNMC con el Plan Estratégico 2021-2026, formula y aboga por una consolidación de una cultura de competencia y de buenas prácticas regulatorias[17] necesarios para el bien común.

No cabe duda que, las buenas relaciones entre sociedades, la mutua colaboración junto al apoyo institucional constituyen un buen y fructífero fin empresarial, pero no olvidemos que, el fin último societario, no es idéntico al fin estatal de tutela del interés general.[18]

---

15 Para profundizar sobre este punto, véase a: POLICE A., *Cooperazione pubblico-privato, realizzazione e gestione di gradi infrastrutture, instabilità delle decisioni pubbliche.* Actas de la II Jornada de Studio Ítalo- Latinoamericano y de la III Jornadas Ítalo- Argentinas de Derecho Público, Padova, 2020, pp. 113 ss.; GARCÍA LOZANO, L.M. *Regulación de los sectores de la Economía. La participación de las administraciones públicas en la Economía.* Iuris Universal Ediciones. Murcia, 2018, pp. 109-149.

16 WHISH, R., *Article 102 TFEU in the UK: victims of abuse go directly to court.* Pp.52-68. Capítulo Op.cit. Abuse of Dominance in EU Competition Law.

17 El presente plan tiene como objetivo la tutela del consumidor y usuario a la hora de un justo acceso al mercado. https://www.cnmc.es/sites/default/files/editor_contenidos/CNMC/20210421_Plan%20Estrat%C3%A9gico_def.pdf. (Visto: 11/10/2023.)

18 La CNMC considera que la comunicación es esencial para conseguir esta consolidación, por ello basa su propuesta en el desarrollo: a) de

Entendemos que, la problemática, podría surgir visto los diversos escenarios en los que pueden señalarse un abuso de la posición dominante, cuando la colaboración Estado- mercantil puede comportar por ejemplo, la obstaculización en el proceso de entrada al mercado[19], o bien cuando las sociedades retrasan deliberadamente la entrada al mercado de ciertos medicamentos. En consecuencia, entramos a analizarlo en el siguiente apartado.

III. EL PROCEDIMIENTO ADMINISTRATIVO ANTE LA COMISIÓN NACIONAL DE LOS MERCADOS Y LA COMPETENCIA.

Llegados a este punto, abordaremos, una problemática que ha traído numerosas y longevos procedimientos judiciales: la política de fijación de precio libre, la cual aplican los laborato-

---

una nueva web como herramienta de comunicación efectiva de la Comisión con los diversos grupos de interés; b) un código de imagen corporativa que dote de coherencia a los mensajes y canales a través de los cuales se manifiesta la CNMC; c) un plan de comunicación interna que favorezca el compromiso de los empleados y el orgullo de pertenencia de éstos a la institución; y, d) una política de comunicación proactiva basada en la vocación de servicio, la transparencia, y la cercanía, de carácter más dinámico, potenciando las redes sociales y los formatos audiovisuales.

19 IP/23/5104. Por primera vez, la Comisión Europea sanciona un cártel en el sector farmacéutico y en relación con un principio activo farmacéutico. La Comisión Europea ha multado a Alkaloids of Australia, Alkaloids Corporation, Boehringer, Linnea y Transo-Pharm con un total de 13,4 millones de euros por participar en un cártel relativo a un importante ingrediente farmacéutico. C2 PHARMA no fue multada, ya que reveló el cártel a la Comisión en el marco del programa de clemencia. Las seis empresas admitieron su participación en el cártel y acordaron resolver el caso.

rios farmacéuticos[20]. Analizaremos, a continuación, la reciente Sentencia del Tribunal Supremo sobre los dobles precios de Pfizer en España[21], llevando a cabo un ejercicio del tipo comparativo sobre la contienda judicial y administrativa del caso "Glaxo"[22].

En la Unión Europea, las decisiones sobre los precios son competencia de las autoridades nacionales, en cambio, la mayoría de las decisiones de la industria se toman con una perspectiva global.

A nuestro juicio, debemos resaltar lo justamente señalado por el Prof. GARCÍA LOZANO[23], en concreto, a cuanto con-

---

20 Nos referimos a las políticas de precios, de compras y de financiación por los distintos sistemas sanitarios, para profundizar en el sistema español, véase, GARCÍA LOZANO L. M., *La transparencia o apariencia de ella en la regulación sobre la financiación selectiva de la prestación farmacéutica: El sistema de fijación de los precios de los medicamentos en España.* DS: Derecho y salud, 29(Extra 1),2019, pp. 118-132. El autor de manera concisa y clara, analiza las problemáticas y la falta de transparencia que el estado español padece a la hora de fijar el precio de los medicamentos.

21 STS núm. 289/2023. Procedimiento originado por recurso contencioso-administrativo interés que consiste en, aclarar, si los contratos de suministro de medicamentos formalizados entre los laboratorios farmacéuticos y algunos distribuidores mayoristas, que incluyen un doble precio selectivo, pueden suponer una restricción de la competencia.

22 Este caso, inicia con la denuncia ante el servicio de Defensa de la Competencia por parte de "*Spain Farma* SA" a la mercantil "*Glaxo Wellcome* SA" por, a su juicio, realizar conductas anticompetitivas consistentes en establecer dos listas de precios en las condiciones de venta de los medicamentos diferentes según fuera para la exportación o para la distribución interna, llegando a negar el suministro a los distribuidores que subscribieran esas condiciones.

23 GARCÍA LOZANO, L. M., cit. págs.118-132.

cierne a la hora de fijación de precios en los medicamentos[24], que como concluye en su referente trabajo el Profesor, en nuestro territorio es de compleja comprensión.

El usuario a la hora de acceder al medicamento carece, en general, de información suficiente para la buena selección, con esto nos referimos a que el usuario, en el proceso de selección de un medicamento u otro, su juicio vendrá efectuado, sobre la base de una prescripción realizada por un tercero competente (el médico), o en base, a las campañas de marketing y publicitarias realizadas por las compañías.

Este mercado farmacéutico específico, actúa bajo la confianza del usuario en el profesional, y ante el desconocimiento de la materia por parte de la población en general. El usuario, no es totalmente soberano a la hora de realizar una selección, sino que más bien, la decisión se yuxtapone a un principio de confianza entre usuario- médico; usuario- farmacéutico; usuario- publicidad[25].

La legislación en materia de fijación de precios de los medicamentos en nuestro territorio ha evolucionado desde una situación de intervención absoluta, aplicable a cualquier venta que se produjera en territorio nacional, a una situación de in-

---

24 En una cadena de suministro como es la de la venta de medicamentos, operan diversos precios en función del agente interviniente: el precio industrial o precio de venta de laboratorio, fijado por la Administración para los medicamentos que cumplen los requisitos establecidos por la normativa; el precio mayorista y el precio de dispensación. El método de fijación y cálculo del precio industrial dependerá de los elementos referidos al medicamento objeto de venta que determina su precio.

25 La Resolución S/0026/19, (párrafo 327) apoya lo declarado con anterioridad: "en cuanto a la demanda, al tratarse de un fármaco sujeto a prescripción médica el consejo del médico prescriptor, que puede verse influido por el laboratorio que lo comercializa, la preferencia de la usuaria y el precio del fármaco juegan un importante relevante en la elección de la usuaria".

tervención única, a los medicamentos financiados dentro del sistema Nacional de Salud[26].

La rúbrica, ha llevado a la Sala de lo Contencioso-Administrativo del Tribunal Supremo, a pronunciarse sobre los dobles precios que la multinacional farmacéutica Pfizer aplicaba a algunos medicamentos en España si eran realmente considerados como un precio único.

Este longevo proceso, inicia, en el año 2009 ante la CNMC a raíz de una denuncia presentada por *Spain Pharma, S.A.* contra Pfizer y la Compañía Farmacéutica Española, S.A. (Cofares).

[26] La génesis normativa comienza con la Ley 25/1990, de 20 de diciembre, del Medicamento, «BOE» núm. 306. La norma preveía una intervención total por parte del Estado en la fijación de precios. Más adelante en el año 1998 entro en vigor la Ley 66/1997, de 30 de diciembre, de Medidas Fiscales, administrativas y del Orden Social, «BOE» 1997 núm. 313. Flexibilizado la intervención del estado a la hora de fijación de precios. Posteriormente la Ley 55/1999, de 29 de diciembre, de Medidas fiscales, administrativas y del orden social, «BOE» 1999 núm. 312 modifica el artículo 100.2 de la Ley 25/1990 quien condiciona la intervención estatal a la necesidad de que los medicamentos intervenidos sean aquellos que se financien con cargo a los fondos de la seguridad social y se dispensen en territorio nacional. Para finalizar el recorrido normativo mencionamos: Real Decreto 725/2003 de 13 de junio, «BOE» núm. 152, y la posterior Ley 29/2006, de 26 de julio, de Garantías y Uso Racional de los Medicamentos y Productos Sanitarios, «BOE» núm. 178, el Real Decreto-Ley 16/2012, de 20 de abril, de medidas urgentes para garantizar la sostenibilidad del Sistema Nacional de Salud y mejorar la calidad y seguridad de sus prestaciones, «BOE» núm. 98, la Ley 48/2015, de 29 de octubre, de Presupuestos Generales del Estado para el año 2016, «BOE» núm. 260. Orden SCB/953/2019, de 13 de septiembre, por la que se procede a la actualización en 2019 del sistema de precios de referencia de medicamentos en el Sistema Nacional de Salud. «BOE» núm. 225

La Comisión acordó no incoar procedimiento sancionador contra ambas[27].

El motivo de la denuncia, en consideración del denunciante, es que Pfizer habría establecido un doble precio dependiendo del destino de las especialidades, aplicando un precio mayor si el fármaco era comprado para destinarlo a la exportación o reexportación, sin embargo, el precio venía reducido en el caso de que la dispensación fuera en territorio español.

La CNMC razonaba que la normativa nacional aplicable es la razón de la existencia de un doble precio, es decir, el intervencionismo estatal a la hora del precio, entendía el órgano que extender el régimen administrativo de fijación de precios a las exportaciones seria como dotar de carácter extraterritorial a la regulación de los medicamentos[28].

---

[27] Se interpone por parte de la Affordable Medicines Europe (antes European Association of Europharmaceutical Companies, EAEPC) recurso de casación contra la sentencia de 22 de abril de 2021, dictada por la Sección Sexta de la Sala de lo Contencioso-Administrativo de la Audiencia Nacional (procedimiento ordinario 184/2017), la cual, desestimó el recurso contencioso administrativo interpuesto por asociación contra el acuerdo de la Sala de Competencia del Consejo de la Comisión Nacional de los Mercados y la Competencia (CNMC) de 19 de enero de 2017 (expediente S/DC/0546/15 Pfizer/Cofares). El indicado acuerdo de la CNMC había resuelto declarar no acreditado que el sistema de precios establecido por Pfizer en sus contratos de venta de medicamentos a los distribuidores mayoristas suponga una conducta prohibida por el artículo 1 de la LDC

[28] La CNMC también desestimó la supuesta analogía entre el sistema de doble precio aplicado por Pfizer y el sistema de doble precio del asunto Glaxo (Sentencia del Tribunal de Justicia de 6 de octubre de 2009, asuntos C-501, 513, 515, 519/06 P). En este caso, la política comercial de la compañía resultaba de la aplicación de un régimen diferenciado o dual a los precios de los medicamentos dependiendo de la actividad exportadora del distribuidor. Aunque el asunto *a priori* parece similar, no es idéntico, y la CNMC explica la diferencia

Consecuentemente, *Spain Pharma* interpuso recurso contencioso administrativo contra la resolución anterior y la Sala de lo Contencioso Administrativo de la Audiencia Nacional, en sentencia de 13 de junio de 2011, 450/09, estimó parcialmente el recurso y : primero, anuló la resolución impugnada en la parte que acuerda archivar las actuaciones con relación al contrato de suministro de Pfizer con algunos distribuidores mayoristas y, segundo, inadmitió la pretensión del recurrente de declarar la nulidad de dichos contratos[29].

La Dirección de Competencia de la CNMC acordó incoar expediente sancionador contra Pfizer por supuestas prácticas restrictivas de la competencia de los artículos 1 LDC y 101 TFUE, consistentes en el establecimiento de contratos de suministro susceptibles de obstaculizar el comercio paralelo comunitario[30].

El 19 de enero de 2017, la Sala de Competencia de la CNMC dictó resolución en la que acordó declarar no acreditado que el sistema de precios establecido por Pfizer en sus contratos de venta de medicamentos a los distribuidores mayoristas suponga una conducta prohibida por el artículo 1 de la LDC, así mismo, la EAEPC interpuso recurso contencioso-administrativo contra el anterior acuerdo de la CNMC, el cual, fue desestimado por

---

en la Resolución ahora comentada. La primera y gran distinción es que cuando Glaxo aplicó su política de precio dual en 1998, la Ley del Medicamento establecía precios máximos regulados para los medicamentos financiados con cargo a la Seguridad Social, mientras que, Pfizer introdujo su política de precio dual en 2006, cuando la Ley del Medicamento había sido modificada.

29 Mientras tanto la abogacía del Estado, como Pfizer S.L.U. interpusieron recursos de casación contra la anterior sentencia y esta Sala del Tribunal Supremo declaró no haber lugar a los indicados recursos en sentencia de 3 de diciembre de 2014.

30 Expediente S/DC/0546/15.

sentencia de la Sala de lo Contencioso Administrativo de la Audiencia Nacional, de fecha 22 de abril de 2021.

Por último, la Sala de lo Contencioso-Administrativo del Tribunal Supremo, el 7 de marzo de 2023, dicta sentencia en la que confirma la postura adoptada por la CNMC y la Audiencia Nacional.

Habiendo, desmenuzado el *iter* procedimental de esta contienda y no entrando en el mérito de la motivación de la sentencia adoptada por nuestro Tribunal Supremo, observamos cómo tanto órgano de control como órgano jurisdiccional funcionan como garantía de control, en una especie de simbiosis jurídica de atención recíproca para garantizar los principios básicos del Estado.

III. b Natura jurídica de la Comisión Nacional de Competencia del Mercado.

Hemos querido denotar, el deber constitucional que, ostentan los poderes públicos, a la hora de realizar cuantas acciones necesarias de control, pero ello, no quiere decir, necesariamente un control de tipo autoritario o restrictivo, sino más bien, por un *surveillance* del mercado. Este control, estaría justificado en la práctica estatal habitual, puesto que, incluso si escogiéramos como modelo referente, un sistema económico liberal en la economía y política estatal, como es el de Estados Unidos, encontraríamos dentro de su aparato estatal, órganos de tipo administrativos, con objetivo de garantizar un control efectivo de la competencia.[31]

---

[31] Nos referimos a la Federal Trade Commision instituida en el 1914 a través de *la Federal Trade Commission Act.* Véase JELEZTCHEVA JELEZTCHEVA M., *Génesis de la Federal Trade Commission y breve análisis de los objetivos del derecho antitrust norteamericano y europeo.* Revista Estudios Jurídicos UNESP, Franca, A. 14 n.19, 2010, p. 01-404.

La CNMC siendo una autoridad administrativa independiente, está dotada de una independencia funcional, que le permite un amplio margen de actuación, provisto, además, de personalidad jurídica propia, es decir, con capacidad suficiente para contraer obligaciones y realizar actividades que generen plena responsabilidad jurídica en un ámbito territorial concreto.[32]

Si bien las características que, a nuestro juicio, se revelan esenciales para el buen y justo funcionamiento del órgano y que podemos destacar son: independencia y autonomía.

En cuanto a la independencia, funciona como principio esencial contra directrices del tipo político o gubernamental, reiterando la máxima, es un órgano de control, no instrumental puro, es decir, sirve como instrumento al Estado para la consecución de sus objetivos, pero no por ello necesariamente implica que, sea un instrumento político-gubernamental para la consecución de intereses u objetivos propios[33].

---

[32] Ley 3/2013, de 4 de junio, de creación de la Comisión Nacional de los Mercados y la Competencia, publicado en «BOE» núm. 134. Con la presente Ley se crea el Órgano con un fin garantista, como es el control del funcionamiento eficiente del mercado y de la efectiva competencia. Encontramos en el artículo 2.1 del mismo texto, la atribución de naturaleza y régimen jurídico: *La Comisión Nacional de los Mercados y la Competencia está dotada de personalidad jurídica propia y plena capacidad pública y privada y actúa, en el desarrollo de su actividad y para el cumplimiento de sus fines, con autonomía orgánica y funcional y plena independencia del Gobierno, de las Administraciones Públicas y de los agentes del mercado. Asimismo, está sometida al control parlamentario y judicial*". Debemos mencionar a su vez, el Real Decreto 657/2013, de 30 de agosto, por el que se aprueba el Estatuto Orgánico de la Comisión Nacional de los Mercados y la Competencia, publicado en «BOE» núm. 209. Siendo este reglamento el que vertebra los objetivos y principios donde se marca dicha Ley.

[33] POMED SANCHEZ L.A., *Fundamento y Naturaleza Jurídica de las Administraciones Independientes*" Publicado en Revista de Administración

En cuanto a la autonomía, se manifiesta esencialmente, en el poder de autodirección y de capacidad jurídica propia, así como, la competencia de control de las decisiones políticas. El recurso frente a sus actuaciones es, sin duda, síntoma claro de ello.

Como órgano funcional, está previsto de competencias administrativas para el conocimiento de asuntos que requieren un procedimiento de control. Si bien antes de comenzar el recurso contencioso-administrativo, las actuaciones que se realicen en la sede del órgano de control, deben agotar la vía administrativa.

La naturaleza administrativa de la CNMC le faculta a la hora de administrar, y el marco de sus actuaciones, son en general, recurrible ante los órganos jurisdiccionales. Entre sus múltiples funciones[34] de administración y dada su naturaleza, la Comisión dicta actos administrativos, denominados resoluciones.

Pública, nº 132, 1993, págs. 117-170.

34 Otras funciones contempladas y recogidas en el artículo 31 de la legislación son: a) Instruir los expedientes por conductas incluidas en esta Ley; b) Vigilar la ejecución y cumplimiento de las resoluciones que se adopten en aplicación de esta Ley; c) Llevar el Registro de Defensa de la Competencia; d) Las de estudio e investigación de los sectores económicos analizando la situación y grado de competencia de cada uno de ellos, así como la de posible existencia de prácticas restrictivas de la competencia. Como consecuencia de los estudios e investigaciones efectuadas podrá proponer la adopción de medidas conducentes a la remoción de los obstáculos en que se ampara la restricción; e) Las de información, asesoramiento y propuesta en materia de acuerdos y prácticas restrictivas, concentración y asociación de Empresas, grado de competencia en el mercado interior y exterior en relación con el nacional, y sobre las demás cuestiones relativas a la defensa de la competencia; f) Las de cooperación, en materias de competencia, con Organismos extranjeros e Instituciones internacionales. Para profundizar sobre la aplicación de la Potestad Inspectora y Potestad Sancionadora: REBOLLO PUIG, M., *Potestades inspectoras y sancionadoras,* La Comisión Nacional de los Mercados y la Competencia, 2014, pp. 701-780; También, tiene potestad reglamentaria, la CNMC dentro de su

En cuanto a su carácter revisor, las pretensiones que se pueden hacer valer en sede, no son únicamente de índole declarativa, sino que, además, se incluyen pretensiones de condena a hacer o no hacer.

IV. LA CNMC Y LOS PRINCIPIOS RECTORES EN LA DENOMINADA CONSTITUCIÓN ECONÓMICA.

Antes de profundizar en el procedimiento ante el órgano de control encargado de vigilar activamente el Mercado, nos parece propedéutico, definir los principios objeto a garantizar: el principio de Libre Competencia y el principio de Unidad de Mercado[35].

Atendiendo el imperativo legal reflejado en nuestra Carta Magna, el artículo 38, pertenece a la denominada "Constitución económica"[36], rogando por encomendar a los poderes

capacidad legislativa puede aprobar Circulares, véase: JOVER, J. M.ª . *La potestad normativa de la CNMC.* Revista de Administración Pública, 2020, núm. 211, pp. 71-110; Funciones de tipo consultiva e informativa, tanto a nivel de sector público (Corporaciones Locales, Colegios Profesionales y Cámaras de Comercio) como a sector privado; También tiene función autorizadora en la medida de que ostenta competencia a la hora de autorizar determinadas actuaciones en el mercado, por ejemplo, la autorización al Proyecto de Orden por la que se crea un mercado de capacidad en el sistema eléctrico español (IPN/CNMC/011/21). Por último, tiene una función impugnatoria o de control, véase: GUILLEN CARAMES, J., *Las competencias de la Comisión Nacional de los Mercados y de la Competencia y las Autoridades Autonómicas en la aplicación del derecho de la competencia,* Estudios de Deusto, 2015, Vol. 63/1, pp. 37-83.

35 SANTAMARIA PASTOR, J.A., *El contencioso de la unidad de mercado,* El nuevo marco jurídico de la Unidad de Mercado, 2013, pp. 935-981.

36 Artículo 38 de la Constitución Española: Se reconoce la libertad de empresa en el marco de la economía de mercado. Los poderes públicos garantizan y protegen su ejercicio y la defensa de la productividad,

públicos de nuestro estado, de realizar políticas públicas necesarias, para el desarrollo y protección de las iniciativas económicas. El legislador entendía que, la garantía de defensa en la competencia, derivaba de una función de tipo pública y responsabilizaba a la Administración Pública, como brazo ejecutor de las políticas públicas y del buen funcionamiento.

Si bien es cierto que, en el mismo mandato, encontramos una titularidad del tipo genérica, de los encargados a servir con la protección, rezando que son: *"los poderes públicos..."*. Si realizásemos, una interpretación expansiva, serían todos los poderes públicos del Estado los encargados de velar por dicha garantía, siendo en la práctica, irrealizable.

Efectuando una interpretación de tipo sectorial, serán los responsables de garantizar dicho mandato, los poderes públicos que en el marco de sus competencias, se hallen obligados a ello, pudiendo ser órganos especializados[37].

Este precepto naturalizado bajo los principios rectores de la política económica y social, ha sido objeto de interpretación por parte de nuestro Tribunal Constitucional[38].

Pues bien, podemos afirmar que, la economía de mercado es el marco necesario para la existencia de libertad de empresa, este, hallándose estrechamente relacionado, con la unidad de economía nacional, el cual permite al Estado, en el pro-

---

de acuerdo con las exigencias de la economía general y, en su caso, de la planificación.

37 Obligatoriamente debemos hacer mención a la Ley 15/2007, de 3 de julio, de Defensa de la Competencia, publicado en «BOE» núm. 159. También a la derogada Ley 16/ 1989 de 17 de julio, de Defensa de la competencia, publicado en «BOE» núm. 170. Sobre la cual, se articula un sistema administrativo, basado en dos órganos especializados de ámbito nacional para la lucha contra las malas prácticas nocivas con el Mercado.

38 STC 298/1999 de 11 noviembre, STC 71/2012, de 16 de abril.

pio desarrollo de su competencia constitucional, capacidad de coordinación como ejercicio de planificación general de la actividad económica.

No obstante lo anterior, no podemos realizar una delimitación estática del principio de Libre Competencia, puesto que, a nuestro juicio, no nos parece aplicable una única interpretación, ya que, la exégesis y aplicación puede ser dual; desde una perspectiva política, y a su misma vez, económica. Entre la frontera de ambas concepciones, podemos extraer que, el principio, roga por permitir a un sujeto interesado en acceder a un mercado especifico, además le proporciona al sujeto capacidad de permanencia (en las mismas condiciones que el resto de sus competidores) y le faculta, además, con una posibilidad de salida del mercado.

Por ello, el Estado, se apoya instrumentalmente para garantizar la actuación de sendos principios, en órganos de control- nos referimos al ya citado CNMC[39], quien, utilizando los mecanismos a su disposición, y bajo su propio estatuto reglamentado, ejercerá una actividad regulatoria ante las posibles prácticas colusorias o anticompetitivas, que pudieran afectar negativamente al Mercado[40], favoreciendo la libre competencia y la unidad del mercado.

---

39 Encontramos la definición de autoridades administrativas independientes del ámbito estatal en el artículo 109 de la Ley 40/2015, de 1 de octubre, de Régimen Jurídico del Sector Publico, publicado en «BOE» núm. 236.

40 En un Estado de autonomías debemos tener en cuenta las competencias y las diferencias de mercado existentes en el propio territorio, es por ello que, se aprueba la Ley 1/2002, de 21 de febrero, de coordinación de las competencias del Estado y las Comunidades Autónomas en materia de la competencia, publicado en «BOE» núm. 46. El motivo de la ley fue a la necesidad de armonización de las competencias para la protección de la unidad de la economía nacional y la exigencia de un mercado único en aras de respetar una igualdad real.

En virtud de lo citado, la CNMC, a solicitud del Ministerio de Industria, Comercio y Turismo, bajo su justo marco competencial de órgano consultivo, realizó el Informe IPN/CNMC/024/22, relativo al anteproyecto de ley de modificación de la Ley 17/2001, de 7 de diciembre, de Marcas, la Ley 20/2003, de 7 de julio, de Protección jurídica del Diseño Industrial, y la Ley 24/2015, de 24 de julio, de Patentes[41].

En dicho Informe, la Comisión se postuló a favor y entendió como fundamental, la modificación conjunta de las tres leyes, para conseguir una armonización normativa interna. Asimismo, defiende que, en la arquitectura regulatoria aplicable a los sistemas de protección de la propiedad industrial, se debe tener en cuenta los efectos negativos que dicha protección pudiera conllevar[42].

Concretamente, considerando la modificación de las tres leyes principales de propiedad intelectual en España, la Comisión recomienda:

- Reevaluar los requisitos de acceso de los agentes de la propiedad industrial y la reserva de actividad de estos en la prestación de los servicios de traducción.
- Replantear la propia figura de los modelos de utilidad, así como la extensión de la figura a las sustancias y composiciones farmacéuticas y a modelos de utilidad derivados (artículo 147 bis de la Ley de Patentes).

---

41 Nos recuerda además el citado Informe, que, la Comisión, ya ha ejercido con anterioridad funciones del tipo consultiva: (IPN/DP/004/14), (IPN/CNMC/019/16), (IPN/CNMC/022/18), (IPN/CNMC/009/19), (IPN/CNMC/010/19).

42 Informe sobre el anteproyecto de ley de modificación de la Ley 17/2001, de 7 de diciembre, de Marcas, la Ley 20/2003, de 7 de julio, de protección jurídica del Diseño Industrial, y la Ley 24/2015, de 24 de julio, de Patentes, pág. 12.

- Extender la posibilidad de realizar solicitudes provisionales de patentes a todos los operadores, públicos y privados, salvo existencia de razones imperiosas de interés general que justifiquen un uso restringido de esta posibilidad y, en este caso, optar por bancos de pruebas regulatorios en lugar de discriminación por tipos de operadores.
- Mayor fundamentación de las cuantías de las tasas y su orientación a costes, y revisar el alcance subjetivo de las bonificaciones para evitar privilegiar a operadores según sean de titularidad pública o privada.

Definidos los cuatro pilares por los que se fundamenta el citado informe, éste, expresamente, ruega por la reevaluación de aplicación de los modelos de utilidad en el sector farmacéutico, con el fin de evitar monopolios a invenciones que no cumplen con los niveles de exigencia propios de las patentes.

Los modelos de utilidad podrían ser desvirtuados de su naturaleza, en tanto cuanto, funcionan como sustitutos imperfectos de las patentes, generando monopolios para invenciones que no han demostrado suficientemente, los estándares de novedad y actividad inventiva.

Advertimos de esta manera, como este órgano de control, observa detenidamente la actividad que las empresas farmacéuticas realizan en el mercado, tanto en su actividad investigadora, como en su actividad comercial, con el fin de velar por la tutela del consumidor final.

IV.b.. Acceso al Mercado y participación pública.

Salud pública, economía del medicamento y sociedad están estrechamente conectados. El actual sistema farmacéutico de innovación y asistencia se basa fundamentalmente en dos condiciones:

- La primera, en la capacidad de desarrollar nuevos medicamentos innovadores;

- Posibilitar a los pacientes su acceso.

La presencia estatal pública a la hora de promoción y divulgación de un efectivo contra el virus, fue crucial a la hora de tutelar el derecho a la salud del ciudadano. A continuación, tomando los datos ofrecidos por Airfinity[43], observaremos la procedencia y los encargados en financiar la investigación en el desarrollo de las vacunas contra el Covid-19:

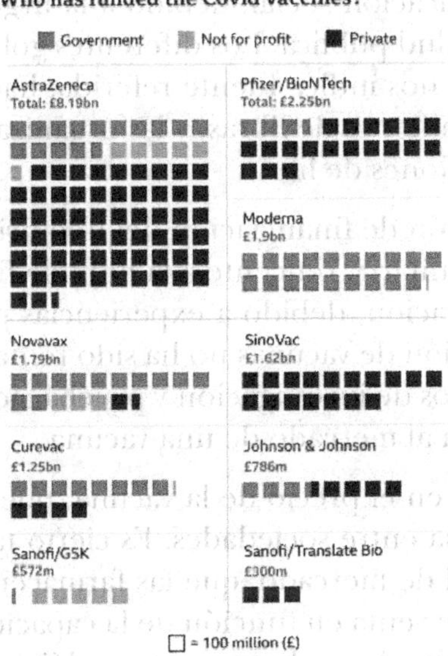

FUENTE: Airfinity[44]

---

[43] Airfinity es una sociedad de predicción de enfermedades. A tenor de su descripción en su sitio web: Rastrea, predice y simula los resultados de las enfermedades a nivel poblacional en tiempo real para informar las decisiones que pueden aumentar la esperanza de vida global. Visto en: https://www.airfinity.com/about

[44] Fuente obtenido en: https://www.bbc.com/news/business-55170756. (Consulta: 10/10/2023.)

Podemos observar, según los datos ofrecidos por la fuente, la mayoritaria presencia de financiación de origen público, y por parte de entes *no profits*, a la hora de financiar la investigación en la fabricación de la vacuna contra el Covid-19. Si tuviéramos que elegir un claro ejemplo, podríamos seleccionar Moderna, que, como vacuna, casi su totalidad recibió financiación de origen público.

Esta pública financiación hacia sociedades mercantiles, recibiría una justificación social, debido a la urgente necesidad de tutela de la salud pública. Los diferentes gobiernos de cada estado, tal como nos indica fuente referida, habrían aportado cerca de 6.500 millones de libras, y las organizaciones *non profit*, casi 1.500 millones de libras.

La participación de financiación del tipo privado fue al inicio de la crisis sanitaria, reticente a la hora de financiar el proyecto de investigación, debido a experiencias pasadas, puesto que, la financiación de vacunas no ha sido rentable, a causa de los largos procesos de investigación y prueba científica previas, a la introducción al mercado de una vacuna.

La diferencia en el precio de la vacuna, puede reflejar una sana competencia entre sociedades. Es cierto también que, es práctica habitual de mercado, que las farmacéuticas fijen precios diferentes de venta en función de la capacidad económica del país comprador, lo cual provoca paradójicamente, que un estado con más capacidad económica utilice su posición en un mercado abierto a la hora de obtener un mayor número de vacunas en detrimento de estados con menos recursos económicos, existiendo incluso desigualdades dentro de la Unión Europea.

Las decisiones sobre patentes que deben tomarse en la UE están limitadas por la existencia del Acuerdo sobre los ADPIC a nivel de la OMC. En cambio, las decisiones sobre otros instrumentos (por ejemplo, créditos fiscales, los CCP) se adoptan a nivel nacional. Los Estados miembros también son responsables de las decisiones sobre precios y reembolsos. En el caso de las emergencias de salud pública, la coordinación estratégica para el desarrollo de contramedidas médicas se confía a la Comisión Europea.

Teniendo en cuenta esta importante financiación pública, nos cuestionamos acerca de si se deben preservar los derechos de propiedad intelectual en la fabricación de una vacuna, cuando en este caso, las políticas públicas y el apoyo estatal, fueron clave para la obtención de la vacuna.

El desarrollo de nuevos medicamentos es un proceso complejo y que lleva aparejado, un desarrollo técnico científico supeditado a inversión de tipo económica para la obtención de medicamento. Estos esfuerzos, vienen recompensados con los derechos de propiedad intelectual, para promover la incentivación de inversores privados. Sin embargo, estos derechos crean además un potencial dilema entre *availability* y *affordability*, por lo que las dos condiciones son difíciles de conciliar.[45]

El equilibrio entre financiación pública y obtención de nuevos medicamentos es laberíntico, es cierto que fuerte presencia de un estado o varios podría distorsionar el mercado a favor de una o varias compañías.

---

45 Respecto a esto, podemos utilizar el artículo realizado por Thomas Cueni, director general de la Federación Internacional de Asociaciones y Fabricantes de Productos Farmacéuticos (IFPMA) quien publicó un artículo de opinión en The New York Times donde critica negativamente la propuesta de exención de los aspectos de los Derechos de Propiedad Intelectual relacionados con el Comercio (ADPIC), de los fármacos y herramientas para luchar contra la COVID-19 presentada por los estados de Sudáfrica e India. El autor rechaza la exención y aboga por mantener los actuales monopolios liderados por la industria farmacéutica durante la pandemia. Artículo encontrado en: https://www.nytimes.com/2020/12/10/opinion/coronavirus-vaccine-patents.html. (Consulta: 12/10/2023.)

Abogamos por la opción de reforzar la coordinación en materia de DPI, que reforzaría esencialmente las iniciativas que ya se han emprendido. Un hito en esta dirección es la reciente creación de la "patente unitaria" y la propuesta de crear un "CCP unitario".

La base jurídica de nuestra propuesta la encontraríamos en la aplicación del artículo 5 de la Decisión 1082/2013/UE[46] establece que las instituciones de la Unión y cualquier miembro que lo deseen podrán iniciar un procedimiento de contratación pública conjunta de contramedidas médicas frente a amenazas transfronterizas graves para la salud. Realizando una política expansiva de dicho precepto y que no estuviere bajo la limitación de amenazas graves, sino que, en cambio, se creara una autoridad de adquisición de la UE.

Una vez que los productos hayan recibido la autorización de la EMA, la autoridad de contratación de la UE podría encargarse de las negociaciones con los fabricantes.

---

46 Decisión número 1082/2013/UE del Parlamento Europeo y del Consejo de 22 de octubre de 2013 sobre las amenazas transfronterizas graves para la salud y por la que se deroga la Decisión número 119/98/CE. Artículo 5 Adquisición conjunta de productos médicos de respuesta sanitaria 1. Las instituciones de la Unión y todo Estado miembro que lo desee podrán participar en un procedimiento de adquisición conjunta de acuerdo con el artículo 104, apartado 1, párrafo tercero, del Reglamento (UE, Euratom) no 966/2012 del Parlamento Europeo y del Consejo, de 25 de octubre de 2012, sobre las normas financieras aplicables al presupuesto general de la Unión, y con el artículo 133 del Reglamento Delegado (UE, Euratom) no 1268/2012 de la Comisión, de 29 de octubre de 2012, sobre las normas de desarrollo del Reglamento (UE, Euratom) no 966/2012 del Parlamento Europeo y del Consejo, sobre las normas financieras aplicables al presupuesto general de la Unión , con vistas a la adquisición anticipada de productos médicos de respuesta sanitaria a amenazas transfronterizas graves para la salud.

Este tipo de política podría permitir un acceso unitario europeo al medicamento, aumentando la eficiencia en la obtención de la patente farmacéutica reduciendo sus costes asociados a los procedimientos de acceso al mercado, evitando así una disparidad de acceso al mercado farmacéutico y precios diferentes en el acceso.

V. CONCLUSIONES.

Para finalizar el presente trabajo y habiendo analizado el mercado farmacéutico desde la fabricación de vacunas en el respeto a la tutela de la Salud, como mandato positivo de nuestro Estado, podemos concluir:

PRIMERO. - Creer que la tutela de la salud pública se limita al territorio es carecer de una visión social globalizada. La salud pública como nos ha obligado a entender el virus, es cuestión supranacional. Un virus "viaja" de una parte del mundo a otro en cuestión de horas y son los estados, con mecanismos de colaboración, los encargados de la protección y tutela del bien jurídico protegido. Por ello, abogamos por la creación de un organismo europeo autoridad de contratación de la UE deviene necesario en una Unión europea, junto a un fondo farmacéutico de la UE

SEGUNDO.–Es cierto que, en ocasiones, la industria abusa del sistema de patentes para ejercer posiciones de dominio en el mercado y obtener mayores márgenes de beneficio. La tutela pública de la salud y una intervención en la economía por parte del Estado que genere mecanismos de incentivar a las diferentes compañías farmacéuticas a invertir dividendos en la investigación sería esencial para fomentar la cultura de la competitividad.

TERCERO.–Para un posible cálculo del precio de la UE, podríamos calcularlo en base a: la cantidad recibida por el fabricante por cada unidad vendida y el método de pago a través de la creación de un fondo farmacéutico común por cada país. Para un *equo* financiamiento del fondo, se podría calcular la aportación de cada estado de acuerdo con la unidad del medicamento utilizado por el estado en cuestión.

BIBLIOGRAFIA.

BASTIANON, S., & PARDOLESI, R., (2001). L'abuso di posizione dominante. Giuffrè.

CANDELARIO MACIAS, M. I., (2014). Los parámetros del abuso de posición de dominio en el sector eléctrico. Revista CEFLEGAL, CEF, núm. 159.

FERNÁNDEZ-NÓVOA RODRÍGUEZ, C. (1983). Negativa de venta y abuso de posición dominante". Actas de derecho industrial y derecho de autor.

GARCÍA LOZANO, L. M., (2019). La transparencia o apariencia de ella en la regulación sobre la financiación selectiva de la prestación farmacéutica: El sistema de fijación de los precios de los medicamentos en España, Derecho y salud, 29 (Extra 1). (2018). Regulación de los sectores de la Economía. La participación de las administraciones públicas en la Economía. Iuris Universal Ediciones. Murcia.

KLINGE, T. J., FERNANDEZ, R., & AALBERS, M. B., (2020). La financiarización de las grandes empresas farmacéuticas. Revista Internacional De Sociología, 78(4), e174.

PARCU, P. L., MONTI, G., & BOTTA, M., (2017). Abuse of Dominance in EU Competition Law: Emerging Trends. Cheltenham, UK: Edward Elgar.

POLICE, A., (2018) Cooperazione pubblico-privato, realizzazione e gestione di gradi infrastrutture, instabilità delle decisioni pubbliche. Actas de la II Jornada de Studio Italo-Lationamericano y de la III Jornadas Italo-Argentinas de Derecho Público. Padova.

POMED SANCHEZ, L.A., (1993) Fundamento y Naturaleza Jurídica de las Administraciones Independientes. Revista de Administración Pública, núm. 132.

REBOLLO PUIG, M., (2014) Potestades inspectoras y sancionadoras La comisión Nacional de los Mercados y la competencia.

JOVER, J. M.ª (2020). La potestad normativa de la CNMC. Revista de Administración Pública, 211.

GUILLEN CARAMES, J., (2015) Las competencias de la Comisión Nacional de los Mercados y de la Competencia y las Autoridades Autonómicas en la aplicación del derecho de la competencia" Estudios de Deusto, Vol. 63/1, Enero-Junio.

SANTAMARIA PASTOR, J.A., (2013) "El contencioso de la unidad de mercado", en El nuevo marco jurídico de la Unidad de Mercado.

JELEZTCHEVA JELEZTCHEVA, M., (2010) Génesis de la Federal Trade Commission y breve análisis de los objetivos del derecho antitrust norteamericano y europeo, Revista Estudios Jurídicos UNESP, Franca, A. 14 n.19.

WHISH, R., (2017). "Article 102 TFUE in the UK: victims of abuse go directly to court." En Parcupier luigi, giorgio monti, y marco botta (eds.), Abuse of Dominance in EU Competition Law : Emerging Trends, Cheltenham, UK: Edward Elgar.

LEGISLACIÓN Y WEBGRAFÍA:

Constitución Española «BOE» núm.311, de 29 de diciembre de 1978.

Ley 3/2013, de 4 de junio, de creación de la Comisión Nacional de los Mercados y la Competencia, publicado en «BOE» núm. 134

Ley 40/2015, de 1 de octubre, de Régimen Jurídico del Sector Público, publicado en «BOE» núm. 236

Ley 1/2002, de 21 de febrero, de coordinación de las competencias del Estado y las Comunidades Autónomas en materia de la competencia, publicado en «BOE» núm. 46.

Estudio sobre la implantación industrial del sector farmacéutico en España. https://www.farmaindustria.es/web/wp-content/uploads/sites/2/2022/09/P-252-149-5-Estudio-de-la-implantacion-industrial-del-sector-farmaceutico-en-Espana.pdf.

Informe de fiscalización del sistema de compensación de los gastos por asistencia sanitaria gestionado por el Ministerio de Sanidad, consumo y Bienestar Social, ejercicio 2017. https://www.tcu.es/repositorio/d40bc64e-708d-44e0-b10f-d00bd13bcc15/I1364.pdf

Informe sobre el anteproyecto de ley de modificación de la ley 17/2001, de 7 de diciembre, de Marcas, la ley 20/2003, de 7 de julio, de protección jurídica del Diseño Industrial, y la ley 24/2015, de 24 de julio, de Patentes pág. 12.

Decisión número 1082/2013/UE del Parlamento Europeo y del Consejo de 22 de octubre de 2013 sobre las amenazas transfronterizas graves para la salud y por la que se deroga la Decisión número 119/98/CE. Artículo 5 Adquisición conjunta de productos médicos de respuesta sanitaria.

Capítulo 6.

EL NUEVO RÉGIMEN JURÍDICO DE LA ESTIBA PORTUARIA. CUESTIONES CLAVE SOBRE EL CONFLICTO DE LOS ESTIBADORES EN ESPAÑA DESDE LA PERSPECTIVA DE COMPETENCIA

SABELA ROCHA DOMÍNGUEZ
Universidad de Deusto

INTRODUCCIÓN

En España el transporte, junto a los diferentes puertos nacionales, configuran un sector clave en la economía de nuestro país. En lo que respecta al tráfico portuario, los puertos españoles movieron el pasado año el 67 por ciento de los intercambios comerciales entre España y el resto de países del mundo. De esta manera, las exportaciones e importaciones se configuran como un pilar básico en el desarrollo de la economía de nuestro país. De ahí que las operaciones de carga y descarga, estiba y desestiba de las mercancías deban ejecutarse de la manera más eficaz, rápida y profesional posible, pues su inadecuada ejecución puede conllevar grandes retrasos en el transporte de las mercancías y afectar gravemente al progreso económico.

La problemática específica a la que tiene que hacer frente este sector tan clave para el transporte marítimo es precisamente la confluencia de distintos bloques normativos. Por una parte, la importancia del comercio internacional tiene como consecuencia lógica que exista un interés público de controlar la actividad de estiba portuaria. Por otro lado, la discontinuidad en las necesidades de las labores de estiba y desestiba, que se encuentran subordinadas a la afluencia de buques que se produzca en cada momento, provoca la necesidad de protección laboral de quienes realizan este tipo de actividades. Por último, la relevancia económica de los puertos y su necesaria competitividad genera la necesidad de que los servicios de estiba y desestiba se lleven a cabo respetando los principios de libertad de competencia.

CAPÍTULO I: MARCO NORMATIVO DE LAS RELACIONES LABORALES EN LA ESTIBA PORTUARIA ANTES DE LA STJUE DE 11 DE DICIEMBREDE 2014

1. NORMATIVA ESPAÑOLA SOBRE LA ESTIBA Y DESESTIBA PORTUARIA

1.1. Los orígenes. La Organización de Trabajos Portuarios

El Real Decreto 2302/1980 dio lugar a la creación de las Organizaciones de Trabajos Portuarios (en adelante, OTP)[1]. Éstas actuaban como una oficina especial de empleo en la que aquellos que quisieran prestar sus servicios debían estar censados a la espera de ser llamados por una empresa estibadora cuando ésta no pudiese atender con su propia plantilla la demanda de trabajo existente, prestando el servicio portuario de

---

1 Real Decreto 2302/1980, de 24 de octubre, por el que se regula la estructura administrativa de las actividades laborales y empresariales en los puertos de interés general. Texto disponible en: https://www.boe.es/diario_boe/txt.php?id=BOE-A-1980-23480.

estiba y desestiba en régimen de monopolio legal. De manera simultánea, España había ratificado y formaba parte del Convenio 137 de la Organización Internacional del Trabajo, que obligaba a garantizar a los trabajadores el carácter permanente de los trabajos portuarios, estableciendo periodos de empleo e ingresos mínimos.

Lo anterior, unido a la situación de irregularidad e inestabilidad laboral de los trabajadores adscritos a las OTP, a los cambios vividos en aquel momento en el tráfico marítimo y a la aprobación de la Constitución Española y del Estatuto de Trabajadores, propició la aprobación del RDL 2/1986, por el cual se crea una sociedad estatal de estiba y desestiba (SEED, en adelante) en cada uno de los puertos de interés general del Estado.

1.2.El RDL 2/1986. Las Sociedades Estatales de Estiba y Desestiba

1.2.1. Las Sociedades Estatales de Estiba y Desestiba

Estas entidades se constituían como una sociedad pública cuyo cometido principal era intermediar en la cesión de trabajadores a las empresas estibadoras que los solicitaban y a quienes los cedía[2]. Cada una de estas SEED debía estar participada por el Estado en un porcentaje superior al 50%, mientras que el resto se encontraba en manos de empresas privadas estibadoras que, mediante concesiones administrativas, tenían la potestad para prestar el servicio público de manipulación de mercancías en cada uno de los puertos de interés general.

---

2 Real Decreto-Ley 2/1986, de 23 de mayo, sobre el servicio público de estiba y desestiba de buques. Texto disponible en: https://www.boe.es/buscar/doc.php?id=BOE-A-1986-13027. (actualmente derogada) *(Tol17873).*

El propósito principal de estas sociedades era la gestión de la cesión de trabajadores a aquellas empresas que conformaban la SEED. Para ello, contrataban trabajadores portuarios por medio de contrato indefinido y sujeto al régimen laboral especial de la estiba portuaria, en la que participaban la entidad empleadora (SEED), las empresas estibadoras y los trabajadores[3].

Surge asimismo el denominado "Registro especial de trabajadores portuarios", en el que figuraban aquellos trabajadores que habían superado las correspondientes pruebas de aptitud, en número suficiente para poder asegurar un correcto servicio de manipulación de mercancías acorde a las necesidades de cada puerto.

Las empresas estibadoras estaban conformes con el sistema, pues de esta manera no debían gestionar *per se* el mantenimiento de personal, sujeto a las grandes oscilaciones de demanda del empleo portuario.

1.3. Las Agrupaciones de Interés Económico

La influencia del Derecho de la UE, que en sus diversos Tratados siempre ha contemplado que los servicios de interés eco-

---

3 La relación laboral especial de la estiba portuaria aparece recogida en el art. 2 del ET, si bien es cierto que dicha relación laboral no figuraba desde un inicio en el mismo, sino que comenzó a formar parte a partir de la reforma del ET llevada a cabo por la Ley 32/1984. El fundamento de la inclusión de la estiba portuaria dentro de las relaciones laborales de carácter especial se encuentra precisamente en la fuerte precarización del empleo en dicho sector, haciendo necesario, tal y como se establece propiamente en la Exposición de Motivos del RDL 2/1986 el establecimiento de "un régimen jurídico caracterizado por la definición clara del sujeto empresarial". Para más información sobre la relación laboral especial de los trabajadores portuarios, ver, entre otras: CABEZA PEREIRO, J.; "Algunas consideraciones sobre la relación laboral especial de estiba portuaria", *Dereito,* vol.9, no1, 2000, págs. 7-18.

nómico general deban adecuarse a las reglas de la competencia, motivó que a principios del siglo XXI se llevase a cabo una reforma legal del sistema de gestión portuaria, en aras a adecuarla a la idea liberalizadora imperante en el ámbito comunitario, alejando al sector del monopolio estatal existente hasta el momento. Así surge la Ley 48/2003, que supuso un cambio radical en la gestión de los servicios portuarios en España[4].

Los principales aspectos en los que el sector de la estiba se ha visto modificado tras la aprobación de la Ley 48/2003 son fundamentalmente dos: por un lado, la privatización del sector – pues el papel del Estado cambia íntegramente al convertirse en promotor de la participación de entidades privadas – y por otro, la inclusión de la denominada autoasistencia. Paralelamente, las operaciones de estiba y desestiba dejan de tener naturaleza de servicio público en manos del Estado para convertirse en un servicio portuario público, cuya prestación corresponde a las empresas estibadoras autorizadas, que deben actuar en régimen de libre competencia. De esta manera, la Autoridad Portuaria solo quedaría facultada para actuar en régimen de subsidiariedad, para aquellos casos de insuficiencia de la prestación por parte de los operadores privados.

Se observa, por tanto, que, a través de esta *despublicatio*, se produce un cambio fundamental en el servicio público, estableciendo obligaciones de servicio público al mismo tiempo que se garantiza el interés general de la actividad de la estiba y desestiba a pesar de su liberalización.

Además de la privatización y liberalización del sector, la ley introduce como novedad la llamada autoprestación o autoa-

---

4 Ley 48/2003, de 26 de noviembre, de régimen económico y de prestación de servicios de los puertos de interés general. Testo disponible en: https://www.boe.es/buscar/doc.php?id=BOE-A-2003-21615. (Actualmente derogada), *(Tol 320221)*.

sistencia, que abre la posibilidad a que las diferentes empresas navieras y diferentes prestadores de servicios portuarios puedan prestarse a sí mismos, por medio de personal propio, el servicio de manipulación de mercancías, sin necesidad, por ello, de recurrir a las sociedades gestoras de personal estibador. Este sistema, tal y como se recogió en la Ley 48/2003, debía ser autorizado por las diferentes Autoridades Portuarias, quienes podría acogerse a este nuevo sistema en tanto en cuanto cumpliesen los requisitos exigidos por ley para tal cometido[5].

A partir de la entrada de esta ley, las SEED's deben transformarse en Agrupaciones Portuarias de Interés Económico (APIE, en adelante), reguladas de manera supletoria por la Ley 12/1991[6].Las empresas con licencia para prestar el servicio de estiba y desestiba no solo tenían derecho a ser socios, sino que, al igual que en las SEED, seguían obligados a formar parte de la APIE del puerto en el que operasen. En definitiva, las APIE eran sociedades de carácter privado en las que los socios eran las empresas estibadores con licencia para prestar el servicio, que carecían de libertad para decidir sobre su pertenencia a dicha sociedad, así como para contratar personal que no fuese de su APIE para llevar a cabo tareas portuarias no realizadas por su personal propio.

---

5 El régimen de la autoasistencia tiene sus orígenes en la Directiva 96/68/CE del Consejo de 15 de octubre de 1996 relativa al acceso al mercado de asistencia en tierra en los aeropuertos de la Comunidad. Para más información sobre el régimen de la autoasistencia en la Ley 48/2003, consultar, entre otros: ODRIOZOLA LANDERAS, A.; "A propósito de la Ley 48/2003, de régimen económico y de prestación de servicios de los puertos de interés general: su incidencia en el sector de la estiba y desestiba", *Revista de Trabajo y Seguridad Social. CEF*, no 267, 2005 págs. 3-18.

6 Ley 12/1991, de 29 de abril, de Agrupaciones de Interés Económico. Texto disponible en: https://www.boe.es/buscar/act.php?id=BOE-A-1991-10511

1.4. Las Sociedades Anónimas de Gestión de Estibadores Portuarios

1.4.1. La Ley 33/2010 y su regulación del servicio de estiba y desestiba portuaria. El establecimiento de las Sociedades Anónimas de Gestión de Estibadores Portuarios

La Ley 48/2003 fue sustituida, años más tarde, por la Ley 33/2010, cuyo objetivo fue, nuevamente, el avance en la liberalización de la gestión de los servicios portuarios[7]. Por tanto, la Ley no supuso una modificación sustancial de la anterior, sino más bien la introducción de algunos cambios en la regulación existente hasta el momento.[8]

Entre las novedades introducidas por esta ley destaca el establecimiento de un nuevo ámbito de los servicios de manipulación de mercancías. En particular, se establece una nueva clasificación de servicios portuarios: (a) servicios generales; (b) servicios comerciales; (c) servicios de señalización marítima. Asimismo, para entender que una actividad se encuentra integrada dentro del servicio de manipulación de mercancías es requisito *sine qua non* que éste se desarrolle dentro de la zona de servicio del puerto.

Particularmente y en referencia a la estiba y desestiba, la principal novedad fue la introducción de un título– el Título V – cuyo objetivo era asentar las bases reguladoras para el sistema de gestión de quienes realizaban trabajos de estiba y desestiba.

---

[7] Ley 33/2010, de 5 de agosto, de modificación de la Ley 48/2003, de 26 de noviembre, de régimen económico y de prestación de servicios en los puertos de interés general. Texto disponible en https://www.boe.es/eli/es/l/2010/08/05/33. (actualmente derogada), *(Tol 1911706)*

[8] Destacan por estar relacionadas con el ámbito objeto de estudio la introducción de algunas modificaciones propuestas por la CNMC en su informe sobre puertos de interés general.

Entre las novedades incluidas en este nuevo Título destaca: el fomento en la contratación de los trabajadores en régimen laboral común, que no podría ser inferior al 25 por ciento; y la exención de la obligatoriedad de integración en el capital de la Sociedad de Gestión de Estibadores Portuarios (SAGEP, en adelante) a aquellas empresas que contasen con una licencia de autoasistencia.

La entrada en vigor de la Ley 33/2010, conllevó la transformación de las SEED's y las APIE's en SAGEP, estableciéndose así un único modelo de gestión de la puesta a disposición de los trabajadores de la estiba portuaria[9].

Las SAGEP eran sociedades mercantiles con carácter privado. Se establecían por mandato legal y obligaba a las empresas titulares de licencias de prestación de servicios portuarios de manipulación de mercancías a integrarse en ellas[10]. Su objeto social era triple: por un lado, la gestión de la puesta a disposición de los trabajadores a sus accionistas; la formación continua de los trabajadores; y la cesión de estos a las empresas estibadoras.

En este contexto, la Comisión Europea envió a España el 27 de septiembre de 2012 un Dictamen Motivado, basándose en el incumplimiento del Reino de España del Tratado de la UE en relación con el régimen de gestión de contratación de los trabajadores de la estiba portuaria. En particular, la Comisión Europea entendía que el modelo existente en España, por el que se obligaba a las empresas estibadoras que operasen en diferentes puertos españoles a participar financieramente en el capital social de las SAGEP, impedía a las empresas recurrir al

9 COSTAS COMESAÑA, J.; "Los centros portuarios de empleo, (...)", *opus cit.*, pág.208.

10 Con excepción de aquellas que contasen con una licencia para autoasistencia (art. 134).

mercado para contratar al personal, siendo ello constitutivo de una actuación contraria a la libertad de establecimiento dentro del mercado interno europeo[11].

1.4.2. El servicio de manipulación de mercancías en el Real Decreto Legislativo 2/2011

1.4.2.1. El régimen de prestación de los servicios portuarios

El Real Decreto Legislativo 2/2011 (TRLPMM, en adelante) surge por el deseo de aunar los diversos textos legales en materia portuaria existentes hasta el momento, en un intento de dotar al sistema normativo portuario de una coherencia de la que, hasta ese momento, carecía[12].

Cuestión transcendental en relación con los servicios de estiba y desestiba es el título habilitante para su prestación, la licencia, debiendo aquel que quiera prestar el servicio obtenerla con carácter previo, siendo necesario para ello la previa aceptación de las obligaciones contenidas en los Pliegos de Prescripciones Particulares. La licencia será otorgada por la correspondiente Autoridad Portuaria, previa acreditación del cumplimiento por parte del solicitante de las condiciones y requisitos establecidos en dicha ley. Asimismo, cuando esté

---

11 Puertos: dictamen motivado a España por su incumplimiento del Tratado de la UE en relación con el régimen que organiza la contratación de trabajadores portuarios (estibadores), Comunicado de Prensa, 27 de septiembre de 2012. Texto disponible en: https://ec.europa.eu/commission/presscorner/detail/es/IP_12_1022.

12 Real Decreto Legislativo 2/2011, de 5 de septiembre, por el que se aprueba el Texto Refundido de la Ley de Puertos del Estado y de la Marina Mercante. Texto disponible en: https://www.boe.es/eli/es/rdlg/2011/09/05/2/con.

limitado el número de prestadores, las licencias se otorgarán por concurso.

El art. 117 TRLPMM establece el contenido que deberá tener la licencia de prestación y, en lo que respecta al servicio de manipulación de mercancías, la obligación de contar con un porcentaje mínimo de trabajadores en régimen laboral común. Se observa que, nuevamente, el legislador español limitó la libertad de empresa de aquellas empresas que deseasen prestar el servicio de estiba y desestiba portuaria[13].

1.4.2.2.El régimen jurídico de las SAGEP en el TRLPMM

El régimen jurídico regulador de las SAGEP aparece recogido en el Título IV, arts. 142 a 155 del TRLPMM y de manera supletoria en la Ley de Sociedades Anónimas. Por tanto, las nuevas entidades eran consideradas sociedades mercantiles privadas.

El art. 142 del TRLPMM contempla un triple objeto social de las SAGEP. Por un lado, la gestión de la puesta a disposición de sus accionistas de los trabajadores contratados por ella para el desarrollo de actividades relacionadas con el servicio de manipulación de mercancías que no pudieran realizarse con el personal propio de sus plantillas. También se posibilita la prestación de trabajadores para el desarrollo de otras actividades comerciales que se encontrasen sujetas a autorización. Por último, otro de los elementos configuradores del objeto social de las SAGEP ha sido la formación continua de sus trabajadores, permitiendo la profesionalidad constante en el desarrollo de las actividades de estiba y desestiba portuaria.

Respecto del capital social de las SAGEP, las empresas estibadoras que quieran prestar el servicio de manipulación de

---

13 MENÉNDEZ DE LA CRUZ, C.; "La estiba y desestiba portuaria, (...)", *opus cit.*, pág.343.

mercancías en alguno de los puertos de interés general deben, necesariamente, participar en el capital de la sociedad del puerto en el que deseen operar, con excepción de quienes tengan otorgada una licencia de autoprestación[14].

El art. 149 TRLPMM establece dos tipos de relaciones laborales para los estibadores portuarios: la relación laboral común, o bien, la relación laboral especial. Si la relación laboral del estibador es establecida directamente con la SAGEP, dicha relación laboral se considera como relación laboral especial, cuya regulación aparece recogida en el art. 2.1. h) del ET. Por el contrario, si la relación del trabajador se produce directamente con la empresa estibadora, la relación entre ambos es considerada una relación laboral común. En este último caso, para aquellas empresas titulares de licencias de prestación de servicio pertenecientes a la SAGEP que deseen contratar trabajadores en régimen laboral común, la ley no exige *per se* la contratación con la SAGEP, si bien éstas deben acudir prioritariamente a los trabajadores de aquella, y solamente en aquellos casos en que la sociedad no pueda proporcionar trabajadores en número suficiente podría la empresa estibadora acudir a la contratación libre de trabajadores. Por otro lado, el apartado 4 del citado art. 149 TRLPMM exige a las empresas titulares de la licencia de prestación del servicio de la estiba contar con un número mínimo de trabajadores en régimen laboral común, que deberá cubrir, al menos, el 25 por ciento de la actividad de la empresa, en cómputo internanual. Los trabajadores se asignan a las diferentes empresas estibadoras a través del sistema de rotación, con el objetivo de que todos los miembros de la SAGEP tengan la misma oportunidad de realizar la actividad portuaria.

---

14 CANEDO ARRIAGA, M.P.; "El régimen jurídico de la estiba en España: una visión desde la perspectiva de competencia", *Lex Social. Revista De Derechos Sociales*, nº 12, 2022, pág 447.

Dos de las mayores restricciones de la libertad de competencia se encuentran contenidas en los apartados 4 y 5 del art. 151 TRLPMM, que dicen expresamente: "**Cuando** por cualquier causa [...] **la SAGEP no pudiese proporcionar** los trabajadores demandados [...] las empresas usuarias podrán contratar directamente, sin que exceda de un turno de trabajo, a los trabajadores que reúnan la cualificación exigida en esta ley".

"**Los titulares de licencias** [...] **exentos de su participación en la SAGEP** conforme a lo previsto en esta ley **deberán**, en primer lugar, **solicitar la puesta a disposición temporal de trabajadores de la SAGEP.**[...] En el caso de que la SAGEP no estuviera en condiciones de poner a disposición el personal solicitado, se podrá contratar libremente sin que exceda de un turno de trabajo"

El primero de los apartados – art. 151.4 – hace referencia a aquellas empresas integradas dentro de la SAGEP. Para que éstas puedan contratar directamente trabajadores ajenos a la sociedad, la ley exige la concurrencia de dos requisitos: (a) que el número de trabajadores de la sociedad no pueda atender a las necesidades de mano de obra demandadas por la empresa estibadora; y (b) que no concurran las condiciones estatuarias para incrementar el número de trabajadores.

El mayor problema viene de la redacción contenida en el apartado 5, pues por él se obliga a las empresas exentas de participar en la SAGEP a contratar, en primer lugar, con dicha sociedad. En opinión de esta autora, si bien se trata de una medida excepcional, en la medida en que solo se recoge para supuestos en los que la empresa no pueda hacer frente con su personal al exceso de trabajo,el fondo del precepto es, nuevamente, totalmente restrictivo del principio de libertad de empresa.

Por último, el citado TRLPMM regulaba el régimen de la autoprestación en el mismo sentido que las leyes precedentes. En cualquier caso, el régimen de la autoprestación no es gratuito, pues quienes deseen optar al mismo deberán abonar una compensación económica como contribución "para que las obligaciones del servicio público que recaen sobre los titulares de licencias abiertas al uso general puedan ser atendida". Ello conlleva la necesidad de que aquellos que pretendan acogerse al régimen de autoprestación valoren, antes de nada, la rentabilidad de este.

A pesar de todo, nunca ha llegado a implantarse totalmente, pues siempre ha contado con la férrea oposición de los estibadores,quienes siempre han considerado que la liberalización de los servicios portuarios de manipulación de mercancías supondría una importante merma en sus derechos laborales.

CAPITULO II. LA SENTENCIA DEL TRIBUNAL DE JUSTICIA DE LA UNIÓN EUROPEA DE 11 DE DICIEMBRE DE 2014

1. EL INICIO DEL PROCEDIMIENTO. EL DICTAMEN MOTIVADO DE LA COMISIÓN

El procedimiento sancionador contra el Reino de España comienza el 25 de noviembre de 2011, fecha en que la Comisión envía a España requerimiento por entender que el régimen legal de la estiba portuaria establecido en la Ley 33/2010 era incompatible con lo dispuesto en el art. 49 TFUE. La intención de este precepto no es otra que evitar la existencia de medidas de carácter restrictivo que dificulten a las empresas del entorno de la UE establecerse en cualquier país perteneciente a la Unión Europea. A la vista de lo expuesto hasta el momento, se puede deducir que la regulación del servicio de estiba y desestiba portuaria en España conllevaba restricciones a la libertad de competencia.

Tras el requerimiento, y al no producirse por parte de España ningún tipo de actuación, la Comisión emitió, en fecha 27 de septiembre de 2012, dictamen motivado relativo a la incompatibilidad de la regulación española del servicio de manipulación de mercancías con las normas europeas de libertad de establecimiento.

La Comisión alegó que la obligación impuesta a las empresas que prestaban servicios de estiba y desestiba portuaria en los puertos de interés general de participar en la SAGEP, no permitiéndoles acudir al mercado externo para contratar a su personal, suponía una restricción de la libertad de establecimiento garantizada por la UE en el art.49 TFUE. Específicamente expuso la Comisión que la restricción a la libertad de competencia se constataba tanto por la obligatoriedad de participación en el capital social de la SAGEP, como por la obligatoriedad de mantener a un determinado número de trabajadores de la SAGEP en régimen laboral común a aquellas empresas que, por actuación de las Autoridades Portuarias, se encontraban exentas de participar en su capital social.

El Dictamen invitaba al Reino de España a adoptar las medidas necesarias para adaptarse a su contenido en un plazo de dos meses, si bien finalmente, a petición del Estado español, se concede una prórroga hasta enero de 2013. Durante la misma, el Ministerio de Fomento emitió un Informe el 27 de diciembre de 2012, cuyo núcleo fundamental estaba enfocado en desvirtuar lo recogido en el Dictamen, centrándose en la idea de que las obligaciones contenidas en la ley española estaban justificadas por razones imperiosas de interés general[15].

15 Informe sobre dictamen motivado–infracción no 2009/4052, por la incompatibilidad de la legislación española relativa a la organización de los servicios de manipulación de mercancías y la contratación de personal estibador con las normas de la Unión Europea sobre libertad de

A pesar del intento de justificación, ya el Dictamen lo refutaba. En tal sentido, la Comisión dispuso que una restricción a la libertad de establecimiento podrá estar justificada siempre que "sea adecuada para garantizar la realización del objetivo que persigue y no vaya más allá de lo que es necesario para alcanzar dicho objetivo". A tal respecto, la Comisión recordaba que todos los Estados Miembros,y no solo España, han tenido que enfrentarse al problema de la irregularidad del trabajo portuario de los estibadores, apuntando que el resto de Estados no habían adoptado sistemas similares al español, lo que constata la no necesidad de un régimen tan restrictivo de la libertad de establecimiento como el que existía por aquel entonces en España.

En definitiva, la Comisión mantenía que, si bien es cierto que la prestación segura, continua y profesional del servicio de estiba y desestiba portuaria puede encuadrarse como una causa de interés general, la consecución de dicho objetivo no justifica la imposición de un modelo tan restrictivo de la libertad de competencia, pues en esencia, el respeto y fomento de las reglas de la competencia permite estimular el sector y ofrecer una mejor prestación del servicio[16].

2. LA SENTENCIA DEL TJUE DE 2014. LA INCOMPATIBILIDAD DEL RÉGIMEN JURÍDICO ESPAÑOL DE ESTIBA PORTUARIA CON LA LIBERTAD DE ESTABLECIMIENTO EN EL MERCADO INTERIOR EURPOEO

Ante la negativa del Gobierno español de modificar el sistema de gestión de los trabajadores de la estiba portuaria reco-

---

establecimiento. Texto disponible en: http://www.logisticaytransporte.es/documentos/Alegac_Dictamen_Motivado27122012.pdf.

16 MENÉNDEZ DE LA CRUZ, C.; "La estiba y desestiba portuaria, (...)", *opus cit.* pág.431.

gido en el TRLPMM, la Comisión Europea, mediante recurso, solicitó al TJUE condena al Reino de España por incumplimiento de las obligaciones recogidas en el art. 49 TFUE, que finalmente fue resuelto mediante sentencia de 11 de diciembre de 2014[17].

La sentencia acogió de manera íntegra lo alegado por la Comisión, y afirmó de manera indiscutible que el modelo de gestión de los trabajadores de la estiba portuaria constituía una restricción a la libertad de establecimiento al imponer a las empresas que quisiesen operar en los puertos españoles de interés general la obligación de inscribirse en la SAGEP del puerto, participar en su capital social,contratar de manera prioritaria a sus trabajadores y contratar de manera permanente a un número mínimo de ellos.

En primer lugar, constata que tales obligaciones constituían un obstáculo a aquellas empresas estibadoras establecidas en otros Estados Miembros que deseasen prestar sus servicios portuarios de manipulación de mercancías en un puerto de interés general español, en la medida en que exigían a las empresas estibadoras la modificación de sus plantillas y políticas de contratación, medidas que, a la postre, podían constituir verdaderas barreras de entrada para aquellas empresas que quisiesen operar en el mercado marítimo español, obstaculizando el ejercicio del libre establecimiento garantiza en el art.49 TFUE.

En segundo término, el TJUE mantiene que corresponde a las Autoridades Nacionales de la Competencia del Reino de España y no a la Comisión demostrar que la normativa reguladora es necesaria para alcanzar el objetivo perseguido y que, simultáneamente, se ajusta al principio de proporcionalidad.

---

17 Sentencia del Tribunal de Justicia de la Unión Europea de 11 de diciembre de 2014. Asunto C-576/13. ECLI:EU:C:2014:2430.

Por último, la protección de los trabajadores y la calidad, regularidad y continuidad en las labores del servicio de estiba portuaria son objetivos que el Tribunal considera, pueden ser perseguidos legítimamente por los diferentes Estados Miembros. Sin embargo, es taxativo al considerar que perseguir un objetivo legítimo no es suficiente para justificar preceptos normativos que constituyen propiamente una restricción a la libertad de establecimiento, sino que es requisito acreditar que tales medidas son indispensables para garantizar su consecución. En tal sentido, constata el Tribunal que el Reino de España se limita a criticar el análisis realizado por la Comisión, sin que efectivamente demuestre la necesidad y proporcionalidad de las medidas adoptadas.

A este respecto, señala el TJUE que existen medidas menos restrictivas para garantizar la consecución de los objetivos perseguidos, tal y como "la posibilidad de prever que sean las propias empresas estibadoras las que, pudiendo contratar libremente trabajadores permanentes o temporales, gestionen las oficinas de empleo que han de suministrarles su mano de obra y organicen la formación de esos trabajadores, o la posibilidad de crear una reserva de trabajadores gestionada por empresas privadas, que funcionen como agencias de empleo temporal y que pongan trabajadores a disposición de las empresas estibadoras".

En consecuencia de lo anterior, el TJUE consideró fundado el recurso interpuesto por la Comisión, y falló contra el Reino de España al considerar que había "incumplido las obligaciones que le incumben en virtud del artículo 49 TFUE, al imponer a las empresas de otros Estados miembros que deseen desarrollar la actividad de manipulación de mercancías en los puertos españoles de interés general tanto la obligación de inscribirse en una Sociedad Anónima de Gestión de Estibadores Portuarios y, en su caso, de participar en el capital de ésta, por un lado, como la obligación de contratar con carácter prioritario a trabajadores puestos a disposición por dicha Sociedad

Anónima, y a un mínimo de tales trabajadores sobre una base permanente", condenándole asimismo al pago de las costas.

CAPÍTULO III. EL CAMBIO DEL RÉGIMEN JURÍDICO DE LA ESTIBA PORTUARIA

1. EL REAL DECRETO-LEY 8/2017

El RDL 8/2017 entró en vigor el 14 de mayo de 2017, si bien ciertas disposiciones tenían un régimen transitorio, sin que estuviesen en vigor hasta la expresa declaración por parte de la Comisión Europea de su compatibilidad con el régimen de ayudas del Estado[18].

La libertad de contratación de los operadores portuarios aparece recogida en el art. 2 del texto legal. Además, las empresas estibadoras que deseen prestar el servicio de manipulación de mercancías solamente necesitarán obtener la correspondiente licencia, sin ser obligatorio su participación en ninguna empresa cuyo objeto social sea la puesta a disposición de trabajadores portuarios. En todo caso, la libertad de contratación queda supeditada a la posesión del certificado de profesionalidad pertinente que les capacite para prestar el servicio.

El último artículo regula los denominados Centros Portuarios de Empleo (CPE, en adelante), si bien es cierto que la

---

[18] Real Decreto-Ley 8/2017, de 12 de mayo, por el que se modifica el régimen de los trabajadores para la prestación del servicio portuario de manipulación de mercancías dando cumplimiento a la Sentencia del Tribunal de Justicia de la Unión Europea de 11 de diciembre de 2014, recaída en el Asunto C-576/13 (procedimiento de infracción 2009/4052). Texto disponible en: https://www.boe.es/eli/es/rdl/2017/05/12/8 *(Tol 6085214)*.

norma aporta escasas indicaciones sobre los mismos, pues se configura en mayor medida como un régimen transitorio que como un nuevo orden normativo aplicable a la estiba y desestiba en los puertos españoles. En particular, el artículo 4 se limita a disponer:

"Con el objeto de permitir una rápida adaptación al carácter irregular de la prestación de los trabajos portuarios, y sin perjuicio de las empresas de trabajo temporal u otras que estén constituidas o puedan constituirse a estos efectos con arreglo a la legislación vigente, podrán crearse centros portuarios de empleo por personas naturales o jurídicas o uniones y entidades sin personalidad jurídica cuyo objeto sea el empleo de los trabajadores portuarios en el servicio portuario de manipulación de mercancías, así como su cesión temporal a empresas titulares de licencia de prestación del servicio portuario de manipulación de mercancías o de autorización de servicios comerciales portuarios. Su ámbito geográfico de actuación podrá extenderse a todo el territorio nacional, pudiendo coexistir más de un centro portuario por puerto.

La creación de centros portuarios de empleo requerirá la obtención de la autorización exigida en el artículo 2 de la ley 14/1994, de 1 de junio, que regula las empresas de trabajo temporal, que les será de plena aplicación, así como la restante normativa aplicable a dicha clase de empresas".

De dicha regulación legal, se extraen las siguientes conclusiones. En primer término, el objeto de los CPE, establecido en una doble vertiente: el objeto por el que se prevé su constitución y el objeto al que se han de destinar dichas entidades, ambos recogidos en el primero de los apartados. En segundo lugar, los CPE actuarán en el mercado en competencia con las Empresas de Trabajo Temporal (ETT, en adelante), las SAGEP subsistentes y otras empresas, pudiendo coexistir más de un CPE por puerto de interés general, o incluso extender su ámbito geográfico de actuación a todo el territorio nacional. Por otro lado, y a diferencia de las SAGEP, los CPE podrán crearse por personas naturales o jurídicas o uniones y entidades sin personalidad jurídica[19]. Por último,la creación de los CPE se encuentra condicionada a la previa obtención de la autorización exigida por la Ley 14/1994, reguladora de las ETT[20]. Ley que, junto a la restante normativa aplicable a dicha clases de empresa, les será "de plena aplicación" a los CPE.

En definitiva, el RDL 8/2017 creó los CPE, que se configuran como ETT's propias del sector portuario, entendiendo, a mi juicio, que dichas empresas solo podrán contratar, para posteriormente ceder, a trabajadores portuarios para la prestación del servicio de manipulación de mercancía. Precisamente este rasgo distintivo es lo que dotaría de sentido a la existencia de los CPE frente a las ETT convencionales.

Pese a la pretendida extinción del régimen legal existente hasta entonces, el RDL 8/2017 prolongó la vigencia de las SAGEP 3 años más desde su entrada en vigor[21]. Durante este periodo, las SAGEP podían actuar como entidades cesionarias a otras empresas estibadoras que no fueran socias, y su regulación se limitaba a lo recogido en la Ley de Sociedades de Capital. Asimismo, se recogía que si las SAGEP quisiesen continuar su actividad debían reconvertirse en CPE, siendo necesaria la

---

19 Respecto del tipo social requerido para constituir los CPE, ante la ausencia regulatoria, a juicio de esta autora se podría entender que rige la libertad de forma, de manera que quien constituyese un CPE podría hacerlo bajo cualquier tipo societario.

20 Ley 14/1994, de 1 de junio, por la que se regulan las empresas de trabajo temporal. Texto disponible en: https://www.boe.es/eli/es/l/1994/06/01/14/con. *(Tol 175.017)*.

21 En un primer momento, las SAGEP perdurarían hasta mayo de 2020. Si bien finalmente este plazo fue ampliado en junio de 2020 dos meses más, de manera que se autorizó a la supervivencia de las SAGEP hasta agosto de 2020.

autorización para funcionar como ETT y el cumplimiento de la Ley 14/1994.

En los seis primeros meses de vigencia de la norma, los accionistas de la SAGEP podían decidir si continuar o separarse de las mismas. En el caso de que ningún accionista desease permanecer en la sociedad, ésta se disolvería conforme a las reglas recogidas en la Ley de Sociedades de Capital. Si el socio optaba por la separación no tenía ninguna obligación de subrogarse en un número determinado de los contratos de los trabajadores portuarios de la SAGEP[22].

Por último, y con el propósito de igualar la posición competitiva de quienes ya contaban con licencia para la prestación del servicio portuario de manipulación de mercancías y quienes acababan de acceder a la prestación, la Disposición Transitoria Primera establecía la obligatoriedad de que la Autoridad Portuaria asumiese el cien por ciento de los costes laborales derivados de la extinción de contratos laborales[23].

---

22 COSTAS COMESAÑA, J.; "Los centros portuarios de empleo, una entidad mutualista", CIRIEC-España, *Revista Jurídica de Economía Social y Cooperativa*, nº 40, 2022, pág. 216.

23 En particular, "la extinción de contratos laborales de los trabajadores de las SAGEP vigentes antes del 11 de diciembre de 2014, o de los suscritos en régimen laboral común por las empresas titulares de licencia de prestación del servicio portuario de manipulación de mercancías con trabajadores procedentes de las SAGEP por imperativo legal con anterioridad a dicha fecha, por cualquiera de las causas contempladas en los artículos 51 y 52 del texto refundido de la Ley del Estatuto de los Trabajadores, en los términos previstos en los mismos". Para más información acerca de las desavenencias entre los agentes intervinientes y sus consecuencias en el transporte marítimo español, consultar: ESTEPA MONTERO, M.; "La reforma de la estiba: la relevancia del complejo marco regulatorio", *Anual jurídico y económico escurialense*, nº 52, 2019, págs. 205-226.

2. *LA MODIFICACIÓN DEL IV ACUERDO MARCO*

El RDL 8/2017 exigía la modificación del IV Acuerdo Marco de la Estiba (AME, en adelante), regulador de las relaciones laborales de los estibadores con sus empleadores. A tal final se constituye el 1 de junio de 2017 una Comisión Negociadora entre patronal y sindicatos con el objetivo de abordar los temas más controvertidos, en particular, la subrogación y los derechos laborales de los trabajadores y llegar a un acuerdo para adoptar el V AME, de sustitución del IV AME.

En este contexto inicial de las negociaciones, surgieron problemas debido a las desavenencias entre los participantes, que dieron lugar a grandes jornadas de paralizaciones en los distintos puertos españoles con grandes niveles de afectación a la economía del país. No obstante, empresas y trabajadores lograron alcanzar acuerdo de modificación del IV AME en fecha 6 de julio de 2017, consistente en la adición de una Disposición Adicional Séptima al IV AME.

En virtud de esta DA 7ª, las empresas estibadoras que ejercitasen la opción recogida en la Disposición Adicional Transitoria Primera del RDL 8/2017 de separarse de la SAGEP en los seis primeros meses del periodo transitorio recogido, estaban obligadas a subrogarse en la relación laboral de determinados trabajadores portuarios de la SAGEP en proporción a su participación accionarial en la sociedad. Posteriormente, se llevaron a cabo otras dos modificaciones. Por un lado, se dotó a la Comisión Paritaria Sectorial Estatal de una nueva función respecto de la subrogación de los estibadores, consistente en la "interpretación de las condiciones de subrogación estipuladas en el presente convenio colectivo y resolución de discrepancias y, en su caso, mediación, surgidos en los procesos de subrogación y determinación de excedentes estructurales". Por el otro, se añadieron una serie de condiciones de aplicación a los trabajadores subrogados por la empresa que decidiese hacer uno de su derecho de separación de la SAGEP, a fin de que la competitividad de estas no se viese sumamente afectada tras su separación. La redacción de este nuevo apartado se disponía de la siguiente manera:

"(v) Una vez determinados el número de trabajadores por categorías y, en su caso, especialidades, la SAGEP hará pública la oferta de subrogación de la empresa saliente. La aceptación de la oferta será voluntaria para los trabajadores y, en el caso de que el número de voluntarios sea superior al de puestos a cubrir por cada categoría y especialidad, **tendrá preferencia, alternativamente, el de mayor y menor antigüedad en la SAGEP.**

(vi) Lo dispuesto en los apartados (ii) a (v) anteriores se aplicará siempre y cuando la empresa que haya decidido su separación, la correspondiente SAGEP y la Representación de los Trabajadores no acuerden otros criterios diferentes o complementarios, que habrán de ser, necesariamente, respetuosos con lo establecido en el apartado (i) anterior. **La decisión así adoptada deberá someterse al informe previo de la Comisión Paritaria Sectorial Estatal**, conforme a lo establecido en el apartado 1 anterior".

3. EL EXPEDIENTE SANCIONADOR DE LA CNMC Y EL IMPACTO DEL REAL DECRETO-LEY 9/2019

3.1. La apertura del expediente sancionador de la CNMC

La modificación incorporada al IV AME fue objeto de sanción por parte de la CNMC al considerar que existían indicios racionales de ser constitutivas de conductas prohibidas por la normativa de competencia. El 3 de noviembre de 2017 la CNMC incoó expediente sancionador contra la Asociación Nacional de Empresas Estibadoras y Consignatarias de Buques (ANESCO) y diversos sindicatos al considerar que las condiciones aplicables a la subrogación de los trabajadores de la SAGEP recogidas en la DA 7ª excedían del contenido a la negociación colectiva[24].

En particular, la CNMC solicitaba la declaración de existencia de una conducta *antitrust* por infracción del art. 1 LDC y art. 101 TFUE, consistente en impedir una competencia legítima y efectiva en el mercado, pues imponía la obligación a quienes deseasen separarse de la SAGEP de subrogarse en trabajadores de la propia sociedad. La CNMC entendía que esta obligación suponía una limitación a la libertad de las empresas de fijar libremente su política comercial, violando gravemente la libertad de competencia, por lo que solicitaba también la imposición a quienes participaron de cuantiosas sanciones.

3.2. El Real Decreto-Ley 9/2019

Antes de finalizar la tramitación de este expediente sancionador, se aprobó en nuestro ordenamiento el RDL 9/2019, que supuso la modificación de la Ley 14/1994 de aplicación a las ETT`s con el fin de adaptar su regulación legal a las especialidades presentadas por los CPE[25].

---

[24] El 3 de noviembre de 2017 la CNMC incoa expediente sancionador S/DC/0619/17 contra la patronal ANESCO, la Coordinadora Estatal de Trabajadores del Mar (CETM), Comisiones Obreras (CCOO), Unión General de Trabajadores (UGT), Eusko Langileen Alkarsuna (ELA), Langile Abertzaleen Batzordeak (LAB) y Confederación Intersindical Galega (CIG). Texto disponible en: https://www.cnmc.es/sites/default/files/3144769.pdf.

[25] Real Decreto-ley 9/2019, de 29 de marzo, por el que se modifica la Ley 14/1994, de 1 de junio, por la que se regulan las empresas de trabajo temporal, para su adaptación a la actividad de la estiba portuaria y se concluye la adaptación legal del régimen de los trabajadores para la prestación del servicio portuario de manipulación de mercancías. Texto disponible en: https://www.boe.es/eli/es/rdl/2019/03/29/9. *(Tol 7140738)*.

En particular, la modificación consistió en la introducción de un nuevo Capítulo V en la referida ley, conformado por los artículos 18, 19 y 20, dedicado exclusivamente a la regulación de los CPE.

El art. 18 LETT regulaba el objeto y requisitos a cumplir por parte de los CPE. Respecto del objeto, se establecía que los CPE tenían como finalidad única el empleo de trabajadores de la estiba portuaria para su puesta a disposición, de forma temporal, a aquellas empresas con licencia para la prestación de servicios de manipulación de mercancías, así como su formación profesional. En lo que respecta a los requisitos, se exigía que las empresas integrantes del CPE contasen con la licencia operativa correspondiente, así como con la autorización administrativa requerida para ejercer con ETT. Adicionalmente tenían la obligación de: (a) identificarse como CPE; (b) contar con un número mínimo de trabajadores con contrato de duración indefinida, calculado en función del número de trabajadores cedidos en el año anterior; (c) constituir una garantía financiera de al menos el diez por ciento de la masa salarial del ejercicio económico anterior. Por su parte, el art.19 LETT determinaba que los CPE tenían como función cubrir las necesidades de personal de estiba de aquellas empresas con licencia para prestar el servicio de manipulación de mercancías, y que los contratos que se llevasen a cabo se regirían por lo dispuesto en la propia ley. Y el art. 20 LETT recogía las modalidades de contratación de los CPE, pudiendo concertarse los contratos por tiempo indefinido o por duración determinada. El art. 21 LETT reconocía a las empresas estibadoras el ejercicio de las facultades de dirección, organización y control de los trabajadores portuarios, situando a los CPE en el mismo lugar que el resto de ETT's. Igualmente, regulaba que los trabajadores cedidos desde los CPE contaban con los derechos reconocidos en la propia ley, así como los derechos que les fuesen reconocidos por convenio colectivo. La única discrepancia respeto a las ETT's ordinarias era la exclusión de aplicación del art. 15.5 ET.

En tal sentido, los trabajadores cedidos desde un CPE temporalmente y de manera reiterada, no contaban con el derecho a convertirse en fijos en la empresa estibadora.

Pero lo cierto es que la regulación más polémica ha sido la recogida en el art. 4 del RDL 9/2019. En su virtud, se abría la posibilidad de que a través del convenio colectivo se estableciese un mecanismo de subrogación obligatoria de trabajadores de la SAGEP en dos casos: el primero, cuando las empresas estibadoras optasen por salir de la SAGEP, tanto si la SAGEP subsistía como si se producía su disolución; el segundo, en aquellos casos en los que la SAGEP decidiese transformarse en un CPE. Exigencia común para ambos era que la subrogación establecida vía convenio colectivo debería ser, en todo caso, transparente, objetiva y equitativa. Si bien, esta facultad era restringida, pues sólo podía hacerse efectiva a través de acuerdo o convenio colectivo y durante el periodo transitorio recogido en el RDL 8/2017.

3.3. Análisis del expediente sancionador de la CNMC

En este punto, existía, por un lado, un expediente sancionador abierto por la CNMC por considerar que lo recogido en la DA 7a del IV AME, en relación con la subrogación de trabajadores en modo determinado por extinción de la SAGEP, podría ser constitutivo de un ilícito *antitrust.* Por otro, el RDL 9/2019 abría la posibilidad de establecer, vía convenio colectivo, la subrogación de personal de las SAGEP en caso de separación de empresas, disolución o conversión en CPE.

Cabe recordar en este punto lo dispuesto en el art. 4 LDC, cuya redacción es la que sigue: “Sin perjuicio de la eventual aplicación de las disposiciones comunitarias en materia de defensa de la competencia, las prohibiciones del presente capítulo no se aplicarán a las conductas que resulten de la aplicación de una ley”. En definitiva, se trataba de determinar si el sistema de subrogación recogido en el IV AME era constitutivo de una conducta restrictiva de la competencia o si por el contrario su inclusión estaba amparada por una norma con rango de ley y cumplía con las normas de competencia del derecho europeo[26].

El punto de partida de la CNMC consistió en remarcar la importancia que el Derecho de la Competencia presenta para el correcto funcionamiento del mercado y de la sociedad. En efecto, ya hemos indicado las ventajas que se derivan de la existencia de competencia en un mercado, lo que justifica las limitaciones impuestas por la normativa *antitrust* tanto a nivel nacional como europeo. Sin embargo, lo cierto es que la defensa de la competencia no constituye un absoluto, sino que en todo caso deberán los legisladores ponderar si aquella debe ceder en determinadas situaciones, evitando que la protección de la competencia se imponga en todo caso[27]. Esta ponderación requiere, asimismo, una constante atención al derecho europeo de la competencia, pues en ningún caso el legislador español o los tribunales nacionales podrán saltarse el derecho de la UE. Las libertades y su regulación a nivel europeo están por encima, siendo necesario que los sistemas naciones las respeten[28].

---

26 El 12 de junio de 2019 la CNMC planteó una cuestión prejudicial ante el TJUE relativa a la interpretación del art. 101 TFUE. El órgano europeo dictó sentencia el 16 de septiembre de 2020 (asunto C-462/19, ECLI:EU:C:2020:715), *(Tol 8076276)* declarando la inadmisibilidad de la petición de decisión prejudicial por falta de capacidad de la CNMC para presentarla, por lo que la CNMC continuó la tramitación del expediente. Texto disponible en: https://curia.europa.eu/juris/document/document.jsf?text=&docid=231108&pageIndex=0&doclang=es&mode=lst&dir=&occ=first&part=1&cid=16179849.

27 CASES PALLARES, L.; *Derecho Administrativo de Defensa de la Competencia*, Marcial Pons, Madrid, 1995, pág. 400.

28 En este sentido, destacar la reciente STJUE de 8 de junio de 2023, asunto C-50/21 (ECLI:EU:C:2023:448) *(Tol 9594484)* en la que el TJUE sentencia que la limitación que existe en España de una licencia de VTC por cada 30 taxis es contraria al art.49 TFUE por ser restrictiva

Tal y como explicamos en apartados anteriores, en el sistema democrático español existe una doble vertiente reguladora de las relaciones laborales, la legal y la contenida en los convenios colectivos. El TJUE ha aceptado que es indispensable que se produzcan ciertos efectos restrictivos de la competencia en lo que respecta a la conclusión de acuerdos colectivos, lo que conlleva admitir que éstos quedan fuera de la prohibición contenida en el art. 101 TFUE. No obstante lo anterior, ello no significa que todo contenido recogido en los convenios colectivos quede al margen de la normativa de competencia. En todo caso, tienen como límite el respeto a la normativa legal que exista en el ordenamiento respecto a la materia para la cual hayan surgido. La doctrina del TC ya fue parca al dictaminar que las partes negociadoras de un convenio colectivo no tienen libertad absoluta a la hora de fijar el ámbito de aplicación del convenio, sino que se encuentran sujetas a límites legales[29].

Por tanto, cuando el acuerdo o convenio va más allá de esos ámbitos (tales como las cuestiones relacionadas con los salarios, las vacaciones, la jornada laboral, la organización del trabajo), las autoridades de competencia deberán analizar la naturaleza y objeto del mismo antes de decidir si cae bajo las

del acceso al mercado para cualquier operador recién llegado, pues el objetivo de garantizar la viabilidad económica de los servicios del taxi no permite imponer tal restricción. Esta sentencia supone un hito, pues marca el camino a seguir en todos los tribunales españoles en los que existen todavía litigios pendientes de resolver sobre la limitación de licencias, ya que no se debe olvidar que el TS avaló en el año 2018 la ratio 1/30 en licencias VTC. En todo caso, habrá que estar a lo que resuelvan los diferentes tribunales españoles.

29 STC 136/1987 (ECLI:ES:TC:1987:136), *(Tol 79876)* dictada en el recurso de amparo 267/1986, promovido por «Bimbo, Sociedad Anónima», contra la sentencia del Tribunal Central de Trabajo, de 3 de febrero de 1986, dictada en el recurso núm. 40/1985.

normas de competencia o está excluido de las mismas. En ese análisis habrán de prestar especial atención no sólo a las materias que trate el convenio, sino también, a si establece obligaciones a terceros o afecta a otros mercados de una forma no justificada por el objetivo de la negociación colectiva"[30].

Recuerda la CNMC que no pertenecen al núcleo de la negociación colectiva aquellas cuestiones que afectan al empleo o sus condiciones de manera indirecta, cuestiones que, en todo caso, deberán estar sujetas a la libre competencia.

De ello que la conclusión a la que llega la CNMC haciendo uso de esta jurisprudencia europea es que la subrogación obligatoria recogida en el IV AME no se puede subsumir dentro de aquellas cuestiones consustanciales a la negociación colectiva, por entender que su objetivo no era mejorar directamente las condiciones de trabajo de los estibadores, sino que supone una discriminación tanto entre trabajadores como entre empresas.

Retomando lo dispuesto en el art. 4 LDC, el siguiente paso consistió en determinar si la conducta, además de ser típica, era antijurídica. En otras palabras, se trataba de precisar si lo dispuesto en la DA 7a del IV AME era contrario o no a las exigencias del ordenamiento jurídico. En el momento de incoación del expediente sancionador la norma vigente era el RDL 8/2017, donde se establecía un régimen transitorio de 3 años, transcurrido el cual la contratación del personal estibador estaría plenamente liberalizada.

Entiende la CNMC – a mi juicio, de manera correcta – que la conducta no resulta amparada por esta norma, pues el ré-

---

30 Resolución del expediente S/DC/0596/16 Estibadores Vigo, de 26 de julio de 2018, pág. 39, haciendo referencia a la doctrina del TJUE asentada en el caso Albany (asunto C-67/96). Texto disponible en: https://www.cnmc.es/sites/default/files/2121960_27.pdf.

gimen transitorio vela por el mantenimiento del empleo del personal de la SAGEP, pero en ningún caso salvaguarda una subrogación forzosa. Precisamente el mismo RDL 8/2017 establece que durante el periodo transitorio las SAGEP se regularán por lo dispuesto en el mismo, por lo que sería algo manifiestamente contrario amparar tal conducta, habida cuenta de que el objetivo básico de dicha ley ha sido la liberalización de la estiba portuaria.

Sin embargo, el RDL 9/2019, otorgaba la posibilidad de establecer, vía convenio colectivo, una subrogación obligatoria para los casos de separación de empresas de la SAGEP, su disolución o su conversión en CPE. Se establecía, en definitiva,la potestad de negociar una subrogación de los trabajadores, si bien en ningún caso la norma imponía o exigía su materialización y en ningún caso determinaba el modo de llevarla a cabo. No se trataba, por consiguiente, de una disposición que suprimiese la capacidad de las partes para decidir su participación en este tipo de acuerdos. Por ello, la CNMC consideró que el sistema subrogatorio recogido en la DA 7ª del IV AME era susceptible de ser sancionado, pues no contaba con respaldo en virtud del art.4 LDC y era constitutivo de un ilícito anticompetitivo al amparo del art. 101 TFUE y 1 LDC.

De acuerdo con lo expuesto en secciones previas, debemos recordar en este punto que la excepción del art. 4 LDC no obstaculiza a la aplicación de la normativa de competencia de la UE. De ahí que aun en el supuesto en que la conducta pudiese resultar amparada por dicho precepto, la misma podría resultar contraria al derecho europeo. En tal caso, la Autoridad de Competencia tendría que haber inaplicado la excepción del art. 4 LDC y sancionar la conducta, pues en ningún caso la legislación nacional de un EM podrá contradecir el derecho de la UE y dar amparo legal a conductas que suponen una infracción de la normativa europea de la competencia[31].

La CNMC dicta finalmente resolución el 18 de septiembre de 2020, declarando la existencia de una infracción muy grave de la normativa de competencia que finalmente fue sancionada con multas simbólicas, por haber manifestado todos ellos su voluntad de alcanzar un nuevo acuerdo para aprobar el V AME[32].

4. LA LEY 4/2022 Y EL V ACUERDO MARCO DE LA ESTIBA

4.1. Análisis de la nueva regulación de los Centros Portuarios de Empleo

La Ley 4/2022 surge para dar una nueva redacción al art. 18 y a la DA 7ª de la LETT, así como para introducir una nueva Disposición Transitoria única[33]. Los cambios introducidos entraron en vigor el 2 de marzo de 2022.

El nuevo art. 18.1 LETT supone un reforzamiento jurídico respecto del régimen jurídico anterior, pues materializa la libertad del tipo social y la naturaleza mutualista de este tipo de entidades. Respecto del objeto social de los CPE, éste se mantiene inalterado y permite afirmar que su causa societaria ha sido y es el satisfacer la necesidad común de todos los socios de disponer

---

31 CANEDO ARRIAGA, M.P.; "El régimen jurídico de la estiba en España", *opus cit,* pág. 462.

32 Concretamente, la CNMC impuso como multas las siguientes cantidades: 66.000 euros a ANESCO; 2.000 euros a CCOO; 4.000 a CETM; 1.000 euros a CIG, ELA, LAB y UGT, respectivamente.

33 Ley 4/2022, de 25 de febrero, de protección de los consumidores y usuarios frente a situaciones de vulnerabilidad social y económica. Texto disponible en: https://www.boe.es/diario_boe/txt.php?id=BOE-A-2022-3198

de estibadores en número y con cualificación profesional adecuada para poder desarrollar eficientemente el servicio de manipulación portuaria, manteniendo esa dualidad entre el CPE y la empresa estibadora, que es precisamente el origen del mutualismo. De ahí que la participación del socio en la actividad del CPE se configure simultáneamente como un derecho y una obligación, pues el CPE solo puede satisfacer esa necesidad si los socios utilizan los servicios laborales que presta.

El nuevo apartado segundo del art. 18 LETT supone asimismo un reforzamiento de la libertad de contratación tanto de los CPE y de los socios. En particular, la norma establece que los CPE podrán contratar la puesta a disposición de su personal con empresas no socias que cuenten con la licencia para desarrollar el servicio de estiba; y, en consonancia, se permite a los socios de cualquier CPE contratar los servicios con otros operadores del mercado.

Mutualidad no significa exclusividad, sino que serán los socios quienes voluntariamente decidan la existencia o no de ese carácter exclusivo, que en cualquier caso deberá respetar la regulación en materia de competencia, de manera que no comporte acuerdos restrictivos de la competencia o que supongan un abuso de la posición de dominio[34].

El art. 18.4 LEET establece las obligaciones de las empresas socias del CPE para que éste pueda conseguir su objetivo social, así como el favorecimiento de la eficiencia de la actividad portuaria y la garantía de la calidad en el empleo de la estiba portuaria. La letra a) establece la obligación de los socios de contribuir al mantenimiento del empleo y garantizar la ocupación efectiva del CPE. Tales exigencias traen causa en la naturaleza mutualista de la entidad, por cuanto la ocupación

---

34 COSTAS COMESAÑA, J.; "Los centros portuarios de empleo...", *opus cit*, pág. 231.

efectiva es la materialización de la obligación de los socios de contratar con su CPE. Si la regulación en el contrato marco de esta obligación legal responde a tal imperativo – asumiendo que es adecuada, necesaria y proporcional -, la conducta debería considerarse amparada en la exención legal del art. 4 LDC[35]. La letra b) recoge la obligación del socio de colaborar

---

35 Sobre la exención legal del art. 4 LDC, la doctrina de las Autoridades Españolas de Defensa de la Competencia ha variado con el tiempo. Históricamente, el TDC (actual CNMC) aceptaba una interpretación amplia de la exención legal, de manera que si una norma legal autorizaba –sin necesidad de imponer– a realizar una conducta en principio anticompetitiva, ésta quedaba amparada por el art.4 LDC. Véase, para el caso, el Expediente 388/96, Seguros empresas transportistas. Disponible en: https://www.cnmc.es/expedientes/38896. Con el devenir de los años, la doctrina se fue perfilando y su interpretación llegó a ser restrictiva, en la medida en que las conductas solo podrían quedar fuera de la aplicación de la LDC si se infería de la voluntad explícita del legislador. A tal efecto, véase, la Resolución del Expediente 544/02, Colegio Notarial de Madrid, págs. 10 y 11. Disponible en: https://www.cnmc.es/sites/default/files/35651.pdf. Destaca que el TS se haya apartado del criterio seguido por la CNMC. A tal efecto, véase el Expediente sancionador 527/01 Repsol Butano. Disponible en: https://www.cnmc.es/sites/default/files/171749.pdf. En el caso citado, Repsol Butano S.A, operador dominante en el mercado de gas licuado de petróleo (GLP) solicitaba la aplicación de la exención del art. 4 LDC en relación con el contenido del art. 47. 3 de la Ley 34/1998 del Sector de Hidrocarburos (precepto actualmente derogado), que autorizaba legalmente a realizar pactos de suministro en exclusiva entre los operadores de GLP y los agentes distribuidores. El TDC, siguiendo su doctrina, denegó la aplicación del art. 4 LDC, pues el contenido del art. 47.3 de la ley 34/1998 no era mandatorio, sino simplemente autorizaba a llevar a cabo tales pactos. Sin embargo, el TS rechazó la interpretación de la autoridad española de competencia, al considerar que, si la Ley 34/1998 autorizaba a establecer tales pactos, estos deberían ser aceptados como tal por el TDC. STS de 6 de julio de 2010 (ECLI:ES:TS:2010:3821) *(Tol1910071)*. En cualquier caso, es requisito *sine qua non* el cumplimiento de los principios de necesidad, adecuación y proporcionalidad para la aplicación de la

con su CPE en la formación profesional del centro, para lo que pondrá a disposición de este los medios y sistemas de trabajo que resulten necesario. Por último, la letra c) establece que los socios participarán en la adopción de medidas sociales y laborales destinadas a proteger los derechos laborales de los trabajadores portuarios.

En lo que respecta al art. 18.5 LETT, éste señala que la transmisión de las acciones de los socios sólo se podrá realizar a otra empresa titular de la licencia del servicio de manipulación de mercancía, restricción que trae causa en la limitación legal existente para ser socio de un CPE. La novedad de este precepto es la posibilidad que se le da a los socios de los CPE a ejercitar su derecho de separación de acuerdo con lo establecido en la Ley regulatoria de su forma societaria y en los Estatutos de la sociedad, en cuyo caso, se le imputará los costes derivados de la adopción por parte del CPE de las medidas dirigidas a evitar o reducir los despidos colectivos y las medidas sociales de acompañamiento, como las de recolocación. En cualquier caso, la imputación de costes al socio saliente deberá respetar el principio de igualdad, de manera que su salida no resulte gravosa para el resto de los socios del CPE, hasta el punto de que pueda afectar a la continuidad del centro.

En relación con esta nueva disposición, la DT única de la Ley 4/2022 establece que en el plazo de 2 meses desde su entrada en vigor los CPE deberán adaptar sus Estatutos sociales y celebrar con cada socio un contrato marco de prestación de servicios. En el caso de que un socio no vote a favor de los nuevos Estatutos o no celebre el contrato marco de prestación de

exención legal. Para el caso aquí hablado, la CNMC ha considerado necesario acreditar la concurrencia de los requisitos establecidos en el art. 1.3 LDC y 101.3 TFUE para la aplicación de la exención pues de manera contraria podría plantear serios problemas de restricción de la competencia.

servicios, la DT única recoge su derecho a separarse del CPE. En tal caso, será de aplicación lo dispuesto en el art. 18.5 LETT, en particular todo lo relativo a los mecanismos e instrumentos de estabilidad en el empleo que hayan resultado de aplicación en el CPE.

Todo lo recogido en el precepto deberá llevarse a cabo con el respeto a la competencia, de manera que los CPE – que normalmente ostentan una posición de dominio – deben evitar que el contenido del acuerdo marco afecte negativamente a la competencia existente en el mercado[36].

4.2. EL V ACUERDO MARCO DE LA ESTIBA

Al mismo tiempo en el que se modifica el IV AME, las partes implicadas comenzaron la negociación del V AME. En sintonía con lo expuesto y con el objetivo de evitar convenios colectivos que puedan ser constitutivos de conductas anticompetitivas, tanto los intervinientes en la negociación como la Dirección General de Trabajo del Ministerio de Trabajo y Economía Social solicitaron a la CNMC informe valorativo de borrador del V AME[37].

Haciendo uso de su función de promoción de la competencia, el objetivo de estos informes – en palabras de la CNMC

---

36 Así, el precepto intenta evitar la salida premeditada de los socios de la CPE mediante el establecimiento de mecanismos de garantía y estabilidad en el empleo, como el mecanismo de recolocación convencional o de subrogación convencional, ambos recogidos en el V AME y que han sido objeto de crítica por parte de la CNMC, tal y como se verá a continuación.

37 La aprobación del texto del V AME se llevó a cabo mediante Resolución de 4 de mayo de 2022 de la Dirección General de Trabajo, por la que se registra y publica el V Acuerdo para la regulación de las relaciones laborales en el sector de la estiba portuaria. Texto disponible en: https://www.boe.es/eli/es/res/2022/05/04/(6).

–ha sido llevar a cabo "un análisis preliminar de las potenciales distorsiones sobre la competencia que podrían surgir del texto del acuerdo", sin que en ningún caso lo recogido en el informe condicione "las actuaciones que en un futuro pudieran realizarse desde una óptica sancionadora respecto a las conductas realizadas por los operadores implicados". Recordemos que lo que se busca a través de esta función de promoción es evitar la producción de conductas *antitrust* y garantizar el funcionamiento competitivo de los mercados a través de actuaciones de carácter preventivo. A tal efecto, la CNMC emitió 3 informes sobre los borradores del V AME[38].

La aprobación de V AME ha estado rodeada de dificultades, principalmente por la confluencia de aspectos laborales y mercantiles, lo que ha acarreado regulaciones de las relaciones laborales de la estiba cuya compatibilidad con el Derecho de la Competencia se haya visto cuestionado por la CNMC. Dificultad que se ha acrecentado debido a la rigidez de los informes emitidos por la CNMC sobre sendos borradores del V AME. Los referidos informes han identificado cuestiones que merecían especial atención desde la óptica del Derecho de la Competencia. En particular sobre: (a)la intervención de la CPSE en la contratación de nuevos trabajadores; (b) limitaciones a la contratación temporal de trabajadores; (c) sistemas de or-

---

[38] INF/CNMC/035/20 Borrador del V Acuerdo Marco para la regulación de las relaciones laborales en el sector de la estiba portuaria, de 8 de mayo de 2020. Texto disponible en: https://www.cnmc.es/sites/default/files/2943502_0.pdf.; INF/CNMC/059/20 Texto Propuesta del V Acuerdo Marco para la regulación de las relaciones laborales en el sector de la estiba portuaria, de 28 de julio de 2020. Texto disponible en: https://www.cnmc.es/sites/default/files/3081740_9.pdf.; INF/CNMC/094/20 Texto Propuesta del V Acuerdo marco para la regulación de las relaciones laborales en el sector de la estiba portuaria, de 10 de noviembre de 2020. Texto disponible en: https://www.cnmc.es/sites/default/files/3227565.pdf.

ganización y distribución del trabajo por otorgar prioridad al personal de los CPE; (d) oferta de empleo al personal del CPE, por resultar ventajosa para el personal del CPE respecto de las ETT's convencionales; (e) promoción profesional, por conferir preferencia en la promoción laboral a los trabajadores del CPE; (f) condiciones de contratación y calidad en el empleo, por limitar la contratación a determinados grupos profesionales; (g) adecuación dinámica de la plantilla a las necesidades operativas, por otorgar una función a la CPSE que restringe la libertad de autoorganización de la empresa; (h) medidas de recolocación y subrogación convencional, por restringir la libertad entre empresas y afectar a la libertad de establecimiento; (i) jubilación forzosa y tasa de reposición; (j) formación y prácticas no laborales, por otorgar a la CPSE unas capacidades amplias que pueden ser restrictivas de la competencia y por la obligación de realizar prácticas no laborales, que puede suponer la creación de barreras de entrada al acceso a la profesión.

La CNMC ha verificado en sus informes una evolución favorable de las cláusulas contenidas en el V AME, tendentes a respetar la liberalización del sector y las normas de competencia. Sin embargo, el V AME finalmente publicado no difiere substancialmente del último borrador enviado a la CNMC, por lo que, a ojos de ésta, todavía existen cuestiones cuya redacción podría dar lugar al inicio de un procedimiento sancionador.

5. CONCLUSIONES

PRIMERA. Las operaciones de carga y descarga, estiba y desestiba juegan un papel fundamental, pues de ellas depende en gran medida la eficacia y eficiencia de la actividad, siendo ello muestra clara de la necesidad de contar con un marco normativo adecuado a nivel nacional y europeo que garantice un servicio de transporte de calidad.

SEGUNDA. Los diferentes marcos normativos aplicables a la estiba portuaria que existían previo a la STJUE de 11 de diciembre de 2014 creaban una situación que podríamos tildar de monopolística, lo que ha culminado con una condena al Reino de España por parte de las instancias europeas por un incumplimiento de las reglas de competencia, lo que ha conllevado un cambio sustancial – y necesario – en la regulación de la estiba portuaria. Tanto la reforma del 2017 como la del 2019 han intentado dar cumplimiento a la sentencia y dar el paso a un mercado laboral de plena libertad de contratación. Objetivo que se ha conseguido al eliminar el régimen de las SAGEP y permitir a las empresas estibadoras contratar libremente en el mercado a través de la ETT o bien en un CPE, sin que en ningún caso la empresa estibadora tenga la obligación legal de formar parte de esta última para poder hacerlo.

TERCERA. Uno de los aspectos más controvertidos de esta nueva regulación fue la aplicación, vía convenio colectivo, de una de sus medidas transitorias: la subrogación. Y en ese sentido se pronunciaron tanto la CNMC como la AN, al declarar que el IV AME hizo un mal uso de la previsión legal de subrogación contenida en las regulaciones del 2017 y 2019. De ahí la obligada necesidad de adoptar un nuevo AME que se adaptase a la nueva regulación, para lo que ha sido vital la reforma operada a través de la Ley 4/2022. Esta nueva regulación pivota sobre el reconocimiento de los CPE como entidades de carácter mutualista y la definición legal de las obligaciones que, precisamente por esa mutualidad, se imponen al socio del CPE.

En mi opinión, la existencia de una definición legal de las obligaciones de los socios de los CPE no constituye en sí mismo una razón de peso para poder restringir la aplicación de las normas de competencia, pues recordemos que el régimen que el TJUE declaró contrario a las normas europeas estaba precisamente contenido en una ley. No cabe duda de que la nueva reforma ha conseguido el objetivo de dar cumplimiento al contenido de la STJUE.

No obstante, intentar amparar en la nueva reforma de la estiba cuestiones que han sido calificadas, no solo a nivel nacional sino también europeo, como restricciones injustificadas a las libertades recogidas en el derecho de la UE puede resultar, a mi juicio, un tanto incoherente.

CUARTA. La complejidad del sector, en la que confluyen aspectos económicos, legales y laborales, creando un entramado de difícil aprobación por todos los intervinientes, provoca que sea muy precipitado posicionarse acerca del éxito o fracaso de esta nueva regulación.

En cualquier caso, para conseguir el objetivo deseado, es condición indispensable que los agentes sociales que vayan a aplicarla lo hagan de la manera correcta, evitando interponer sus intereses en detrimento del bienestar de la sociedad y la economía en su conjunto.

BIBLIOGRAFÍA

ALONSO GARCÍA, R.; "La desregularización del sector portuario: el informe del Tribunal de Defensa de la Competencia", *Ekonomiaz: Revista vasca de economía,* nº 37, 1997, 80- 99.

ÁLVAREZ SUÁREZ, M.; "La evolución de la promoción de la competencia en España", *Boletín económico de ICE, Información Comercial Española,* nº 2082, 2016, 27-40.

ARBOLEDA, A.M.; "Beneficios y perjuicios de la estrategia de imitación", *Estudios Gerenciales,* vol.30, nº 131, 2014, 145-152.

BALLESTER PASTOS, I.; "El nuevo régimen jurídico (legal y convencional) de relaciones laborales en la estiba portuaria: ¿Cumple ya las exigencias de la liberalización del sector que impone el TJUE?, *Revista de Estudios Jurídico Laborales y de Seguridad Social (REJLSS),* nº 5, 2022, 121-152.

BELINTXON MARTIN, U.; "Derecho europeo, estiba y liberalización: algunas cuestiones clave sobre el conflicto de los estibadores", *Ars Iuris Salmanticensis,* vol. 5, junio 2017, 25-38.

BENITEZ PÉREZ, M.; GONZÁLEZ JIMÉNEZ, P.M.; "El conflicto de la estiba desde un punto de vista jurídico y económico", X CONGRESO DE ECONOMÍA AUSTRIACA, 2018, 55-70.

CABEZA PEREIRO, J.; "Algunas consideraciones sobre la relación laboral especial de estiba portuaria", *Dereito,* vol.9, nº 1, 2000, 7-18

CABEZA PEREIRO, J.; «Negociación colectiva y Derecho de la competencia: perspectiva europea» [en línea], (2020), https://cpage.mpr.gob.es/producto/negociacion-colectiva-y-derecho-de-la- competencia-3/. [Consulta: 12/06/2023].

CABEZA PEREIRO, J.; RODRÍGUEZ RODRÍGUEZ, E.; *El trabajo en el mar: los nuevos escenarios jurídico-maritimos,* Bomarzo, Albacete, 2015.

CALDERÓN LÓPEZ, A.; "Estado versus Estado: las exenciones a la aplicación de la Ley de Libre Competencia", *Revista de Derecho Administrativo,* nº 10, 2011, 137-168.

CANEDO ARRIAGA, M.P.; "El régimen jurídico de la estiba en España: una visión desde la perspectiva de competencia", *Lex Social. Revista De Derechos Sociales,* nº 12, 2022, 436-467.

CASES PALLARES, L.; *Derecho Administrativo de Defensa de la Competencia,* Marcial Pons, Madrid, 1995.

COSTAS COMESAÑA, J.; "Los centros portuarios de empleo, una entidad mutualista", *CIRIEC-España, Revista Jurídica de Economía Social y Cooperativa,* nº40, 2022, 195-240.

CRUZ VILLALÓN, J.; "Las necesarias transformaciones de la negociación colectiva en la estiba y desestiba", *Temas laborales: revista andaluza de trabajo y bienestar social*, nº 142, 2018, 109-145.

DIEZ ESTRELLA, F.; "El artículo 3 LDC: falseamiento de la competencia por actos desleales", *Noticias de la Unión Europea,* nº 33., 2012, 83-94.

EGUINOA DE SAN ROMÁN, R.; "La nueva reforma de la estiba", *Revista de derecho del transporte: Terrestre, marítimo, aéreo y multimodal,* nº 29, 2022, 73-93.

ESTEPA MONTERO, M.; "La reforma fe la estiba: la relevancia del complejo marco regulatorio", *Anuario jurídico y económico escurialense,* nº 52, 2019, 205-226.

GOERLICH PESET, J.;«Negociación colectiva y Derecho de la competencia: perspectiva europea», [en línea], (2020), https://cpage.mpr.gob.es/producto/negociacion-colectiva-y-derecho-de-la- competencia-3/. [Consulta: 12/06/2023].

GONZÁLES HERNÁNDEZ, E.; "Interés general de España", *Revista en Cultura de la Legalidad,* nº 16, 2019, 183-197.

GÓNZALES LAXE, F.; "El marco regulatorio de los puertos españoles: resultados y conectividad internacional", *Economía industrial*, nº 386, 2012, 27-38.

GONZÁLEZ LAXE, F.; "La diversidad portuaria Europea: Un análisis de los diferentes modelos y los nuevos desafíos de la gobernanza portuaria", *Public Policy Portuguese Journal*, vol. 6, nº 1, 2021, 7-27.

GONZÁLEZ LAXE, F.; LÓPEZ-ARRANZ, A.; NOVO CORTI, I.; "La complejidad del sector de la estiba: Un análisis económico-jurídico para el caso español", *Temas laborales: Revista andaluza de trabajo y bienestar social*, nº 158, 2021, 247-287.

CMCM: «Informe del Consejo de la Comisión Nacional de los Mercados y de la Competencia, IPN 06/2009, puertos de interés general», [en línea], (2009), https://www.cnmc.es/expedientes/ipn-00609. [Consulta: 15/06/2023]

MENÉNDEZ DE LA CRUZ, C.; "El nuevo escenario de la regulación de la estiba y desestiba portuaria en el ordenamiento jurídico español", *Foro, Nueva Época*, vol.20, nº 1, 2017, 329-345.

MENÉNDEZ DE LA CRUZ, C.; «La estiba y desestiba portuaria. Un estudio desde el Derecho Administrativo», [en línea], (2015), https://roderic.uv.es/handle/10550/50644. [Consulta: 22/06/2023].

ODRIOZOLA LANDERAS, A.; "Situación del sector de la estiba cinco años después de la aprobación de la Ley 48/2003, de 26 de noviembre, de régimen económico y de prestación de servicios de los puertos de interés general", *Revista de Trabajo y Seguridad Social. CEF*, 2008, 1-20.

OJEDA AVILÉS, A.; "Crítica de la Resolución de la Comisión Nacional de los Mercados y la Competencia, de 18 de septiembre de 2020, sobre el Acuerdo Marco de la Estiba", *Revista de Trabajo y Seguridad Social. CEF*, 2020, 171-184.

OJEDA AVILÉS, A.; "La impugnación del IV Acuerdo Marco de la Estiba: un problema laboral con solución mercantil", *Revista de Trabajo y Seguridad Social. CEF*, 2021, 27-52.

PRIETO KESSLER, E.; "La política de defensa de la competencia en la Unión Europea", *El modelo económico de la UE*, nº 820, Enero-Febrero 2005.

QUINTANA, E.; «Análisis de las funciones del Indecopi a la luz de las decisiones de sus órganos resolutivos»,[en línea], (2013), https://repositorio.indecopi.gob.pe/bitstream/handle/11724/5564/libre_competencia.pdf?sequence=1&isAllowed=y.. [Consulta: 13/06/2023].

RODRÍGUEZ RAMOS, P.; "El régimen jurídico de la relación laboral de los estibadores: pasado, presente, futuro", *Temas Laborales*, nº 142, 2018, 79-108.

RÚA COSTA, C.; «Los puertos en el transporte marítimo», [en línea], (2006), https://upcommons.upc.edu/bitstream/handle/2117/289/8.%20Rua.pdf?sequence=1&isAllowed=y. [Consulta: 13/06/2023].

SOLER VERA, A.; FERNÁNDEZ PÉREZ, M.; "La promoción de la competencia", *Anuario de la Competencia*, nº 1, 2006, 101-128.

PARTE SEGUNDA:
COMPETENCIA DESLEAL Y PUBLICIDAD

Capítulo 7.

¿HAY COMPETENCIA DESLEAL AL NO DECIR QUE UN DIBUJO LO HA GENERADO UNA INTELIGENCIA ARTIFICIAL?

ANTONIO ALONSO-BARTOL BUSTOS

Profesor Ayudante Doctor de Derecho Mercantil

Universidad Complutense de Madrid

aalonsob@ucm.es

SUMARIO: I. INTRODUCCIÓN; II. ILÍCITOS DE COMPETENCIA DESLEAL. Entre los ilícitos de engaño y omisiones engañosas y el ilícito de confusión; 1. ¿Qué ilícito de competencia desleal elegimos y por qué los actos de engaño y omisiones engañosas? 2. Análisis de los actos de engaño y omisiones engañosas (Artículos 5 y 7 de la LCD); III. POSIBILIDADES DE APLICACIÓN DE LA COMPETENCIA DESLEAL Y COMPLEMENTARIEDAD RELATIVA; IV. DEFECTOS DE INFORMACIÓN Y RELEVANCIA JURIDICA PARA LA TOMA DE DECISIONES DEL CONSUMIDOR; 1. Información falsa, veraz pero presentada de forma errónea o ausencia de información relevante; 2. Alteración del comportamiento económico del consumidor V. CONCLUSIONES; BIBLIOGRAFÍA

SUMMARY: I. INTRODUCTION; II. UNFAIR COMPETITION OFFENCES. Between the offences of deception and misleading omissions and the offence of confusion; 1. Which offence of unfair competition do we choose and why deceptive acts and misleading omissions? 2. Analysis of deceptive acts and misleading omissions (Articles 5 and 7 of the LCD); III. POSSIBILITIES OF APPLICATION OF UNFAIR COMPETITION AND RELATIVE COMPLEMENTARITY; IV. DEFECTS OF INFORMATION AND LEGAL RELEVANCE FOR CONSUMER DECISION-MAKING; 1. False, truthful but misleadingly presented information or lack of relevant information; 2. Alteration of the consumer's economic behaviour V. CONCLUSIONS; BIBLIOGRAPHY

RESUMEN: En un entorno marcado por la continua innovación tecnológica, la creación de dibujos a través de Inteligencia Artificial se ha convertido en un fenómeno en constante crecimiento, lo que plantea diversas cuestiones entre las que destaca el reto de competir en el mercado artístico. Podemos apostar por distintas soluciones, pero la transparencia parece ser la principal apuesta legislativa, motivo por el cual aquí estudiamos si omitir que un producto ha sido generado mediante IA puede considerarse un acto de engaño en el sentido de la Ley de Competencia Desleal.

PALABRAS CLAVE: Inteligencia Artificial, competencia desleal, acto de engaño, actos de omisión engañosa.

ABSTRACT: In an environment challenged by continuous technological innovation, the creation of drawings through Artificial Intelligence has become an ever-growing phenomenon, which raises several issues among which the challenge of competing in the artistic market stands out. We can bet on different solutions, but transparency seems to be the main legislative issue, which is why here we study whether omitting that a product has been generated by AI can be considered an act of deception within the meaning of the Unfair Competition Act.

KEYWORDS: Artificial Intelligence, Unfair Competition Act, Misleading actions, Misleading Omissions

I. INTRODUCCIÓN

La regulación de la Inteligencia Artificial en la UE ha pasado por distintos estadios y distintas propuestas, pero todas tenían en común la búsqueda de un nuevo equilibrio. El legislador se ha percatado de que existe un nuevo mercado con transacciones en las que están involucrados nuevos operadores que requieren una regulación efectiva. Este mercado, a los efectos que aquí nos interesa, tiene un carácter trilateral, al existir tres sujetos relevantes: creadores de obras y prestaciones, desarrolladores de IA y destinatarios finales. Estos sujetos se relacionan de distintas formas, lo que nos permite diferenciar dos mercados[1]. En primer lugar, un mercado ascendente o *up stream* en el que los titulares de derechos de propiedad intelectual sobre las obras y prestaciones preexistentes se relacionan con los desarrolladores de IA en el mercado de los procesos de entrenamiento de estas complejas herramientas; y, en segundo lugar, un mercado descendente o *down stream*, todavía no plenamente desarrollado, en el que los destinatarios finales eligen entre las propuestas creativas de los humanos y de las IAs.

Cuando aparece una nueva tecnología, especialmente una con una intensa capacidad transformador como es la IA, se crea el caldo de cultivo perfecto para la aparición de tensiones económicas. En este caso, la principal reacción proviene de los creadores humanos rozando, en ocasiones, el Ludismo[2]. El común denominador de estos rechazos es el miedo a ser sustituidos por una máquina que hace nuestro trabajo mejor, en menos tiempo y, sobre todo, con menos costes. Subyace una evidente, a la par que lógica, preocupación por el futuro de los mercados de trabajo creativos porque, por primera vez en la historia, existe competencia.

---

1 Vid. SCHÖNBERGER, Daniel. Deep copyright: up-and downstream questions related to artificial intelligence (AI) and machine learning (ML). in *Droit d'auteur*, 2018, vol. 4, p. 145-173.

2 Vid. https://www.jotdown.es/2019/07/vamos-a-morir-todos-menos-ava/ y https://archive.nytimes.com/www.nytimes.com/books/97/05/18/reviews/pynchon-luddite.html (consultado por última vez el día 4 de octubre de 2023). En estos dos enlaces, podemos observar diferentes situaciones donde la sociedad ha tratado de evitar este proceso de evolución natural del mercado. Siempre encontraremos buenas razones para detener la innovación, pero debemos ser conscientes de que estamos perdiendo oportunidades que quizá no vuelvan a pasar, motivo por el que debemos evaluar el coste de oportunidad asociado a todas nuestras decisiones.

Ahora bien, la competencia con las máquinas es algo que ha existido siempre, pues, precisamente se inventan para sustituir el trabajo humano. Lo cierto es que se ha dado un salto cualitativo, puesto que hasta el momento se pensaba que las máquinas solamente reemplazarían trabajos de baja cualificación y de carácter mecánico. Sin embargo, estamos viendo cómo las IAs generativas pueden llegar a desarrollar labores creativas que creíamos monopolizadas por el ser humano[3]. El desarrollo tecnológico actual no permite esta sustitución, sino que, de momento, las IAs generativas son una herramienta útil al servicio del ser humano para asistirle en labores creativas. No obstante, el proceso de aprendizaje y de desarrollo tecnológico no tiene freno, luego el miedo al que antes hacíamos referencia no puede ser minusvalorado, porque tiene un fundamento sólido.

La principal preocupación de los creadores humanos está en el mercado descendente, pues temen que el público no sea capaz de distinguir la procedencia humana o artificial de las creaciones[4]. Parece que el derrotismo ha triunfado y los seres

---

[3] Vid. https://www.nytimes.com/2023/04/29/business/media/writers-guild-hollywood-ai-chatgpt.html
En el mismo sentido, debemos tener en consideración que en la huelga de guionistas de Hollywood que se ha desarrollado a lo largo del año 2023, una de las reivindicaciones era que llegar a un acuerdo por el que la industria realizara un uso razonable de esta tecnología en los procesos de producción, garantizando una "cuota humana" relevante que permitiera mantener el empleo.

[4] No queremos utilizar la palabra "obras" u "obras originales" porque este término estaría sesgado hacia una protección específica de la propiedad intelectual: el derecho de autor. La doctrina jurídica no ha resuelto qué tipo de protección merecen estos productos, razón por la que usaremos un término más neutral: creaciones.
Para obtener más información sobre la protección de las máquinas de IA, consulte: DUQUE LIZARRALDE, Marta. Las obras creadas por Inteligencia Artificial, un nuevo reto para la propiedad intelectual.

humanos hemos asumido que hemos creado una herramienta demasiado poderosa contra la que no podemos competir. Hemos llegado a un punto en el que los propios expertos en estética no son capaces de distinguir si el creador es humano o artificial. No es algo sorprendente, pues, al fin y al cabo, estas IAs han sido entrenadas por humanos emulando su propio proceso creativo. Así, parece que el discípulo ha superado al maestro y que está dispuesto a matar al padre.

Ante esta problemática, los titulares de derechos de propiedad intelectual han tomado la iniciativa haciendo gala de sus derechos exclusivos[5] en el mercado ascendente. Este enfoque plantea problemas técnicos al poder cuestionarse la existencia de una explotación económica de las obras, pero, además, ha generado una tendencia y ha asentado un relato que provoca reacciones de los demás operadores del mercado[6].

Pe. i.: Revista de propiedad intelectual, 2020, no 64, p. 13-67 y MUÑOZ FERRANDIS, Carlos; DUQUE LIZARRALDE, Marta. Opening Sourcing AI: La propiedad intelectual al servicio del liderazgo de la plataforma. *J. Intelección. Puntal. Información. Tecnología. & Elec. Com. L.*, 2022, vol. 13, p. 224) y SAIZ GARCÍA, Concepción. Las obras creadas por sistemas de inteligencia artificial y su protección por el derecho de autor (AI Creado Obras y Su Protección Debajo Derechos de autor Ley). *InDret*, 2019, vol. 1.

5 Disponible en https://stablediffusionlitigation.com/pdf/00201/1-1-stable-diffusion-complaint.pdf

6 Es interesante analizar los términos y condiciones de uso de dos bancos de imágenes que han introducido cláusulas específicas para el entrenamiento de IA con el contenido que ellos difunden: https://www.gettyimages.es/eula y https://www.deviantart.com/about/policy/service/

Así mismo, Vid. https://www.kdpcommunity.com/s/article/Update-on-KDP-Title-Creation-Limits?language=en_US&forum=KDP%20Forum donde Amazon ha anunciado que limita a TRES (3) el número de libros que permite subir a cada editor tras apreciarse el peligro de

Sin embargo, el problema está en el mercado descendente, directamente relacionado con el control de la información y de su distribución entre los operadores, lo que plantea interrogantes sobre la estructura del mercado y sobre cómo se desarrolla la competencia. De esta forma, una de las posibles medidas que podríamos explorar es la aplicación de la Ley de Competencia Desleal, pues permite responder a los problemas de información asimétrica en el mercado[7]. Ahora bien, debemos puntualizar que este capítulo se centra en los mercados de consumo masivo de contenido.

A este respecto, el propósito de este capítulo es analizar si la información sobre la procedencia de la obra es esencial y, en su caso, si su ausencia o una presentación engañosa de la misma podría llevar a una modificación del comportamiento económico del consumidor que altere la estructura del mercado. Para lograr este objetivo, comenzaremos realizando una somera exposición de lo que son los actos de engaño y las omi-

---

que las IAs generativas inundaran el mercado, dando la posibilidad de conseguir una excepción previa solicitud.
En este sentido, Vid. GONZÁLEZ OTERO, Begoña. Las excepciones de minería de textos y datos más allá de los derechos de autor: La ordenación privada contraataca. En SAIZ GARCÍA, Concepción y EVANGELIO LLORCA, Raquel, *Propiedad Intelectual y Mercado Único Digital Europeo,* 2019, Tirant lo Blanch, Valencia; quien señala que según la propuesta inicial de la DDAMUD estas cláusulas podrían llegar a ser nulas, aunque esta previsión se eliminó del texto final, restando efectividad al límite.

7 Vid. HENNING-BODEWIG, Frauke. *Unfair competition law: European Union and member states.* Kluwer Law International BV, 2006; PELIKÁNOVÁ, Radka MacGregor. THE ANALYSIS OF THE CASE LAW OF THE COURT OF JUSTICE OF EU ON THE UNFAIR COMMERICAL PRACTICES. *Acta academica,* 2019, vol. 19, no 1, p. 47-58 y VELENTZAS, John; BRONI, Georgia; PITOSKA, Elektra. Unfair commercial practices on marketing-advertising and consumer protection in EU member states. *Procedia Economics and Finance,* 2012, vol. 1, p. 411-420.

siones engañosas, siguiendo con una referencia a la posibilidad de aplicar la competencia desleal en virtud de la doctrina de la complementariedad relativa. Finalmente, haremos una valoración del tipo de información de la que estamos hablando y de las consecuencias jurídicas que ello podría tener en nuestro sistema de competencia desleal.

II. ILÍCITOS DE COMPETENCIA DESLEAL. ENTRE LOS ILÍCITOS DE ENGAÑO Y OMISIONES ENGAÑOSAS Y EL ILÍCITO DE CONFUSIÓN

Antes de dar respuesta a las incógnitas que se abordan en este epígrafe, debemos dejar claro que hemos optado por aplicar el Capítulo II de la LCD frente al III, centrado en la protección de los consumidores. Esta decisión no es trivial, pues este capítulo se plantea como una posible defensa de los autores humanos frente a las creaciones generadas mediante IA. Por lo tanto, no busca ser una forma de proteger solamente a los consumidores, sino al propio mercado y a un grupo de operadores económicos frente a actos que vulneran la buena fe objetiva. En definitiva, estamos ante una forma de regular las relaciones entre empresarios y profcsionales[8].

1. ¿Qué ilícito de competencia desleal elegimos y por qué los actos de engaño y omisiones engañosas?

La situación de la IA puede abordarse desde distintas perspectivas como la propiedad intelectual, el derecho de la competen-

---

8 Vid. MARCO ARCALÁ; Luis Alberto. El tratamiento de los signos distintivos en la reforma de la Ley de competencia desleal: principales cuestiones. *Actas de Derecho Industrial y Derecho de Autor. Tomo XXXI*, 2011, p. 250.

cia o, incluso, el derecho regulatorio, entre otras. Si apostamos por el derecho de la competencia desleal, tenemos que abordar el ilícito concreto imputado, pudiendo elegir entre el acto de confusión sobre la procedencia empresarial y los actos de engaño y omisión engañosa. La diferencia entre estos bloques de ilícitos está en la información a la que afectan. Por un lado, el ilícito de confusión *ex* Artículo 6 de la LCD afecta a la información sobre el origen empresarial de una prestación; mientras que, por otro lado, los actos de engaño y omisiones engañosas *ex* Artículos 5 y 7 de la LCD afectan a la información sobre el contenido de las prestaciones empresariales. Es cierto que estos ilícitos no son excluyentes entre sí, pero la línea que los separa es muy fina[9] y conviene hacer esta matización para centrar el objeto del análisis.

Ante esta dicotomía, debemos estudiar si la indicación de la procedencia humana o artificial de una creación está más relacionada con la procedencia empresarial que con el contenido de la prestación que se lleva al mercado. El título del apartado ya nos adelanta la respuesta y ello deriva de dos cuestiones. En primer lugar, del concepto de "procedencia empresarial" utilizado en la normativa de competencia desleal[10], concepto que tiene que ver con las relaciones individuales que se constituyen en el mercado, especialmente con los canales de comunicaciones que se abren entre un operador económico concreto y el público. Así, los destinatarios saben que a un determinado oferente le pueden atribuir una serie de características, habit-

---

[9] Vid. MORALEJO MENÉNDEZ, Ignacio. Actos de confusión y actos de explotación de la reputación ajena. En GARCÍA-CRUCES GONZÁLEZ, José Antonio. *Tratado de Derecho de la competencia y de la publicidad.* Tirant lo Blanch, 2014. p. 1349-1426.

[10] Vid. Sentencia del Tribunal Supremo, Sala de lo Civil, Núm. 95/2014, de 11 de marzo (Asunto Bombay Sapphire) en el que se analiza el concepto de confusión desde la perspectiva marcaria y Sentencia del Tribunal de Justicia de las Comunidades Europeas de 29 de septiembre de 1999 en el Asunto C-342/97.

ualmente condensadas en un signo distintivo que identifica a un operador concreto e individualizado[11], signos que ayudan a reducir los costes de información de los destinatarios[12]. El objeto de protección es la transmisión de información[13] mediante la identificación del oferente, evitando que otros participantes del mercado aprovechen de forma indebida la reputación que otro ha conseguido[14].

Precisamente por este motivo, no deberíamos acudir a este acto de competencia desleal, puesto que nos obligaría a identificar a un operador concreto de cuya reputación se está aprovechando otro. Aquí no tenemos un operador concreto que se esté viendo beneficiado de la imagen o, si queremos, de la "fama" de otro. En todo caso, tendríamos un bloque de

---

11 Vid. MARCO ARCALÁ; Luis Alberto. El tratamiento de los signos distintivos en la reforma de la Ley de competencia desleal: principales cuestiones. *Actas de Derecho Industrial y Derecho de Autor. Tomo XXXI*, 2011.
No obstante, Vid. MORALEJO MENÉNDEZ, Ignacio. Actos de confusión y actos de explotación de la reputación ajena. En GARCÍA-CRUCES GONZÁLEZ, José Antonio. *Tratado de Derecho de la competencia y de la publicidad.* Tirant lo Blanch, 2014. p. 1349-1426, quien señala que los actos de confusión también se pueden cometer mediante la utilización de otros instrumentos (Vid. Sentencia de /la Audiencia Provincial de Barcelona, Sección 15ª, Núm. 770/2003, de 3 de diciembre).

12 Vid. OHLY, Ansgar. Interfaces between trade mark protection and unfair competition law: Confusion about confusion and misconceptions about missapropriation? En LEE, Nari, WESTKAMP, Guido; KUR, Annette; OHLY, Ansgar (Eds.). *Intellectual property, unfair competition and publicity: convergences and development.* Edward Elgar Publishing, 2014, p. 34.

13 Vid. LANDES, William M.; POSNER, Richard A. *The economic structure of intellectual property law.* Harvard university press, 2003.

14 Vid. MORALEJO MENÉNDEZ, Ignacio. Actos de confusión y actos de explotación de la reputación ajena. En GARCÍA-CRUCES GONZÁLEZ, José Antonio. *Tratado de Derecho de la competencia y de la publicidad.* Tirant lo Blanch, 2014. p. 1349-1426.

participantes, los titulares de IAs generativas, que se estarían aprovechando de la "fama"[15] de los creadores humanos. Ciertamente, estaríamos ante una interpretación demasiado extensiva del concepto de confusión, pues es muy difícil saber cuáles serían las características que se están intentando aprovechar ocultando esta información al no tener un operador individualizable que se esté viendo perjudicado.

En segundo lugar, la calificación propuesta deriva de que los operadores de IAs generativas, aunque buscan ir a rebufo de las creaciones humanas, no lo hacen para aprovechar la reputación humana, sino para camuflarse entre la ausencia de información sobre la procedencia y para que el efecto rechazo que pudiera generar su origen artificial no forme parte del proceso volitivo de los destinatarios, es decir, para ocultar información.

Por este motivo, la tutela más efectiva la podemos encontrar en los ilícitos de engaño y omisiones engañosas. Afirmar o no que una creación es humana o ha sido generada mediante IA tiene más que ver con una voluntad de ocultar o esconder información, que con la intención de parasitar la reputación de otro operador del mercado.

2. Análisis de los actos de engaño y omisiones engañosas (Artículos 5 y 7 de la LCD)

Los actos de engaño y las omisiones engañosas son un grupo de ilícitos que forman parte de los llamados actos de confusión, en particular aquellos que hacen referencia a la in-

---

15 El concepto de fama no debe tener únicamente connotaciones positivas, sino que se refiere a las características que los destinatarios asocian a un determinado origen empresarial. De esta forma, debemos acoger la segunda acepción que recoge el diccionario de la RAE de esta palabra: "Opinión que la gente tiene de alguien o de algo".

formación que se da a los destinatarios sobre las características del producto comercializado[16], en este caso, una obra o prestación. Estos preceptos derivan de los Artículo 6 y 7 de la Directiva 2005/29/CE del Parlamento Europeo y del Consejo de 11 de mayo de 2005 sobre prácticas comerciales desleales, contenido que los Artículos 5 y 7 de la LCD han reproducido en su integridad. De esta regulación podemos deducir una serie de requisitos que analizaremos a continuación para entender en qué consisten estos ilícitos.

En primer lugar, debe tratarse de una información falsa o que, siendo veraz, induzca a error[17], o de la ocultación de información relevante sobre las características (esenciales y/o accesorias) del producto o servicio en el proceso de toma de decisiones. El hecho de que una información sea verdadera o falsa es una cuestión que depende de la posibilidad de constatar esta cualidad. No obstante, la presentación de una información veraz que induzca a error o el grado de relevancia de una información que no se da presentan importantes rasgos subjetivos que nos llevan al segundo requisito.

En segundo lugar, no basta con que la información sea falsa, esté presentada induciendo a error o se oculte, sino que, además, debe ser hábil para inducir a error al destinatario de la prestación. A este respecto, conviene destacar que nos encontramos ante un mero ilícito de peligro, que no requiere que

---

[16] Vid. CARBALLO-CALERO, Pablo Fernández; SALGADO ANDRÉ, Elena. Actos de engaño y omisiones engañosas en la Ley de Competencia Desleal (Análisis de los artículos 5 y 7 LCD). *Actas de Derecho Industrial y Derecho de Autor. Tomo XXX*, 2010, p. 225-244.

[17] No se trata de un error en el sentido contractual *ex* Artículo 1258 del CC, sino deuna alteración del comportamiento económico del consumidor derivada de una incorrecta representación del producto en el consumidor y, especialmente, sobre cómo dicho producto se adecúa a sus necesidades.

exista una verdadera y efectiva alteración del comportamiento económico del consumidor.

Esta es una cuestión central dentro del modelo de derecho que ordena la competencia en el mercado[18], pues el legislador es consciente de que, sin una información veraz[19] los destinatarios no pueden ejercer su papel de árbitros del mercado y

---

18 Vid. MASSAGUER FUENTES, José. *El nuevo derecho contra la competencia desleal: la Directiva 2005/29/CE sobre las Prácticas Comerciales Desleales.* Civitas, 2006, quien hace un recorrido muy interesante sobre la evolución del modelo de competencia desleal definido en la LCD antes y después de la Directiva 2005/29/CE.

19 Vid. GARCÍA-CRUCES GONZÁLEZ, José Antonio. Artículo 5. Actos de engaño. En BERCOVITZ RODRÍGUEZ-CANO, Alberto (Dir.). *Comentarios a la Ley de Competencia Desleal.* Thomson Reuters-Aranzadi, 2011, p. 122, quien señala que lo importante no es un concepto objetivo de la realidad, sino la imagen subjetiva que crea en los consumidores, que en ocasiones prescinde de esos datos objetivos, y, sobre todo, sobre la forma en la que estos destinatarios estiman que determinadas características del producto se amoldan a sus preferencias.
En el mismo sentido, Vid. ZURIMENDI ISLA, Aitor. Artículo 7: Actos de engaño. En MARTÍNEZ SANZ, Fernando. *Comentario práctico a la Ley de Competencia Desleal,* Ed. Tecnos, 2009, p. 109.
A sensu contrario, Vid. MASSAGUER FUENTES, José. *El nuevo derecho contra la competencia desleal: la Directiva 2005/29/CE sobre las Prácticas Comerciales Desleales.* Civitas, 2006, p. 104, quien reivindica una interpretación objetiva para valorar si la información lleva a error, dejando los criterios subjetivos para confirmar si dicha información altera el comportamiento económico del consumidor, donde si habla de la creencia que se inculca a los consumidores.
A estos efectos, parece más coherente sostener que la valoración de la veracidad o falsedad de la información proporcionada debe regirse por criterios lo más objetivos posibles. De hecho, recordemos que el Artículo 5.1 de la LCD establece un catálogo de circunstancias que son objetivamente comprobables. No obstante, tengamos en cuenta que ninguna información es inocente, pues no existe en el vacío, sino que es presentada por un sujeto que tiene sus propios intereses, especialmente triunfar en el mercado.

seleccionar las ofertas que más les satisfagan[20]. Esta concepción darwiniana de la competencia en el mercado solamente se consigue mediante una información honesta y veraz.

El concepto de destinatario requiere de una concreción especial, pues la definición del mercado relevante es esencial para saber de qué tipo de consumidores estamos hablando. El Apartado II de la Exposición de Motivos de la LCD señala que debemos utilizar el concepto de consumidor medio, aunque también podemos acudir al del consumidor normalmente informado y razonablemente atento y perspicaz, utilizado por la jurisprudencia del TJUE[21]. En definitiva, debemos acudir al criterio que utilizarían los potenciales destinatarios del producto. A este respecto, debemos incidir en que el legislador ha establecido una serie de características sobre las que debe versar el error, lo que parte de la doctrina ha interpretado como una aplicación de la cláusula *de minimis*. En este sentido, el error debe recaer sobre cuestiones de especial importancia para la imagen que el consumidor se forma sobre el producto o

---

En conclusión, debe existir una información objetivamente falsa o veraz o una ausencia de esta que provoque una representación subjetiva que no se corresponda con la realidad.

20 Vid. GARCÍA-CRUCES GONZÁLEZ, José Antonio. Artículo 5. Actos de engaño. En BERCOVITZ RODRÍGUEZ-CANO, Alberto (Dir.). *Comentarios a la Ley de Competencia Desleal.* Thomson Reuters-Aranzadi, 2011, pp. 118 y 119.
En el mismo sentido, Vid. PORTELLANO DÍEZ, Pedro. *La imitación en el derecho de la competencia desleal.* Ed. Civitas, 1995, p. 261 que hace referencia a una protección necesaria del tráfico de información en el mercado por el valor procompetitivo que tiene, pues ayuda a hacer una selección de las ofertas que más convienen a los consumidores.

21 En particular, Vid. STJCE de 16 de julio de 1998, As. C-210/96 "Gut Springenheide GmbH y Rudolf Tusky contra Oberkreisdirektor des Kreises Steinfurt–Amt für Lebensmittelüberwachung".

servicio que va a adquirir[22]. Esta exigencia podría estar dirigida a obligar a los destinatarios de los productos a tener una cierta diligencia a la hora de tomar sus decisiones de consumo[23], deduciéndose un deber de comprobar la información que se les proporciona dentro de un límite razonable[24]. Del mismo modo,

---

22 Vid. GARCÍA-CRUCES GONZÁLEZ, José Antonio. Artículo 5. Actos de engaño. En BERCOVITZ RODRÍGUEZ-CANO, Alberto (Dir.). *Comentarios a la Ley de Competencia Desleal.* Thomson Reuters-Aranzadi, 2011, pp. 131 y 132, quien plantea este debate, pero se posiciona en contra de considerar que existe un umbral *de minimis* y señala que basta con que exista una alteración del comportamiento económico del consumidor.

A sensu contrario, Vid. TATO PLAZA, Anxo; FERNÁNDEZ CARBALLO-CALERO, Pablo; HERRERA PETRUS, Christian. *La reforma de la Ley de Competencia Desleal,* La Ley-Wolters Kluwers, 2010 pp. 115-118 y 123-124, quienes mantienen un criterio de relevancia de la información sobre la que se construye el engaño, ya sea por acción u omisión.

Para una posición intermedia, Vid. MASSAGUER FUENTES, José. *El nuevo derecho contra la competencia desleal: la Directiva 2005/29/CE sobre las Prácticas Comerciales Desleales.* Civitas, 2006, p. 125, quien sostiene que debe mantenerse este criterio de información sustancial o relevante para las omisiones engañosas, pero no dice lo mismo de los actos de engaño. En este mismo sentido se manifiesta MORALEJO MENÉNDEZ, Ignacio. Artículo 7. Omisiones engañosas. En BERCOVITZ RODRÍGUEZ-CANO, Alberto (Dir.). *Comentarios a la Ley de Competencia Desleal.* Thomson Reuters-Aranzadi, 2011, p. 164. La selección de aspectos sobre los que debe versar el engaño en el Artículo 5.1 de la LCD confirma esta posición doctrinal.

23 Vid. MASSAGUER FUENTES, José. *El nuevo derecho contra la competencia desleal: la Directiva 2005/29/CE sobre las Prácticas Comerciales Desleales.* Civitas, 2006, p. 109, quien considera que estas exageraciones publicitarias son positivas para la competencia en el mercado por fomentar la creatividad en el campo de las prácticas y comunicaciones comerciales.

24 A estos efectos, hay que tener especial cuidado a la hora de delimitar el mercado de relevante, pues el tipo de destinatarios puede variar y, en consecuencia, el nivel de conocimientos conforme al cual se valora su diligencia.

podría servir para exculpar ciertas exageraciones evidentes realizadas por los oferentes que son difícilmente creíbles y que deberían haber sido advertidas por el destinatario.

La valoración de este elemento dependerá de las circunstancias del caso concreto y del nivel de conocimientos que podamos atribuir al destinatario medio, pero si el legislador aspira a un funcionamiento efectivo del mercado, debería exigirse una diligencia mínima tanto a los proveedores de productos y servicios como a los propios destinatarios. Así, al igual que exigimos a los oferentes un "deber de información suficiente y tempestiva" [25], debemos reivindicar de los consumidores un deber de comprobar y contrastar. No deberíamos asumir un modelo en el que los consumidores sean meros actores pasivos, puesto que la actitud crítica es la que permita concretar la visión darwiniana de la libre competencia.

III. POSIBILIDADES DE APLICACIÓN DE LA COMPETENCIA DESLEAL Y COMPLEMENTARIEDAD RELATIVA

Debemos advertir al lector de que antes de acudir a la aplicación de la normativa de competencia desleal a un supues-

---

En este sentido, Vid. PORTELLANO DÍEZ, Pedro. *La imitación en el derecho de la competencia desleal.* Ed. Civitas, 1995, p. 276 y TATO PLAZA, Anxo. Prácticas comerciales engañosas con los consumidores. *Actas de Derecho Industrial y Derecho de Autor. Tomo XXIX,* 2009, p. 529-572.

25 Vid. MORALEJO MENÉNDEZ, Ignacio. Artículo 7. Omisiones engañosas. En BERCOVITZ RODRÍGUEZ-CANO, Alberto (Dir.). *Comentarios a la Ley de Competencia Desleal.* Thomson Reuters-Aranzadi, 2011, p. 164.
En el mismo sentido, Vid. OTERO LASTRES, José Manuel. La protección de los consumidores cuarenta años después. *Actas de derecho industrial y derecho de autor, Tomo XL,* 2019, pp. 189-222.

to como este, debemos resolver la siempre compleja relación entre este cuerpo normativo y la propiedad intelectual. Como no es el objetivo de este capítulo ahondar en los vericuetos de esta complicada relación, nos remitimos a la doctrina de la complementariedad relativa[26] desarrollada por el profesor José MASSAGUER FUENTES, construida sobre la doctrina de los círculos concéntricos del profesor Alberto BERCOVITZ RODRÍGUEZ CANO[27]. Este caso tiene una solución sencilla porque la normativa de propiedad intelectual y la de la competencia desleal inciden en la situación analizada de formas

---

[26] Para más información Vid. CRUZ GONZÁLEZ, Marcos. Relaciones entre competencia desleal y propiedad intelectual e industrial: la doctrina de la "complementariedad relativa" del Tribunal Supremo Español. En *Reflexiones sobre derecho privado patrimonial,* Nº 1 – 2020, Ratio Legis, 2020, pp. 191-214; CARBAJO CASCÓN, Fernando. El uso publicitario de marcas de moda ajenas en internet: complementariedad entre propiedad intelectual y competencia desleal. *Cuadernos del Centro de Estudios en Diseño y Comunicación. Ensayos,* 2022, no 154, p. 101-126 y DOMÍNGUEZ PÉREZ, Eva M., et al. Sentencia del Tribunal Supremo (Sala de lo Civil, Sección 1. ª), n. º 94/2017, de 15 de febrero de 2017 [roj: sts 541/2017]. 2017, *AIS: Ars Iuris Salmanticensis, 5*(2), 277-279. Para un enfoque distinto, Vid. KUR, Annette. What to protect, and how? Unfair competition, intellectual property, or protection *sui generis.* En LEE, Nari, WESTKAMP, Guido; KUR, Annette; OHLY, Ansgar (Eds.). *Intellectual property, unfair competition and publicity: convergences and development.* Edward Elgar Publishing, 2014, quien plantea que el espacio concedido a la propiedad intelectual debería ser reducido.

[27] En este sentido, Vid. BERCOVITZ RODRÍGUEZ-CANO, Alberto. *Apuntes de derecho mercantil: derecho mercantil, derecho de la competencia y propiedad industrial.* ARANZADI/CIVITAS, 2022 y BERCOVITZ RODRÍGUEZ-CANO, Alberto. Nociones introductorias. En BERCOVITZ RODRÍGUEZ-CANO, Alberto (Dir.). *Comentarios a la Ley de Competencia Desleal.* Thomson Reuters-Aranzadi, 2011, pp. 45-47.

radicalmente distintas, de tal forma que no pretende ser un sustituto[28].

En primer lugar, hay una utilización de las obras y prestaciones protegidas, pero ello no supone que exista un acto de explotación económica que perjudique los legítimos intereses del titular[29]. No obstante, sí podemos hablar de un acto de aprovechamiento económico de las creaciones ajenas dentro de un proceso de alimentación y entrenamiento de una IA. En este caso, existiría un valor potencial de las obras y prestaciones protegidas derivado de la información que contienen

---

[28] Vid. KUR, Annette. What to protect, and how? Unfair competition, intellectual property, or protection *sui generis*. En LEE, Nari, WESTKAMP, Guido; KUR, Annette; OHLY, Ansgar (Eds.). *Intellectual property, unfair competition and publicity: convergences and development*. Edward Elgar Publishing, 2014, p. 16, quien señala que la aplicación de la normativa de competencia desleal debe estar justificada y no servir como un sustituto o complemento de la legislación de propiedad intelectual.

[29] Vid. Sentencia del Tribunal de Justicia de la Unión Europea de 3 de junio de 2021, As. C-762/19, "CV-Online Latvia" (ECLI:EU:C:2021:434), en la que, por primera vez, el TJUE ha reconocido de forma expresa que si no hay un daño a la explotación económica de la obra, es decir, un perjuicio a los incentivos dinámicos a la creación, no debería hablarse de infracción al derecho conexo sobre las bases de datos. Ahora bien, se trata de una Sentencia que desarrolla la Directiva 96/9/CE del Parlamento Europeo y del Consejo, de 11 de marzo de 1996, sobre la protección jurídica de las bases de datos, que conforme al principio de especialidad podría motivar un régimen jurídico distinto al que debe aplicarse a las obras y prestaciones de tipo "creativo" reguladas en las DDASI y en la Directiva 2006/115/CE del Parlamento Europeo y del Consejo, de 12 de diciembre de 2006, sobre derechos de alquiler y préstamo y otros derechos afines a los derechos de autor en el ámbito de la propiedad intelectual. Esta situación ya la vivimos con la peculiar aplicación que el TJUE hizo del derecho *sui generi* sobre programas de ordenador en su Sentencia del Tribunal de Justicia de la Unión Europea de 3 de julio de 2012 en el Asunto C-128/11, "UsedSoft c. Oracle".

sobre los procesos creativos, algo discutible desde la doctrina de la dicotomía idea/expresión[30], pues no son una creación propia del autor.

Ahora bien, la regulación de esta actividad encuentra su tutela en la regulación de la minería de textos y datos[31]. Esta normativa realiza una asignación de derechos en origen tan necesaria como cuestionable[32], pues el Artículo 4 de la DDAMUD y el Artículo 67 del RDL 24/2021 otorga a los titulares

---

30 Vid. GHIDINI, Gustavo. *Rethinking intellectual property: balancing conflicts of interest in the constitutional paradigm.* Edward Elgar Publishing, 2018. En el mismo sentido, Vid. HOEREN, Thomas. The hypertrophy of German copyright law – and some fragmentary ideas on information law. En ULLRICH, Hanns; DRAHOS, Peter; GHIDINI, Gustavo. *Kritika: Essays on Intellectual Property,* Vol. 3, pp. 29-36, quien considera que si se decidiera otorgar un derecho de propiedad sobre datos o sobre información, deberían estar constitucionalmente justificados y claramente limitados para evitar sus efectos perniciosos para el buen funcionamiento del mercado y, en última instancia, de la sociedad.

31 Vid. VEZZOSO, Simonetta. Copyright, Interfaces, and a Possible Atlantic Divide. *J. Intell. Prop. Info. Tech. & Elec. Com. L.*, 2012, vol. 3, p. 153; MARGONI, Thomas, et al. Why we need a text and data mining exception (but it is not enough). En *LREC Proceedings.* European Language Resources Association, 2016; MARGONI, Thomas; KRETSCHMER, Martin. The Text and Data Mining exception in the Proposal for a Directive on Copyright in the Digital Single Market: Why it is not what EU copyright law needs. *UK Copyright and Creative Economy Centre University of Glasgow Technical Report,* 2018; SÁNCHEZ ARISTI, Rafael; OYARZAZBAL OYONARTE, Nora. Decadencia y caída del Texto Refundido de la Ley de Propiedad Intelectual: la transposición de la Directiva 2019/790 sobre derechos de autor en el mercado único digital por el Real Decreto-ley 24/2021, de 2 de noviembre. *Pe. i.: Revista de propiedad intelectual,* 2021, no 69, p. 13.

32 Vid. MACMILLAN, Fiona. "Love is blind, and lovers cannot see": resisting copyright´s romance. En ULLRICH, Hanns; DRAHOS, Peter; GHIDINI, Gustavo. *Kritika: Essays on Intellectual Property,* Vol. 3, p. 21, quien alerta de la preocupante desconexión de la legislación de propiedad intelectual con sus objetivos de preservación del patrimonio

de derechos un *ius prohibendi*[33] para impedir que sus obras y/o prestaciones se utilicen en procesos de entrenamiento de IAs solo cuando sea desarrollado por instituciones privadas.

Únicamente hay un verdadero límite en la situación prevista en el Artículo 3 de la DDAMUD, que restringe su ámbito subjetivo de aplicación a organismos públicos de investigación. Sin embargo, parece que se da cierto margen para que entidades privadas participen de este sistema en el marco de acuerdos de colaboración público-privados para el desarrollo de investigación científicas[34]. De todas maneras, esta situación ha decaído en nuestro ordenamiento jurídico nacional en el momento en el que el Artículo 67 del RDL 24/2021 no distingue entre estos dos tipos de casos y otorga un *ius prohibendi* a los titulares de derechos en ambas situaciones[35].

En segundo lugar, la normativa de competencia desleal no pretende dar una protección que la propiedad intelectual no da. Por el contrario, la aplicación de los ilícitos de engaño y

---

cultural y su promoción, priorizando los intereses privados de algunos operadores del mercado.

33 Vid. KERBER, Wolfgang; VEZZOSO, Simonetta. EU competition policy, vertical restraints, and innovation: an analysis from an evolutionary perspective. *World Competition*, 2005, vol. 28, no 4, quienes señalan que los incentivos dinámicos para fomentar la competencia en el mercado deben jugar un papel más importante en el diseño y aplicación del derecho de la competencia, pero debemos añadir que también deben ser más importantes en el diseño y aplicación de la normativa de propiedad intelectual. Ello nos permitiría garantizar el fenómeno evolutivo-darwiniano de la libre competencia en el mercado.

34 Vid. Considerando 11 de la DDAMUD.

35 Habrá que esperar al futuro desarrollo jurisprudencial en el ámbito del TJUE para ver si se considera que estamos ante un concepto autónomo de derecho de la Unión Europea que permita cierta armonización y devuelva su verdadera naturaleza al límite de minería de textos y datos.

omisión engañosa no impide comercializar un determinado producto o servicio, pero si obliga a sus oferentes a garantizar una información mínima a sus destinatarios sobre algunas características del producto que van a adquirir. Es decir, les obliga a dar cumplimiento al principio de veracidad en las comunicaciones comerciales.

De hecho, propiedad intelectual y competencia desleal no actúan en el mismo mercado en los que opera la IA generativa. La normativa de propiedad intelectual únicamente tiene capacidad para actuar en el mercado *up stream* mediante la regulación de la minería de textos y datos, necesaria para el entrenamiento del a IA, mientras que en el mercado *down stream*, estas normas no tienen ningún margen de aplicación, al no estar el supuesto de hecho regulado[36], dado que los problemas son de estructura del mercado y derivan de las relaciones de competencia entre los distintos oferentes.

En definitiva, estamos ante actos que no están protegidos por la normativa de derechos de autor y que tienen una faceta concurrencial clara derivada de una práctica contraria a la buena fe objetiva en el mercado. Ahora bien, faltan por estudiar todos los pronunciamientos judiciales que están por venir en EE. UU. y los que puedan llegar a los órganos jurisdicciona-

---

36 La demanda planteada por Stable Difussion (Vid. Nota 5) propone resolver esta situación mediante la obra derivada y del derecho de transformación, pero se trata de una apuesta muy arriesgada, pues es difícil ver elementos creativos específicos de los autores humanos en las creaciones generadas mediante IA. El hecho de haber aprendido observando lo que hace un humano no es una justificación suficiente para entender que todo lo que hagan es una obra derivada de la anterior. Además, el acto de transformación requiere de una concreción entre la obra primaria y la derivada que esta doctrina no hace.
En este sentido, Vid. SAIZ GARCÍA, Concepción. Las obras creadas por sistemas de inteligencia artificial y su protección por el derecho de autor. *InDret,* 2019, vol. 1.

les de la UE para ver cómo interpretan esta compleja relación entre los derechos de autor y las IAs generativas. No obstante, la perspectiva competitiva es clara y la posibilidad de evitar la doctrina de la complementariedad relativa factible, puesto que la interpretación propuesta no pretende impedir la paralización de estos servicios, sino que cumplan con su deber de veracidad en las comunicaciones comerciales.

IV. DEFECTOS DE INFORMACIÓN Y RELEVANCIA JURIDICA PARA LA TOMA DE DECISIONES DEL CONSUMIDOR

1. *Información falsa, veraz pero presentada de forma errónea o ausencia de información relevante*

Siguiendo el análisis realizado en el apartado II de este capítulo, primero debemos analizar si contamos con una presentación de información falsa o, aun siendo veraz, es presentada de forma que induzca a error o se está obviando una información relevante. La situación más habitual en estos casos suele ser la ausencia de información, aunque también podremos encontrarnos con información falsa, es decir, atribuciones de autoría humana por una creación generada por IA, y viceversa; y situaciones en las que la información presentada no aclara si la creación es humana o ha sido generada mediante IA.

En el caso de la omisión de información, debemos valorar la relevancia que ello tiene para el proceso de toma de decisiones de los consumidores. Si queremos justificar la importancia de esta información, debemos hacer referencia a diversas cuestiones. En primer lugar, debemos acudir a un argumento cualitativo, pues los seres humanos podemos aportar a nuestras creaciones un elemento que las IA, en principio, no pueden incorporar: la humanidad o la sensibilidad, en definitiva, la capacidad de transmitir emociones. No obstante, tampoco podemos olvidar que los consumidores no siempre tenemos la capacidad de diferenciar o, incluso, de reconocer ese elemento en una obra[37], y que los seres humanos también somos capaces de crear obras que no transmiten ninguna emoción. Además, es probable que en un futuro este argumento deje de ser válido, pues el proceso de aprendizaje es infinito y las IAs podrían desarrollar emociones.

A lo anterior debemos añadir que el proceso de comunicación que se entabla entre la obra y el consumidor cuando este la observa difiere según la persona que lo inicie. Cada consumidor tiene una experiencia propia porque su bagaje cultural y personal influye de forma decisiva en su proceso de toma de decisiones. Igualmente, las distintas aproximaciones sucesivas de un consumidor con una obra serán necesariamente distintas, puesto que su bagaje también habrá cambiado.

Por lo tanto, este elemento emocional de las obras tiene unas connotaciones subjetivas que podrían distorsionar el argumento. Sin embargo, no podemos perder de vista que en el mercado quienes actúan son personas cargadas de subjetividad, luego pretender abandonar algunos criterios subjetivos del análisis legal sería, simplemente, un falseamiento de la realidad. La labor que debemos realizar aquí es abstraernos de la toma de decisiones individuales para intentar sacar conclusiones sobre el comportamiento colectivo en el mercado, es decir, hacer una minería de datos para ver cuáles son las tendencias.

---

37 Vid. https://www.genbeta.com/actualidad/este-test-te-desafia-a-distinguir-cuadros-grandes-maestros-e-imagenes-generadas-mediante-ia (consultado por última vez el día 3 de octubre de 2023), donde se pone de manifiesto que los seres humanos no siempre somos capaces de diferenciar entre una creación humana y una generada por IA.

En segundo lugar, al margen de consideraciones cualitativas, podemos incidir en un aspecto cuantitativo[38] derivado del valor semiótico que tienen los productos de mercado. En este sentido, un producto tiene mayor o menor valor en función de la percepción que los destinatarios tengan de el. Dentro de esta valoración, influye mucho la escasez del producto o de la producción del creador, pues tener un objeto único o de acceso restringido, así como un producto de un autor con poca producción[39], da un estatus social elevado a su titular. Por ello, no es lo mismo pagar una cantidad de dinero por la creación de una máquina de IA, capaz crear un número infinito de imágenes; que por una creación humana, ya que una persona está necesariamente limitada en sus habilidades y tiempo para crear. Ahora bien, estamos ante una percepción eminentemente subjetiva del consumidor, luego ese valor adicional que pueden tener las obras humanas dependerá siempre de sus preferencias. De hecho, la evolución normativa está apostando fuertemente por la transparencia, es decir, que los consumidores sean conscientes de que están interactuando con una IA o

---

38 Vid. LITVINOFF, Saul. Vices of Consent, Error, Fraud, Duress and an Epilogue on Lesion. *La. L. Rev.*, 1989, vol. 50, p. 1; POSNER, Eric A. A theory of contract law under conditions of radical judicial error. *Nw. UL Rev.*, 1999, vol. 94, p. 749; SEFTON-GREEN, Ruth (ed.). *Mistake, fraud and duties to inform in European contract law.* Cambridge university press, 2005; MACMILLAN, Catharine. *Mistakes in contract law.* Bloomsbury Publishing, 2010 y DE CASTRO Y BRAVO, Federico. *El negocio jurídico.* Civitas, 1985.

39 Ver, BERGEL SAINZ DE BARANDA, Yolanda. La compraventa de obras de arte: problemas de derecho privado. *La compraventa de Obras de arte,* 2010; quién destaca el valor de la autenticidad al adquirir una obra de arte. De hecho, dice que la autenticidad es parte de la sustancia interna de la creación. Esta declaración refuerza nuestra posición de que saber si una creación proviene de un Humano o una IA es esencial para la formación del consentimiento.

que el producto o servicio que van a adquirir ha sido desarrollado por IA[40].

En tercer lugar, estos datos también son relevantes por el instinto de autopreservación que nos caracteriza a los seres humanos y que está motivando tantos movimientos sociales para blindarnos frente a una competencia que pone en riesgo nuestra viabilidad económica como sujetos productivos. A este respecto, la utilización de la competencia desleal no serviría solo para proteger los procesos volitivos de los destinatarios, sino también para garantizar la competitividad humana. Estamos ante una utilización de la competencia desleal peculiar, pues nos sirve para primar y garantizar la posición competitiva de un grupo de participantes del mercado, lo que debería hacernos reflexionar. Quizá no sea la interpretación más correcta en términos dogmáticos, pero hasta que encontremos otra solución desde el punto de vistas regulatorio[41] o el poder político

---

40 Vid. Hiroshima Process International Code of Conduct for Organizations Developing Advanced AI Systems y la Propuesta de Reglamento por el que se establecen normas armonizadas en materia de Inteligencia Artificial (Ley de Inteligencia Artificial), donde los principales cambios vienen de la mano de la transparencia para que el consumidor cuente con toda la información posible.

41 Vid. Tackling deepfakes in European Policy. Study by the Panel for the Future of Science and Technology commissioned by the European Parliamentary Research Service, julio de 2023; disponible en: https://www.europarl.europa.eu/stoa/en/document/EPRS_STU(2021)690039

En el mismo sentido, Vid. VEZZOSO, Simonetta. The dawn of pro-competition data regulation for gatekeepers in the EU. *European Competition Journal*, 2021, vol. 17, no 2, p. 391-406, donde la autora analiza el nuevo enfoque que la Comisión Europea pretende dar al tráfico de datos en el Mercado Único Digital, con un claro enfoque procompetitivo que intente resolver las situaciones de información asimétrica, con todos los problemas competitivos que conlleva.

tome una decisión sobre cómo afrontamos esta nueva realidad tecnológica, sigue siendo una posibilidad viable.

En definitiva, podemos concluir que estamos ante información que tiene relevancia para el consumidor, pues altera el valor semiótico del producto adquirido derivado de las cualidades que los destinatarios atribuyen a una obra y del valor que pueden asignar a una determinada creación en función de su procedencia.

2. Alteración del comportamiento económico del consumidor

Sabemos que no basta con que la información relevante sea omitida o se proporcione una falsa, sino que, además, es necesario que tenga la capacidad de alterar el comportamiento económico del consumidor. Por lo tanto, ahora debemos abordar si la presencia de esa información en las prestaciones comerciales sería hábil para modificar las decisiones de consumo.

A este respecto, parece que, si nadie les dice nada a los destinatarios, éstos no serán capaces de distinguir la procedencia de la obra y valorar, así, las características a las que hicimos referencia en el apartado anterior. Esta apreciación nos podría llevar a concluir que, si ni el destinatario medio de un producto, ni incluso el especializado son capaces de distinguir estas características a simple vista es porque son inapreciables para el ojo humano, resultando que no es una información que pueda alterar el comportamiento económico del consumidor.

La competencia desleal, precisamente, pretende proteger al consumidor final intentando garantizarle información que no puede percibir sin la ayuda del oferente, dado que le ayuda a formarse esa imagen del producto. Ahora bien, debemos lanzar la siguiente pregunta: ¿valorar estos datos cambia la percepción que los destinatarios se forman sobre el producto?

Para responder a esta pregunta debemos plantearnos una cuestión previa: si el consumidor tiene claro que quiere adquirir una obra humana o generada por IA. Ante esta situación podemos adoptar dos perspectivas bien distintas. Por un lado, podemos considerar que en este momento la IA no goza de una implantación efectiva en nuestro mercado más allá de la relevancia mediática que tiene. De esta forma, a los consumidores les sería indiferente adquirir una creación humana o una generada por IA, simplemente acude al mercado con la intención de adquirir una creación en términos genéricos y no prestan atención a este aspecto[42]. El consumidor es indiferente frente a la procedencia de la creación. De hecho, no tenemos datos suficientes para determinar que ante una creación humana y otra generada por IA, el comportamiento económico del consumidor sería distinto teniendo la información sobre la procedencia de la creación[43]. En definitiva, se trataría de información irrelevante para el consumidor porque la procedencia de la obra no es un aspecto importante en su proceso de toma de decisiones.

Por otro lado, este argumento tiene la enorme virtud de ser reversible. Precisamente porque los destinatarios no se plantean adquirir una creación generada por IA, dicha información es esencial y debería proporcionarse obligatoriamente para que forme parte de la imagen que se van a formar. Aquí ya no debemos aludir solamente al componente humano-emocional de las creaciones humanas, puesto que sería más proce-

---

[42] Vid. Sentencia del Tribunal de Justicia de las Comunidades Europeas de 29 de septiembre de 1999 en el Asunto C-342/97.

[43] Vid. CORBERÁ MARTÍNEZ, José Miguel. Capítulo II ACTOS CONCRETOS DE COMPETENCIA DESLEAL (II): ENGAÑO, CONFUSIÓN, DENIGRACIÓN, COMPARACIÓN, IMITACIÓN Y PUBLICIDAD ILÍCITA (arts. 5, 6, 7, 9, 10, 11, 15 y 18 LCD). En *Actos de competencia desleal y su tratamiento procesal: un estudio práctico de la Ley de competencia desleal (LCD)*. Tirant lo Blanch, 2020.

dente para adquisiciones de creaciones fuera de los mercados de consumo masivo. El argumento definitivo sería que en la mente del destinatario no está adquirir una creación artificial. De esta forma, si no quiere adquirir una creación artificial, debería saber que lo que está a punto de comprar lo es, para que se lo plantee y en su proceso de toma de decisiones cuente con la información más transparente posible.

Este planteamiento dicotómico tiene fecha de caducidad. En el momento en el que las creaciones generadas por IA estén plenamente implantadas en el mercado y el público general de los mercados de consumo masivo pueda plantearse adquirir alguna de estas creaciones artificiales, la información sería sí o sí necesaria, puesto que el consumidor deberá diferenciar entre una y otra, algo que solo puede hacer si el proveedor le facilita esos datos.

Así mismo, optar por un planteamiento u otro puede depender del tipo de destinatario medio que conforme en el mercado. Podremos encontrarnos con mercados más especializados donde los consumidores sí tengan en su mente la posibilidad de adquirir una creación generada por IA, luego necesitan esa información para conformarse una representación del producto para valorar si se adecúa a sus necesidades.

En definitiva, podemos afirmar que hay argumentos suficientes para sostener que la información sobre la procedencia humana o artificial de una creación puede alterar el comportamiento económico del consumidor.

V. CONCLUSIONES

El estudio de esta compleja materia nos permite alcanzar varias conclusiones. En primer lugar, la competencia desleal puede ser una herramienta efectiva cuando abordamos los problemas existentes en los mercados descendentes o *down stream,* cuando las creaciones humanas y las creaciones generadas por IA compiten entre sí por la demanda. Esto se debe a que este sector del ordenamiento jurídico garantiza, o, al menos, lo intenta, una información transparente en el mercado para que los destinatarios adopten sus decisiones económicas libremente, sin que nadie les condicione de forma injustificada y sabiendo de verdad el producto que van a adquirir.

En segundo lugar, aunque la competencia desleal pueda ser una herramienta efectiva, debemos tener en cuenta que la IA todavía está en un estadio inicial de desarrollo y le queda mucho por cambiar. Ahora, la pertinencia de esta información es cuestionable, pero en un futuro no lo será.

En tercer y último lugar, la competencia desleal, pese a ser una herramienta efectiva para garantizar la información en el mercado, no deja de ser un parche frente a los verdaderos problemas que genera la IA. Es necesario hacer una reflexión más amplia sobre la manera en la que nos queremos relacionar con la IA y sobre la competencia que estamos dispuestos a asumir. La iniciativa privada es imparable, luego frenar este fenómeno va a ser seguramente imposible. Por lo tanto, la coexistencia pacífica mediante la regulación de la conducta parece ser la única solución viable que permitiría solventar las tensiones que ahora vivimos.

Finalmente, este capítulo no podría concluir sin intentar dar respuesta a la pregunta que plantea el título. Poca sorpresa sufrirá el lector cuando digamos que la respuesta, como en muchas ocasiones al abordar problemas jurídicos, es: depende. Dependerá de la prueba presentada en el procedimiento sobre el conjunto de cuestiones que los destinatarios toman en consideración a la hora de adquirir un producto creativo. Una prueba, que, no lo obviamos, es sumamente difícil de conseguir, debiendo apoyarse en indicios externos y, quizá lo más importante de todo, en una labor encomiable del abogado por convencer al Juez de que su valoración sobre la toma de decisiones de los consumidores es correcta.

BIBLIOGRAFÍA

BERCOVITZ RODRÍGUEZ-CANO, Alberto. *Apuntes de derecho mercantil: derecho mercantil, derecho de la competencia y propiedad industrial.* ARANZADI/ CIVITAS, 2022

BERCOVITZ RODRÍGUEZ-CANO, Alberto. Nociones introductorias. En BERCOVITZ RODRÍGUEZ-CANO, Alberto (Dir.). *Comentarios a la Ley de Competencia Desleal.* Thomson Reuters-Aranzadi, 2011

BERGEL SAINZ DE BARANDA, Yolanda. La compraventa de obras de arte: problemas de derecho privado. *La compraventa de Obras de arte,* 2010

CARBAJO CASCÓN, Fernando. El uso publicitario de marcas de moda ajenas en internet: complementariedad entre propiedad intelectual y competencia desleal. *Cuadernos del Centro de Estudios en Diseño y Comunicación. Ensayos,* 2022, no 154

CARBALLO-CALERO, Pablo Fernández; SALGADO ANDRÉ, Elena. Actos de engaño y omisiones engañosas en la Ley de Competencia Desleal (Análisis de los artículos 5 y 7 LCD). *Actas de Derecho Industrial y Derecho de Autor. Tomo XXX,* 2010

CORBERÁ MARTÍNEZ, José Miguel. Capítulo II ACTOS CONCRETOS DE COMPETENCIA DESLEAL (II): ENGAÑO, CONFUSIÓN, DENIGRACIÓN, COMPARACIÓN, IMITACIÓN Y PUBLICIDAD ILÍCITA (arts. 5, 6, 7, 9, 10, 11, 15 y 18 LCD). En *Actos de competencia desleal y su tratamiento procesal: un estudio práctico de la Ley de competencia desleal (LCD).* Tirant lo Blanch, 2020

CRUZ GONZÁLEZ, Marcos. Relaciones entre competencia desleal y propiedad intelectual e industrial: la doctrina de la "complementariedad relativa" del Tribunal Supremo Español. En *Reflexiones sobre derecho privado patrimonial,* Nº 1 – 2020, Ratio Legis, 2020

DE CASTRO Y BRAVO, Federico. *El negocio jurídico.* Civitas, 1985.

DOMÍNGUEZ PÉREZ, Eva M., et al. Sentencia del Tribunal Supremo (Sala de lo Civil, Sección 1. ª), n. º 94/2017, de 15 de febrero de 2017 [roj: sts 541/2017]. 2017, *AIS: Ars Iuris Salmanticensis, 5*(2), 277-279.

DUQUE LIZARRALDE, Marta. Las obras creadas por Inteligencia Artificial, un nuevo reto para la propiedad intelectual. *Pe. i.: Revista de propiedad intelectual,* 2020, no 64, p. 13-67

GARCÍA-CRUCES GONZÁLEZ, José Antonio. Artículo 5. Actos de engaño. En BERCOVITZ RODRÍGUEZ-CANO, Alberto (Dir.). *Comentarios a la Ley de Competencia Desleal*. Thomson Reuters-Aranzadi, 2011

GHIDINI, Gustavo. *Rethinking intellectual property: balancing conflicts of interest in the constitutional paradigm*. Edward Elgar Publishing, 2018

GONZÁLEZ OTERO, Begoña. Las excepciones de minería de textos y datos más allá de los derechos de autor: La ordenación privada contraataca. En SAIZ GARCÍA, Concepción y EVANGELIO LLORCA, Raquel, *Propiedad Intelectual y Mercado Único Digital Europeo*, 2019, Tirant lo Blanch, Valencia

HENNING-BODEWIG, Frauke. *Unfair competition law: European Union and member states*. Kluwer Law International BV, 2006

HOEREN, Thomas. The hypertrophy of German copyright law – and some fragmentary ideas on information law. En ULLRICH, Hanns; DRAHOS, Peter; GHIDINI, Gustavo. *Kritika: Essays on Intellectual Property*, Vol. 3

KERBER, Wolfgang; VEZZOSO, Simonetta. EU competition policy, vertical restraints, and innovation: an analysis from an evolutionary perspective. *World Competition*, 2005, vol. 28, no 4

KUR, Annette. What to protect, and how? Unfair competition, intellectual property, or protection *sui generis*. En LEE, Nari, WESTKAMP, Guido; KUR, Annette; OHLY, Ansgar (Eds.). *Intellectual property, unfair competition and publicity: convergences and development*. Edward Elgar Publishing, 2014

LANDES, William M.; POSNER, Richard A. *The economic structure of intellectual property law*. Harvard university press, 2003

LITVINOFF, Saul. Vices of Consent, Error, Fraud, Duress and an Epilogue on Lesion. *La. L. Rev.*, 1989, vol. 50

MACMILLAN, Catharine. *Mistakes in contract law*. Bloomsbury Publishing, 2010

MACMILLAN, Fiona. "Love is blind, and lovers cannot see": resisting copyright´s romance. En ULLRICH, Hanns; DRAHOS, Peter; GHIDINI, Gustavo. *Kritika: Essays on Intellectual Property*, Vol. 3

MARCO ARCALÁ; Luis Alberto. El tratamiento de los signos distintivos en la reforma de la Ley de competencia desleal: principales cuestiones. *Actas de Derecho Industrial y Derecho de Autor. Tomo XXXI*, 2011

MARGONI, Thomas, et al. Why we need a text and data mining exception (but it is not enough). En *LREC Proceedings*. European Language Resources Association, 2016

MARGONI, Thomas; KRETSCHMER, Martin. The Text and Data Mining exception in the Proposal for a Directive on Copyright in the Digital Single Market: Why it is not what EU copyright law needs. *UK Copyright and Creative Economy Centre University of Glasgow Technical Report*, 2018

MASSAGUER FUENTES, José. *El nuevo derecho contra la competencia desleal: la Directiva 2005/29/CE sobre las Prácticas Comerciales Desleales.* Civitas, 2006

MORALEJO MENÉNDEZ, Ignacio. Actos de confusión y actos de explotación de la reputación ajena. En GARCÍA-CRUCES GONZÁLEZ, José Antonio. *Tratado de Derecho de la competencia y de la publicidad.* Tirant lo Blanch, 2014. p. 1349-1426

MORALEJO MENÉNDEZ, Ignacio. Artículo 7. Omisiones engañosas. En BERCOVITZ RODRÍGUEZ-CANO, Alberto (Dir.). *Comentarios a la Ley de Competencia Desleal.* Thomson Reuters-Aranzadi, 2011

MUÑOZ FERRANDIS, Carlos; DUQUE LIZARRALDE, Marta. Opening Sourcing AI: La propiedad intelectual al servicio del liderazgo de la plataforma. *J. Intelección. Puntal. Información. Tecnología. & Elec. Com. L.*, 2022, vol. 13, p. 224)

OHLY, Ansgar. Interfaces between trade mark protection and unfair competition law: Confusion about confusion and misconceptions about missapropriation? En LEE, Nari, WESTKAMP, Guido; KUR, Annette; OHLY, Ansgar (Eds.). *Intellectual property, unfair competition and publicity: convergences and development.* Edward Elgar Publishing, 2014

OTERO LASTRES, José Manuel. La protección de los consumidores cuarenta años después. *Actas de derecho industrial y derecho de autor, Tomo XL*, 2019

PELIKÁNOVÁ, Radka MacGregor. THE ANALYSIS OF THE CASE LAW OF THE COURT OF JUSTICE OF EU ON THE UNFAIR COMMERICAL PRACTICES. *Acta academica*, 2019, vol. 19, no 1, p. 47-58

PORTELLANO DÍEZ, Pedro. *La imitación en el derecho de la competencia desleal.* Ed. Civitas, 1995

POSNER, Eric A. A theory of contract law under conditions of radical judicial error. *Nw. UL Rev.*, 1999, vol. 94, p. 749; SEFTON-GREEN, Ruth (ed.). *Mistake, fraud and duties to inform in European contract law.* Cambridge university press, 2005

SAIZ GARCÍA, Concepción. Las obras creadas por sistemas de inteligencia artificial y su protección por el derecho de autor (AI Creado Obras y Su Protección Debajo Derechos de autor Ley). *InDret*, 2019, vol. 1.

SÁNCHEZ ARISTI, Rafael; OYARZAZBAL OYONARTE, Nora. Decadencia y caída del Texto Refundido de la Ley de Propiedad Intelectual: la transposición de la Directiva 2019/790 sobre derechos de autor en el mercado único digital por el Real Decreto-ley 24/2021, de 2 de noviembre. *Pe. i.: Revista de propiedad intelectual*, 2021

SCHÖNBERGER, Daniel. Deep copyright: up-and downstream questions related to artificial intelligence (AI) and machine learning (ML). in *Droit d'auteur*, 2018, vol. 4, p. 145-173

TATO PLAZA, Anxo. Prácticas comerciales engañosas con los consumidores. *Actas de Derecho Industrial y Derecho de Autor. Tomo XXIX*, 2009

TATO PLAZA, Anxo; FERNÁNDEZ CARBALLO-CALERO, Pablo; HERRERA PETRUS, Christian. *La reforma de la Ley de Competencia Desleal*, La Ley-Wolters Kluwers 2010.

VELENTZAS, John; BRONI, Georgia; PITOSKA, Elektra. Unfair commercial practices on marketing-advertising and consumer protection in EU member states. *Procedia Economics and Finance*, 2012, vol. 1, p. 411-420

VEZZOSO, Simonetta. Copyright, Interfaces, and a Possible Atlantic Divide. *J. Intell. Prop. Info. Tech. & Elec. Com. L.*, 2012, vol. 3

VEZZOSO, Simonetta. The dawn of pro-competition data regulation for gatekeepers in the EU. *European Competition Journal*, 2021, vol. 17, no 2, p. 391-406

ZURIMENDI ISLA, Aitor. Artículo 7: Actos de engaño. En MARTÍNEZ SANZ, Fernando. *Comentario práctico a la Ley de Competencia Desleal*, Ed. Tecnos, 2009

Capítulo 8.
LA PROTECCIÓN SUPLEMENTARIA DE LAS FORMAS FUNCIONALES POR EL DERECHO DE LA COMPETENCIA DESLEAL

MANUEL BERNET PÁEZ[1]

SUMARIO: I. INTRODUCCIÓN. II. LA PROTECCIÓN DE LAS FORMAS FUNCIONALES EN EL DERECHO DE LA COMPETENCIA DESLEAL ALEMÁN. 1. De la tesis de la prioridad a la tesis de la equivalencia de tutelas. 2. Un paso más allá: la protección concedida a las formas previamente patentadas por el derecho de la competencia desleal. 3. La consagración de la tesis de la equivalencia. 4. Evaluación de la tesis de la equivalencia por la doctrina. III. LA PROTECCIÓN DE LAS FORMAS FUNCIONALES EN EL DERECHO DE LA COMPETENCIA DESLEAL ESTADOUNIDENSE. 1. Dilema no resuelto: Prioridad o igualdad entre los regímenes en conflicto. 2. La sentencia *Traffix Devices*: La patente previa como prueba de funcionalidad. IV. UNA PROPUESTA SOBRE EL DILEMA DE LA TUTELA POR EL DERECHO DE LA COMPETENCIA DESLEAL DE LAS FORMAS PROTEGIDAS PREVIAMENTE COMO PATENTES DE INVENCIÓN. V. CONCLUSIONES. VI. BIBLIOGRAFÍA.

SUMMARY: I. INTRODUCTION. II. THE PROTECTION OF FUNCTIONAL FORMS IN GERMAN UNFAIR COMPETITION LAW. 1. From the thesis

---

1 Profesor de Derecho Comercial, Facultad de Derecho, Universidad de los Andes, Chile. Doctor en Derecho por la Universidad de los Andes. Dirección postal: Avda. Monseñor Álvaro del Portillo 12.455, Las Condes, Santiago, Chile. Correo electrónico es mbernet@uandes.cl. Este trabajo forma parte del Proyecto FONDECYT Regular N° 1240224 "La cláusula general de competencia desleal. Propuesta de integración mediante casos típicos y su aplicación a las nuevas formas de comercialización" del que el autor es Investigador Responsable.

of priority to the thesis of equivalence of protection. 2. A step further: the protection granted to previously patented forms by unfair competition law. 3. The recognition of the thesis of equivalence. 4. Evaluation of the equivalence thesis by the doctrine. III. THE PROTECTION OF FUNCTIONAL FORMS IN U.S. UNFAIR COMPETITION LAW. 1. Unresolved dilemma: priority or equality between conflicting regimes. 2. The *Traffix devices* judgment: the prior patent as proof of functionality. IV. A PROPOSAL ON THE DILEMMA OF UNFAIR COMPETITION LAW PROTECTION OF SHAPES PREVIOUSLY PROTECTED AS PATENTS FOR INVENTION. V. CONCLUSIONS. VI. BIBLIOGRAPHY.

RESUMEN: El propósito de este trabajo es determinar el estado de la cuestión respecto de la posibilidad de tutelar a través del derecho de la competencia desleal aquellas formas que de manera previa gozaron de protección por el derecho de patentes. Para este objetivo se realizó un estudio comparado escogiéndose el Derecho alemán y el Derecho de los Estados Unidos de América, lo que nos entregó los materiales dogmáticos suficientes para formular una propuesta de aproximación a este clásico tema del derecho de la competencia desleal.

PALABRAS CLAVES: PRESENTACIÓN COMERCIAL – DERECHO DE LA COMPETENCIA DESLEAL – FORMAS FUNCIONALES

ABSTRACT: The purpose of this work is to determine the state of the art regarding the possibility of protecting through unfair competition law those forms that previously enjoyed protection under patent law. For this objective, a comparative study was carried out, choosing German law and the law of the United States of America, which provided us sufficient legal background to formulate a proposal for an approach to this classic topic of unfair competition law.

KEYWORDS: TRADE DRESS – UNFAIR COMPETITION LAW – TECHNICAL FORMS

I. INTRODUCCIÓN

El propósito de este trabajo es un asunto clásico del derecho de la competencia desleal, a saber, si es posible mediante esta rama del derecho tutelar aquellas formas que ostentan un carácter técnico o funcional, en particular si previamente las mismas hayan sido protegidas por una patente de invención.

Ello como decimos, es un tema clásico, puesto que, si bien desde un inicio en el derecho comparado se ha admitido la protección a las formas funcionales en esta sede, no es menos cierto que se ha advertido, con mayor o menor énfasis, que una protección de esta naturaleza llevaría implícita una colisión con los demás regímenes de la propiedad intelectual, en particular, el derecho de patentes. Tal conflicto se incrementa bajo el prisma del derecho de la libre competencia, ya que esta perpetuación de un monopolio sobre una forma podría crear barreras a la entrada a los nuevos desafiantes, en especial respecto de mercado secundarios o de repuestos.

Ahora bien, decidimos volver sobre esta cuestión en atención a ciertas decisiones relevantes pronunciadas por el BGH mediante las cuales ha resuelto que no es inconveniente admitir la tutela de este tipo de formas por el derecho de la competencia desleal, a pesar de que las mismas hayan gozado de protección bajo el instituto de las patentes de invención, las cuales han caducado por el trascurso del tiempo.

En el análisis de este asunto hemos escogido como laboratorio de análisis el Derecho alemán por su enorme impacto para los demás ordenamientos continentales, sin embargo, estimo relevante también realizar ese contrapunto con el Derecho estadounidense, que por su importancia económica como también dogmática puede ser un buen punto de comparación para determinar el estado de la cuestión a nivel general.

El presente texto estará dividido en cuatro partes. En la primera, detallaremos la protección que se dispensa a las formas funcionales en el Derecho alemán, a continuación, se revisará esta misma temática en el Derecho estadounidense, y acto seguido, se entregará una opinión propia sobre este dilema, que más que presentar una propuesta definitiva, lo que pretende es sólo dar ciertas guías para futuras investigaciones al respecto. Se finalizará con las correspondientes conclusiones.

II. LA PROTECCIÓN DE LAS FORMAS FUNCIONALES EN EL DERECHO DE LA COMPETENCIA DESLEAL ALEMÁN

1. De la tesis de la prioridad a la tesis de la equivalencia de tutelas

Para entender de manera adecuada el estatus normativo actual en el Derecho alemán de la competencia desleal es necesario efectuar un apretado recorrido histórico sobre la evolución de su jurisprudencia sobre la materia.

En este sentido, con la antigua ley de marcas alemana y su primitiva ley de competencia desleal, los elementos externos aplicados a los productos se protegían bajo la figura de la presentación o *Ausstattung*, que no tenía acceso al registro marcario[2]. Bajo este antiguo régimen se disponía que para que una forma fuese protegible debía ostentar singularidad competitiva (*Wettberbliche Eigenart*)[3], esto es, características externas especiales que permitían indicar su origen empresarial, cualidades que podían derivarse de su sentido estético como de determinadas ventajas técnicas que poseían tales artículos, en la medida que fuesen arbitrarias o intercambiables. De manera adicional, a esta singularidad competitiva se debía agregar que tales formas debían ser a lo menos conocidas por el círculo de interesados, a fin de estar en presencia de un inevitable riesgo de confusión en los consumidores Sobre este punto, la juris-

---

2 SCHRICKER (1980), pág. 616.

3 Seguimos la traducción de esta expresión conforme a PORTELLANO (1995), pág. 469, y DOMÍNGUEZ (2003), pág. 222.

prudencia reiterada indicaba que existía una interacción entre estos distintos elementos, de forma que a mayor grado de singularidad competitiva, o ante imitación milimétrica, menor serían las exigencias probatorias para demostrar el riesgo de confusión evitable ocasionado por la réplica[4].

En este sentido, es ilustrativa de estos conceptos la sentencia del BGH de 3 de mayo de 1968, asunto "*Contenedores de Pólvora*", en el cual se discutía si era sancionable como imitación de tono confusionista la réplica de un recipiente de polvo para pistolas pulverizadoras con llama que se utilizan en los trabajos de soldadura. Aunque esta reclamación fue rechazada, en esta sentencia el Tribunal esboza que son protegibles por el derecho de la competencia desleal las formas funcionales siempre que presenten ciertas circunstancias especiales, como lo sería el engaño de origen evitable. Ahora en lo que nos interesa sostiene que para el derecho de la competencia desleal no sólo son imitables las formas técnicamente necesarias, que forman parte del domino público al expirar el monopolio del inventor o porque éste nunca tuvo lugar, sino que, además, todas las soluciones técnicas que un comerciante razonable adoptaría en atención a las expectativas de los consumidores, las que podríamos llamar formas técnicamente apropiables[5].

Un siguiente paso en esta línea jurisprudencial sobre las imitaciones de las formas funcionales se aprecia en la sentencia del BGH de 2 de diciembre de 2004 sobre la réplica de sistemas de productos modulares (*Bloques Lego III*)[6]. En este litigio se pretendía la tutela por competencia desleal de la forma del sistema modular de ladrillos de Lego cuya protección por diseño industrial había caducado por el transcurso del tiempo.

---

4 Derclaye y Leister (2011), pág. 271.

5 BGH, 03.05.1968–I ZR 66/66 "Pulverbehälter".

6 BGH, 02.12.2004–I ZR 30/02 "Klemmbausteine III".

El Tribunal denegó tal pretensión indicando que existiría una especie de correlación o vínculo entre el plazo de protección concedido por la ley especial de diseños y el amparo disponible por el derecho de la competencia desleal para la configuración externa de estos artículos. En consecuencia, se concluyó que este último régimen no podría ser un sustituto de una tutela que se había extinguido por el trascurso del tiempo conforme a las reglas generales.

El basamento de la posición expresada es lo que se ha llamado como tesis de la primacía o prioridad del derecho de la propiedad intelectual por sobre la competencia desleal ("*Vorrangtheorie*"), último ordenamiento que sólo sería aplicable en el evento que concurran circunstancias particulares que quedan fuera del ámbito de la tutela del derecho especial[7]. Esta teoría se hace aún más intensa al estimarse que por el derecho de la competencia desleal no se podría proteger por desvío aquellas creaciones que no reciben protección por el derecho de la propiedad intelectual, puesto que tal régimen no sólo define lo que positivamente protege, sino que establece en términos negativos aquello que se encuentra en el domino público. Se concluye que estos límites de protección no deben ser socavados por la aplicación de la ley de competencia desleal[8].

Ahora bien, se debe mencionar que, con ocasión de la reforma a la Ley de competencia desleal de 2004, como con la dictación de la Directiva sobre prácticas desleales de 2005, los autores germanos empezaron a abandonar la tesis de la prioridad siendo reemplazada por la teoría de la igualdad entre el derecho de la propiedad intelectual y la competencia desleal[9].

---

7 SAMBUC (2009), pág. 1020, margs. 6 y 7.

8 HEPP (2010), págs. 81-84.

9 KÖHLER (2007), pag. 551.

En este sentido, la doctrina en general señala que ambos ordenamientos tienen diferentes propósitos de protección, distintos requisitos para acceder a la tutela y consecuencias legales variadas. Por ello, el derecho de la competencia desleal dispondría de una protección que es independiente de la existencia o no de los derechos de propiedad intelectual que tutelaban la forma cuya protección se reclama, destacándose que ambas ramas del derecho tienen un mismo estatus normativo, y por ello debe dejarse de lado el carácter suplementario de la competencia desleal.

Un primer paso de esta nueva mirada se expresa en la sentencia *Jeans I*, de 15 de septiembre de 2005 -que se referiría a la imitación servil de un particular modelo de esta prenda de vestir- en la que se indica en lo que nos interesa que la protección temporal de un diseño comunitario no registrado no afecta la posible tutela que se pretenda en virtud del derecho de la competencia desleal, ya que esta última no está sujeta a límite en el tiempo[10].

2. *Un paso más allá: La protección concedida a las formas previamente patentadas por el derecho de la competencia desleal*

Un siguiente escalón en esta evolución de mayor intensidad en la tutela de las formas funcionales se observa en la sentencia dictada por el BGH de 22 de enero de 2015, en el llamado caso "*Dientes excéntricos*"[11].

En este litigio el demandante fabricaba unos dispositivos de plástico que tenían por propósito sujetar tubos y cables en los muros, y que exhibían como cualidad técnica destacable ciertos elementos de expansión, similares a unos dientes, que

10 BGH, 15.09.2005 -I ZR 151/02 "Jeans I".

11 BGH, 22.01.2015 -I ZR 107/13, "Exzenterzähne".

al insertarse en una superficie evitaban que el dispositivo en cuestión se desprendiese de la pared. Este tipo de abrazadera se encontraba protegida por una patente de invención hasta el año 2004. Por su parte, los demandados eran ex empleados de la actora, quien empezaron a comercializar tales dispositivos una vez caducada la patente, siendo una réplica con escasas variantes de la forma original.

El tribunal inferior había desechado la acción al atender que, si bien una forma previamente patentada podría gozar de singularidad competitiva, en el caso en concreto la protección de una patente vencida no podría ampliarse mediante la ley de competencia desleal, siendo solo tutelable por esta vía aquel elemento distintivo de la forma funcional que sea independiente de la solución técnica patentada[12].

Por su parte, el BGH rechazó la posición expresada por el juez inferior en base a un conjunto de consideraciones.

La primera de ellas es no habría razón para negar desde un principio la tutela por competencia desleal de una forma protegida por una patente de invención caduca, puesto que este tipo de amparo está diseñado en términos diferentes al concedido por la ley especial, en cuanto a que ésta tiene propósitos diversos, como también requisitos y consecuencia legales distintas. De este modo no habría inconveniente que en este caso estos elementos funcionales pudiesen recibir amparo por competencia desleal en la medida que no sean formas necesarias, sino libremente intercambiables, circunstancia fáctica que se daba por acreditada al observarse en el mercado muchísimas variantes de estas abrazaderas con una configuración alternativa a la forma imitada.

En segundo término, el BGH discurre que la imitación examinada es desleal al ocasionar un engaño evitable en cuanto

---

12 OLG Frankfurt a. M., 25. 4. 2013 – 6 U 204/11.

al origen de los artículos. Ello es palpable puesto que se está en presencia de una imitación casi milimétrica, que junto con la popularidad del producto de la demandante, acrecienta el riesgo de confusión.

En tercer lugar, el BGH profundiza aún más en la determinación de la probabilidad de confusión en este tipo de casos, y en particular respecto de la defensa esgrimida por los demandados acerca que habían adoptado las medidas razonables para evitar la confusión consistente en el uso del etiquetado propio. En cuanto a este tópico, el BGH afirma que en el juicio de razonabilidad sobre las medidas destinadas a impedir la confusión se debe realizar una ponderación de los intereses involucrados, estos son, el interés del fabricante del producto original en evitar el engaño de origen, el interés de los competidores en el uso de elementos de diseño que no están sujetos a protección especial y el interés de los compradores de participar en un mercado competitivo en precios y de calidad.

Luego, teniendo en vista lo anterior el BGH razona que en una hipótesis de imitación casi milimétrica -como era la de este litigio- no será suficiente para contrarrestar el engaño el uso de un etiquetado propio por el imitador, sino que éste debería haberse distanciado de la configuración de la forma pionera para observar de manera adecuada las medidas tendientes a dificultar la confusión. Esto último se debe a que los artículos involucrados no sólo tenían como destinatarios a los distribuidores intermedios, sino que también al público en general, los cuales se verían confundidos por el carácter idéntico de ambos productos.

Las opiniones de la doctrina frente a esta decisión fueron dispares. Algunos autores apoyaron las directrices dadas por el BGH y entregaron nuevos argumentos para sostener tal posición, al decir que el empresario que patenta una forma no puede quedar en una peor situación de aquel que no solicita una patente o mantiene en secreto la solución técnica[13]. Para NEMECZEK, el titular de la patente no recibe ninguna ventaja adicional, como sostiene el tribunal inferior. La patente en sí no le asigna a la forma en cuestión singularidad competitiva, ello se adquiere por las ventas o la publicidad que altera la percepción del público. En este extremo se insiste que el BGH ya había rechazado la tesis de la prioridad y se había asentado que la ley de competencia desleal no desempeña ningún rol como sustituto de los derechos de propiedad intelectual[14].

En la otra vereda se encuentran autores como OHLY, SOSNITZA y LEISTNER. Así, para OHLY y SOSNITZA la necesidad de mantener libre el estado de la técnica implica que las características funcionales de un producto previamente patentadas pueden ser utilizadas de forma idéntica por los competidores siempre ellos identifiquen de manera adecuada su artículo en el mercado. Es más, sugieren que se debería tolerar cierto grado de confusión en el mercado una vez expirado el derecho de patente para permitir que los consumidores se acostumbren a la presencia de nuevos rivales ofreciendo productos intercambiables[15]. Por su parte LEISTNER destaca que la aplicación del derecho de la competencia desleal en este tipo de hipótesis cimentaría posiciones monopolísticas a favor del titular de la patente y retrasaría la posible competición de los imitadores por un periodo ilimitado de tiempo. De ahí que, en el ejercicio de un balance de intereses, se debería privilegiar aquella tesis que admita una fase temporal de confusión en miras a un beneficio a largo plazo para que los consumidores accedan a mejores precios[16].

---

13 KÖHLER, BORNKAMM y FEDDERSEN (2023), § 4 Rn. 3.12.

14 NEMECZEK (2015), pág. 915.

15 OHLY y SOSNITZA (2023), § 4 Rn. 3/62.

16 LEISTNER (2021), págs. 451 y 457.

3. La consagración de la tesis de la equivalencia

La admisión definitiva a la tesis de la equivalencia se observa en la sentencia del BGH de 15 de diciembre de 2016 dictada en el asunto "Clavijas para la tierra". En este litigio la demandante era una fabricante de unas piezas metálicas destinadas al anclaje de postes en el suelo que tenía como funcionalidad técnica facilitar que los tubos de acero se insertaran de manera idónea en la tierra y que creciera el césped a su alrededor.

La actora gozó de una patente de invención hasta 2006, luego de lo cual solicitó el registro de tales aparatos como marca comunitaria tridimensional, inscripción que si bien fue otorgada por la Oficina Europea de Propiedad Intelectual, de manera posterior tal órgano adoptó la decisión de anular tal marca en base al carácter técnico de la forma en cuestión.

El tribunal inferior rechazó una acción por competencia desleal en contra de un fabricante que comercializaba artículos que compartían esta solución técnica, la que añadía ciertas mejoras a la configuración original. Así, para sostener esta conclusión dio cuenta de una serie de argumentos[17].

El primero es que una vez que caduca una patente de invención por el paso del tiempo, la enseñanza técnica expresada en ella entra al dominio público, por lo que la protección que podría obtenerse por la ley de competencia desleal sólo se debe referir a aquellas características del producto que son independientes de la solución patentada. El tribunal insiste que no se debe olvidar que el resultado conseguido por la forma no está desligado de la solución técnica planteada en las reivindicaciones por lo que cualquiera otra solución equivalente a ella se integra al dominio público conforme a los principios del derecho de patentes. De modo complementario, el tribunal señaló

---

17 OLG Düsseldorf, 24.02.2015 – 20 U 216/13.

que privilegiar la libre imitación de la forma en cuestión en modo alguno afecta al titular de la patente caduca, ya que éste ostentó un monopolio por veinte años siendo lo que procede a continuación de dicho plazo que la configuración en cuestión deba entrar al domino público.

En segundo término, el tribunal inferior se aboca a examinar la documentación de la patente de invención, lo que le permite concluir que se presume que es una forma técnicamente necesaria en cuanto a sus características, por lo que no se debe imponer al imitador el riesgo que adopte otras soluciones técnicas inferiores, o que se le imponga la carga de obtener el resultado técnico deseado a través de otros diseños.

Como cierre, el tribunal da un paso más allá, puesto que a partir de la nulidad de la marca tridimensional que había sido concedida esgrime que entre el derecho de la competencia desleal y el derecho de marcas existen puentes normativos que no se pueden desconocer. De esta tesis se concluye que si la forma en cuestión como marca fue anulada por su vínculo a un resultado técnico, entonces no se podría a través de esta acción de competencia desleal contrarrestar o subvertir esta posición dogmática contenida en el Reglamento de marca comunitaria.

Como puede apreciarse en este pronunciamiento subyace como idea central que lo funcional no es un concepto estanco entre las diferentes disciplinas jurídicas vinculadas, o en otras palabras, que cada rama debe tener su propia definición de lo que es funcional, sino que todas los institutos de la propiedad intelectual -incluyendo la competencia desleal- deberían considerar un mismo significado de lo que es funcional, lo cual viene entregado de forma preferente por el derecho de patentes.

Por su parte, el BGH rechazó de manera íntegra el razonamiento expresado por el juez inferior, y concluyó que la formas reclamadas -aun vencida su patente- podían recibir tutela por el derecho de la competencia desleal[18].

Para allegar a tal resultado, en primer término, el BGH discrepa del órgano inferior al decir que no hay razones legales para negar la protección a las características técnicas de un producto que recibió amparo por una patente vencida, en la medida que se den circunstancias distintas a la mera infracción por patentes, como lo sería el riesgo de confusión. Para el BGH, citando a Nemeczek, la circunstancia que un empresario haya obtenido una patente no puede ubicarlo en una posición menos ventajosa que aquel no gozaba de tal derecho. Del mismo modo, el BGH indica que las características técnicas de un producto pueden gozar de singularidad competitiva conforme a la ley de competencia desleal, a pesar de que tal configuración no es adecuada para ser registrada como una marca comercial tridimensional.

Por otra parte, el BGH asevera que no se está ante una forma técnicamente necesaria debido a que ha comprobado que existen numerosos ejemplos en el mercado de clavijas de suelo que no imitan de manera servil el modelo del demandante. De esta observación fáctica se infiere que el imitador tiene libertad para elegir diversas variantes para fabricar clavijas de suelo, lo cual permite justificar la estimación de la acción deducida.

Por último, el BGH efectúa un escrutinio riguroso sobre la imitación milimétrica efectuada por el replicador, al sostener que este tipo de copia servil presume el engaño a los consumidores en cuanto al origen de los productos en conflicto. Y en vistas a esta mirada más estricta, se sostuvo que el marcaje o etiquetado de los artículos por el demandado no fue suficiente como una medida apropiada para evitar la confusión, puesto que no había prueba que acreditara que el público destina-

---

18 BGH, 15.12.2016 – I ZR 197/15, "Bodendübel".

tario interpretó tales indicaciones como una señal del origen empresarial del artículo cuestionado.

Por otro lado, para complementar el cuadro de la teoría de la equivalencia es preciso mencionar la sentencia del BGH del 4 de mayo de 2016. En este asunto se discutía la deslealtad de una réplica de una base de datos del mercado farmacéutico cuyo plazo de protección especial había finalizado el 2003[19].

En este pronunciamiento el BGH reiteró la independencia de la tutela de la competencia desleal con la protección dispensada por la propiedad intelectual señalando que, a diferencia del amparo sui generis concedido a las bases de datos, en materia de competencia desleal no existen límites temporales específicos para su protección auxiliar en la medida que la prestación cuya tutela se reclama conserve o mantenga su singularidad competitiva en el mercado y que no hayan desaparecido las circunstancias especiales que dieron lugar a la deslealtad reprochada.

Sin perjuicio de esta aseveración general, el BGH prescribe que en dos supuestos fácticos existirían límites temporales a la protección pretendida en virtud de la ley de competencia desleal, estos son, la tutela de los sistemas modulares conforme se ordenó en la sentencia *Bloques Lego III*, y los artículos de moda de temporada, estos últimos protegidos por las reglas del diseño no registrados[20].

19 BGH, Urt. v. 4.5.2016 – I ZR 58/14, "Segmentstruktur".

20 Con esta sentencia el Tribunal Federal Supremo deja sin efecto su jurisprudencia emitida en el asunto: BGH, 19.01.1973–I ZR 39/71, "Modeneuheit".

4. Evaluación de la tesis de la equivalencia por la doctrina

Se debe mencionar que la doctrina mayoritaria se ha manifestado de forma favorable a la tesis expresada por el BGH, aunque se han planteado algunas matizaciones a tener en consideración[21].

Para Dornis un aspecto de la argumentación del BGH que no resulta muy consistente es la utilización de una ponderación integral de intereses para determinar la evitabilidad del riesgo de confusión. Así, esta triada de intereses del fabricante original, competidores y consumidores no siempre es posible de conciliar. Y por ello sostiene que esta discusión debe centrarse, por un lado, en si los costos de búsqueda de los consumidores se incrementan producto de la imitación, y por el otro, si también existe un aumento considerable en los costos asociados a las opciones de etiquetado o modificación de la forma del producto para evitar el engaño.

El objetivo sería encontrar una solución en que los costos generales fuesen los más bajos por lo que primero se debe privilegiar como medida apropiada para impedir la confusión el etiquetado de los artículos, y sólo como ultima *ratio* la alteración de su forma. Acto seguido, el objetivo no puede ser excluir de manera absoluta el riesgo de confusión en el mercado si el cambio necesario del producto conduce a un aumento de costos significativos o a una pérdida de atractivo para los clientes que dé como resultado que la imitación no puede venderse o que sólo puede comercializarse de forma limitada[22].

Esta mirada más sigilosa del problema planteado ha sido tomada en consideración por el BGH en la sentencia de 14 de septiembre de 2017 en el asunto "Globo Luminoso", en donde

---

21 Por todos: Köhler, Bornkamm y Feddersen (2023), § 4 Rn. 3.6a.

22 Dornis (2022), pág. 1110.

el Tribunal realiza un examen más exhaustivo sobre las medidas apropiadas y razonables para evitar la confusión en un caso referido a la imitación de unas formas lumínicas que exhibían una configuración de un globo sostenido con un pedestal.

En este pronunciamiento el BGH en concreto resolvió: "Al desplazar las proporciones entre las mitades superior e inferior de su producto en comparación con el producto del demandante, el demandado contrarrestó el engaño de origen haciendo uso del margen de diseño existente. Dado que no existían otras opciones de etiquetado que pudieran haber reducido el engaño sobre el origen, y el demandado ha agotado las posibilidades de diseño disponibles, no es necesario tomar más medidas de demarcación en el dispositivo de iluminación y se debe aceptar cualquier otro riesgo de confusión. En este supuesto, el interés del demandado como competidor en utilizar una solución técnica de dominio público y el interés de los clientes en la competencia por precios y productos tiene prioridad sobre el interés del demandante de evitar la confusión sobre el origen."[23].

III. LA PROTECCIÓN DE LAS FORMAS FUNCIONALES EN EL DERECHO DE LA COMPETENCIA DESLEAL ESTADOUNIDENSE

1. Dilema no resuelto: Prioridad o igualdad entre los regímenes en conflicto

En el Derecho estadounidense la forma de los productos, en sede de competencia desleal se protegen a través el instituto

[23] BGH, 14.09.2017–I ZR 2/16- "Leuchtballon".

del *trade dress* o presentación comercial[24]. En tal sistema, desde tiempos pretéritos la judicatura, y luego la ley, dispuso como un requisito para la tutela de las características externas distintivas de un artículo que no fuesen funcionales, exigencia que también se conoce como doctrina de la funcionalidad.

En cuanto al concepto de funcionalidad, la Corte Suprema en la sentencia *Inwood* de 1982 sostuvo que: "En términos generales, la característica de un producto es funcional si es esencial para su uso o propósito del artículo o si ésta afecta el costo o calidad del artículo"[25].

Se aprecia de esta definición que para calificar como funcional un objeto se debe atender a sus cualidades ontológicas, sin considerar para ello si la concesión de la tutela reclamada otorgará una ventaja a su titular no replicable por sus competidores. De esta manera, el denominado test de necesidades competitivas para determinar la funcionalidad de un objeto -utilizado por algunos de los tribunales de los circuitos y recogido en el *Restatement of Unfair Competition*- fue rechazado por el alto tribunal[26].

---

24 En el Derecho federal estadounidense las formas distintivas tienen una protección bifronte. En primer lugar, la apariencia de los productos, incluyendo su configuración, puede ser objeto de registro como marca tridimensional. En segundo término, en virtud de la § 43 (a) de la *Lanham Act* se puede proteger el *trade dress* no registrado. En nuestro examen nos enfocaremos en esta última opción de tutela, aunque se debe mencionar que tanto respecto de la primera como de la segunda se deben cumplir los requisitos copulativos de distintividad y no funcionalidad.

25 Inwood Laboratories Inc. v. Ives Laboratories, Inc., 456 U.S. 844 (1982).

26 Representativa del test de necesidades competitivas es la sentencia: In re Morton-Norwich Products, Inc., 671 F.2d 1332 (C.C.P.A. 1982).

Lo que subyace en la doctrina de la funcionalidad es que las creaciones técnicas sólo deberían ser protegidas por el derecho de patentes, al ser éste el único sistema legal que premia las innovaciones bajo estrictos requisitos de acceso. Así lo reafirma la Corte Suprema en su decisión *Qualitex* de 1995: "Es competencia de la ley de patentes, y no de la ley de marcas, fomentar la invención concediendo a los inventores un monopolio sobre nuevos diseños o funciones de productos durante un tiempo limitado, 35 U. S. C. §§ 154, 173, tras lo cual los competidores son libres de utilizar la innovación. (…) si las características funcionales de un producto se pudieran utilizar como marcas, se podría obtener un monopolio sobre dichas características sin tener en cuenta si cumplen los requisitos para ser patentes y podría extenderse para siempre (porque las marcas se pueden renovar a perpetuidad)"[27].

A partir de estos conceptos generales nos abocaremos a determinar el estado de la cuestión sobre esta materia para responder a la interrogante principal de este texto, a saber, si es posible proteger a través del derecho de la competencia desleal una forma que previamente haya gozado de tutela como patente de invención.

La dogmática sobre este punto ha expresado dos consideraciones[28]. La primera es que pretender proteger como *trade dress* a un objeto amparado por una patente caduca implicaría perpetuar la duración de la misma. En consecuencia, se observa la existencia de un conflicto normativo entre la ley de patentes con la ley de marcas. La segunda es que esta colisión se acrecienta aún más por cuestiones constitucionales, puesto que esta tutela extendida por la competencia desleal sería contraria a la *Patent Clause* contenida en la Constitución de dicho

---

27 Qualitex Co. v. Jacobson Products Co., Inc., 514 U.S. 159 (1995).

28 Sobre este debate, vid. BERNET (2014), pp. 288-289.

país que dispone que todo monopolio otorgado por una patente tiene una limitación temporal[29].

En el ámbito de la jurisprudencia, antes de la decisión de la Corte Suprema en el asunto *Traffix* de 2000 se apreciaban visiones divergentes. Para algunos Tribunales de Apelación de los Circuitos existía una limitación al amparo respecto de todo componente significativo de una invención cubierta por una patente de utilidad, puesto que conforme ordenan las directrices del derecho de patentes tal forma debe entrar en el dominio público. Ahora bien, el matiz de esta posición es que debe tratarse de aquel elemento significativo de la patente, cuestión que se determina mediante el simple ejercicio de evaluar si sin su presencia dejaría de ser la misma invención[30].

Para otras Cortes de Apelación la protección que se confiere a una forma como presentación comercial no depende o se vincula a la existencia de una patente anterior sobre la configuración reclamada. Por tanto, no puede considerarse que el derecho de la competencia desleal extienda el monopolio de la patente, ya que se trata de dos tutelas que existen con autonomía en virtud de normas legales diferentes, y con fundamentos distintos. Ahora bien, esta posición más favorable percibe que esta protección ilimitada sobre la forma de los productos podría ser contraria a la libre competencia, empero

---

29 Art. I, § 8, cl. 8 dice: "El Congreso tendrá facultad: Para fomentar el progreso de la ciencia y las artes útiles, asegurando a los autores e inventores, por un tiempo limitado, el derecho exclusivo sobre sus respectivos escritos y descubrimientos.".

30 Sentencias representativas de esta línea jurisprudencial: Vornado Air Circulation Systems v. Duracraft Corp., 58 F.3d 1498 (10th Circ. 1995). Siguen esta misma corriente las siguientes sentencias: Thomas & Betts Corp. v. Panduit Corp., 65 F.3d 654 (7th Cir. 1995); Zip Dee., Inc., v. Dometic Corp., 931 F. Supp. 602 (N.D. I11. 1996).

tales externalidades negativas serían mitigadas por la doctrina de la funcionalidad[31].

La Corte Suprema, como veremos a continuación, en vez de inclinarse por una u otra posición, en la sentencia *Traffix* opta por una vía intermedia, lo cual no ha estado exento de críticas.

2. La sentencia Traffix Devices: La patente previa como prueba de funcionalidad

En este renombrado litigio se discutía la legalidad de la imitación de la conformación de unas señales de tránsito para las carreteras cuya particularidad residía en su resistencia a las ráfagas de vientos[32]. Esta cualidad técnica especial se debía a que tales carteles se sostenían en dos soportes flexibles, mecanismo que estaba protegido por una patente de utilidad.

De esta manera, una vez vencido el período de protección de tal patente, la demandada TrafFix Devices Inc. empezó a comercializar copias de tales símbolos de tráfico erguidos, lo que motivó la acción de la actora Marketing Displays alegando al respecto que tales señales debían ser protegidas como *trade dress.*

Una vez obtenido un resultado condenatorio por la Corte de Apelación del Sexto Circuito, la demandada solicitó a la Corte Suprema que a través de una declaración de *certiorari* resolviera la discrepancia entre los tribunales superiores de los

---

[31] Sobre esta posición jurisprudencial, vid. Midwest Industries v. Karavan Trailers, 175 F.3d 1357 (Fed. Cir., 1999); Disc Golf Ass'n v. Champion Discs, Inc., 158 F.3d 1002, 1008 (9th Cir. 1998); Sunbeam Prods. v. W. Bend Co., 123 F.3d 246, 256 (5th Cir. 1997).

[32] TrafFix Devices, Inc. v. Marketing Displays, Inc., 532 U.S. 23 (2001).

circuitos acerca de si la existencia de una patente de utilidad expirada de un producto anula la posibilidad de una posterior tutela de esa misma forma bajo el instituto de la presentación comercial.

Por su parte, el Tribunal Supremo como respuesta a la cuestión planteada razona que una patente expirada tiene una importancia significativa en toda reclamación de protección de un *trade dress*, y tal relevancia consiste en que una patente de utilidad es una evidencia fuerte de que las características exteriores del diseño involucrado son funcionales.

Por consiguiente, aquel que pretenda amparo como *trade dress* de una configuración previamente patentada deberá soportar la pesada carga de acreditar su no funcionalidad, como por ejemplo, demostrando que se trata de un aspecto arbitrario, incidental u ornamental del aparato referido.

Como complemento, la Corte Suprema adopta un enfoque amplio para considerar si una determinada cualidad externa de un producto se entiende formar parte de una patente de utilidad, esto es, no se limita en el examen de tal tarea a las reivindicaciones de la patente implicada, sino que además a cualquier otra declaración que efectúe el interesado tanto en el procedimiento de solicitud de la patente, como en litigios relacionados a la misma.

Se destaca que el Tribunal Supremo elude responder el eventual conflicto constitucional, indicando que si bien la demandada como algunos *amicus curie* sostuvieron que una protección como *trade dress* de una patente expirada era contraria a la *Patent Clause*, tal pronunciamiento se efectuará en futuros pleitos en los cuales la tutela como presentación comercial se convierta en un equivalente a la protección de una patente extinguida.

Conocida la decisión *Traffix*, tanto las opiniones benignas[33] como adversas[34] de los autores no se dejaron esperar. En este sentido, existe consenso en la doctrina que la Corte Suprema no resolvió la cuestión normativa planteada, esto es, el potencial conflicto entre el derecho de patentes y el derecho de marcas comerciales[35]. Acerca de lo mismo, para algunos al declinar la Corte elegir una línea estricta en esta materia, ello no es más que un reflejo de su posición de mantener a la doctrina de la funcionalidad como el medio a través del cual se resuelve esta discrepancia normativa[36].

IV. UNA PROPUESTA SOBRE EL DILEMA DE LA TUTELA POR EL DERECHO DE LA COMPETENCIA DESLEAL DE LAS FORMAS PROTEGIDAS PREVIAMENTE COMO PATENTES DE INVENCIÓN

Asentado el estado de la cuestión en estos ordenamientos comparados me permito dar una opinión teórica sobre este difícil asunto, lo que no obsta que su contraste dependerá de las normas de derecho positivo aplicables en cada país. En este punto, en el derecho español, se cuentan con estudios sobre la materia como son los de MASSAGUER[37], PORTELLANO[38] y DOMÍNGUEZ[39] por lo que mi aporte en esta oportunidad al respecto a tal ordenamiento será más bien escaso.

---

33 Por todos: BARBER (2003), pág. 289.

34 Por todos: CHRONOPOULOS (2012) pág. 167.

35 Por todos: EDELMAN (2000), pág. 28.

36 MCCARTHY (2009), pág. 7-316.

37 MASSAGUER (2011), págs. 157-197.

38 PORTELLANO (1995), págs.415-525.

39 DOMÍNGUEZ (2011), págs. 279-316.

Dicho lo anterior, creo que es posible presentar ciertas tesis de carácter general. Todas ellas se sustentan en una premisa común, esta es, que no es correcto afirmar una separabilidad absoluta entre los derechos de la propiedad intelectual -en particular el derecho de patentes- con la competencia desleal, sino que más bien se debe apuntar a una lectura conjunta que evite contradicciones valorativas del sistema económico, tal como expresa MASSAGUER con la feliz expresión "complementariedad relativa"[40].

Por de pronto, en ninguno de los sistemas jurídicos revisados se sostiene una división absoluta. En el caso del Derecho alemán, la prohibición de tutelar las formas técnicas necesarias descansa en evitar que por medio esta vía se burlen los exigentes requisitos formales y materiales establecidos en el derecho de patentes[41]. Mientras que el Derecho estadounidense, la Corte Suprema ha sido enfática acerca que, en primer término, la doctrina de la funcionalidad tiene por propósito evitar que las formas funcionales no sean protegidas por el derecho de la competencia desleal, y en segundo lugar, que una patente de invención previa sea considerada como una evidencia fuerte de la funcionalidad de la forma cuyo amparo se pretende.

En un plano más teórico, una lectura que propugne una distancia absoluta entre ambos sistemas provocaría riesgos que se deben evitar, tales como: la creación o perpetuación de monopolios injustificados, la disminución de la eficacia de las tutelas especiales y el irrespeto al legislador como creador único de derechos de exclusiva[42].

---

40 MASSAGUER (2011), pág. 164.

41 PORTELLANO (1995), pág. 442

42 Sobre las inconsistencias sistemáticas mencionadas, *vid.* GHIDINI Y CAVANI (2021), págs. 471- 473.

Por lo tanto, en principio se podría sostener que no habría un papel protagónico para el derecho de la competencia desleal para proteger las formas funcionales, las que se deberían resguardar con preferencia por intermedio de la tutela temporal y exigente del derecho de patentes. Ello además es coincidente con los presupuestos de un sistema competitivo, en donde la imitación es una pieza clave para la innovación incremental[43].

Sin embargo, esta regla puede exhibirse como algo simplista, ya que no considera los otros intereses en juego como lo sería evitar una posible confusión entre los consumidores debido a una imitación servil[44].

Ante ello, lo que se propone es que se debe ajustar esta regla general y tratar de indagar en los detalles de la misma. En otras palabras, tratar de responder a las siguientes interrogantes: ¿Qué es lo funcional respecto de una forma? ¿Qué rol juega una patente vencida para determinar lo funcional? ¿Hasta qué punto se debe evitar el engaño en los consumidores respecto de una forma funcional que ostente distintividad? ¿Es la cesación o prohibición de comercialización de una réplica un remedio proporcional frente a una imitación servil de un producto funcional que goce de distintividad?

La respuesta a cada una de estas preguntas implicaría por sí solas una investigación separada, empero ello no nos impide intentar dar algunas líneas sobre estas cuestiones.

La primera, a saber, qué es lo funcional de una forma, se debe aclarar de antemano que en dicha indagación no nos estamos refiriendo a la utilidad del objeto como tal, ya que cualquiera que sea su configuración, todo artículo despliega una función utilitaria como tal como puede ser una forma de una

---

43 PORTELLANO (1995), pág. 103.

44 En una línea similar MASSAGUER (2011), pág. 168.

botella para almacenar líquidos[45]. Lo relevante es si la especial característica del artículo en cuestión fue adoptada por razones en su esencia utilitarias.

De esta manera, a mi parecer lo funcional se identificará con todas aquellas formas que examinadas como un todo respondan a un resultado técnico, no siendo necesario indagar acerca de las posibles alternativas disponibles. Por lo tanto, lo funcional será aquello que en su esencia reporta alguna utilidad, ventaja o mejoramiento técnico a un producto, aunque esto último pueda conseguirse a través de otra conformación diversa del artículo. Esta regla de funcionalidad sería consistente con la preocupación del legislador de encapsular las soluciones técnicas al derecho de patentes, tal como se aprecia en los demás derechos especiales, como son las marcas y los diseños.

Esta mirada de lo funcional, que atiende exclusivamente al resultado técnico, debe incrementarse conforme a los postulados del derecho de la competencia, de manera que una forma que carece de tutela especial -ya que no se pidió o caducó- también sería imitable si ella responde a las preferencias de los consumidores (estandarización), aunque sus características técnicas no desempeñen un papel tan relevante en su conformación, esto es, que no sean esenciales para la obtención del resultado técnico.

En resumen, de acuerdo con los argumentos expuestos, a mi parecer por formas funcionales deben comprenderse todas aquellas que examinadas en su conjunto respondan a un resultado técnico, ya sea que incidan en el uso o propósito del producto, o bien digan relación con su costo de fabricación o calidad o con las preferencias de los consumidores.

---

45 McCarthy (2009), pág. 7-207.

Resuelto lo anterior cabe preguntarse de qué manera debe realizarse el control de funcionalidad técnica de una prestación. Sobre ello, se debe recordar que la tutela sobre la forma recae sobre la totalidad de la apariencia general de un producto por lo que como regla principal no resulta lícito descomponerla a fin de evaluar su funcionalidad. Por consiguiente, puede ocurrir que algunos de los elementos que componen una forma distintiva, valorados con independencia tengan rasgos funcionales, sin embargo, al examinarla como un todo no detenten tal carácter utilitario[46].

En correspondencia con lo anterior en el supuesto que se estime que la integridad del aspecto de un producto es funcional, la adición de elementos triviales o accesorios que no aporten a la función de este no alterará tal calificación[47].

Ahora bien, se debe indicar que al concederse el amparo a la presentación comercial como un todo ello no impedirá que el resto de los competidores adopten en sus productos aquellos elementos técnicos indispensables contenidos en la forma protegida[48]. Así, a modo de ilustración, si se tutelara la botella de "Coca-Cola" como una presentación comercial, se entenderá que el amparo se limitará a aquella forma particular de continente de líquidos, pero en ningún caso limitará a los demás operadores a usar la conformación común de dicho recipiente.

A continuación, en aquellos supuestos en que la presentación comercial está compuesta por elementos funcionales como ornamentales de manera equivalente, y por ello sea dificultoso hacer un juicio particular sobre la funcionalidad de la forma como un todo, puede resultar útil como directriz –sin perder de vista la totalidad de la conformación– establecer cuá-

---

46 LEVIN (2007), pág. 17-2.

47 MCCARTHY (2009) pág. 7-234.

48 AMERICAN LAW INSTITUTE (1995), pág. 174.

les son las características esenciales de la forma examinada, y verificar si éstas cumplen un papel distintivo, o bien, técnico[49]. De este modo, si las mencionadas cualidades son con preponderancia funcionales, puesto que se encuentran combinadas de tal manera para obtener un resultado técnico, entonces la forma será funcional por el especial ordenamiento dado a sus partes integrantes.

Por otra parte, en cuanto a la pregunta qué rol juega una patente vencida para determinar lo funcional, creemos que debemos seguir un enfoque similar al expuesto en el Derecho estadounidense con un matiz. Si la forma en cuestión es parte de las reivindicaciones de la patente, entonces su carácter de funcional es indisputable, siendo un objeto imitable con absoluta libertad por los terceros. Por tanto, estimamos dificultoso que se pueda acceder a una tutela por competencia desleal de una forma protegida por una patente de invención, a menos que al momento que se presente la acción se determine que la forma como un todo, si bien en su inicio tenía un carácter técnico con el pasar del tiempo ha perdido toda relevancia al respecto, siendo ahora una forma ornamental o caprichosa.

Un ejemplo de lo dicho, con los debidos resguardos es lo que ocurrió respecto de la apariencia de los mecheros de la marca "Zippo", los cuales en 1963 se estimaron por el Tribunal de la Oficina de Marcas y Patentes de Estados Unidos como funcionales por su bajo costo de fabricación y fácil manejo. Sin embargo, en 1999 tal órgano modificó su criterio al observar

---

49 Barrett (2004), pág. 125. Como complemento a esta formulación, la autora añade que en la actividad de determinar el carácter esencial de la particularidad pretendida debe centrarse sólo en el producto en cuestión, no teniendo importancia para ello el examen de los aspectos externos de otros productos similares. Asimismo, no es necesario que la característica enjuiciada ejecute su función de una mejor manera que los restantes artículos en el mercado.

que a esa fecha la forma de tales objetos no era funcional al presentarse en el mercado diversas alternativas a tal diseño, de manera que el registro de tal *trade dress* como marca comercial no tendría efectos anticompetitivos[50].

Una tercera interrogante se refiere a cómo se debería evitar el engaño respecto a la imitación de las formas, que, a pesar de ser funcional, ostenta singularidad competitiva en el mercado, y por ello su imitación servil podría producir engaño entre los consumidores.

Sobre esto, siguiendo a DINWOODIE, se han planteado dos teorías acerca de los efectos de la funcionalidad de la prestación reclamada. En virtud de la primera si la forma es considerada funcional por el juez debe ser rechazada de plano la pretensión de tutela, mientras que según la segunda si la presentación comercial en cuestión es distintiva, y por ello su imitación puede ocasionar confusión en el mercado, se le deberá imponer al imitador la carga de incorporar elementos de diferenciación en su prestación[51].

A mi parecer la segunda doctrina debería ser la seguida, puesto que, si bien el imitador tiene el derecho a copiar con exactitud milimétrica una forma funcional de otro, también tiene el deber de evitar la confusión en el mercado, debiendo para ello adoptar las precauciones razonables que minimice la ocurrencia de tal riesgo. Es este sentido es posible apreciar que este deber de diferenciación del imitador respecto de la prestación original es una constante en el Derecho anglosajón. Así, es recogida en el antiguo *common law* inglés[52], como en el Derecho estadounidense de la competencia desleal previo a la

---

50 In re Zippo Mfg. Co., 50 USPQ2d 1852, 1854 (TTAB 1999).

51 DINWOODIE (1998), pág. 728

52 Lever *v.* Goodwin (1887) *RPC* 492; Payton & Co., Ld. *v.* Snelling, Lampard & Co., Ld. (1899) *RPC* 48.

Lanham Act[53], y luego de manera posterior en decisiones tan relevantes de la Corte Suprema como *Sears*, de 1964.

En particular en esta última sentencia –referida a la declaración de inconstitucionalidad de una norma del Estado de Illinois que prohibía la copia de un artículo que no era objeto de protección por patentes o por Derecho de autor– se recoge el siguiente párrafo determinante de esta opción hermenéutica: "Sin duda, un Estado puede, en determinadas circunstancias, requerir que los bienes, ya sean patentados o no patentados, sean etiquetados o se adopten otras medidas de precaución para prevenir que los consumidores sean inducidos a error en cuanto a su origen …"[54].

Esta regla es explicada de forma brillante en la sentencia de la Corte Suprema estadounidense en *Kellogg Co. V. National Biscuit Co.* de 1938[55]. En este litigio se discutía la legalidad de la imitación servil por parte de Kellogg de la configuración de los cereales de trigo de Nabisco, que tenían forma de almohada. Lo relevante del caso es que Nabisco gozaba de una patente de utilidad respecto del procedimiento para elaborar tal producto, la cual había caducado por el trascurso del tiempo, alimento que se comercializaba bajo el nombre de "*Shredded Wheat*".

La Corte Suprema rechazó la demanda estableciendo dos reglas relevantes. La primera es que al expirar la patente no sólo entra al dominio público el proceso y la forma producto en cuestión, sino que además su denominación con la que es conocida en el mercado.

La segunda es que Kellogg puede usar el nombre del alimento con el único deber de informar al publico acerca de la fuente de su producto. Para ello, se distinguen dos supuestos.

---

53 Crescent Tool Co. v. Kilborn & Bishop Co., 247 F. 299 (2d. Cir. 1917).

54 Sears, Roebuck & Co. v. Stiffel Co. 376 U.S. 225 (1964).

55 Kellogg Co. v. National Biscuit Co., 305 U.S. 111 (1938).

Si los cereales son vendidos a los consumidores finales este deber se cumple incluyendo de forma prominente en los envases la denominación Kellogg. En cuanto a los alimentos comercializados en hoteles, restaurantes o lugares de merienda en donde no se venden envasados, el riesgo de engaño es muy bajo, ya que representa el 2,5 por ciento de las ventas de Kellogg, lo que da cuenta que se debería tolerar un cierto riesgo de confusión. La Corte Suprema sobre este deber señala: "La obligación que se le impone a Kellogg no es asegurar que cada comprador conocerá quien es el fabricante, sino que adoptó los medios razonables para prevenir la confusión."[56].

Por otra parte, la Corte Suprema añade otras dos consideraciones encomiables. Primero, que Kellogg no debe alterar la forma de los cereales, puesto que la evidencia es persuasiva en cuanto a que la apariencia de los alimentos es funcional, ya que si se modificara la forma de almohada del cereal se incrementaría su costo de fabricación y bajaría su calidad. Segundo, que se percibe que no es ilegitimo que Kellogg se aproveche del *goodwill* del artículo de la demandante, y que por lo tanto irrumpa en un mercado que fue creado por la habilidad de Nabisco, y que incluso haga uso de los esfuerzos publicitarios realizados por el pionero para insertar el producto entre los consumidores. Se estima que compartir el *goodwill* de un artículo no protegido por una patente es el ejercicio de un derecho de titularidad de todos los intervinientes, y que es una práctica libre que el público consumidor está interesado que tenga lugar en el mercado.

Por último, cabe responder la última interrogante: ¿Es la cesación o prohibición de comercialización de una réplica un remedio proporcional frente a una imitación servil de un producto funcional? Esta es una cuestión abierta. Como hemos

---

[56] Kellogg Co. v. National Biscuit Co., 305 U.S. 111 (1938).

indicado, no es desleal la imitación, incluso milimétrica de un producto que es calificado como funcional, lo que no obsta que el imitador deba cumplir con la carga de diferenciación la cual debe implicar la adopción de medidas apropiadas y razonables para evitar el engaño.

En tal tarea, si se desea mantener inquebrantable el sistema del derecho de patentes, no se debe imponer como carga que los imitadores deban modificar la configuración de la forma imitada bajo ningún respecto. Se debe recordar que los consumidores lo que prefieren es la estandarización de las formas funcionales para que exista un alto grado de sustituibilidad entre ellas[57]. Por lo que se debería rechazar -como no lo ha hecho el Derecho alemán- que la simple imitación sea una causa para admitir medidas cautelares o estimar acciones de cesación. Y de manera adicional, que en la valoración de este deber de diferenciación no se realicen análisis muy rigurosos que impliquen impedir todo riesgo de confusión[58].

En este punto, si bien el etiquetado es la manera más común para disipar el riesgo de confusión, en algunas ocasiones -por el tamaño del producto o por razones de mercado- no resulta idóneo o razonable este mecanismo por lo que se deberían imponer otros remedios menos gravosos para el fin perseguido, como *disclaimers* respecto de la relación de las partes, formatos diversos en las comunicaciones publicitarias o afirmaciones en los puntos de venta, publicidad correctiva o incluso una condena en daños[59]. Por último, si fuese necesario estimar una acción cautelar o una acción de cesación, que éstas no durarán más que el tiempo razonable para corregir la impresión errónea en los consumidores[60].

---

57 Portellano (1995), pág. 480.

58 Leistner (2018), pág. 704.

59 Dinwoodie (1998), pág. 749.

60 Portellano (1995), pág. 495.

V. CONCLUSIONES

El propósito de este trabajo era determinar el estado de la cuestión respecto de la posibilidad de tutelar a través del derecho de la competencia desleal aquellas formas que de manera previa gozaron de protección por el derecho de patentes. Para este propósito se realizó un apretado examen del Derecho alemán y el Derecho estadounidense – que fueron elegidos por su importancia dogmática como económica- que arrojaron diversas aproximaciones a este tema.

Es así que en el Derecho alemán, a partir del reconocimiento de la teoría de la equivalencia, el BGH se ha inclinado por una línea favorable a la tutela auxiliar de la competencia desleal respecto de este tipo de formas. En contraste, en el Derecho estadounidense, si bien se reconoce que es admisible la hipótesis fáctica examinada, al menos le concede a la patente de invención previa un papel más significativo para denegar en algunas ocasiones la protección requerida en virtud de la *Lanham Act*.

Por nuestra parte estimamos que se deben efectuar los esfuerzos hermenéuticos para mantener un sano equilibrio entre las distintas ramas de la propiedad intelectual, de manera que consideramos que si la forma cuya tutela se reclama fue objeto de una protección en virtud de una patente de invención se debería presumir que la misma tiene la cualidad de funcional, y por ello libremente imitable. Ahora bien, si dicha forma en cuestión ostenta singularidad competitiva en el mercado, entonces el imitador para disipar el riesgo de confusión debería adoptar las medidas apropiadas y razonables para impedir tal engaño en cuanto al origen, lo que no implicara en caso alguno alterar la configuración de la forma en cuestión, siendo suficiente al respecto el etiquetado del artículo u otras acciones equivalentes.

BIBLIOGRAFÍA

AMERICAN LAW INSTITUTE (1995), *Restatement of the law of unfair competition*, American law Institute publishers, St. Paul (Minn.).

BARBER, T. (2003), «High Court Takes Right Turn in TrafFix, but Stops Short of the Finish Line: An Economic Critique of Trade Dress Protection for Product Configuration», *Marquette Intellectual Property Law Review*, 7, págs. 259-292.

BARRETT, M. (2004), «Consolidating the Diffuse Paths to Trade Dress Functionality: Encountering TrafFix on the Way to Sears», *Washington & Lee Law Review*, 61, págs. 79-158.

BERNET, M. (2014), *La presentación comercial en el Derecho de la competencia desleal*, Legal Publishing, Santiago.

CHRONOPOULOS, A. (2012), «Trade dress rights as instruments of monopolistic competition: Towards a rejuvenation of the misappropiation doctrine in unfair competition law a property theory of trademarks», *Marquette Intellectual Property Law Review*, 16, 2012, págs. 119-179.

DERCLAYE, E. y LEISTER, M. (2011), *Intellectual Property Overlaps. A European Perspective*, Hart Publishing, Oxford.

DINWOODIE, D. (1998). «The death of ontology: A teleological approach to trademark law», *Iowa Law Review*, 84, págs. 612-752.

DOMÍNGUEZ, E. (2001), «Artículo 11. Actos de imitación», en BERCOVITZ RODRÍGUEZ-CANO. A. (dir.), *Comentarios a la Ley de Competencia Desleal*, Aranzadi – Thomson Reuters, Cizur Menor (Navarra), págs. 279-316.

——— (2003), *Competencia desleal a través de actos de imitación sistemática*, Thomson- Aranzadi, Cizur Menor (Navarra).

DORNIS, T. (2022), «Nachahmungsschutz gegen Herkunftstäuschung im Grenzbereich von Patent- und Lauterkeitsrecht», *GRUR*, 15, págs. 1103-1113.

EDELMAN, M. (2000), «Traffix Devices v. Marketing Displays. The Supreme Court's Failure to Resolve the Conflict Between Patent Law and Trade Dress Law», en *IPL Newsl*, 19, págs. 28-37.

GHIDINI, G. Y CAVANI, G. (2021), «The Relationship between the Unfair Competition Regime an IP Law» en BRUUN, N. *et al* (eds.), *Transition and Coherence in Intellectual Property Law. Essays in honour of Annette Kur*, Cambridge University Press, Cambridge, págs. 467-477.

HEPP, S. (2010), *Lauterkeitsrechtlicher Schutz vor Herkunftstäuschung (§ 4 Nr. 9 lit. a. UWG) und Rufausbeutung (§ 4 Nr. 9. lit. b, 1. Alt. UWG) im Verhältnis zum Geschmacksmuster- und Kennzeichenrecht*, Jena, *s.l.*

KÖHLER, H. (2007), «Das Verhältnis des Wettbewerbsrechts zum Recht des geistigen Eigentums Zur Notwendigkeit einer Neubestimmung auf Grund der Richtlinie über unlautere Geschäftspraktiken», *GRUR*, 7, págs. 548-554.

KÖHLER, H. BORNKAMM, J. y FEDDERSEN, J. (2023), *Gesetz gegen den unlauteren Wettbewerb: UWG*, C.H. Beck, München.

LEISTNER, M. (2021), «European Union Law and Slavish Imitation: An Update in Honour of Annette Kur», en BRUUN, N. *et al* (eds.), *Transition and Coherence in Intellectual Property Law. Essays in honour of Annette Kur*, Cambridge University Press, Cambridge, págs. 447-459.

——— (2018), «Exzenterzähne 2.0: Zum weiteren Schicksal einer problematischen BGH-Rechtsprechung in ihrer praktischen Umsetzung durch die Tatsacheninstanz. In: Gewerblicher Rechtsschutz und Urheberrecht», *GRUR*,7: págs. 697-704.

LEVIN, W. (2007), *Trade Dress Protection*, Thomsom West, Minneapolis.

MARSHALL, J. (2001), «Traffix devices, Inc. v. Marketing displays, Inc.: A step in the right direction», The *Trademark Reporter*, 91, págs. 632-640.

MASSAGUER, J. (2011), «La protección de los signos distintivos y prestaciones objeto de propiedad intelectual por medio de la Ley de competencia desleal», en MORRAL, R. (coord..), *Problemas actuales de derecho de la propiedad industrial*, Civitas, Madrid. Págs. 157-197.

MCCARTHY, J. (2009), *McCarthy on trademarks and unfair competition*, Thomson-West, New York.

NEMECZEK, H. (2015), «UWG-Nachahmungsschutz nach Erlöschen des Patentrechtsschutzes – Exzenterzähne», *GRUR*, 9, págs. 914-915.

OHLY, A. y SOSNITZA, O. (2023), *Gesetz gegen den unlauteren Wettbewerb*: UWG, C.H. Beck, München.

PORTELLANO, P. (1995), *La imitación en el derecho de la competencia desleal*, Civitas, Madrid.

SAMBUC, T. (2009), «§ 4. Nr. 9 (Ergänzender Leistungsschutz)", en *Gesetz gegen den unlauteren Wettbewerb (UWG)*», HARTE-BAVENDAMM, H. y HENNING-BODEWIN, F. (eds.), Verlag C.H. Beck, München, pags. 1016-1062.

SCHRICKER, G. (1980), «Protection of unregistered marks and get-up in the Federal Republic of Germany», *International Review of Intellectual Property and Competition Law*, 11, págs. 615-623.

Capítulo 9.

LA NUEVA LEY DE MERCADOS DIGITALES ¿UN INSTRUMENTO DE COMPETENCIA DESLEAL DE DIMENSIÓN ANTITRUST? POSIBLES IMPLICACIONES PARA EL DERECHO NACIONAL.

MARCOS CRUZ GONZÁLEZ[1]
Doctor en Derecho. Profesor sustituto de Derecho Mercantil.
Universidad de Salamanca.
macrugo@usal.es

Sumario: I.- INTRODUCCIÓN; II.- ANÁLISIS DE LA LEY DE MERCADOS DIGITALES. EL COMETIDO DE DISCIPLINAR A LOS GRANDES OPERADORES EN LOS MERCADOS DIGITALES; 2.1.- Breve Presentación de la Digital Markets Act; 2.2.- La declaración de Gatekeeper como punto central del nuevo régimen: estructura del ilícito del DMA; III.- IMPLICACIONES PARA EL ORDENAMIENTO JURÍDICO NACIONAL. LA REVIVISCENCIA DEL ART. 3 LDC Y SUS COMPLEJIDADES APLICATIVAS; 3.1.- Paralelismos con la regulación nacional española (art. 3 LDC); 3.2.- Consecuencias de la estructura del ilícito para el Derecho nacional (Art. 1.5 DMA); BIBLIOGRAFÍA.

[1] Trabajo realizado en el marco del Proyecto de Investigación "*Marco Regulador de las Plataformas en línea en la Economía Digital: Competencia y Responsabilidad en el uso de Datos y Contenidos*", financiado por el Ministerio de Ciencia e Innovación (PID2020-119002RB-100), del que el autor es miembro.

Summary: I.- INTRODUCTION; II.- ANALYSIS OF THE NATURE OF THE DIGITAL MARKETS ACT. THE TASK OF DISCIPLINING BIG DIGITAL OPERATORS; 2.1.-Breif Overview of the Digital Markets Act; 2.2.- The Designation of Gatekeeper as the central point of the new regime: structure of the new prohibition under DMA; III.- IMPLICATIONS FOR NATIONAL LAW. ART. 3 LDC´S REVIVAL AND ITS COMPLEXITIES; 3.1.- Parallelisms to national Spanish law (art. 3 LDC); 3.2.- Implications of the structure of the prohibition for national law (art. 1.5 DMA); BIBLIOGRAPHY.

Resumen: el Reglamento 2022/1925, de 14 de septiembre, constituye una nueva pieza a integrar en el rompecabezas que es el Derecho de la Competencia. La incertidumbre sobre el instrumento es notoria, por lo que el objeto del presente trabajo consiste en contraponer la morfología del ilícito diseñado en el mismo con los ilícitos tradicionales del Derecho de la Competencia y Competencia Desleal, tratando de apreciar los paralelismos y las concomitancias y trazando algunas posibles implicaciones para el Derecho nacional.

Palabras clave: Reglamento de Mercados Digitales, Derecho de la Competencia, Derecho Antitrust, Competencia Desleal, Guardianes de Acceso.

Abstract: Regulation num. 2022/1925 of September the 14th, constitutes a new piece of the puzzle that is Competition law. The uncertainty about the norm is notoriously known, thus, we make the aim of our work, to confront the structure of the prohibition made in the Regulation with the morphology of traditionally ones pertaining to Antitrust law and unfair competition law, trying to emphasize the similarities and overlaps, delineating some implications for national law.

Keywords: Digital Markets Regulation, Competition Law, Antitrust Law, Unfair Competition, Gatekeepers.

I.- INTRODUCCIÓN

La correcta comprensión de la futura situación de los mercados digitales impone un análisis somero de la ontología normativa que caracteriza a la reciente “Ley de Mercados

Digitales"[2] (*Digital Markets Act – DMA*), aprobada el pasado mes de septiembre de 2022.

La misma se ha venido identificando durante su etapa prelegislativa como un instrumento híbrido[3] que combinaría elementos de Derecho Antitrust, de Derecho contra la Competencia Desleal y Derecho regulatorio[4], en una perspectiva que sigue la ya conocida tendencia de "regulación *ex ante* y control *ex post*"[5], imponiendo ciertas obligaciones de conducta (don-

---

2 Pese a la parafernalia legalista con la que se ha presentado la norma, hablamos de un Reglamento. No cabe, sin embargo, dudar del impacto que una norma como la de marras promete tener sobre la competencia en y la estructura de los Mercados Digitales a partir de su vigencia y plena aplicación [DÍEZ ESTELLA, Fernando, "El Abuso de Posición de Dominio por las Plataformas Digitales: Google en el Banquillo", en RODILLA MARTÍ Carmen y MARTÍ MIRAVALLS Jaume (dirs.), *Competencia en Mercados Digitales y Sectores Regulados,* Tirant-lo-Blanch, Valencia, 2021, págs. 111-132]. En todo caso, conviene tener presente que la DMA es en realidad el Reglamento 2022/1925, del Parlamento Europeo y del Consejo sobre mercados disputables y equitativos en el sector digital, publicado el 12 de octubre de 2022.

3 RUIZ PERIS Juan Ignacio, "Gatekeepers, Discriminación Autopreferente Exclusionaria y Reforzamiento de la Posición de Dominio: la Nueva Propuesta Europea de la Digital Markets act", en MARTÍ MIRAVALLS J. (dir.) *Competencia en Mercados Digitales y Sectores Regulados,* Tirant lo Blanch, Valencia, 2021, págs. 31-64, pág. 45.

4 Para LEISTNER Matthias "The comission´s vision of Europe´s digital future: Propsals for the Data Governance Act, the Digital Markets Act and the Digital Services Act – A critical Primer" accessible en https://papers.ssrn.com/sol3/papers.cfm?abstract_id=3789041 (último acceso el 17 de octubre de 2023), el aspecto regulatorio se encontraría en el enfoque sectorial centrado en el sector de las plataformas digitales.

5 Ya comentada en otro contexto por CARBAJO CASCÓN Fernando y URIBE PIEDRAHITA Carlos Andrés, "Regulación "ex ante" y control "ex post": la difícil relación entre propiedad intelectual y derecho de la competencia", *ADI* XXXIII, 2012-2013, págs. 307-330. En la línea de

de, entendemos, radicaría dicho componente regulatorio o, más bien, de Competencia Desleal – cuestión que se pretende determinar en el trabajo) para empresas que cumplan determinados umbrales presuntivos de índole cuantitativa y que permiten considerarlas Gatekeepers o Guardianes de Acceso (aspecto éste de órbita más cercana al *Antitrust*), con el consiguiente alejamiento respecto de los planteamientos típicos del "*more economic approach*"[6].

---

considerar el DMA como un instrumento regulatorio *ex ante* coinciden DÍEZ ESTELLA, Fernando, "El Abuso de Posición de Dominio por las Plataformas Digitales: Google en el Banquillo", cit., pág. 119; MARTÍNEZ NADAL Apol·lònia, "La propuesta de reglamento de Mercados Digitales (DMA): una aproximación jurídica", en MARTÍNEZ NADAL Apol·lònia *Plataformas Digitales: Aspectos Jurídicos,* Aranzadi, Navarra, 2021, págs. 115-134, pág. 118, MORALES BARCELÓ Judith, "Los guardianes de acceso y la dudosa necesidad de la propuesta de ley de mercados digitales: especial referencia a las concentraciones económicas", en *Revista de Derecho de la Competencia y de la Distribución* N.º 28, primer semestre, 2021, 15 páginas (consultada en línea), pág. 9; y OLMEDO PERALTA Eugenio, "Redefiniendo el ámbito de aplicación de la ley de mercados digitales" en TATO PLAZA, COSTAS COMESAÑA, FERNÁNDEZ CARBALLO-CALERO, TORRES PÉREZ Y LOUREDO CASADO, *Nuevas tendencias en el Derecho de la Competencia y Propiedad Industrial III,* Comares, Granada, 2022, págs.87-116, pág, 93. Aunque coherente con la línea principal seguida por la doctrina especializada, lo cierto es que si tomamos como elemento infractor determinante de la intervención el incumplimiento de las reglas de conducta que el propio reglamento crea, entonces la naturaleza sigue siendo la clásica de Derecho de la Competencia: control *ex post.*

6 RUIZ PERIS Juan Ignacio, "The EU Digital Markets Act, A Eurpean Answer to Application´s Problems of Classical Competition Law to Gatekeepers", en RUIZ PERIS Juan Ignacio (dir.), *Competencia, Compensacion de Daños y Mercados Digitales,* Tirant-lo-Blanch, Valencia, 2022, págs. 17-51, pág. 29; para DÍEZ ESTELLA Fernando "El Abuso de Posición de Dominio por las Plataformas Digitales: Google en el Banquillo", cit., pág. 119, ello sería reflejo de la prioridad dada a la tutela del proceso de competencia en detrimento del resultado competitivo.

Cuanto se pretende, en fin, desarrollar en las páginas que siguen, es verificar el eventual carácter netamente concurrencial de la DMA, conformado por la combinación de un sistema normativo *ex ante* que parte de la declaración *Antitrust* de *Gatekeeper*, a la que se anuda un conjunto de reglas de naturaleza disciplinaria de la competencia y, por tanto, inscribible en el ámbito de deslealtad concurrencial, y que se remata con un control *ex post* de marcado carácter *Antitrust*, que busca mediante un diálogo (en una línna similar a la que sigue la disciplina del control de las concertaciones *ex* Reg. 139/2004) lograr el *compliance* de los guardianes de acceso y posibilitar con ello – como indica el propio título de la norma – la consecución de unos mercados disputables y equitativos[7].

Tal alejamiento se cifraría en el recurso a un mecanismo de tipo “lista negra” de conductas prohibidas, en una línea aparentemente más aproximada a otros instrumentos de regulación del mercado, señaladamente la Directiva 2005/29/CE de prácticas comerciales desleales de los empresarios en relación con los consumidores.

7 El propio uso de la expresión “equitativo” resulta para nuestra perspectiva altamente sugerente, haciendo de la finalidad de la norma una dupla de objetivos: disputabilidad y equidad, llegando incluso a conectarlos de algún modo. Parece claro que mientras disputabilidad habrá de conectarse a la disciplina *Antitrust*, la equidad de los mismos deberá conectarse con las normas de Competencia Desleal. Para OLMEDO PERALTA Eugenio, “Redefiniendo el ámbito de aplicación de la ley de mercados digitales”, *Nuevas tendencias en el Derecho de la Competencia y de la Propiedad Industrial III*, cit., pág. 94, esa equidad se obtendría mediante la alteración del ecosistema del guardián de acceso, redistribuyendo rentas en la cadena de valor. En contra. EZRACHI Ariel y STUCKE Maurice *How Big-Tech Barons Smash Innovation*, cit., pág. 195, consideran que las nuevas regulaciones (como el DMA) están abocadas al fracaso por cuanto no atacan a la cadena de valor de los operadores.

II.- ANÁLISIS DE LA NATURALEZA JURÍDICA DE LA LEY DE MERCADOS DIGITALES. EL COMETIDO DE DISCIPLINAR A LOS GRANDES OPERADORES EN LOS MERCADOS DIGITALES.

2.1.- Breve presentación de la "Digital Markets Act"

El origen del DMA se encuentra en todas las dificultades experimentadas por la Comisión para sancionar por la vía del art. 102 TFUE a los grandes operadores digitales. Estos problemas parecen haber cristalizado en un sólido convencimiento por parte de la propia Comisión de la insuficiencia de las herramientas a su disposición[8], y, en todo caso, en la insuficiencia del aparato del art. 102 TFUE para hacer frente de un modo solvente a dichos problemas[9]. En realidad, la nueva norma responde a una cuestión más bien de conveniencia, claridad y agilidad, que de necesidad[10]. Un análisis de la fenomenología de la norma parece indicar en ella una naturaleza que huye de las catalogaciones clásicas[11] y que exhibe una manifiesta

---

[8] Y no sólo de la Comisión, sino también de los diferentes operadores interesados y consultados (empresas, asociaciones empresariales, autoridades públicas, etc). En este sentido cfr. MORALES BARCELÓ Judith, "Los guardianes de acceso y la dudosa necesidad de la propuesta de ley de mercados digitales: especial referencia a las concentraciones económicas", *Revista de Derecho de la Competencia y la distribución*, cit., pág. 5.

[9] Idea esta ya manifestada por RUIZ PERIS Juan Ignacio, "The EU Digital Markets Act, A European Answer to Application´s Problems of Classical Competition Law to Gatekeepers", cit., pág. 25.

[10] MONTI Giorgio, "The Digital Markets Act – Institutional Design and Suggestions for Improvement", *TILEC Discussion Paper*, DP 2021-004, febrero de 2021, pág. 3.

[11] Aunque no totalmente, pues ciertas reminiscencias del concepto de mercado relevante se pueden apreciar en la nueva realidad jurídica de los "Servicios Básicos de Plataforma" que el propio DMA inaugura.

vocación resultadista: lograr el control de la conducta de los grandes operadores en los mercados digitales (esencialmente los GAFAM[12]). Aunque la norma en realidad trata de definir al *Gatekeeper* sobre la base de criterios cualitativos (Cfr. Art. 3.1 DMA)[13], su relevancia queda en un segundo plano dados los – astronómicos – umbrales cuantitativos exigidos para su aplicación (art. 3.2 DMA)[14], que nos conducen a pensar en una dimensión estructural de mercado y, por tanto, adscriben la norma a un ámbito intuitivamente *Antitrust*.

Una naturaleza centrada, por tanto, en la estructura y el funcionamiento "macro" de los mercados, justificada en la necesidad de huir de los formalismos que rodeaban la aplicación del ilícito de Abuso de Posición Dominante[15] (*ex* art. 102 TFUE)

---

12 En este sentido, el documento IP/23/4328 de la comisión identifica como Gatekeepers a Alphabet (Google), Amazon, Apple, Meta (Facebook), Microsoft y ByteDance (Tiktok).

13 A saber: a) gran influencia en el mercado interior; b) el servicio básico de plataforma ha de ser puerta de acceso importante para los usuarios profesionales respecto de los finales; y c) posición afianzada y duradera.

14 Tales requisitos cuantitativos son: a) un volumen de negocios anual en la UE igual o superior a 7.500.000.000 € en cada uno de los 3 últimos ejercicios o una capitalización bursátil media o valor de mercado equivalente sea de como mínimo 75.000.000.000 € en el último ejercicio; b) que el servicio básico de plataforma (sobre este concepto volveremos más adelante) haya tenido una media de al menos 45 millones de usuarios mensuales activos dentro de la UE y, al menos, 10.000 usuarios profesionales activos en la UE computados respecto del último ejercicio; c) el mantenimiento del número de usuarios activos señalados en el requisito anterior, en cada uno de los 3 ejercicios anteriores.

15 Indica en este sentido PODSZUN Rupprecht, "The Pitfalls of Market Definition: towards an Open and Evolutionary Concept", en DI PORTO Fabiana y PODSZUN Rupprecht *Abusive Practices in Competition Law,* Edward Elgar, Cheltenham/Northampton, 2018, págs.68-90, pág. 75 que el expediente de definición del mercado relevante, en la medida que

en un contexto de mercado caracterizado por la hibridación[16] y la concentración de servicios en un único prestador[17], donde

constituye una aproximación instrumental al problema del poder de mercado, orientado, por tanto, a la facilitación del cálculo de la cuota de mercado, se encontraría de algún modo sesgado a la hora de definir la conducta que se pretende realizar y el mercado deducido a partir de ella. Bajo esta óptica, un instrumento tal, fuertemente centrado en el precio y en la dimensión cuantitativa del mercado, tiene grandes dificultades para analizar una actividad altamente dinámica, llena de nuevas formas de poder no expresadas formalmente mediante el precio, ni caracterizadas por un modelo de actuación al margen de la competencia.

16 Como expone OLMEDO PERALTA Eugenio, "Las plataformas de economía colaborativa ante la propuesta de ley de mercados digitales: ¿Son suficientemente disputables los mercados colaborativos?", en MIRANDA SERRANO Luis María y PAGADOR LÓPEZ Javier *Desafíos del Regulador Mercantil en Materia de Contratación y Competencia Empresarial,* Marcial Pons, Madrid, 2021, págs. 363-377, pág. 363, un rasgo típico de buena parte de los servicios de plataforma constituye su propia intervención en los mercados cuya creación habilita su labor de intermediación y les permite configurar de algún modo el mercado a su favor. El ejemplo paradigmático pueda ser el de Uber, considerado en la STJUE de 20 de diciembre de 2017, C-434/15, como auténtico prestador de los servicios de transporte ofrecidos, al menos formalmente, es el único y absoluto organizador de la actividad llevada a cabo por sus "usuarios profesionales" a través de la plataforma e, incluso, fuera de ella.

17 Cfr. EZRACHI Ariel y STUCKE Maurice *How Big-Tech Barons Smash Innovation,* Harper Collins, Nueva York, 2022, pág. 141; RUIZ PERIS Juan Ignacio, "The EU Digital Markets Act, A Eurpean Answer to Application´s Problems of Classical Competition Law to Gatekeepers", cit., pág. 19; Se aprecia, además, una tendencia clara a la redundancia y replicación de los servicios, siendo habitual en el caso, por ejemplo, de Meta que los diferentes servicios de comunicación social repliquen las mismas prestaciones (todas las redes cuentan con un servicio de chat directo, todos los servicios de meta han acomodado el modelo de interacción sobre la base de *"stories"* o publicaciones perecederas, etc.). Curiosamente, tal como indica PETIT Nicholas *Big Tech & The Digital Economy. The Moligopoly Scenario,* Oxford University Press, 2020, págs. 53 y 54 aunque dentro de sus propios nichos de mercado apenas tienen

la cuota no resulta siempre indicio claro en la determinación (si quiera presuntiva) de un eventual poder de dominio[18] y donde se aprecia una clara dificultad en la delimitación del

---

competencia, los Gigantes tecnológicos compiten de un modo tácito entre sí, lo que puede explicar mejor estos fenómenos.

[18] En efecto, en un contexto como el digital, por su propia idiosincrasia y, en particular, por un modelo de negocio fluctuante, pero que siempre ha tenido entre sus principales objetivos la recopilación masiva de datos, la cuota puede no ser representativa del verdadero poder de mercado de estos operadores. En una línea similar HERRERO SUÁREZ Carmen "Big Data ¿Hacia un nuevo instrumento de poder de mercado?" en MIRANDA SERRANO Luis María y PAGADOR LÓPEZ Javier *Desafíos del Regulador Mercantil en Materia de Contratación y Competencia Empresarial,* cit., págs. 341-358, pág. 348; COUTO CALVIÑO Roberto, "El uso de algoritmos de personalización de precios por las plataformas digitales y su eventual consideración como conducta abusiva de una posición de dominio contraría a la libre competencia", en MIRANDA SERRANO Luis María y PAGADOR LÓPEZ Javier *Desafíos del Regulador Mercantil en Materia de Contratación y Competencia Empresarial,* cit., págs. 443-458, pág. 451. En realidad el verdadero poder derivaría de su particular posición intermediadora o *bottleneck,* que los convierte en reguladores privados del mercado (OLMEDO PERALTA Eugenio, "Las plataformas de economía colaborativa ante la propuesta de ley de mercados digitales: ¿Son suficientemente disputables los mercados colaborativos?", cit. pág. 372; EZRACHI Ariel y STUCKE Maurice, *How Big-Tech Barons Smash Innovation,* Harper Collins, Nueva York, 2022, pág. 11) lo que lleva a la creación de verdaderos ecosistemas gobernados por el dueño del servicio base, donde la competencia y la innovación se amoldan a las reglas marcadas por él.

mercado relevante[19], subyacente manifiesto al fenómeno de la multiplicación de las caras de los mercados[20].

---

[19] Ya desde los primeros expedientes de sanción a los grandes operadores digitales abiertos por infracción de las normas de Competencia, se ha aquejado una inusitada dificultad para delimitar de un modo riguroso, pero también célere, los mercados sobre los que operan tales prestadores digitales (Ejemplo claro en este sentido pueda ser el Caso *Google Shopping*, iniciado en 2010 y que – por diversas vicisitudes de sobra conocidas – terminó con una sanción impuesta a Google el 27 de junio de 2017, es decir, 7 años después, pero que hubo de ser posteriormente confirmada mediante STJUE de 10 de noviembre de 2021, as. T-612/17). Empezando por la dificultad más evidente: la quiebra del clásico test SSNIP y su reconversión en SSNDQ, por cuanto el modelo de negocio de las plataformas es a menudo gratuito en términos de precio para, al menos, parte de los usuarios. Vid. HERRERO SUÁREZ Carmen "Big Data ¿Hacia un nuevo instrumento de poder de mercado?", cit., pág. 351; Crítico con el SSNIP test se muestra PODSZUN Rupprecht, "The Pitfalls of Market Definition: towards an Open and Evolutionary Concept", cit., págs. 77-80. Sobre el cambio de paradigma hacia la valoración de elementos cualitativos como parte del Derecho de Competencia vid. BANIA Konstantina, "The european comission´s decision in Google Search. Exploring old and new frontiers of competition enforcement in the digital economy" en LUNDQUIST Björn y S. GAL Michel *Competition Law for the Digital Economy*, Edward Elgar, 2019, págs. 264-301.

[20] El carácter multifacético (utilizando la terminología de ESTEVAN DE QUESADA Carmen "Desequilibrios de poder en los mercados digitales: plataformas y dependencia", *ADI* XLII, 2022, págs. 57-80, pág.70) es sin duda causa eficiente de la mayoría de los problemas que se plantean. En efecto la posibilidad de jugar con dos caras o lados del mercado en la configuración de las condiciones del servicio ha ofrecido a estos operadores la posibilidad de adaptar su estrategia competitiva y la prestación de sus servicios alojando los costes en el lado con mejor predisposición a soportarlos. Esto incluye políticas de precios (que normalmente se imponen al lado profesional de los usuarios), pero también de condiciones de acceso y uso de los servicios, permitiéndoles estrechar los puntos de encuentro entre las diferentes caras generando una situación de cuello de botella (*bottleneck*) de modo que los grandes prestadores de servicios de plataforma cuentan con herramientas capaces de atraer para sí y

Todo ello venía complicando la labor de la Comisión como Autoridad de Competencia, toda vez que el primer paso para poder aplicar el art. 102 TFUE ante las conductas unilaterales de las plataformas pasa por determinar la citada posición dominante en relación con un mercado relevante previamente delimitado[21] y, dado el contexto, la única solución viable (aunque de gran dificultad práctica) pasaba por definir un mercado por prestador, dada la vinculación y "paquetización" (*bundling*) de los servicios ofrecidos. Solución aquella, por lo demás, no demasiado ortodoxa.

Es manifiesto que la plataforma ofrece al usuario profesional algo más que el mero acceso a un mercado, incluyendo también el acceso a los macrodatos generados en dicho mercado y los servicios conexos a los mismos que desarrolla[22], ta-

---

capitalizar todo el tráfico de los mercados descendientes que su labor de intermediación genera o habilita. Esa situación de control de acceso escapa, en principio, a conceptos Antitrust clásicos como la concertación o el abuso de posición dominante, principales herramientas del Derecho de Defensa de la Competencia Europeo. En una línea similar OLMEDO PERALTA Eugenio, "Las plataformas de economía colaborativa ante la propuesta de ley de mercados digitales: ¿Son suficientemente disputables los mercados colaborativos?", cit. pág. 372.

21 Cfr. PODSZUN Rupprecht, "The Pitfalls of Market Definition: towards an Open and Evolutionary Concept", cit., pág. 68, donde indica que la definición del mercado relevante es la cuestión nuclear desde la que tratar los casos de abuso, pero que, a un mismo tiempo, se trata de una noción potencialmente engañosa por ser excesivamente abierta.

22 Servicios de personalización de anuncios, servicios de perfilado de clientes, servicios de asesoría en el desarrollo de la mejor estrategia comercial a partir de tales perfiles de clientes, herramientas de personalización de precios, etc. En suma, un conjunto de servicios entrelazados o anudados a otro que se presta con carácter principal y que conforma lo que EZRACHI Ariel y STUCKE Maurice *How Big-Tech Barons Smash Innovation,* cit., pág. 10 identifican como ecosistema, esto es, una red interconectada de organizaciones unidas a – o que operan alrededor de – una organización o plataforma de tecnología que produce bienes y servicios (definición que

les como los servicios de publicidad[23], o simplemente servicios de facilitación de la transacción mediante el aporte no sólo de una plataforma de contacto o negociación, sino también el aporte de confianza o respaldo que supone la intervención de un tercero intermediador que presume de cumplir ciertos estándares de satisfacción del cliente[24] y, en fin, la panoplia de todos los servicios entramados o engarzados en el sitio web[25].

---

toman de DIAS SANT´ANA Tomás y otros "The estructure of innovation ecosystem: foundations for future research", *Management Decision,* 58 (12), 2020, págs. 2725-2742). De acuerdo a los mismos autores, el ecosistema se expande más allá de una misma plataforma o mercado, interconectando varios en forma de cadena y vinculándolos a su propia población de usuarios, lo que hace que el ecosistema sea en su conjunto más que la simple suma de sus partes.

23 No sólo la publicidad tradicional en sí, sino la referenciación de resultados en búsqueda adquiere ahora un evidente cariz publicitario. Cfr. Decisión de la Comisión de 20 de marzo de 2019 (As. AT. 40411), caso *Google Search (Adsense).*

24 Y es que a menudo las plataformas en línea han actuado como paraguas de los diferentes prestadores de servicios. Aunque muchos mercados de plataforma claramente disocian empresario prestador del intermediario en sí (por ejemplo, Airbnb), en muchos casos tal diferencia no está clara, siendo especialmente acusada la problemática en plataformas de tipo *Marketplace* donde de algún modo el Guardián de Acceso opera como garante secundario de la calidad del producto y que llega en casos extremos (Amazon) a suponer la completa confusión de la contraparte contractual.

25 Esta es una de las fuentes de problemas competitivos que el DMA se propone atajar. A medida que el servicio básico es enriquecido con nuevas prestaciones complementarias se reduce la sustituibilidad, condicionando la adaptación de los usuarios a un modo de proceder, lo que acaba por incrementar los costes de cambio (*switching cost*) y dejando atrapados a usuarios profesionales. Conforme estos ecosistemas funcionales se consolidan, el *statu quo* del mercado deviene inatacable, al menos, desde dentro del propio ecosistema (Cfr. EZRACHI Ariel y STUCKE Maurice *How Big-Tech Barons Smash Innovation,* cit., pág. 141). No obstante, entre los diferentes gigantes la competencia no

Ante esta tesitura se presenta el 15 de diciembre de 2020 una Propuesta de "Ley de Mercados Digitales" en conjunción con su gemela Ley de Servicios Digitales (conocida como DSA, por sus siglas en inglés). Un paquete legislativo desarrollado de forma ciertamente célere, aprobado en el último tercio del año 2022[26], cuyo propósito central es establecer unas directrices normativas en torno a las cuales deberá operarse en los mercados digitales, inscribiéndose, por tanto, en el marco (este sí regulatorio) ya abierto con el Reg. 2019/1150[27].

La UE, por tanto, opta por escapar del esquema formal propio del Derecho *Antitrust*[28] y lo hace hacia otro en el que, decla-

---

es descartable, tal y como demuestra PETIT Nicholas *Big Tech & The Digital Economy. The Moligopoly Scenario,* cit., págs. 154-160; en este mismo sentido DIEZ ESTELLA Fernando, "El Abuso de Posición de Dominio por las Plataformas Digitales: Google en el Banquillo", cit., pág. 114.

26 El Reglamento 2022/1925 (DMA) fue el primero, publicándose el 12 de octubre de 2022 y, prácticamente a renglón seguido, el 27 de ese mismo mes, sale a la luz el texto definitivo del Reglamento 2022/2065, relativo a un mercado único de servicios digitales (DSA).

27 RUIZ PERIS Juan Ignacio, "The EU Digital Markets Act, A European Answer to Application´s Problems of Classical Competition Law to Gatekeepers", cit., pág. 23; DÍEZ ESTELLA, Fernando, "El Abuso de Posición de Dominio por las Plataformas Digitales: Google en el Banquillo", cit., pág. 112; precisamente, como da cuenta MARQUEZ LOBILLO Patricia en "Equidad y transparencia en la clasificación de usuarios profesionales por las plataformas y los motores de búsqueda", en MIRANDA SERRANO Luis María y PAGADOR LÓPEZ Javier *Desafíos del regulador mercantil en materia de contratación y competencia empresarial,* cit., págs. 495-406, pág. 500, el centro de la intervención se encontraría precisamente en la influencia decisiva que tiene el alojador de datos en línea sobre el negocio subyacente cuya intermediación posibilita.

28 Algo que ya anticipó de alguna forma en la Propuesta "*New Competition tool*" (a 2 de junio de 2020 se presentó una evaluación de impacto y una consulta pública) donde deja entrever la necesidad de flexibilizar la aplicación del derecho antitrust. El proyecto quedó en un implícito

rada una nueva tipología de conducta o situación de mercado con relevancia *Antitrust*[29], cual sería el estatuto o condición de Guardián de Acceso, pasa a prescribir para él una serie de normas de conducta o disciplina de su actuar operativo. Aquí la forma se aproximaría más claramente a la empleada por otras normas emitidas a nivel europeo y que la doctrina nacional habría catalogado como de competencia desleal[30] – pensemos, por ejemplo, en la Directiva 2005/29/CE, o la reciente Directiva (UE) 2019/633[31] – con un enfoque que aparenta ser

---

stand-by y entendemos que podría haber fructificado en este nuevo enfoque "antiformalista" que presenta la DMA.

29 Al menos, el DMA se ha presentado y tratado como complementario de los ilícitos de los arts. 101 y 102 TFUE. Cfr. RUIZ PERIS Juan Ignacio, "The EU Digital Markets Act, A Eurpean Answer to Application´s Problems of Classical Competition Law to Gatekeepers", cit., pág. 25; en esta misma línea MARTÍNEZ NADAL Apol·lònia, "La propuesta de reglamento de Mercados Digitales (DMA): una aproximación jurídica", cit., pág. 117; implícitamente, OLMEDO PERALTA Eugenio, "Redefiniendo el ámbito de aplicación de la ley de mercados digitales", *Nuevas tendencias en el Derecho de la Competencia y de la Propiedad Industrial III,* cit., pág.109.

30 Téngase en cuenta que a nivel de la UE no se contempla como tal una regulación de la Competencia Desleal, que parece haberse preferido dejar en un ámbito estrictamente nacional, en parte por la necesidad de respetar la idiosincrasia de los Estados miembros en la materia y en parte porque tal diversidad nacional se presenta como manifiestamente inconciliable. En este sentido HENNING-BODEWIG F., "Preliminary Comment: Is there a European unfair Competition law?", AA.VV. *Unfair Competition Law: European Union and Member States,* Kluwer Law International, 2008, pág. xvi, donde se plantea si, dados los diferentes sustratos culturales entre los Estados Miembros, sería posible una armonización total.

31 En efecto, tanto en la primera como en la segunda, desde un enfoque sectorial, se optó por establecer la prohibición de una serie de conductas por su carácter pernicioso para el mercado único, si bien se diferencian del DMA en que los primeros no tienen anudado un mecanismo de represión Antitrust como sí tiene este último, lo que

regulatorio, pero que, en puridad, no impone una obligación condicionante del ejercicio de la actividad, sino una carga[32] de comportamiento: la de actuar de un modo especialmente diligente (conforme se espera de unos operadores estratégicamente tan relevantes) *ad exemplum* del baremo de diligencia empleado precisamente para valorar la conducta de las empresas en posición de dominio[33].

---

ha favorecido una asimilación de dichas normas regulatorias a la disciplina de la Competencia Desleal. El esquema es sin embargo muy similar: se define una situación objetiva de mercado, como pueda ser la contratación con consumidores o la contratación en el sector agroalimentario, donde se sabe que existe una fuerte situación de dependencia de unos operadores respecto de los otros. De este modo, sin necesidad de tener que demostrar la dependencia, al presumirse en la propia norma (Dir. 29/2005/CE) o bien cumplirse unos umbrales cuantitativos (art. 1.2 Dir. 633/2019), el operador que actúe en dicho segmento del mercado se ve impuesto con la carga de desarrollar un conjunto de actividades positivas y, sobre todo, negativas, para evitar contravenir un deber objetivo de comportamiento y cuidado legalmente fijado. Sobre el carácter de acto de competencia desleal del los actos de la Dir. 633/2019 se pronuncia MARTÍN ARESTI Pilar, "Los excesos regulatorios de la reforma de la ley 12/2013 sobre el funcionamiento de la cadena alimentaria", *ADI* , XLII, 2022, págs. 149-174, págs.152 y ss.

32 Entendiendo por carga la existencia de una obligación a cuyo cumplimiento no es posible compeler al obligado, pero de cuyo incumplimiento derivarían consecuencias negativas. Definición proporcionada por GALLEGO SÁNCHEZ Esperanza, "Marcas negras y derecho", La *Ley Mercantil* 66, 2020, 14 págs., pág. 8.

33 En una lógica claramente inspirada en la doctrina STJCE de 9 de noviembre de 1983, as. C-322/81, NV Nederlandsche Banden Industrie Michelin c. Comisión, ap. 57 donde se alude sin tapujos a una "responsabilidad especial de no impedir con su comportamiento, el desarrollo de una competencia efectiva y no falseada en el mercado común".

La principal diferencia en este punto se encuentra en que las empresas calificadas como *Gatekeepers* – aunque cueste hacerse a la idea dado el inmenso tamaño y volumen requerido en los umbrales del art. 3 – no necesariamente han de ser empresas en posición de dominio[34], esto es, con poder de mercado absoluto[35].

---

34 En esta idea incide OLMEDO PERALTA Eugenio, "Las plataformas de economía colaborativa ante la propuesta de ley de mercados digitales: ¿Son suficientemente disputables los mercados colaborativos?", cit., pág. 372 y parcialmente "The EU Digital Markets Act, A Eurpean Answer to Application´s Problems of Classical Competition Law to Gatekeepers", cit., pág. 26 para quien se trata de controlar la conducta unilateral fuera del ámbito de poder de mercado; en cambio para COUTO CALVIÑO Roberto, "El uso de algoritmos de personalización de precios por las plataformas digitales y su eventual consideración como conducta abusiva de una posición de dominio contraria a la libre competencia" en MIRANDA SERRANO Luis María y PAGADOR LÓPEZ Javier, *Desafíos del Regulador Mercantil en Materia de Contratación y Competencia Empresarial*, cit., págs. 443-458, pág. 451, se trata de un poder de mercado basado en parámetros competitivos distintos al precio; no faltan, en fin, otros como ESTEVAN DE QUESADA Carmen "Desequilibrios de Poder en los Mercados Digitales: Plataformas y Dependencia", *ADI*, cit., págs. 63 y 64 o DÍEZ ESTELLA, Fernando, "El Abuso de Posición de Dominio por las Plataformas Digitales: Google en el Banquillo", cit., pág. 112 que lo aproximan al poder relativo de mercado.

35 Este carácter a medio camino entre lo desleal y lo *antitrust* hizo que Alemania, pionera del modelo europeo de Derecho de Defensa de la Competencia, haya optado por adecuar su normativa a la economía digital en paralelo al desarrollo de la propuesta de la DMA, con dos importantísimos cambios normativos efectuados sobre la GWB, que regulan una tipología de situaciones a la que la DMA trata en su extremo más intenso como situaciones de *Gatekeeping*, bajo la perspectiva del poder relativo de mercado (especialmente en los parágrafos 19 y 20 GWB).De la reforma da cuenta ALTZELAI ULIONDO Igone "La modernización del abuso de poder de mercado en el Derecho Alemán" en ROBLES MARTÍN- LABORDA Antonio y OLMEDO

En fin, aunque la Comisión se ha reservado la batuta en la persecución de este tipo de conductas[36] – limitando, en principio, la labor de las Autoridades Nacionales de Competencia a la simple colaboración y asistencia[37] – no es menos cierto que un cambio normativo de tal calado necesariamente habrá de tener reflejo en el Ordenamiento Jurídico Mercantil de los

---

PERALTA Eugenio, *Estudios de la Red Académica de la Competencia (RADC) 2021*, Aranzadi, Navarra, 2022, págs. 299-317; también nos dan una aproximación sintética RUIZ PERIS Juan Ignacio "Gatekeepers, Discriminación autopreferente exclusionaria y reforzamiento de la posición de dominio: la nueva propuesta de la Digital Markets Act" cit., págs. 33; y ESTEVAN DE QUESADA Carmen "Desequilibrios de Poder en los Mercados Digitales: Plataformas y Dependencia", *ADI*, cit., págs. 68 y 69.

36 Cfr. Considerando 91 del DMA, literalmente: "La Comisión es la única autoridad facultada para hacer cumplir el presente Reglamento"; confirmado en el art. 1.5 del DMA donde proscribe la imposición de obligaciones adicionales a los gatekeepers, aunque sí permite imponer obligaciones sobre cuestiones fuera del ámbito de aplicación del reglamento y no deriven de la consideración de las empresas como tales Guardianes de Acceso en el sentido del Reglamento. Como denuncia OLMEDO PERALTA Eugenio, "Redefiniendo el ámbito de aplicación de la ley de mercados digitales", *Nuevas tendencias en el Derecho de la Competencia y de la Propiedad Industrial III*, cit., pág.113, la forma de repartir las competencias resulta harto criticable por imprecisa.

37 Tal y como confirman los artículos 1.6, 22.2, 23 (en especial, apartados 3 y 4), 27 y 38, la labor de las Autoridades Nacionales se reduce a la asistencia de la Comisión en la aplicación del Reglamento así como la investigación de las conductas empresariales en aplicación de los arts. 101 y 102 TFUE, así como el Reg. 139/2004 sobre el régimen de control de las concentraciones y de las normas nacionales equivalentes y condicionada a la previa comunicación a la comisión del inicio de actos formales de investigación o de adopción de medidas (art. 38, apdos. 1, 2 y 3).

distintos Estados Miembros[38], al menos, en lo tocante a situaciones donde el "guardián de la cripta digital", no tenga una prominencia como la exigida en el reglamento, pues no por ello debe quedar excluida la posibilidad de que lleve a cabo

[38] No en balde, el mismo Considerando 91, tras facultar con carácter exclusivo a la comisión (cfr. nota a pie 27) reconoce, sin embargo, la necesidad de que "los Estados miembros [tengan] la posibilidad de facultar a sus autoridades nacionales competentes encargadas de hacer cumplir las normas en materia de competencia para que lleven a cabo investigaciones sobre posibles incumplimientos por parte de los guardianes de acceso de determinadas obligaciones en virtud del presente Reglamento. En particular, esto puede resultar pertinente en casos en los que no se pueda determinar de entrada si un comportamiento de un guardián de acceso puede suponer una infracción del presente Reglamento, las normas en materia de competencia que la autoridad nacional competente esté facultada para hacer cumplir, o ambas." Lo cual parecería convertir la jurisdicción *Antitrust* nacional en una especie de antesala de la aplicación del Reglamento de Mercados Digitales (DMA), a modo de cómo la *Vorfeldthese* organiza las relaciones entre Competencia Desleal y el propio Derecho Antitrust, configurando la Competencia Desleal como el ámbito previo o antesala a la aplicación de las normas de Defensa de la Competencia (Cfr. OHLY Ansgar y SATTLER Alexander, "120 Jahre UWG im Spiegel von 125 Jahren GRUR", *GRUR*, Heft 12, 2016, pág. 1229-1239, pág. 1231). Sin embargo, la intensidad del papel de la autoridad nacional se ve de nuevo rebajado por el propio considerando cuando, a renglón seguido, limita su actuación a la investigación y comunicación posterior a la Comisión, insistiendo en que esta sea la única autoridad habilitada para la aplicación del instrumento. No obstante, la válvula de escape la proporciona el ya mencionado art. 1.5 DMA cuando prohíbe a los Estados miembros adoptar disposiciones nacionales o imponer a los operadores obligaciones derivadas de este reglamento o de su naturaleza o en consideración a su carácter de Gatekeeper. De este modo, las normas cuya *ratio* no pivoten en torno al concreto estatuto jurídico del Guardián de Acceso han de ser consideradas válidas siempre que respeten el Derecho de la UE.

prácticas desleales por abusivas en relación con unos usuarios profesionales cautivos[39].

Sin poder dedicar muchas más consideraciones a calificar a los *Gatekeepers* y caracterizar la particular posición que ellos mismos crearían para sí en el mercado[40], la imagen que crea la norma encaja especialmente bien con las situaciones de poder de mercado. En efecto, una plataforma se encuentra en una situación de control estructural que admite una relativa analogía con el poder de mercado, debido a su carácter "puente" entre los diferentes lados del mercado, lo que les permite, entre otras múltiples posibilidades, controlar el flujo de información

---

39 En efecto, si tomamos en consideración el sistema aplicativo que se diseña en la DMA, la pieza clave pasa por el cumplimiento de los umbrales cuantitativos que confirman el cumplimiento de los rasgos cualitativos propios del *Gatekeeper* enunciados a la sazón en el art. 3.1 DMA. Cuando la plataforma no entre dentro de tales características, la aplicación del reglamento queda a discreción de la Comisión, pero nada impediría que, entre tanto, los Estados Miembros puedan optar por intervenir de forma puntual cuando consideren que existe un peligro concurrencial relevante, siempre y cuando lo hagan por razones distintas a las que tiene en cuenta el reglamento en cuestión, esto es, por la declaración de *Gatekeeper*.

40 Esta sería, quizá, la clave: los Gatekeepers se encuentran en una posición que les permite modular y regular el desarrollo de la competencia en el mercado, al ser ellos mismos, mediante su intervención mediadora, los que habilitan su creación, posicionándose así como los reguladores del mismo. Esta capacidad se extiende no solamente a la posición estática del mercado, sino que influye en su evolución dinámica, haciendo que el desarrollo del mismo se adapte y adecúe a una cadena de valor específica que vertebra el entero modelo de negocio de la plataforma. Vid. EZRACHI Ariel y STUCKE Maurice *How Big-Tech Barons Smash Innovation*, cit., págs. 191 y ss.; precisamente esta posición resultaría muy difícil de calificar con los instrumentos antitrust tradicionales, cfr. OLMEDO PERALTA Eugenio, "Redefiniendo el ámbito de aplicación de la ley de mercados digitales", *Nuevas tendencias en el Derecho de la Competencia y de la Propiedad Industrial III*, cit., pág. 96.

y de contratación entre ambas caras del mismo y acumular, así, grandes cantidades de datos[41], imponer condiciones contractuales desiguales para cada grupo de usuarios[42] (e incluso dentro de un mismo grupo) o, en fin, adoptar decisiones de

---

41 Si bien inicialmente la posición de las Autoridades de Competencia y, en general, del mundo jurídico en torno a la acumulación de datos tendían a menospreciar el impacto que la acumulación de datos podía tener sobre el poder de mercado, hoy en día las tesis revisionistas parecen prevalecer. En todo caso, si el dato se ha convertido en el nuevo petróleo [idea de la que se hace eco con distintos símiles JIMÉNEZ SERRANÍA Vanessa, "Datos, minería e innovación: ¿Qvo vadis, europa? Análisis sobre las nuevas excepciones para la minería de textos y datos, *Cuadernos de Derecho Transnacional,* Vol. 12, N.º 1, marzo 2020, págs. 247-258, pág. 248 y otra vez 250] no podemos negar que su acumulación sea fuente de poder de mercado. Quizá la duda se encuentra en si la acumulación de un "capital de datos" es por sí misma suficiente para lograr volcar ese poder informativo en un dominio de las condiciones de contratación en los mercados. En este sentido, HERRERO SUÁREZ Carmen "Big Data ¿Hacia un nuevo instrumento de poder de mercado?" cit., pág. 355. La fuente de poder no se encuentra tanto en la acumulación de datos, sino, más bien, en el apalancamiento operativo de la información destilada, que permite el desarrollo de un nuevo valor añadido basado en la predicción y personalización de las prestaciones. Ello, anudado a un diseño sesgado de las estructuras de mercado y actividad, favorece que el entero mercado se decante en favor del operador más especializado y resulte muy complejo desbancar dicha posición.

42 Algo que, *a priori,* conduce a un funcionamiento más eficiente de la actividad al permitir alojar los costes en aquellos operadores que están en mejor posición de soportarlos. En este sentido, JIMÉNEZ SERRANÍA Vanessa "Los "mercados" de las plataformas digitales de economía colaborativa: ¿Es realmente necesaria una redefinición del concepto de Mercado de Referencia? en MARTÍNEZ NADAL Apol·lònia *Plataformas Digitales: Aspectos Jurídicos,* cit., págs. 135-150, pág. 137-140. Cuestión distinta es la valoración de esta conducta desde la perspectiva de la equidad.

diseño o configuración de la forma de prestar el servicio que limitan y condicionan el entero funcionamiento y desarrollo del ecosistema.

La dimensión estructural para la Competencia resulta igualmente clara a la luz de la posición estratégica con la que caracterizamos a estos Guardianes de Acceso y se confirma con los ya mencionados umbrales presuntivos (art. 3 DMA). En este sentido, la Comisión opta por una solución rápida y eficaz, donde aparece, si se quiere, de forma más intensa el carácter regulatorio, un enfoque que, en puridad, no es tan diferente al seguido en cuanto al control de concentraciones, y que lo que hace es imponer la carga a los propios operadores de comprobar si se encuentran en una situación de *gatekeeping* y, en su caso, comunicarlo a la Comisión para que esta pueda declarar tal situación[43].

2.2.- *La declaración de Gatekeeper como punto central del nuevo régimen: estructura del ilícito del DMA*

La declaración de un operador como *Gatekeeper* es el acto de mayor trascendencia del entero régimen normativo, por cuanto constituye el momento (y acto) a partir del cual la plataforma queda sujeta a todas las obligaciones de comportamiento,

[43] Aunque la comunicación no supone un requisito *sine qua non* para la declaración de un operador como Guardián de acceso, por cuanto la Comisión se reserva la posibilidad de declarar de oficio tal estatus en cualquier operador que, aun sin cumplir los umbrales cuantitativos, se encuentre en una situación de mercado con idénticas implicaciones estructurales, o bien cuando el potencial Guardián se oponga o se niegue a llevar a cabo las medidas de colaboración a que viene obligado.

abstención y colaboración que le impone la norma[44], pasando a someterse a un estatuto jurídico *ad hoc* absolutamente exótico para el Derecho europeo de la Competencia. A un mismo tiempo, dicho acto de declaración tiene una eficacia delimitadora de los deberes del recién nombrado Guardián de acceso, por cuanto el acto declarativo impone a la Comisión la carga de designar específicamente y de un modo concreto los "servicios básicos de plataforma"[45] respecto de los cuales se somete a dicho estatuto jurídico particular, es decir, el acto de declaración va a operar una selección entre todos los servicios desarrollados por la plataforma y a escoger aquellas facetas o aspectos respecto de los cuales surge una especial obligación de diligencia, algo que no es excesivamente diferente, en realidad, a una suerte de definición *ex ante* y por la forma del tradicional mercado relevante.

De este modo, una vez declarado el carácter de Guardián de Acceso del operador y delimitados los servicios básicos de plataforma respecto de los cuales se califica al operador en posición de cuello de botella o pasarela[46], queda sujeto en su actuar a las reglas de comportamiento que diseña la normati-

44 En una línea similar OLMEDO PERALTA Eugenio, "Redefiniendo el ámbito de aplicación de la ley de mercados digitales", *Nuevas tendencias en el Derecho de la Competencia y de la propiedad Industrial III*, cit., pág. 93.

45 Servicios que el Reglamento evita definir y que prefiere esbozar mediante la enumeración, necesariamente ejemplificativa dada la lógica que impregna la norma (hablamos de un numerus clausus pero ampliable en futuras revisiones), de una serie de servicios que se considerarán básicos de plataforma (art.2.2 DMA), entre los cuales destacamos: motores de búsqueda, redes sociales, intercambio de vídeos, comunicaciones interpersonales independientes de la numeración, sistemas operativos o servicios de publicidad en línea.

46 RUIZ ESPINOSA José (2021), "Conductas Desleales por discriminatorias en entornos de plataforma" en MARTÍ MIRAVALLS Jaume (dir.),

va[47] y que se concentran en los arts. 5 y 6 DMA, siendo posible hacer aquí una primera clasificación entre obligaciones de actuación "autoejecutivas" (art. 5) y obligaciones de comportamiento "susceptibles de concreción posterior" (art. 6)[48/49].

Ambos preceptos parecen configurarse a través de un listado de obligaciones de comportamiento o normas objetivas de conducta[50] (18 en total) de naturaleza relativamente abs-

---

Competencia en Mercados Digitales y Sectores Regulados, Tirant-lo-Blanch, Valencia, págs. 195-212.

47 Se aprecia en este punto la lógica política típica del ilícito *Antitrust*, donde detectada la necesidad de intervención correctora, se elige una opción que se considera adecuada de entre múltiples posibilidades. Así lo califican también FONT GALÁN Juan Ignacio y MIRANDA SERRANO Luis María *Competencia Desleal y Antitrust. Sistema de ilícitos*, Marcial Pons, Barcelona, 2005, pág. 54.

48 Tal y como propone RUIZ PERIS Juan Ignacio, "Gatekeepers, Discriminación Autopreferente Exclusionaria y Reforzamiento de la Posición de Dominio: la Nueva Propuesta Europea de la Digital Markets act", cit., pág. 53.

49 Una segunda clasificación de las conductas nos la ofrece OLMEDO PERALTA Eugenio, "Redefiniendo el ámbito de aplicación de la ley de mercados digitales", *Nuevas tendencias en el Derecho de la Competencia y de la Propiedad Industrial III*, cit., pág. 103, para quien se pueden clasificar en 3 grandes categorías a partir de su interpretación teleológica, a saber: a) medidas dirigidas a eliminar barreras de entrada; b) prohibición de prácticas explotativas y desleales; y 3) medidas estructurales sobre el dominio de datos y flujos de información.

50 Naturaleza esta claramente conectada con aquella de las normas de competencia desleal, caracterizadas, de común, como reglas de comportamiento objetivo en el mercado (Cfr. PAZ-ARES José Cándido, "Constitución económica y Competencia Desleal", *Anuario de Derecho Civil*, pág. 934) o *Marktsverhaltensnormen* (Cfr. HILTY Reto, "The Law Against Unfair Competition and its Interfaces", en HILTY Reto y HENNING-BODEWIG Frauke, *Law Against Unfair Competition*, Springer, Berlín/Heidelberg, 2007, pág. 4).

tracta que intervendrían sobre tres grandes ejes temáticos: 1) restricciones al uso y transparencia de datos; 2) conductas limitadoras de la capacidad de elección de los usuarios y de autopreferenciación; y 3) conductas condicionantes del modo en que los usuarios pueden hacer uso de los servicios básicos de plataforma y su compatibilidad con servicios de terceros.

La cuestión nuclear, llegados a este punto, necesariamente ha de centrarse en analizar la naturaleza jurídica de las obligaciones impuestas por los arts. 5 y 6, que constituyen, sin duda alguna, el núcleo duro del régimen establecido por la DMA.

Como punto de partida, debemos conceder que señalar su carácter mixto o a medio camino entre los dos grandes sectores que componen el Derecho de la Competencia en la tradición continental europea, no contribuye a aportar excesiva claridad sobre el tratamiento que habría que dar a las diferentes normas o imposiciones que conforman esta nueva herramienta. Por ello, la correcta delimitación de su naturaleza jurídica debe tratar de profundizar más en su ontología para, con ello, facilitar la comprensión de la norma y favorecer su asimilación.

Aunque la dimensión sobre la que pretende operar este nuevo instrumento es de órbita *Antitrust*, en el sentido de pretender actuar sobre los prestadores de servicios de plataforma más potentes en los mercados digitales, en la huida de los arts. 101 y 102 TFUE, aparece la necesidad de evitar la creación de un nuevo ilícito totalmente en blanco que, a modo del art. 102 TFUE, prohíba simplemente abusar de una posición de "*gatekeeping*", "pasarela" o de "cuello de botella" sobre un mercado digital[51]. Antes al contrario, la opción legislativa, claramente meditada, ha sido la de configurar el ilícito a través de la definición formal de una serie de conductas prohibidas para todos aquellos declarados como tales "Guardianes de Acceso" (arts. 5 y 6 DMA), que son susceptibles de concreción interpretativa ulterior.

Este recurso a sendos listados de prácticas prohibidas cumple, al menos dos funciones relevantes en cuanto a la configuración del ilícito se refiere.

Por un lado, habilita de un modo más que evidente la persecución de las conductas tipificadas sin necesidad de acometer una labor investigadora y probatoria de la envergadura que exigen las herramientas *Antitrust* tradicionales, por cuanto la realización de dichas conductas por parte de sujetos con capacidad de controlar el acceso a los mercados digitales permite presumir el perjuicio a la disputabilidad y/o equidad de los

51 Del mismo modo que se evita definir el nuevo ilícito directamente como "causar una restricción de la disputabilidad y/o equidad en el mercado digital".

mercados, esto es, el daño abstracto a la Competencia[52/53]. La labor de la Comisión se deberá ocupar con la detección de las conductas y su caracterización, puesto que la calificación del sujeto relevante como *Gatekeeper* ha sido previa y, por tanto, la relevancia de su actuación para el mercado ha quedado ya pre-

---

52 Este efecto lleva a KERBER Wolfgang "Taming tech giants with a per-se rules approach? The Digital Markets Act from the "rules vs. Standard" perspective", *Concurrences,* Nº 3, 2021, págs. 28-35, págs. 28 y 29, a considerar estas obligaciones como reglas *per se* de comportamiento debido. Se aprecia en este punto un alejamiento del "*More Economic Approach*" (Cfr. RUIZ PERIS Juan Ignacio, "The EU Digital Markets Act, A Eurpean Answer to Application´s Problems of Classical Competition Law to Gatekeepers", en RUIZ PERIS Juan Ignacio (dir.), *Competencia, Compensacion de Daños y Mercados Digitales,* cit., pág. 29; DÍEZ ESTELLA Fernando "El Abuso de Posición de Dominio por las Plataformas Digitales: Google en el Banquillo", cit., pág. 119), un alejamiento, por tanto, del análisis económico del Derecho típico de la Escuela de Chicago, para centrar el ángulo de intervención sobre el mercado en el incremento del bienestar agregado, de algún modo, tratando de volver a los orígenes de la disciplina (Cfr. BOUGUETTE Patrice, DESCHAMPS Marc y MARTY Frédéric, "When economics met Antitrust: The Second Chicago School and the Economization of Antitrust Law", Enterprise and Society, vol. 16, Nº 2, págs. 313-353, pág. 317); para BEHRENS Peter, "The ordoliberal concept of abuse of dominant position and its impact on art. 102 TFUE", en DI PORTO Fabiana y PODSZUN Rupprecht, *Abusive Practices in competition law,* cit., pág. 25 este alejamiento se encontraría en una aproximación estructuralista sustentada en postulados ordoliberales, de modo que, puede considerarse, que el nuevo ilícito del DMA constituye un resurgimiento o modernización del ordoliberalismo europeo clásico; de este parecer general de la doctrina europea se hace eco WÖRSDÖRFER Manuel "The Digital Markets Act and EU Competition Policiy: A critical Ordoliberal Evaluation", *Philosophy of Management,* Nº 22, 2023, págs. 149-171.

53 Ello, sin embargo, no debe apreciarse como una vuelta atrás o involución del Derecho Europeo al modelo de aproximación "por la forma" seguido por la Comisión. Cfr. MONTI Giorgio, "The Digital Markets Act – Institutional Design and Suggestions for Improvement", TILEC Discussion Paper, DP 2021-004, febrero de 2021.

fijada y constatada también por adelantado. Del mismo modo, el contexto de análisis relevante también quedaría fijado de antemano y anudado a la propia noción de *Gatekeeper*, mediante la designación de este para una serie de Servicios Básicos de Plataforma.

En segundo lugar, la utilización de un sistema de lista contribuye a crear una norma tan solo parcialmente en blanco que es objeto de concreción específica a través de la enunciación de una suerte de decálogo del comportamiento debido de una empresa con capacidad de controlar el propio acceso a los mercados. Queremos decir que se establece a través de esos dos preceptos un modelo general de conducta para todo *Gatekeeper* (especialmente en el art. 5 DMA, donde se encuentran las obligaciones "autoejecutivas"[54]) a la par que se habilita como mecanismo de flexibilización la posibilidad de configurar un modelo individual de conducta esperable de cada uno de los Guardianes de Acceso *in concreto* declarados tales (en este caso a través del art. 6 DMA). Ello conduce a pensar que, en puridad, lo que constituye el estatuto jurídico de Guardián de Acceso sería el sometimiento de dicho operador a una disciplina particular de su actuar competitivo, configurada doblemente en atención a su singular situación de mercado y, en un segundo nivel, a su particular idiosincrasia, adaptada, por tanto, a su concreta cadena de valor[55].

---

54 Nuevamente terminología de RUIZ PERIS Juan Ignacio, "Gatekeepers, Discriminación Autopreferente Exclusionaria y Reforzamiento de la Posición de Dominio: la Nueva Propuesta Europea de la Digital Markets act", cit., pág. 53.

55 Especialización en la definición de las obligaciones de conducta que parece indicar que la propia Comisión espera que el número de Gatekeepers se mantenga relativamente bajo. Algo que en cierta forma ya estaría indicando un supuesto de concentración agregada asimilable a un conglomerado empresarial, Cfr. CHENG K. Thomas y GAL S. Michal "Superior bargaining power: dealing with aggregate concentration

De forma paralela, el ilícito se configura por referencia al modelo de conducta enunciado, como un alejamiento respecto de ese comportamiento esperable o razonable, en, al menos, dos direcciones diferentes. Por un lado, en referencia al concepto de ilícito desleal como infracción del modelo de conducta esperable en el mercado[56]. Por el otro, se aprecia una cierta similitud entre la posición del *Gatekeeper* y la de la empresa con poder de dominio[57], pues ambas se ven gravadas con la carga de actuar de un modo particularmente diligente[58]: minimizadora de los daños que su actuación puede generar para la competencia.

El ilícito que se diseña, por tanto, en el Reglamento 2022/1925 tendría una naturaleza bipartita, por cuanto es resultado del enlace de dos elementos de orden distinto. De

---

concerns" en DI PORTO Fabiana y PODSZUN Rupprecht, *Abusive Practices in competition law*, Edgar Elgar, Cheltenham/Northampton 2018, págs. 185-224, pág. 186.

[56] Cfr. BERCOVITZ RODRÍGUEZ-CANO Alberto, "Significado de la Ley y requisitos generales de la acción de Competencia Desleal", en BERCOVITZ A., *La Regulación contra la Competencia Desleal en la Ley de 10 de enero de 1991*, cit., págs. 27-29.

[57] De modo interesante, BEHRENS Peter, "The ordoliberal concept of abuse of dominant position and its impact on art. 102 TFUE", en DI PORTO Fabiana y PODSZUN Rupprecht, *Abusive Practices in competition law*, Edgar Elgar, Cheltenham/Northampton 2018, págs. 5-25, págs. 10 y 11, define al abuso como un comportamiento en el mercado que genera una restricción ilegítima de la competencia residual subsistente en el mercado ya concentrado, que tendría lugar a través de medios ajenos a la competencia por méritos.

[58] Nuevamente la STJCE de 9 de noviembre de 1983, as. C-322/81, NV Nederlandsche Banden Industrie Michelin c. Comisión, ap. 57.

modo resumido, podemos decir que para que una conducta sea ilícita *ex* DMA es necesario que un sujeto que se encuentre sometido a un especial deber de comportamiento se desvíe de lo esperado y genere, con ello, un perjuicio para la disputabilidad y equidad de los mercados digitales. La base del ilícito es el alejamiento de un deber de conducta causante de un perjuicio para los operadores de un modo que resulta a un mismo tiempo perjudicial para el mercado[59]. Pero, de igual modo, el deber de conducta no deriva, sin más, del genérico mandato de competir que acoge la moderna legislación de Competencia Desleal, ni de las obligaciones que el Reglamento 2019/1150 impone, en general, para todo operador de un mercado digital, sino de la adscripción a dicho competidor de una particular situación jurídica y de mercado: la atribución, en definitiva, del carácter de Guardián de Acceso, que eleva la simple defraudación de un deber objetivo de conducta directamente al ámbito

59 Desde esta perspectiva es normal que quien pretenda ver en los diferentes comportamientos un conjunto de reglas por la forma sobre comportamiento, acabe considerando que su redacción resulta excesivamente abierta (a modo de ejemplo KERBER Wolfgang "Taming tech giants with a per-se rules approach? The Digital Markets Act from the "rules vs. Standard" perspective", *Concurrences,* cit., pág. 31 y 32). Ello se debe a que estas reglas no establecen obligaciones directas o absolutas de comportamiento, sino estándares de conducta que deberán cumplirse por los operadores obligados. Lo que a nuestro modo de ver dificulta su conceptualización como regulación económica en sentido estricto: para ser regulación es excesivamente incierta e imprecisa.

de Defensa de la Competencia y le atribuye, en consecuencia, una dimensión *Antitrust*[60/61].

Este planteamiento nos conduce a la conclusión que anunciáramos ya en el título del trabajo: el ilícito construido en el DMA podría ser interpretado como un ilícito basado en el comportamiento, y, por tanto, desleal[62] que, sin embargo, debido a las peculiaridades del sujeto que lo comete se eleva a una

---

60 El componente de Competencia Desleal consigue revivir y combinar el enfoque ordoliberal tradicional europeo, que atiende a la competencia como proceso evolutivo basado en la libertad de competir, con la posibilidad de analizar los hechos y circunstancias de forma muy específica, tendiendo un puente entre esa perspectiva ordoliberal y el denominado "more economic approach". En este sentido, sobre la conexión de la Competencia Desleal con el modelo "more economic approach" vid. PODSZUN Rupprecht, "Der more economic approach im Lauterkeitsrecht", WRP, N.º 5, 2009, págs. 509-517; y WOLLMANN Hanno, "Der more economic approach die UWG-Novelle 2007 und deren Bedeutung für das Zusammenspiel von Lauterkeits- und Kartellrecht" en AA.VV. *Festschrift für Irmgard Griss,* Jan Sramek Verlag, Austria, 2011, págs. 771-787.

61 Las principales dudas en este sentido son si se produce realmente un fallo de mercado de envergadura tal que amerite la intervención antitrust. Cfr. DÍEZ ESTELLA, Fernando (2021) "El Abuso de Posición de Dominio por las Plataformas Digitales: Google en el Banquillo", cit., pág. 119; para OLMEDO PERALTA Eugenio, "Redefiniendo el ámbito de aplicación de la ley de mercados digitales", *Nuevas tendencias en el Derecho de la Competencia y de la Propiedad intelectual III,* cit., pág. 94, el fallo de mercado que pretende resolver la DMA sería la poca disputabilidad de los mercados digitales en que habita un *Gatekeeper.*

62 Coincide en esta opinión LEISTNER Matthias, Para LEISTNER Matthias "The comission´s vision of Europe´s digital future: Propsals for the Data Governance Act, the Digital Markets Act and the Digital Services Act – A critical Primer" accessible en https://papers.ssrn.com/sol3/papers.cfm?abstract_id=3789041 (última consulta el 17 de octubre de 2023), cit., pág. 3; en contra PETIT Nicolas "The proposed Digital Markest Act (DMA). A legal and policy Review", *Journal of Europea Competition Law and Practice* , 2021, Vol. 12, Nº 7,

dimensión *Antitrust,* habilitando consecuentemente la entrada de una Autoridad de Competencia (en este caso, solamente la Comisión) investida con capacidades de investigación y sanción de la conducta.

Ello obliga al jurista español a plantearse qué implicaciones puede tener esta normativa respecto del sistema nacional de represión de actos contrarios al Derecho de la Competencia, si es que debe tener alguna. Y ello ha de hacerse por dos razones de órdenes muy diferentes: por un lado, por los evidentes paralelismos entre la naturaleza peculiar de este ilícito híbrido de Derecho de la Competencia y el tipo contenido en el art. 3 de la LDC española, único en el panorama europeo[63] y que

---

págs. 529-541, consultado en *open access* en https://papers.ssrn.com/sol3/papers.cfm?abstract_id=3843497 (última consulta el 17 de octubre de 2023), 24 páginas, pág. 2, distinguiendo los fines del Derecho de la Competencia Desleal, al que adscribe la tarea de "regular los términos y condiciones" (algo que, más bien corresponde al Derecho de Contratos o de Protección del Consumidor), de los fines del Derecho de la Competencia (los cuales no especifica). Postura insostenible si tenemos en cuenta el inexcusable "compromiso que lo desleal asume para con lo *antitrust*" (Cfr. FONT GALÁN Juan Ignacio y MIRANDA SERRANO Luis María *Competencia Desleal y Antitrust. Sistema de ilícitos,* cit., págs. 11 y 31); en contra de la opinión manifestada por PETIT, AKMAN y PINAR "Regulating Competition in Digital Platform Markets: A Critical Assessment of the Framework and Approach of the EU Digital Markets Act" *European Law Review,* Nº 1, 2022, págs. 85-114, consultado a través de https://papers.ssrn.com/sol3/papers.cfm?abstract_id=3978625 (última consulta el 17 de octubre de 2023), 30 páginas, pag. 2 pone el énfasis a partir de la lectura de del memorando explicativo (págs. 2 y 3) que el objeto del DMA es complementar las reglas de competencia al atajar prácticas comerciales desleales de los Guardianes de Acceso que quedan fuera del ámbito de dichas normas o para las que aquellas resultan inapropiadas.

63 En Estados Unidos, la *Federal Trade Comission Act* en su § 5 (§ 45 del *US Code, Chapter 2, Subchapter I: Federal Trade Comission*) autoriza en su

ha suscitado no poco debate en el pasado; por otro lado, en la medida en que la razón de la infracción y, por tanto, su correspondiente sanción responde a la defraudación de un deber de conducta fundado sobre la base de una particular y específica posición de mercado, se plantean las lógicas dudas sobre si sería posible sancionar al *Gatekeeper* bajo argumentos diversos al sustanciado en la DMA y si sería posible sancionar las conductas definidas por dicha norma a través de un cauce distinto, esencialmente las normas de Competencia Desleal nacionales. A ello dedicaremos las páginas que restan.

III.- IMPLICACIONES PARA EL ORDENAMIENTO JURÍDICO NACIONAL. LA REVIVISCENCIA DEL ART. 3 LDC Y SUS COMPLEJIDADES APLICATIVAS.

3.1.- Paralelismos con la regulación nacional española (art. 3 LDC):

Llegados a una conclusión tal como la que alcanzábamos en el epígrafe anterior, surge el inevitable interrogante en punto a cuál de estos dos elementos es dominante y, por tanto, determinante de la ilicitud. Esto es, si el acto es ilícito por realizarse por parte de un sujeto en una especial posición de mercado, o

---

literal b) a la *FTC* a perseguir todas aquellas conductas de naturaleza desleal cuando considere que su actuación al respecto sea relevante para el público. Literalmente: "*Whenever the Commission shall have reason to believe that any such person, partnership, or corporation has been or is using any unfair method of competition or unfair or deceptive act or practice in or affecting commerce, and if it shall appear to the Commission that a proceeding by it in respect thereof would be to the interest of the public, it shall issue and serve upon such person, partnership, or corporation a complaint stating its charges in that respect and containing a notice of a hearing upon a day and at a place therein fixed at least thirty days after the service of said complaint...*".

si por el contrario el acto es ilícito por tratarse de una conducta no permisible que se cualifica en cuanto a sus efectos por el hecho de haberse realizado por un sujeto en una posición especialmente sensible para el mercado.

Esta discusión se plantea en paralelo a la que exhibe en España el desarrollo de nuestro peculiar art. 3 LDC, engendro para algunos, tesoro para otros. Sea como fuere, lo que diseña el art. 3 LDC es una decidida conexión o puente entre ambos ilícitos relevantes para el Derecho de la Competencia, al permitir la perseguibilidad *Antitrust* (por tanto, por parte de la actual CNMC) de conductas desleales siempre que falseen (gravemente) la competencia con afectación al interés público. En esta medida, el estudio de la situación nacional quizá pueda contribuir a la caracterización del nuevo ilícito europeo.

La interpretación de este precepto ha sido claramente divisiva en la doctrina española, pudiéndose identificar tres principales posturas[64]: para un grupo de autores, el art. 3 LDC lo que hace es enlazar o conectar el ilícito desleal con el Antitrust permitiendo la creación de ilícitos híbridos donde la cualificación se encontraría en los peculiares efectos de mercado de la conducta desleal, aptos para falsear la competencia de un modo lo suficientemente grave como para generar un perjuicio al interés público[65]; para otro sector doctrinal, el art. 3 LDC lo que crearía sería un nuevo tipo de ilícito antitrust de naturaleza

---

64 CASADO NAVARRO Antonio "El controvertido asunto de la función normativa del falseamiento de la competencia por actos desleales (Art. 3 LDC)", *Revista de Derecho de la Competencia y la Distribución*, Nº 22, 29 págs., pág.2.

65 MASSAGUER J., "Artículo 3. Falseamiento de la libre competencia por actos desleales" en MASSAGUER J., SALA ARQUER José Manuel, FOLGUERA CRESPO Jaime, y GUTIÉRREZ Alfonso, *Comentario a la Ley de Defensa de la Competencia*, Sexta Edición, Civitas, Navarra, 2020, págs. 383-415; en la misma línea ROBLES MARTÍN-LA BORDA Antonio, "Libre Competencia y Competencia Desleal: de nuevo

abierta donde lo relevante siguen siendo los efectos en la competencia y la referencia a la deslealtad constituye una fórmula de apertura y no de remisión[66]; en tercer lugar, para otro conjunto de autores el papel del art. 3 LDC sería menos profundo, no intervendría sobre la naturaleza del ilícito sancionado, sino que únicamente opera como una norma de habilitación más procesal que sustantiva[67].

Descartada desde nuestra pretensión la tercera postura, pues evita pronunciarse sobre la naturaleza del ilícito en sí, encontramos que el segundo grupo de planteamientos, aunque coherente con la sistemática de la norma y con el momento histórico en que se introdujo[68], supone la aceptación y validación de un tipo sancionador que, privado del valor hermenéutico de la deslealtad, se convertiría en una norma totalmente en blanco que habilita a la persecución de cualquier tipo de conducta realizada en el mercado, siempre que los efectos que produzca sean relevantes para su correcto funcionamiento. Aspecto este, cuya valoración se somete a consideraciones

---

sobre el art. 7 LDC", en PINO ABAD Manuel y FONT GALÁN Juan Ignacio, Marcial Pons, Madrid, págs. 235-248.

66 FONT GALÁN Juan Ignacio y MIRANDA SERRANO Luis María *Competencia Desleal y Antitrust. Sistema de ilícitos,* cit., *passim,* pág. 83 especialmente; CASADO NAVARRO Antonio "El controvertido asunto de la función normativa del falseamiento de la competencia por actos desleales (Art. 3 LDC)", cit., pág. 16.

67 Por ejemplo, ALONSO SOTO, Ricardo José, "Competencia desleal y defensa de la competencia en España", en *Información Comercial Española,* núm. 750, 1996, págs. 9-16, pág. 15. Bajo esta perspectiva, la norma únicamente cumple un papel habilitador de la entrada de la Autoridad de la Competencia a conocer de la conducta desleal.

68 Cuando aparece esta norma, ubicada no en el art. 3 sino en el art. 7 de la anterior LDC, no existía norma de Competencia Desleal en España, por lo que tendría cierto sentido interpretar desleal como una referencia que habilita la apertura del enjuiciamiento a otras conductas de mercado diferentes de las típicamente antitrust.

no necesariamente dogmáticas, como en los dos ilícitos *Antitrust* clásicos, sino fundamentalmente vinculadas a la política económica, trayendo consigo el riesgo sistémico de imponer una sanción a cualquier conducta que se desvíe mínimamente de las concepciones de política de competencia y económica vigentes a cada momento, contribuyendo aún más a la caracterización del Derecho *Antitrust* como un Derecho político e incrementando, con ello, la inseguridad jurídica.

Por el contrario, creemos que el elemento de deslealtad en la práctica a sancionar no es sin más despreciable, por cuanto contribuye a la fijación de elementos de desvalor relevantes desde un punto de vista hermenéutico, limitativos de la tipología de conducta sancionable. Así, habilitando la entrada del componente de deslealtad en la conducta relevante para el art. 3 LDC, se está autorizando la realización de todo tipo de conducta que, independientemente de sus potenciales efectos para la contraparte, no afecte de modo significativo al mercado desde un punto de vista estructural[69].

Por tanto, y en relación con la traslación de esta cuestión hacia la DMA desde la solución del Derecho nacional, lo correcto sería no atribuir más relevancia a uno de los dos elementos constitutivos del ilícito sobre el otro, sea el comportamental o el estructural, sino atribuir idéntica posición a ambos componentes, y, así, concebirlos como parte integral conjunta de la naturaleza jurídica del ilícito diseñado.

69 Ello por cuanto el elemento habilitante de la sanción sería la desviación de la conducta respecto de las normas objetivas de comportamiento en el mercado y, por lo tanto, aquella conducta normal que produzca efectos anticompetitivos relevantes no entrará bajo el ámbito del art. 3 LDC aunque podrá ser enjuiciada desde el punto de vista de los otros ilícitos (desleales).

3.2.- Consecuencias de la estructura del ilícito para el Derecho nacional (Art. 1.5 DMA):

A partir de este punto, la siguiente cuestión problemática que dejábamos planteada en el inciso final del epígrafe anterior debe recibir alguna consideración de nuestra parte.

Hablamos de la pregunta sobre si es posible sancionar a una empresa en posición de Guardián de Acceso por razones exógenas a dicho estatuto jurídico. Esta cuestión debe recibir una respuesta afirmativa, tal como conduce a considerar el art. 1.5 DMA. En efecto, que una empresa se encuentre en situación de *gatekeeping* no impide que pueda desarrollar otro tipo de comportamiento de relevancia anticoncurrencial (sea *Antitrust* o sea Desleal), por lo que ambos sectores del Derecho de la Competencia deben entenderse aplicables sin perjuicio del DMA y este debe entenderse aplicable sin perjuicio de las normas ya vigentes en el Derecho de la Competencia europeo y nacional. La relación no es de exclusión, sino de complementariedad[70].

Más compleja resulta, en cambio, la respuesta a la segunda cuestión, esto es, si es posible aplicar normas ajenas al DMA para sancionar conductas acogidas por dicha norma. En relación con la aplicación de la normativa *Antitrust* creemos que la situación de Guardian de Acceso es lo suficientemente concreta y lo suficientemente distinta de los tradicionales ilícitos *antitrust* de manera que, aunque pueda llegar asolaparse sobre uno y otro supuesto, la *ratio* aplicativa de los tres se puede con-

---

70 RUIZ PERIS Juan Ignacio, "The EU Digital Markets Act, A Eurpean Answer to Application´s Problems of Classical Competition Law to Gatekeepers", cit., pág. 25; en esta misma línea MARTÍNEZ NADAL Apol·lònia, "La propuesta de reglamento de Mercados Digitales (DMA): una aproximación jurídica", cit., pág. 117; implícitamente, OLMEDO PERALTA Eugenio, "Redefiniendo el ámbito de aplicación de la ley de mercados digitales", *Nuevas tendencias en el Derecho de la Competencia y de la Propiedad Industrial III*, cit., pág.109.

siderar lo suficientemente dispar como para admitir la acumulación de procesos[71]. La cuestión en este punto es, más bien, la necesidad material de aplicar cumulativamente una normativa que, por limitada, propició la huida hacia esta nueva herramienta de Derecho de la Competencia.

Por tanto, creemos que el principal sector de solapamiento o el que se va a presentar más problemático es aquel que suponga la aplicación de las nuevas normas nacionales sobre Competencia (§§ 19a y 20 GWB alemana) o sobre Competencia Desleal para conductas tipificadas por la DMA, fuera, eso sí, del ámbito de la norma, es decir, cuando el sujeto activo del ilícito no ha sido declarado un Guardián de acceso[72].

La respuesta a esta cuestión debe partir de la interpretación *sensu contrario* del art. 1.5 DMA, la cual no resulta sencilla y admite, de acuerdo con los razonamientos ya vertidos, al me-

---

71 En este sentido, un acuerdo horizontal entre plataformas que operan en mercados digitales y tienen la consideración de *Gatekeepers* debe ser perfectamente sancionable por las normas de competencia, por cuanto castigan un comportamiento, el de acordar horizontalmente condiciones de actividad y, por tanto, de mercado, que en nada depende de que sean o no Guardianes de Acceso. Un razonamiento similar, aunque quizá algo más confuso, se puede predicar respecto del Abuso de Posición dominante. Aquí el riesgo de solapamiento es mayor, pero creemos que es difícil que aquellos se lleguen a producir, por cuanto el sentido práctico del DMA es habilitar la intervención administrativa de la Comisión en un estadio previo o ajeno al de posición de dominio, por lo que no parece del todo coherente el recurso a una herramienta más compleja de aplicar cuando se ha desarrollado otra más fácil de emplear, precisamente en atención a tal problema.

72 Naturalmente, el Guardián de Acceso podrá cometer actos desleales distintos a los estatutariamente fijados y, en esa medida, sancionables por vía de la Competencia Desleal, al menos hasta que la Comisión decida actualizar la norma para incorporar nuevas conductas o especificar las vigentes, facultad que se reserva en el art. 12 DMA.

nos, dos lecturas[73]. La cuestión pasa por determinar el ámbito de aplicación de la norma, lo cual en buena medida parece depender de la morfología del ilícito que diseña. En efecto, una conducta sancionada por el reglamento, realizada por una empresa no declarada Guardián de Acceso, quedaría fuera del ámbito de aplicación de la norma[74]. Ello es resultado de esa configuración paritaria del ilícito que requiere de ambos componentes – comportamental y estructural – como elementos cualificadores del ilícito[75]. De la misma forma, una conducta no susceptible de alterar el comercio en el mercado interior tampoco tendría la suficiente trascendencia europea para activar el DMA[76].

---

[73] Literalmente, la parte controvertida del precepto reza: "*Nada de lo dispuesto en el presente Reglamento impide a los Estados miembros imponer a las empresas, incluidas las empresas prestadoras de servicios básicos de plataforma, obligaciones relativas a cuestiones que quedan fuera del ámbito de aplicación del presente Reglamento…*". Cuál sea el ámbito de aplicación, esto es, dirimir si lo relevante a estos efectos es el carácter de Guardián de Acceso, o la propia conducta en sí, realizada por quien es, efectivamente, *Gatekeeper*, es algo harto difícil a partir de la letra de la norma.

[74] Del mismo modo, lo hemos visto, cualquier conducta de un Guardián de Acceso distinta de las enumeradas en los arts. 5 y 6 DMA se entiende sin relevancia para la aplicación del instrumento

[75] Cualquier conducta distinta hecha por un *Gatekeeper* no sería ilícita, ni tampoco cualquiera de las conductas tipificadas cuando el sujeto agente sea un empresario no declarado Guardián de Acceso.

[76] En este sentido HILTY M. R., "The Law Against Unfair Competition and its Interfaces", en HILTY M. R. y HENNING-BODEWIG F., *Law Against Unfair Competition*, cit., pág. 13. Aunque referido a las eventuales relaciones que podrían existir entre un sistema europeo de competencia desleal armonizada y los sistemas nacionales y a la luz del art. 14 TCE, ya superado tras Lisboa, la lógica del razonamiento se comparte, por cuanto, del mismo modo la coordinación de las Autoridades en materia *Antitrust* se delimita a partir de sus efectos sobre el mercado interior (Cfr. Reg. 1/2003, en particular, art. 11.6). De este modo, se podría argumentar que cuando nos encontremos

Así las cosas, todo parece indicar la necesidad de una interpretación del art. 1.5 DMA que habilite a los Estados Miembros a perseguir las conductas concretadas en el instrumento, aun cuando el sujeto no sea un *Gatekeeper*, siempre que se puedan entroncar en razones diversas a la posición de pasarela o puente de gran dimensión que la caracterizan y definen. Por ejemplo, en los casos de posición fuerte en el mercado sin *gatekeepeing*, donde se realiza una conducta como las tipificadas en el propio reglamento[77], generando efectos lógicamente de menor intensidad, pero, en todo caso, relevantes para el mercado. Esta postura sería coherente con la *voluntas* legislativa, ya manifestada, a nivel de la Unión, en el texto "*Competition New Tool*" y que supondría una apuesta decidida por sujetar a un singular control situaciones por debajo de los umbrales aplicativos tradicionales del Derecho *Antitrust*[78].

---

fuera de una situación de *Gatekeeping*, la conducta del operador de plataforma puede no trascender del ámbito exclusivamente nacional y, por ende, resultar competente la Autoridad Nacional. Ello abre la posibilidad de aplicar los ilícitos a conductas que no dispongan de elementos de transnacionalidad, a menudo, fuera el contexto de Mercados Digitales en sentido estricto.

77 Esta circunstancia será sumamente habitual si el instrumento consigue su propósito de garantizar la disputabilidad y equidad de los mercados, pues el efecto previsible será el surgimiento de nuevos operadores de plataforma capaces de presentar alternativas sólidas a los GAFAM, favoreciendo un relajamiento en el estatuto del *Gatekeeper*, por cuanto será una de muchas puertas de acceso. En este panorama, no tendría ningún sentido renunciar al instrumento tal y como ha sido objeto de desarrollo, de modo que una flexibilización aplicativa podría servir tanto para habilitar el control de un número creciente de sujetos relevantes como una menor relevancia de los efectos de sus prácticas.

78 En este sentido PETIT Nicolas "The proposed Digital Markest Act (DMA). A legal and policy Review", *Journal of Europea Competition Law and Practice* , cit., pág. 3 del texto consultado; La DMA se configura como una norma basada en la previa declaración del estatuto

Cuanto antecede habilitaría el recurso a la normativa nacional para fundar la perseguibilidad de conductas que, siendo paralelas al ámbito del DMA, escapan por lo bajo a la dimensión que lo ocupa y que, consecuentemente, generan efectos menores, aunque no despreciables, sobre la competencia. En este contexto no parece excesivo habilitar eventualmente un escrutinio nacional en aquellos asuntos que no tengan la relevancia para el mercado europeo[79].

Para ello, a nivel español, como bien propone la profesora ESTEVAN DE QUESADA, la solución puede venir del recurso a los supuestos de acto desleal por abuso de dependencia económica[80], particularmente a través de los arts. 16.2 y 16.3 LCD, actualizados y adaptados a los nuevos mercados digitales, e, incluso, podría pensarse, a mayor abundamiento, en el eventual recurso al art. 3 LDC, ese antiguamente llamado "híbrido improcedente" o "minotauro concurrencial más mítico que real"[81], que parece resurgir con fuerza para este tipo de situaciones al tener la doble propiedad de, por un lado, permitir

---

jurídico de Guardián de Acceso, precisamente porque parte de la aplicabilidad autónoma del aparato jurídico represor del Derecho de la Competencia. De este modo, no puede negarse la aplicación complementaria del Derecho *Antitrust* a casos donde, pese a no haber situación de *Gatekeeper* declarada, se aprecien efectos perniciosos para la competencia emanando de la conducta de un operador que goza, pese a todo, de una importante posición de poder relativo.

79 *Ad exemplum* de cómo el propio sistema *Antitrust* europeo delega en las Autoridades Nacionales la persecución de conductas anticompetitivas de dimensión infra-europea.

80 ESTEVAN DE QUESADA Carmen "Desequilibrios de Poder en los Mercados Digitales: Plataformas y Dependencia", *ADI*, cit., pág. 65.

81 Ambas expresiones en FONT GALÁN Juan Ignacio y MIRANDA SERRANO Luis María *Competencia Desleal y Antitrust. Sistema de ilícitos*, Marcial Pons, Barcelona, 2005, pág. 50.

la intervención de la CNMC[82] en los casos donde se produzca una afectación estructural no despreciable sobre el funcionamiento de la competencia en el mercado – algo que, dado el carácter de "cuello de botella" o "pasarela" de estos operadores no revestirá la naturaleza mágica o mitológica que se consideró en otro tiempo – a la par que, en segundo lugar, permite facilitar la denuncia por parte de los operadores, superando así el "factor miedo" que tanto atenaza la persecución de este tipo de ilícitos, dada la dependencia (especialmente la contractual[83]) que padecen los potenciales denunciantes y el lógico temor

---

82 Reivindicación expresada por dicha Autoridad Nacional en CNMC (2020) *Documento de posición de la CNMC sobre la consulta pública de la Comisión Europea sobre la Digital Services Act (DSA) y la New Competition Tool (NCT)"*, de la que se hace eco MORALES BARCELÓ Judith "Los guardianes de acceso y la dudosa necesidad de la propuesta de ley de mercados digitales: especial referencia a las concentraciones económicas", en *Revista de Derecho de la Competencia y de la Distribución*, cit., pág. 6.

83 La dependencia contractual no es sino resultado de una asimetría precedente sustanciada en la fase negocial bilateral entre los empresarios (Cfr. ZABALETA DÍAZ Marta, "El abuso de una situación de dependencia económica ¿Ilícito antitrust o ilícito desleal?, *ADI*, XXVI, 2005-2006, págs. 339-380, pág. 357). De este modo, contratos y competencia desleal se presentan entrelazados bajo la fórmula de la especialidad aplicativa, donde el derecho de contratos interviene y corrige en su caso el desequilibrio material concreto a que ha conducido la diferencia de posición negociadora. Ello permite que las normas de Competencia Desleal entren más allá de los lindes contractuales, pero, sobre todo, se ofrezcan como herramienta interpretativa de primer orden para el derecho de contratos. En un sentido similar, Vid. CASADO NAVARRO Antonio "Conexiones Axiológicas, Funcionales y Normativas entre el Derecho de los Contratos y la Normativa Represora de la Competencia Desleal en las Relaciones de Consumo" en MIRANDA SERRANO Luis María y PAGADOR LÓPEZ *Desafíos del regulador mercantil en materia de contratación y competencia empresarial*, Marcial Pons, 2021, págs. 427-442.

que en ellos se despierta la posibilidad de represalias contra su negocio[84].

Por último, el recurso al art. 3 LDC habilitaría a la CNMC para entrar a conocer de aquellos supuestos de abuso de dependencia económica generada en el entorno digital de plataformas, excluido el ámbito de los *Gatekeepers* (*ex* art. 1.5 DMA) y siempre que la conducta abusiva sancionable de conformidad con el art. 16.2 LCD sea apta para generar unos efectos trascendentes al mero contexto operativo que vincula a ambos sujetos implicados, esto es, cuando tenga una cierta trascendencia para la Competencia (o disputabilidad) del mercado en su conjunto, configurándose como una situación intermedia entre la mera actuación desleal y la grave alteración del funcionamiento del mercado que se pretende combatir mediante el DMA.

BIBLIOGRAFÍA

AKMAN Pinar, "Regulating Competition in Digital Platform Markets: A Critical Assessment of the Framework and Approach of the EU Digital Markets Act" *European Law Review,* Nº 1, 2022, págs. 85-114.

ALONSO SOTO, Ricardo José, "Competencia desleal y defensa de la competencia en España", en *Información Comercial Española,* núm. 750, 1996, págs. 9-16.

84 Y es que tal es el poder de estos Guardianes que llegan incluso a invertir el orden de formación del precio en la cadena de valor. Cfr. MARTÍ MIRAVALLS. J., "La Cadena de Valor en la Regulación del Mercado Agroalimentario: de la Cláusula de Reparto Valor a la Prohibición de su Destrucción", en CARBAJO CASCÓN F. y JIMÉNEZ SERRANÍA V., *Competencia, Propiedad Intelectual y Tutela de los Consumidores en el Sector Agroalimentario,* Tirant-lo-Blanch, Valencia, 2022, pp. 1041-1062, p. 1059, en relación con los grandes distribuidores minoristas de alimentos, capaces de controlar en el mundo analógico de la distribución de alimentos el acceso a los mercados de consumo, adquiriendo., por tanto, un perfil muy similar al de Guardián de Acceso

ALTZELAI ULIONDO Igone "La modernización del abuso de poder de mercado en el Derecho Alemán" en ROBLES MARTÍN- LABORDA Antonio y OLMEDO PERALTA Eugenio, *Estudios de la Red Académica de la Competencia* (RADC) 2021, Aranzadi, Navarra, 2022, págs. 299-317.

BANIA Konstantina "The european comission´s decision in Google Search. Exploring old and new frontiers of competition enforcement in the digital economy" en LUNDQUIST Björn y S. GAL Michel *Competition Law for the Digital Economy*, Edward Elgar, 2019, págs. 264-301.

BERCOVITZ RODRÍGUEZ-CANO Alberto, "Significado de la Ley y requisitos generales de la acción de Competencia Desleal" *La Regulación contra la Competencia Desleal en la Ley de 10 de enero de 1991*, Cámara de Comercio e Industria de Madrid (BOE), Madrid, 1992.

BEHRENS Peter, "The ordoliberal concept of abuse of dominant position and its impact on art. 102 TFUE", en DI PORTO Fabiana y PODSZUN Rupprecht, *Abusive Practices in competition law*, Edward Elgar, Cheltenham/ Northampton, 2018, págs. 5-25.

BOUGUETTE Patrice, DESCHAMPS Marc y MARTY Frédéric, "When economics met Antitrust: The Second Chicago School and the Economization of Antitrust Law", *Enterprise and Society*, vol. 16, Nº 2, págs. 313-353.

CARBAJO CASCÓN Fernando y URIBE PIEDRAHITA Carlos (2013) Andrés, "Regulación "ex ante" y control "ex post": la difícil relación entre propiedad intelectual y derecho de la competencia", *ADI* 33 (2012-2013), págs. 307-330.

CASADO NAVARRO Antonio "El controvertido asunto de la función normativa del falseamiento de la competencia por actos desleales (Art. 3 LDC)", *Revista de Derecho de la Competencia y la Distribución*, N.º 22, 29 págs.

—— "Conexiones Axiológicas, Funcionales y Normativas entre el Derecho de los Contratos y la Normativa Represora de la Competencia Desleal en las Relaciones de Consumo" en MIRANDA SERRANO Luis María y PAGADOR LÓPEZ *Desafíos del regulador mercantil en materia de contratación y competencia empresarial*, Marcial Pons, 2021, págs. 427-442.

CHENG K. Thomas y GAL S. Michal "Superior bargaining power: dealing with aggregate concentration concerns" en DI PORTO Fabiana y PODSZUN Rupprecht, *Abusive Practices in competition law*, Edgar Elgar, Cheltenham/Northampton 2018, págs. 185-224.

COUTO CALVIÑO Roberto, "El uso de algoritmos de personalización de precios por las plataformas digitales y su eventual consideración como conducta abusiva de una posición de dominio contraría a la libre competencia", en *Desafíos del Regulador Mercantil en Materia de Contratación y Competencia Empresarial,* Marcial Pons, Madrid, págs. 443-458.

DIAS SANT´ANA Tomás y otros "The estructure of innovation ecosystem: foundations for future research", *Management Decision,* 58 (12), 2020, págs. 2725-2742.

DÍEZ ESTELLA, Fernando (2021) "El Abuso de Posición de Dominio por las Plataformas Digitales: Google en el Banquillo", en RODILLA MARTÍ Carmen y MARTÍ MIRAVALLS Jaume (dirs), *Competencia en Mercados Digitales y Sectores Regulados,* Tirant-lo-Blanch, Valencia, págs. 111-132.

ESTEVAN DE QUESADA Carmen, "Desequilibrios de poder en los mercados digitales: plataformas y dependencia", *ADI* XLII, 2022, págs. 57-80.

EZRACHI Ariel y STUCKE Maurice, *How Big-Tech Barons Smash Innovation,* Harper Collins, Nueva York, 2022.

FONT GALÁN Juan Ignacio y MIRANDA SERRANO Luis María *Competencia Desleal y Antitrust. Sistema de ilícitos,* Marcial Pons, Barcelona, 2005.

GALLEGO SÁNCHEZ Esperanza, "Marcas negras y derecho", *La Ley Mercantil* 66, 2020, 14 págs.

HENNING-BODEWIG Frauke, "Preliminary Comment: Is there a European unfair Competition law?", AA.VV. *Unfair Competition Law: European Union and Member States,* Kluwer Law International, 2008.

HERRERO SUÁREZ Carmen "Big Data ¿Hacia un nuevo instrumento de poder de mercado?" en MIRANDA SERRANO Luis María y PAGADOR LÓPEZ Javier *Desafíos del Regulador Mercantil en Materia de Contratación y Competencia Empresarial,* Marcial Pons, Madrid, págs. 341-358.

HILTY M. Reto, "The Law Against Unfair Competition and its Interfaces", en HILTY M. RETO y HENNING-BODEWIG FRAUKE, *Law Against Unfair Competition,* Springer, Berlin/Heidelberg, págs. 1-53.

JIMÉNEZ SERRANÍA Vanessa, "Datos, minería e innovación: ¿Qvo vadis, europa? Análisis sobre las nuevas excepciones para la minería de textos y datos", *Cuadernos de Derecho Transnacional* 12, N.º 1, 2020, págs. 247-258.

—— "Los "mercados" de las plataformas digitales de economía colaborativa: ¿Es realmente necesaria una redefinición del concepto de Mercado de Referencia? en MARTÍNEZ NADAL Apol·lònia, *Plataformas Digitales: Aspectos Jurídicos,* Aranzadi, Navarra, 2021, págs. 135-150.

KERBER Wolfgang "Taming tech giants with a per-se rules approach? The Digital Markets Act from the "rules vs. Standard" perspective", *Concurrences,* Nº 3, 2021, págs. 28-34.

LEISTNER Matthias "The comission´s vision of Europe´s digital future: Propsals for the Data Governance Act, the Digital Markets Act and the Digital Services Act – A critical Primer" accessible en https://papers.ssrn.com/sol3/papers.cfm?abstract_id=3789041 (última consulta realizada el 17 de octubre de 2023).

MARTÍNEZ NADAL Apol·lònia, "La propuesta de reglamento de Mercados Digitales (DMA): una aproximación jurídica", en MARTÍNEZ NADAL Apol·lònia *Plataformas Digitales: Aspectos Jurídicos,* Aranzadi, Navarra, 2021, págs. 115-134.

MASSAGUER FUENTES José, "Artículo 3. Falseamiento de la libre competencia por actos desleales" en MASSAGUER J., SALA ARQUER José Manuel, FOLGUERA CRESPO Jaime, y GUTIÉRREZ Alfonso, *Comentario a la Ley de Defensa de la Competencia,* Sexta Edición, Civitas, Navarra, 2020, págs. 383-415

MARTÍ MIRAVALLS Jaume, "La Cadena de Valor en la Regulación del Mercado Agroalimentario: de la Cláusula de Reparto Valor a la Prohibición de su Destrucción", en CARBAJO CASCÓN F. y JIMÉNEZ SERRANÍA V., *Competencia, Propiedad Intelectual y Tutela de los Consumidores en el Sector Agroalimentario,* Tirant-lo-Blanch, Valencia, 2022, págs. 1041-1062.

MARTÍN ARESTI Pilar, "Los excesos regulatorios de la reforma de la ley 12/2013 sobre el funcionamiento de la cadena alimentaria", *ADI* , XLII, 2022, págs. 149-174.

MONTI Giorgio, "The Digital Markets Act – Institutional Design and Suggestions for Improvement", *TILEC Discussion Paper,* DP 2021-004, febrero de 2021.

MORALES BARCELÓ Judith, "Los guardianes de acceso y la dudosa necesidad de la propuesta de ley de mercados digitales: especial referencia a las concentraciones económicas", en *Revista de Derecho de la Competencia y de la Distribución N.º*28, primer semestre, 2021, 15 págs.

OHLY Ansgar y SATTLER Alexander, "120 Jahre UWG im Spiegel von 125 Jahren GRUR", *GRUR,* Heft 12, 2016, pág. 1229-1239.

OLMEDO PERALTA Eugenio, "Redefiniendo el ámbito de aplicación de la ley de mercados digitales" en TATO PLAZA, COSTAS COMESAÑAM FERNÁNDEZ CARBALLO-CALERO, TORRES PÉREZ Y LOUREDO CASADO, *Nuevas tendencias en el Derecho de la Competencia y Propiedad Industrial III,* Comares, Granada, 2022, págs. 87-116.

—— "Las plataformas de economía colaborativa ante la propuesta de ley de mercados digitales: ¿Son suficientemente disputables los mercados colaborativos?", en MIRANDA SERRANO Luis María y PAGADOR LÓPEZ Javier *Desafíos del Regulador Mercantil en Materia de Contratación y Competencia Empresarial,* Marcial Pons, Madrid, 2021, págs. 363-377.

PAZ-ARES RODRÍGUEZ José Cándido, "Constitución económica y Competencia Desleal", *Anuario de Derecho Civil* 34, N.° 3, 1981 págs. 927-958.

PETIT Nicolas, "The proposed Digital Markest Act (DMA). A legal and policy Review", *Journal of Europea Competition Law and Practice* , 2021, Vol. 12, Nº 7, págs. 529-54.

—— *Big Tech & The Digital Economy. The Moligopoly Scenario,* Oxford University Press, 2020.

PODSZUN Rupprecht, "The Pitfalls of Market Definition: towards an Open and Evolutionary Concept", en DI PORTO Fabiana y PODSZUN Rupprecht *Abusive Practices in Competition Law,* Edward Elgar, Cheltenham/ Northampton, 2018, págs.68-90.

—— "Der more economic approach im Lauterkeitsrecht", *WRP,* N.° 5, 2009, págs. 509-517.

ROBLES MARTÍN-LA BORDA Antonio, "Libre Competencia y Competencia Desleal: de nuevo sobre el art. 7 LDC", en PINO ABAD Manuel y FONT GALÁN Juan Ignacio, *Estudios de Derecho de la Competencia,* Marcial Pons, Madrid, págs. 235-248.

RUIZ ESPINOSA José (2021), "Conductas Desleales por discriminatorias en entornos de plataforma" en MARTÍ MIRAVALLS Jaume (dir.), *Competencia en Mercados Digitales y Sectores Regulados,* Tirant-lo-Blanch, Valencia, págs. 195-212.

RUIZ PERIS Juan Ignacio (2022), "The EU Digital Markets Act, A Eurpean Answer to Application´s Problems of Classical Competition Law to Gatekeepers", en RUIZ PERIS Juan Ignacio (dir.), *Competencia, Compensacion de Daños y Mercados Digitales,* Tirant-lo-Blanch, Valencia, 2022, págs. 17-51.

—— "Gatekeepers, Discriminación Autopreferente Exclusionaria y Reforzamiento de la Posición de Dominio: la Nueva Propuesta Europea de la Digital Markets act", en MARTÍ MIRAVALLS J. (dir.) *Competencia en Mercados Digitales y Sectores Regulados,* Tirant lo Blanch, Valencia, 2021, págs. 31-64.

WOLLMANN Hanno, "Der more economic approach die UWG-Novelle 2007 und deren Bedeutung für das Zusammenspiel von Lauterkeits-

und Kartellrecht" en AA.VV. *Festschrift für Irmgard Griss,* Jan Sramek Verlag, Austria, 2011, págs. 771-787.

WÖRSDÖRFER Manuel "The Digital Markets Act and EU Competition Policiy: A critical Ordoliberal Evaluation", *Philosophy of Management,* Nº 22, 2023, págs. 149-171.

ZABALETA DÍAZ Marta, "El abuso de una situación de dependencia económica ¿Ilícito antitrust o ilícito desleal?, *ADI,* XXVI, 2005-2006, págs. 339-380.

Capítulo 10.

SOBRE LAS NUEVAS NORMAS RELATIVAS A LA DESLEALTAD DE LAS RESEÑAS DE CONSUMIDORES Y USUARIOS EN EL ENTORNO DIGITAL[1]

LAURA DIÉGUEZ AGUILERA
Contratada predoctoral FPU de Derecho Mercantil
Universidad de Córdoba

SUMARIO: I. Consideraciones preliminares y propósito de este trabajo. II. Marco normativo de las prácticas desleales sobre reseñas de bienes y servicios. III. Algunas Consideraciones terminológicas previas y el ámbito de aplicación

[1] Contrata Predoctoral del Área de Derecho Mercantil de la Universidad de Córdoba. Correo de contacto: d72diagl@uco.es. Este trabajo se inserta dentro del Proyecto de Investigación financiado por el Ministerio de Ciencia e Innovación intitulado "Modernización y mejora de la protección jurídica de los consumidores en un mercado en creciente digitalización" (referencia: PID2020-117872RB-100) del que son Investigadores Principales los Profs. Drs. Luis María MIRANDA SERRANO y Javier PAGADOR LÓPEZ, y del Proyecto de Investigación UCOLIDERA del Plan Propio de Investigación de la Universidad de Córdoba intitulado "La protección del consumidor ante los retos de la digitalización: aspectos contractuales y concurrenciales" del que es Investigador Principal el Prof. Dr. Antonio CASADO NAVARRO. Este trabajo ha sido remitido para su publicación en la obra colectiva del IV Congreso Internacional Carlos Fernández Nóvoa el día 3 de noviembre de 2023.

personal o subjetivo de la normativa objeto de análisis. 1. Consideraciones terminológicas previas. 1.1. Noción de Reseñas. 1.2. Noción de sitios de reseñas. 2. Ámbito de aplicación personal o subjetivo de la normativa sobre reseñas. IV. Principales medidas de lucha contra la deslealtad de las reseñas provenientes de la Directiva (UE) 2019/2161. 1. Obligación de información a cargo de los empresarios sobre la autenticidad de las reseñas y la consideración del incumplimiento de esta obligación como una omisión engañosa. 2. Prácticas sobre reseñas reputadas *per se* desleales. 2.1. La afirmación de que las reseñas provienen de clientes reales sin tomar las medidas adecuadas y necesarias para confirmarlo. 2.2. La incorporación de reseñas ficticias o la manipulación de reseñas reales con el fin de promocionar productos y servicios. V. A modo de epílogo. VI. Bibliografía

Resumen: Las prácticas desleales sobre reseñas en línea de bienes y servicios efectuadas por consumidores y usuarios constituyen un problema creciente en la era digital. Ha sido la Directiva (UE) 2019/2161, conocida como "Directiva sobre los derechos de los consumidores en el comercio electrónico", la que ha regulado por vez primera este asunto en la Unión Europea. Al hacerlo, ha acogido un concepto amplio de reseña que abarca desde las criticas positivas o negativas de bienes y servicios, hasta los denominados "me gusta", "*likes*" o valoraciones mediante puntuaciones. Dicha Directiva ha sido incorporada al ordenamiento jurídico español a través del Real Decreto-Ley 24/2021, por el cual se ha llevado a cabo la modificación de la Ley de Competencia Desleal y del Texto Refundido de Consumidores. Como se infiere de su título, este trabajo persigue llevar a cabo una aproximación a esta nueva disciplina legal. Principalmente, será objeto de atención la tipificación por el legislador de dos prácticas sobre reseñas reputadas *per se* desleales, así como la obligación de información del empresario sobre la veracidad de las reseñas, cuya infracción se considera una omisión engañosa. Además, se examinará el marco normativo de este asunto, junto a algunas cuestiones terminológicas de interés.

Palabras clave: prácticas desleales, comercio electrónico, reseñas y valoraciones online de consumidores y usuarios, reseñas falsas y engañosas, Directiva (UE) 2019/2161, Ley de Competencia Desleal, Texto Refundido de Consumidores y Usuarios

Abstract: Unfair practices in online consumer reviews are a growing problem in the digital age. It has been the Directive (EU) 2019/2161, known as the "Directive on consumer rights in electronic commerce", which has regulated for the first time in the European Union the reviews of consumers and users, ranging from positive or negative reviews of goods and services, to the so-called "I like" / "likes" or ratings through scores. This European Directive has been incorporated into the Spanish legal system through Royal Decree-Law 24/2021, by which the Unfair Competition Law and the Consolidated Text of Consumers have been amended. The purpose of this paper is to analyze this new legal discipline, mainly, the typification of two practices on reviews reputed to be unfair and the obligation of information of the employer on the veracity of the reviews, whose infringement is considered a misleading omission. In addition, the regulatory framework and some terminological issues of interest will be examined. The foregoing will be completed with some final considerations on the subject.

Key words: unfair practices, e-commerce, online consumer and user reviews and ratings, false and misleading reviews, Directive (EU) 2019/2161, Unfair Competition Law, Recast text of consumers and users

I.- CONSIDERACIONES PRELIMINARES Y PROPÓSITO DE ESTE TRABAJO

En la era digital, las reseñas de bienes y servicios desempeñan un papel fundamental en la toma de decisiones de compra por parte de los consumidores y usuarios. Sin embargo, este sistema, diseñado para proporcionar información honesta y útil acerca de los productos ofertados en el mercado, también ha dado lugar a disfunciones que se han materializado en un aumento preocupante de las reseñas anómalas. Cuando así ocurre, estas reseñas, que pueden ser falsas, engañosas o sesgadas, socavan la confianza en las opiniones en línea y pueden tener consecuencias negativas tanto para las empresas como para los consumidores y, en suma, para la siempre necesaria transparencia del mercado[2].

Prueba de la relevancia experimentada por el sistema de reseñas en el tráfico mercantil contemporáneo es la amplia di-

2 MIRANDA SERRANO, L. M., «Prácticas desleales sobre reseñas online de bienes y servicios», *Revista InDret*, núm. 2, febrero 2023, pp. 157 y ss.

fusión que en las últimas décadas han experimentado los *sitios de reseñas,* que abarcan los mercados en línea, los motores de búsqueda, las herramientas comparativas, las redes sociales y los espacios web especializados en la valoración de viajes y otras prestaciones empresariales[3].

Lo anterior se explica por la frecuencia con que los consumidores y usuarios consultan las reseñas previamente a la contratación de cualquier bien o servicio. Una práctica que se ha incrementado de manera exponencial tras la pandemia del Covid-19, debido al crecimiento del comercio electrónico de ella derivado. Y es que, en efecto, son muchos los consumidores y usuarios que actualmente realizan sus compras a través de internet, para lo cual suelen examinar las reseñas que anteriormente han emitido otros consumidores acerca del bien o servicio en cuestión y que se encuentran disponibles en la red. De ahí que, desde nuestro punto de vista, haya de darse la razón a la doctrina cuando sostiene, sobre la base de los muchos estudios que han sido realizados en este ámbito, que las reseñas inciden en los comportamientos económicos de los clientes, incitándoles a contratar cuando son positivas, o a no hacerlo si poseen carácter negativo[4].

Como es natural, las reseñas no solo ejercen influencia sobre los consumidores y usuarios. También afectan a los empresarios y profesionales, dado que pueden comportar daños para

---

3 *Ibidem.*

4 *Ibidem*; además, en este mismo sentido, también, *ad ex.*, DUROVIC, M. y KNIEPKAMP, T., «Good advice is expensive–bad advice even more: the regulation of online reviews», *Law, Innovation and Technology,* vol. 14, n. 1, pp. 138 y ss, [en línea], [2022] <https://doi.org/10.1080/17579961.2022.2047523> [Consulta: 30/04/2023]; MELLINAS, J. et al., «El control de irregularidades y Tripadvisor», *Revista Turismo y Desarrollo,* núm. 18, [en línea], [2015] <https://www.researchgate.net/publication/279973979El control de las irregularidades y TripAdvisor> [Consulta: 2/05/2023]

la reputación de determinadas empresas. Por ello los operadores económicos del mercado que deseen gozar de una buena reputación han de esmerarse en ofrecer a sus clientes bienes y servicios de calidad, evitando así reseñas negativas que alejen a la clientela de los productos y servicios que ofertan al mercado[5].

Ahora bien, para que la incidencia que las reseñas ejercen sobre las decisiones de mercado de los consumidores y usuarios pueda ser protegida por el ordenamiento jurídico es necesario que sean fiables. Así acontece cuando no presentan disfunciones, irregularidades o anomalías, al incumplir las exigencias derivadas del *principio de veracidad*[6].

Dentro de las reseñas irregulares hay quien distingue entre las falsas y las engañosas, insertando dentro del segundo grupo las reseñas incentivadas, que son aquellas realizadas por consumidores a los que se les otorga una determinada compensación en forma de ventaja o recompensa de carácter patrimonial[7]. Sin embargo, como señala el profesor Miranda en un extenso trabajo sobre esta materia, dicha clasificación no termina de ser clara. Las reseñas engañosas no pueden limitarse únicamente a las incentivadas. De hecho, cabe hablar de reseñas incentivadas que no merecen el calificativo de engañosas, como serían todas aquellas que, pese a ser emitidas como consecuencia de la concesión de cierto incentivo, son publicadas

---

5 MALDONADO MOLINA, J., «El Marco legal de los sitios de reseñas y de las reseñas en línea de consumidores», *Revista Lex Mercatoria*, Vol. 22, pp. 63, [en línea], [2022] <https://doi.org/10.21134/lex.vi22.1863> [Consulta: 2/05/2023]

6 MIRANDA SERRANO, L. M., «Prácticas desleales sobre reseñas…», ob. cit., pp. 159

7 VALANT, J., «Online consumer reviews. The case of misleading or fake reviews», pp. 1, [en línea], [2023] <https://www.europarl.europa.eu/RegData/etudes/BRIE/2015/571301/EPRS_BRI(2015)571301_EN.pdf> [Consulta: 4/05/2023]

informando debidamente a la clientela de esta circunstancia. Además, desde el punto de vista etimológico, no parece existir diferencia alguna entre una reseña falsa y una engañosa[8].

Las reseñas anómalas pueden clasificarse según su contenido. Desde esta concreta perspectiva, se diferencia entre reseñas negativas (destinadas a desacreditar o desprestigiar a una entidad o profesional) y positivas (encaminadas a mejorar la posición en el mercado de alguna concreta empresa). Y pueden tener su origen en cuatro fuentes distintas. En efecto, según la Comisión Europea, las reseñas pueden provenir de: 1º) los consumidores y usuarios, que las elaboran de forma intencionada o por error al tener expectativas poco realistas de los bienes o servicios; 2º) los operadores de servicios como los hoteles o tiendas, que para contrarrestar las reseñas negativas actúan directamente, mediante información engañosa, o indirectamente, a través de agencias de reputación o asociando las reseñas falsas a incentivos tales como descuentos, vales o regalos; 3ª) los operadores de sitios de reseñas, mediante la eliminación sistemática de reseñas negativas o su sesgada manipulación; y, por último, 4ª) los servicios de reputación electrónica o digital, que colaboran con las empresas ayudándolas a gestionar su reputación en línea[9].

Solo cuando las reseñas no presenten irregularidades o disfunciones los consumidores y usuarios pueden confiar en ellas. No obstante, la práctica cotidiana pone de manifiesto que es habitual encontrar reseñas anómalas. En algunos casos, esto ocurre porque los propios profesionales actúan como si fueran consumidores para emitir reseñas que menoscaben la reputa-

---

8 MIRANDA SERRANO, L. M., «Prácticas desleales sobre reseñas…», ob. cit., pp. 160

9 VALANT, J., «Online consumer reviews…», ob. cit., pp. 5; MIRANDA SERRANO, L. M., «Prácticas desleales sobre reseñas…», ob. cit. pp. 160

ción de otros competidores. En otras ocasiones, el engaño deriva de las conocidas como reseñas compradas e incentivadas, lo que acontece cuando algunos sujetos, a cambio de una contraprestación económica o de otro tipo de incentivos, realizan valoraciones positivas de algunas empresas mejorando así su posición en el mercado[10].

La Guía sobre la interpretación y la aplicación de la Directiva 2005/29/CE del Parlamento Europeo y del Consejo relativa a las prácticas comerciales desleales de las empresas en sus relaciones con los consumidores en el mercado interior (en lo sucesivo, la Guía o Guía sobre la Directiva de prácticas comerciales desleales), afirma que los comportamientos desleales que tienen lugar en este ámbito obedecen a que los operadores económicos «utilizan diferentes técnicas para aumentar el número de reseñas positivas de sus productos en las plataformas o para reducir o restar importancia al número de reseñas negativas»[11]. Entre esos mecanismos podemos encontrar la eliminación (total o parcial) de las reseñas negativas en favor de las positivas, o la publicación inmediata de reseñas positivas desplazando de esta forma a las negativas[12].

---

10 MAKAROV, A., «Me pagan por hacer *reviews* falsas: así es el negocio que pone en duda la fiabilidad de las puntuaciones online», [en línea], [2022] <https://www.xataka.com/especiales/me-pagan-hacer-reviews-falsas-asi-negocio-que-pone-duda-fiabilidad-puntuaciones-online> [Consulta: 8/05/2023]

11 Comunicación de la Comisión — Guía sobre la interpretación y la aplicación de la Directiva 2005/29/CE del Parlamento Europeo y del Consejo relativa a las prácticas comerciales desleales de las empresas en sus relaciones con los consumidores en el mercado interior, [en línea], [2021]: <https://eur-lex.europa.eu/legal-content/ES/TXT/?uri=CELEX%3A52021XC1229%2805%29> [Consulta: 15/05/2023]

12 *Ibidem*.

Todas estas reseñas anómalas a las que acabamos de referirnos condicionan la *libertad de saber* de quienes contratan bienes y servicios en el mercado en condición consumidora, al impedirles saber qué es realmente lo que están contratando en cada caso[13]. Para evitar que ello ocurra y poner remedio a estas situaciones, la Ley de Competencia Desleal de 1991 (en lo sucesivo: LCD)[14], ampliamente reformada en 2009 para incorporar las exigencias de la Directiva 2005/29/CE, cuenta con determinadas herramientas jurídicas, entre las que destacan especialmente las normas reguladoras de los *actos de engaño*, que permiten accionar frente a estas conductas distorsionadoras del derecho de los consumidores y usuarios a elegir libremente los bienes y servicios que desean contratar[15].

Ahora bien, aunque la normativa sobre competencia desleal contenida en la Directiva 2005/29/CE y en la LCD contiene remedios útiles para hacer frente a las prácticas desleales en materia de reseñas, el legislador comunitario ha considerado conveniente intervenir en esta materia. Dicha intervención se ha llevado a cabo a través de la Directiva (UE) 2019/2161, promulgada con el propósito de mejorar y modernizar las normas de protección de consumidores y usuarios en la Unión Europea, reforzando los derechos que asisten a estos sujetos cuando

---

13 NARCISO, M., «The regulation of online reviews in European Consumer Law», *European Review of Private Law*, vol. 27, 3, 2019, pp. 557 y ss.; y BLASCO, B., «Unfair commercial practices, spam, and fake online reviews, The italian perspective and comparatives profiles», *Comparative Law Review*, 24, 2018, pp. 148 y ss.

14 Ley 29/2009, de 30 de diciembre, por la que se modifica el régimen legal de la competencia desleal y de la publicidad para la mejora de la protección de los consumidores y usuarios: BOE núm. 315, de 31 diciembre 2009.

15 MIRANDA SERRANO, L. M., «Prácticas desleales sobre reseñas…», ob. cit., pp. 164

intervienen en el comercio electrónico[16]. Esta Directiva ha sido traspuesta a nuestro ordenamiento jurídico a través del Libro Sexto del Real Decreto-Ley 24/2021[17], que ha conllevado la modificación tanto de la LCD como del Texto Refundido de Consumidores y Usuarios (en adelante: TRLGDCU)[18]. Como

---

16 Directiva (UE) 2019/2161 del Parlamento Europeo y del Consejo de 27 de noviembre de 2019 por la que se modifica la Directiva 93/13/CEE del Consejo y las Directivas 98/6/CE, 2005/29/CE y 2011/83/UE del Parlamento Europeo y del Consejo, en lo que atañe a la mejora de la aplicación y la modernización de las normas de protección de los consumidores de la Unión: «DOUE» núm. 328, de 18 de diciembre de 2019 (DOUE-L-2019-81968). Sobre esta Directiva puede verse un amplio y completo estudio en MIRANDA SERRANO, L.M., "La Directiva 2011/83/UE sobre los derechos de los consumidores: una nueva regulación para Europa de los contratos celebrados a distancia y extramuros de los establecimientos mercantiles", *Revista de Derecho de la Competencia y de la Distribución*, núm. 11, 2012, pp. 77 y ss.

17 Real Decreto-ley 24/2021, de 2 de noviembre, de transposición de directivas de la Unión Europea en las materias de bonos garantizados, distribución transfronteriza de organismos de inversión colectiva, datos abiertos y reutilización de la información del sector público, ejercicio de derechos de autor y derechos afines aplicables a determinadas transmisiones en línea y a las retransmisiones de programas de radio y televisión, exenciones temporales a determinadas importaciones y suministros, de personas consumidoras y para la promoción de vehículos de transporte por carretera limpios y energéticamente eficientes: BOE núm. 263, de 3 de noviembre de 2021.
Más información [en línea], [2021] https://www.icab.es/es/actualidad/noticias/noticia/Real-Decreto-ley-24-2021-de-2-de-noviembre-de-transposicion-de-directivas-de-la-Union-Europea-en-las-materias-de-bonos-garantizados-distribucion-transfronteriza-de-organismos-de-inversion-colectiva.../> [Consulta: 26/05/2023]

18 Real Decreto Legislativo 1/2007, de 16 de noviembre, por el que se aprueba el texto refundido de la Ley General para la Defensa de los Consumidores y Usuarios y otras leyes complementarias: BOE núm. 287, de 30 de noviembre de 2007.

se deduce del título de este trabajo, en él nos proponemos analizar los extremos fundamentales de esta nueva normativa proveniente de la Directiva 2019/2161 en lo que atañe singularmente a la deslealtad de las reseñas de bienes y servicios.

II.- MARCO NORMATIVO DE LAS PRÁCTICAS DESLEALES SOBRE RESEÑAS DE BIENES Y SERVICIOS

Como hemos tenido ocasión de indicar en líneas anteriores, el marco normativo de las prácticas desleales sobre reseñas de bienes y servicios se centra, principalmente, en dos textos normativos: la LCD y el TRLGDCU. Esto pone ya de manifiesto que el régimen de la competencia desleal vigente en España no se contiene solamente en la LCD, como podría ser lo esperable, sino también en otras leyes, entre las cuales se incluye el TRLGDCU.

En cuanto a la LCD, se trata de una norma que, como se sabe, data del año 1991 y dio lugar a un nuevo modelo de deslealtad concurrencial, el social o institucional, en el que pasa a ocupar un lugar destacado la protección del derecho de los consumidores y usuarios a decidir libremente (con libertad de saber y de querer) los bienes y servicios que desean contratar[19]. Es también sabido, por otra parte, que la LCD se modificó ampliamente en el año 2009 para incorporar a nuestro ordena-

---

19 MIRANDA SERRANO, L. M. «Prácticas desleales sobre reseñas...», ob. cit., pp. 171; también al respecto: MIRANDA SERRANO, L. M. y PANIAGUA ZURERA, M. «*La protección de los consumidores y usuarios en la fase previa a la contratación: la tutela de la libertad negocial*», en MIRANDA SERRANO y PAGADOR LÓPEZ (Coords.), Derecho (privado) de los consumidores, Ed. Marcial Pons, Madrid, 2012, pp. 64 y ss.; también al respecto MIRANDA SERRANO, L.M. y FONT GALÁN, J.I., «*Competencia desleal y antitrust. Sistema de ilícitos*», Ed. Marcial Pons, Madrid, 2005, *passim*.

miento jurídico la Directiva 2005/29/CE relativa a las prácticas comerciales desleales de las empresas en sus relaciones con los consumidores en el mercado interior[20]. Esta profunda reforma permitió reforzar la protección de los consumidores y usuarios en el ámbito de la competencia desleal. En concreto, supuso la incorporación al articulado de la LCD de una cláusula general de actos de competencia desleal contrarios a los intereses de los consumidores. De conformidad con ella, se considera desleal el comportamiento de un empresario contrario a la diligencia profesional «que distorsione o pueda distorsionar de manera significativa el comportamiento económico del consumidor medio», definiéndose dicho comportamiento como toda decisión por la cual un sujeto opta por actuar o por abstenerse de hacerlo en relación con la selección de una oferta, la contratación de un bien o servicio, el pago del precio, etc. Al respecto, ha de saberse que, según la LCD, entra dentro del concepto de distorsión significativa del comportamiento económico del consumidor medio «utilizar una práctica comercial para mermar de manera apreciable su capacidad de adoptar una decisión con pleno conocimiento de causa, haciendo así que tome una decisión sobre su comportamiento económico que de otro modo no hubiera tomado» (artículo 4.1 LCD)[21].

---

20 DIRECTIVA 2005/29/CE DEL PARLAMENTO EUROPEO Y DEL CONSEJO de 11 de mayo de 2005 relativa a las prácticas comerciales desleales de las empresas en sus relaciones con los consumidores en el mercado interior, que modifica la Directiva 84/450/CEE del Consejo, las Directivas 97/7/CE, 98/27/CE y 2002/65/CE del Parlamento Europeo y del Consejo y el Reglamento (CE) no 2006/2004 del Parlamento Europeo y del Consejo, «DOUE» núm. 149, de 11 de junio de 2005, [en línea] <https://www.boe.es/buscar/doc.php?id=DOUE-L-2005-81047> [Consulta: 1/06/2023]

21 Más información PUJOL, P., «La buena fe en la competencia desleal», [en línea], [2022] <https://www.elnotario.es/index.php/hemeroteca/revista-21/1860-la-buena-fe-enla-ley-de-competencia-desleal-0-5418047397786796>[Consulta: 6/06/2023]; ROBLES

Se puede observar fácilmente que el bien jurídico protegido, de conformidad con esta última definición, es el derecho que tiene todo consumidor y usuario a decidir con pleno conocimiento de causa qué bienes o servicios desea contratar. Esta nueva regulación conecta directamente con las prácticas engañosas, que tratan de salvaguardar la libertad de saber de los consumidores y usuarios, y que precisamente fueron objeto de un amplio desarrollo normativo a través de la ley de 2009 reformadora de la LCD para dar satisfacción a los mandatos de la Directiva 2005/29/CE[22]. Como tendremos ocasión de desarrollar más adelante, es en el articulado de la LCD, concretamente en su artículo 27, donde se recogen las dos prácticas reputadas *per se* desleales que han sido incorporadas a nuestro ordenamiento jurídico por exigencias de la Directiva 2019/2161.

En lo que concierne al TRLGDCU promulgado en 2007, interesa aquí destacar su artículo 47 relativo a las infracciones en materia de defensa de los consumidores y usuarios. En él se reputa infracción en este ámbito «(e)l uso de prácticas comerciales desleales con los consumidores o usuarios» (apartado 1º, letra m)[23]. A la vista de esta norma, es innegable la cone-

---

MARTÍN-LABORDA, A., «El modelo de conducta en la nueva cláusula general de la Ley de Competencia Desleal. Una crítica leve», *Derecho de los Negocios*, núm. 240, 2010, pp. 5 y ss.; MIRANDA SERRANO, L. M. y PANIAGUA ZURERA, M., «La protección …», ob. cit., pp. 72 y ss.

22 DE ELIZALDE IBARBIA, F., «La Directiva 2019/2161 de modernización del Derecho de consumo, por la que se conceden remedios individuales contra las prácticas comerciales desleales», *Revista de Derecho Civil*, núm. 4, 2021, pp. 52 y ss.; MIRANDA SERRANO, L. M. «Prácticas desleales sobre reseñas…», ob. cit., pp. 173.

23 CARRASCO PERERA, A., «Más allá de la venta a pérdida: las prácticas comerciales desleales en el Derecho sancionador de consumo», p. 2, [en línea], [2017] <https://www.ga-p.com/wp-content/uploads/2018/07/mas-alla-de-la-venta-a-perdida-las-practicas-comerciales-desleales-en-el-derecho-sancionador-de-consumo.pdf> [Consulta: 18/06/2023]

xión existente entre la LCD y el TRLGDCU. Y en esa misma dirección, pero desde la perspectiva de la LCD, se inscribe el artículo 15 LCD. Como se sabe, el apartado primero de esta disposición regula la violación de normas sin finalidad concurrencial, mientras que el segundo se ocupa de la infracción de normas concurrenciales. A la vista de ambos preceptos (uno del TRLGDCU y otro de la LCD) hemos de concluir lo que sigue: 1°) por un lado, que la comisión de una práctica desleal contraria a los intereses de los consumidores y usuarios (como alguna de las conductas sobre reseñas de bienes y servicios incorporadas a nuestro Derecho a instancias de la Directiva UE 2019/2161) se considera una infracción de consumo a la que ha de imponérsele su correspondiente sanción administrativa (artículo 47 TRLGDCU); y 2°) por otro lado, que la infracción de ciertos deberes que el TRLGDCU impone a los empresarios en favor de los consumidores y usuarios puede merecer la consideración de práctica desleal (bien por aplicación del artículo 15.1 LCD o del artículo 15.2 LCD)[24].

III.- ALGUNAS CONSIDERACIONES TERMINOLÓGICAS PREVIAS Y EL ÁMBITO DE APLICACIÓN PERSONAL O SUBJETIVO DE LA NORMATIVA OBJETO DE ANÁLISIS

1.- Consideraciones terminológicas previas

Previamente a adentrarnos en el análisis de la nueva normativa sobre la deslealtad de las reseñas de bienes y servicios incorporada a nuestro ordenamiento por exigencias del Derecho de la Unión Europea, parece conveniente y oportuno realizar una serie de precisiones terminológicas, útiles para

---

24 MIRANDA SERRANO, L. M. «Prácticas desleales sobre reseñas...», ob. cit., pp. 174

comprender bien el significado y alcance de esta normativa. En primer lugar, nos vamos a referir a la noción de reseña relevante para esta normativa. Seguidamente, abordaremos el concepto de sitios de reseñas, también de interés para entender bien el nuevo régimen legal objeto de estudio.

1.1.- Noción de reseña

En el ámbito comercial, que es el que aquí nos interesa, debemos entender por reseña (*review* en terminología inglesa) toda valoración, opinión o crítica que se hace de un bien o servicio. Dicha opinión o valoración puede ser escrita (en papel o en formato online) o presentarse en formato multimedia (video o audio, como los conocidos *unboxing* propios de las redes sociales[25]). Y puede expresarse de forma completa y desarrollada o tratarse de una simple puntuación[26]. Por tanto, hemos de concluir que el concepto de reseña relevante para la normativa que se analiza ha de entenderse en sentido amplio. Así lo ha sostenido también la Comisión Europea cuando señala que dicho término abarca toda práctica relacionada con las calificaciones de los bienes y servicios por parte de los consumidores[27]. La doctrina también avala la concepción amplia de reseña a la que acabamos de referirnos, al entender que este término abarca tanto las valoraciones de bienes y servicios que son elaboradas y estructuradas, como aquellas otras que sim-

---

[25] *Ibidem.* Los llamados *vídeos unboxig* muestran a personas extrayendo productos de sus cajas o embalajes y expresando sus primeras opiniones sobre ellos.

[26] CALVIÑO, F., «¿Qué es una reseña y cómo benefician a tu ecommerce?», [en línea], [2022] <https://www.shopify.com/es/blog/15375945-por-que-los-duenos-de-tiendas-virtuales-deben-aprovechar-las-resenas-en-linea> [Consulta: 25/06/2023]

[27] Apartado 4.2.4 de la Guía sobre la Directiva de prácticas comerciales desleales

plemente consisten en *likes* o "me gusta" (propias de las redes sociales), o en puntuaciones a través de estrellas, corazones o una determinada nota (de 0 a 5 o de 0 a 10, por ejemplo)[28].

Aclarado lo anterior, hemos de poner de manifiesto que existen múltiples clasificaciones de reseñas. Una de ellas diferencia los siguientes tipos: 1ª) reseñas provenientes de personas incentivadas que cobran por ello (sobre ellas no existe consenso, ya que una parte de la doctrina las considera negativas, mientras que otra parte las ve positivas[29]); 2ª) reseñas derivadas de robots que las realizan de forma automática; y 3ª) reseñas efectuadas por personas que a través de ellas comparten sus experiencias reales de consumo. En rigor, solo estas últimas son real y enteramente fiables por responder al principio de veracidad, mientras que las dos primeras presentan evidentes irregularidades. Otra clasificación diferencia las reseñas solicitadas de las espontáneas. Mientras en las primeras son las empresas las que invitan a los consumidores y usuarios a expresar sus opiniones a través de cuestionarios de satisfacción, en las segundas, en cambio, son los consumidores y usuarios los que expresan *motu proprio* sus opiniones acerca de determinados bienes o servicios[30].

---

28 MIRANDA SERRANO, L. M. «Prácticas desleales sobre reseñas...», ob. cit., pp. 175

29 La doctrina favorable a este tipo de reseñas condiciona su admisión al cumplimiento de ciertos requisitos: 1º) que los incentivos no superen el 5% del valor de la transacción, y 2º) que las reseñas sean publicadas con información relativa a que han sido emitidas a cambio de un incentivo. DUROVIC, M. y KNIEPKAMP, T., «Good advice is expensive–bad advice even more: the regulation of online reviews», *Law, Innovation and Technology*, vol. 14, n. 1, pp. 153 y 154., artículo académico [en línea], [2022] <https://doi.org/10.1080/17579961.2022.2047523> [Consulta: 28/06/2023]

30 COMUNIDAD DE MADRID, «Reseñas online. Cuidado con las reseñas falsas», [en línea], [2022] <https://www.comunidad.madrid/

1.2.- Noción de sitio de reseñas

Al igual que ocurre con la definición de reseña, la expresión sitio de reseñas (*review sites*, en terminología inglesa) también debe interpretarse de manera amplia. Se entiende que con dicha expresión se alude a «cualquier sitio web que aloje reseñas de clientes, sea o no ése su objetivo principal, y sea cual sea la forma en que se articule, ya sea un sitio web, una plataforma, una aplicación o incluso una red social»[31]. Como es natural, hablamos aquí de sitios de reseñas online, debido a que ha sido en el ámbito digital donde el sistema de reseñas ha obtenido una mayor relevancia cuantitativa y cualitativa. No obstante, existen otros sitios de reseñas no digitales, como pueden ser, por ejemplo, los libros de valoraciones que los establecimientos ponen a disposición de sus clientes[32].

Según la doctrina que analiza esta materia, suelen diferenciarse dos grandes categorías de sitios de reseñas: 1ª) los que se presentan como *sistemas abiertos*, a los que pueden acceder y publicar reseñas los consumidores y usuarios sin necesidad de estar vinculados a experiencias previas de consumo; y 2ª) los que se configuran como *sistemas cerrados*, en los que solo los adquirentes de bienes o contratantes de servicios están facultados para formular las oportunas reseñas acerca de cuáles han sido sus experiencias de mercado[33]. Como es lógico, en los sistemas abiertos (por ejemplo, *Tripadvisor*), suele ser más complicado poder comprobar que la persona autora de la reseña ha tenido

servicios/consumo/resenas-online-cuidado-resenas-falsas> [Consulta: 30/06/2023]; MIRANDA SERRANO, L. M. «Prácticas desleales sobre reseñas…», ob. cit., pp. 161 y 177.

31 MALDONADO MOLINA, J., «El marco legal…», ob. cit., pp. 66 y 67

32 MIRANDA SERRANO, L. M. «Prácticas desleales sobre reseñas…», ob. Cit., pp. 177

33 VALANT, J., «Online consumer reviews…», ob. cit., p. 3; MALDONADO MOLINA, J., «El marco legal…», ob. cit., pp. 66 y 67.

realmente una experiencia previa de consumo del bien o servicio reseñado. En cambio, los sistemas cerrados suelen ser mercados en línea y, por tanto, la verificación del dato al que nos referimos se presenta como una tarea mucho menos compleja (caso, por ejemplo, de *Airbnb*)[34].

2.- Ámbito de aplicación personal o subjetivo de la normativa sobre reseñas

Una vez que hemos aclarado las nociones de reseña y de sitio de reseña relevantes para las normas que analizamos, hemos de abordar (siquiera sea brevemente) el ámbito de aplicación personal o subjetivo de estas nuevas disposiciones. Para ello es necesario diferenciar entre quienes actúan en el mercado como empresarios y profesionales y quienes lo hacen como consumidores y usuarios.

1°. *Empresarios y profesionales*: Si los sujetos que realizan las prácticas sobre reseñas reguladas por la Directiva (UE) 2019/2161 tienen la condición de empresarios o profesionales (esto es, actúan en el marco de una actividad comercial, industrial o profesional[35]), no hay duda acerca de que les alcanzan las obligaciones o prohibiciones previstas en esta normativa. En el caso de que las plataformas digitales adopten un papel activo, es decir, participen de forma conjunta con los autores

---

34 MIRANDA SERRANO, L. M. «Prácticas desleales sobre reseñas...», ob. cit., pp. 178.

35 La Directiva 2005/29/CE habla de comerciante al que define en su artículo 2.b) como «cualquier persona física o jurídica que, en las prácticas comerciales contempladas por la presente Directiva, actúe con un propósito relacionado con su actividad económica, negocio, oficio o profesión, así como cualquiera que actúe en nombre del comerciante o por cuenta de éste». No obstante, es más adecuado hablar de empresario o profesional que de comerciante.

de las reseñas para la comisión de prácticas comerciales desleales, podrán ser declaradas también responsables. Se entiende que adoptan ese papel activo cuando, por ejemplo, imponen reglas de comportamiento a sus usuarios, u optimizan las búsquedas o sus sistemas de reputación en línea[36]. Por el contrario, las plataformas digitales que adopten una posición pasiva o meramente técnica quedarán eximidas de responsabilidad, debido a que no tienen conocimiento ni control de la información trasmitida[37].

2º.- *Consumidores y usuarios*: Cuando los sujetos actúan en condición consumidora, esto es, al margen de una actividad empresarial o profesional[38], con vistas a facilitar información sobre sus experiencias de mercado relativas a la adquisición de ciertos bienes o a la contratación de determinados servicios, quedan fuera del campo de aplicación de estas disposiciones. Así lo reconoce la Comisión Europea en la Guía sobre la Directiva de prácticas comerciales desleales. Cierto es que con una salvedad: que, a la vista de las circunstancias concurrentes en cada caso, pueda entenderse que dichos sujetos actúan en

---

36 CUENA CASAS, M., «La contratación a través de plataformas intermediarias en línea», *Cuadernos de Derecho Transnacional*, vol. 12, núm. 2, pp. 315 y ss., [en línea], [2020] <https://e-revistas.uc3m.es/index.php/CDT/article/view/561> [Consulta: 02/07/2023]

37 MIRANDA SERRANO, L. M., «Prácticas desleales sobre reseñas…», ob. cit., pp. 179

38 CÁMARA LAPUENTE, S., «Comentario al artículo 3 TRLGDCU», en CÁMARA LAPUENTE (Dir.), *Comentarios a las normas de protección de los consumidores*, Ed. Colex, Madrid, 2011, pp. 102 y ss; DIÉGUEZ AGUILERA, L., «Sobre la condición de consumidor mixto y su prueba a propósito de la STS 43/2022 y otras resoluciones judiciales», *Diario La Ley*, núm. 10116, 2022, pp.4 y ss.

nombre o por cuenta de un empresario o profesional (como ocurre, por ejemplo, con *los influencers*)[39].

Junto a lo anterior, hemos de poner de manifiesto que para un sector de la doctrina mercantilista (como el Profesor Alberto Bercovitz[40]) el ámbito de aplicación personal o subjetivo de nuestra LCD se aplica también a los consumidores, aun cuando no actúen en nombre o por cuenta de ningún empresario o profesional. Sin embargo, respetando por supuesto esta opinión, nosotros nos decantamos por aceptar la solución ofrecida a este asunto por la Comisión Europea en la Guía antecitada. Se trata, además, de una tesis defendida por otro sector de la doctrina mercantilista (como el Profesor Miranda)[41]. En este sentido, creemos que acierta esta última doctrina cuando señala que para que a un consumidor se le aplique la LCD, ha de tratarse de un particular que se inmiscuye en la acción de mercado de un empresario o profesional con el fin de promover o asegurar la difusión de sus prestaciones[42]. De modo que cuando el consumidor o usuario que emite la reseña actúa en nombre o por cuenta de un empresario o profesional, es cuando podemos entender aplicable la LCD, en los términos expresados por la Comisión Europea en la Guía relativa a la Directiva 2005/29/CE[43].

---

39 MIRANDA SERRANO, L. M., «Prácticas desleales sobre reseñas...», ob. cit., pp. 182.

40 BERCOVITZ RODRÍGUEZ-CANO, A., «Artículo 3. Ámbito subjetivo», en BERCOVITZ RODRÍGUEZ-CANO, A. (Dir.) *Comentarios a la Ley de Competencia Desleal*, Ed. Aranzadi-Thomson Reuters, Cizur Menor, 2011, pp. 87 y 89; *IDEM*, Apuntes de Derecho Mercantil, Ed. Aranzadi Thonson Reuters, Cizur Menor (Navarra), 2017, p. 420

41 MIRANDA SERRANO, L. M. «Prácticas desleales sobre reseñas...», ob. cit., pp. 183

42 *Ibidem*

43 Apartado 4.2.4. de la Guía sobre la Directiva de prácticas comerciales desleales.

IV.- PRINCIPALES MEDIDAS DE LUCHA CONTRA LA DESLEALTAD DE LAS RESEÑAS PROVENIENTES DE LA DIRECTIVA (UE) 2019/2161

1.- Obligación de información a cargo de los empresarios sobre la autenticidad de las reseñas y la consideración del incumplimiento de esta obligación como una omisión engañosa

Como hemos tenido ocasión de mencionar más arriba, la Directiva (UE) 2019/2161 ha impuesto una obligación de información a los empresarios y profesionales que proporcionan acceso a las reseñas a los consumidores y usuarios. Dicha obligación consiste en garantizarles la autenticidad de dichas reseñas o valoraciones, considerándose su incumplimiento como una omisión engañosa (apartado 6 del artículo 7 sobre omisiones engañosas de la Directiva de prácticas comerciales desleales 2005/29/CE[44]).

Es sabido que para que un comportamiento concurrencial encaje dentro de la noción de omisión engañosa, es necesario que la información omitida merezca considerarse *sustancial*, según se infiere del artículo 7 de la Directiva. Por tanto, a la vista de esta nueva disposición, hemos de entender que, a juicio del legislador comunitario, se reputa sustancial la información sobre la garantía de autenticidad de las reseñas de bienes y servicios. Esta obligación del empresario no se ha incorporado al articulado de la LCD, que habría sido lo conveniente y esperable. Antes bien, el legislador español ha optado por in-

---

44 Apartado 6 del artículo 7 Directiva 2005/29/CE es el que sigue: «Cuando un comerciante facilite el acceso a las reseñas de los consumidores sobre los productos, se considerará esencial la información acerca de si el comerciante garantiza que las reseñas publicadas pertenezcan (sic) a consumidores que hayan realmente utilizado o adquirido el producto».

troducirla en el articulado del TRLGDCU, concretamente en su artículo 20.4[45].

Pese a lo anterior, lo cierto es que el TRLGDCU se remite a la LCD, concretamente a su artículo 7 sobre omisiones engañosas, para cumplir de este modo con las exigencias de la Directiva (UE) 2019/2161, que configura la omisión de dicha información como una omisión engañosa.

Si comparamos la norma nacional (artículo 20.4 TRLGDCU) con la comunitaria (artículo 7.6 Directiva 2005/29/CE), podemos apreciar que la primera es más precisa que la segunda en lo relativo a sus respectivos contenidos. Y es que la norma interna aclara, en cierta forma, la información que ha de proporcionarse a los consumidores y usuarios al especificar que habrá de informarse sobre «la manera en que se procesan las reseñas»[46]. No obstante, es importante destacar, que, pese a que el legislador español es más preciso que su homónimo comunitario, se queda algo corto a la hora de fijar la información que el empresario ha de suministrar al consumidor, pues sólo

---

45 En él se dispone expresamente lo siguiente: «Las prácticas comerciales en las que un empresario facilite el acceso a las reseñas de los consumidores y usuarios sobre bienes y servicios deberán contener información sobre el hecho de que el empresario garantice o no que dichas reseñas publicadas han sido efectuadas por consumidores y usuarios que han utilizado o adquirido realmente el bien o servicio. A tales efectos, el empresario deberá facilitar información clara a los consumidores y usuarios sobre la manera en que se procesan las reseñas».

46 Es probable que la norma interna sea más precisa debido a la recomendación que hizo en su día la COMISIÓN NACIONAL DE LOS MERCADOS Y DE LA COMPETENCIA (CNMC) en su Informe sobre el Anteproyecto de Ley por el que se modifica el TRLGDCU, [en línea], [2022] <https://www.cnmc.es/expedientes/ipncnmc02721> [Consulta: 6/07/2023]; MIRANDA SERRANO, L. M. «*Prácticas desleales sobre reseñas...*», ob. cit., pp. 185 y 186

alude a la forma de procesar las reseñas, omitiendo la referencia a los controles de verificación aplicados, a los que, en cambio, sí se refiere expresamente el Considerando 47 de la Directiva[47].

A la vista de lo expuesto, ha de darse la razón a la doctrina que propone llevar a cabo una interpretación del artículo 20.4 TRLGDCU que sea conforme con el mencionado Considerando 47 de la Directiva (UE) 2019/2161, de forma que sitúe al Derecho español en la misma senda que otros ordenamientos europeos como el francés o el alemán. Según esta interpretación, el empresario o profesional que garantice la autenticidad de las reseñas no sólo estaría obligado a informar sobre el modo en que procesa las reseñas (que es lo que dice el artículo 20.4 TRLGDCU), sino también sobre las medidas que ha puesto en marcha para garantizar que dichas reseñas son auténticas (como establece el Considerando 47 de la Directiva UE 2019/2161)[48].

Por otra parte, el artículo 20.4 TRLGDCU se completa con dos reglas fijadas en sus siguientes apartados. De un lado, su apartado 5 establece una regla probatoria, atribuyéndole al empresario la carga de demostrar el cumplimiento de los deberes de información[49]. De otro lado, su apartado 6 remite al artículo 7 LCD para reputar desleal (por constituir una omisión engañosa) toda práctica que incumpla lo previsto en el artículo 20.4 TRLGDCU. Como se sabe, merced al artículo 7 LCD, se considera que una conducta es desleal cuando omita u

---

47 MALDONADO MOLINA, J. «El marco legal…», ob. cit., pp. 75 y 76

48 MIRANDA SERRANO, L. M. «Prácticas desleales sobre reseñas…», ob. cit., pp. 187; MALDONADO MOLINA, J. «El marco legal…», cit., pp. 76.

49 Artículo 20.5 TRLGDCU: «La carga de la prueba en relación con el cumplimiento de los requisitos de información establecidos en este artículo incumbirá al empresario».

oculte la información necesaria para que el consumidor pueda adoptar una decisión relativa a su comportamiento económico con pleno conocimiento de causa, a la vista del contexto fáctico en el que se producen los hechos y teniendo en cuenta todas sus características y circunstancias[50].

En suma, tras lo expuesto hemos de concluir que el incumplimiento por el empresario de la obligación de información que se analiza no constituye siempre y en todo caso una omisión engañosa. Se considerará como tal cuando, tras el análisis del caso concreto, se compruebe que la omisión de dicha información es susceptible de alterar el comportamiento económico del consumidor medio en el sentido expuesto[51].

2.- Prácticas sobre reseñas reputadas per se desleales

Junto a la obligación anteriormente analizada, la Directiva (UE) 2019/2161 introduce en el Anexo I de la Directiva 2005/29/CE dos prácticas o conductas sobre reseñas de bienes y servicios reputadas *per se* desleales, es decir, concurrencialmente ilícitas en cualquier circunstancia[52]. Su ilicitud deriva de considerarse nocivas para los intereses económicos de los consumidores y usuarios, debido a que distorsionan su libertad de saber o su libre decisión negocial en el mercado. Es decir, dichas prácticas les conducen a tomar decisiones de mercado

---

50 PATIÑO ALVÉS, B., «El engaño en la publicidad», pp. 23, [en línea] <EL ENGAÑO EN LA PUBLICIDAD (beatrizpatino.com)> [Consulta: 15/07/2023]

51 CASADO NAVARRO, A., «Prácticas desleales contra los consumidores en el mercado digital. A propósito de las novedades introducidas por la Directiva (UE) 2019/2161», en *Revista de Derecho Mercantil,* núm. 327, 2023, pp. 27.

52 MIRANDA SERRANO, L. M. «Prácticas desleales sobre reseñas…», ob. cit., pp. 190

que no habrían adoptado de no haberse producido este tipo de conductas[53]. Puede afirmarse que con su tipificación en la Directiva (UE) 2019/2161 el legislador europeo persigue lograr una mayor transparencia y claridad en la información que los comerciantes ponen a disposición de los consumidores y usuarios, con vistas a reforzar su confianza en las compras online y promover un entorno de comercio electrónico más justo y equitativo en el ámbito de la Unión Europea.

2.1. La afirmación de que las reseñas provienen de clientes reales sin tomar las medidas adecuadas y necesarias para confirmarlo

De acuerdo con el apartado 23 *ter* del Anexo I de la Directiva 2005/29/CE, constituye una práctica comercial engañosa *per se* o en cualquier circunstancia «afirmar que las reseñas de un producto son añadidas por consumidores que han utilizado o adquirido realmente el producto, sin tomar medidas razonables y proporcionadas para comprobar que dichas reseñas pertenezcan a tales consumidores».

La incorporación a nuestro ordenamiento jurídico de esta disposición proveniente de la Directiva (UE) 2019/2161 se ha llevado a cabo mediante la adición al artículo 27 LCD de un nuevo apartado. Se trata, en concreto, del apartado 7, según el cual se reputan engañosas las prácticas que «(a)firmen que las reseñas de un bien o servicio son añadidas por consumidores y usuarios que han utilizado o adquirido realmente el bien o servicio, sin tomar medidas razonables y proporcionadas para

[53] MALBON, J., «Taking fake online consumer reviews seriously», *Journal of Consumer Policy*, 36, pp. 139 y ss., [en línea], [2013] <https://papers.ssrn.com/sol3/papers.cfm?abstract_id=2238889> [Consulta: 18/07/2023]

comprobar que dichas reseñas pertenezcan a tales consumidores y usuarios».

El bien jurídico protegido por esta práctica reputada *per se* desleal es el principio de veracidad que prohíbe todos aquellos comportamientos o conductas de mercado susceptibles de producir engaño en los consumidores y usuarios[54]. A este principio se refiere el artículo 61 del TRLGDCU[55], aunque sobre todo está presente en todas las normas de la LCD reguladoras de los actos de engaño[56].

En concreto, en esta práctica, reputada desleal en cualquier circunstancia, el engaño se basa en afirmar que las reseñas accesibles a la clientela son realizadas por consumidores y usuarios reales sin tomar medidas razonables y adecuadas para garantizar que efectivamente lo son. De modo que la exigencia de veracidad se refiere en este caso única y exclusivamente a la garantía de autenticidad de las reseñas, pues de lo que se trata

---

54 MIRANDA SERRANO, L. M. «Prácticas desleales sobre reseñas...», ob. cit., pp. 194

55 El artículo 61 TRLGDCU recoge el principio de veracidad (junto con el principio de integración publicitaria del contrato), estableciendo que «La oferta, promoción y publicidad de los bienes y servicios se ajustarán a su naturaleza, características, utilidad o finalidad y a las condiciones jurídicas y económicas de la contratación».

56 GARCÍA VIDAL, A., «Nuevas prácticas comerciales prohibidas», [en línea], [2010] <http://centrodeestudiosdeconsumo.com/images/Nuevas_practicas_comerciales_prohibidas.pdf>[Consulta: 29/07/2023]; MASSAGUER FUENTES, J., «Treinta años de Ley de Competencia Desleal», *Actualidad Jurídica Uría-Menéndez*, núm. 55, 2021, p. 26 y 27, trabajo [en línea] https://www.uria.com/documentos/publicaciones/7434/documento/art03.pdf?id=12262&forceDownload=true> [Consulta: 02/08/2023]

es de garantizar su origen, en el sentido de que proceden de consumidores y usuarios no ficticios sino auténticos o reales[57].

Para entender que se ha cometido esta práctica *per se* desleal, bastaría que el empresario emplease, junto a las reseñas de sus bienes o servicios, expresiones que den a entender al consumidor medio que las reseñas y valoraciones publicadas corresponden a consumidores y usuarios reales. Esto ocurre, por ejemplo, cuando los operadores económicos colocan, al lado de las reseñas, expresiones tales como «Opiniones basadas en experiencias previas», «Reseñas y valoraciones de nuestros clientes», «Reseñas de nuestra comunidad», etc.[58]

Con la intención de evitar la comisión de este ilícito de deslealtad, el empresario debe adoptar medidas razonables y proporcionas para garantizar que las reseñas de bienes o servicios accesibles a la clientela responden al principio de veracidad o autenticidad. Al respecto, cabría preguntarse qué se entiende por medidas razonables y proporcionadas[59]. Lo que parece

---

[57] Al respecto más información en: MIRANDA SERRANO, L. M. «Prácticas desleales sobre reseñas…», ob. cit., pp. 194. La Guía sobre la Directiva de prácticas comerciales desleales indica que el «nuevo punto 23 ter del anexo I impide que los comerciantes induzcan a error a sus usuarios en cuanto al origen de las reseñas» (apartado 4.2.4);

[58] *Ibidem*

[59] El Considerando 47 de la Directiva (UE) 2019/2161 establece algunas medidas que podrían adquirir los calificativos de razonables y proporcionadas, indicando que tales medidas podrían incluir «medios técnicos para verificar la fiabilidad de la persona que publica la reseña, por ejemplo, solicitando información para comprobar que el consumidor ha adquirido o utilizado realmente el producto». DUROVIC, M., «Adaptation of consumer law to the digital age: The case of the new European Directive 2019/2161 on modernisation and better enforcement of consumer law», *Annals of the Faculty of Law in Belgrade*, p. 11, en línea, 2022 <https://kclpure.kcl.ac.uk/portal/files/129494821/Anali_clanak_MD.pdf> [Consulta: 08/08/2023]

estar claro, según apunta la doctrina, es que el empresario o profesional no resulta obligado a demostrar la autenticidad de las reseñas de forma procesalmente segura, sino sólo a aplicar medidas para tal fin que puedan considerarse razonables y proporcionadas[60].

En la práctica existen empresas destinadas a ofrecer al mercado servicios de autenticación de reseñas y valoraciones de clientes, por ejemplo, *Fakespot* que es un servicio en línea que ayuda a los usuarios a separar las reseñas basura de las reales. Esta herramienta analiza el producto en cuestión y asigna una calificación de acuerdo con el nivel de confianza. También podemos aludir a *ReviewMeta,* que realiza un exhaustivo informe descriptivo de las reseñas del producto o servicio y, además, puede identificar revisiones incentivadas por la marca o distribuidor. Por último —y sin pretensión alguna de ser exhaustivos—, cabe mencionar la plataforma *Review Skeptic,* que analiza las reseñas falsas o engañosas de establecimientos hoteleros, constituyendo un servicio de carácter gratuito diseñado por la Universidad de Cornell[61].

2.2.- La incorporación de reseñas ficticias o la manipulación de reseñas reales con el fin de promocionar productos y servicios

Es el artículo 23 *quarter* del Anexo I de la Directiva 2005/29/CE el que tipifica esta segunda práctica reputada *per se* desleal en el ámbito de las reseñas de bienes y servicios. De conformi-

---

60 MIRANDA SERRANO, L. M. «Prácticas desleales sobre reseñas...», ob. cit., pp. 196

61 RODRÍGUEZ, E. «*3 herramientas gratuitas para identificar reseñas falsas*», en línea, 2018 <https://robustiana.com/389-3-herramientas-gratuitas-para-identificar-resenas-falsas> [Consulta: 14/08/2023]

dad con este precepto, se reputa desleal «(a)ñadir o encargar a otra persona física o jurídica que añada reseñas o aprobaciones de consumidores falsas, o distorsionar reseñas de consumidores o aprobaciones sociales con el fin de promocionar productos».

Esta disposición ha sido incorporada a nuestro ordenamiento jurídico a través del apartado 8 del artículo 27 LCD. En dicha norma se consideran desleales por engañosas las prácticas que «(a)ñadan o encarguen a otra persona física o jurídica que incluya reseñas o aprobaciones de consumidores falsas, o distorsionen reseñas de consumidores o usuarios o aprobaciones sociales con el fin de promocionar bienes o servicios».

Si comparamos ambas prácticas desleales, la analizada en el apartado anterior (artículo 27.7 LCD) y la que ahora abordamos (artículo 27.8 LCD), podemos comprobar que en esta última no solo se habla de reseñas, sino también de *aprobaciones sociales*[62]. La Guía sobre la Directiva de prácticas comerciales desleales indica que el término *aprobaciones* se ha de interpretar en sentido amplio, incluyendo las prácticas relacionadas con «los seguidores, las reacciones y las visualizaciones»[63].

La utilización de la expresión *aprobaciones sociales* ha llevado a un sector de la doctrina a entender que el contenido del artículo 27.8 LCD es más amplio que el del artículo 27.7 LCD. Sin embargo, esta opinión no llega a convencernos. Coincidimos con otra doctrina para la que esta afirmación no resulta convincente. Sobre todo, porque el término de reseña, como hemos apuntado más arriba, es tan amplio que comprende las

---

62 MIRANDA SERRANO, L. M. «Prácticas desleales sobre reseñas…», ob. cit., pp. 198

63 Apartado 4.2.4. de la Guía.

aprobaciones sociales como los *likes*, me gusta, estrellas, visualizaciones en redes sociales, etc.[64]

De conformidad con la disposición que ahora analizamos, la acusación de deslealtad puede basarse en uno de los dos tipos de conductas que se enumeran en el artículo 27.8 LCD: 1°) añadir reseñas o aprobaciones falsas y 2°) distorsionar reseñas o aprobaciones de consumidores o usuarios que previamente han sido incorporadas a un determinado sitio de reseñas[65]. En este caso, al igual que ocurre en el artículo 27.7 LCD, el bien jurídico protegido es el principio de veracidad. No obstante, existe una relevante diferencia, pues aquí no se pretende garantizar la veracidad del origen de las reseñas, es decir, que provengan de consumidores y usuarios reales, sino que la exigencia de veracidad va dirigida a los contenidos de las reseñas y aprobaciones, para evitar que sean falsos o que hayan sido manipulados[66].

En suma, de lo que se trata a través de esta disposición es de evitar que los consumidores y usuarios adopten decisiones de mercado basadas en informaciones falsas o erróneas, tanto si son añadidas por los propios comerciantes o por terceros que actúen por cuenta suya, como si resultan de una labor de distorsión o manipulación que desfigure su contenido originario. Al respecto, no debemos olvidar que las reseñas falsas o distorsionadas producen el efecto de lograr un mejor posicionamiento de los bienes o servicios reseñados dentro de dichos resultados[67]. Ambas prácticas pueden considerarse manifestaciones de la técnica de marketing conocida como *astroturfing*, es decir, actuaciones de apoyo o desprestigio relativas a una

---

64 MIRANDA SERRANO, L. M. «Prácticas desleales sobre reseñas...», ob. cit., pp. 198

65 *Ibidem,* pp. 199

66 *Ibidem.*

67 CASADO NAVARRO, A., «Prácticas desleales...», ob. cit., p. 30

persona o marca que tienen la apariencia de nacer espontáneamente de la sociedad, pero sin ser realmente así, al provenir de identidades ficticias creadas para insertar matrices de opinión[68].

Por tanto, en las prácticas que recoge el artículo 27.8 LCD debe concurrir la finalidad promocional o concurrencial para que sea posible considerarlas desleales. La finalidad concurrencial o, si se prefiere, promocional, no exige atender a la intención del sujeto agente. Para considerarla existente es suficiente constatar que la conducta objeto de análisis es idónea para influir en los procesos de mercado[69].

---

68 El Astroturfing es una práctica poco ética del marketing boca-a-oreja consistente en generar de manera orquestada contenidos comerciales en medios sociales con apariencia de espontaneidad. El usuario se expone a los mensajes desconociendo su naturaleza interesada, y el responsable consigue así asociar determinados conceptos positivos a su marca, mejorando su reputación online. ROMERO RODRÍGUEZ, L.M. y RODRÍGUEZ-HIDALGO, C., «Desinformación y posverdad en los medios digitales: del astroturfing al click-baiting», en ROMERO RODRÍGUEZ, L.M. y RIVERA ROGEL, D. E. (Coord.), *La comunicación en el escenario digital*, Ed. Pearson, 2019, pp. 391; MIRANDA SERRANO, L. M. «Prácticas desleales sobre reseñas…», ob. cit., pp. 199; VÁZQUEZ, J., «Astroturfing: una nueva forma de manipulación en las redes sociales», [en línea], [2019] <https://www.materiagris.es/astroturfing-manipulacion-redes-sociales/>[Consulta: 24/08/2023]

69 MIRANDA SERRANO, L. M. «Prácticas desleales sobre reseñas…», ob. cit., pp. 199. Este autor invoca la STS núm. 59/2019 de 29 de enero (ECLI: ES:TS: 2019:140). Magistrado Ponente: Excmo. Sr. D. Ignacio SANCHO GARGALLO [en línea] <https://vlex.es/vid/761574453> [Consulta: 25/08/2023] así como otras SSTS que siguen el mismo criterio. Al respecto también: GÓRRIZ LÓPEZ, C., «Ámbito de aplicación de la Ley de Competencia Desleal: STS 59/2019, de 29 de enero», [en línea], [2019] <https://webs.uab.cat/dretmercantil/2019/03/05/ambito-de-aplicacion-de-la-lcd-sts-59-2019-de-29-de-enero/>[Consulta: 02/09/2023]

En cuanto al ámbito de aplicación *material u objetivo* de la Directiva 2005/29/CE, sabemos que se aplica a las prácticas comerciales directamente relacionadas con la promoción, la venta o el suministro de productos (bienes y servicios) a consumidores. De ahí que se sometan a ella las prácticas consistentes en la publicación de reseñas relativas tanto a bienes o servicios como a las cualidades de los empresarios al ofrecer o vender sus prestaciones (por ejemplo, las referidas a la rapidez del comerciante al entregar los bienes o prestar los servicios o, en general, a su diligencia a la hora de cumplir sus obligaciones contractuales). En cambio, quedan al margen de la Directiva 2005/29/CE, las reseñas que versen sobre aspectos alejados del contexto propio de las relaciones de consumo, como así ocurre con las relativas a la responsabilidad social, las condiciones laborales, la fiscalidad o los aspectos éticos[70].

Hechas las anteriores aclaraciones, es el momento de analizar brevemente las dos conductas que se recogen en el artículo 27.8 LCD:

1°) *Promoción de bienes y servicios mediante la adición de reseñas o aprobaciones falsas.* Esta conducta puede ser realizada por un empresario o por un tercero. En el primer supuesto, el empresario actúa fraudulentamente, haciéndose pasar por un consumidor o usuario. Lógicamente, ello no alcanza a aquellas plataformas digitales que solo almacenan y dan acceso a reseñas y aprobaciones de consumidores y usuarios, sin tomar parte activa en su presentación y publicación[71]. Sin embargo, cuando el empresario o profesional encarga a un tercero (persona física o jurídica) que añada reseñas o aprobaciones falsas, nos podemos encontrar ante dos tipos de supuestos: 1°) la compraventa a ciertas empresas de reseñas o valoraciones; y 2°)

---

70 Apartado 4.2.4 de la Guía sobre la Directiva de prácticas comerciales desleales.

71 *Ibidem*

la concesión de regalos, premios o ventajas a consumidores o usuarios con la finalidad de que, a cambio de ello, inserten reseñas o aprobaciones positivas en los lugares correspondientes (reseñas incentivadas)[72]. Por otra parte, debemos indicar que el artículo 27.8 LCD no es aplicable a la venta de reseñas falsas por parte de empresas, dado que este artículo solo se limita a reputar desleal en cualquier circunstancia la adición de reseñas falsas, pero no su venta[73]. Aunque sí entra dentro del ámbito de aplicación del citado artículo la compra por parte de empresas de reseñas falsas con la intención de mejorar su reputación[74]. Por último, como indica la Guía relativa a la Directiva sobre prácticas comerciales desleales, esta norma alcanza tanto a los empresarios y profesionales como a los consumidores y usuarios que participan en esta clase de actividades engañosas. Ahora bien, en el caso de los últimos, siempre que pueda considerarse que actúan en nombre o por cuenta de determinados empresarios o profesionales, como indicamos *supra* al referirnos al ámbito de aplicación personal o subjetivo de esta normativa[75].

2°) *Promoción de bienes y servicios mediante la manipulación de reseñas o aprobaciones sociales.* Junto a las conductas anteriores, también resulta prohibida la deformación de una reseña o aprobación con la intención de dotarla de un carácter positivo. Ahora bien, cabría preguntarse si la supresión de reseñas negativas también es un acto de distorsión. Debemos decantarnos por una respuesta afirmativa. Es el Considerando 49 de la Directiva (UE) 2019/2161, el que menciona la eliminación

---

72. MIRANDA SERRANO, L. M., «Prácticas desleales sobre reseñas…», ob. cit., pp. 202

73. MALDONADO MOLINA, J., «El marco legal …», ob. cit., p. 82.

74. MIRANDA SERRANO, L. M., «Prácticas desleales sobre reseñas…», ob. cit., pp. 202

75. Apartado 4.2.4 de la Guía; Supra, epígrafe 3.2.

de las reseñas negativas entre las prácticas de distorsión o manipulación de reseñas expresamente prohibidas por la norma comunitaria[76]. También se pronuncia, en la misma dirección, la Guía sobre la Directiva 2005/29/CE, al afirmar que «los comerciantes que ofrecen reseñas, pero suprimen las reseñas negativas de los consumidores sin una razón válida, también pueden provocar que los consumidores medios que leen las reseñas en línea sigan utilizando los servicios del comerciante o, en el caso de las plataformas, decidan ponerse en contacto con un comerciante, algo que no habrían hecho si hubieran sabido que se habían suprimido las reseñas negativas»[77]. Y de la misma opinión es la doctrina que ha analizado en profundidad la deslealtad de las reseñas online de bienes y servicios[78]. No obstante, existe una excepción por la que la eliminación de reseñas no sería reputada desleal. Nos referimos a aquel caso en el que el empresario o profesional elimina reseñas como medida razonable y proporcionada para garantizar que sus reseñas pertenecen a consumidores y usuarios reales[79]. Por último, ha de tenerse en cuenta que la Guía sobre la Directiva 2005/29/CE menciona expresamente, como otros posibles supuestos

---

76 En el considerando 49 de la Directiva (UE) 2019/2161 se alude a dos conductas: 1º) publicar sólo las reseñas positivas y eliminar las negativas, y 2ª) vincular las aprobaciones de los consumidores a contenidos diferentes a los previstos pero relacionados, al generarse la impresión de que el usuario también tiene una opinión positiva del contenido relacionado.

77 Apartado 4.2.4 de la Guía.

78 MIRANDA SERRANO, L. M., «Prácticas desleales sobre reseñas...», ob. cit., pp. 203 y 204

79 Apartado 4.2.4 de la Guía. «La prohibición de distorsión de las reseñas de los consumidores se entiende sin perjuicio de los derechos y la obligación del comerciante que las pone a disposición de suprimir las reseñas negativas falsas como parte de las medidas para garantizar que las reseñas pertenecen a consumidores que realmente adquirieron o utilizaron el producto».

de manipulación o distorsión de reseñas, los siguientes, todos ellos llevados a cabo por empresarios o profesionales: 1º) facilitar a los consumidores y/o usuarios plantillas de reseñas positivas precumplimentadas; 2º) animar a los consumidores y/o usuarios a modificar sus reseñas o a retirar las negativas; y, por último, 3º) presentar las calificaciones de reseñas consolidadas sobre la base de criterios opacos o no divulgados[80].

También podría interpretarse como manipulación ilícita de reseñas—en la dirección apuntada por algún autor— la publicación de las reseñas positivas de forma inmediata, pero las negativas o neutras sólo después de un cierto tiempo, lo que hace que la mayor parte de las reseñas positivas aparezcan siempre entre las más recientes[81]. Y lo mismo podría afirmarse de la conducta consistente en alterar el orden de las reseñas, impidiendo que los consumidores y usuarios puedan verlas en orden cronológico[82].

V.- A MODO DE EPÍLOGO

Las prácticas desleales sobre reseñas en línea de consumidores y usuarios constituyen un problema que se ha incrementado en los últimos tiempos, debido sobre todo a la considerable expansión experimentada por el comercio digital o electrónico. Como bien es sabido, estas prácticas pueden dañar la reputación de las empresas y distorsionar la toma de decisiones de los consumidores y usuarios, socavando así la necesaria transparencia del mercado. Por ello, desde nuestro punto de vista, la normativa sobre reseñas que, proveniente

---

80 MIRANDA SERRANO, L. M., «Prácticas desleales sobre reseñas…», ob. cit., pp. 205

81 *Ibidem*

82 *Ibidem*

de la Directiva (UE) 2019/2161, se contiene actualmente en la LCD y el TRLGDCU merece ser valorada positivamente, al intentar paliar los nocivos efectos derivados de las llamadas reseñas irregulares o anómalas.

Es cierto que previamente a la promulgación de la referida Directiva, ya existían remedios legales contra dichos comportamientos contrarios al principio de buena fe y de veracidad; en concreto, las normas relativas a las prácticas comerciales engañosas. Pero no menos cierto es, como ha señalado el Profesor Miranda, que merezca calificarse de "loable" el hecho de que "el legislador contemporáneo haya puesto el foco de atención, entre otras conductas propias del mercado digital, en las reseñas online de bienes y servicios. Sobre todo, porque es de esperar que dicha normativa contribuya a la transparencia en dicho ámbito. En este sentido, no puedo sino coincidir con quienes, tras expresar que la regulación de las reseñas es un objetivo legítimo del legislador europeo, sostienen que las medidas adoptadas al respecto por la Directiva (UE) 2019/2161 deben ser consideradas relevantes para mejorar la posición de los consumidores y usuarios, especialmente en el contexto del comercio digital[83].

Lo anterior sin perjuicio, como es natural, de las deficiencias técnicas presentes en estas nuevas normas, que únicamente podrán ser superadas a través de la labor interpretativa realizada tanto por la jurisprudencia como por la doctrina. Como siempre, el tiempo nos dirá en qué medida la comunidad jurídica es capaz de poner luz en las sombras que hoy presenta la

---

[83] GONZÁLEZ PONS, E., GONZÁLEZ PONS, Elisabet, «Marketing digital, reseñas falsas de consumidores y competencia desleal», en MADRID PARRA, Agustín y ALVARADO HERRERA, Lucía (Dirs.), *Derecho digital y nuevas tecnologías*, Ed. Aranzadi, Cizur Menor, 2022, p. 554; MIRANDA SERRANO, L. M., «Prácticas desleales sobre reseñas...», ob. cit., p. 232.

normativa reguladora de la deslealtad de las reseñas de bienes y servicios a cuyo análisis hemos dedicado estas páginas a las que ahora ponemos punto final.

BIBLIOGRAFÍA

BLASCO, Bárbara, «Unfair commercial practices, spam, and fake online reviews, The italian perspective and comparatives profiles», *Comparative Law Review*, 24, [en línea], [2018] <file:///C:/Users/Usuario/Downloads/jkapelanska,+06.+Blasco_131-154%20(2).pdf>

BERCOVITZ RODRÍGUEZ-CANO, Alberto, «*Apuntes de Derecho Mercantil*», Ed. Aranzadi Thonson Reuters, Cizur Menor (Navarra), 2017.

— «Artículo 3. Ámbito subjetivo», en BERCOVITZ RODRÍGUEZ-CANO, Alberto (Dir.) *Comentarios a la Ley de Competencia Desleal*, Ed. Aranzadi-Thomson Reuters. Cizur Menor, 2011.

CALVIÑO, Frank, «¿Qué es una reseña y cómo benefician a tu ecommerce ?», guest post, [en línea], [2022], <Reseñas de productos: ¿qué son y cómo benefician a tu ecommerce? (2023) (shopify.com)>

CÁMARA LAPUENTE, Sergio, «Comentario del artículo 3 TRLGDCU», en CÁMARA LAPUENTE, Sergio (Dir.) *Comentarios a las normas de protección de los consumidores*, Ed. Colex, Madrid, 2011.

CARRASCO PERERA, Ángel, «Más allá de la venta a pérdida: las prácticas comerciales desleales en el Derecho sancionador de consumo», artículo académico [en línea], [2017], <https://www.ga-p.com/wp-content/uploads/2018/07/mas-alla-de-la-venta-a-perdida-las-practicas-comerciales-desleales-en-el-derecho-sancionador-de-consumo.pdf>

CASADO NAVARRO, Antonio, «Prácticas desleales contra los consumidores en el mercado digital. A propósito de las novedades introducidas por la Directiva (UE) 2019/2161», en *Revista de Derecho Mercantil*, núm. 327, 2023.

COMISIÓN NACIONAL DE LOS MERCADOS Y DE LA COMPETENCIA (CNMC) en su Informe sobre el Anteproyecto de Ley por el que se modifica el TRLGDCU, [en línea], [2022] <https://www.cnmc.es/expedientes/ipncnmc02721>

COMUNIDAD DE MADRID, «Reseñas online. Cuidado con las reseñas falsas», [en línea], [2022] <https://www.comunidad.madrid/servicios/consumo/resenas-online-cuidado-resenas-falsas>

CUENA CASAS, Matilde, «La contratación a través de plataformas intermediarias en línea», *Cuadernos de Derecho Transnacional*, vol. 12, núm. 2, artículo académico [en línea], [2020]<https://e-revistas.uc3m.es/index.php/CDT/article/view/5612>

DE ELIZALDE IBARBIA, Francisco, «La Directiva (UE) 2019/2161 de modernización del Derecho de consumo, por la que se conceden remedios individuales contra las prácticas comerciales desleales», *Revista de Derecho Civil*, núm. 4, artículo académico [en línea], [2021] <file:///C:/Users/Usuario/Downloads/734-3554-1-PB-4.pdf>

DIÉGUEZ AGUILERA, Laura, «Sobre la condición de consumidor mixto y su prueba a propósito de la STS 43/2022 y otras resoluciones judiciales», *Diario La Ley*, núm. 10116, 2022.

DUROVIC, Mateja y KNIEPKAMP, Tim, «Good advice is expensive–bad advice even more: the regulation of online reviews», *Law, Innovation and Technology*, vol. 14, n. 1, [en línea], [2022] <https://doi.org/10.1080/17579961.2022.2047523>

DUROVIC, Mateja, «Adaptation of consumer law to the digital age: The case of the new European Directive 2019/2161 on modernisation and better enforcement of consumer law», *Annals of the Faculty of Law in Belgrade*, [en línea], [2020] <https://kclpure.kcl.ac.uk/portal/files/129494821/Anali_clanak_MD.pdf>

GARCÍA VIDAL, Ángel, «Nuevas prácticas comerciales prohibidas», [en línea], [2010] <http://centrodeestudiosdeconsumo.com/images/Nuevas_practicas_comerciales_prohibidas.pdf>

GONZÁLEZ PONS, Elisabet, «Marketing digital, reseñas falsas de consumidores y competencia desleal», en MADRID PARRA, Agustín y ALVARADO HERRERA, Lucía (Dirs.), *Derecho digital y nuevas tecnologías*, Ed. Aranzadi, Cizur Menor, 2022.

GÓRRIZ LÓPEZ, Carlos, «Ámbito de aplicación de la LCD: STS 59/2019, de 29 de enero», entrada de blog disponible [en línea], [2019] <https://webs.uab.cat/dretmercantil>

MAKAROV, Alesya, «Me pagan por hacer reviews falsas: así es el negocio que pone en duda la fiabilidad de las puntuaciones online», [en línea], [2019] <https://www.xataka.com/especiales/me-pagan-hacer-reviews-falsas-asi-negocio-que-pone-duda-fiabilidad-puntuaciones-online>

MALBON, Justin, «Taking fake online consumer reviews seriously», *Journal of Consumer Policy*, 36, artículo académico disponible [en línea], [2013] <https://papers.ssrn.com/sol3/papers.cfm?abstract_id=2238889>

MALDONADO MOLINA, Francisco Javier, «El Marco legal de los sitios de reseñas y de las reseñas en línea de consumidores», *Revista Lex Mercatoria*, Vol. 22, [en línea], [2022] <https://doi.org/10.21134/lex.vi22.1863>

MASSAGUER FUENTES, José, «Treinta años de Ley de Competencia Desleal», *Actualidad Jurídica Uría-Menéndez*, núm. 55, trabajo que se encuentra disponible para consulta [en línea], [2021] <https://www.uria.com/documentos/publicaciones/7434/documento/art03.pdf?id=12262&forceDownload=true>

MELLINAS, Juan Pedro, «El control de irregularidades y Tripadvisor», *Revista Turismo y Desarrollo*, núm. 18, [en línea], [2015] <tripadvisor.pdf>

MIRANDA SERRANO, Luis María, «Prácticas desleales sobre reseñas online de bienes y servicios», *Revista InDret*, núm. 2, febrero 2023.

MIRANDA SERRANO, L.M., "La Directiva 2011/83/UE sobre los derechos de los consumidores: una nueva regulación para Europa de los contratos celebrados a distancia y extramuros de los establecimientos mercantiles", *Revista de Derecho de la Competencia y de la Distribución*, núm. 11, 2012.

MIRANDA SERRANO, Luis María y PANIAGUA ZURERA, Manuel, «La protección de los consumidores y usuarios en la fase previa a la contratación: la tutela de la libertad negocial», en MIRANDA SERRANO, Luis María y PAGADOR LÓPEZ, Javier (Coords.), *Derecho (privado) de los consumidores*, Ed. Marcial Pons, Madrid, 2012.

NARCISO, Madalena, « *The regulation of online reviews in European Consumer Law*», European Review of Private Law, vol. 27, 3, [en línea], [2019] <https://doi.org/10.54648/erpl2019028>

PATIÑO ALVÉS, Beatriz, «El engaño en la publicidad», artículo académico disponible [en línea], [2022] <EL ENGAÑO EN LA PUBLICIDAD (beatrizpatino.com)>

PREFERENTE, «Tripadvisor cede y retira el eslogan Críticas en las que puedes confiar», [en línea], [2011] <TripAdvisor cede y retira su eslogan "críticas en las que puedes confiar" | Noticias de Marketing | Revista de turismo Preferente.com>

PUJOL, Purificación, «La buena fe en la competencia desleal», [en línea], [2022], <https://www.elnotario.es/index.php/hemeroteca/revista-21/1860-la-buena-fe-enla-ley-de-competencia-desleal-0-5418047397786796>

REAL DECRETO-LEY 24/2021, articulo [en línea], [2021] <https://www.icab.es/es/actualidad/noticias/noticia/Real-Decreto-ley-24-2021-de-2-de-noviembre-de-transposicion-de-directivas-de-la-Union-Europea-

en-las-materias-de-bonos-garantizados-distribucion-transfronteriza-de-organismos-de-inversion-colectiva.../>

ROBLES MARTÍN-LABORDA, Antonio, «El modelo de conducta en la nueva cláusula general de la Ley de Competencia Desleal. Una crítica leve», *Derecho de los Negocios*, núm. 240, 2010.

ROMERO RODRÍGUEZ, Luis M. y RODRÍGUEZ-HIDALGO, Claudia, «Desinformación y posverdad en los medios digitales: del astroturfing al click-baiting», en ROMERO RODRÍGUEZ, Luis M. y RIVERA ROGEL, Diana E. (Coord.), *La comunicación en el escenario digital*, Ed. Pearson, 2019.

RODRÍGUEZ, Emanuel, «3 herramientas gratuitas para identificar reseñas falsas», recurso disponible [en línea], [2018] <https://robustiana.com/389-3-herramientas-gratuitas-para-identificar-resenas-falsas>

VALANT, Jana, «Online consumer reviews. The case of misleading or fake reviews», [en línea], [2015] <https://www.europarl.europa.eu/RegData/etudes/BRIE/2015/571301/EPRS_BRI(2015)571301_EN.pdf>

VÁZQUEZ, Jesús, «Astroturfing: una nueva forma de manipulación en las redes sociales», disponible [en línea], [2019] <https://www.materiagris.es/astroturfing-manipulacion-redes-sociales/>

Capítulo 11.

PRÁCTICAS DESLEALES CON CONSUMIDORES: ILÍCITO DE CONSUMO E ILÍCITO DESLEAL

EVA M. DOMÍNGUEZ PÉREZ

*Catedrática de Derecho Mercantil, Uned**

SUMARIO: I. REFORMULACIÓN DE LA RELACIÓN DEL DERECHO DE LA COMPETENCIA DESLEAL Y DEL DERECHO DE CONSUMO. 1. Introducción: las iniciales reformas legislativas en materia de Derecho de consumidores y Derecho de la competencia desleal. 2.El inicio de la reformulación de la relación jurídica entre el Derecho de consumidores y el Derecho de la competencia desleal. II. UNA VISION CRÍTICA SOBRE LOS RECIENTES PLANTEAMIENTOS DE LA RELACIÓN ENTRE LOS CONTRATOS CELEBRADOS POR LOS CONSUMIDORES Y EL DERECHO DE LA COMPETENCIA DESLEAL. 1. Las recientes Directivas UE en materia de consumidores. 2. El nuevo art. 20 bis TRCU: las medidas correctoras por la realización de prácticas desleales hacia el consumidor. 2.1. Contratos celebrados por los consumidores bajo la influencia de prácticas desleales. 2.2. Crítica a la regulación de las medidas correctoras ex art. 20 bis TRCU: concepto, efectos, y problemática que plantean. 2.2.1. Sobre las medidas correctoras. 2.2.2. Las medidas correctoras previstas en la Directiva 2019/2161 y la (no) trasposición en el TRCU (art. 20 bis). 2.2.3. Potencial compatibilidad de las medidas correctoras con los remedios previstos en el Derecho de contratos.

I. REFORMULACIÓN DE LA RELACIÓN DEL DERECHO DE LA COMPETENCIA DESLEAL Y DEL DERECHO DE CONSUMO.

1. Introducción: las iniciales reformas legislativas en materia de Derecho de consumidores y Derecho de la competencia desleal.

Como es sabido, el punto de partida en la defensa del consumidor es el art. 51.1. de la CE, que establece que "Los poderes públicos garantizarán la defensa de los consumidores y usuarios, protegiendo, mediante procedimientos eficaces, la seguridad, la salud y los legítimos intereses económicos de los mismos". Conforme a tal planteamiento, en el Derecho español la tutela jurídica del consumidor ha estado vinculada a una normativa especial, primero a la ya derogada LGDCU (Ley 26/1984, de 19 de julio, General para la Defensa de los Consumidores y Usuarios) y posteriormente al Texto refundido de 2007 (Real Decreto Legislativo 1/2007, de 16 de noviembre, por el que se aprueba el texto refundido de la Ley General para la Defensa de los Consumidores y Usuarios y otras leyes complementarias)[1].

Sin embargo, el Texto Constitucional no contenía referencia alguna a la deslealtad en las relaciones de consumo, sino que fue a través de la promulgación de la Ley de competencia desleal de 1991[2] cuando tomó carta de naturaleza, por primera vez de forma expresa, la regulación de las prácticas desleales —sin perjuicio de que la doctrina considerara que el uso de una marca sin autorización de su titular, por ejemplo, constituía también un acto desleal, al suponer, además de una infracción de un derecho de exclusiva que perjudica también al consumi-

---

* El trabajo que ahora se presenta tiene su origen, con las necesarias actualizaciones y adaptaciones, en la Ponencia pronunciada por el autor en el IV Congreso Internacional Carlos Fernández-Nóvoa "Nuevas tendencias en el Derecho de la Competencia y de la Propiedad Industrial e Intelectual", celebrado en la Facultad de Derecho de la Universidad de Vigo, el día 23 de octubre de 2023. La autora desea hacer constar su agradecimiento a los Directores del Congreso, Prof. Tato Plaza/Costas Comesaña, y Coordinadores, prof. Fernández Carballo-Calero/Torres Pérez, por la invitación cursada.

1 BOE núm. 287, de 30/11/2007.

2 Ley 3/1991, de 10 de enero, de Competencia Desleal. BOE núm. 10, de 11/01/1991.

dor en el mercado, un acto que alteraba el correcto funcionamiento del mercado—.

Es por este motivo que cuando vió la luz la LGDCU en 1984[3], ésta no contenía ninguna referencia expresa al ilícito desleal, sino que tipificaba el ilícito de consumo al margen de cualquier consideración de deslealtad.

Finalmente, el TRCU de 2007, aun manteniéndose en la línea de su predecesora (LGDCU), incluyó alguna referencia a la deslealtad. Posteriormente, con ocasión de sucesivas reformas TRCU, se incorporó expresamente, ya de una forma contundente y sólida, la mención al ilícito desleal (art. 8.1.b.), que iba acompañada de una regulación sobre los efectos que el ilícito desleal produciría en el marco del TRCU (art. 47.1.m)), convirtiéndose así en punto de conexión entre ambos sectores jurídicos, que habían discurrido por caminos paralelos hasta ese momento.

2. El inicio de la reformulación de la relación jurídica entre el Derecho de consumidores y el Derecho de la competencia desleal.

La LCD, tras la reforma a que es sometida en el año 2009, incorporó expresamente al consumidor como participante en el mercado con un rol central en él, como lo pone de manifiesto el hecho de que la nueva LCD contenga un Capitulo (III) sobre "Prácticas comerciales con los consumidores o usuarios", calificándose como prácticas desleales con los consumidores y usuarios "las previstas en este Capítulo y en los art. 4, 5, 7 y 8 de esta Ley" (art. 19.a LCD), a la vez que "Las prácticas comerciales reguladas en los artículos 21 a 31, ambos inclusive, son en

---

3 Ley 26/1984, de 19 de julio, General para la Defensa de los Consumidores y Usuarios. BOE» núm. 176, BOE-A-1984-16737.

todo caso y en cualquier circunstancia, prácticas comerciales desleales con los consumidores" (art. 19. 2. LCD).

Cabe entonces plantearse los motivos que justifican el cambio de rumbo en el ámbito nacional por lo que respecta al Derecho contra la competencia desleal y al Derecho de Consumo; en este sentido, puede afirmarse que tiene su antecedente inmediato en la promulgación de la Directiva 2005/29/(Directiva sobre las prácticas comerciales desleales)[4], cuya denominación ponía ya de manifiesto de forma contundente los nuevos derroteros por los que discurriría en el futuro más inminente el Derecho de la Competencia desleal. Se pone de relieve así la estrecha vinculación que existiría entre ilícito de consumo e ilícito desleal, que quedarán en gran medida íntimamente relacionados desde la perspectiva jurídica, en cuanto que el consumidor es situado en el centro del mercado, adoptando la posición de "árbitro del mercado". Este nuevo posicionamiento del consumidor como pieza esencial del mercado, constituye en gran medida, desde nuestro punto de vista, el germen del desarrollo jurídico posterior que ha experimentado la regulación del "consumidor", al que en la más reciente normativa de mercado se le ha dotado de un auténtico régimen jurídico atendiendo a circunstancias fácticas en cada caso (género del consumidor, territorio de residencia del consumidor, edad del consumidor, acceso o no a Internet del consumidor, etc.), dando lugar a un nuevo tipo de consumidor, el *consumidor vulnerable*, con un régimen jurídico propio.

---

4 Directiva 2005/29/CE DEL PARLAMENTO EUROPEO Y DEL CONSEJO de 11 de mayo de 2005 relativa a las prácticas comerciales desleales de las empresas en sus relaciones con los consumidores en el mercado interior que modifica la Directiva 84/450/CEE del Consejo, las Directivas 97/7/CE, 98/27/CE y 2002/65/CE del Parlamento Europeo y del Consejo y el Reglamento (CE) no 2006/2004 del Parlamento Europeo y del Consejo. Diario Oficial de la Unión Europea L 149/22 ES, 11.6.2005.

Sin embargo, no obstante el imparable protagonismo y el refuerzo de la tutela jurídica del consumidor en el mercado desde hace ya algunos años, es también necesario plantearse si este nuevo enfoque encaja en los postulados del moderno Derecho de la Competencia desleal; como es sabido, el Derecho de la Competencia desleal responde al denominado *modelo social de Competencia,* que tiene como uno de sus postulados máximos la tutela directa o inmediata de la Competencia en sí misma, y sólo de forma refleja o indirecta, de forma mediata, a los operadores de mercado[5]. Conforme al modelo social de Competencia, cuyos planteamientos hunden sus raíces en la doctrina alemana (ULMER)[6], se aspira a tutelar a todos aquellos que participen en el mercado, ya sean empresarios, profesionales, o consumidores[7]. Así expresamente se establece en la propia LCD, cuyo art. 1 indica que la Ley tiene por objeto *la protección de la competencia en interés de todos los que participan en el mercado,* y a tal fin establece la prohibición de los actos de competencia desleal.

Por lo tanto, lo que cabe entonces plantearse es si la tutela reforzada del consumidor a la que asistimos en las últimas reformas normativas no supone una desviación de los planteamientos en los que se asienta nuestro modelo de Competencia, al haber situado en primera línea de tutela al consumidor, abandonándose entonces en alguna medida su tutela refleja o indirecta, planteamiento conforme al modelo social de Competencia ya aludido.

---

5 MENÉNDEZ MENÉNDEZ, A., *La competencia desleal,* Civitas, Madrid, 1988.

6 *Das Recht des unlauteren Wettbewerbs in den Mitgliedstaaten der Europäischen Wirtschaftsgemeinschaft,* Beck, Munchen, 1965.

7 Sobre el modelo social del Derecho de la Competencia desleal, vid. por todos MENÉNDEZ MENÉNDEZ, A., *La competencia desleal,* cit..

Como veremos, no se trata tan solo de un planteamiento doctrinal o teórico, sino que plantea algunas incidencias de coordinación entre el sector del Derecho de la Competencia desleal, de una parte, y el derecho de Consumo, de otra parte.

II. UNA VISION CRÍTICA SOBRE LOS RECIENTES PLANTEAMIENTOS DE LA RELACIÓN ENTRE LOS CONTRATOS CELEBRADOS POR LOS CONSUMIDORES Y EL DERECHO DE LA COMPETENCIA DESLEAL.

1. Las recientes Directivas UE en materia de consumidores

Consecuencia directa del rol central del consumidor en el mercado son las recientes reformas que se han producido en los últimos años que refuerzan extraordinariamente la tutela jurídica del consumidor en el mercado, básicamente reforzando la información precontractual que debe recibir el consumidor[8].

La primera intervención de cierta envergadura en la materia vino de la mano de la *Directiva 2011/83/UE del Parlamento Europeo y del Consejo de 25 de octubre de 2011 sobre los derechos de los consumidores*[9]. Se trataba de un proyecto comunitario de gran alcance, que pretendía poner fin a una muy heterogénea situa-

---

[8] Sobre esta idea, vid. MARIMÓN DURÁ, R, "Prácticas comerciales desleales con los consumidores", pág. 1657, en AA.VV., *Tratado de Derecho de la Competencia y de la Publicidad*, t. II, dir. J.A. García-Cruces González, Tirant lo Blanch, 2014.

[9] DIRECTIVA 2011/83/UE del Parlamento Europeo y del Consejo de 25 de octubre de 2011 sobre los derechos de los consumidores, por la que se modifican la Directiva 93/13/CEE del Consejo y la Directiva 1999/44/CE del Parlamento Europeo y del Consejo y se derogan la Directiva 85/577/CEE del Consejo y la Directiva 97/7/CE del Parlamento Europeo y del Consejo

ción de la materia en la UE, y en particular, por lo que se refería al derecho de desistimiento del consumidor[10]. El escenario de actuación de la Directiva no era tanto las actuaciones desleales hacia el consumidor, sino más exactamente reforzar su tutela como parte débil del contrato, en la clásica consideración de la existencia de un desequilibrio entre las partes contratantes, que se sitúan en posiciones antagónicas ("El Derecho Privado Europeo casi nunca considera a las partes simplemente como personas, sino como miembros de una cierta categoría, en particular, consumidores y profesionales")[11].-

Sin embargo, la Directiva 2011/83 no realizó realmente una armonización plena de los diversos regímenes jurídicos sobre la materia de tutela del consumidor, puesto que los diversos regímenes contractuales existentes en la UE sobrevivieron al margen de la Directiva 2011; realmente, la Directiva 2011 sólo

---

10 En el año 2001 la Comisión de la UE lanzó un proceso de consulta pública sobre los problemas derivados de las diferencias entre el derecho contractual de los Estados Miembros. Como consecuencia de las respuestas a la Consulta, la Comisión publicó el Plan de Acción en 2003, que proponía un Marco común de referencia (MCR) de Derecho contractual de los consumidores. Seguidamente, la Comisión inició la revisión del acervo en materia de Consumo, con el doble objetivo de simplificar la normativa existente sobre la materia, en primer lugar, y, completar el marco normativo existente, en segundo lugar. En este sentido, la Comisión revisó ocho Directivas comunitarias, si bien su amplitud de miras fue claramente reducida en un momento posterior. Con fecha 8 de febrero de 2007, la Comisión presentó el Libro verde sobre revisión del acervo en materia de Consumo, y en 2008 se presentó la propuesta de Directiva, que con fecha 11 de noviembre de 2011, se publicó en el DOUE. Vid. Domínguez Pérez, E.M., "Recientes planteamientos de tutela del consumidor mediante el ejercicio del derecho de desistimiento. La Directiva 2011/83/UE, de 25 de octubre de 2011 y su transposición al derecho español", *Revista de derecho de la Unión Europea*, n.°. 26, 2014, págs. 261-274.

11 HESSELINK, M., "Contract theory and EU Contract law", *Amsterdan legal Studies Research Paper* (2015), 39, 2005, pág. 9.

reguló y unificó algunos aspectos fundamentales del proceso de contratación con consumidores, a la vez que la Directiva tampoco logró una armonización plena, pese a ser éste su objetivo principal, puesto que la propia Directiva contenía muchas excepciones al nivel de armonización inicialmente pretendido[12].

Ahora bien, una de las principales novedades que contenía la Directiva 2011/83 era la regulación del *derecho de desistimiento del consumidor* en relación al contrato celebrado previamente, incorporando novedades en su regulación, novedades que afectaban a la forma y plazo de su ejercicio, además de que contemplaba una normativa específica para el ejercicio del derecho de desistimiento en dos tipos de contratos (contratos celebrados a distancia y contratos celebrados fuera de establecimiento mercantil) (Capítulo III de la Directiva), lo que fue incorporado al derecho español, y ha sido en sucesivas ocasiones modificado.

Más recientemente, y en el marco de la UE, ve la luz, *en primer lugar*, la *Directiva (UE) 2019/2161 del Parlamento Europeo y del Consejo de 27 de noviembre de 2019* por la que se modifica la Directiva 93/13/CEE del Consejo y las Directivas 98/6/CE, 2005/29/CE y 2011/83/UE del Parlamento Europeo y del Consejo, *en lo que atañe a la mejora de la aplicación y la modernización de las normas de protección de los consumidores de la Unión* (Directiva ómnibus)[13]. Y, *en segundo lugar*, la Directiva (UE) 2020/1828 del Parlamento Europeo y del Consejo de 25 de noviembre de 2020 *relativa a las acciones de representación para la*

---

12 Para un análisis detallado, vid. DOMÍNGUEZ PÉREZ, E.M., "Recientes planteamientos de tutela del consumidor mediante el ejercicio del derecho de desistimiento….", cit., pág. 264 y ss..

13 DOUE núm. 328, de 18 de diciembre de 2019, pág. 7 a 28. DOUE-L-2019-81968.

protección de los intereses colectivos de los consumidores, y por la que se deroga la Directiva 2009/22/CE[14].

Ambas Directivas han supuesto el punto de inflexión en los nuevos derroteros hacia los que se dirige la tutela del consumidor, aunque se trata, como veremos, de un proceso que en modo alguno puede considerarse cerrado en la actualidad. Como se expone seguidamente, al ser calificados los actos desleales con los consumidores como ilícitos de consumo (art. 47.1. m) TRCU)[15], el legislador nacional, siguiendo el contenido de las Directivas, ha incluido recientemente (RD 24/2021, de 2 de noviembre)[16] medidas para actualizar y modernizar el Derecho de Consumo, entre las que se incluyen, *de una parte, medidas correctoras en relación a prácticas comerciales desleales*, cuyo análisis abordaremos seguidamente; y de autorización para el ejercicio de las *acciones colectivas para reclamar ante la realización de un ilícito desleal*, de otra parte.

En todo caso, y como también veremos seguidamente, la eficacia de tales planteamientos no debe sobrevalorarse, pues-

---

14 DOUE núm. 409, de 4 de diciembre de 2020, páginas 1 a 27, DOUE-L-2020-81785.

15 Artículo 47. Infracciones en materia de defensa de los consumidores y usuarios. 1. Son infracciones en materia de defensa de los consumidores y usuarios las siguientes: m) "el uso de prácticas comerciales desleales con los consumidores o usuarios".

16 Real Decreto-ley 24/2021, de 2 de noviembre, de transposición de directivas de la Unión Europea en las materias de bonos garantizados, distribución transfronteriza de organismos de inversión colectiva, datos abiertos y reutilización de la información del sector público, ejercicio de derechos de autor y derechos afines aplicables a determinadas transmisiones en línea y a las retransmisiones de programas de radio y televisión, exenciones temporales a determinadas importaciones y suministros, de personas consumidoras y para la promoción de vehículos de transporte por carretera limpios y energéticamente eficientes. BOE-A-2021-17910.

to que se trata de una reforma de la normativa nacional (LCD, TRCU) que dista de ser técnicamente correcta —probablemente porque fue acometida de forma apresurada (noviembre de 2021) para evitar el incumplimiento del plazo de trasposición de la Directiva, y ha generado algunas cuestiones de difícil resolución—, y completa, al no haber traspuesto el contenido completo de las medias correctoras contenidas en la Directiva 2019/2161, como se expone a continuación.

2. El nuevo art. 20 bis TRCU: las medidas correctoras por la realización de prácticas desleales hacia el consumidor

2.1. Contratos celebrados por los consumidores bajo la influencia de prácticas desleales

Una de las manifestaciones más habituales de la actuación del consumidor en el mercado es mediante la celebración de contratos. El contrato es la herramienta jurídica que permite al consumidor adquirir bienes, su uso de forma temporal, o disfrutar de la prestación de un servicio, situándose el consumidor en la posición de contratante (demandante) en el marco del mercado (oferente). El mercado es pues el entorno en el que se desarrolla el intercambio de bienes y servicios desde un operador hacia un consumidor.

Desde esta perspectiva, consumidor y mercado están estrechamente vinculados: el consumidor se nutre de la información que le proporciona el operador para estar en condiciones óptimas informativas y poder decidir de forma eficiente sobre la transacción en el mercado. La información que recibe el consumidor, ya sea en el propio contrato o bien a través de otros mecanismos de comunicación (principalmente publicidad), se revela más que nunca antes como instrumento esencial para competir en el mercado, debido a la compartimentación de la oferta que caracteriza actualmente el mercado, en el que existen innumerables competidores que ofrecen productos/servicios altamente sustituibles entre sí.

Cuando el contenido informativo que recibe el consumidor responde a la veracidad, el consumidor estaría en condiciones óptimas de eficiencia de realizar la transacción en el mercado. En caso contrario, si el consumidor recibiera información engañosa, realizaría la transacción influenciado por un contenido informativo engañoso, lo que constituiría una práctica desleal hacia el consumidor, realizando el consumidor finalmente una adquisición que muy probablemente que no se ajuste a parámetros de eficiencia.

En definitiva, se comprueba como el contrato puede constituir también un instrumento jurídico idóneo para alterar el correcto funcionamiento del mercado, constatándose por ello que existen interferencias entre contrato, de una parte, y correcto funcionamiento de la competencia, de otra parte[17]. Así sucede, por ejemplo, y desde la perspectiva del Derecho *Antitrust,* en el caso de las claúsulas contractuales que afectan negativamente al correcto funcionamiento del mercado, al suponer una restricción a la libre competencia, pero que son admitidas en cuanto que razonables y necesarias para poder lograrse el objetivo perseguido en el contrato de carácter no restrictivo por sí mismo (*ancillary restrains*). El Derecho *Antitrust* no puede impedir un cierto nivel de restricción en el mercado en aras de lograr que el contrato, razonable y proporcionado y no por sí mismo restrictivo, pueda cumplir sus objetivos.

En definitiva, el anterior planteamiento, de origen anglosajón, hunde sus raíces en el principio de unidad del ordena-

---

17 Vid. CASADO NAVARRO, A., "Consideraciones críticas sobre la opción del Real Decreto-ley 24/2021 de no incorporar medidas correctoras individuales frente a prácticas desleales con consumidores", *La Ley mercantil,* n. 88, febrero de 2022, pág. 2. y ss. (consulta digital),

miento jurídico, en cuanto que el Derecho *Antitrust* no debe impedir un cierto nivel de restricción en aras de que un contrato alcance el fin que le es propio[18]. De esta manera, se pone de relieve que contrato, de una parte, y competencia, de otra parte, no son sectores absolutamente desvinculados y sin relación entre ellos.

Pues bien, lo que en estos momentos nos planteamos es que, de la misma manera que con ocasión del Derecho *Antitrust*, se persiga también una cierta armonía entre el Derecho de contratos y el Derecho de la Competencia desleal. Es cierto que esta interrelación ya ha sido destacada y algunos de sus aspectos regulados por el legislador; así, el reforzamiento de la regulación de la figura del consumidor y sus tipologías (consumidor medio, consumidor vulnerable, consumidor digital). Sin embargo, existen otras muchas facetas o aspectos sobre los que no existe aún una respuesta sólida por parte del legislador, que ponga de relieve *los remedios jurídicos que asisten al consumidor en aquellos supuestos en los que una práctica desleal ha influido su decisión de contratación en el mercado.*

Así sucede, en particular, con las denominadas medidas correctoras incluidas en el art. 11 bis (*Reparación*) de la Directiva (UE) 2019/2161, que no han sido plenamente traspuestas al Derecho español, sino tan solo genéricamente mencionadas en el Título del art. 20 bis. del TRCU (art. 20 bis, *Medidas correctoras como consecuencia de las prácticas comerciales desleales a disposición de los consumidores y usuarios perjudicados*).

---

[18] Vid. CASADO NAVARRO, A., "Consideraciones críticas sobre la opción del Real Decreto-ley 24/2021 de no incorporar medidas correctoras individuales frente a prácticas desleales con consumidores", *loc. cit.*, pág. 3 y ss.

2.2. Crítica a la regulación de las medidas correctoras ex art. 20 bis TRCU: concepto, efectos, y problemática que plantean.

2.2.1. Sobre las medidas correctoras

El punto de partida para abordar esta materia es la Directiva 2005/29, que dejaba la cuestión relativa a las *consecuencias negociales de las prácticas desleales* en manos de los distintos legisladores nacionales, señalando que "esta normativa se entiende sin perjuicio de las acciones individuales ejercidas por quienes hayan resultado perjudicados por una práctica desleal" (Considerando 9), a la vez que "esta Directiva no afecta al Derecho contractual y, en particular, a las normas relativas a la validez, la formación o el efecto de los contratos" (art.3.2.).

A la vista de lo anterior, los EM no asumían en principio obligación alguna de facilitar a los consumidores que contraten afectados por prácticas comerciales desleales acciones privadas orientadas a la invalidación o resolución del contrato resultante, aunque ello no suponía que no pudieran adoptarlas, puesto que la Directiva no armonizaba el Derecho nacional.

Conforme a tales planteamientos, los Estados miembros han actuado de diferente forma: mientras que algunos no habían adoptado ninguna medida que supusiera un remedio para paliar los efectos negativos derivados de una práctica desleal en la realización de un contrato (España, Italia, Alemania o Austria), otros incluyeron ya hace algún tiempo en su derecho nacional medidas en tal sentido (así, Francia Polonia, Luxemburgo, Holanda, Portugal, Bélgica o Reino Unido), si bien con diferentes matices entre ellos [19].

---

19 Así lo indica detalladamente CASADO NAVARRO, A., "Consideraciones críticas sobre la opción del Real Decreto-ley 24/2021 de no incorporar medidas correctoras individuales frente a prácticas desleales con consumidores", *loc. cit.*, pág. 4 y 5. En el Derecho francés, la solución

Es evidente que la situación descrita no contribuía a lograr un derecho uniforme que favoreciera el correcto funcionamiento del mercado de la UE, a la vez que generaba un elevado nivel de inseguridad jurídica a los operadores en el mercado, y el ejercicio de los derechos de los consumidores en defensa de sus legítimos intereses quedaba seriamente comprometido.

Es en este escenario que surge la Directiva 2019/2161, que contempla dos aspectos o partes diferenciadas en materia de tutela del consumidor: una parte pública, relativa a la potestad sancionadora ante las prácticas comerciales desleales; y una parte privada, relativa a la tutela individual del consumidor contra las prácticas comerciales desleales.

La parte pública ha sido incorporada al Derecho español por el RD 24/2021, de 2 de noviembre, que ha dado nueva redacción al Título IV del libro primero del TRCU, reforzando con ello la aplicación pública del Derecho de Consumo, al introducir sanciones administrativas por la realización de actos desleales[20], pese a que el Derecho Público sancionador se ha mostra-

---

adoptada es la nulidad del contrato celebrado bajo la influencia de una práctica desleal. Por su parte, el Derecho Polaco, luxemburgués, portugués y Holandés, la solución adoptada es la anulabilidad del contrato. Y, finalmente, el Derecho belga permite la devolución del precio sin obligación de restituir el bien adquirido, mientras que el Derecho del Reino Unido permite la resolución del contrato o la reducción del precio, junto con la posible indemnización por daños y perjuicios.

20 En este sentido, vid. De ELIZALDE IBARBÍA, F., "La Directiva 2019/2161 de modernización del Derecho de Consumo por la que se conceden remedios individuales contra las prácticas comerciales desleales", *Revista de Derecho Civil,* vol. VIII, núm. 4 (octubre-diciembre, 2021), pag. 47-89, pág.50; vid. TAPIA HERMIDA, A. J., "La reforma en 2021 de la normativa de consumo por los Reales Decretos Ley 7 y 24. Transparencia, ejercicio de sus derechos por el consumidor y responsabilidad civil y administrativa", *La Ley Mercantil,* n. 87, enero de 2022, pág. 20 y ss.; Vid. ZABALLOS ZURILLA, M., "Novedades

do poco eficaz en esta materia[21]; *la parte privada*, sobre la que nos centramos seguidamente, ha sido "incorporada" al TRCU mediante el nuevo art. 20 bis ("Medidas correctoras como consecuencia de las prácticas comerciales desleales a disposición de los consumidores y usuarios perjudicados"), cuestión esta última que centrará seguidamente nuestra atención.

Es sabido que ya el art. 11 bis de la Directiva 2019/2161 reconocía remedios individuales al consumidor en el caso de prácticas comerciales desleales que llevan o influyen al consumidor a celebrar un contrato; así, a modo de ejemplo, la publicidad engañosa sobre un producto que influye en la decisión de adquisición del producto por el consumidor, celebrando éste un contrato que de otra forma no lo hubiera celebrado. Expresamente señalaba este precepto que "Los consumidores perjudicados por prácticas comerciales desleales tendrán acceso a medidas correctoras proporcionadas y eficaces, incluida una indemnización por los daños y perjuicios sufridos por el consumidor y, cuando proceda, una reducción del precio o la resolución del contrato (...)".

Los tres remedios contenidos en el art. 11. bis —indemnización de daños y perjuicios, reducción del precio en caso de contrato, y resolución del contrato—, sin embargo, no han sido incorporados al Derecho interno, pese a que ya la Directiva 2005/19 exigía que los Estados Miembros concedieran remedios adecuados y eficaces para combatir las prácticas desleales (art. 11).

---

en materia de derecho sancionador tras las reformas operadas por el Real Decreto-Ley 24/2021 y la Ley 23/2022 en el Texto Refundido de la Ley General para la Defensa de Consumidores y Usuarios", *LA LEY mercantil*, N.º 96, Noviembre de 2022.

21 En este sentido se pronunciaba ya MARIMÓN DURÁ, R., "Prácticas comerciales desleales con los consumidores", pág. 1657, en AA.VV., *Tratado de Derecho de la Competencia y de la Publicidad*, cit..

Y es que, de la misma manera que gran parte de los EM —a salvo Polonia, Bélgica y Reino Unido, que sí concedieron acciones individuales a los consumidores perjudicados, aunque con escasa aplicación en la práctica[22]—, el legislador español optó por la tutela pública como remedio frente a las prácticas desleales que influían en la celebración de un contrato por el consumidor, mediante la aplicación de sanciones administrativas[23].

Realmente, como hemos señalado, la situación descrita de ausencia de uniformidad en la materia en los Estados Miembros, es lo que provocó que la UE promulgara la Directiva 2019/2161 de modernización, así como la Directiva 2020/1828 de acciones colectivas, que persiguen una mejora en la aplicación privada del Derecho de consumo europeo: la primera, en cuanto que asegura las acciones de Derecho Privado en todos los EM, y la segunda, en cuanto que contribuiría a hacer desaparecer la tradicional apatía del consumidor carente de incentivo para reclamar individualmente deudas de escasa cuantía[24].

---

22 Vid. DE ELIZALDE IBARBÍA, F., "La Directiva 2019/2161 de modernización del Derecho de Consumo por la que se conceden remedios individuales contra las prácticas comerciales desleales", cit., pág. 52 (consulta digital).

23 Este planteamiento era conforme con el principio de autonomía procesal, según el cual corresponde a la Unión establecer el contenido y alcance de los derechos sustantivos, y a los Estados Miembros definir los remedios, respetando los principios de equivalencia, efectividad y proporcionalidad. Vid. DE ELIZALDE IBARBÍA, F., "La Directiva 2019/2161 de modernización del Derecho de Consumo por la que se conceden remedios individuales contra las prácticas comerciales desleales", *loc. cit.*, pag. 51.

24 En este sentido, vid. DE ELIZADE IBARBÍA, F., "La Directiva 2019/2161 de modernización del Derecho de Consumo por la que se conceden remedios individuales contra las prácticas comerciales desleales", *loc. cit*, pág.52.

Pues bien, si la Directiva 2019/2161, que moderniza el Derecho de consumo al adaptarlo al entorno digital —en consonancia con la Directiva sobre suministro de contenidos y servicios digitales-[25], pretendía ofrecer remedios al consumidor cuando las prácticas desleales (información engañosa, prácticas agresivas, etc.) afectasen o pudiesen afectar a una decisión transaccional del consumidor, es por ello que su inclusión en los Derechos de los Estados Miembros estaba previsto expresamente por la Directiva.

Finalmente, lo que debemos entonces plantearnos es en qué consisten exactamente tales remedios jurídicos (2.2.2.), así como los efectos que tales remedios jurídicos podrían provocar en el Derecho privado clásico como consecuencia de su trasposición al Derecho interno (2.2.3.).

2.2.2. Las medidas correctoras previstas en la Directiva 2019/2161 y la (no) trasposición en el TRCU (art. 20 bis)

Las tres medidas correctoras previstas en la Directiva 2019/2161 son la indemnización por los daños y perjuicios sufridos por el consumidor, una reducción del precio, y la resolución del contrato, todo ello como consecuencia de la influencia de la práctica desleal en la celebración del contrato. Tal y como se desprende de la Directiva (así, por ejemplo, Considerando 16), el mandato de la Directiva 2019/2161 es que los Estados Miembros *proporcionen a los consumidores perjudicados por prácticas comerciales desleales remedios individuales que permitan poner fin a los efectos de las prácticas desleales,* remedios que pueden incluirse en la remoción de los efectos producidos por las prácticas comerciales desleales (aunque esta medida no estuviera

---

[25] Directiva (UE) 2019/770 del Parlamento Europeo y del Consejo, de 20 de mayo de 2019, relativa a determinados aspectos de los contratos de suministro de contenidos y servicios digitales, 2019, DOUE L136/1.

incluida de forma específica en los remedios disponibles en el marco de la Directiva 2005, pero cuya adopción por los Estados Miembros sería posible cuando fuera necesario)[26].

El legislador español ha incluido (parcialmente) esta previsión en el TRCU, art. 20 bis, surgiendo una serie de cuestiones sobre cómo se ha producido la trasposición.

En primer lugar, se plantea la cuestión de si es correcta *la ubicación* de las medidas correctoras en el TRCU. En este sentido, coincidimos con quienes ya se han manifestado anteriormente sobre esta cuestión, que lo más correcto hubiera sido que se hubieran incluido en sede de la LCD[27], puesto que bien miradas las cosas, se trata de unas medidas que tienen su razón de ser en la realización de alguna práctica desleal, prácticas desleales que están reguladas en la LCD y no en el TRCU como tales[28].

Llama la atención, *en segundo lugar,* que el legislador no haya incluido las medidas correctoras en el precepto, ni desarrollado, mínimamente siquiera, las circunstancias o requisitos necesarios para su ejercicio por el consumidor. Tan solo con ocasión de la medida correctora consistente en la indemnización por daños y perjuicios el legislador se ha manifestado, para excluir-

---

26 En este sentido, vid. MASSAGUER FUENTES, J., *El nuevo Derecho contra la competencia desleal. La Directiva 2005/29/CE sobre las prácticas comerciales desleales,* Madrid, Thomson Civitas, 2006, pág. 144 (consulta digital).

27 Vid. MASSAGUER FUENTES, J., "La reforma de la Ley de Competencia Desleal de 2021: Una reforma menor, coyuntural y continuista del tratamiento de las prácticas comerciales desleales con consumidores", *Revista de Derecho Mercantil* 324, Abril-Junio 2022, pág. 6 y 7, pág. 7.

28 Así se manifiesta también CASADO NAVARRO, A., "Consideraciones críticas sobre la opción del Real Decreto-ley 24/2021 de no incorporar medidas correctoras individuales frente a prácticas desleales con consumidores", cit., pág. 9.

la, del ámbito de aplicación del apartado 1.º del art. 20.1. bis.[29] —lo que no parece razonable—, a la vez que para establecer la responsabilidad solidaria de quienes hubieran realizado la infracción de forma conjunta[30] —lo que ya era una idea consolidada entre la doctrina y nuestros tribunales[31]—.

Ejercicio de acciones que requiere que previamente un órgano judicial o administrativo, al estilo de un requisito de procedibilidad, haya constatado en resolución firme, la existencia de la práctica desleal hacia el consumidor ("(...) considerará acreditado, salvo prueba en contrario, el uso de prácticas comerciales desleales contra los consumidores y usuarios que haya sido constatado en una resolución firme de una autoridad competente o de un órgano jurisdiccional (...)", art. 20 bis. 1).

Cierra el legislador el precepto con una especie de "claúsula de neutralización de las prácticas desleales"[32], al indicar que

---

29 Así, "Para el ejercicio de las acciones contempladas en el artículo 32.1, 1.ª a 4.ª de la Ley 3/1991, de 10 de enero, de Competencia Desleal, se considerará acreditado, salvo prueba en contrario, el uso de prácticas comerciales desleales contra los consumidores y usuarios que haya sido constatado en una resolución firme de una autoridad competente o de un órgano jurisdiccional".

30 "Las personas que hubieran realizado de forma conjunta la infracción referida en el apartado anterior serán solidariamente responsables del resarcimiento de los daños y perjuicios ocasionados".

31 En este sentido, vid. MASSAGUER FUENTES, J., "La reforma de la Ley de Competencia Desleal de 2021: Una reforma menor, coyuntural y continuista del tratamiento de las prácticas comerciales desleales con consumidores", cit., pág. 7.

32 Vid. en términos similares, TAPIA HERMIDA, A. J., "La reforma en 2021 de la normativa de consumo por los Reales Decretos Ley 7 y 24. Transparencia, ejercicio de sus derechos por el consumidor y responsabilidad civil y administrativa", cit., pág. 18; vid. ZABALLOS ZURILLA, M., "Novedades en materia de derecho sancionador tras las reformas operadas por el Real Decreto-Ley 24/2021 y la Ley 23/2022 en el Texto Refundido de la Ley General para la Defensa

"En ningún caso, la existencia de una práctica comercial desleal puede ser utilizada en contra de los intereses de los consumidores y usuarios", lo que, como también se ha señalado ya, es una cuestión evidente y reiterada en otros preceptos a la vez que resulta impracticable, al no contar con un mecanismo de puesta en práctica[33].

A la vista de lo señalado en relación al art. 20 bis TRCU, es evidente que el legislador español no ha traspuesto estrictamente al Derecho interno el contenido de las medidas correctoras, sino que simplemente se ha limitado a mencionarlas en el título del precepto, reiterando exactamente el tenor literal del art. 11 bis de la Directiva 2019/2161, pero sin mencionar ni desarrollar cada una de las tres medidas mencionadas en la Directiva. No debemos obviar que inicialmente, en el Anteproyecto del texto, se preveía un apartado tercero en el art. 20 bis TRCU, que desapareció sin embargo del texto final del RD-Ley 24/2021 (el actual apartado tercero era el cuarto en el Anteproyecto), que sí contenía una mención expresas de las medidas correctoras y un cierto desarrollo de las diversas medidas correctoras[34].

La razón de la ausencia de una mención y completa regulación en sede del art. 20 bis, se ha señalado que reside en el

de Consumidores y Usuarios", *LA LEY mercantil*, N.º 96, Noviembre de 2022, pág. 1 y ss.

33 Vid. MASSAGUER FUENTES, J., "La reforma de la Ley de Competencia Desleal de 2021: Una reforma menor, coyuntural y continuista del tratamiento de las prácticas comerciales desleales con consumidores", cit., pág. 7.

34 Así, se indicaba que en el caso de infracciones graves o muy graves, constatadas por resolución administrativa o judicial firme, el consumidor o usuario podría resolver el contrato, además de obtener una indemnización mínima del 20% del precio del contrato, mientras que para el resto de infracciones, el consumidor y usuario tendría derecho a una reducción del precio del contrato de un diez por ciento.

dato de que se trata de unas medidas que realmente son innecesarias, al tener ya reconocida la legitimación individual los consumidores para el ejercicio de la acción de competencia desleal, que permite la remoción, rectificación, publicación de la sentencia, e indemnización de daños y perjuicios (art. 32 y 33 LCD), sin que la terminación del contrato y la reducción de precio puedan tener un fácil acomodo jurídico en materia de competencia desleal[35].

2.2.3. Potencial compatibilidad de las medidas correctoras con los remedios previstos en el Derecho de contratos

Como es sabido, es innegable la relevancia que en el mercado actual despliegan las técnicas de promoción, marketing y publicidad como medios para suministrar información al potencial consumidor, hasta el extremo de que incluso hayan sustituido en gran medida a los tratos preliminares a la celebración del contrato. Es este entorno descrito el adecuado para que se mezclen información y persuasión, contenido veraz y contenido engañoso, lo que puede llevar al potencial consumidor a formalizar finalmente un contrato no deseado por el consumidor.

A la vista de ello, lo que entonces parece razonable es que el Derecho de contratos no deba permitir lo que no lo está en el Derecho de la competencia desleal[36], esto es, parece que el Derecho de contratos debería privar de efectos jurídicos al con-

---

35 Vid. en términos similares MASSAGUER FUENTES, J., "La reforma de la Ley de Competencia Desleal de 2021: Una reforma menor, coyuntural y continuista del tratamiento de las prácticas comerciales desleales con consumidores", cit., pág. 6.

36 CASADO NAVARRO, A., "Consideraciones críticas sobre la opción del Real Decreto-ley 24/2021 de no incorporar medidas correctoras individuales frente a prácticas desleales con consumidores", cit., pág. 4.

trato, en el sentido planteado en este trabajo de que las prácticas desleales realizadas hacia el consumidor y que le influyen en la formación del contrato, no produzcan algunos efectos en el contrato celebrado.

Por lo tanto, si ello es así, si el Derecho de contratos no debe permitir lo que el Derecho de la competencia desleal no permite, la siguiente cuestión sería clarificar *cómo se coordinan los remedios jurídicos previstos en la Directiva 2019/2161 con los previstos en el Derecho de contratos.* Y es que, la cuestión es que parece que las denominadas medidas correctoras son idóneas para transformar sustancialmente los remedios contractuales previstos por el Derecho Privado clásico. Pese a la trascendencia de los efectos que las medidas correctoras pueden desplegar, el legislador español no se ha pronunciado sobre esta cuestión.

El Anteproyecto de la reforma del TRCU sí contenía una cierta regulación de los efectos, aunque manejaba criterios que no podemos compartir, al pertenecer más precisamente al Derecho administrativo sancionador (así, se establecían distintas consecuencias jurídicas a las prácticas desleales dependiendo de la gravedad de la infracción); o no permitir que sea el propio consumidor quien decida qué remedio negocial (resolución del contrato o reducción del precio) satisface mejor sus intereses; o no contemplaba una graduación de la rebaja del precio atendiendo a factores como el perjuicio al consumidor, el nivel de diligencia empleado por el empresario infractor, o la naturaleza e intensidad de la práctica desleal[37].

Estas circunstancias sí han sido tomadas en consideración en algunos ordenamientos jurídicos de nuestro entorno

---

37 Tomamos este planteamiento de CASADO NAVARRO, A., "Consideraciones críticas sobre la opción del Real Decreto-ley 24/2021 de no incorporar medidas correctoras individuales frente a prácticas desleales con consumidores", cit., pág. 11.

(Bélgica), que han establecido criterios para graduar el tipo de medida correctora que el consumidor puede seleccionar, atendiendo a la intensidad o gravedad de la práctica desleal realizada por el empresario, la influencia de la práctica comercial desleal en la conducta del consumidor, o las consecuencias económicas de la infracción para el consumidor; así, ante un supuesto de práctica desleal especialmente grave, el consumidor podrá optar entre exigir el reembolso del precio o denegar su pago, sin obligación de restituir el bien adquirido ni de compensar por el servicio recibido. En el resto de casos, la concesión del remedio queda a discreción judicial[38].

A. Referencia a la *causa* en la indemnización por daños y perjuicios ocasionados por la práctica desleal. La problemática del "consumidor medio" concurrencial y su aplicación en el "consumidor contractual" del Derecho de contratos.

1. El diseño de la acción de daños y perjuicios que menciona el art. 20 bis TRCU es técnicamente poco correcto, por insuficiente: deja sin resolver cuestiones centrales en la materia, como es la causalidad entre la práctica comercial desleal y el daño derivado de la celebración del contrato.

Como se ha señalado acertadamente, en el contexto en el que se desarrolla la práctica desleal —que no olvidemos que es la causante de que el consumidor pudiera solicitar alguna de las medidas correctoras—, el mercado, es esencial la figura del *consumidor medio*, estándar jurídico que delimita la deslealtad de una práctica *ex* art. 4. LCD y en el resto de ilícitos desleales de la LCD. Como es sabido, el consumidor medio, figura de creación

38 Vid. DE ELIZALDE IBARBÍA, F., "La Directiva 2019/2161 de modernización del Derecho de Consumo por la que se conceden remedios individuales contra las prácticas comerciales desleales", cit, pág. 64 y 65.

jurisprudencial[39] y de posterior reconocimiento doctrinal y legislativo (así, el art. 4. 2. LCD), es un consumidor "normalmente informado y razonablemente atento y perspicaz".

Sin embargo, el TRCU no se ha pronunciado sobre *cómo coordinar* el criterio estándar típico del Derecho de la Competencia desleal (consumidor medio estandarizado, en el que las circunstancias personales subjetivas son irrelevantes, puesto que el criterio del consumidor medio se determina conforme a la reacción típica del consumidor normalmente informado y razonablemente atento y perspicaz[40]), con el criterio de consumidor prototipo en el Derecho de contratos ("consumidor contractual"), marcado por las circunstancias personales de cada consumidor en particular[41].

Y es que tales diferencias en cuanto al prototipo de consumidor en ambos sectores jurídicos trae consigo una importante dificultad para coordinar la relación de causalidad entre prácticas desleales y medidas correctoras *ex* art. 20 bis TRCU.

Por ello, ante la falta de criterios en el art. 20 bis sobre como coordinar la estandarización del consumidor concurrencial y

---

39 Vid. en este sentido la pionera sentencia en la materia del TJUE (Sala Quinta) de 16 de julio de 1998, C-210/96, asunto Gut Springenheide GmbH y Rudolf Tusky contra Oberkreisdirektor des Kreises Steinfurt —Amt für Lebensmittelüberwachung, cdo. 37. A esta sentencia han seguido otras posteriores en términos muy similares: así, por ejemplo, sentencia TJUE de 19 de septiembre de 2006, C-356/04 Asunto Lidl BeLgium, y de 18 de noviembre de 2010, C-159/09, asunto Lidt, o de 12 de mayo de 2011, C-122, asunto Ving-Sverige.

40 Vid. MARIMÓN DURÁ, R, "Prácticas comerciales desleales con los consumidores", pág. 1657, en AA.VV., "Tratado de Derecho de la Competencia y de la Publicidad", cit..pág. 1691.

41 Vid. DE ELIZALDE IBARBÍA, F., "La Directiva 2019/2161 de modernización del Derecho de Consumo por la que se conceden remedios individuales contra las prácticas comerciales desleales", cit, pág. 73-76.

la individualización característica del resarcimiento del Derecho privado, la doctrina ha planteado acudir a las posibilidades que sobre la materia se han adoptado en otros ordenamientos jurídicos.

Así, el Derecho Comparado nos permite acudir a la solución prevista para esta cuestión en el Derecho del Reino Unido, en el que, al trasponer la Directiva de 2005, no se incorporaron los remedios individuales para el consumidor. No obstante, en el año 2014 se produjo una reforma —siguiendo las Recomendaciones de las *Laws Commissions* de Inglaterra y Escocia— que reconoció acciones contra ciertas prácticas comerciales desleales (prácticas engañosas y agresivas), remedios similares a los incluidos en el art. 11 bis TRCU: resolución del contrato *(unwind)*, reducción del precio y daños y perjuicios[42].

Efectivamente, se consideró que prescindir del nexo de causalidad individualizado era incompatible con el planteamiento compensatorio propio del Derecho privado, aunque también se rechazó exigir una causalidad estricta basada en la acreditación del consumidor de que no habría contratado si no hubiera sido por la práctica desleal. Por ello, como medida de resolución de los planteamientos antagónicos, se adoptó *el criterio del factor significativo*, que implica que "los consumidores tendrán que aportar alguna prueba de que vieron u oyeron la información engañosa o experimentaron la práctica agresiva antes de tomar la decisión de pagar o comprar y que les influyó. A partir de ahí, bastará si la práctica engañosa o agresiva es suficientemente grave para causar que un consumidor razona-

42 Vid. en detalle sobre este aspecto DE ELIZALDE IBARBÍA, F., "La Directiva 2019/2161 de modernización del Derecho de Consumo por la que se conceden remedios individuales contra las prácticas comerciales desleales", *loc. cit*, pág. 78.

blemente bien informado, atento y perspicaz (el consumidor medio) celebre un contrato o realice un pago"[43].

Este planteamiento, trasladado al Derecho español, supone admitir que la alteración del comportamiento económico del consumidor medio ocasionado como consecuencia de una práctica comercial desleal no puede tratarse como una cuestión relativa a la formación del consentimiento contractual, como una cuestión que constituya un vicio del consentimiento, sino como consecuencia de la infracción de un deber de conducta: el comportamiento desleal del empresario. Es la propia conducta del empresario el dato del que puede desprenderse la justificación de la solicitud de indemnización por daños y perjuicios del consumidor, si con posterioridad el consumidor (entonces potencial contratante) consigue probar, una vez celebrado ya el contrato, que tal comportamiento poco diligente del empresario en el mercado (y ahora ya contratante), fue decisivo para la formalización del contrato.

Ahora bien, por afectar esa infracción del deber de conducta (concurrencial) a la relación contractual ya celebrada, la infracción de ese deber de conducta debe dar lugar a consecuencias de carácter contractual[44].

Surge entonces la cuestión de *coordinar* las dos manifestaciones del principio de la buena fe, principio que tiene una doble dimensión, la contractual (art. 1258 CC) y la concurrencial (art. 4 LCD).

---

[43] Seguimos el planteamiento de DE ELIZALDE IBARBÍA, F., "La Directiva 2019/2161 de modernización del Derecho de Consumo por la que se conceden remedios individuales contra las prácticas comerciales desleales", *loc. cit*, pág. 79.

[44] Tomamos esta idea de CASADO NAVARRO, A., "Consideraciones críticas sobre la opción del Real Decreto-ley 24/2021 de no incorporar medidas correctoras individuales frente a prácticas desleales con consumidores", cit., pág. 8.

En este sentido, se ha señalado que el legislador comunitario parece integrar la buena fe contractual y la concurrencial mediante un trasvase de contenido de la segunda hacia la primera. De modo que el art. 11 bis Directiva 2015/29 vendría a determinar las consecuencias que conforme a la buena fe contractual se derivan de un determinado contrato, utilizando para ello los criterios que emanan de la disciplina de la deslealtad concurrencial[45].

Y es en este punto donde se plantean las dificultades jurídicas, puesto que ambos tipos de consumidores difieren en cuestiones esenciales. Así, centrándonos en *la naturaleza* del *consumidor medio* del Derecho de la Competencia, se trata de un consumidor que responde a una noción objetiva, descartando los elementos individuales de una persona en particular, siguiendo por ello un estándar objetivo. Se trata de un consumidor que, al apoyarse en un estándar jurídico, se aplica de modo semejante a una multiplicidad de casos, en los que no se valoran las circunstancias personales del consumidor en concreto, al ser la estandarización elevada. Se ha dicho por ello, que el consumidor medio es realmente un criterio de consumidor que responde a un compromiso entre la necesidad de protección del consumidor y el fomento de la libre circulación de bicncs[46].

---

45 Vid. CASADO NAVARRO, A., "Consideraciones críticas sobre la opción del Real Decreto-ley 24/2021 de no incorporar medidas correctoras individuales frente a prácticas desleales con consumidores", *loc. cit.*, pág. 8.

46 Vid. sobre esta cuestión de DE ELIZALDE IBARBíA, F., "La Directiva 2019/2161 de modernización del Derecho de Consumo por la que se conceden remedios individuales contra las prácticas comerciales desleales", cit, pág. 69, siguiendo la sentencia del sunto MediaPrint, C 540/08 MediaPrint Zeitungs-und Zeitschriftenverlag GmbH & Co. KG y Österreich – ZeitungsverlagGmbH, ECLI EU C2010, 161.

Por su parte, el *consumidor contractual* es una categoría que debe situarse en el escenario de posiciones antagónicas en la relación contractual, de una parte el oferente (empresario) y de otra el demandante-contratante (consumidor), posiciones tradicionalmente antagónicas debido a la desigualdad real existente entre ellos en el marco de la contratación, al encontrarse el consumidor "en una posición de inferioridad, menos informado, económicamente más débil y jurídicamente menos experimentado que el comerciante"[47].

Pues bien, la situación contractual en la que se sitúa el consumidor supone que el parámetro de referencia no sea la persona concreta, sino la posición contractual; por ello, se entiende que, cuando, por ejemplo, un contratante induce a otra persona a contratar (dolo, art. 1.269Código Civil), estamos ante un supuesto en el que podría haberse producido un vicio del consentimiento, que afecta a la voluntad de contratar de la persona que es inducida a contratar. Por lo tanto, las propias partes del contrato son el parámetro de referencia del dolo.

Esta situación no se produce en el caso de una práctica desleal que afecta a la información que recibe el potencial consumidor en el mercado (así, por ejemplo, publicidad engañosa), puesto que en este caso, para que prosperara una práctica desleal por engañosa, sería necesario acreditar que se hubiera inducido a engaño al consumidor medio y que tal información engañosa fuera idónea para afectar su decisión de mercado mercado, en cuanto que "que distorsione o pueda distorsionar de manera significativa el comportamiento económico del consumidor medio o del miembro medio del grupo destinatario de la práctica" (art. 4.1. LCD), al "utilizar una práctica comercial para mermar de manera apreciable su capacidad de adoptar una decisión con pleno conocimiento de causa, ha-

47 Vid. asunto Kamenova, parágrafo 34.

ciendo así que tome una decisión sobre su comportamiento económico que de otro modo no hubiera tomado" (art. 4.1. in fine LCD)[48].

Expuestos los dos planteamientos en torno al consumidor, es evidente que la estandarización descrita del consumidor medio no encaja fácilmente en los postulados de la posición contractual del consumidor caracterizadores del Derecho Privado.

En todo caso, no es esta la primera vez que el legislador ha configurado un remedio contractual en torno al consumidor medio, puesto que encontramos antecedentes en este sentido; así, en el asunto *Kásler*, el TJUE se refiere al "consumidor medio" para aplicar el control de transparencia en las condiciones generales de contratación entre un empresario y un consumidor, con ocasión de la fundamentación de la posible invalidez de una claúsula contractual[49].

2. En los últimos tiempos han surgido nuevos tipos de consumidores, como *el consumidor vulnerable,* que plantea dudas sobre el modelo de consumidor en el que encajaría, esto es, en el modelo de consumidor prototipo del Derecho contractual, o bien en el de consumidor medio.

El consumidor vulnerable, regulado en la Ley 4/2022, de 25 de febrero, de protección de los consumidores y usuarios frente a situaciones de vulnerabilidad social y económica[50], ha sido incorporado al art. 3 TRCU como consumidor merecedor

---

48 Seguimos los planteamientos de DE ELIZALDE IBARBíA , F., "La Directiva 2019/2161 de modernización del Derecho de Consumo por la que se conceden remedios individuales contra las prácticas comerciales desleales", cit, pág. 71-73.

49 Asunto Áspad Kásler, Hanjnalka Káslerné Rábai v. OTP Lelzálagbank Zrt, Sentencia TJUE 20 de abril de 2014, asunto C-26-13, C 2014, 282.

50 BOE núm. 51, de 1 de marzo de 2022, páginas 23787 a 23817, BOE-A-2022-3198.

de tutela (art. 3.2.), señalándose que tiene la consideración de consumidor vulnerable "las personas consumidoras vulnerables respecto de relaciones concretas de consumo, aquellas personas físicas que, de forma individual o colectiva, por sus características, necesidades o circunstancias personales, económicas, educativas o sociales, se encuentran, aunque sea territorial, sectorial o temporalmente, en una especial situación de subordinación, indefensión o desprotección que les impide el ejercicio de sus derechos como personas consumidoras en condiciones de igualdad".

Este nuevo tipo de consumidor, que no era desconocido por el legislador español autonómico[51] ni tampoco de la UE (la Directiva 2005/29 ya contenía expresas referencias al consumidor vulnerable, lo que fue traspuesto al Derecho español en el art. 4.3. LCD)[52], plantea la cuestión sobre si realmente es un consumidor genérico, un concepto *per se*, o si, por el contrario, todo consumidor en algún momento y circunstancia podría ser consumidor vulnerable[53], en cuanto que fueran las particulares condiciones sociopersonales del consumidor las que llevan en un determinado momento a tal vulnerabilidad, circunstancias tales como el estado de ignorancia del consu-

---

[51] Así, por ejemplo, la Ley 22/2010, de 20 de julio, del Código de Consumo de Cataluña, modificado por el Decreto-Ley 6/2012, de 23 de diciembre, art. 11-2; Ley 2/2012, de 28 de marzo, art. 7.

[52] Así, el art. 4 LCD expresamente se refiere a consumidores vulnerables al señalar "(...) un grupo claramente identificable de consumidores o usuarios especialmente vulnerables a tales prácticas o al bien o servicio al que se refieran, por presentar una discapacidad, por tener afectada su capacidad de comprensión o por su edad o su credulidad, se evaluarán desde la perspectiva del miembro medio de ese grupo (...)".

[53] Vid. en detalle VEIGA COPO, A., *Consumidor vulnerable,* Civitas Thomson Reuters, 2021, pág. 35 y 36.

midor, que es aprovechado por el empresario para engañarlo (dolo), o coaccionarlo (fuerza)[54].

Compartimos con quienes ya se han pronunciado sobre esta cuestión, que la vulnerabilidad no es un concepto unívoco, sino que va unido a diversidad y complejidad, debido a las muy diversas situaciones en que puede encontrase el consumidor. Por ello, "vulnerabilidad" no supone sólo que el consumidor esté sujeto a un régimen legal de protección, sino que existe también vulnerabilidad sectorial, teniendo en cuenta la educación, la situación social y financiera, el acceso a Internet, etc., lo que no permite abordar la cuestión de la vulnerabilidad del consumidor de un modo unitario[55].

Por ello, el RD considera que la vulnerabilidad es un concepto "paragüas" y dinámico, en el que cualquier consumidor puede incluirse en algún momento, por lo que ofrece una serie de criterios que habrá que tomar en consideración para evaluar si estamos ante un consumidor vulnerable (nivel de educación, territorio de domicilio, nivel económico, conocimientos digitales y tecnológicos, etc.). Es preciso tener en cuenta, por lo tanto, que son diversas las causas que determinan la posible situación de vulnerabilidad de las personas consumidoras y usuarias en atención a las específicas relaciones de consumo que les afecten.

Es en esta idea que ya el Parlamento Europeo hace algún tiempo apostó por la tutela del consumidor vulnerable, en su Resolución de 22 de mayo de 2012 sobre una estrategia de refuerzo de los derechos de los consumidores vulnerables, o, junto con el Consejo, en el Reglamento 254/2014, de 26 de

---

54 Así se manifiesta HINESTROSA, F., "Estado de necesidad y estado de peligro. Vicio de debilidad?", *Revista de Derecho Privado*, 2005, n. 8, pág. 111.

55 HERNÁNDEZ DÍAZ-AMBRONA, M. D., *Consumidor vulnerable*, Reus, Colección Derecho de Consumo, Madrid, 2015.

febrero de 2014, sobre el Programa plurianual de Consumidores para el período 2014-2020, que apuesta claramente por la protección de las personas consumidoras vulnerables a través de la inclusión de previsiones legislativas especiales.

A la vista de todo lo anterior, parece que el consumidor vulnerable se sitúa más precisamente en el marco del "tradicional" consumidor del Derecho Privado, cuyas circunstancias personales (edad, género, nivel educativo, nivel económico, territorio de residencia, etc.) deben ser tomadas en consideración para determinar si se ha producido, en el marco de la relación contractual (ya sea en fase preparatoria, de formación del contrato y/o de ejecución), una circunstancia perjudicial para el consumidor, quien por ello deba recibir tutela jurídica en cuanto que consumidor vulnerable.

Así delimitado el consumidor vulnerable, entendemos que la aplicación de la medida correctora de indemnización por los daños y perjuicios causados por una práctica desleal que ha influenciado la celebración y/o ejecución del contrato, no se planterían problemas para que pudiera aplicarse la medida correctora prevista en la Directiva 2019/2161, en cuanto que la consideración como consumidor vulnerable requeriría el análisis de circunstancias subjetivas del consumidor, al estilo de lo que sucede con el consumidor "tradicional" hasta la modificación del TRCU para trasponer la Directiva 2019/2161.

B. Reducción del precio y resolución del contrato. Posible nueva aplicabilidad de la acción de remoción de competencia desleal

Otras dos medidas correctoras se contemplan en la Directiva 2019/2161, como son la reducción del precio y la resolución del contrato, al señalarse en el art. 11. bis.1. que "Los consumidores perjudicados por prácticas comerciales desleales tendrán acceso a medidas correctoras proporcionadas y eficaces, incluida una indemnización por los daños y perjuicios sufridos por el consumidor y, cuando proceda, una reducción del precio o la resolución del contrato".

1. Lo primero que debemos plantearnos es la articulación de las tres medidas de corrección propuestas en la Directiva, puesto que la redacción del precepto en este punto admitiría dos interpretaciones[56]: *la primera,* considerar que la única medida que se reconoce en todo caso a los consumidores afectados por prácticas comerciales desleales es la indemnización de daños y perjuicios, de forma que sólo cuando proceda, podrá reconocerse la resolución del contrato o la reducción del precio.

Conforme a este planteamiento, parece que sólo las prácticas desleales especialmente perjudiciales para los intereses económicos de los consumidores serían las que justificarían la solicitud por el consumidor de las medidas correctoras.

Desde *un segundo planteamiento,* la expresión "y cuando proceda" puede interpretarse en el sentido de que la práctica comercial desleal no conlleve la celebración de un contrato —lo que sería posible en cuanto que la Directiva de 2005 es de aplicación a las prácticas que tengan lugar antes, durante o después de una transacción comercial, independientemente de que el contrato llegue o no a celebrarse—, por lo que los consumidores que se hayan visto afectados por prácticas desleales o hayan celebrado incluso contratos, tendrán a su disposición remedios negociales (resolución del contrato o reducción del precio), con independencia de la gravedad de la práctica desleal.

Parece que la interpretación que debemos asumir es la segunda, en cuanto que protege más intensamente los derechos

---

[56] Vid. Casado Navarro, A., Consideraciones críticas sobre la opción del Real Decreto-ley 24/2021 de no incorporar medidas correctoras individuales frente a prácticas desleales con consumidores", cit., pág pág. 7 y 8.

de los consumidores, al tutelar al consumidor haya o no celebrado el contrato, y tanto si la práctica desleal es más intensamente perjudicial para el consumidor o es de menor intensidad[57].

2. Una segunda cuestión especialmente relevante es clarificar que medida de entre las posibles contempladas en el marco del art. 11 bis de la Directiva 2019/2161 sería la medida de preferente aplicación.

En este sentido el legislador tan solo ha establecido el resultado que los EM deben garantizar, dejando libertad a los EM para que seleccionen las medidas a adoptar, tal y como parece desprenderse de la propia redacción de la Directiva, que menciona la terminación del contrato como remedio general sin concretar la específica categoría que dará lugar a tal resultado[58].

No obstante, el remedio negocial que parece desprenderse de las diversas versiones en varios idiomas de la Directiva es la resolución, lo que se encuentra avalado por el dato del empleo de la expresión *termination of the contract* en la versión inglesa de la Directiva, equivalente a resolución del contrato. Este planteamiento está también avalado por el dato de que esta medida, la resolución del contrato, se menciona junto a la reducción del precio, como consecuencias negociales específicas, en los mismos términos que el régimen de remedios

57 En este sentido se pronuncia Casado Navarro, A., "Consideraciones críticas sobre la opción del Real Decreto-ley 24/2021 de no incorporar medidas correctoras individuales frente a prácticas desleales con consumidores", cit., pág. 7.

58 Vid. Casado Navarro, A., "Consideraciones críticas sobre la opción del Real Decreto-ley 24/2021 de no incorporar medidas correctoras individuales frente a prácticas desleales con consumidores", cit., pág. 7 y 8.

arbitrados para combatir la falta de conformidad del producto con el contrato[59].

3. Y, finalmente, la literalidad del art. 11. bis. de la Directiva 2019/2161 plantea la cuestión de la *coordinación* entre las medidas de corrección que expresamente menciona el precepto y "otras medidas correctoras de que dispongan los consumidores en virtud del Derecho de la Unión o nacional". Puesto que el legislador español aún no ha indicado expresamente en sede del art. 20.bis TRCU cuáles son esas medidas, no es posible establecer criterios de coordinación entre las medidas contempladas en la Directiva 2018/2161 y las nacionales.

4. En definitiva, puede decirse que las medidas correctoras mencionadas en sede del art. 20 bis Directiva 2019/2161 trastocan el escenario en cuanto que introduce remedios claramente diseñados para el contrato, como son la reducción del precio y la resolución del contrato, junto con la indemnización por daños y perjuicios, ésta última aplicable tanto en la esfera contractual como extracontractual.

Realmente lo peculiar de las medidas correctoras contempladas en la Directiva es que la concesión de tales medidas se determina por referencia al consumidor medio, lo que supone que, como hemos expuesto anteriormente, la causalidad dejaría de ser individualizada para adoptar el estándar jurídico del consumidor medio. Y este planteamiento ha sido, con carácter general, ajeno al Derecho contractual en nuestro ordenamiento jurídico[60].

---

[59] Tomamos esta idea de Casado Navarro, A., "Consideraciones críticas sobre la opción del Real Decreto-ley 24/2021 de no incorporar medidas correctoras individuales frente a prácticas desleales con consumidores", cit., pág. 8.

[60] Vid. DE ELIZALDE ITURBÍA, F., "La Directiva 2019/2161 de modernización del Derecho de Consumo por la que se conceden

Por ello, y al hilo de la crítica que las medidas correctoras han recibido por la doctrina que ya se ha pronunciado sobre este tema, en cuanto que suponen una alteración de las normas del Derecho de contratos, la doctrina ha planteado la posibilidad de que efectos similares a la resolución del contrato mediante la aplicación de una medida correctora *ex* art. 20 bis Directiva 2019/2161 pudiera lograrse mediante el ejercicio de *la acción de remoción,* contemplada en el art. 32.1. 3.ª de la CD.

El punto de partida es el dato de que con anterioridad a la promulgación de la Directiva 2019/2161, el consumidor que celebraba un contrato influenciado por una práctica desleal no disponía de remedios contractuales mas allá de los que pudieran emplearse en el marco del Derecho de contratos (Derecho civil y Derecho de consumo), lo que parecía desprenderse del propio art. 19.2 *in fine,* TRCU, que expresamente establece que "No tienen la consideración de prácticas comerciales las relaciones de naturaleza contractual, que se regirán conforme a lo previsto en el artículo 59"[61].

Por su parte, la LCD no habilitaba a los particulares para instar judicialmente la invalidez o ineficacia del contrato concluido como consecuencia de una práctica comercial desleal[62].

Sin embargo, como ha señalado la doctrina, el ejercicio de la acción de remoción podría reforzarse tras la incorporación

remedios individuales contra las prácticas comerciales desleales", cit, pág. 63 y ss..

61 Destaca este aspecto CASADO NAVARRO, A., "Consideraciones críticas sobre la opción del Real Decreto-ley 24/2021 de no incorporar medidas correctoras individuales frente a prácticas desleales con consumidores", cit., pág. 12.

62 No obstante, existe algún supuesto puntual en el que se declara la ineficacia de contratos con fundamento en la acción de remoción (así, sentencia AP de Palma de Mallorca 342/2005, de 28 de julio, ROJ: SAP IB 1447/2005).

de las medidas correctoras por prácticas desleales hacia el consumidor, de forma que podría solicitarse la anulación o ineficacia de los contratos celebrados como consecuencia de una práctica comercial desleal[63].

Es cierto que la acción de remoción es una acción de condena que tiene por finalidad que el órgano jurisdiccional ordene las medidas necesarias para que se eliminen los efectos producidos por el acto de competencia desleal y se restablezca, en la medida de lo posible, la situación anterior[64], pudiendo para ello adoptarse por el órgano jurisdiccional, medidas muy diversas.

Y es que en realidad, la no incorporación de las medidas correctoras al Derecho español, supone que, para dar cumplimiento a la obligación de aplicar el Derecho nacional conforme al Derecho de la UE, y ante la ausencia de trasposición en plazo del contenido del art. 20 bis. de la Directiva 2019/2161, sería aplicable entre particulares el contenido del art. 20 bis de la Directiva (eficacia directa horizontal de la Directiva, en el sentido establecido en el asunto Marleasing c. La Comercial Internacional de Alimentación, SA)[65]: el consumidor podría invocar las medidas de corrección del art. 20 bis. de la Directiva 2019/2161 para que fueran aplicables al contrato que celebró

---

63 Así, CASADO NAVARRO, A., "Consideraciones críticas sobre la opción del Real Decreto-ley 24/2021 de no incorporar medidas correctoras individuales frente a prácticas desleales con consumidores", cit., pág. 12 y ss..

64 Vid. BARONA VILAR, S., "Competencia desleal: tutela jurisdiccional —especialmente proceso civil— y extrajurisdiccional, ed. Tirant lo Blanch, t. I, Valencia, 2008, pp. 777 y 778. Vid. FERRÁNDIZ GABRIEL, J.R., "Competencia desleal. Presupuestos y acciones", *Estudios de Derecho Judicial,* n.º.48, 2003, pág. 279 y ss.. MASSAGUER FUENTES, J., "La acción de competencia desleal en el Derecho español", n.º. 36, 1997, pág. 103-118.

65 Sentencia 13 de noviembre de 1991, 78, asunto C-106/89.

influenciado por la práctica desleal, debido a que existe una laguna en el Derecho nacional, al no haber transpuesto el legislador nacional el contenido del art. 20 bis[66].

En todo caso, este recurso a la aplicación directa del contenido del art. 20 bis. de la Directiva 2019/2161, no creemos que resulte ser la solución más correcta, sino tan solo una fórmula para cubrir una laguna en el Derecho español, puesto que es evidente que lo razonable sería que el legislador español incorporar el contenido de la Directiva en este punto, establecido los presupuestos de aplicación de las medidas de corrección, asi como su alcance y efectos, puesto que de lo contario, muy probablemente supuestos similares reciban soluciones muy diferentes, en perjuicio de la seguridad jurídica.

BIBLIOGRAFÍA

Barona Vilar, S., "Competencia desleal: tutela jurisdiccional —especialmente proceso civil— y extrajurisdiccional, ed. Tirant lo Blanch, t. I, Valencia, 2008.

Bercovitz Rodríguez-Cano, A., "Apuntes de Derecho mercantil", ed. Thomson Reuters Aranzadi, 2022, 23.ª ed.

Casado Navarro, A., "Consideraciones críticas sobre la opción del Real Decreto-ley 24/2021 de no incorporar medidas correctoras individuales frente a prácticas desleales con consumidores", La Ley mercantil, n. 88, febrero de 2022, pág. 2. y ss.

De Elizalde Ibarbía, F., "La Directiva 2019/2161 de modernización del Derecho de Consumo por la que se conceden remedios individuales contra las prácticas comerciales desleales", Revista de Derecho Civil, vol. VIII, núm. 4 (octubre-diciembre, 2021), pag. 47-89.

Domínguez Pérez, E.M., "Recientes planteamientos de tutela del consumidor mediante el ejercicio del derecho de desistimiento. La Directiva 2011/83/

---

66 Vid. sobre esta cuestión, BERCOVITZ RODRÍGUEZ-CANO, A., *Apuntes de Derecho mercantil*, Thomson Reuters Aranzadi, 2022, 23.ª ed., pág. 87 y 88.

UE, de 25 de octubre de 2011 y su transposición al derecho español", Revista de derecho de la Unión Europea, n.º. 26, 2014, págs. 261-274.

Ferrándiz Gabriel, J.R., "Competencia desleal. Presupuestos y acciones", Estudios de Derecho Judicial, n.º.48, 2003, pág. 279 y ss..

Hernández Díaz-Ambrona, M. D., "Consumidor vulnerable", ed. Reus, Colección Derecho de Consumo, Madrid, 2015.

Hinestrosa, F., "Estado de necesidad y estado de peligro. Vicio de debilidad?", Revista de Derecho Privado, 2005, n. 8,

Hesselink, M., "Contract theory and EU Contract law", Amsterdan legal Studies Research Paper (2015), 39, 2005, pág. 9.

Marimón Durá, R, "Prácticas comerciales desleales con los consumidores", pág. 1657, en AA.VV.,"Tratado de Derecho de la Competencia y de la Publicidad", t. II, dir. J.A. García-Cruces González, ed. Tirant lo Blanch, 2014.

Massaguer Fuentes, J., "La acción de competencia desleal en el Derecho español", n.º. 36, 1997, pág. 103-118.

Massaguer Fuentes, J., "El nuevo Derecho contra la competencia desleal. La Directiva 2005/29/CE sobre las prácticas comerciales desleales", Madrid, Thomson Civitas, 2006.

Massaguer Fuentes, J., "La reforma de la Ley de Competencia Desleal de 2021: Una reforma menor, coyuntural y continuista del tratamiento de las prácticas comerciales desleales con consumidores", Revista de Derecho Mercantil 324, Abril-Junio 2022, pág. 6 y 7.

Menéndez Menéndez, A., "La competencia desleal", ed. Civitas, Madrid, 1988.

Tapia Hermida, Alberto J., "La reforma en 2021 de la normativa de consumo por los Reales Decretos Ley 7 y 24. Transparencia, ejercicio de sus derechos por el consumidor y responsabilidad civil y administrativa", La Ley Mercantil, n. 87, enero de s..

Ulmer, E., "Das Recht des unlauteren Wettbeerbs in den Mitgliedstaaten der Europäischen Wirtschaftsgemeinschaft", Beck, Munchen, 1965.
Veiga Copo, A., "Consumidor vulnerable", ed. Civitas Thomson Reuters, 2021,pág. 35 y 36.

Zaballos Zurilla, M., "Novedades en materia de derecho sancionador tras las rormas operadas por el Real Decreto-Ley 24/2021 y la Ley 23/2022 en el Texto Refundido de la Ley Defensa de Consumidores y Usuarios", LA LEY mercantil, N.º 96, Noviembre de 2022.

Capítulo 12.

PRINCIPALES NOVEDADES DE LAS INICIATIVAS REGULATORIAS DEL GREENWASHING DE CARÁCTER ARMONIZADOR EN LA UNIÓN EUROPEA[1]

ANA MIRANDA ANGUITA
Contratada Predoctoral FPU de Derecho Mercantil
Universidad de Córdoba

SUMARIO: I.- CONSIDERACIONES PRELIMINARES Y PROPÓSITO DE ESTE TRABAJO. 1.- Preliminar: el blanqueo ecológico como comportamiento desleal en auge en el tráfico mercantil contemporáneo. 2.- La utilidad del vigente Derecho de la competencia desleal para hacer frente a las conductas de blanqueo ecológico y el propósito principal de este trabajo. II.- LA PROPUESTA DE DIRECTIVA SOBRE EMPODERAMIENTO DE LOS CONSUMIDORES PARA LA TRANSICIÓN ECOLÓGICA. 1. Consideraciones previas.

---

1 Este trabajo se inserta dentro del Proyecto de Investigación financiado por el Ministerio de Ciencia e Innovación intitulado "Modernización y mejora de la protección jurídica de los consumidores en un mercado en creciente digitalización" (referencia: PID2020-117872RB-100) del que son Investigadores Principales los Profs. Drs. Luis María MIRANDA SERRANO y Javier PAGADOR LÓPEZ, y del Proyecto de Investigación UCOLIDERA del Plan Propio de Investigación de la Universidad de Córdoba intitulado "La protección del consumidor ante los retos de la digitalización: aspectos contractuales y concurrenciales" del que es Investigador Principal el Prof. Dr. Antonio CASADO NAVARRO. Este trabajo ha sido remitido a la organización del Congreso para su publicación en el libro colectivo el día 5 de noviembre de 2023.

2.- Las principales medidas propuestas. 2.1.- Nuevas definiciones. 2.2.- Prácticas engañosas por acción. 2.3.- Prácticas engañosas por confusión. 2.4.- Prácticas engañosas por omisión. 2.5.- Nuevas prácticas reputadas desleales per se o en cualquier circunstancia. III.- LA PROPUESTA DE DIRECTIVA SOBRE ALEGACIONES MEDIOAMBIENTALES EXPLÍCITAS. IV.- VALORACIÓN GENERAL DE ESTAS INICIATIVAS REGULATORIAS. V.- BIBLIOGRAFÍA.

RESUMEN: El Derecho de la competencia desleal vigente contiene normas adecuadas para hacer frente a las prácticas de blanqueo ecológico o *greenwashing*. Pese a ello, existe una tendencia legislativa dirigida a adoptar nuevas medidas en este ámbito. Y precisamente dentro de dicha tendencia se sitúan en la Unión Europea dos concretas iniciativas regulatorias de carácter armonizador. Por un lado, la Propuesta de Directiva del Parlamento Europeo y del Consejo que modifica las Directivas 2005/29/CE y 2011/83/UE en lo que respecta al empoderamiento de los consumidores para la transición ecológica. Por otro lado, la Propuesta de Directiva del Parlamento Europeo y del Consejo relativa a la justificación y comunicación de alegaciones medioambientales explícitas, que se presenta como un complemento de la primera Propuesta de Directiva referida. El propósito de este trabajo consiste en realizar una aproximación a las principales novedades de estas dos iniciativas regulatorias de carácter armonizador, con las que el legislador europeo trata de hacer frente a las conductas de blanqueo ecológico, caracterizadas por una falta de correspondencia entre la realidad y las declaraciones de las empresas sobre los beneficios ecológicos y medioambientales de sus bienes, servicios o actividades.

Palabras clave: blanqueo ecológico, competencia desleal, prácticas engañosas, Propuesta de Directiva sobre empoderamiento de los consumidores para la transición ecológica, Propuesta de Directiva sobre alegaciones medioambientales explícitas

ABSTRACT: Current unfair competition law contains adequate rules to deal with greenwashing practices. However, there is a legislative trend towards adopting new measures in this area. And it is precisely within this trend that two specific regulatory initiatives of a harmonizing nature can be found in the European Union. On the one hand, the Proposal for a Directive of the European Parliament and of the Council amending Directives 2005/29/EC and 2011/83/EU as regards the empowering consumers for the green transition. On the other hand, the Proposal for a Directive of the European Parliament and of the Council on the substantiation and communication of explicit environmental claims, which is presented as a complement to the first referred Proposal for a Directive. The purpose of this paper is to provide an overview of the main novelties of these two regulatory initiatives of a harmonising nature, with which the European legislator is trying to tackle greenwashing behaviours, characterised by a lack of correspondence between reality and companies' declarations on the ecological and environmental benefits of their goods, services or activities.

Keywords: greenwashing, unfair competition, misleading practices, Proposal for a Directive as regards the empowering consumers for the green transition, Proposal for a on the substantiation and communication of explicit environmental claims

I.- CONSIDERACIONES PRELIMINARES Y PROPÓSITO DE ESTE TRABAJO

1.- Preliminar: el blanqueo ecológico como comportamiento desleal en auge en el tráfico mercantil contemporáneo

El tráfico mercantil contemporáneo pone de manifiesto un considerable incremento de las declaraciones medioambientales y ecológicas de las empresas. Dichas declaraciones han sido definidas por la Comisión Europea en la Guía sobre la interpretación y aplicación de la Directiva 2005/29/CE[2]. En concreto, este documento se refiere a ellas como "la práctica consistente en sugerir o crear de alguna otra manera la impresión (en la comunicación comercial, la comercialización o la

---

[2] Comunicación de la Comisión. Guía sobre la interpretación y la aplicación de la Directiva 2005/29/CE del Parlamento Europeo y del Consejo relativa a las prácticas comerciales desleales de las empresas en sus relaciones con los consumidores en el mercado interior: DOUE, 29.12.2021, C 526/1 [en línea], (2021): https://eur-lex.europa.eu/legal-content/ES/TXT/?uri=CELEX%3A52021XC1229%2805%29. [Consulta: 29/10/2023].

publicidad) de que un bien o servicio tiene un impacto positivo o nulo en el medio ambiente o de que es menos dañino para el medio ambiente que los bienes o servicios competidores", lo que puede obedecer "a su composición, a cómo ha sido fabricado, a cómo se puede reciclar y a la reducción de energía o contaminación que se espera de su uso"[3].

Como es natural, no existe ningún problema cuando estas declaraciones ecológicas y medioambientales de las empresas se corresponden con la realidad. Los problemas aparecen cuando no ocurre así, y se trata de alegaciones falsas, inexactas o excesivamente vagas, lo que, además, resulta difícilmente detectable por el público de los consumidores y usuarios[4]. En estas situaciones, es posible que se induzca a error a consumidores y usuarios sobre extremos relevantes para la toma de decisiones en la contratación de bienes o servicios. Incluso cuando dicho error se proyecte ocasionalmente solo sobre la formación inicial de preferencias hacia una concreta empresa, o simplemente sobre la decisión de mostrar interés por una oferta determinada[5].

---

3 Apdo. 4.1.1., pág. 72 de la Guía citada en la nota precedente.

4 Por ejemplo, los consumidores están en condiciones de determinar sin dificultad qué marca de toallitas de papel es más absorbente, pero enfrentan mayores dificultades al tratar de verificar si dichas toallitas son ecológicas o el tiempo que tardan en descomponerse en un vertedero. *Vid.* ROTMAN, R.M. *et al.*, "Greenwashing no more: the case for stronger regulation of environmental marketing", *Administrative Law Review,* 72, pág. 419, [en línea] (2020): https://scholarship.law.missouri.edu/facpubs/972/. [Consulta: 29/10/2023].

5 VENDRELL CERVANTES, C. y SUANZES DÍEZ, C., "*Greenwashing* y prácticas desleales con los consumidores: la propuesta de directiva relativa al empoderamiento de los consumidores para la transición ecológica a la luz del contexto actual y algunos casos recientes en el derecho comparado", *Actualidad Jurídica Uría-Menéndez,* 60, septiembre-diciembre 2022, pág. 162, [en línea] (2022): https://www.uria.

Pues bien, las declaraciones empresariales de contenido medioambiental y ecológico que no son ciertas o no pueden ser verificadas integran las prácticas a las que se conoce como *greenwashing* (literalmente, lavado verde) o blanqueo ecológico[6]. En estos términos se refiere a dichas actuaciones empresariales la antecitada Guía de la Directiva 2005/29/CE, añadiendo la siguiente aclaración: "El blanqueo ecológico en el contexto de las relaciones entre empresas y consumidores puede referirse a todas las formas de prácticas comerciales de las empresas en sus relaciones con los consumidores relativas a las propiedades medioambientales de los productos. Según las circunstancias, eso puede incluir todo tipo de declaraciones, información, símbolos, logotipos, gráficos y marcas, y su interacción con colores, envases, etiquetas y publicidad en todos los medios de comunicación, (incluidos los sitios web) y lo puede hacer cualquier organización, si tiene la condición de «comerciante» y lleva a cabo prácticas comerciales hacia los consumidores"[7].

La doctrina económica ofrece una pluralidad de definiciones de blanqueo ecológico o *greenwashing*[8]. El denominador

---

com/documentos/publicaciones/8200/documento/ajum60art.pdf?id=13178&forceDownload=true. [Consulta: 29/10/2023].

6 Apdo. 4.1.1., pág. 72 de la Guía (1).

7 *Ibidem.*

8 También el legislador europeo lo ha definido; en concreto, en el Reglamento (UE) 2020/852 del Parlamento Europeo y del Consejo de 18 de junio de 2020 relativo al establecimiento de un marco para facilitar las inversiones sostenibles y por el que se modifica el Reglamento (UE) 2019/2088. (DOUE, núm. 198, de 22 de junio de 2020) *(Tol 8.115.381)*, que en su Considerando (11) de su Exposición de Motivos ofrece una noción de blanqueo ecológico o *greenwashing*, aunque limitada al ámbito específico de los productos financieros. De conformidad con dicha noción, el blanqueo ecológico se define como "la práctica de obtener una ventaja competitiva desleal comercializando un producto financiero como respetuoso con el medio ambiente cuando,

común de todas ellas reside en la falta de correspondencia entre la realidad y las declaraciones empresariales sobre los beneficios ecológicos y medioambientales de bienes, servicios o actividades. A modo de ejemplo, cabe mencionar la noción que concibe el *greenwashing* o blanqueo ecológico como "la ampliación selectiva de información ambientalmente positiva a través de la publicidad, que causa una imagen distorsionada de la realidad en la mente del consumidor, en la que estos aspectos ecológicos se encuentran sobrerrepresentados"[9]. O la que se refiere a él como "la difusión por parte de una organización de información falsa o incompleta con el fin de presentar una imagen pública de responsabilidad medioambiental"[10].

---

en realidad, no cumple los requisitos medioambientales básicos". Pese a que, como acabamos de indicar, esta definición va referida exclusivamente al sector financiero, no existe impedimento alguno en extenderla al resto de sectores económicos, como el transporte, la energía, el turismo o la automoción, entre otros. Además, como puede comprobarse, se trata de una noción que imputa expresamente a la práctica del blanqueo ecológico o *greenwashing* la obtención de una ventaja competitiva desleal, es decir, una ganancia injusta lograda a través de la contravención de las concretas exigencias impuestas a las empresas por el Derecho de la competencia desleal.

9 HALLAMA, M., MOMTLLÓ RIBO, M. *et al.*, "El fenómeno del *greenwashing* y su impacto sobre los consumidores. Propuesta metodológica para su evaluación", *Aposta: Revista de Ciencias Sociales*, 50, 2011, pág. 7 [en línea] (2011): https://www.redalyc.org/articulo.oa?id=4959502 46004. [Consulta: 29/10/2023].

10 SÁ PINTO, S., "Greenwashing: A *Arte* de Bem Parecer", *Revista Técnica de Tendências em Comunicação Empresarial*, 2, 2022, pág. 2 [en línea] (2022): https://parc.ipp.pt/index.php/ trendshub/article/download/4647/2536. [Consulta: 29/10/2023]. Esta autora reproduce la noción de *greenwashing* ofrecida en 2010 por FURLOW y, al mismo tiempo, pone de manifiesto que la expresión "las apariencias engañan" encaja como un guante para describir las prácticas de blanqueo ecológico o *greenwashing*.

En suma, podemos concluir que los términos *greenwashing* o blanqueo ecológico se han acuñado para referirse al fenómeno de la "eco-exageración", lo que acontece cuando las empresas exageran o enfatizan los beneficios medioambientales y ecológicos, trasladando al mercado el mensaje de que cierta empresa o determinados bienes o servicios son más sostenibles de lo que lo son en realidad; bien porque no lo son de ningún modo o porque no lo son en la medida indicada[11]. Además, dichos términos también valen para abarcar supuestos en los que las declaraciones medioambientales y ecológicas son tan vagas e imprecisas que es difícil concretar qué beneficios medioambientales son reales, en el caso de que verdaderamente existan[12].

Por ello se hace necesario diferenciar el marketing ecológico o *greenmarketing* del blanqueo ecológico o *greenwashing*. El primero (conocido también como *ecomarketing*) alude a las estrategias de marketing empresarial que resaltan los beneficios medioambientales o ecológicos de los bienes o servicios promovidos y ofertados al mercado. Dichas estrategias son puestas en práctica por empresas generalmente comprometidas con la sostenibilidad medioambiental en múltiples aspectos (como, por ejemplo, la eficiencia energética, la reducción de emisiones o la gestión responsable de los recursos) y dirigidas a captar la atención de consumidores y usuarios dotados de conscien-

---

11 DIFFENDERFER, M. y BAKER, K.C., "Greenwashing: What you client should know to avoid costly litigation and consumer backlash", *Natural Resources & Environment*, vol. 25, núm. 3, winter 2011, pág. 1 [en línea] (2011): https://www.llw-law.com/wp-content/uploads/2016/04/Greenwashing-What-Your-Client-Should-Know-to-Avoid-Costly-Litigation-and-Consumer-Backl ash.pdf. [Consulta: 29/10/2023]; también al respecto: GARCÍA LOMBARDÍA, P., "Greenwashing: ser o no ser verde", *Harvard Deusto Márketing y Ventas*, núm. 141, enero 2017, págs. 30 y ss.; VENDRELL CERVANTES, C. y SUANZES DÍEZ, C., "*Greenwashing* y prácticas...", *cit.*, págs. 162 y 163.

12 *Ibidem.*

cia medioambiental. Lógicamente, lo que separa al blanqueo ecológico o *greenwashing* de la modalidad de marketing a la que acabamos de referirnos es la veracidad, pues mientras las declaraciones medioambientales del *greenmarketing* son veraces y demostrables, las que conforman el *greenwashing*, por el contrario, merecen considerarse engañosas por no ser ciertas o no poder ser verificadas[13].

El auge del blanqueo ecológico o *greenwashing* en el tráfico mercantil de nuestros días es un dato confirmado por diversos estudios e informes. Entre ellos, podemos aludir, por ejemplo, a un cribado de sitios web (barrido) llevado a cabo por la Comisión Europea y las autoridades nacionales de protección de los consumidores en el año 2020, en el que se llegan, entre otras, a las siguientes conclusiones: *i)* en más de la mitad de los casos analizados, los empresarios no facilitaban información

[13] Entre otros: COPPOLECCHIA, E.K., "The greenwashing deluge: Who will rise above the waters of deceptive advertising?", *University of Miami Law Review*, vol. 64, 2010, págs. 1356 y ss., [en línea] (2010): https://repository.law.miami.edu/cgi/viewcontent.cgi?referer=&httpsredir=1&article =1182&context=umlr. [Consulta: 31/10/2023]; LÓPEZ-RODRÍGUEZ CAMPO, E. y ARÉVALO, L.A., "Del marketing ecológico al *greenwashing*: una mirada en escenarios colombianos e internacionales", *Ciencias Económicas: Publicación de la Facultad de Ciencias Económicas de la Universidad Nacional del Litoral*, vol. 1, núm. 16, 2019, págs. 1 y ss.; ORTEGA GUTIÉRREZ, J., *et al.*, "El *greenwashing* o como destapar estrategias comerciales de ventas falsas que se apoyan en una filosofía verde", en AA.VV., *XXX Jornadas Luso-Espanholas de Gestão Científica: cooperação transfronteiriça. Desenvolvimento e coesão territorial. Livro de resumos* (dir. FERNANDES, P.), 2020, págs. 247 y ss., [en línea] (2020): https://bibliotecadigital.ipb.pt/bitstream/10198/20440/3/JLE_2020_resume_abstract_final.pdf. [Consulta: 31/10/2023]. Entre la doctrina jurídica, *v.*, por ejemplo, MARCO ARCALÁ, L.A. y RUS ALBA, E., "El nuevo marco jurídico de los argumentos ecológicos y medioambientales en la publicidad entre la regulación y la autorregulación", *Actas de derecho industrial y derecho de autor*, Tomo 30, 2009-2010, págs. 323 y ss.

suficiente para que los consumidores pudiesen juzgar la exactitud o no de las declaraciones medioambientales; *ii)* en el 37% de los casos, las declaraciones ecológicas incluían afirmaciones vagas y generales, tales como "respetuoso con el medioambiente" y "sostenible", dirigidas a transmitir a los consumidores y usuarios la impresión fundada de que un determinado producto no tenía ninguna repercusión negativa sobre el medio ambiente; *iii)* por último, en el 59% de los casos, los comerciantes no proporcionaban pruebas fácilmente accesibles que fundamentaran sus declaraciones medioambientales y ecológicas[14]. Incluso existen estudios más drásticos que concluyen que menos del 5% de los bienes o servicios que se nos ofertan como verdes o ecológicos lo son realmente[15].

2.- La utilidad del vigente Derecho de la competencia desleal para hacer frente a las conductas de blanqueo ecológico y el propósito de este trabajo

Abordada la delimitación conceptual de las prácticas de *greenwashing* o blanqueo ecológico y constatada su relevancia en el tráfico mercantil contemporáneo, interesa ahora referirnos al objetivo principal perseguido en estas páginas. Este consiste básicamente en exponer las principales novedades de las propuestas regulatorias del *greenwashing* o blanqueo ecológico de carácter armonizador elaboradas hasta este momento

---

14 COMISIÓN EUROPEA, "Cribado de sitios web en relación con el «blanqueo ecológico»: la mitad de las afirmaciones en materia ecológica carece de fundamento", Comunicado de prensa IP/21/269, 28 de enero de 2021, Bruselas.

15 FRANCO, J.A., *La legislación sobre greenwashing y los ODS' como escenario futuro*, pág. 15, [en línea] (2020): https://www.otroconsumoposible.es/wp-content/uploads/2020/12/Contenido-en-bruto-Juan-Agusti%CC%81n-Franco.pdf. [Consulta: 31/10/2023].

en la Unión Europea. Nos referimos, en concreto, a las dos siguientes: *i)* Por una parte, a la Propuesta de Directiva del Parlamento Europeo y del Consejo que modifica las Directivas 2005/29/CE y 2011/83/UE en lo que respecta al empoderamiento de los consumidores para la transición ecológica y una mejor información (a la que en adelante nos referiremos como Propuesta de Directiva sobre transición ecológica) que, enmarcada dentro del Pacto Verde Europeo, fue publicada por la Comisión en marzo de 2022[16]. *ii)* Por otra parte, a la Propuesta de Directiva del Parlamento Europeo y del Consejo relativa a la justificación y comunicación de alegaciones medioambientales explícitas (Directiva sobre alegaciones ecológicas), que se presenta como un complemento de la Propuesta de Directiva sobre transición ecológica anteriormente mencionada[17].

Aquí vamos a centrar la atención en las principales novedades que en esta materia persigue introducir el legislador europeo a través de las dos Propuestas de Directivas referidas. Ahora bien, previamente a ello hemos de aclarar dos cosas para evitar equívocos: *i)* En primer lugar, que nuestro propósito no estriba en realizar un estudio exhaustivo y detallado de esta materia, sino una aproximación a ella, ya que un análisis en profundi-

---

16 Propuesta de Directiva del Parlamento Europeo y del Consejo que modifica las Directivas 2005/29/CE y 2011/83/UE en lo que respecta al empoderamiento de los consumidores para la transición ecológica mediante una mejor protección contra las prácticas desleales y una mejor información, COM/2022/143 final, Bruselas, 30.03.2022, [en línea] (2022): https://eur-lex.europa.eu/legal-content/ES/TXT/?uri=celex%3A52022PC0143. [Consulta: 31/10/2023].

17 Propuesta de Directiva del Parlamento Europeo y del Consejo relativa a la justificación y comunicación de alegaciones medioambientales explícitas (Directiva sobre alegaciones ecológicas), COM/2023/166 final, Bruselas, 22.3.2023, [en línea] (2023): https://eur-lex.europa.eu/legal-content/ES/TXT/PDF/?uri=CELEX:52023PC0166. [Consulta: 31/10/2023].

dad de las dos iniciativas regulatorias mencionadas más arriba exigiría dedicar a este asunto un trabajo de una extensión muy superior a la que aquí se nos permite. *ii)* En segundo lugar, que el hecho de que el legislador comunitario haya puesto en marcha estas iniciativas regulatorias de naturaleza armonizadora no significa que en el Derecho vigente no existan normas adecuadas para hacer frente a estas prácticas de mercado nocivas para los intereses de los consumidores y de los empresarios competidores. Dichas normas existen, como lo pone de manifiesto con gran claridad la Comunicación sobre las directrices de interpretación y aplicación de la Directiva 2005/29/CE sobre prácticas comerciales desleales contra los consumidores[18].

Efectivamente, en la Guía que acabamos de mencionar la Comisión es clara a la hora de sostener la utilidad del vigente Derecho de la competencia desleal para remediar los efectos negativos derivados de las conductas de blanqueo ecológico o *greenwashing*. En su opinión, aunque la Directiva 2005/29/CE "no contiene normas específicas sobre las declaraciones medioambientales", sin embargo, "proporciona una base jurídica para velar por que los comerciantes no realicen declaraciones medioambientales engañosas para los consumidores". En realidad —añade la Comisión—, la Directiva 2005/29/CE "no prohíbe la utilización de declaraciones ecológicas siempre que no sean engañosas", por lo que "puede ayudar a los comerciantes a invertir en el comportamiento ambiental de sus productos para que puedan comunicar estos esfuerzos a los consumidores de forma transparente e impidiendo que

---

18 Comunicación de la Comisión. Guía sobre la interpretación y la aplicación de la Directiva 2005/29/CE del Parlamento Europeo y del Consejo relativa a las prácticas comerciales desleales de las empresas en sus relaciones con los consumidores en el mercado interior: DOUE, 29.12.2021, C 526/1 [en línea], (2021): https://eur-lex.europa.eu/legal-content/ES/TXT/?uri=CELEX%3A52021XC1229%2805%29. [Consulta: 29/10/2023].

los competidores presenten declaraciones medioambientales engañosas"[19].

En particular, en opinión de la Comisión, la aplicación de la Directiva 2005/29/CE a las declaraciones empresariales de contenido ecológico y medioambiental se concreta en los siguientes ejes: *i)* han de ser declaraciones veraces, esto es, que no contengan información falsa y que se presenten de forma clara, específica, precisa e inequívoca, a fin de que no induzcan a error a los consumidores (por exigencia de los artículos 6 y 7 sobre prácticas engañosas); *ii)* los empresarios han de contar con pruebas que fundamenten sus declaraciones ecológicas y estar dispuestos a proporcionarlas de forma comprensible a las autoridades competentes cuando alguna de sus declaraciones suscite dudas (en aplicación del artículo 12); *iii)* cuando las declaraciones empresariales se refieran a la comercialización de certificaciones, etiquetas y códigos de conducta en materia medioambiental, se han de respetar las exigencias derivadas del anexo I de la Directiva, que contiene un listado de prácticas desleales prohibidas *per se*; *iv)* por último, no ha de olvidarse la cláusula general de la deslealtad (artículo 5.2) que funciona como una "red de seguridad" adicional[20].

De todos modos, aunque, como acabamos de afirmar, la normativa vigente en materia de competencia desleal contiene instrumentos susceptibles de hacer frente a las conductas que analizamos, cabe hablar de una tendencia legislativa a adoptar medidas específicas en este ámbito, lo que pone de manifiesto que las instituciones se vienen mostrando proclives a intensifi-

---

[19] Apdo. 4.1.1. de la Guía (1).

[20] Apdo. 4.1.1.2. de la Guía (1); al respecto, entre otros, SILVA, D., "The fight against greenwashing in the European Union", *UNIO-EU Law Journal*, vol. 7, núm. 2, 2021, especialmente págs. 133 y ss., [en línea] (2021): https://revistas.uminho.pt/index.php/unio/article/download/4029/4052. [Consulta: 31/10/2023].

car la protección de los consumidores y usuarios ante este tipo de prácticas o comportamientos de mercado[21]. Y es dentro de

---

21 Es cierto, no obstante, que no existe una opinión generalizada sobre la necesidad de estas nuevas acciones, pues en algunos casos se piensa que es suficiente con el Derecho vigente para combatir las prácticas de *greenwashing*; así, por ejemplo, en relación con el Derecho brasileño: SILVA CARCHEDI, K. y MARTINEZ HEINRICH FERRER, W., "A tutela jurídica do consumidor nas práticas empresariais de greenwashing", *Revista Jurídica Luso-Brasileira*, año 6, 2020, núm. 5, págs. 1223-1246 [en línea] (2020): https://www.cidp.pt/revistas/rjlb/2020/5/ 2020 05 1223 1246.pdf. [Consulta: 31/10/2023]. Sin embargo, a favor de adoptar nuevas medidas en la materia, con referencia al Derecho estadounidense: ROTMAN, R., GOSSETT, C., and GOLDMAN, H., "Greenwashing no more: The case for stronger regulation of environmental marketing", *Administrative Law Review*, vol. 72, núm. 3, págs. 417 y ss., [en línea] (2020): https://scholarship.law.missouri.edu/cgi/viewcontent.cgi?article=1973&context=facpubs . [Consulta: 31/10/2023]; y, para el ámbito específico de la industria de la moda —también en relación con los Estados Unidos—, WEST, K.A., "Goodbye to greenwashing in the fashion industry: Greater enforcement and Guidelines", *North Carolina Law Review*, vol. 101, núm. 3, 2023, [en línea] (2023): https://scholarship.law.unc.edu/cgi/viewcontent.cgi?article=6922& context=nclr. [Consulta: 31/10/2023]; también: FOWLER, K., "A Consumer's Guide to Greenwashing", *Marketing Undergraduate Honors Theses*, [en línea] (2023):. [Consulta: 31/10/2023]. La última autora citada pone de manifiesto cómo en los últimos 37 años, desde que surgió el término *greenwashing*, ha habido pocos intentos de regular esta materia en los Estados Unidos. La Comisión Federal de Comercio (FTC) creó en 1992 sus Guías o Directrices para el uso de alegaciones de marketing medioambiental (conocidas también como las Guías Verdes). Estas han sido revisadas en tres ocasiones: 1996, 1998 y 2012, con vistas a ser efectivas ante el aumento de prácticas de *greenwashing*. Sin embargo, se trata de normas interpretativas que no confieren a la FTC competencias para hacerlas cumplir, a menos que pueda probarse que una alegación medioambiental viola la sección 5ª de la *FTC Act*. Por ello esta autora aboga por la necesidad de introducir mejoras para que las Guías Verdes sean más eficaces, haciendo de ellas normas vinculantes.

esta tendencia en donde hay que situar las dos Propuestas de Directivas antes referidas a las que prestamos atención seguidamente[22].

II.- LA PROPUESTA DE DIRECTIVA SOBRE EMPODERAMIENTO DE LOS CONSUMIDORES PARA LA TRANSICIÓN ECOLÓGICA

1.- Consideraciones previas

Como se desprende de su Exposición de Motivos, la Propuesta de Directiva a la que ahora nos referimos, entendida en el contexto actual de transición ecológica, tiene una finalidad mixta, tanto pública como privada. Dicha finalidad se concreta en dos planos diferentes: *i)* Por un lado, en el *plano político-*

[22] Junto con otras actuaciones que quedan aquí al margen de nuestro análisis, pero que, al igual que las mencionadas Propuestas de Directivas, ponen de manifiesto la preocupación de las instituciones por hacer frente a las conductas de lavado verde o blanqueo ecológico. A modo de ejemplo, cabría citar en esta dirección, además de los Reglamentos que contienen los deberes de información no financiera de las empresas (a los que hacemos expresa referencia en este trabajo), el Reglamento por el que se crea el primer estándar de bonos ambientales de la Unión Europea, que establece requisitos uniformes para los emisores de bonos que deseen utilizar la denominación 'bono verde europeo' o 'EuGB' para sus bonos medioambientalmente sostenibles (al respecto: CONSEJO DE LA UNIÓN EUROPEA, Comunicado de prensa de 24 de octubre de 2023 sobre "Bonos verdes europeos: el Consejo adopta un nuevo Reglamento para promover las finanzas sostenibles" [en línea] (2023): https://www.consilium.europa.eu/es/press/press-releases/2023/10/24/european-green-bonds-council-adopts-new-regulation-to-promote-sustainable-finance/. [Consulta: 1/11/2023].

legislativo, pues persigue contribuir a la transformación de la economía de la Unión Europea hacia una economía circular, limpia y ecológica, así como fomentar que los consumidores y usuarios sean capaces de tomar decisiones de consumo más sostenibles, proporcionándoles información clara y veraz al respecto. *ii)* Por otro lado, en el *plano técnico-jurídico,* ya que, en esencia, aspira a mejorar los derechos de los consumidores y usuarios mediante la modificación de la Directiva 2005/29/CE, relativa a las prácticas comerciales desleales de las empresas en sus relaciones con los consumidores, y de la Directiva 2011/83/UE, sobre los derechos de los consumidores[23]. En concreto, esta modificación persigue: *i)* evitar las prácticas de *greenwashing* o blanqueo ecológico, promoviendo una mayor transparencia en el mercado (que es el asunto que aquí nos interesa); y *ii)* proteger a los consumidores de la información engañosa sobre la durabilidad y reparabilidad de los productos, es decir, de las prácticas de obsolescencia programada (lo que queda al margen de nuestra preocupación en este trabajo)[24].

En relación con el primer objetivo (que es el que reviste relevancia para nuestros fines), podría decirse que la Propuesta de Directiva representa un cambio de paradigma en comparación con la aparente tolerancia que ha venido existiendo hasta el momento en lo referente al blanqueo ecológico o *greenwashing*[25].

---

[23] Sobre la Directiva 2005/29/CE puede verse, por todos: MASSAGUER FUENTES, J., *El nuevo derecho contra la competencia desleal: la Directiva 2005/29/CE sobre las prácticas comerciales desleales,* Thomson Civitas, 2006; acerca de la Directiva 2011/83/UE: MIRANDA SERRANO, L.M., "La Directiva 2011/83/UE sobre los derechos de los consumidores: una nueva regulación para Europa de los contratos celebrados a distancia y extramuros de los establecimientos mercantiles", *Revista de Derecho de la Competencia y la Distribución,* núm. 11, 2012, págs. 77 y ss.

[24] VENDRELL CERVANTES, C. y SUANZES DÍEZ, C., "Greenwashing y prácticas...", *cit.*, pág. 162-164.

[25] *Ibidem.*

En rigor, sin embargo, la anterior afirmación no es plenamente correcta, ya que no podemos afirmar que dicha tolerancia haya sido real. Como hemos expuesto más arriba, la legislación general sobre prácticas comerciales desleales contiene normas apropiadas para hacer frente a las alegaciones ambientales engañosas. Tan es así que la propia Propuesta de Directiva alude directamente a las prácticas de blanqueo ecológico o *greenwashing* como "prácticas comerciales desleales" en su Considerando 1. En concreto, en el ámbito comunitario, dentro de los instrumentos susceptibles de hacer frente a las conductas de blanqueo ecológico, destacan los artículos 6 y 7 de la Directiva 2005/29/CE, y en el ámbito nacional los artículos 5 y 7 de la Ley de Competencia Desleal (LCD). Además, prueba de la utilidad de la normativa de la competencia desleal para hacer frente a este tipo de prácticas de mercado son las resoluciones judiciales que ofrece el Derecho comparado en esta materia[26].

---

[26] Que, por ejemplo, pueden verse y consultarse (de forma resumida) en la siguiente dirección electrónica: http://climatecasechart.com/non-us-case-category/misleading-advertising/. De estas resoluciones pueden inferirse las siguientes conclusiones: *1ª) Primera:* Merecen la consideración de conductas de blanqueo ecológico o *greenwashing*, entre otras, las siguientes: *i)* publicitar que determinados productos de limpieza son neutros para el clima cuando esa información no va acompañada de especificaciones relativas a si todas sus emisiones formaban parte de dichos cálculos o no, ni de cuál era el alcance de sus medidas de reducción (*sentencia del Tribunal Regional Superior de Fráncfort del Meno*); *ii)* publicitar un producto de microfibra de ante como si tuviera muchas características ecológicas cuando tales características son vagas y no verificables (*sentencia del Tribunal de Gorizia*); *iii)* publicitar vehículos diésel con impactos medioambientales positivos sin describirlos de forma clara, veraz, precisa e inequívoca (*resolución de la Autoridad italiana de la Competencia*); *iv)* declarar falsamente un nivel determinado de emisiones contaminantes de vehículos diésel para afirmar que dichos vehículos cuentan con características ecológicas específicas susceptibles de proteger el medio ambiente (*sentencia del Tribunal de Venecia*); *v)* vender luces para tumbas anunciándolas como

En general, cabe sostener que con esta Propuesta de Directiva el legislador comunitario busca fortalecer la regulación en

---

neutras para el clima y neutras en CO^2 sin que la empresa garantice la compensación total de las emisiones CO^2 (*sentencia del Tribunal superior de Coblenza*); *vi)* comercializar croquetas congeladas como climáticamente neutras, dando la impresión de que la fabricación y comercialización del producto se realiza sin emisiones CO^2, cuando ello no era cierto (*sentencia del Tribunal Regional Superior de Fráncfort del Meno*); *vii)* publicitar la posibilidad de que los consumidores puedan conducir con neutralidad de carbono dando la impresión de que el producto publicitado era un nuevo combustible neutro en carbono en lugar de un plan de fidelización de compensación de carbono (que es lo que era en realidad) (*resolución de la Autoridad británica de normas publicitarias*); *viii)* publicitar que una aerolínea es la que posee menos emisiones de CO^2 por pasajero y kilómetro de vuelo sin ofrecer información adicional que fundamente dicha afirmación (*resolución de la autoridad británica de normas publicitarias*). *2ª) Segunda:* La legislación aplicable a los casos de *greenwashing* por las autoridades judiciales y de la competencia son, principalmente, la normativa relativa a la competencia desleal y a la publicidad comercial; sobre todo, las normas referentes a los actos de engaño y a la publicidad engañosa. Aunque también en algunos supuestos se aplica la normativa sobre promoción de ventas y marketing directo (*Autoridad británica de normas de publicidad*), el Código de medio ambiente (*caso Greenpeace y otros contra TotalEnergies Electricité et Gaz France*, pendiente de resolución), el Código de declaraciones medioambientales (*denuncia ante Ad Standars sobre el anuncio de HSBC relativo a la Gran Barrera de Coral*), la legislación de Marketing (*caso Sociedad Vegetariana y otros de Dinamarca contra la Corona danesa*) o la Legislación sobre consumidores y sobre Sociedades Anónimas (*asunto Australasian Centre for Corporate Responsability contra Santos*). *3ª) Tercera:* Dentro de la normativa que acaba de exponerse, sobresalen especialmente las normas relativas a la publicidad engañosa o actos de engaño. En esta dirección, merecen ser destacados algunos pronunciamientos judiciales relativos al sector del automóvil, dada la repercusión que han tenido no solo en los consumidores sino también en los medios de comunicación. Nos referimos, por ejemplo, al caso *Volkswagen Group Italia S.p.A.* y *Volkswagen Aktiengesellschaft* ("VWGI" y "VWAG" y conjuntamente "Volkswagen").

este ámbito, estableciendo medidas más claras y concretas para abordar de manera eficaz los problemas derivados del blanqueo ecológico o *greenwashing*, lo que se espera que redunde en beneficio no solo de los consumidores y usuarios sino de la ciudadanía en general. Las principales medidas se desarrollan en el artículo 1 de la Propuesta de Directiva y afectan principalmente a tres aspectos de la Directiva 2005/29/CE: *i) Modificaciones en el artículo 2 de la Directiva 2005/29/CE relativo a las definiciones*, aclarando qué debe entenderse por "alegación medioambiental", "alegación medioambiental explícita", "alegación medioambiental genérica", "etiqueta de sostenibilidad" o "sistema de certificación". *ii) Modificaciones en los artículos 6 y 7 de la Directiva 2005/29/CE sobre prácticas engañosas*: Primeramente, en lo relativo al engaño por acción, añadiendo nuevos elementos a la lista de extremos sobre los que debe versar la información para inducir a error [art. 6.1.b)] y dos motivos adicionales de engaño [letras c) y d) del art. 6.2]. Además, se incorpora al engaño por omisión un elemento adicional dentro de la lista de información fundamental en el caso de prácticas comerciales específicas (art. 7.7), cuya inadvertencia puede hacer que la práctica comercial constituya un acto de engaño por omisión. *iii)* Por último, *adición de diez nuevas prácticas al anexo I de la Directiva 2005/29/CE* donde se contiene el listado de prácticas consideradas desleales *per se* (conocido como *black list*), esto es, en cualquier circunstancia, de las cuales cuatro son relativas a las alegaciones medioambientales.

2.- Las principales medidas propuestas

2.1.- Nuevas definiciones

En cuanto a las modificaciones propuestas en relación con el artículo 2 de la Directiva 2005/29/CE, que tienen como propósito la introducción de una serie de definiciones relacionadas con las alegaciones medioambientales y la sostenibilidad, nos parece de especial interés y relevancia la incorporación de los conceptos de "alegación medioambiental" y de "sistema de verificación" (este último, como veremos, en relación con la modificación del art. 6.2 de la Directiva 2005/29/CE).

En concreto, la Propuesta de Directiva ofrece una definición amplia y explícita de lo que se debe entender por "alegación medioambiental". Esta incluye todo mensaje o representación, sin importar su forma (ya sea pictórica, gráfica o simbólica o incluso denominaciones sociales o nombres comerciales de productos) que, en el contexto de una comunicación comercial "indique[n] o implique[n] que un producto o un comerciante tiene un impacto positivo o nulo en el medio ambiente, es menos perjudicial para el medio ambiente que otros productos o comerciantes, respectivamente, o ha mejorado su impacto a lo largo del tiempo". La amplitud de la definición proyectada conlleva que, en la práctica, toda afirmación, signo distintivo o representación visual vinculada de forma directa o indirecta al medio ambiente haya de ser catalogada, en principio, como una alegación medioambiental[27].

Por otro lado, se propone también una definición de "sistema de certificación", entendiendo como tal aquel sistema de verificación desarrollado por "terceros" (considerándose que entra dentro de concepto de terceros toda entidad independiente tanto del titular del sistema como del comerciante), al que pueden acudir los empresarios que así lo deseen en igualdad de condiciones, con el propósito de obtener la certificación de que un producto cumple con requisitos ecológicos o medioambientales específicos. Esta supervisión debe realizarse de forma objetiva, esto es, basándose en normas y procedimientos internacionales, comunitarios o nacionales.

---

27 VENDRELL CERVANTES, C. y SUANZES DÍEZ, C., "Greenwashing y prácticas...", *cit.*, pág. 164.

2.2.- Prácticas engañosas por acción

En relación con las acciones engañosas, actualmente reguladas en el artículo 6.1.b) de la Directiva 2005/29/CE, la Propuesta introduce tres nuevos elementos en la lista de aspectos sobre los cuales debe ser proporcionada la información para inducir a error. En concreto, en lo que nos concierne, se incluye en este listado el "impacto medioambiental o social de los productos". Es importante destacar que, tanto para las alegaciones medioambientales como sociales, es requisito fundamental que estén relacionadas con un producto (bien o servicio) para apreciar la existencia de engaño.

Por lo demás, el precepto reformado mantiene los mismos requisitos y sistemática que posee en la actualidad. En consecuencia, para considerar que una alegación sobre el "impacto medioambiental o social" de los productos es engañosa, debe contener información falsa o información que, aunque sea correcta, pueda inducir a error al consumidor y llevarlo a tomar una decisión sobre una transacción que, de otro modo, no hubiera tomado.

Interesa señalar la ausencia en la Propuesta de Directiva de una definición de los términos "impacto social de los productos", lo que puede causar dudas en el intérprete. Con todo, creemos que procede aquí una interpretación sistemática que tenga en cuenta lo que dice el Considerando 3 de la Exposición de Motivos de la Propuesta de Directiva, donde se enumeran algunos ejemplos de lo que se ha de entender por "sostenibilidad social", con alusión expresa a las alegaciones relativas a "las condiciones de trabajo, las contribuciones a la beneficencia o el bienestar animal"[28].

---

[28] *Ibidem.*

2.3.- Prácticas engañosas por confusión

Sobre estas otras prácticas de engaño, la Propuesta de Directiva contempla modificar el art. 6.2 de la Directiva 2005/29/CE que, como se sabe, es el precepto regulador de las prácticas engañosas por confusión [en su inciso a)] y por incumplimiento de códigos de conducta [en su inciso b)]. En tal sentido, propone incluir dos motivos adicionales de engaño: *i)* realizar "una alegación medioambiental relacionada con el comportamiento medioambiental futuro sin compromisos y metas claros, objetivos y verificables y sin un sistema de supervisión independiente" [como nuevo inciso c)]; y *ii)* "anunciar beneficios para los consumidores que se consideren una práctica habitual en el mercado pertinente" [como nuevo inciso d)].

Probablemente, desde un punto de vista práctico, esta modificación pueda considerarse una de las más relevantes de la Propuesta. En concreto, destaca la exigencia [contenida en el nuevo inciso c)] de que los compromisos relacionados con el comportamiento medioambiental futuro no solo deban ser "claros, objetivos y verificables", sino que además hayan de estar sometidos a un "sistema de verificación independiente" que permita supervisar el progreso del comerciante en cuanto a las metas y a los compromisos establecidos.

La duda persiste en cuanto a si esta verificación independiente debe ser llevada a cabo por terceros o puede ser realizada internamente con las adecuadas garantías de objetividad e independencia, ya que la definición de "sistema de verificación independiente" no se incluye en la modificación del artículo 2 de la Directiva 2005/29/CE. No obstante, sí se proporciona una definición de "sistema de certificación", el cual, como hemos expuesto más arriba, implica una verificación realizada por terceros ajenos tanto al comerciante como al titular del sistema.

Ahora bien, dado que el referido "sistema de certificación" representa un sistema de verificación específico y riguroso, nos parece que cabría concluir que el legislador comunitario ha empleado el concepto de "sistema de verificación independiente" para distinguirlo del "sistema de certificación". Razón por la cual coincidimos con la doctrina que se muestra partidaria de entender que la verificación a la que nos referimos no tiene que ser realizada necesariamente por terceros, pudiendo considerarse suficiente un sistema de verificación interno que garantice su objetividad e independencia[29].

2.4.- Prácticas engañosas por omisión

En materia de omisiones engañosas (contempladas en el art. 7 de la Directiva 2005/29/CE), la Propuesta de Directiva plantea la inclusión de un elemento adicional en la lista de información esencial en el caso de prácticas comerciales específicas, cuya omisión podría conducir a considerar que la práctica comercial en cuestión es engañosa. En concreto, se amplía esta lista para advertir que "cuando un comerciante preste un servicio que compare productos, incluso a través de una herramienta de información sobre la sostenibilidad, se considerarán fundamentales la información sobre el método de comparación, los productos objeto de la comparación y los proveedores de dichos productos, así como las medidas para mantener la información actualizada".

A nuestro juicio, esta modificación merece una valoración positiva, puesto que se corresponde con los objetivos de la Propuesta de Directiva y proporciona una mayor seguridad jurídica en la interpretación del concepto de "omisión engañosa", facilitando la tarea al juzgador e intensificando las exigencias

29 *Ibidem,* pág. 165.

de información en lo referente a sostenibilidad; en concreto, al exigir que se proporcionen detalles en el contexto de la comparación de productos, lo que en no pocos casos influye en la decisión económica del consumidor[30]. Al requerir información sobre el método de comparación, los productos involucrados y sus proveedores, así como sobre las medidas adoptadas para mantener dicha información actualizada, se brinda a los consumidores una base sólida para tomar decisiones informadas y conscientes, promoviendo la transparencia en el mercado y contribuyendo a un entorno comercial más equitativo y confiable.

2.5.- Nuevas prácticas reputadas desleales per se o en cualquier circunstancia

Por último, la Propuesta de Directiva presenta la incorporación de diez nuevas prácticas al listado de prácticas comerciales consideradas desleales en cualquier circunstancia o *per se* (contenido, como se sabe, en el Anexo I de la Directiva 2005/29/CE). En concreto, las prácticas propuestas para añadirse a dicho listado y de especial interés para nuestro estudio son las si-

---

30 Como lo evidencia la tercera encuesta sobre el clima (2020-2021) llevada a cabo por el Banco Europeo de Inversiones (EUROPEAN INVESTMENT BANK, *The EIB Climate Survey: The climate crisis in a COVID-19 world: calls for a green recovery*, Third edition, 2020-2021, [en línea]: https://www.eib.org/attachments/thematic/the_eib_climate_survey_2020_2021en.pdf. [Consulta: 31/10/2023]), donde se pone de manifiesto que los ciudadanos de la Unión Europea generalmente muestran predisposición a pagar un mayor precio por aquellos productos y/o servicios que conlleven mayores beneficios medioambientales o sociales. Es decir, las características ambientales pueden suponer notables ventajas competitivas. Por tanto, en materia de comparación de beneficios ambientales de productos, se ha de tener un especial cuidado para que el consumidor no sea inducido a error por el comerciante y tome decisiones económicas con conocimiento de causa.

guientes: *i)* "exhibir una etiqueta de sostenibilidad que no esté basada en un sistema de certificación o que no haya sido establecida por las autoridades públicas"; *ii)* "realizar una alegación medioambiental genérica en relación con la cual el comerciante no pueda demostrar un comportamiento medioambiental excelente reconocido pertinente para la alegación"; *iii)* "realizar una alegación medioambiental sobre la totalidad del producto cuando en realidad solo se refiera a un determinado aspecto del producto"; y, finalmente, *iv)* "presentar los requisitos impuestos por la legislación a todos los productos de la categoría de productos pertinente en el mercado de la Unión como si fuera una característica distintiva de la oferta del comerciante".

Entre estas nuevas prácticas, destaca la prohibición de exhibir etiquetas de sostenibilidad que carezcan del respaldo de un sistema de certificación o que no hayan sido establecidas por las autoridades públicas competentes. En este aspecto, la Propuesta de Directiva es clara al explicar en sus definiciones previamente expuestas que los sistemas de certificación de las etiquetas de sostenibilidad deben ser implementados por terceros de manera transparente, equitativa y no discriminatoria. Se enfatiza también la importancia de que estos sistemas de certificación sean accesibles y se basen en criterios claros y objetivos[31].

---

[31] Así lo constatan VENDRELL CERVANTES, C. y SUANZES DÍEZ, C., "*Greenwashing* y prácticas...", *cit.*, pág. 166. No obstante, como indica GUILLÉN, "sigue siendo posible exhibir etiquetas de sostenibilidad sin un sistema de certificación en el caso de las formas adicionales de expresión y presentación de alimentos de conformidad con el artículo 35 del Reglamento UE 1169/2011 (e.g. cuando la información se base en estudios rigurosos y válidos científicamente sobre los consumidores, que no induzca a engaño al consumidor): *Vid.* GUILLÉN, P., "El legislador de la UE contra el *greenwashing*" [en línea] (2022): https://baylos.com/blog/el-legislador-de-la-ue-contra-el-greenwashing. [Consulta: 31/10/2023].

Además, también debe mencionarse, aunque en este caso por su amplitud y falta de precisión (inapropiada para una práctica comercial incluida en la *black list*), la prohibición de realizar una alegación medioambiental genérica en relación con la cual el empresario no pueda demostrar un comportamiento medioambiental excelente reconocido[32] (definido en el art. 1.1.u de la Propuesta). A tal efecto, la Propuesta define las alegaciones medioambientales genéricas (en su art. 1.1.q.) de manera amplia, incluyendo todas aquellas alegaciones medioambientales explícitas que no están incluidas en una etiqueta de sostenibilidad y en las cuales la especificación de la alegación no se facilite de manera clara y visible en el mismo soporte. Además, el mismo texto de la Propuesta, en su Considerando 9, prevé algunos ejemplos de alegaciones medioambientales genéricas como son, entre otras muchas, las siguientes: "inocuo para el medio ambiente", "respetuoso con el medio ambiente", "eco", "verde", etc.

En cualquier caso, parece que aún queda por determinar con precisión el contenido y la cantidad definitiva de prácticas que previsiblemente se incluirán en el Anexo I de la Directiva 2005/29/CE. Al respecto conviene señalar que recientemente se ha publicado un Informe sobre la Propuesta de Directiva que sugiere enmiendas al texto comunitario, específicamente al Anexo I, con el fin de agregar prácticas adicionales[33]. Por

---

32 La Propuesta de Directiva define el concepto "comportamiento medioambiental excelente reconocido" como "un comportamiento medioambiental ajustado a lo dispuesto en el Reglamento (CE) n.º 66/2010 del Parlamento Europeo y del Consejo, a sistemas nacionales o regionales de etiquetado ecológico EN ISO 14024 de tipo I reconocidos oficialmente de conformidad con el artículo 11 del Reglamento (CE) n.º 66/2010, o un comportamiento medioambiental superior de conformidad con otra legislación aplicable a la Unión.

33 Nos referimos al Informe sobre la Propuesta de Directiva del Parlamento Europeo y del Consejo por la que se modifican las Directivas 2005/29/

ejemplo, se propone incluir la afirmación de que un producto o servicio tiene un impacto neutro o positivo sobre el medio ambiente en términos de emisiones de gases de efecto invernadero. De modo que si estas enmiendas son aceptadas durante el proceso parlamentario, la lista negra se ampliará más de lo inicialmente previsto[34].

Por otra parte, el 19 de septiembre de 2023 el Consejo y el Parlamento europeos han logrado alcanzar un acuerdo político provisional con respecto a esta Propuesta de Directiva. Aunque este acuerdo (no definitivo) mantiene los principales objetivos de la Propuesta de Directiva, incorpora algunos avances de relevancia. Entre ellos cabe mencionar los siguientes: *i)* mejora la credibilidad de las etiquetas de sostenibilidad, al definir los elementos clave del sistema de certificación en el que deben basarse, a menos que los establezcan las autoridades públicas; *ii)* aumenta la transparencia y el seguimiento de las alegaciones relacionadas con el futuro comportamiento medioambiental; *iii)* incluye las alegaciones injustas basadas en la compensación de las emisiones de gases de efecto invernadero en la lista de prácticas comerciales prohibidas; *iv) y* concede a los Estados miembros tiempo suficiente para adaptarse a los cambios legislativos, estableciendo un periodo de transposición de la Directiva de 24 meses de duración[35].

CE y 2011/83/UE, 12.04.2023, (COM(2022)0143–C9-0128/2022–2022/0092(COD)) [en línea] (2023): . [Consulta: 31/10/2023].

[34] En este sentido: VENDRELL CERVANTES, C. y SUANZES DÍEZ, C., "*Greenwashing* y prácticas…", *cit.*, pág. 167.

[35] CONSEJO DE LA UNIÓN EUROPEA, Comunicado de prensa: "El Consejo y el Parlamento alcanzan un acuerdo provisional dirigido a empoderar a los consumidores para la transición ecológica", 19.09.2023 [en línea] (2023): https://www.consilium.europa.eu/es/press/press-relea ses/2023/09/19/council-and-parliament-reach-provisional-agreement-to-empower-consumers-for-the-green-transition/. [Consulta: 31/10/2023].

III.- LA PROPUESTA DE DIRECTIVA SOBRE ALEGACIONES MEDIOAMBIENTALES EXPLÍCITAS

Esta otra Propuesta de Directiva, que también forma parte del conjunto de medidas del Nuevo Plan de Acción de Economía Circular adoptado en el año 2020 bajo el gran paraguas del Pacto Verde Europeo antes referido, se presenta como una regulación especial respecto de la que se contiene en la Directiva 2005/29/CE sobre prácticas comerciales desleales. Esto explica las remisiones que en esta Propuesta de Directiva se realizan a la Directiva 2005/29/CE, preocupada del no falseamiento del orden concurrencial en defensa, especialmente, de los intereses económicos de los consumidores y usuarios[36].

La Unión Europea lleva ya un tiempo considerable advirtiendo de que la ausencia de reglas comunes para las empresas que realizan declaraciones ecológicas o ambientales de carácter voluntario promueve los comportamientos de *greenwashing* o blanqueo ecológico, y genera desigualdad entre los empresarios competidores. Por ello, con el propósito de remediar en la medida de lo posible estas situaciones no deseables para un correcto y eficiente funcionamiento del mercado, ha elaborado esta otra Propuesta de Directiva cuyo objetivo último estriba en garantizar que las etiquetas y declaraciones ambientales de

---

[36] Una buena síntesis de esta propuesta de Directiva puede verse en GARCÍA VIDAL, A., "Propuesta de Directiva sobre alegaciones ecológicas", en *Publicaciones Gómez Acebo & Pombo,* [en línea] (2023): https://www.ga-p.com/publicaciones/propuesta-de-directiva-sobre-alegaciones-ecologicas. [Consulta: 31/10/2023]. Al respecto, más ampliamente: CALVO CARMONA, M. y SUANZES DÍEZ, C., "A vueltas con el greenwashing: la nueva Propuesta de Directiva sobre alegaciones medioambientales", *Actualidad Jurídica Uría Menéndez,* núm. 62, 2023, págs. 212 y ss., [en línea] (2023): https://www.uria.com/es/publicaciones/8583-a-vueltas-con-el-greenwashing-la-nueva-propuesta-de-directiva-sobre-alegaciones.[Consulta:31/10/ 2023]

las empresas sean creíbles, con la finalidad de proteger y reforzar la confianza por parte de los consumidores y, al mismo tiempo, impulsar la competitividad de los operadores económicos que se esfuerzan por integrar la sostenibilidad ecológica y medioambiental dentro de sus respectivas actividades[37].

El ámbito de aplicación material u objetivo de esta otra propuesta de normativa armonizadora lo constituyen "las alegaciones medioambientales explícitas realizadas por comerciantes sobre productos o comerciantes en prácticas comerciales de las empresas en sus relaciones con los consumidores". Y, al respecto, se entiende que encaja dentro de los términos alegaciones medioambientales "todo mensaje o representación que no sea obligatorio con arreglo al Derecho de la Unión o al Derecho nacional, incluida la representación textual, pictórica, gráfica o simbólica, en cualquier forma, incluidas las etiquetas, las marcas comerciales, los nombres de empresas o los nombres de productos, en el contexto de una comunicación comercial, que indique o implique que un producto o un comerciante tiene un impacto positivo o nulo en el medio ambiente, es menos perjudicial para el medio ambiente que otros productos o comerciantes, respectivamente, o ha mejorado su impacto a lo largo del tiempo". A la vista de estas definiciones, deberá reputarse alegación medioambiental a los efectos de esta normativa tanto la que "es enunciada en formato textual" como la que está "contenida en una etiqueta de sostenibilidad".

La exigencia de que el mensaje o la representación no sean obligatorios ("todo mensaje o representación que no sea obligatorio con arreglo al Derecho de la Unión o al Derecho nacional…") parece dejar fuera del ámbito de aplicación de esta

37 BELTRÁN, E. y LOZANO, T., "La Comisión Europea propone nuevas obligaciones para evitar y sancionar el *greenwashing*", [en línea] (2023): https://www.tendencias.kpmg.es/2023/07/ comision-europea-directiva-greenwashing/. [Consulta: 31/10/2023].

normativa los supuestos de *greenwashing* o blanqueo ecológico consistentes en el incumplimiento por las entidades financieras de los deberes de información no financiera en materia de sostenibilidad que les impone el Reglamento (UE) 2019/2088 sobre la divulgación de información relativa a la sostenibilidad en el sector de los servicios financieros (también conocido como Reglamento de Divulgación de Finanzas Sostenibles: *Sustainable Finance Disclosure Regulation* -SFDR-)[38], modificado posteriormente por el Reglamento 2020/852[39], pues en estos casos no cabe hablar de comportamientos voluntarios sino exigidos por la ley. En concreto, los incumplimientos de los deberes de información que merecen considerarse supuestos de *greenwashing* o blanqueo ecológico pueden incluir casos de falta de información (al no ofrecerse la información exigida por la ley), información engañosa (al presentarse la información de manera exagerada para dar la impresión de que los productos son más sostenibles de lo que realmente son) y ausencia de pruebas demostrativas (al no fundamentarse las afirmaciones sobre sostenibilidad en datos sólidos y precisos)[40].

---

38 DOUE núm. 317, de 9 de diciembre de 2019 *(Tol 7.611.671)*.

39 Reglamento (UE) 2020/852 del Parlamento Europeo y del Consejo, de 18 de junio de 2020, relativo al establecimiento de un marco para facilitar las inversiones sostenibles y por el que se modifica el Reglamento (UE) 2019/2088, DOUE de 22.6.2020, L 198/13 *(Tol 8.115.381)*, que tiene como objetivo garantizar que las instituciones financieras y sus asesores informen sobre el impacto ambiental y social de sus productos y servicios, brindando a los inversores la posibilidad de evaluar la sostenibilidad de sus inversiones y fomentando la inversión en actividades sostenibles.

40 En nuestra opinión, una interpretación correcta de la noción de *greenwashing* o blanqueo ecológico también ha de abarcar los supuestos en los que las entidades financieras incumplen los deberes de información no financiera en materia de sostenibilidad. Así lo entendemos porque, a través de estas prácticas, las entidades financieras pueden obtener determinadas ventajas competitivas, bien no divulgando

de manera precisa y transparente el modo en que integran los factores de sostenibilidad en sus procesos de inversión, bien exagerando o tergiversando sus iniciativas en materia de sostenibilidad. Entre los referidos deberes de información no financiera, cabe mencionar, entre otros, los siguientes: *i)* deberes de divulgación precontractual, consistentes en proporcionar información sobre cómo consideran los factores de sostenibilidad en sus procesos de inversión antes de que un cliente adquiera un producto financiero; *ii)* deberes de divulgación periódica acerca de cómo integran los factores de sostenibilidad en sus procesos de inversión y cómo dichos factores afectan a sus productos; *iii)* deberes de divulgación de políticas de remuneración dirigidos a revelar cómo los factores de sostenibilidad están reflejados en sus políticas de remuneración de empleados que desempeñan funciones relevantes en cuanto a inversión; *iv)* deberes de información detallada sobre los productos que ofrezcan con características sostenibles, en el caso de que así lo hagan; *v)* y si no toman en consideración los factores de sostenibilidad en sus decisiones de inversión, deberes de informar acerca de las razones explicativas de por qué no lo hacen (al respeto, más información, entre otros, en ENCISO ALONSO-MUÑUMER, M. "Transparencia y sostenibilidad: nuevos retos de la información no financiera", *Revista de Derecho del Mercado de Valores,* núm. 27, 2020, págs. 242-281; TAPIA HERMIDA, A. J., "Sostenibilidad financiera en la Unión Europea: El Reglamento (UE) 2019/2088 sobre las finanzas sostenibles", *La Ley Unión Europea,* núm. 77, 2020). Desde nuestro punto de vista, a estas prácticas de blanqueo ecológico consistentes en el incumplimiento de deberes de sostenibilidad se les aplicaría, por un lado, el artículo 15.2 LCD (que considera desleal "la simple infracción de normas jurídicas que tengan por objeto la regulación de la actividad concurrencial") y, por otro lado, las cláusulas especiales reguladoras de los actos de engaño por acción (art. 5 LCD) o por omisión (art. 7 LCD). Nos encontramos, por consiguiente, ante un concurso de normas, en la medida en que son dos las cláusulas de deslealtad de posible aplicación a estos comportamientos. En estos casos, como se sabe, el jurista suele tratar de averiguar qué norma es la general y qué otra la especial, con vistas a aplicar la regla clásica según la cual la ley especial deroga a la general: *lex specialis derogat generali.* Ahora bien, hay casos en los que esta regla no es aplicable por no poder calificarse una norma como especial y la otra como

Por otra parte, el principal objetivo de esta Propuesta de Directiva consiste en el establecimiento de criterios comunes contra el blanqueo ecológico y las declaraciones medioambientales engañosas de algunos productos, con la finalidad de aplicar un mayor control y transparencia a las etiquetas que de forma voluntaria utilizan algunos comerciantes en relación con sus bienes o servicios. Para ello introduce en los ordenamientos de los Estados miembros de la Unión Europea la obligación de que los comerciantes que deseen utilizar este tipo de alegaciones de carácter medioambiental lleven a cabo una valoración previa que les permita justificar dicha utilización[41].

Esta valoración previa incorpora un cambio muy importante en las reglas de juego aplicables a esta materia[42]. Y es que si hasta ahora las alegaciones medioambientales (principalmen-

---

general. Y eso es precisamente lo que ocurre en este caso. Ambas cláusulas, es decir, tanto la relativa a los actos de engaño como la referida a la violación de normas, son normas especiales, por lo que las dos pueden invocarse ante la autoridad judicial para tratar de combatir los comportamientos objeto de análisis. Sobre todo, porque en estos casos, a diferencia de lo que ocurre en el Derecho penal, la sanción impuesta habrá de ser la misma con independencia de cuál sea la norma aplicada. Es verdad, no obstante, que del análisis de la jurisprudencia comparada en la materia se puede concluir que la principal arma utilizada contra los comportamientos de *greenwashing* ante los tribunales de justicia es la normativa reguladora de las prácticas engañosas (por acción u omisión). Pero ello no impide recurrir también, conjuntamente, al art. 15.2 LCD en los supuestos de blanqueo ecológico derivados del incumplimiento de deberes de información en materia de sostenibilidad.

41 A estos efectos, el término comerciante ha de concebirse tal como lo define la Directiva 2005/29/CE, esto es, como "cualquier persona física o jurídica que (...) actúe con un propósito relacionado con su actividad económica, negocio, oficio o profesión, así como cualquiera que actúe en nombre del comerciante o por cuenta de éste".

42 Así lo constatan, por ejemplo, CALVO CARMONA, M. y SUANZES DÍEZ, C., "A vueltas con el *greenwashing*...", *cit.*, pág. 221.

te publicitarias) debían poder ser justificadas en el ámbito de un procedimiento de carácter administrativo o judicial que las pusiera en duda, la Propuesta de Directiva, en cambio, opta por el establecimiento de una justificación *ex ante*, en el sentido de que deberá ser verificada previamente a ser utilizada. Además, dicha verificación previa habrá de realizarse por un tercero independiente acreditado por las autoridades, quien deberá emitir certificado de conformidad[43]. Por tanto, si esta Propuesta de Directiva llega a aprobarse en los términos en que está redactada, tomará relevancia en esta materia la figura del *verificador independiente*, que deberá intervenir en toda la información medioambiental o de sostenibilidad contenida en declaraciones o etiquetas, con vistas a su verificación (vía certificado de conformidad), con anterioridad a su comunicación comercial[44].

Al margen de otros aspectos relativos a esta valoración previa (que son expresamente detallados por la Propuesta de Directiva) se dispone que dicha evaluación habrá de fundarse en pruebas científicas ampliamente reconocidas, utilizar información precisa y tener en cuenta las normas internacionales pertinentes, así como demostrar que los impactos medioambientales, los aspectos medioambientales o el comportamiento medioambiental que son objeto de la alegación son relevantes

---

43 En relación con estos verificadores, la Propuesta de Directiva dispone que deberán ser acreditados siguiendo los procesos definidos en el Reglamento (CE) núm. 765/2008 del Parlamento Europeo y del Consejo, de 9 de julio de 2008, por el que se establecen los requisitos de acreditación y vigilancia de mercado relativos a la comercialización de los productos y por el que se deroga el *Reglamento*(CEE) n.º 339/93 del *Consejo*, de 8 de febrero, lo que conduce a entender que en España los referidos verificadores deberán ser acreditados por la Entidad Nacional de Acreditación (ENAC).

44 BELTRÁN, E. y LOZANO, T., "La Comisión Europea...", *cit. supra*.

o significativos desde el punto de vista del ciclo de vida[45]. En concreto, se exige a las compañías que cuenten con más de 10 empleados y una facturación superior a los dos millones de euros que fundamenten todas sus declaraciones y etiquetas con base en una metodología basada en evidencia científica, que permita cuantificar rigurosamente su impacto y comunicarlo de manera transparente. El canal utilizado para ello puede ser un soporte físico, un enlace web, un código QR o equivalente, con una serie de criterios legalmente especificados.

Lo anterior se completa con el establecimiento del deber de los Estados miembros de establecer procedimientos para que los comerciantes estén obligados a comunicar sus alegaciones medioambientales explícitas. Al mismo tiempo, se dispone que, de no cumplirse estas exigencias, los propios Estados podrán imponer a los incumplidores sanciones efectivas, proporcionadas y disuasorias. Y a lo anterior se añade el reconocimiento de legitimación a cualquier organización o persona física o jurídica con interés legítimo para presentar una reclamación ante la autoridad competente en los casos en que tenga constancia de que un determinado comerciante no cumple las obligaciones impuestas por esta Propuesta de Directiva.

La Propuesta de Directiva también se centra en las alegaciones medioambientales explícitas comparativas, con referencia a aquellas que afirman que un producto o comerciante tiene menos impactos medioambientales o un mejor comportamiento medioambiental que otros productos o comerciantes. En relación con esta materia, dispone, en concreto, que dichas alegaciones de carácter comparativo no han de referirse a una mejora de los impactos, los aspectos o el comportamiento medioambientales del producto objeto de la alegación en com-

---

45 Para las afirmaciones relacionadas con el clima, la Propuesta de Directiva requiere la diferenciación entre afirmaciones de reducción de emisiones o solo de compensación.

paración con los de otro producto del mismo comerciante, de un comerciante competidor que ya no esté activo en el mercado o de un comerciante que ya no venda a los consumidores y usuarios, con la sola excepción o salvedad de que se funden en pruebas que demuestren que la mejora es significativa y que se ha conseguido en los últimos cinco años.

IV.- VALORACIÓN GENERAL DE ESTAS INICIATIVAS REGULATORIAS

Acabamos de exponer, en sus extremos fundamentales, las principales medidas que contienen las iniciativas regulatorias de carácter armonizador relativas a la economía circular y a las alegaciones ecológicas en el ámbito de la Unión Europea. Por ello, ahora es el momento de realizar una valoración general de dichas iniciativas legislativas.

1°) Comenzando, en primer lugar, por la Propuesta de Directiva sobre el empoderamiento de los consumidores en la economía circular, resulta conveniente evaluar su pertinencia y utilidad. La cuestión que al respecto ha de responderse podría formularse de la siguiente manera: ¿las nuevas medidas que introduce el legislador en esta Propuesta de Directiva pueden considerarse un avance en la materia o, en realidad, no aportan demasiado, ya que el Derecho vigente (Directiva 2005/CE/29 y LCD) contiene remedios suficientes para hacer frente de forma satisfactoria a los efectos nocivos derivados de los comportamientos de *greenwashing*?

Desde nuestro punto de vista, no puede discutirse que la Propuesta constituye una firme apuesta por parte del legislador de la Unión Europea para lograr los Objetivos de Desarrollo Sostenible (ODS) en un mercado que promueva mayor transparencia y seguridad jurídica para todos los operadores. Se trata de una meritoria declaración de intenciones que presenta las herramientas necesarias para que los Estados miembros combatan eficazmente la práctica extendida del *greenwashing*. Ahora bien, por otra parte, parece importante destacar que estas herramientas ya existen en la regulación actual a través de la normativa vigente reguladora de la competencia desleal y la protección del consumidor, como lo pone de manifiesto con claridad la Guía sobre la aplicación e interpretación de la Directiva 2005/CE/29 de prácticas comerciales desleales contra los consumidores.

En todo caso, sí queremos reconocer que la regulación proyectada introduce algunas novedades relevantes que podrían modificar de manera significativa la legislación actual y establecer nuevas formalidades o requisitos en las relaciones entre empresas y consumidores en materia de sostenibilidad medioambiental. Entre ellas, merecen ser destacadas, desde nuestro punto de vista, por un lado, la exigencia de que los compromisos medioambientales futuros dejen de constituir una simple declaración de intenciones y pasen a ser mensajes claros, objetivos y verificables, en el sentido de estar sujetos a un sistema de verificación independiente; y, por otro lado, la prohibición de exhibir etiquetas de sostenibilidad que no estén basadas en un sistema de certificación o no hayan sido establecidas por las autoridades públicas.

La novedad de las medidas que acabamos de exponer no es difícil de explicar y surge fácilmente de una comparación entre ellas y lo que se infiere en esta materia del Derecho vigente. Por ejemplo, en relación con la medida referida al etiquetado, hasta este momento la Guía de aplicación e interpretación de la Directiva 2005/29/CE sólo establece la recomendación de que se realicen verificaciones por parte de terceros, pero no habla en ningún lugar de que ello constituya un deber u obligación para las empresas[46].

Con todo, no puede ignorarse que la aplicación práctica de algunas de las medidas que trata de implementar la Propuesta de Directiva a la que nos referimos podría suscitar ciertas dificultades. Para superarlas tal vez podría ser beneficioso contar con guías prácticas claras que ayudasen a los operadores económicos a comprender y cumplir adecuadamente con las medidas incorporadas a estas nuevas regulaciones La cuestión está en determinar quién ha de ser el redactor de dichas guías. Según algunos autores, ha de tratarse de las autoridades de consumo[47]. Esto, sin embargo, plantea un problema de cierta relevancia, en la medida en que dichas autoridades no son las encargadas de aplicar el Derecho de la competencia desleal en nuestro país[48]. Razón por la cual parece que habría de conferirse al Ministerio de Justicia (auxiliado por un grupo de expertos en materia de deslealtad concurrencial) la competencia para elaborar estas guías, que cumplirían un papel similar al que desempeñan las guías sobre las directrices de aplicación e interpretación de las Directivas comunitarias (en lo que aquí interesa, la Guía relativa a la Directiva 2005/29/CE).

Al margen de lo anterior, nuestra valoración de esta Propuesta de Directiva es, en líneas generales, positiva. Al respecto, cabría reproducir aquí la valoración que algún autor ha realizado de la nueva normativa sobre reseñas, incorporada

---

46 Como constatan, por ejemplo, VENDRELL CERVANTES, C. y SUANZES DÍEZ, C., "*Greenwashing* y prácticas…", *cit.*, pág. 169.

47 *Ibidem*, pág. 171.

48 Así lo advirtió verbalmente el profesor MASSAGUER FUENTES en el acto en el que expusimos, a modo de Comunicación, este trabajo, dentro del IV Congreso en homenaje al profesor Fernández-Novoa celebrado en la Universidad de Vigo los días 23 y 24 de octubre de 2023.

primero a la Directiva 2005/29/CE y más tarde a la LCD y al Texto Refundido de Consumidores (TRLGDCU), pues dicha valoración nos parece trasladable a la Propuesta de Directiva referente al empoderamiento de los consumidores para la economía circular[49]. Y es que, al igual que se ha afirmado a propósito de las reseñas, es cierto, por un lado, que desde la aprobación de la Directiva 2005/29/CE y de la LCD, contamos con medios adecuados para hacer frente a los comportamientos de *greenwashing*, pero, por otro lado, no es menos cierto que merece valorarse positivamente que el legislador comunitario haya

---

[49] Nos referimos, en concreto, a MIRANDA SERRANO, L.M., "Prácticas desleales sobre reseñas online de bienes y servicios", *InDret*, núm. 2, 2023, pág. 232, quien señala literalmente lo que sigue: "En líneas generales, he de valorar positivamente la decisión del legislador comunitario de incluir en la Directiva (UE) 2019/2161 determinadas normas destinadas a evitar la realización de malas prácticas de mercado en relación con las reseñas de bienes y servicios y, en suma, a remediar (en la medida de lo posible) las disfunciones o irregularidades que afectan al sistema de reseñas, tan ampliamente difundido, sobre todo en el entorno digital o electrónico (e-commerce). Es verdad que, con anterioridad a la aprobación de la referida Directiva, la persecución de estos comportamientos contrarios al principio de la buena fe ya podía hacerse realidad a través de las normas sobre prácticas engañosas de la Directiva 2005/29/CE. Y no menos cierto es también que a ese mismo resultado podía llegarse en nuestro país desde la entrada en vigor de la LCD. No en vano, uno de sus objetivos principales, desde su originaria y plausible redacción de 1991, consistió en evitar la comisión de conductas susceptibles de ocasionar engaño a los consumidores y usuarios, afectando a su libertad de saber, dentro de las cuales tienen encaje las prácticas desleales sobre reseñas a las que ha prestado atención la Directiva (UE) 2019/2021. Ahora bien, desde mi punto de vista, es loable que el legislador contemporáneo haya puesto el foco de atención, entre otras conductas propias del mercado digital, en las reseñas online de bienes y servicios. Sobre todo, porque es de esperar que dicha normativa contribuya a la transparencia en dicho ámbito".

optado por desarrollar esta materia y poner el foco de atención en estas conductas cada vez más presentes en los mercados[50].

2º) Por otra parte, en lo que respecta a la valoración de la Propuesta de Directiva sobre alegaciones ecológicas, nos parece que exigir que las empresas presenten pruebas que fundamenten sus alegaciones medioambientales constituye un paso al frente de cierta relevancia en la lucha contra el blanqueo ecológico o *greenwashing*, pues previsiblemente va a comportar una sensible reducción de estas prácticas tan frecuentes en los mercados. Por tanto, desde este punto de vista, la obligación de que las empresas justifiquen (con carácter previo a su utilización) sus alegaciones ecológicas, puede valorarse como una medida positiva para conseguir mayor transparencia en el mercado en beneficio de todos los sujetos que en él participan, especialmente aquellos que lo hacen en condición de consumidores y usuarios (es decir, al margen de una actividad empresarial, o, si se prefiere, sin finalidad de insertar el bien adquirido o el servicio contratado en procesos de mercado de carácter industrial, comercial o profesional).

En este sentido, suscribimos la valoración que de esta Propuesta de Directiva realiza cierta doctrina que la ha analizado, cuando señala que "si se aprueba en los términos actuales, supondrá un cambio notable en las pautas generales de valoración y análisis de la veracidad de las alegaciones publicitarias que contengan mensajes medioambientales, de tal forma que estas alegaciones, antes de utilizarse, deberán haber sido verificadas por un tercero independiente de acuerdo con unos parámetros y condiciones previstos en la propia Directiva. Además, las alegaciones medioambientales tendrán que acompañarse de la información acerca de su justificación. Todo ello, acompañado de un régimen sancionador que, aunque habrá

50 *Ibidem.*

que ver cómo se articula en los distintos Estados miembros, la propia Directiva apunta a que será exigente"[51].

Sin embargo, no todo es positivo. En sentido negativo, hemos de lamentar que la Propuesta de Directiva sobre alegaciones ecológicas se quede algo corta. Sobre todo, por extender su ámbito de aplicación solo a las declaraciones ecológicas voluntarias de las empresas, cuando, al parecer, existe una opinión bastante generalizada entre el público consumidor favorable a entender que, en un momento como el actual, todos de los bienes y servicios ofertados al mercado deberían contener indicaciones relativas a su impacto ecológico o medioambiental[52].

Además, junto a todo lo expuesto, no podemos desconocer que con todas estas nuevas disposiciones incorporadas —o en vías de incorporación— al Derecho de la competencia desleal (en materia de reseñas, sostenibilidad, obsolescencia programada, etc.) estamos haciendo de este sector del ordenamiento económico un Derecho excesivamente reglamentista, en el que cada vez poseen menor operatividad las cláusulas generales que históricamente fueron los instrumentos esenciales sobre los que se apoyaron los legisladores para tratar de hacer frente a los efectos negativos derivados de los comportamientos desleales.

---

51 CALVO CARMONA, M. y SUANZES DÍEZ, C., "A vueltas con el *greenwashing*...", *cit.*, pág. 225.

52 En este aspecto negativo de la Propuesta de Directiva coincidimos con la OCU: *Vid.* ORGANIZACIÓN DE CONSUMIDORES Y USUARIOS, "OCU valora positivamente la Directiva Europea sobre Alegaciones Medioambientales", [en línea] (2023): https://www.ocu.org/organizacion/prensa/notas-de-prensa/2023/greenclaims030423. [Consulta: 31/10/2023].

BIBLIOGRAFÍA

BELTRÁN, E. y LOZANO, T., "La Comisión Europea propone nuevas obligaciones para evitar y sancionar el *greenwashing*", [en línea] (2023): https://www.tendencias.kpmg.es/2023/07/comision-europea-directiva-greenwa shing/. [Consulta: 31/10/2023].

CALVO CARMONA, M. y SUANZES DÍEZ, C., "A vueltas con el greenwashing: la nueva Propuesta de Directiva sobre alegaciones medioambientales", *Actualidad Jurídica Uría Menéndez*, núm. 62, 2023, págs. 212 y ss., [en línea] (2023): https://www.uria.com/es/publicaciones/8583-a-vueltas-con-el-greenwa shing-la-nueva-propuesta-de-directiva-sobre-alegaciones. [Consulta:31/10/2023]

COMISIÓN EUROPEA, "Cribado de sitios web en relación con el «blanqueo ecológico»: la mitad de las afirmaciones en materia ecológica carece de fundamento", Comunicado de prensa IP/21/269, 28 de enero de 2021, Bruselas.

CONSEJO DE LA UNIÓN EUROPEA, Comunicado de prensa: "El Consejo y el Parlamento alcanzan un acuerdo provisional dirigido a empoderar a los consumidores para la transición ecológica", 19.09.2023 [en línea] (2023): https://www.consilium.europa.eu/es/press/press-relea ses/2023/09/19/council-and-parliament-reach-provisional-agreement-to-empower-consumers-for-the-green-transition/. [Consulta: 31/10/2023].

CONSEJO DE LA UNIÓN EUROPEA, Comunicado de prensa de 24 de octubre de 2023 sobre "Bonos verdes europeos: el Consejo adopta un nuevo Reglamento para promover las finanzas sostenibles" [en línea] (2023): https://www.consilium.europa.eu/es/press/press-releases/2023/10/24/european-green-bonds-council-adopts-new-regulation-to-promote-sustainable-finance/. [Consulta: 1/11/2023].

COPPOLECCHIA, E.K., "The greenwashing deluge: Who will rise above the waters of deceptive advertising?", *University of Miami Law Review*, vol. 64, 2010, págs. 1356 y ss., [en línea] (2010): https://repository.law.miami.edu/cgi/ viewcontent.cgi?referer=&httpsredir=1&article=1182&context=umlr. [Consulta: 31/10/2023].

DIFFENDERFER, M. y BAKER, K.C., "Greenwashing: What you client should know to avoid costly litigation and consumer backlash", *Natural Resources & Environment*, vol. 25, núm. 3, winter 2011, pág. 1 [en línea] (2011): https://www.llw-law.com/wp-content/uploads/2016/04/Greenwashing-What-Your -Client-Should-Know-to-Avoid-Costly-Litigation-and-Consumer-Backlash.pdf. [Consulta: 29/10/2023].

ENCISO ALONSO-MUÑUMER, M. "Transparencia y sostenibilidad: nuevos retos de la información no financiera", *Revista de Derecho del Mercado de Valores,* núm. 27, 2020, págs. 242-281.

EUROPEAN INVESTMENT BANK, *The EIB Climate Survey: The climate crisis in a COVID-19 world: calls for a green recovery,* Third edition, 2020-2021, [en línea]: https://www.eib.org/attachments/thematic/the_eib_climate_survey_2020_2021en.pdf. [Consulta: 31/10/2023].

FOWLER, K., "A Consumer's Guide to Greenwashing", *Marketing Undergraduate Honors Theses,* [en línea] (2023): https://scholarworks.uark.edu/cgi/viewcontent. cgi?article=1078&context=mktguht. [Consulta: 31/10/2023].

FRANCO, J.A., *La legislación sobre greenwashing y los ODS' como escenario futuro,* pág. 15, [en línea] (2020): https://www.otroconsumoposible.es/wp-content/uploads/2020/12/Contenido-en-bruto-Juan-Agusti%CC%81n-Franco. pdf. [Consulta: 31/10/2023].

GARCÍA LOMBARDÍA, P., "Greenwashing: ser o no ser verde", *Harvard Deusto Márketing y Ventas,* núm. 141, enero 2017, págs. 30 y ss.

GARCÍA VIDAL, A., "Propuesta de Directiva sobre alegaciones ecológicas", en *Publicaciones Gómez Acebo & Pombo,* [en línea] (2023): https://www.ga-p.com/publicaciones/propuesta-de-directiva-sobre-alegaciones-ecologicas. [Consulta: 31/10/2023].

GUILLÉN, P., "El legislador de la UE contra el *greenwashing*" [en línea] (2022): https://baylos.com/blog/el-legislador-de-la-ue-contra-el-greenwashing. [Consulta: 31/10/2023].

HALLAMA, M., MOMTLLÓ RIBO, M. *et al.*, "El fenómeno del *greenwashing* y su impacto sobre los consumidores. Propuesta metodológica para su evaluación", *Aposta: Revista de Ciencias Sociales,* 50, 2011, pág. 7 [en línea] (2011): https://www.redalyc.org/articulo.oa?id=495950246004. [Consulta: 29/10/2023].

LÓPEZ-RODRÍGUEZ CAMPO, E. y ARÉVALO, L.A., "Del marketing ecológico al *greenwashing*: una mirada en escenarios colombianos e internacionales", *Ciencias Económicas: Publicación de la Facultad de Ciencias Económicas de la Universidad Nacional del Litoral,* vol. 1, núm. 16, 2019, págs. 1 y ss.

MARCO ARCALÁ, L.A. y RUS ALBA, E., "El nuevo marco jurídico de los argumentos ecológicos y medioambientales en la publicidad entre la regulación y la autorregulación", *Actas de derecho industrial y derecho de autor,* Tomo 30, 2009-2010, págs. 323 y ss.

MASSAGUER FUENTES, J., *El nuevo derecho contra la competencia desleal: la Directiva 2005/29/CE sobre las prácticas comerciales desleales,* Thomson Civitas, 2006.

MIRANDA SERRANO, L.M., "Prácticas desleales sobre reseñas online de bienes y servicios", *InDret,* núm. 2, 2023, pág. 232.

_______________ "La Directiva 2011/83/UE sobre los derechos de los consumidores: una nueva regulación para Europa de los contratos celebrados a distancia y extramuros de los establecimientos mercantiles", *Revista de Derecho de la Competencia y la Distribución,* núm. 11, 2012, págs. 77 y ss.

ORGANIZACIÓN DE CONSUMIDORES Y USUARIOS, "OCU valora positivamente la Directiva Europea sobre Alegaciones Medioambientales", [en línea] (2023): https://www.ocu.org/organizacion/prensa/notas-de-prensa/2023/ greenclaims030423. [Consulta: 31/10/2023].

ORTEGA GUTIÉRREZ, J., *et al.*, "El *greenwashing* o como destapar estrategias comerciales de ventas falsas que se apoyan en una filosofía verde", en AA.VV., *XXX Jornadas Luso-Espanholas de Gestão Científica: cooperação transfronteiriça. Desenvolvimento e coesão territorial. Livro de resumos* (dir. FERNANDES, P.), 2020, págs. 247 y ss., [en línea] (2020): . [Consulta: 31/10/2023].

ROTMAN, R.M. *et al.*, "Greenwashing no more: the case for stronger regulation of environmental marketing", *Administrative Law Review,* núm. 72, pág. 419, [en línea] (2020): https://scholarship.law.missouri.edu/facpubs/972/. [Consulta: 29/10/2023].

SÁ PINTO, S., "Greenwashing: A "Arte" de Bem Parecer", *Revista Técnica de Tendências em Comunicação Empresarial,* 2, 2022, pág. 2 [en línea] (2022): https://parc.ipp.pt/index.php/trendshub/article/download/4647/2536. [Consulta: 29/10/2023].

SILVA, D., "The fight against greenwashing in the European Union", *UNIO-EU Law Journal,* vol. 7, núm. 2, 2021, especialmente págs. 133 y ss., [en línea] (2021): https://revistas.uminho.pt/index.php/unio/article/download/4029/4052. [Consulta: 31/10/2023].

SILVA CARCHEDI, K. y MARTINEZ HEINRICH FERRER, W., "A tutela jurídica do consumidor nas práticas empresariais de greenwashing", *Revista Jurídica Luso-Brasileira,* año 6, 2020, núm. 5, págs. 1223-1246 [en línea] (2020): https://www.cidp.pt/revistas/rjlb/2020/5/2020_05_1223_1246.pdf. [Consulta: 31/10/2023].

TAPIA HERMIDA, A. J., "Sostenibilidad financiera en la Unión Europea: El Reglamento (UE) 2019/2088 sobre las finanzas sostenibles", *La Ley Unión Europea*, núm. 77, 2020.

VENDRELL CERVANTES, C. y SUANZES DÍEZ, C., "*Greenwashing* y prácticas desleales con los consumidores: la propuesta de directiva relativa al empoderamiento de los consumidores para la transición ecológica a la luz del contexto actual y algunos casos recientes en el derecho comparado", *Actualidad Jurídica Uría-Menéndez*, 60, septiembre-diciembre 2022, pág. 162, [en línea] (2022): https://www.uria.com/documentos/publicaciones/8200/documento/ajum 60art.pdf?id=13178&forceDownload=true. [Consulta: 29/10/2023].

WEST, K.A., "Goodbye to greenwashing in the fashion industry: Greater enforcement and Guidelines", *North Carolina Law Review*, vol. 101, núm. 3, 2023, [en línea] (2023): https://scholarship.law.unc.edu/cgi/viewcontent.cgi ?article=6922&context=nclr. [Consulta: 31/10/2023].

Capítulo 13.

EL MARKETING ALGORÍTMICO BASADO EN DATOS REVELADORES DE UN TRASTORNO POR USO DE VIDEOJUEGOS. UN ANÁLISIS DESDE EL DERECHO DE LA COMPETENCIA DESLEAL.

IRENE SÁNCHEZ FRÍAS
Investigadora predoctoral contratada, Universidad de Málaga.

I. CUESTIONES PRELIMINARES. LA PERSUASIÓN BASADA EN PERFILES Y LA MANIPULACIÓN ALGORÍTMICA EN LA NORMATIVA ESPAÑOLA Y COMUNITARIA.

1. La persuasión basada en perfiles como estrategia de marketing.

En la actualidad, una de las grandes preocupaciones en el marco de la protección de los consumidores y usuarios frente a la publicidad digital es el uso y abuso de los datos personales, especialmente, sobre aquellos datos que revelan aspectos particularmente íntimos de los individuos, como su orientación sexual, sus creencias religiosas o sus orientaciones políticas. Entre las estrategias de marketing más populares para asegurar la interacción o *engagement* del usuario encontramos la persuasión basada en perfiles, la cual funciona, precisamente, gracias a los datos, tanto personales como no personales, del usuario[1].

La persuasión basada en perfiles, o *persuasion profiling*, es una estrategia publicitaria que tiene lugar en el mismo momento en el que los datos son analizados y clasificados[2]. El algoritmo publicitario recoge y clasifica los datos de cada usuario individualmente para crear un perfil sobre el mismo, categorizándolo conforme a su vulnerabilidad frente a diferentes técnicas de persuasión[3]. La técnica de persuasión comunicativa fue formulada por el psicólogo social Robert Cialdini, quien expresó cómo la persuasión se basa en seis categorías basadas en normas sociales que permiten modificar la conducta de los individuos[4].

La primera categoría está conformada por la comunicación autoritaria. Ciertos usuarios son más tendentes a obedecer a propuestas formuladas por una autoridad, o por lo que para ellos es percibido subjetivamente como una autoridad o icono a seguir[5]. Por ejemplo, es habitual encontrarnos con anuncios de productos dentífricos que indican que el producto es recomendado por un elevado número de dentistas.

---

1 TZOULIA, E. "Targeted advertising in the digital era: Modern challenges to consumer privacy and economic freedom. The responses of the EU legal order", in SYNODINU T. (ed.) *EU internet law in the digital single market,* Springer Creation, 2021, pp. 5-15.

2 KUPČÍK, J. AND MIKEŠ, S., "Discussion on big data, online advertising and competition policy", *European Competition Law Review,* 2018, pp. 1-11

3 GALLI, F. "Predictive Personalisation" in GALLI, F. *Algorithmic Marketing and EU Law on Unfair Commercial Practices,* Law, Governance and Technology Series, volume 50, 2022, pp. 81-107.

4 CIALDINI, R.B. "Harnessing the Science of Persuasion", (2001) Harvard Business Law Review, pp.1-10.

5 CIALDINI, R.B. "Harnessing the Science of Persuasion", (2001) Harvard Business Law Review, pp.1-10.

La segunda categoría sería la comunicación consensual, basada en la aprobación del producto por parte de otros individuos. Algunos usuarios son más tendentes a adquirir un producto recomendado por contactos cercanos[6]. De esta forma, es común encontrar anuncios en redes sociales, como Facebook, que indican mensajes tales como "Tus amigos en Facebook están adquiriendo este producto":

La tercera categoría se funda en el compromiso. Algunos individuos son más propensos a involucrarse si ya se han visto inmersos en un determinado curso de acciones[7]. Aquí es donde se enmarcaría, sobre todo, la publicidad inserta en videojuegos, la cual presenta altas dosis de efectividad. Una vez que el usuario está inmerso en el juego, se incluyen anuncios para adquirir determinados productos que facilitan el avance en el mismo, como, por ejemplo, armas especiales o vidas extra.

La cuarta categoría es la escasez. Muchos individuos no pueden resistir la tentación de un descuento sobre últimas unidades, mientras que otros, por el contrario, pueden percibir esta oferta como un indicativo de poca calidad del producto[8]. El marketing algorítmico es capaz de detectar si el usuario pertenece al primer grupo de individuos o al segundo y, de forma acorde, proporcionarle o no publicidad persuasiva basada en la escasez de productos.

La quinta categoría es la afinidad. La mayoría de los individuos son más propensos a ser influenciados por otras personas

---

6 CIALDINI, R.B. "Harnessing the Science of Persuasion", (2001) Harvard Business Law Review, pp.1-10.

7 CIALDINI, R.B. "Harnessing the Science of Persuasion", (2001) Harvard Business Law Review, pp.1-10.

8 CIALDINI, R.B. "Harnessing the Science of Persuasion", (2001) Harvard Business Law Review, pp.1-10.

con quienes se identifiquen fácilmente[9]. Este fenómeno justifica, en la práctica, el éxito publicitario de los *influencers*, debido a la cercanía y familiaridad que suelen transmitir al usuario.

Por último, la sexta categoría se refiere a la comunicación basada en la reciprocidad, en otras palabras, aquella en la que los individuos son más tendentes a responder a una comunicación persuasiva si sienten que obtienen algo a cambio[10]. Así, podemos encontrar la obtención de ofertas a cambio de que el usuario se registre en una plataforma o rellene valoraciones o encuestas sobre el servicio. Otro ejemplo sería los casos en los que un publicista ofrece contenidos gratuitos (por ejemplo, e-books), a cambio de que los usuarios otorguen sus datos de contacto, como el correo electrónico[11].

Muchas de estas prácticas son susceptibles de ser prácticas engañosas conforme a la normativa de competencia desleal, en particular, cuando contienen información falsa sobre ciertos aspectos del producto[12]. Siguiendo los métodos citados, un claro ejemplo de acto engañoso sería los falsos mensajes de escasez. Otras prácticas, como veremos más adelante, pueden resultar desleales por su agresividad, si bien su calificación como agresiva puede no resultar clara en ciertos casos.

Debido a la multitud de prácticas desleales que pueden tener cabida dentro del marketing persuasivo, y al carácter eminentemente casuístico del Derecho de la competencia desleal, hemos decidido acotar nuestro objeto de estudio a una sola práctica que sigue el método de marketing persuasivo basado

---

9 CIALDINI, R.B. "Harnessing the Science of Persuasion", (2001) Harvard Business Law Review, pp.1-10.

10 CIALDINI, R.B. "Harnessing the Science of Persuasion", (2001) Harvard Business Law Review, pp.1-10.

11 DE PELSMACKER, P. "How advertising works" in *Advanced Introduction to advertising*, pp. 65-75.

12 *Vid.* Art. 5 LCD.

en el compromiso. Pese a que dicha práctica es susceptible de causar grandes problemáticas, sobre la misma concurre poca certeza jurídica. Esta práctica no es otra que la publicidad persuasiva basada en datos reveladores de una posible adicción al videojuego. Plantearemos, como cuestión principal, si la persuasión publicitaria basada en datos que revelan una posible adicción del usuario al videojuego puede, en sí misma, ser motivo de deslealtad, cuando el algoritmo explota dichos datos con el propósito de que el usuario adquiera productos dentro del propio videojuego.

2. *La manipulación algorítmica del consumidor a través del uso de datos personales en la normativa española y de la Unión Europea*

El primer paso para analizar si el marketing persuasivo basado en datos reveladores de una adicción del usuario al videojuego puede constituir una práctica desleal es remitirnos a la normativa aplicable a las prácticas comerciales desleales. Debido al carácter marcadamente transfronterizo de la publicidad inserta en aplicaciones móviles[13], resulta conveniente detenernos no sólo en la normativa española, sino también comunitaria.

A nivel comunitario, la regulación de las prácticas comerciales desleales la encontramos, principalmente, en la Directiva 2005/29/CE sobre prácticas comerciales desleales (en adelante, "DPCD"). La DPCD tiene como objetivo aproximar

---

13 Teniendo en cuenta elementos transfronterizos que afectan a la publicidad digital, como, por ejemplo, la divergencia entre el país de emisión y el país de recepción de la publicidad. Véase, entre otros, RUIZ MUÑOZ, M. "Derecho de la publicidad y globalización: publicidad transfronteriza, libertad de expresión y derechos aplicables", Estudios sobre consumo, Núm. 79, 2006, pp. 89-114.

las disposiciones legales, reglamentarias y administrativas de los Estados Miembros sobre las prácticas comerciales desleales que perjudican a los intereses económicos de los consumidores[14]. Con este fin, para identificar aquellas prácticas comerciales desleales prohibidas en el marco de la Unión Europea, la Directiva proporciona una prueba de tres pasos que ha desarrollado el Tribunal de Justicia a través de su jurisprudencia[15].

El primer paso es un Anexo que incluye una suerte de "lista negra", la cual integra todas aquellas prácticas que se presumen desleales en cualquier caso[16]. Si la práctica en cuestión no está incluida en dicha lista negra, la Directiva proporciona, como segundo paso, una serie de provisiones particulares para identificar la práctica como engañosa o agresiva[17]. Por último, en caso de que la práctica en cuestión no se enmarque en ninguna de las provisiones anteriores, la Directiva aporta un tercer paso, una cláusula general donde se define de manera amplia el concepto de práctica comercial desleal[18].

Esta prueba de tres pasos se incorporó en la normativa española a través de la Ley 3/1991, de 10 de enero, de Competencia Desleal (en adelante, "LCD"). El primer paso, es decir, la lista negra de prácticas comerciales desleales, se regula en el capítulo III de la LCD, dedicado a las prácticas comerciales con los consumidores y usuarios. La LCD incluye una serie de artículos que regulan prácticas desleales con los consumidores en todo caso y en cualquier circunstancia[19], al igual que el Anexo I de la

---

14 *Vid.* Art. 1.1. DPCD

15 *Vid. inter alia*, STJUE, caso C-261/07 y (C-299/07).VTB-VAB NV contra Total Belgium NV (C-261/07) y Galatea BVBA contra Sanoma Magazines Belgium NV

16 *Vid.* Anexo I DPCD

17 *Vid.* Arts. 6-9 DPCD

18 *Vid.* Art. 5 DPCD

19 *Vid.* Arts. 19 y 21-31 LCD.

Directiva. El segundo paso, dedicado a provisiones particulares sobre prácticas engañosas o agresivas con los consumidores, se regula en los arts. 5, 7 y 8 LCD, además de en los artículos 19 y 20 de la Ley General para la defensa de los derechos de los consumidores y usuarios (en adelante, "LGDDCU"). Como último y tercer paso, la LCD también incorpora una cláusula general, inserta en su artículo 4.

En consecuencia, de cara a plantear si del marketing persuasivo basado en la adicción a los videojuegos del usuario puede constituir una práctica desleal, deberemos atender a dicho examen de tres pasos.

II. EL MARKETING PERSUASIVO BASADO EN TÉCNICAS DE COMPROMISO SOBRE DATOS REVELADORES DE ADICCIÓN AL JUEGO DEL DESTINATARIO. ¿UNA PRÁCTICA AGRESIVA?

1. La publicidad como modelo de negocio en los videojuegos.

La cantidad de horas diarias que los individuos dedicamos al uso de aplicaciones móviles es vertiginosa y, para muchas personas, exalta una miríada de riesgos. Entre ellos, podemos encontrar el riesgo de iniciar o fomentar adicciones a aplicaciones móviles. En el particular caso de las aplicaciones móviles de videojuegos, la explotación de estas adicciones presenta un marcado interés económico, al ser habitual que muchas se ofrezcan, inicialmente, como "gratuitos", si bien la auténtica remuneración por el servicio son los datos personales del usuario. Igualmente, la otra gran fuente de ingresos para las apps de videojuegos es la compra de productos digitales dentro del juego para adquirir ventajas que, en muchas ocasiones, no están disponibles gratuitamente o resultan difíciles de conseguir.

Así sucede, por ejemplo, en juegos como Candy Crush y Clash Royale.

Se ha señalado que la clave del éxito de estos modelos de negocio, denominados "freemium", es la combinación de dos aspectos del modelo comercial: el modelo gratis o "free" y el modelo premium. Freemium es un modelo comercial que funciona ofreciendo un juego de forma "gratuita", y en el que se cobra una tarifa para adquirir características avanzadas, funcionalidades, o productos y servicios adicionales[20]. Siguiendo el ejemplo de Candy Crush, podemos encontrar, en particular, la compra de vidas, movimientos extras y *charms* (mecanismos para reducir la dificultad del juego).

Con el auge del metaverso, este fenómeno no ha hecho sino incrementarse. Un claro ejemplo sería también el videojuego Minecraft. A través de la *minecoin* -es decir, la moneda virtual de Minecraft, que sólo es adquirible a través de dinero real-, el jugador puede comprar apariencias, paquetes de texturas, mundos y otros útiles en el mercado virtual de Minecraft[21].

¿Qué relación guarda este modelo *freemium* con la persuasión publicitaria basada en perfiles? En la práctica, el algoritmo del videojuego se entrena con datos reveladores del número de horas que el usuario dedica al juego, las dificultades que presenta para subir de nivel, si previamente ha comprado productos premium.... En consecuencia, detectará, individualizadamente, si se encuentra ante un usuario especialmente vulnerable ante anuncios de productos premium, para así seleccionar, por ejemplo, en qué momento del juego es más

---

20 SOTELO, F. "Candy Crush Saga: El secreto de un modelo de negocio de éxito". Disponible online en https://marketing4ecommerce.net/candy-crush-saga-el-secreto-de-un-modelo-de-negocio-de-exito/

21 MINECRAFT HELP CENTER, "Minecraft Marketplace FAQ". Disponible online en https://help.minecraft.net/hc/en-us/articles/4408963926541-Marketplace-FAQs-

efectivo remitirle anuncios sobre productos y sobre qué productos en particular. Este tipo de prácticas podrían explotar y fomentar la adicción al videojuego del usuario, manipulando su capacidad de decisión para que adquiera productos en el videojuego que, de no ser por su adicción, probablemente no adquiriría.

2. *Requisitos generales para la agresividad de la práctica*

Durante las primeras páginas, hemos explorado cómo la publicidad persuasiva basada en perfiles se sirve de algoritmos que construyen un perfil del usuario para así identificar que técnicas de comunicación serán más efectivas con el mismo. Entre dichas técnicas, encontramos la comunicación basada en el compromiso, es decir, aquella publicidad que es más efectiva en usuarios ya involucrados de alguna manera.

El riesgo evidente de este tipo de publicidad persuasiva es la explotación de las adicciones de los usuarios. Si el algoritmo, utilizando las cookies del usuario, detecta que éste emplea un elevado número de horas diarias en videojuegos, es probable que le remita una gran cantidad de publicidad sobre los mismos, así como sobre productos a adquirir dentro del juego para subir de nivel o adquirir productos *premium*. Este tipo de persuasión plantea graves preocupaciones tanto éticas como jurídicas, debido a que puede llevar a la explotación de las vulnerabilidades de un usuario que presente problemas graves de adicción a los videojuegos, cruzando la línea entre la persuasión y la manipulación a través de la publicidad personalizada basada en tales datos.

Desde el ámbito de la competencia desleal, para determinar si dicha persuasión puede ser calificada como una práctica desleal, debemos atender a la prueba de tres pasos anteriormente expuesta. Ya que la DPCD, al ser una Directiva, no es de aplicación directa a los Estados Miembros, nos referiremos a la LCD, remitiéndonos, ante posibles problemas de interpretación, a la Directiva y a la Guía para la implementación y aplicación de la Directiva.

El primer paso, según el Tribunal de Justicia, sería comprobar si la explotación publicitaria de los datos personales del usuario para detectar ciertas vulnerabilidades, como la adicción a los videojuegos, es un acto expresamente prohibido en la lista negra de prácticas desleales[22]. En la lista negra de prácticas desleales comerciales hacia consumidores y usuarios de la LCD no se llega a mencionar expresamente la explotación de vulnerabilidades de los consumidores, así como tampoco actos similares, salvo en lo referente a publicidad dirigida a niños[23].

Por tanto, es necesario remitirnos al segundo paso, es decir, la relación de prácticas concretas que son engañosas o agresivas conforme a la LCD[24]. En este punto, cabe plantearnos si el uso de datos sobre la adicción al juego del usuario para remitirle publicidad personalizada puede constituir una práctica agresiva.

Conforme a la LCD, una práctica agresiva es todo comportamiento que, teniendo en cuenta sus características y circunstancias, sea susceptible de mermar de manera significativa -mediante acoso, coacción, incluido el uso de la fuerza, o influencia indebida- la libertad de elección o conducta del destinatario en relación con el bien o servicio y, por consiguiente, afecte o pueda afectar a su comportamiento económico[25].

---

22 DUIVENVOORDE, B.B. "The Consumer Benchmarks in the Unfair Commercial Practices Directive", *Studies in European Economic Law and Regulation,* Springer Cham, 2015, pp. 13-60.

23 *Vid.* Art. 19 y 21-31 LCD.

24 *Vid.* Arts. 5,7 y 8 LCD.

25 *Vid.* Art. 8.1. LCD

En el caso del uso de datos reveladores de una posible adicción al juego, podríamos cuestionar si este uso puede constituir un medio de influencia indebida. En este sentido, la LCD define como influencia indebida la utilización de una posición de poder en relación con el destinatario de la práctica para ejercer presión, incluso sin usar fuerza física ni amenazar con su uso[26]. Entre otros factores, la LCD incluye, como indicativo de influencia indebida, la explotación por parte del empresario de cualquier infortunio o circunstancia específicos lo suficientemente graves como para mermar la capacidad de discernimiento del destinatario, de los que aquel tenga conocimiento, para influir en su decisión con respecto al bien o servicio[27]. A continuación, exploraremos la explotación de la adicción al videojuego como causa de influencia indebida.

3. La explotación de datos reveladores de una adicción al videojuego como medio de influencia indebida.

La influencia indebida es definida en la LCD como la utilización de una posición de poder en relación con el destinatario de la práctica para ejercer presión, incluso sin mediar fuerza física ni amenazar con su uso[28].

El primer factor, por tanto, es la relación de poder. El concepto de poder, en competencia desleal, es un concepto jurídico indeterminado, aunque que la jurisprudencia y la doctrina han intentado aclarar los casos en los que se da esta especial relación[29]. Necesariamente, tendremos que atenernos a un es-

26 *Vid.* Art. 8.1 LCD

27 *Vid.* Art. 8.2 LCD

28 *Vid.* Art. 8.1.

29 En lo referente al desarrollo del concepto de influencia indebida, vid. GONZÁLEZ VAQUÉ, L. "Jurisprudencia del TJUE referente a la interpretación de la Directiva relativa a las prácticas comerciales

tudio caso por caso, si bien en términos generales hay relaciones que comúnmente son admitidas como prácticas agresivas por abuso de poder: la comercialización de un producto financiero contrario a los intereses de un consumidor necesitado de financiación; el médico que de forma abusiva le recomienda a un paciente un fármaco económicamente muy costoso como cura inmediata de su patología, en vez de recetar uno de menores costes para este, movido principalmente por los incentivos que le hubiese prometido la farmacéutica por su comercialización y no por la conveniencia del fármaco para el paciente; o el profesional que se aprovecha de la circunstancia especial por la que está atravesando un enfermo terminal para ofertarle sus servicios a un precio abusivo[30].

En la relación que media entre un usuario y el proveedor de servicios de videojuegos, la relación de poder se constata desde el mismo momento de acceso al servicio. Para poder acceder al mismo, el usuario debe aceptar los términos y condiciones impuestos por el proveedor. A menudo, estas decisiones son llamadas *take-it-or-leave-it* (en inglés, "lo tomas o lo dejas"), las cuales ponen en entredicho la libertad de elección del usuario[31]. De esta manera, en la mayoría de las ocasiones, el usuario no tiene la posibilidad de negarse al tratamiento de sus datos con fines de publicidad, ya que el tratamiento de datos y la visualización de la publicidad son los factores que hacen que

desleales". Diario La Ley, Nº 7934, Sección Doctrina, 2012, pp.3-14; y ARROYO APARICIO, A. "Artículo 8. Prácticas Agresivas" en BERCOVITZ RODRÍGUEZ-CANO, A. (dir.) *Comentarios a la ley de competencia desleal.* Aranzadi, 2011, pp. 197-221.

30 GONZÁLEZ PONS, E. "Las prácticas agresivas y su tipicidad" en GONZÁLEZ PONS, E. (dir.) *Prácticas agresivas y tutela del consumidor,* BOE, 2019, pp. 75-133.

31 KOX, H., STRAATHOF B., AND ZWART G. "Targeted advertising, platform competition, and privacy", Wiley Journal of Economics and Management Strategy, 2016.

el servicio sea ofrecido como "gratuito"[32]. En la práctica, progresivamente, los datos personales han ido adquiriendo un reconocido valor económico, eliminando el falso mito de que el servicio es gratuito[33].

Esta imposibilidad del usuario a negarse a recibir publicidad, ya sea de terceros, ya sea para adquirir productos dentro del propio servicio, manifiesta la situación de poder entre el usuario y el proveedor del juego. Como hemos comentado, la publicidad es un factor esencial para el modelo de negocio de los videojuegos ofrecidos como "gratuitos", por lo que es habitual que sea una condición impuesta a los usuarios para poder acceder al servicio.

Por otro lado, la asimetría de poder entre el usuario y el proveedor del videojuego se manifiesta también en los datos de los que dispone el proveedor sobre los hábitos del usuario. En otras palabras, esta posición de poder se muestra en el excesivo conocimiento que tiene el proveedor -gracias a recolección de datos- acerca de las inversiones significativas que realiza el usuario en esfuerzo, tiempo y/o dinero en el juego; conocimiento que puede ser explotado para limitar la capacidad del jugador de cara a tomar una decisión libre[34].

---

32 ZUIDERVEEN B., FREDERIK B., KRUIKEMEIER, S., BOERMAN, S., HELBERGER, N., "Tracking Walls, Take-It-Or-Leave-It Choices, the GDPR, and the ePrivacy Regulation ", *European Data Protection Law Review,* Volume 3, Issue 3, 2018, pags 353-368, available at https://ssrn.com/abstract=3141290

33 Para más información sobre el valor económico de los datos, *Vid.* DUROVIC, M. and LECH, f. "A consumer Law Perspective on the Commercializacion of Data", European Review of Private Law 5, 2021, pp. 701-710.

34 CARTWTIGHT, P., HYDE, R. "Virtual coercion and vulnerable consumer: `loot boxes´ as aggressive commercial practices", *Cambridge University Press,* Legal Studies, 2022, pp. 555-575.

Como segundo factor, una vez constatada la posición de poder del proveedor del servicio, la LCD exige que este poder sea utilizado para ejercer presión sobre el destinatario. El mero hecho de no poder acceder al servicio a menos que se acepten todas las condiciones, sin margen alguno de negociación, constituye un claro medio de presión para que el destinatario acepte condiciones tales como el tratamiento de sus datos personales para diversos fines, o la continua recepción de publicidad durante el juego. Igualmente, el hecho de que el empresario explote los datos relativos al tiempo, dinero y esfuerzo que el usuario dedica al juego para personalizar la publicidad que el usuario recibe también puede considerarse un medio de presión[35].

Ahora bien, no toda práctica que ejerza influencia sobre el destinatario es influencia indebida, en el sentido de la normativa de competencia desleal. Tanto en la DPCD como en la LCD, la línea que separa la persuasión legítima de la influencia indebida va más allá de una mera influencia sobre el consumidor. Esta delimitación encuentra su lógica en que, de lo contrario, la mayoría de los actos publicitarios serían desleales, ya que toda publicidad que sea mínimamente eficaz requiere un elemento persuasivo sobre el destinatario[36]. En consecuencia, la normativa de competencia desleal requiere, para que la influencia sea indebida, que la práctica sea tan invasiva que limite la libertad de elección del consumidor[37].

---

[35] TZOULIA, E. "Targeted advertising in the digital era: Modern challenges to consumer privacy and economic freedom. The responses of the EU legal order", in SYNODINU T. (ed.) *EU internet law in the digital single market,* Springer, 2021, pp.5-25.

[36] DUIVENVOORDE, B.B. "The Consumer Benchmarks in the Unfair Commercial Practices Directive", *Studies in European Economic Law and Regulation,* Springer Cham, 2015, pp. 13-60.

[37] GALLI, F. "Algorithmic Marketing and EU Law on Unfair Commercial Practices", Law, Governance and Technology Series, volume 50, 2022

En varios casos, el TJUE ha tenido la oportunidad de clarificar los requisitos para definir el concepto de influencia indebida[38]. El Alto Tribunal ha subrayado que la influencia indebida debe afectar tanto a la libertad de elección como a la libertad de conducta del consumidor. Más adelante, al referirnos al concepto de vulnerabilidad, expondremos la gravedad práctica de la adicción a los videojuegos y su impacto en la libertad de elección y a la conducta del jugador.

Por otro lado, para el Alto Tribunal, resulta decisivo el papel de la transparencia y la información otorgada al consumidor como causa de influencia indebida sobre el consumidor. En ocasiones, incluso, se ha llegado a plantear por algunos autores que cualquier daño derivado de la adicción a los videojuegos puede paliarse a través de una información adecuada, planteamiento que, en nuestra opinión, no resulta convincente para evitar el carácter desleal de la práctica[39].

No nos vemos persuadidos por esta perspectiva ya que persiste la siguiente duda, ¿qué ocurre cuando el consumidor ha sido debidamente informado y, aun así, se explotan datos reveladores de una posible adicción con fines de publicidad personalizada? Por ejemplo, en el caso de un videojuego, se puede insertar en los términos y condiciones una cláusula que informe al consumidor de que la publicidad que recibe es personalizada, e incluir, hasta cierto punto, factores genéricos que tiene en cuenta el algoritmo para moderar dicha personalización. Asumiendo e imaginando un escenario rayando el *locus amoenus*, donde esta información sea inigualablemente com-

---

38 *Vid.* STJUE C-123/16 Orange Polska v Commission y STJUE C-54/17 Wind Tre.

39 CARTWTIGHT, P. and HYDE, R. “Virtual coercion and vulnerable consumer: `loot boxes´ as aggressive commercial practices”, *Cambridge University Press,* Legal Studies, 2022, pp. 555-575.

pleta y transparente, ¿se estaría realmente evitando la influencia indebida a través de la provisión de dicha información?

Actualmente, la interpretación del TJUE ha estado más limitada a aclarar la falta de transparencia como factor indicativo de influencia indebida, pero no ha explorado otros extremos, como la manipulación algorítmica. A nuestro juicio, podría indicarse que la puerta a calificar estas prácticas como desleales sigue abierta, aun cuando la información sobre los métodos de personalización es veraz y transparente. La causa radica en que dicha transparencia no impide, en sí misma, la posible explotación de los datos personales de un consumidor que se encuentre en una situación de adicción grave. Sostenemos esta postura ya que, conforme a la LCD, un indicio de influencia indebida es la explotación de "una circunstancia específica lo suficientemente grave como para mermar la capacidad de discernimiento del destinatario, de los que tenga conocimiento el empresario, para influir en su decisión con respecto al bien o al servicio", y en la misma podría insertarse una situación de adicción grave.

Sin embargo, el indicio de "una circunstancia específica lo suficientemente grave" es, claramente, un concepto jurídico indeterminado. La ausencia de pronunciamientos sobre este extremo dificulta ofrecer algo de luz sobre este término, por lo que habrá que atender al carácter casuístico del Derecho de la competencia desleal[40]. Ciertos autores, entre los que nos encontramos, consideran que el legislador se refiere a situaciones de debilidad basadas en la propia naturaleza del destinatario, como las derivadas de una dolencia física, o psíquica, una situación de estrés, o una enfermedad grave; en definitiva, situacio-

[40] GONZÁLEZ PONS, E. "Las prácticas agresivas y su tipicidad" en GONZÁLEZ PONS, E. (dir.) *Prácticas agresivas y tutela del consumidor, BOE, 2019, pp. 75-133.*

nes de extrema fragilidad que impiden al destinatario adoptar una decisión libre respecto a la oferta[41].

Por otra parte, un extremo interesante sería plantearnos qué diferencia radica entre el indicio de una circunstancia específica grave con el concepto de consumidor vulnerable, tan presente en la actualidad en la normativa española y comunitaria. En sede de la LCD, son conceptos que se integran en preceptos distintos: el primero sirve como indicio para calificar a una práctica como agresiva, mientras que el segundo se integra en la cláusula general de deslealtad. No obstante, a nuestro entender, son conceptos estrechamente relacionados, ya que la *rationale* de ambos es otorgar una especial protección al consumidor debido a una situación de fragilidad, la cual causa que su capacidad de decisión respecto a la oferta se vea mermada.

En el caso que aquí analizamos, el oferente puede llegar a explotar la adicción del jugador que adquiere un producto *premium* con la expectativa, por ejemplo, de continuar subiendo de nivel. Teniendo en cuenta la situación especialmente frágil del usuario adicto al servicio, dicha práctica es susceptible de cruzar la línea entre la persuasión y la manipulación, ejerciendo una influencia indebida que dé lugar a que la práctica sea calificada como una práctica desleal, ya sea por agresiva, ya sea ante la cláusula general de deslealtad. A continuación, trataremos específicamente la adicción al videojuego como causa de vulnerabilidad del usuario.

41 GONZÁLEZ PONS, E. "Las prácticas agresivas y su tipicidad" en GONZÁLEZ PONS, E. (dir.) *Prácticas agresivas y tutela del consumidor, BOE, 2019, pp. 75-133.*

III. LA EXPLOTACIÓN DE DATOS SOBRE ADICCIÓN A LOS VIDEOJUEGOS ANTE LA CLÁUSULA GENERAL DE DESLEALTAD.

Al resultar el examen de deslealtad un examen casuístico, podría ponerse en entredicho la agresividad de algunas prácticas comerciales basadas en datos reveladores de adicción al videojuego. Hemos expuesto cómo ciertas partes de la doctrina argumentan que la influencia indebida no concurre cuando el empresario proporciona una información adecuada sobre la publicidad recibida. Aunque nos encontramos en desacuerdo con tal planteamiento, ya que el mismo no evita la explotación de una circunstancia grave como indicio de deslealtad, en caso de dar por válido el mismo, se podría acudir al último escalón: el de la cláusula general de deslealtad, alegando la especial vulnerabilidad del usuario. Igualmente, la cláusula general es un mecanismo al que se podría acudir en caso de que la influencia indebida no afecte suficientemente a la capacidad de elección y al comportamiento del jugador. La ventaja de dicha cláusula radica en que otorga la posibilidad de rebajar la referencia del consumidor medio al miembro medio del grupo de consumidores vulnerables en cuestión, es decir, al miembro medio de un grupo de usuarios adictos al videojuego.

En este sentido, la cláusula general se articula como una cláusula necesaria, funcionando como una suerte de cajón de sastre, al caer en ella todas aquellas prácticas que no están específicamente contempladas en la lista negra de prácticas desleales, y cuyo carácter engañoso o agresivo no está claro. Igualmente, también se ha señalado su función de mecanismo de seguridad, ya que gracias a ella se evita que la protección contra la competencia desleal quede obsoleta debido al continuo desarrollo de prácticas empresariales[42], lo cual resulta beneficioso al examinar prácticas, como la aquí analizada, sobre las que concurre escasa seguridad jurídica.

En consecuencia, es necesario que tratemos, a continuación, la adicción a los videojuegos como causa de vulnerabilidad en la cláusula general de deslealtad.

1. El concepto de "adicción a los videojuegos" como causa de especial vulnerabilidad.

El planteamiento que anteriormente hemos expuesto, sobre cómo la explotación de la adicción a los videojuegos es motivo de deslealtad bajo la cláusula de prácticas agresivas, puede quedar igualmente confirmado si acudimos al tercer escalón del examen de deslealtad, es decir, la cláusula general de deslealtad. La cláusula general de deslealtad de la LCD guarda en especial consideración las prácticas que afectan especialmente a los consumidores vulnerables[43]. La cláusula general se refiere, en este extremo, a aquellas prácticas que, dirigidas a los consumidores en general, "únicamente sean susceptibles de distorsionar de forma significativa, en un sentido que el empresario pueda prever razonablemente, el comportamiento económico de un grupo claramente identificable de consumidores especialmente vulnerables a tales prácticas o al bien o servicio al que se refieran"[44]. Consecuentemente, la LCD prevé que el examen de deslealtad se evaluará desde la perspectiva del miembro medio de ese grupo vulnerable[45].

---

42 BERCOVITZ RODRÍGUEZ-CANO, A. "Artículo 4. Cláusula general" en BERCOVITZ RODRÍGUEZ-CANO, A. (dir.) *Comentarios a la ley de competencia desleal.* Aranzadi, 2011, pp. 197-221.

43 *Vid.* Art. 4 LCD

44 *Vid.* Art. 4.3. LCD

45 *Vid.* Art. 4.3. LCD

Ahora bien, la cuestión esencial llegados a este punto es ¿qué debemos de entender por consumidores "especialmente vulnerables"? La LCD se refiere expresamente a la vulnerabilidad del consumidor por presentar una discapacidad, por tener afectada su capacidad de comprensión o por su edad o su credulidad[46]. Cabe plantearnos si esta relación de causas de vulnerabilidad es meramente una lista ejemplificativa o una lista cerrada. Atendiendo a una interpretación basada en la génesis de la norma, la norma de origen de la LCD, es decir, la DPCD, deja entrever en sus considerandos que la lista de causas de vulnerabilidad es una lista abierta, al referirse a "determinadas características como la edad, una dolencia física o un trastorno mental o la credulidad"[47]. La introducción del adverbio no relativo "como" guarda, en este contexto, un valor ejemplificativo, lo que da lugar a que afirmemos que el concepto de vulnerabilidad es un concepto abierto.

Igualmente, en el ámbito de la normativa española, el TRLGDCU indica que tienen la consideración de personas consumidoras vulnerables respecto de relaciones concretas de consumo, aquellas personas físicas que, de forma individual o colectiva, por sus características, necesidades o circunstancias personales, económicas, educativas o sociales, se encuentran, aunque sea territorial, sectorial o temporalmente, en una especial situación de subordinación, indefensión o desprotección que les impide el ejercicio de sus derechos como personas consumidoras en condiciones de igualdad[48].

El hecho de que el TRLGDCU introduzca un concepto todavía más amplio de consumidor vulnerable no hace sino confirmar nuestra postura de que el concepto de vulnerabilidad es un concepto abierto. En el mismo sentido se pronuncia la Guía

---

46 *Vid.* Art. 4.3. LCD

47 *Vid.* Considerando 19 DPCD

48 *Vid.* Art. 3.2. TRLGDCU.

de Implementación sobre la DPCD, al aclarar que la lista de causas de vulnerabilidad del considerando 19 de la Directiva es una lista no exhaustiva[49]. Por ende, atendiendo a este concepto amplio de vulnerabilidad, es razonable plantearnos i) si una adicción importante es causa de vulnerabilidad en el consumidor; y ii) si existe una particular correlación entre la causa de vulnerabilidad -la adicción a los videojuegos- y la práctica en cuestión–la publicidad sobre productos relacionados con el videojuego-[50].

Comencemos por la primera cuestión. ¿Es la adicción a los videojuegos una causa de vulnerabilidad, entendida ésta en un sentido amplio? Para encontrar una respuesta debemos plantearnos un interrogante que hasta ahora no hemos abordado, y es qué debe entenderse por "adicción a los videojuegos". La Organización Mundial de la Salud (en adelante, "OMS") decidió incorporar el denominado "trastorno por uso de videojuegos" o *gaming disorder* en la edición de la Clasificación Internacional de Enfermedades en 2018, bajo la entidad padre de "trastornos debidos a comportamientos adictivos"[51].

Para aclarar si la conducta del usuario puede ser indicativa de un trastorno por uso de videojuegos, puede resultar de ayuda acudir a las pautas que aporta la OMS para calificar la conducta como tal. Así, la OMS indica que el trastorno por uso de videojuegos se caracteriza por un patrón de comportamiento de juego persistente o recurrente ("juegos digitales" o "videojuegos"), que puede ser en línea o fuera de línea, y que se manifiesta por: 1) deterioro en el control sobre el juego (por ejemplo, inicio, frecuencia, intensidad, duración, termi-

49 Guía, pp. 35.

50 *Vid.* Art. 4.3 LCD.

51 ORGANIZACIÓN MUNDIAL DE LA SAUD. CIE-11. *Clasificación Internacional de Enfermedades, 11.a revisión. Estandarización mundial de la información de diagnóstico en el ámbito de la salud.* Apartado 6C51.

nación, contexto); 2) incremento en la prioridad dada al juego al grado que se antepone a otros intereses y actividades de la vida diaria; y 3) continuación o incremento del juego a pesar de que tenga consecuencias negativas[52]. En el caso que aquí tratamos, si los datos recabados por el algoritmo publicitario muestran una intensidad y duración excesiva en el uso del videojuego, podríamos afirmar que el algoritmo está valiéndose de datos indicativos de un trastorno por uso de videojuegos.

Igualmente, la OMS indica que el patrón de comportamiento del juego puede ser continuo o episódico y recurrente, y da como resultado una angustia marcada o un deterioro significativo en las áreas de funcionamiento personal, familiar, social, educativo, ocupacional u otras áreas importantes[53]. La OMS señala que estas características son evidentes durante un período de al menos doce meses para que se asigne un diagnóstico, aunque la duración requerida puede acortarse si se cumplen todos los requisitos de diagnóstico y los síntomas son graves[54]. Las pautas facilitadas por la OMS, desde la regulación del concepto de consumidor vulnerable, plantean no pocos interrogantes. ¿Significa este último dato que, para que podamos afirmar que la práctica es desleal, la adicción debe haberse dado por regla general durante doce meses, salvo que los síntomas sean graves? En tal caso, ¿cuándo debe entenderse que los síntomas son graves? En este sentido, la OMS no otorga, por ejemplo, un número indicativo de horas que el usuario debe

---

52 ORGANIZACIÓN MUNDIAL DE LA SAUD. CIE-11. *Clasificación Internacional de Enfermedades, 11.a revisión. Estandarización mundial de la información de diagnóstico en el ámbito de la salud.* Apartado 6C51.

53 ORGANIZACIÓN MUNDIAL DE LA SAUD. CIE-11. *Clasificación Internacional de Enfermedades, 11.a revisión. Estandarización mundial de la información de diagnóstico en el ámbito de la salud.* Apartado 6C51.

54 ORGANIZACIÓN MUNDIAL DE LA SAUD. CIE-11. *Clasificación Internacional de Enfermedades, 11.a revisión. Estandarización mundial de la información de diagnóstico en el ámbito de la salud.* Apartado 6C51.

dedicar a los videojuegos para que se considere que presenta un trastorno.

Igualmente, también se planeta la disyuntiva de qué ocurre cuando el usuario no utiliza un solo videojuego, sino varios, y es la suma de las horas que dedica a diversos videojuegos la que evidencia una adicción a los videojuegos en general. En ese caso, si el proveedor de cada videojuego tiene acceso a datos de terceros o de otros juegos controlados por él directa o indirectamente, estaría explotando dichos datos y, por tanto, la vulnerabilidad del usuario. *A sensu contrario*, si no tiene acceso a estos demás datos, no se estaría valiendo de la situación de vulnerabilidad del usuario, al no tener acceso a datos que evidencien la misma.

En la práctica, por tanto, la deslealtad quedará por regla general circunscrita a los siguientes casos: i) aquellos en los que el jugador sea adicto a un solo videojuego, y ii) aquellos en los que el jugador sea adicto a varios videojuegos, y el proveedor tenga acceso a los datos de otros proveedores, teniendo acceso a una suma de datos que evidencien la adicción.

En estos casos, muchos de los síntomas indicados por la OMS pueden tenerse en consideración para calificar a la práctica como desleal. El destinatario puede presentar síntomas que concuerden con los indicados por la OMS, como el jugar hasta altas horas de la madrugada, con una frecuencia cada vez mayor...es decir, síntomas indicativos de un deterioro en el control sobre el juego. Igualmente, el hecho de que casi no acceda a otras aplicaciones móviles podría considerarse como un incremento en la prioridad dada al juego, anteponiéndose a otros intereses y actividades de la vida diaria. Otro síntoma es el incremento del juego a pesar de que tenga consecuencias negativas, las cuales pueden ser, por ejemplo, la pérdida de horas de sueño, atendiendo a la franja horaria en la que juegue el usuario.

En este punto, resulta más que razonable afirmar que presentar síntomas de un trastorno que está reconocido en el sector científico como "enfermedad" puede ayudar, en la práctica, a justificar i) la agresividad de la práctica, al concurrir influencia indebida, basada en la explotación de una situación especialmente grave, en este caso, una enfermedad del usuario; o, en su defecto ii) la deslealtad de la práctica bajo la cláusula general, en base a la explotación de la vulnerabilidad del usuario.

La consecuencia de dicha vulnerabilidad es que la deslealtad de la práctica se evaluará desde la perspectiva del miembro medio de un grupo de individuos con dicha vulnerabilidad, es decir, el miembro medio de un grupo de personas que presenten trastorno por uso de videojuegos. Constatada la vulnerabilidad del usuario, para que la práctica sea desleal conforme a la cláusula general, es necesario analizar, por último

a) Si la práctica es contraria a la diligencia profesional, entendida ésta como el nivel de competencia y cuidados especiales que cabe esperar conforme a las prácticas honestas del mercado y

b) Si la práctica distorsiona o puede distorsionar de manera significativa el comportamiento económico del miembro medio de un grupo de personas adictas a los videojuegos[55].

2. La buena fe y la diligencia profesional ante la explotación de datos reveladores de la adicción del usuario.

Conforme a la cláusula general de la LCD, se reputa desleal todo comportamiento que resulte objetivamente contrario a las exigencias de la buena fe[56]. La norma define como contrario a

---

55 *Vid.* Art. 4.1 LCD

56 *Vid.* Art. 4.1 LCD

la buena fe el comportamiento de un empresario o profesional contrario a la diligencia profesional, entendida ésta como el nivel de competencia y cuidados especiales que cabe esperar de un empresario conforme a las prácticas honestas del mercado, que distorsione o pueda distorsionar de manera significativa el comportamiento económico del consumidor medio o del miembro medio del grupo destinatario de la práctica, si se trata de una práctica comercial dirigida a un grupo concreto de consumidores[57]. Por ende, es necesario analizar si la práctica publicitaria en cuestión es contraria a la diligencia profesional.

De los múltiples problemas de interpretación que plantea la cláusula general, el concepto de diligencia profesional es uno de los mayores. Este concepto fue importado, de manera incompleta, de la DPCD[58]. La DPCD define la diligencia profesional como "el nivel de competencia y cuidado especiales que cabe razonablemente esperar del comerciante en sus relaciones con los consumidores, acorde con las prácticas honradas del mercado o con el principio general de buena fe en el ámbito de actividad del comerciante"[59]. Esta última definición es sensiblemente más completa que aquella inserta en la LCD, ya que la Directiva no sólo vincula la deslealtad con las prácticas honradas del mercado el nivel de competencia y cuidados especiales que cabe esperar razonablemente del comerciante, sino que la vincula también alternativamente con el principio general de buena fe en el ámbito de la actividad del comerciante[60].

---

57 *Vid.* Art. 4.1 LCD

58 TATO PLAZA, A. "La nueva cláusula general de represión de la competencia desleal», en TATO PLAZA, A. *La Reforma de la Ley de Competencia Desleal*, La Ley, 2010, pp.64-74.

59 *Vid.* Art. 2 h) DPCD

60 BERCOVITZ RODRÍGUEZ-CANO, A. "Artículo 4. Cláusula general" en BERCOVITZ RODRÍGUEZ-CANO, A. (dir.) *Comentarios a la ley de competencia desleal*. Aranzadi, 2011, pp. 197-221.

Ahora bien, resulta evidente que la definición que aporta la DPCD tiene un carácter exageradamente circular. Una práctica desleal se define como aquella contraria a la buena fe, la buena fe se equipara -exclusivamente en el entorno B2C- a la diligencia profesional, y para medir la diligencia profesional, se exige un nivel de competencia y cuidado especiales acordes a la buena fe. Igualmente, la DPCD, con la aparente intención de aclarar un concepto abstracto, realiza círculos en torno al mismo, aportando a cambio una serie de conceptos jurídicos indeterminados, tales como "nivel de competencia", "cuidados especiales", "razonablemente" o "prácticas honradas del mercado"[61].

En este sentido, podría decirse que la definición aportada por la Directiva recuerda a una amalgama de los elementos utilizados para valorar la deslealtad de una conducta en las diferentes tradiciones jurídicas de los Estados miembros: buenas costumbres (Austria y UWG alemana de 1909), "usages honnêtes en matière commerciale" (Bélgica), cláusula general de la responsabilidad civil extracontractual (Francia), los principios de la moral (Grecia), la "correttezza professionale" (Italia), "normas e usos honestos de calquer ramo de actividade económica" (Portugal), o nuestro concepto español de buena fe[62]. Ciertos autores sostienen que la amplitud de este concepto obedece a un intento del legislador europeo de llegar a una solución de compromiso entre las distintas tradiciones jurídicas de los Estados Miembros, y no a una divergencia de fondo[63].

---

61 GARCÍA PÉREZ, R. "La diligencia profesional: un concepto clave del nuevo derecho contra la competencia desleal", *Anuario da Facultade de Dereito da Universidade da Coruña,* 14, 2010, pp.23-37.

62 INSTITUT FÜR EUROPÄISCHES WIRTSCHAFTS- UND VERBRAUCHERRECHT E.V. "Study on the Feasibility of a General Legislative Framework on Fair Trading" 2000.

63 GARCÍA PÉREZ, R. "La diligencia profesional: un concepto clave del nuevo derecho contra la competencia desleal", *Anuario da Facultade de Dereito da Universidade da Coruña,* 14, 2010, pp.23-37.

Debido a la ambigüedad del concepto, la interpretación literal del mismo plantea no pocas dificultades. Acudiendo a una interpretación sistemática, otras normas de Derecho comunitario, como el TFUE, ayudan a interpretar el concepto de diligencia profesional. En concreto, el art. 169.1 del TFUE declara que "para promover los intereses de los consumidores y garantizarles un alto nivel de protección, la Unión contribuirá a proteger la salud, la seguridad y los intereses económicos de los consumidores, así como a promover su derecho a la información, a la educación y a organizarse para salvaguardar sus intereses". En el mismo sentido, el preámbulo de la DPCD aclara que la Directiva "protege directamente los intereses económicos de los consumidores frente a las prácticas comerciales desleales de las empresas en sus relaciones con los consumidores"[64].

De ambas previsiones podemos deducir que la finalidad de la norma es otorgar una protección elevada a los consumidores, ahora bien, no una protección sobre sus intereses en general, sino sobre sus intereses *económicos*[65]. En consecuencia, el concepto de diligencia profesional debe entenderse exclusivamente como una diligencia relativa a no dañar los intereses económicos del consumidor.

Igualmente, se ha señalado que el papel del consumidor en la competencia desleal es el de árbitro del sistema competitivo mediante la toma de decisiones libres e informadas[66]. Por ende, si la práctica comercial en cuestión impide que el consumidor tome una decisión libre en el ámbito de sus intereses

---

64 *Vid.* Considerando 8 DPCD.

65 MARIMÓN DURÁ, R. "Prácticas comerciales desleales con los consumidores" en GARCÍA CRUCES, J.A. (coord.), *Tratado de derecho de la competencia y de la publicidad*, Tirant lo Blanch, 2014.

66 MASSAGUER, J. "Comentario a la ley de competencia desleal", Civitas, 1999, pp.1-30.

económicos, debe entenderse que la misma es contraria a la diligencia profesional. Estos intereses económicos, en el caso que aquí tratamos, se plasman en que la publicidad se dirige a la compra de productos dentro del propio juego.

Bajo esta interpretación proteccionista sobre los intereses económicos de los consumidores, podemos concluir que, si el algoritmo publicitario utiliza datos del usuario que exploten su adicción al videojuego para que adquiera productos dentro del mismo, se estaría nublando potencialmente la capacidad del consumidor de tomar una decisión libre en el ámbito de sus intereses económicos y, por tanto, de actuar como árbitro en el sistema competitivo, lo que supondría la deslealtad de la práctica.

3. La distorsión del comportamiento económico del usuario a través de la explotación de sus datos relativos al uso de videojuegos.

Conforme a la cláusula general tanto de la LCD como de la DPCD, para que una práctica comercial hacia los consumidores sea reputada como desleal, es necesario no sólo que la misma sea contraria a la diligencia profesional, distorsionando la *capacidad* de tomar una decisión, sino que, además, la práctica debe distorsionar o ser susceptible de distorsionar de manera significativa el *comportamiento* económico del consumidor respecto a un bien o servicio. En este caso, como hemos expuesto, el consumidor de referencia sería el consumidor medio de un grupo de consumidores vulnerables en razón a su adicción a los videojuegos. En otras palabras, resulta necesario, por último, analizar si dicha práctica tiene como consecuencia que el consumidor de referencia tome una decisión viciada[67].

---

67 BERCOVITZ RODRÍGUEZ-CANO, A. "Artículo 4. Cláusula general" en BERCOVITZ RODRÍGUEZ-CANO, A. (dir.) *Comentarios a la ley de competencia desleal*. Aranzadi, 2011, pp. 197-221.

En primer lugar, para interpretar el requisito de una distorsión significativa del comportamiento económico, tanto la Directiva como la LCD indican que dicha distorsión concurre cuando la práctica merma de manera apreciable la capacidad del consumidor para adoptar una decisión con pleno conocimiento de causa, haciéndolo tomar una decisión sobre su comportamiento económico que de otro modo no hubiera tomado[68]. En el mismo artículo de la LCD, se define lo que viene a ser el comportamiento económico como toda decisión por la que éste opta por actuar o por abstenerse en relación con una serie de elementos, como la selección de una oferta u oferente; la contratación de un bien o servicio, así como, en su caso, de qué manera y en qué condiciones contratarlo; o el pago del precio[69].

Lo que se pretende evitar con la matización de distorsión "significativa" es que le produzcan supuestos de deslealtad por cuestiones irrelevantes, lo que suscita un problema interesante, el cual es si el consumidor que pretenda ejercitar la acción por competencia desleal debe probar que la distorsión en cuestión es significativa[70]. Por regla general, habrá que atenerse al estudio del supuesto concreto, en nuestro caso, la gravedad de la adicción y su relación con la compra de productos ofertados en el videojuego.

Atendiendo al carácter casuístico del Derecho de la competencia desleal, las circunstancias serán clave para analizar la deslealtad, por lo que resulta útil plantearnos si el manejo de ciertos estímulos en el videojuego puede dar lugar a una distorsión significativa de la capacidad de decisión del jugador.

---

68 *Vid.* Art.4.1 LCD

69 *Vid.* Art.4.1 LCD

70 BERCOVITZ RODRÍGUEZ-CANO, A. "Artículo 4. Cláusula general" en BERCOVITZ RODRÍGUEZ-CANO, A. (dir.) *Comentarios a la ley de competencia desleal.* Aranzadi, 2011, pp. 197-221.

Desde el plano de la psicología, el análisis del comportamiento distingue un fenómeno denominado comúnmente como "condicionamiento", el cual engloba muchas teorías[71]. Bajo el término condicionamiento nos referiremos a aquellos elementos del entorno que provocan que ciertas respuestas sean más que probables[72].

Algunos autores señalan que los sentimientos que un anuncio evoca pueden ser transferidos a la actitud hacia el anuncio, la marca y la intención de compra sin que medie mucha deliberación[73]. Así, si un anuncio emerge en un momento de gran tensión en el videojuego, es bastante probable que el usuario esté envuelto en un sentimiento de excitación y de urgencia, y estas emociones pueden afectar a su percepción del anuncio. Por ejemplo, imaginemos el escenario en el que un usuario esté a punto de perder por muy poco margen. Durante ese momento es habitual que se repita una misma música, unos mismos colores, y una combinación de elementos que el jugador relaciona con el fin del juego y le genere una sensación de urgencia. En ese instante de frustración, surge un anuncio en el que se ofrecen vidas extra, que es precisamente lo que necesita. Un usuario perspicaz puede llegar a advertir que se encuentra ante una práctica manipulativa, pero si estos anuncios se ofrecen cuando el usuario ya ha avanzado varios niveles en el juego, es bastante probable que la práctica publicitaria resulte efectiva y que adquiera las vidas extra en el momento de tensión. Igualmente, esta sensación de urgencia y búsque-

---

71 Entre ellas, el condicionamiento clásico o pavloviano y el condicionamiento operante de Edward Thorndike. Vid. FOXAL, G. "What consumer behaviour analysys is" in *Advanced Introduction to consumer behavious analysis*, pp. 6-15.

72 FOXAL, G. "What consumer behaviour analysys is" in *Advanced Introduction to consumer behaviour analysis*, pp. 6-15.

73 DE PELSMACKER, P. "How advertising works" in *Advanced Introduction to advertising*, pp. 65-75.

da de seguridad puede transmitirse a futuras compras de vidas extra, ya que comportamientos anteriores suelen sentar la base de comportamientos posteriores[74]. Este fenómeno es conocido como "condicionamiento emocional", el cual es considerado como un caso extremo de transferencia de sentimientos, al que acuden los publicistas para provocar una respuesta emocional en el destinatario[75].

Este condicionamiento, en el caso de videojuegos móviles, es todavía más eficaz debido a la excesiva cantidad de datos de la que dispone el proveedor sobre cada jugador en cuestión. Así, en base al algoritmo publicitario, el jugador se ve expuesto a anuncios personalizados en base a sus hábitos y reacciones. Por ejemplo, el algoritmo puede detectar los momentos del juego en los que la publicidad ha resultado más efectiva, o el jugador, por situaciones de estrés, puede verse más propenso a adquirir productos en ciertas horas del día, o en ciertos días de la semana, presentando unas pautas fácilmente analizables por el algoritmo.

En conclusión, podría afirmarse que las características de dicho condicionamiento, unidas a los efectos negativos que produce la adicción conforme a la OMS -como una marcada angustia, o el deterioro de ciertas habilidades de discernimiento-, resultan en una alta probabilidad de distorsionar el comportamiento económico del jugador, llevándolo a adquirir productos dentro del juego que probablemente no habría adquirido, de no ser por su adicción y la manipulación personalizada de tales datos con fines de publicidad personalizada.

---

74 DE PELSMACKER, P. "How advertising works" in *Advanced Introduction to advertising*, pp. 65-75.

75 DE PELSMACKER, P. "How advertising works" in *Advanced Introduction to advertising*, pp. 65-75.

CONCLUSIONES

A lo largo del presente trabajo, se ha podido acariciar, entre líneas, un mismo hilo conductor: el arma de doble filo que supone el uso de datos reveladores de una adicción al videojuego por parte del usuario. En el modelo consumista de sociedad actual, priorizamos el acceso "gratuito" a muchos servicios sobre la protección nuestra privacidad. A estas alturas, es discutible si algo similar a publicidad continúa existiendo. Formulada como un derecho fundamental, resulta paradójico que los individuos la reivindiquemos cuando la mayoría somos los primeros en publicar nuestra vida privada en redes sociales, o cuando hacemos *click* en una casilla que jamás leemos, porque no nos planteamos el no acceder a servicios a los que todo nuestro círculo accede.

Tal vez, desde la política normativa, deba replantearse qué modelo de sociedad queremos. A qué consumidores protegemos. Podemos sumirnos en la despreocupación, sosteniendo que es decisión e incumbencia exclusiva del consumidor a qué servicios accede y qué condiciones acepta a cambio. O podemos apreciar matices, aprovechando el carácter casuístico del Derecho de la competencia desleal, y afirmar que, en ciertas ocasiones, hay que trazar una línea para proteger a los consumidores más vulnerables. Esta línea puede ser la explotación de una enfermedad del consumidor, como el trastorno por uso de videojuegos.

En competencia desleal, como hemos expuesto, esta línea puede suponer marcar como influencia indebida la explotación de datos sobre una adicción al videojuego para promocionar productos en el mismo, de tal forma que tal práctica pueda constituir una práctica agresiva. O puede trasladarse en calificar al consumidor como vulnerable cuando presente un trastorno por uso de videojuegos- ya reconocido por la OMS como enfermedad-, y este trastorno se vea explotado con fines de publicidad personalizada. Como último remedio, tal vez más drástico, también podría plantearse, a nivel comunitario, incluir en la lista negra de prácticas desleales la explotación de datos reveladores de adicciones graves del usuario para destinarle publicidad personalizada.

Ahora bien, desde la perspectiva empresarial, estas soluciones pueden crear no poca inquietud. Para las empresas de videojuegos, que basan su modelo de negocio en la publicidad y en la compra de productos dentro del videojuego (modelo *freemium*), también resulta importante que concurra un mínimo de seguridad jurídica acerca de qué prácticas comerciales son susceptibles de ser desleales. Las principales soluciones que plantearíamos aquí son dos.

La primera sería incluir la práctica aquí tratada en la lista negra de prácticas desleales, ya que hemos analizado cómo la misma tendría cabida dentro del concepto de práctica agresiva y, en su defecto, en la cláusula general bajo la modalidad de especial vulnerabilidad. Sin embargo, esta solución se enfrentaría a muchos interrogantes como por ejemplo, cuántas horas debe dedicar el usuario al videojuego para que se considere que presenta un trastorno por uso de videojuegos. Pese a la posibilidad de incluir esta práctica en la lista negra, sería necesario que se perfilasen con claridad los requisitos para que se considere al consumidor en una situación de vulnerabilidad.

La segunda sería abogar por un modelo de publicidad menos intrusivo, como la publicidad segmentada, en lugar de una publicidad personalizada. De este modo, el usuario seguiría recibiendo publicidad correspondiente a sus intereses, pero se evitaría el riesgo de que se exploten sus adicciones en base a su perfil personal. Esta opción se plantea, a nuestro entender, como una opción deseable para paliar los riesgos que presenta la publicidad personalizada para los usuarios, al mismo tiempo que se mantiene el modelo de negocios basados en la publicidad.

En conclusión, si bien el abuso de datos reveladores de adicciones para marketing persuasivo todavía deja abiertas ciertas cuestiones, su abordamiento desde la perspectiva de la competencia desleal se plantea cada vez más necesaria y deseable en aras de proteger al consumidor como árbitro del mercado competitivo y paliar presentes y futuros abusos sobre vulnerabilidades de los usuarios.

BIBLIOGRAFÍA

ARROYO APARICIO, A. "Artículo 8. Prácticas Agresivas" en BERCOVITZ RODRÍGUEZ-CANO, A. (dir.) *Comentarios a la ley de competencia desleal.* Aranzadi, 2011.

BERCOVITZ RODRÍGUEZ-CANO, A. "Artículo 4. Cláusula general" en BERCOVITZ RODRÍGUEZ-CANO, A. (dir.) *Comentarios a la ley de competencia desleal*, Aranzadi, 2011.

CARTWTIGHT, P., HYDE, R. "Virtual coercion and vulnerable consumer: `loot boxes´ as aggressive commercial practices", *Cambridge University Press*, 2022.

CIALDINI, R.B. "Harnessing the Science of Persuasion", *Harvard Business Law Review*, 2001.

DE PELSMACKER, P. "How advertising works" in *Advanced Introduction to advertising*, Elgar, 2022.

DUIVENVOORDE, B.B. "The Consumer Benchmarks in the Unfair Commercial Practices Directive", *Studies in European Economic Law and Regulation*, Springer Cham, 2015.

DUROVIC, M. and LECH, f. "A consumer Law Perspective on the Commercialization of Data", *European Review of Private Law*, 5, 2021.

FOXAL, G. "What consumer behaviour analysis is" *in Advanced Introduction to consumer behaviour analysis*, Edward Elgar, 2020.

GALLI, F. "Algorithmic Marketing and EU Law on Unfair Commercial Practices", *Law, Governance and Technology Series*, volume 50, 2022.

GALLI, F. "Predictive Personalisation" in GALLI, F. *Algorithmic Marketing and EU Law on Unfair Commercial Practices, Law,* Governance and Technology Series, volume 50, 2022.

GARCÍA PÉREZ, R. "La diligencia profesional: un concepto clave del nuevo derecho contra la competencia desleal", *Anuario da Facultade de Dereito da Universidade da Coruña*, 14, 2010.

GONZÁLEZ PONS, E. "Las prácticas agresivas y su tipicidad" en GONZÁLEZ PONS, E. (dir.) *Prácticas agresivas y tutela del consumidor,* BOE, 2019.

GONZÁLEZ VAQUÉ, L. "Jurisprudencia del TJUE referente a la interpretación de la Directiva relativa a las prácticas comerciales desleales". *Diario La Ley,* Nº 7934, Sección Doctrina, 2012.

INSTITUT FÜR EUROPÄISCHES WIRTSCHAFTS- UND VERBRAUCHERRECHT E.V. "Study on the Feasibility of a General Legislative Framework on Fair Trading", 2000.

KOX, H., STRAATHOF B., AND ZWART G. "Targeted advertising, platform competition, and privacy", *Wiley Journal of Economics and Management Strategy,* 2016.

KUPČÍK, J. AND MIKEŠ, S., "Discussion on big data, online advertising and competition policy", *European Competition Law Review,* 2018.

MARIMÓN DURÁ, R. "Prácticas comerciales desleales con los consumidores" en GARCÍA CRUCES, J.A. (coord.), *Tratado de derecho de la competencia y de la publicidad,* Tirant lo Blanch, 2014.

MASSAGUER, J. "Comentario a la ley de competencia desleal", Civitas, 1999.

ORGANIZACIÓN MUNDIAL DE LA SAUD. CIE-11. Clasificación Internacional de Enfermedades, 11.a revisión. Estandarización mundial de la información de diagnóstico en el ámbito de la salud.

RUIZ MUÑOZ, M. "Derecho de la publicidad y globalización: publicidad transfronteriza, libertad de expresión y derechos aplicables", *Estudios sobre consumo,* Núm. 79, 2006.

TATO PLAZA, A. "La nueva cláusula general de represión de la competencia desleal", en TATO PLAZA, A. *La Reforma de la Ley de Competencia Desleal,* La Ley, 2010.

TZOULIA, E. "Targeted advertising in the digital era: Modern challenges to consumer privacy and economic freedom. The responses of the EU legal order", in SYNODINU T. (ed.) *EU internet law in the digital single market,* Springer, 2021.

ZUIDERVEEN B., FREDERIK B., KRUIKEMEIER, S., BOERMAN, S., HELBERGER, N., "Tracking Walls, Take-It-Or-Leave-It Choices, the GDPR, and the ePrivacy Regulation", *European Data Protection Law Review,* Volume 3, Issue 3, 2018.

Capítulo 14.

ALTERACIONES DE LAS ESTRATEGIAS PUBLICITARIAS EN LÍNEA CON OCASIÓN DE LAS EVIDENCIAS REGLAMENTARIAS

TRINIDAD VÁZQUEZ RUANO
Catedrática de Derecho mercantil
Universidad de Jaén

SUMARIO: 1. APUNTES PRELIMINARES. 2. TUTELA DE LA PRIVACIDAD Y PRÁCTICAS PROMOCIONALES. 2.1. Garantía de la información personal de los destinatarios. 2.2. Propuesta normativa comunitaria y cambio de paradigma. 3. REDES SOCIALES E IDENTIFICACIÓN DEL MENSAJE. 3.1. El uso de las redes sociales con un propósito comercial. 3.2. Previsiones autonormativas en relación con la publicidad a través de redes sociales. 4. CONTINGENTES ALTERACIONES EN LA DIFUSIÓN PROMOCIONAL EN LÍNEA. 4.1. Un nuevo panorama reglamentario. 4.2. Aproximación a diversas estrategias promocionales en línea. 5. IDEAS FINALES. BIBLIOGRAFÍA.

RESUMEN: La difusión de publicidad en línea ha de adaptarse a las técnicas y medios que el avance de la tecnología va implementando a fin de atraer la atención de los destinatarios. Así, se hace conveniente adecuar la difusión promocional al entorno telemático tanto en lo que respecta a su sentido práctico, como esencialmente en cuanto a la sistematización normativa de las comunicaciones comerciales electrónicas. El alcance de estas tecnologías en el mercado se confronta con ciertos inconvenientes jurídicos que serán analizados en este estudio para, en su caso, proponer posibles soluciones frente a las nuevas perspectivas comerciales. Las principales líneas de controversia se centran en el requerimiento de la adecuada identificación de la naturaleza promocional del mensaje y en la determinación de la prohibición expresa de las remisiones promocionales a través de canales que pertenecen a determinados sujetos y que no se han autorizado o consentido con anterioridad. Limitación que exige, a su vez, el respeto de los presupuestos aplicables a la garantía de los datos de carácter personal de los destinatarios.

1. APUNTES PRELIMINARES

La difusión de publicidad en un ámbito empresarial en línea precisa de su adecuación a las técnicas y medios de los que disponen los empresarios anunciantes a fin de atraer la atención de los destinatarios. La implementación de las TIC ha hecho conveniente la adaptación de la remisión promocional al entorno telemático a través del que se difunde, tanto en lo que hace a su sentido práctico como esencialmente en cuanto a la sistematización jurídica y, en su caso, autonormativa de las comunicaciones electrónicas. En lo que afecta a este último, en su momento, se advirtió la necesidad de establecer una reglamentación sustantiva singular sobre las mismas que se incluyó en el texto jurídico que determina el régimen de los servicios de la sociedad de la información y el comercio electrónico (Ley 34/2002, de 11 de julio, en adelante LSSIyCE[1]), la cual se fundamenta en la diversidad de medios que permiten difundir los mensajes publicitarios (algunos de los cuales son de alcance personal) y las singularidades del ámbito en el que se lleva a cabo la promoción comercial.

El alcance pragmático de estas tecnologías en el mercado electrónico se confronta con ciertos inconvenientes jurídicos que serán analizados en este estudio para, si resulta procedente, proponer posibles soluciones frente a las nuevas perspectivas que se presentan. Si bien, adelantamos que las principales

1 Ley 34/2002, de 11 de julio, de Servicios de la Sociedad de la Información y de Comercio Electrónico (BOE núm. 166, de 12 de julio). En concreto, arts. 19 a 22 de dicho texto normativo.

líneas de controversia se focalizan en el requerimiento de la adecuada identificación de la naturaleza promocional del mensaje (y de su anunciante) y en la determinación de la prohibición expresa de las remisiones promocionales por medio de canales que pertenecen a determinados sujetos y que no han sido autorizadas o consentidas con anterioridad. Limitación que, al mismo tiempo, impone la atención a los presupuestos aplicables a la garantía de los datos de carácter personal de los destinatarios de las referidas comunicaciones comerciales. Por tanto, se hace esencial atender, de un lado, a la tutela de la seguridad de los datos e informaciones de carácter personal y la privacidad en general y, de forma específica, en el ámbito telemático porque van a ser imprescindibles para poder remitir los mensajes publicitarios a través de ciertos canales en línea que alcanzan a determinados sujetos. Al igual que a fin de adaptar el contenido que se publicita a las preferencias e intereses manifestados en la Red por el usuario al que se remiten las comunicaciones comerciales. De otro, cabe prestar atención sobre ciertas prácticas publicitarias electrónicas que se están ejerciendo por medio de las plataformas de redes sociales en línea y que no siempre atienden a las preceptivas exigencias aplicables, como lo es la manifiesta identificación de la naturaleza comercial de las comunicaciones remitidas. Impedimentos que han traído como consecuencia una respuesta jurídica a nivel comunitario y nacional tendente a conferir garantía a la información y los datos de los usuarios y ampliar el control que los mismos tienen sobre ellos, al tiempo que asegurar la correcta percepción de la naturaleza comercial de los mensajes difundidos a través de las redes electrónicas de comunicación. Así como, la disposición de diversas alternativas autonormativas en estas materias. Aspectos cuya consecuencia mediata no va a ser otra que la precisa adaptación de las estrategias promocionales electrónicas por parte de las entidades anunciantes, como comprobaremos seguidamente.

2. TUTELA DE LA PRIVACIDAD Y PRÁCTICAS PROMOCIONALES

2.1. Garantía de la información personal de los destinatarios

La remisión de comunicaciones comerciales por canales electrónicos conjetura la atención al régimen propio de esta forma publicitaria, el cual no cabe sino justificar en razón del medio a través del que aquellas se difunden. Dicho sistema parte de la especialidad de las exigencias contenidas en la norma antes mencionada que regula los servicios de la sociedad de la información[2] y, de modo supletorio, habrá de atenderse al resto de prescripciones vigentes en materia de publicidad y de la actividad comercial en el mercado[3]. A este respecto, partiendo de la clara e imperativa identificación de las comunicaciones promocionales difundidas por medios electrónicos y de la persona física o jurídica en nombre de la cual se realizan[4], es evidente que se mantiene el mismo régimen normativo que el establecido para la difusión comercial en general y, de manera concreta, el determinado en materia de protección de datos de carácter personal. La justificación de esta previsión se deduce de la diversidad de formas en las que se pueden remitir comunicaciones electrónicas en razón de la técnica o instrumento que se emplee, pues aun cuando su alcance habitual resulta de carácter general, en ocasiones la tecnología permite llegar a determinados sujetos de manera individualizada a través de canales que son de titularidad del destinatario, como es el caso de la cuenta de correo electrónico o el número del terminal telefónico móvil. A mayor abundamiento, la pretensión de adecuar el contenido de las comunicaciones comerciales a las

---

2 Título III de la LSSIyCE.

3 Art. 19 de la LSSIyCE.

4 Art. 20 de la LSSIyCE.

preferencias y aspectos que interesan al destinatario a fin de que resulte más efectiva la actividad publicitaria desarrollada, hace que las entidades se valgan de la recopilación y tratamiento de información y otros datos relevantes de los usuarios de las mismas, en ocasiones siendo éstos de carácter personal, y que facilitan bien de forma voluntaria o a través de recursos y diversas aplicaciones en línea que permiten recabar datos de su comportamiento en la Red. Los efectos de la actividad publicitaria individualizada en la defensa de la intimidad y en la garantía de los datos de carácter personal del receptor de las comunicaciones electrónicas, comprende la especial observancia de los principios particulares antes apuntados.

La responsabilidad del legislador comunitario en la materia se vio reflejada con la aprobación del Reglamento (UE) 2016/679 relativo a la protección de las personas físicas en lo que respecta al tratamiento de datos personales y a la libre circulación de los mismos (RGPD)[5], iniciativa presentada junto a

---

5 Reglamento (UE) 2016/679, de 27 de abril de 2016, relativo a la protección de las personas físicas en lo que respecta al tratamiento de datos personales y a la libre circulación de estos datos y por el que se deroga la Directiva 95/46/CE (Reglamento general de protección de datos -RGPD- DOUE L 119, de 4 de mayo). Para ampliar la información: AA.VV. *Reglamento general de protección de datos. Hacia un nuevo modelo europeo de protección de datos* (Dir. PIÑAR MAÑAS, J. L.), Madrid, 2016; AA.VV. *El Reglamento General de Protección de Datos: un enfoque nacional y comparado. Especial referencia a la LO 3/2018 de Protección de Datos y garantía de los derechos digitales* (edit. TOMÁS MALLÉN, B./ GARCÍA MAHAMUT, R.), Tirant lo Blanch, Valencia, 2019; BOTANA GARCÍA, G. A., "Reglamento General para la Protección de Datos de la Unión Europea", *Actualidad civil*, 1, 2016, pp. 100-111; DAVARA RODRÍGUEZ, M. A., "Algunas consideraciones sobre la propuesta de Reglamento Europeo de protección de datos", *Derecho de los negocios*, Año 25, 273, 2014; HERRÁN ORTIZ, A. I., "Aproximación al derecho a la protección de datos personales en Europa.: El reglamento general de protección de datos personales a debate", *Revista de Derecho, Empresa y Sociedad*

la Propuesta de Reglamento (UE) sobre el respeto de la vida privada y la protección de los datos personales en el sector de las comunicaciones electrónicas (Reglamento sobre la privacidad y las comunicaciones electrónicas, *e-Privacy*[6]) que tiene por finalidad adaptar las exigencias al actual panorama telemático en defensa de los intereses de los usuarios y, de forma singular, en lo que afecta a la intimidad y a la protección de la información que les pertenece. No obstante, el debate surgido entorno a las previsiones de esta última proposición hace que en este momento aun esté pendiente de aprobación definitiva, lo que implica que se mantenga en vigor el contenido de la Directiva 2002/58/CE sobre la privacidad y las comunicaciones electrónicas[7], la cual garantiza el intercambio de la información personal a través de los servicios públicos de comunicaciones electrónicas. A nivel interno, además de la indudable aplicación directa del RGPD[8],

---

(REDS), 8, 2016, pp. 179-200; PLAZA PENADÉS, J., "Implementando el nuevo Reglamento General europeo de Protección de Datos", *Revista Aranzadi de derecho y nuevas tecnologías*, 43, 2017, pp. 19-21; VÁZQUEZ RUANO, T., "Alcance actual del derecho de eliminación de los datos personales en relación con los motores de búsqueda", *Cuadernos de Derecho y Comercio*, 70, diciembre, 2018, pp. 37-76.

6 Propuesta de Reglamento del Parlamento europeo y del Consejo, sobre el respeto de la vida privada y la protección de los datos personales en el sector de las comunicaciones electrónicas y por el que se deroga la Directiva 2002/58/CE (Reglamento sobre la privacidad y las comunicaciones electrónicas Reglamento *e-Privacy*). COM/2017/010 final–2017/03 (COD).

7 Directiva 2002/58/CE, del Parlamento europeo y del Consejo, de 12 de julio de 2002, relativa al tratamiento de los datos personales y a la protección de la intimidad en el sector de las comunicaciones electrónicas (Directiva sobre privacidad y comunicaciones electrónicas, DOUE L 201, de 31 de julio 2002), modificada por la Directiva 2009/136/CE, del Parlamento europeo y del Consejo de 25 de noviembre de 2009 (DOUE L 337/11, de 18 de diciembre).

8 Según lo previsto en el art. 288 del Tratado de Funcionamiento de la UE.

la Ley Orgánica 3/2018 de protección de datos personales y garantía de los derechos digitales (LOPDGDD)[9] es la norma de especial atención en lo que afecta a las exigencias propias de la recopilación de los datos personales de los interesados y los derechos y facultades que les asisten, el deber de información que ha de proporcionarse a los mismos, y la necesidad de obtener su conformidad o consentimiento para el tratamiento de los datos que les pertenecen, entre otros extremos.

Siguiendo los postulados prioritarios de la taxonomía normativa expuesta, los anunciantes no sólo deben obtener el consentimiento expreso de los destinatarios de las comunicaciones publicitarias que se envían por medios electrónicos de su titularidad, salvo el supuesto en el que sean sus clientes y hubieran manifestado la conformidad previamente[10], sino que también han de solicitar a los destinatarios la expresa manifestación de la voluntad para el tratamiento de la información y de sus datos personales con una finalidad promocional[11]. Pues hay que tener en cuenta que, en la medida en que con anterioridad a la remisión de las comunicaciones comerciales se

---

9 Ley Orgánica 3/2018, de 5 de diciembre, de protección de datos personales y garantía de los derechos digitales (LOPDPDG. BOE núm. 294, de 6 de diciembre) y la normativa de desarrollo, el Real Decreto 1720/2007, de 21 de diciembre, por el que se aprueba el Reglamento de desarrollo de la Ley Orgánica 15/1999 (en adelante RLOPD, BOE núm. 17, de 19 de enero). En particular, el Título II relativo a los *Principios de la protección de datos* (arts. 4 a 12) y Título III sobre los *Derechos de las personas* (arts. 13 a 19).

10 Apartado 2º del art. 21 de la LSSIyCE.

11 Art. 6 de la LOPDPDG y arts. 14 y 15 del RLOPD. Resulta relevante la consulta del Dictamen del Grupo de Trabajo del Artículo 29 sobre protección de datos de las personas en lo que respecta al tratamiento de datos personales. Dictamen 2/2010 sobre *On online behavioural advertising*. 00909/10/EN, WP 171, (en línea) www.ec.europa.eu/justice/policies/privacy/docs/wpdocs/2010/wp171_en.pdf (consulta el 1 de octubre de 2023).

requiere la obtención de los datos que les pertenecen y, por tanto, personales (como lo es la cuenta de correo electrónico o el número de teléfono móvil) deben observarse las exigencias preceptivas vigentes al respecto. Estas mismas imposiciones son extensibles en lo que afecta al diseño o adaptación del contenido de la campaña publicitaria a los gustos y preferencias del destinatario, en la medida en que se recaben y traten datos e informaciones que le identifiquen o que, en su caso, le hagan identificable.

Conviene tener presente que los datos personales que se tratan con una finalidad promocional pueden traer su causa, como se ha adelantado, bien en la facilitación directa por parte del interesado, bien que hayan sido recogidos por las entidades mediante diferentes técnicas de seguimiento de la actuación en el entorno tecnológico. En cuyo caso, resultará factible que la exigencia de captar la voluntad del destinatario se facilite mediante el empleo de parámetros del navegador u otra posible aplicación informática[12], siempre que sea el sujeto afectado el que proceda a su configuración durante el proceso de instalación o, cuando proceda, de la actualización mediante una acción expresa por su parte y no permitiéndose su previsión por defecto (salvo que el usuario modifique la configuración en los casos en los que esté establecida para rechazar la inserción de este tipo de archivos)[13]. Asimismo, se ha de informar al usuario sobre la finalidad y duración del tratamiento (la emisión de comunicaciones comerciales), quién es su responsable (el anunciante) y el procedimiento para ejercer los derechos que

[12] Cdo 66 de la Directiva 2009/136/CE, aunque ha de ser posible y eficaz desde el punto de vista técnico.

[13] El *Dictamen 2/2010* del Grupo de Trabajo del Artículo 29, niega su licitud y su permisividad en los casos en los que se establecen por defecto o cuando se prevé un sistema de exclusión voluntaria respecto de la recepción de mensajes comerciales (pp. 13 a 16).

como titular tiene reconocidos sustantivamente[14], y de los posibles riesgos que puedan surgir, la normativa a tener en cuenta, los plazos de retención de los datos recopilados, los derechos relativos al tratamiento y las salvaguardias de los afectados. El responsable del tratamiento deberá adoptar las medidas técnicas y organizativas necesarias que garanticen la seguridad de la información personal que es objeto de aquel y que, a su vez, le permitan confirmar la prestación del consentimiento por parte del interesado de manera correcta y verificable[15]. En consonancia con ello, hay que respetar el contenido del principio de calidad y minimización de los datos en razón de la finalidad legítima que justifica el tratamiento y que, en consecuencia, limita el plazo de conservación de los mismos[16]. En el sentido de que concluida la finalidad que evidencia el tratamiento, como lo es en la materia que abordamos la difusión promocional en el ámbito de la actividad de empresa, los datos deberán ser borrados o quedar desprovistos de cualquier elemento que permita identificar o hacer identificables a sus titulares. De este modo, cumplido el propósito promocional o publicitario que justifica la recopilación, los datos e informaciones personales habrán de hacerse anónimos o destruirse, pero en el caso de la actividad comercial en la que el afectado ha sido o es cliente de la entidad de que se trate, la duración no va a resultar concreta a diferencia de otros objetivos del tratamiento porque, entendemos, se mantendrá mientras el empresario continúe desarrollando su actividad empresarial. En todo caso, y en cuanto a la presente realidad electrónica que nos ocupa y

---

14 *Vid.* DAVARA RODRÍGUEZ, *Algunas...op.cit.*

15 Si existiesen vulneraciones de la seguridad, tiene el deber de comunicárselo sin dilación indebida a la autoridad de control correspondiente y al sujeto afectado (a más tardar 72 horas después de que se tenga constancia, en caso contrario deberá motivar la dilación en su notificación). Arts. 13, 14 y 24 del RGPD.

16 Art. 89 del RGPD.

el incremento del riesgo en el uso de las nuevas tecnologías en el tratamiento de los datos personales, los responsables han de adoptar una actitud activa y de prevención, lo que supone que pesa sobre ellos la realización de una evaluación del impacto de las operaciones de tratamiento en la protección de los datos e informaciones personales[17].

Por su parte, el sujeto afectado podrá ejercitar, además de otras facultades[18], el derecho de acceso a la información almacenada a fin de obtener una copia de la misma, el de rectificación de las informaciones erróneas o inexactas sin dilación indebida[19] o de su cancelación cuando hubiera dejado de ser necesaria (calificado como derecho al olvido[20]) o pertinente para la finalidad que justificó su obtención[21]; y reclamar ante la autoridad de control si considera que el tratamiento infringe

---

17 De confirmarse el alto riesgo que se va a asumir, habrán de consultar a la autoridad competente antes de llevarlo a cabo (arts. 35 y 36 del RGPD).

18 Arts. 13 a 24 del RGPD, entre otras, el derecho a la portabilidad. Para ampliar la materia sobre este último, es de interés el documento *Directrices sobre el derecho a la portabilidad de los datos* del Grupo de Trabajo del Artículo 29, diciembre de 2016 y revisado en abril de 2017 (en línea) https://www.aepd.es/sites/default/files/2019-09/wp242rev01-es.pdf) (consulta el 1 de octubre de 2023).

19 Art. 33 del RGPD.

20 En relación con el art. 17 del RGPD. Sobre ello, resulta relevante la STJUE (Gran Sala), de 13 de mayo de 2014, "*Google v. Spain*", Asunto C-131/12 (en línea) http://curia.europa.eu/juris/document/document.jsf?docid=152065&doclang=ES), (consulta el 1 de octubre de 2023). Analizada, entre otros, por LÓPEZ BARRERO, E., "La universalidad en el nuevo Reglamento General de Protección de Datos: el caso del derecho al olvido", *Revista de privacidad y derecho digital*, 4, 2016, (Ejemplar dedicado a: Nuevo Reglamento General de Protección de Datos de la UE (Reglamento (UE) 2016/679), pp. 27-86; VÁZQUEZ RUANO, *Alcance…op.cit.*, pp. 37-76.

21 Arts. 4. 5, 6.4 y 30.4 de la LOPDPDG y 27-36 del RLOPD.

las disposiciones normativas[22]. También, y aun cuando hubiera expresado la conformidad al tratamiento de sus datos e informaciones personales, cabe que ejerza el derecho de oposición con fines comerciales sin que ello le reporte coste económico alguno y mediante un procedimiento sencillo[23]. Esto es, a través de una dirección de correo electrónico u otra dirección electrónica válida en la hipótesis de que los mensajes se le hubieran remitido por ese mismo canal de comunicación. El inconveniente pragmático principal se plantea en cuanto al uso de instrumentos o diversas técnicas (como los *cookies* o tecnologías similares) que permiten recabar y almacenar datos de los usuarios en línea sin que tengan conocimiento de ello, ni hayan manifestado su voluntad al responsable del tratamiento[24].

Por último, habrán de respetarse los sistemas de exclusión publicitaria[25]. A este respecto, conviene aclarar que los que realicen comunicaciones de mercadotecnia directa han de consultar a priori estos sistemas de exclusión que pudieran afectar a su actuación comercial y, en su caso, suprimir los datos de los afectados que hubieran manifestado su oposición o negativa a

---

22 Es factible presentar la correspondiente reclamación a la Agencia española de Protección de Datos personales (o autoridad equivalente en el ámbito autonómico) e interponer contra la resolución de dicha autoridad el pertinente recurso contencioso-administrativo frente a la jurisdicción que corresponda.

23 Apartado 1º del art. 21 del RGPD.

24 No obstante, queda al margen la recopilación de datos o el acceso a ellos de naturaleza técnica, en cuanto que sean necesarios para poder transmitir una comunicación electrónica o para la prestación de un servicio de la sociedad de la información que hubiera sido requerido por el destinatario (véanse PANIZA FULLANA, A. *Protección de datos, cookies y otros instrumentos de navegación. En Publicidad, defensa de la competencia y protección de datos,* Pamplona, 2010; VÁZQUEZ RUANO, T., *La protección jurídica de los destinatarios de las comunicaciones comerciales electrónicas,* Marcial Pons, Madrid, 2008, pp. 161-165).

25 Art. 23 de la LOPDPDG.

ello. Por consiguiente, los prestadores de servicios que realicen comunicaciones de mercadotecnia directa en línea tienen que cumplir el deber de consultar con anterioridad los sistemas de exclusión promocional y descartar los datos que pertenezcan a sujetos que se hubieran negado a recibir mensajes comerciales o hubieran manifestado su oposición previa.

2.2. Propuesta normativa comunitaria y cambio de paradigma

En el contexto electrónico el tratamiento que un tercero haga de la información o los datos personales de los sujetos con un fin comercial ha de considerar las exigencias generales requeridas, pero prestando atención al riesgo que infiere del uso de las nuevas tecnologías en relación con dicho tratamiento y de su valoración precedente. Junto a las que, en su caso, resulten de aplicación prioritaria por ser de carácter especial en dicho ámbito. Respecto de estas últimas, conviene aludir a la indicada Propuesta de Reglamento (UE) sobre la privacidad y las comunicaciones electrónicas (*e-Privacy*) que, en cuanto sea aprobada definitivamente, va a completar las previsiones contenidas en la norma general en lo que afecte al entorno digital. Por consiguiente, los anunciantes que remitan comunicaciones comerciales electrónicas habrán de atender, en primer lugar, al contenido del Reglamento *e-Privacy* que es norma especial en el entorno digital y, en defecto de previsión sobre el tratamiento de la información o los datos personales, a las disposiciones del RGPD.

El tenor de esta propuesta de reglamentación hace una significativa distinción entre los datos de comunicaciones electrónicas que aglutinan los relativos al contenido de las comunicaciones, de los metadatos de las mismas que son los datos que describen otros datos. Es decir, los datos tratados en una red de comunicaciones electrónicas con el fin de transmitir, distribuir o intercambiar contenido de comunicaciones y entre los que se incluyen los datos utilizados para rastrear e identificar el origen y el destino de una comunicación, los relativos a la ubicación del dispositivo generados en el contexto de la prestación de servicios de comunicaciones electrónicas, así como la fecha, hora, duración y el tipo de comunicación de que se trate. Los metadatos son los que se podrán tratar en caso de que sea necesario para transmitir la comunicación, al igual que cuando se precise para mantener o restablecer la seguridad de las redes y servicios de comunicaciones electrónicas, o detectar fallos o errores técnicos en la transmisión de las mismas, o si es preciso para cumplir las obligaciones en materia de calidad del servicio y para proceder a su facturación, calcular las tarifas de interconexión, detectar o impedir la utilización abusiva o fraudulenta de los servicios de comunicaciones o abonarse a ellos. Por lo que, como es procedente, deberán eliminarse o hacerse anónimos cuando se haya llevado a cabo la comunicación, salvo justificación legal de su mantenimiento y conservación. De esta manera, si el proveedor del servicio pretende utilizar los datos de las comunicaciones en tránsito, o metadatos, para la prestación de otros servicios adicionales será necesaria la obtención del consentimiento.

En lo que afecta a la manifestación de la conformidad del interesado para el tratamiento de la información de carácter personal en el entorno digital, la iniciativa normativa que nos ocupa se remite a las previsiones del RGPD[26], pese a que sus requerimientos resultan más rigurosos en materia de difusión publicitaria en línea. La norma básica requiere la manifestación de la voluntad expresa, libre, específica, informada e inequívoca (o concreta) para tratar los datos e informaciones personales del mismo con una acción afirmativa o una declaración que no dé lugar a error, siempre que el responsable del tratamiento

---

[26] En concreto, siguiendo el art. 9 de la *Propuesta* de Reglamento *e-Privacy*, en remisión a los arts. 4 y 7 del RGPD.

pueda probarla. Ello hace pensar que es recomendable que la entidad haya de guardar o conservar el consentimiento recabado a efectos de que, en caso necesario, tenga la posibilidad de acreditarlo. No obstante, nada se aclara en cuanto a la forma en la que los terceros que no tienen una relación directa con el usuario pueden obtener dicha manifestación afirmativa. Si bien, se permite el tratamiento de los datos cuando se ampare en un interés legítimo como lo es la ejecución de una relación contractual. Sin embargo, como advertíamos, sobre la difusión promocional electrónica se imponen mayores exigencias, referidas tanto a la necesidad de una acción afirmativa por parte del destinatario, como a la limitada precisión de las posibles excepciones a la confirmación de su voluntad[27]. Aunque, en el planteamiento en el que sea técnicamente posible y factible, se reconoce la eventualidad de que el consentimiento del usuario pueda ofrecerse mediante la configuración técnica adecuada de una aplicación informática que permita acceder a Internet o, si procede, del propio navegador del sistema del usuario.

Estas premisas se puntualizan tanto en el caso de la información almacenada en los equipos terminales de los usuarios finales y relativa a dichos equipos, como en lo que concierne al tratamiento autorizado de datos de comunicaciones electrónicas en el que no es necesario el consentimiento si responde a un interés legítimo[28]. Respecto del primer planteamiento, el

---

[27] Al respecto, PANIZA FUNALLA, A., "Una nueva era en la privacidad y las comunicaciones electrónicas: la Propuesta de Reglamento del Parlamento Europeo y del Consejo sobre el respeto de la vida privada y la protección de los datos personales en el sector de las comunicaciones electrónicas", *Aranzadi civil-mercantil. Revista doctrinal*, 7, 2017, pp. 105-122.

[28] Cdos. 47 y 70 y art. 21 del RGPD. Pueden consultarse la STS (Sala de lo Contencioso-Administrativo, Sección 3ª), sentencia núm. 1469/2020 de 10 noviembre. RJ 2020\3962, la STS (Sala de lo Contencioso-Administrativo, Sección 3ª), sentencia núm. 1471/2020

RGPD permite su aplicación obteniendo el consentimiento del usuario de acuerdo con la atención del principio de transparencia o en los supuestos sustentados en alguna base legítima conforme a Derecho. Previsión que no podemos sino afirmar que parece desdecir lo dispuesto en la Propuesta *e-Privacy*[29], la cual concreta la necesidad de que los usuarios consientan o no su utilización en el momento en el que acceden a un espacio electrónico en el que está previsto su empleo. Las dificultades desde la óptica pragmática y la falta de eficiencia de la reiteración de los avisos informativos en las páginas electrónicas, ha tratado de superarse procurando determinar ciertas excepciones al consentimiento para el uso de específicos archivos con la finalidad de acceder a la información del sujeto. Esto es, en la medida en que traigan causa en el suministro de un servicio de la sociedad de la información solicitado por parte del usuario final, y se requieran únicamente con la pretensión de medir la audiencia o tráfico en un sitio electrónico, y si son necesarios con el fin exclusivo de efectuar la transmisión de una comunicación electrónica a través de una red tecnológica de comunicaciones. De no darse ninguna de las hipótesis apuntadas, habrá de ofrecerse al usuario un procedimiento sencillo y transparente para que otorgue su conformidad en sentido positivo mediante el uso de ajustes adecuados del navegador u otra aplicación en línea, y adaptando el servicio a sus preferencias. El navegador será el responsable de la gestión de dicha conformidad al momento de optar por la configuración de la privacidad en la instalación de estos archivos y de direcciones

de 10 noviembre. RJ 2020\3961 y la STS (Sala de lo Contencioso-Administrativo, Sección 3ª), sentencia núm. 1467/2020 de 5 noviembre. RJ 2020\3958.

29 STJUE C-582/14 en el caso *Patrick Breyer* contra *Bundesrepublik Deutschland* en relación con un identificador seudónimo (dirección *IP* dinámica).

IP, o de cualquier elemento o tecnología que haga posible el rastreo en línea de la navegación.

Estos argumentos se relacionan de forma ineludible con el cumplimiento de la obligación de información que pesa sobre el prestador del servicio y las opciones de configuración de la privacidad que han de proporcionarse. Sobre ello, se prevé que los programas informáticos que hacen factibles las comunicaciones electrónicas proporcionen la opción de impedir a terceros almacenar información sobre el equipo terminal de un usuario o el tratamiento de información ya almacenada en el mismo[30]. Por lo que se le reconoce al interesado la facultad gratuita de oponerse a dicho tratamiento e, incluso, a la elaboración de perfiles en cuanto ésta se vincule a la mercadotecnia directa. Siendo al momento de comenzar la instalación cuando se les deba ofrecer la información de la configuración sobre la confidencialidad y, para que puedan continuar la instalación, solicitar su consentimiento o manifestación de la voluntad mediante una actuación concreta por su parte. Ello permite afirmar que se trata de un sistema por defecto o, lo que es lo mismo, una configuración del programa informático que limite la posibilidad de que terceros almacenen o traten información en el equipo del usuario y que, en todo caso, se proporcione una alternativa técnica para que los sitios en línea obtengan un consentimiento válido y fehaciente al objeto de acceder o almacenar los datos de sus equipos.

En otro orden, la difusión de comunicaciones de mercadotecnia directa se delimitan como formas de publicidad oral o escrita enviadas a uno o varios usuarios finales, identificados o identificables, de servicios de comunicaciones electrónicas, a saber: sistemas automatizados de llamada y comunicación con interacción humana o sin ella, el correo electrónico, los

---

30 Art. 10 de la Propuesta de Reglamento *e-Privacy*.

mensajes cortos al terminal telefónico móvil, las aplicaciones de mensajería instantánea u otros instrumentos tecnológicos similares. La remisión de comunicaciones con fines de mercadotecnia directa que se difunde en el ámbito de la actividad de empresa requiere la clara identificación de las mismas y, a su vez, del consentimiento previo del destinatario[31], a menos que éste fuera cliente con anterioridad de la entidad anunciante y se utilicen los datos de su titularidad lícitamente y, toda vez, que se hayan obtenido para promocionarles productos o servicios en el marco de la actividad comercial de la entidad. Esto es, el anunciante que obtenga los datos personales de contacto electrónicos de su cliente[32], solo estará facultado para utilizarlos en la comercialización directa de sus propios productos o servicios en línea y que sean similares a los que fueron objeto de contratación en un momento previo. La atención a esta exigencia antes de la remisión promocional va a obligar a los anunciantes a establecer un nuevo sistema para la captación de los consumidores potenciales a través de alternativas como la suscripción. Al tiempo que tendrán que proporcionarles la posibilidad de oponerse a ello, así, pesa sobre la entidad anunciante el deber de facilitar información sobre la oportunidad de retirar el consentimiento que se otorgó para no recibir dichas comunicaciones de mercadotecnia directa y la forma en la que puede ejercer este derecho. La facultad del destinatario

---

[31] Este sistema es opuesto al relativo a la técnica de llamadas de voz a voz a usuarios finales personas físicas, en cuyo caso cabe limitar su autorización sólo respecto de los que no hayan expresado su oposición a recibir tales comunicaciones (art. 16 de la Propuesta de Reglamento *e-Privacy)*.

[32] Arts. 9 y 16 de la Propuesta de Reglamento *e-Privacy,* en remisión a los arts. 4 y 7 del RGPD. Si bien, se establecen alternativas técnicas (programas informáticos singulares, como los *Ad Blockers*) para limitar las comunicaciones comercial no autorizadas o previamente consentidas.

de oponerse al tratamiento de los datos con fines publicitarios podrá llevarse a cabo tanto en el momento de la recopilación de los mismos, como cada vez que se le remita una comunicación electrónica de contenido comercial. El efecto directo del derecho de oposición va a ser que el responsable deje de tratar los datos personales con esa finalidad, pero nada se concreta sobre la posible conservación de la información del sujeto. Asimismo, se prevé la licitud del tratamiento de los datos personales que se haga para evitar el envío de comunicaciones comerciales o de mercadotecnia directa a quienes hubiesen manifestado su negativa u oposición a recibirlas en un momento anterior[33].

3. REDES SOCIALES E IDENTIFICACIÓN DEL MENSAJE

3.1. El uso de las redes sociales con un propósito comercial

Las plataformas de comunicación en línea son actualmente un canal de relevancia para las entidades que forman parte del mercado digital como medio fundamental para promocionar su imagen, productos o servicios[34]. A tal fin es habitual que se incluyan en las mismas comunicaciones comerciales bien en el

---

33 Art. 23 de la norma, en concreto en el apartado 1º.

34 En este sentido, BLANCO RUIZ, A./ IGLESIAS RUIZ, J., "El Marketing a través de las redes sociales", *RA&DEM: Revista de Administración y Dirección de empresas,* 5, 2021, pp. 315-331; JARNE MUÑOZ, P., "El «prosumidor» como figura clave en el desarrollo del derecho del consumo derivado del mercado digital", *Revista CESCO de Derecho de Consumo,* 19, 2016; SILVAN RODRÍGUEZ, J./ MUÑOZ RODRÍGUEZ, J., "Capítulo 7: Estrategias comerciales: marketing y publicidad (Sección IV. 1. Prescriptores (*«influencers» y «bloggers»*): aspectos legales)", en *Fashion Law (Derecho de la Moda),* (Coord. ORTEGA BUENO), Aranzadi, Madrid, 2018.

perfil de una determinada entidad y que le habilita el prestador del servicio que proporciona la plataforma o, en su caso, que se inserten en perfiles de terceros. Posibilidad, esta última, que ha generado mayores cuestiones prácticas si atendemos al necesario cumplimiento de las exigencias reglamentarias. Como es sabido, en todo caso, se exige el preciso respeto del principio de autenticidad de los mensajes comerciales, al igual que de la persona física o jurídica en nombre de la cual se realizan (el empresario anunciante)[35]. Este requerimiento impide el envío de comunicaciones comerciales en las que se disimule u oculte la identidad de quien las remite o por cuenta de quien se efectúa la comunicación, o aquéllas en las que se contravenga la clara identificación del mensaje comercial[36]. El mandato sustantivo referido parece no generar cuestión interpretativa alguna en lo que hace a los perfiles de redes sociales que son de naturaleza profesional, es decir los que se encuentran vinculados a la actividad comercial de su titular que serán de naturaleza empresarial en sí mismos, referidos al empleo de las redes sociales por parte de las entidades para promocionar su marca, o los productos o servicios que ofrece en su actividad de mercado. En cambio, no podemos llegar a igual consideración si prestamos atención a los perfiles personales de sujetos significativos en las redes sociales[37], en cuyo caso discernir entre la

---

35 Resulta de interés al respecto el *Dictamen* de 9 de abril de 2021 de la Sección Quinta del Jurado de Autocontrol, en cuanto a la publicidad de la entidad *Brand New Ways Comunicaciones,* S.L. (núm. de asunto 44/R/ marzo 2021).

36 Sobre ello, TOBÍO RIVAS, A. M.ª., "La actual regulación de la publicidad encubierta en España y la práctica publicitaria", *Revista de Derecho Mercantil,* 237, julio/ septiembre, 2000, pp. 1155-1210.

37 Nos referimos, en concreto, a *youtubers, instagramers, bloggers* o *influencers* a través de sus perfiles en las redes, los cuales cuentan con un elevado número de seguidores (BLANCO RUIZ/ IGLESIAS RUIZ, *El Marketing...op.cit.,* pp. 315-331; SILVAN RODRÍGUEZ/ MUÑOZ RODRÍGUEZ, *Capítulo 7...op.cit.*).

edición del contenido personal y el que tiene una intencionalidad promocional o publicitaria no siempre puede hacerse con la precisión requerida[38].

El uso de las redes sociales hace habitual incluir una alusión directa (o indirecta) a productos o a servicios de terceros, o a sus signos identificativos, así como la inserción de imágenes de los mismos, o la propia creación de contenidos relacionados con ellos. La calificación de dichos mensajes como comunicaciones comerciales electrónicas va a comportar la precisa atención a las exigencias formales antes analizadas y que se concreta en la necesaria identificación de la naturaleza promocional del mensaje y del anunciante. Esto es, la necesidad de incluir en estos mensajes una indicación específica sobre el carácter

---

[38] Véase el Dictamen del Jurado de Autocontrol de la Publicidad de 28 de noviembre de 2019 (Sección Cuarta) en relación con la calificación del mensaje de la *influencer Paulina Eriksson* publicado en su perfil social tras la reclamación presentada por un particular ante la *Advertising Standards Authority* (en línea) https://www.autocontrol.es/wp-content/uploads/2020/01/dictamen_rev-jurado_influencer-2534.pdf (consulta el 1 de octubre de 2023). El Pleno ratificó el Dictamen considerando que era un acto ilícito de publicidad encubierta por las circunstancias concretas del mismo (según la Norma 13 del Código de Conducta Publicitaria de Autocontrol). Así como, el Dictamen de 19 de febrero de 2021 de la Sección Cuarta del Jurado de Autocontrol acerca de la publicidad de la que es responsable la *influencer Ggpica* y, de la misma fecha, los Dictámenes en relación con una publicidad de la *influencer Jesuseda*, de la *influencer Paulagarciamaciaa* y de la *influencer Marina Yers*. En iguales términos, se concluyó en la Resolución de 5 de marzo de 2021 de la Sección Séptima del Jurado por la que se estima la reclamación de un particular frente a una comunicación comercial de la empresa *Samsung Electronics Iberia*, S.A. y en la Resolución de 19 de febrero de 2021 de la Sección Cuarta del Jurado por la que se estima una reclamación presentada por AUC contra una publicidad del *influencer James Lover*.

promocional que les singulariza[39]. El planteamiento contrario, faculta la posible determinación del encubrimiento de la práctica comercial en el mercado según las características y circunstancias concretas en que se propagan los mensajes a través de las redes sociales o perfiles electrónicos[40], y aun cuando el sujeto que lo hace no hubiera recibido una contraprestación económica por ello. Esto es, resultaría un comportamiento comercial engañoso por cuanto se incluye en los medios de comunicación, y en forma de comunicaciones informativas, contenidos tendentes a promocionar un producto o servicio o una concreta marca[41], o cuando se utilizan imágenes y sonidos claramente identificables para el consumidor o usuario, a cambio de que el empresario ofrezca una determinada cantidad o contraprestación por ello. La calificación de ilicitud de la práctica controvertida trae causa en la forma en la que se difunde la comunicación comercial, pues es difícil que el destinatario distinga con claridad el contenido publicitario del que es meramente informativo en el perfil social del tercero que lo edita. Se trataría, como ha quedado apuntado, de un supuesto de engaño o confusión a los destinatarios respecto de la propia naturaleza del mensaje que se difunde[42], siendo la intención del que emite la comunicación que el producto o servicio que

---

39 Nos referimos al empleo de etiquetas o palabras clave como: *#publi* o *#publicidad* o una expresión similar.

40 A este respecto, ha de consultarse la doctrina clásica: FERNÁNDEZ-NÓVOA RODRÍGUEZ, C., *La publicidad encubierta,* Santiago de Compostela, 1989; LEMA DEVESA, C., "La publicidad engañosa en el moderno Derecho español", en *Estudios Homenaje al profesor Menéndez,* vol. I, Civitas, Madrid, 1996, pp. 73-92.

41 Art. 25 de la LCD.

42 *Vid.* BATANÁS RODRÍGUEZ, S., "Publicidad en redes sociales: la actividad de los *influencers*", en *Estudios sobre Derecho Digital,* (Dir. PEREA ORTEGA), Pamplona, 2021, pp. 379-381; TATO PLAZA, A., "Aspectos jurídicos de la publicidad a través de líderes de opinión en redes sociales *(«influencers»)*", *Revista de Derecho Mercantil,* 311, 2019.

promociona (o su identificativo) interese al público destinatario captando su atención y, en su caso, llegue a acrecentarse su contratación. Pues la definición del carácter finalista de la publicidad comercial se centra en la intención promocional del sujeto que la emite, lo que supone que deba analizarse en cada caso concreto la pretensión con la que se publicita la marca o el producto o servicio, o se edita el contenido, a través del perfil de la red social del tercero en cuestión.

3.2. Previsiones autonormativas en relación con la publicidad a través de redes sociales

El sistema de autorregulación en el marco de las redes de comunicaciones electrónicas ha de entenderse como un mecanismo que completa la falta de disposiciones específicas y particulares en relación con las previsiones reglamentarias vigentes, como hemos tenido ocasión de analizar en otros trabajos[43]. En este sentido, el Código ético de Comercio Electrónico y Publicidad Interactiva (denominado *Código de Confianza Online*[44]) configura el régimen general que complementa las disposiciones jurídicas sobre el comercio electrónico y los servicios de la sociedad de la información para los que de manera voluntaria los hubieran suscrito. A pesar de que la publicidad electrónica se determina trascribiendo la definición en sentido positivo y negativo del concepto de comunicación comercial electrónica, el tenor autonormativo amplía las exclusiones expresas del término, al incluir entre ellas los contenidos editoriales de las páginas electrónicas y la publicidad institucional y la de carácter

---

[43] Puede consultarse, VÁZQUEZ RUANO, *La protección...op.cit.*

[44] *Código de Conducta de Confianza Online,* entrada en vigor en enero de 2003 y revisado en febrero de 2023 (en línea) https://www.confianzaonline.es/doc/codigo_etico_confianzaonline.pdf (consulta el 1 de octubre de 2023).

político. A su vez, se exige que la publicidad sea leal, honesta y veraz siguiendo los principios desarrollados por el Código de Práctica Publicitaria de la Cámara de Comercio Internacional[45]. Asimismo, en cuanto al régimen del tratamiento de los datos personales y la difusión publicitaria o prospección comercial electrónica[46], se impone no sólo el deber previo de información al interesado, sino también la obtención de su consentimiento a tal fin y la limitación de la recopilación de información personal con fines promocionales respecto de ciertos canales de intercambio de comunicaciones en el entorno electrónico (tales como los foros, las charlas en tiempo real, o similares).

La relevancia actual del uso de las plataformas de redes sociales y, en concreto, su finalidad en un sentido comercial o promocional han llevado a que las previsiones genéricas aplicables al entorno electrónico se vean completadas con la aprobación del *Código de conducta sobre el uso de influencers en la publicidad*[47]. En particular, al objeto de proporcionar una solución a las cuestiones que han surgido en relación con la publicación de contenidos por parte de sujetos relevantes en dichos canales de comunicación y la dificultad de determinar el propósito co-

---

45 Arts. 17 a 22 del Código.

46 Arts. 24 a 27 del Código.

47 *Código de conducta sobre el uso de influencers en la publicidad*, aprobado por Autocontrol de la Publicidad y la Asociación Española de Anunciantes -AEA- 2020 (en línea) https://www.autocontrol.es/wp-content/uploads/2020/10/codigo-de-conducta-publicidad-influencers.pdf (consulta el 1 de octubre de 2023). Junto a las recomendaciones recogidas en la *Guía legal: Marketing de influencers* elaborada por *IAB-Spain* (2016) y que se ocupan de las condiciones que se sugieren para redactar adecuadamente los contratos entre los que son los titulares de las marcas (anunciantes) y las personas que cuentan con un cierto reconocimiento e influencia en las plataformas de redes digitales (en línea) https://iabspain.es/wp-content/uploads/2016/06/12Guialegal influencers.pdf (consulta el 1 de octubre de 2023).

mercial de los mismos, en cuyo caso resulta necesaria la precisa identificación de la publicidad que se difunde. Esta referencia autonormativa parte del establecimiento de una conceptualización de las comunicaciones comerciales o publicitarias cuando consistan en la mención o contenido que, necesariamente, se dirija a la promoción de productos o servicios y se difunda en base a colaboraciones o compromisos recíprocos entre las partes. Delimitación que implica la existencia de una relación previa entre el titular del perfil que anuncia la marca o el producto o servicio y la entidad empresarial, por la que aquel recibe una ventaja que puede ser de diversa naturaleza y, en razón de la misma, permite a éste cierta influencia o supervisión del contenido editado. Concretada esta primera aproximación, cabe detenerse en la valoración de la percepción de una remuneración o cualquier otro tipo de contraprestación por parte del que emite la comunicación electrónica y, a este respecto, se establece de modo enumerativo y abierto que lo será no solo el abono de una concreta cantidad económica por parte del empresario, sino también la compensación que sea de naturaleza indirecta y ciertos pagos en especie, como lo son las entregas de un producto, entradas a eventos y la prestación de un servicio, así como los cheques, viajes y bolsas regalo[48]. En el caso de que se cumplan los requerimientos indicados, se impone al titular del contenido que se edita el empleo de identificativos genéricos que determinen la clara naturaleza del contenido comercial en línea de forma precisa[49], esto es la inclusión del término *hashtag #publi, #publicidad, #en colaboración con, #patro-*

---

48 Norma 3 del Código. Otros posibles ejemplos son: los códigos descuento, la colaboración como embajador del identificativo del producto, y la organización de viajes o eventos.

49 Para mayor información, BATANÁS RODRÍGUEZ, *Publicidad...op.cit.*, pp. 388-390; TATO PLAZA, *Aspectos...op.cit.*

cinado por o una expresión equivalente[50], o cuando proceda de manifestaciones descriptivas (*gracias a, regalo de,* etc). Un planteamiento contrario, supondría el incumplimiento de la exigencia de autenticidad de la comunicación publicitaria y, como se ha previsto, podría incurrir en una práctica desleal de engaño respecto del carácter comercial del mensaje que se difunde en el perfil social a cambio de una contraprestación (o de cualquier ventaja patrimonial[51]).

4. CONTINGENTES ALTERACIONES EN LA DIFUSIÓN PROMOCIONAL EN LÍNEA

4.1. Un nuevo panorama reglamentario

La específica reglamentación vigente al momento de elaborar este trabajo sobre la difusión de comunicaciones comerciales en el entorno electrónico, aunque afecte a diversas previsiones como se indicará, se aprecia limitada. Básicamente por cuanto no tiene por objeto el establecimiento de precisas disposiciones sustantivas en un sentido riguroso, ni que éstas puedan abarcar la multiplicidad de formatos y prácticas que del continuo avance de las TIC surgen en la pragmática que nos ocupa.

El Reglamento (UE) relativo a un mercado único de servicios digitales (conocido como Ley de servicios digitales)[52] se centra, esencialmente, en la responsabilidad de las plataformas

---

50 Dictamen del Jurado de Autocontrol de la Publicidad de 28 de noviembre de 2019 (Sección Cuarta) en relación con la calificación del mensaje de la *influencer Paulina Eriksson.*

51 Norma 3 del *Código de conducta sobre el uso de influencers en la publicidad.*

52 Reglamento (UE) 2022/2065 del Parlamento europeo y del Consejo de 19 de octubre de 2022 relativo a un mercado único de servicios

de redes sociales y los mercados en línea por los contenidos difundidos que sean contarios a Derecho[53]. En el marco de la publicidad comercial que puedan presentar o difundir en sus interfaces las plataformas en línea, se impone el deber de cumplir con el principio de transparencia desde una dual exigencia. En primer término, dichas plataformas han de asegurarse, respecto de cada anuncio publicitario, el conocimiento por parte de los destinatarios de manera clara e inequívoca y en tiempo real de la naturaleza comercial del contenido del anuncio[54], además de quién es la persona física o jurídica en cuyo nombre se presenta (anunciante) y los datos significativos sobre los principales parámetros empleados a fin de determinar el destinatario de la comunicación. En segundo lugar, se formula una exigencia mayor de transparencia en lo que respecta a las plataformas en línea y motores de búsqueda calificados de *muy gran tamaño* que presenten publicidad en sus interfaces[55]. Éstas deben recopilar y hacer público a través de interfaces de programación un repositorio que contenga la información preceptiva indicada como norma general, hasta un año después de la última vez que se presente la promoción en sus interfaces. Al menos, dicha información habrá de contener los datos que se relacionan a continuación: la información sobre el contenido de la publicidad, la persona en cuyo nombre se presenta el anuncio (anunciante), el período durante el que se haya expuesto la publicidad, los parámetros utilizados cuando la promoción se destina a un colectivo concreto y el número de destinatarios del servicio alcanzados y, cuando proceda, el total del grupo o grupos a quienes la publicidad estuviera específicamente dirigida. No obstante, en ningún caso, dicha

digitales y por el que se modifica la Directiva 2000/31/CE (Reglamento de Servicios Digitales. DOUE L 277, de 27 de octubre).

53 Art. 12 de la Ley de servicios digitales.

54 Art. 24 de la Ley de servicios digitales.

55 Art. 30 de la Ley de servicios digitales.

información podrá incluir datos personales de los destinatarios del servicio. Requerimientos que van a traer como consecuencia la adopción de medidas selectivas que tengan por finalidad limitar la presentación de contenidos publicitarios. Por su parte, el Reglamento (UE) 2019/1150 sobre el fomento de la equidad y la transparencia para los usuarios profesionales de servicios de intermediación en línea[56], concreta el conjunto de obligaciones de transparencia que pesa sobre los proveedores de servicios de intermediación y los motores de búsqueda en línea en sus relaciones con las empresas que ofrecen bienes y servicios a través de ellos[57]. Estos deberes se delimitan, fundamentalmente, en el contenido preciso de las condiciones generales del servicio y su posible modificación, y la clara identidad de los usuarios profesionales.

En igual sentido, cabe destacar la reciente Propuesta de Reglamento del Parlamento europeo y del Consejo sobre normas armonizadas para un acceso justo a los datos y su utilización[58], conocida como *Ley de Datos,* y el Reglamento en materia de Inteligencia Artificial (*Ley de Inteligencia Artificial*)[59]. Las previsiones

---

56 Reglamento (UE) 2019/1150 del Parlamento Europeo y del Consejo, de 20 de junio de 2019, sobre el fomento de la equidad y la transparencia para los usuarios profesionales de servicios de intermediación en línea (DOUE núm. 186, de 11 de julio).

57 Arts. 3 a 12 del Reglamento (UE) 2019/1150.

58 Propuesta de Reglamento del Parlamento europeo y del Consejo sobre normas armonizadas para un acceso justo a los datos y su utilización (*Ley de Datos*). COM/2022/68 final. Al momento de realizar el presente estudio se encuentra en fase de análisis y de planteamiento de posibles propuestas (en línea) https://portal.mineco.gob.es/es-es/ministerio/propuestas-legislativas-europeas/Paginas/Participacion-Publica-propuesta-Reglamento-Parlamento-Europeo-y-Consejo-normas-armonizadas-acceso-justo-datos-uso.aspx (consulta el 1 de octubre de 2023).

59 Propuesta de Reglamento del Parlamento europeo y del Consejo por el que se establecen normas armonizadas en materia de Inteligencia

de la primera están orientadas a facilitar el acceso a los usuarios a los datos e informaciones que hubieran generado y a su traslado o portabilidad a los proveedores de servicios (en la nube y en el borde), siempre que se respeten las medidas de seguridad y garantía que, en cada caso, se imponen para llevar a cabo dichas transferencias. Esto es, la iniciativa que nos ocupa pretende que se maximice el valor de los datos al asegurar el control y disposición de los mismos por cada una de las partes interesadas en su utilización innovadora. Tal vez, en cuanto al tema de estudio que planteamos, deba llamarse la atención sobre la posibilidad de que las entidades y otros agentes estén facultados para disponer de un volumen de datos e informaciones al objeto de tener la posibilidad de ofrecer sus servicios de manera personalizada. Así como, resulta relevante la adopción de medidas para alcanzar un adecuado equilibrio en la negociación de las pequeñas y medianas entidades mediante la prevención del abuso de los desequilibrios contractuales en los contratos de intercambio de datos y otras informaciones.

La Norma reglamentaria sobre la Inteligencia Artificial procura garantizar la seguridad de dichos sistemas y la observancia de los derechos fundamentales en su funcionamiento. En materia de publicidad por medios electrónicos, el empleo de ciertos sistemas de Inteligencia Artificial va a implicar un nuevo cambio en las estrategias comerciales de las entidades establecidas en línea. Así, se están empleando los conocidos *chatbots* que hacen factible simular una conversación en tiempo real con una persona y ofrecen soporte técnico y otras formas de aplicaciones diversas que permiten la posible interactuación en línea. Si extrapolamos estas funcionalidades a la remisión

---

Artificial (*Ley de Inteligencia Artificial*) y se modifican determinados actos legislativos de la unión, Bruselas, 21 de abril de 2021. 2021/0106(COD) COM/2021/206 final. Aprobado por el Parlamento europeo en marzo de 2024.

de comunicaciones comerciales electrónicas, entendemos que conviene ocuparse de dos perspectivas de relevancia práctica. De un lado, la personalización directa de los contenidos comerciales que se difunden a los consumidores. En el sentido de que se obtienen datos de consumo o de intereses del público objetivo y, mediante la aplicación de tecnologías de Inteligencia Artificial, se pueden establecer modelos para anticiparse al comportamiento de los sujetos. De otro, y en relación con el anterior, a través de la conexión con algoritmos que hacen más eficientes las campañas promocionales mediante la adquisición programática, como se indicará seguidamente.

Por último, y aunque resulten menos relevantes respecto de la materia que tratamos, ha de hacerse alusión a la Directiva (UE) 2018/1808 sobre la prestación de servicios de comunicación audiovisual (Directiva de servicios de comunicación audiovisual, en adelante DSCA[60]) y la Directiva (UE) 2019/790 en cuanto a los derechos de autor y derechos afines en el mercado único digital[61]. En lo que interesa al objeto del presente análisis, cabe indicar que estas reglamentaciones no sólo establecen y precisan los deberes que han de atender las plataformas de intercambio de vídeos y las comunicaciones con contenido ilí-

60 Directiva (UE) 2018/1808 del Parlamento Europeo y del Consejo, de 14 de noviembre de 2018, por la que se modifica la Directiva 2010/13/UE sobre la coordinación de determinadas disposiciones legales, reglamentarias y administrativas de los Estados miembros relativas a la prestación de servicios de comunicación audiovisual (Directiva de servicios de comunicación audiovisual. DOUE L 303, de 28 de noviembre).

61 Directiva (UE) 2019/790 del Parlamento Europeo y del Consejo, de 17 de abril de 2019, sobre los derechos de autor y derechos afines en el mercado único digital y por la que se modifican las Directivas 96/9/CE y 2001/29/CE (DOUE L 130, de 17 de mayo). En concreto, art. 17.

cito por ofensivo[62], sino también la tutela de los derechos de autor en el mercado digital. De modo más preciso, la primera de las normas referenciadas se centra en el régimen de las plataformas digitales estableciendo su aproximación en cuanto a la sistemática de los canales televisivos y, al mismo tiempo, se encarga de fijar disposiciones de garantía en relación con los usuarios y creadores de contenidos en red y de mecanismos para evitar la discriminación en el acceso a aquellos. Siendo esencial prestar una especial atención a los contenidos que se dirigen a los menores y, al mismo tiempo, la verificación de la edad alegada por los usuarios.

4.2. Aproximación a diversas estrategias promocionales en línea

La necesidad de prestar atención al RGPD y, cuando proceda, a las exigencias de la propuesta de Reglamento *e-Privacy* supone para las entidades en línea una dificultad en cuanto al adecuado ejercicio comercial y promocional desarrollado por medios electrónicos, tanto en lo que afecta a la precisa observancia de las mismas, como por la diversa interpretación de ambos textos jurídicos. Por consiguiente, y en la medida en que la actividad publicitaria es una de las fuentes de financiación esenciales de dicho entorno, la mayor parte de los servicios y contenidos telemáticos que se ofrecen al usuario de forma gratuita podrán dejar de proporcionarse si no se abona el coste económico correspondiente. Una de las materias que en la práctica ha generado un mayor debate ha sido la relativa a la manifestación del consentimiento de los usuarios y la instalación de técnicas de recopilación y acceso a la información de los equipos informáticos de los mismos. Consecuencia de ello, las entidades establecidas en línea a fin de difundir mensajes

62 Piénsese en herramientas en línea como aplicaciones de *chat, Reddit* de *Google* y las de *podcast.*

promocionales de sus productos o servicios, están implementando proposiciones publicitarias que permitan llegar a los destinatarios, pero no tanto en razón de los datos e informaciones que se recojan y traten sobre los mismos, cuánto fundadas en otros criterios de carácter objetivo. Pues, si hasta el momento el principal incentivo se focalizaba en los aspectos y datos que interesaban al destinatario, las imposiciones preceptivas sobre la protección de las informaciones y datos personales hacen que ahora la atención se concentre en la segmentación del contenido de las comunicaciones comerciales sobre la base objetiva de los elementos que integran el espacio electrónico visitado o de los términos empleados por los usuarios en el sistema de búsqueda. El obligado requerimiento de recabar con anterioridad el consentimiento del interesado, y tras haberle proporcionado la información necesaria, va a resultar complicado en cualquier forma de difusión promocional digitalizada, a lo que se añade la imposibilidad de contactar con usuarios con los que no se ha tenido una relación previa para que consientan el tratamiento de sus datos personales con fines publicitarios. Sobre ello, y pese a la heterogeneidad de técnicas promocionales que se habilitan en el entorno telemático, destacamos las que consideramos de mayor alcance pragmático en razón a sus efectos jurídicos. En primer término, la difusión de comunicaciones publicitarias de contexto o contextual, la cual estimamos de mayor repercusión en la actualidad teniendo en cuenta el progreso de la Inteligencia Artificial. Esta forma de difusión publicitaria se singulariza porque el contenido de la comunicación comercial está relacionado con el del espacio electrónico que está visualizando el usuario en un determinado momento o con los términos que ha insertado en un sistema de búsqueda electrónico, siendo en éste en el que se encuadran los mensajes comerciales (como lo es la inclusión de anuncios *display*). Respecto de esta última hipótesis, los prestadores que ofrecen un servicio de búsqueda de contenidos en línea hacen posible la visualización de los resultados después de haber llevado a cabo un proceso de rastreo e indexación de los espacios electrónicos mediante el empleo de determinados algoritmos[63]. El resultado que se muestra a los usuarios una vez que éstos han insertado un término o palabra concreto se visualiza de acuerdo con los sitios electrónicos que guardan relación con los que contienen información y datos de la página a la que referencian y que se incluyen en el código de programación de la Red de redes y en el formato de metaetiqueta. La publicidad contextual, en el supuesto de las plataformas de búsqueda, permite presentar comunicaciones comerciales basadas en la equivalencia entre el término empleado por el usuario en el motor de búsqueda y el que concretó el anunciante para vincular su mensaje publicitario. En el planteamiento de las páginas electrónicas, la segmentación de contexto permite conectar el contenido del espacio al de las comunicaciones comerciales que se prevén en la misma por materias o, también, mediante términos clave.

En segundo lugar, en estrecha conexión con la forma publicitaria referida, aludimos a la remisión de comunicaciones comerciales nativas o publicidad nativa[64] que es una forma de difundir mensajes promocionales coincidente con el modo editorial de presentación del canal en el que se difunden y que se crea en base a distintos elementos de metadatos de las comunicaciones electrónicas[65]. Por lo que, a pesar de que obviamente repercute y capta el interés del destinatario, no supone una intromisión en el marco de su esfera privada. El mensaje promocional se integra en equivalente formato en el que aparece el sitio visualizado y se adapta a las previsiones tanto de las pla-

63 *Vid.* VÁZQUEZ RUANO, *La protección...op.cit.*

64 *Guía legal: Publicidad Nativa* elaborada por el *IAB-Spain*, noviembre 2019 (en línea) https://iabspain.es/estudio/guia-legal-publicidad-nativa/ (consulta el 1 de octubre de 2023).

65 Art. 4 de la Propuesta de Reglamento *e-Privacy.*

taformas digitales, como de los contenidos incluidos en ellas. Si bien, uno de los inconvenientes que esta práctica comercial puede plantear se relaciona con la atención al principio de la clara y adecuada identificación de la naturaleza promocional del mensaje, y no así en cuanto a la posible intromisión en lo que concierne a los datos e informaciones personales del sujeto que las recibe. El destinatario, en todo caso, ha de percibir con claridad que se trata de un contenido publicitario inserto en el que es propio del espacio electrónico en el que se incluye.

Asimismo, cabe referir el recurso a las tecnologías de Inteligencia Artificial y la interrelación con algoritmos que hacen más eficientes las campañas comerciales mediante la adquisición programática. En este sentido, la publicidad programática consiste en el uso apropiado de tecnología avanzada para la compra de medios y publicidad digital. La interconexión de los datos y los algoritmos muestran anuncios comerciales automatizados a usuarios de manera estratégica para captar el interés del público objetivo, basada en los datos e informaciones recopiladas del comportamiento de los mismos y que no, en todo caso, van a ser de carácter personal. De manera somera, cabe estimar que se trata de una forma promocional en la que se emplea el *big data* o el procesamiento de datos de notorio volumen para conseguir, en un modo automatizado y en tiempo real, espacios de audiencias en línea. A este respecto, se hace factible vincular la promoción con los intereses del destinatario, en el momento y espacio que sea más eficiente (a través de las *IP*). No obstante, si dicha información es de carácter personal, necesariamente habrá que observar los ya analizados presupuestos vigentes en materia de protección de datos.

Además, interesa prestar atención a la publicación de reseñas y comentarios de los consumidores en redes sociales con una pretensión comercial. La norma tendente a mejorar la aplicación y la modernización de las previsiones de protección de los consumidores de la UE[66], concreta la prohibición expresa de que los comerciantes incluyan en las redes sociales reseñas y aprobaciones de consumidores que sean falsas. Tampoco pueden manipularse las reseñas y aprobaciones de los consumidores, en el sentido de publicar únicamente las que resulten de contenido positivo, pero no las negativas[67]. A nivel interno, estas limitaciones han tenido su reflejo en el régimen de los derechos y facultades básicas de los consumidores y usuarios y la garantía de los intereses legítimos económicos en las prácticas comerciales que se llevan a cabo con los empresarios[68]. Apremiando a las entidades la necesidad básica de señalar y asegurar que dichas reseñas y comentarios sobre los productos o servicios que han contratado los consumidores son ciertas y se corresponden con la realidad. Y ello se corrobora con la imposición de una carga adicional a aquéllas respecto del modo en el que tratan la certeza de dichos comentarios. En caso contrario, la práctica se enjuiciará como un acto desleal con los consumidores por la influencia que estos contenidos tienen en su comportamiento económico en el mercado digital[69]. Es decir, será desleal afirmar que las reseñas de un producto o servicio son añadidas por usuarios que han comprado o contratado el bien o servicio, pero sin que se hubieran adoptado medidas

---

66 La Directiva (UE) 2019/2161 del Parlamento europeo y del Consejo de 27 de noviembre de 2019 por la que se modifica la Directiva 93/13/CEE del Consejo y las Directivas 98/6/CE, 2005/29/CE y 2011/83/UE del Parlamento Europeo y del Consejo, en lo que atañe a la mejora de la aplicación y la modernización de las normas de protección de los consumidores de la Unión (DOUE L 328, de 18 diciembre).

67 Véase el Cdo. 49 del citado texto y el art. 3.

68 Apartado 4º del art. 20 del Real Decreto Legislativo 1/2007, de 16 de noviembre, por el que se aprueba el texto refundido de la Ley General para la Defensa de los Consumidores y Usuarios y otras leyes complementarias (BOE núm. 287, de 30 de enero).

69 Apartados 7º y 8º del art. 27 de la Ley 3/1991, de 10 de enero, de Competencia Desleal (BOE núm. 10, de 11 de enero).

razonables y proporcionadas para comprobar que dichas reseñas pertenezcan a los sujetos que las establecen, o encargar a otra persona, o añadir reseñas o aprobaciones de consumidores que no se correspondan con la realidad o las distorsionen con la pretensión de promocionar los productos o servicios a los que se refieran.

Por su parte, existen otros canales en línea en los que se aluden a gustos o preferencias personales, o se comentan productos o servicios concretos en formato de vídeo (vídeos *unboxing*) que confunden la distinción de la naturaleza de los contenidos propios en la Red que recomiendan o difunden informaciones sobre productos o servicios al margen de una pretensión comercial, y los que se encuadran en las emisiones publicitarias o promocionales. En este último planteamiento, como se ha indicado, es necesaria la precisa observancia del principio de clara identificación del mensaje promocional y el resto de pautas reglamentarias establecidas respecto de la publicidad y la veracidad de las afirmaciones que se editan. Sin embargo, en ciertas formas promocionales como lo es la testimonial, referida a los mensajes comerciales normalmente difundidos por personajes con reconocimiento público y que inducen a los consumidores en razón de sus opiniones, creencias, conclusiones o experiencias sobre ciertas marcas de productos o de los servicios promocionados por parte de una persona distinta del anunciante[70], la distinción de la pretensión que con la inclusión del contenido se quiere cumplir se hace compleja. Aun cuando es habitual que la participación del personaje público no se circunscriba únicamente a su mera presencia, sino que es esencial el testimonio que ofrece para acrecentar en los

70 Para ampliar la idea CARBAJO CASCÓN, F., "El uso publicitario de marcas de moda ajenas en internet: (complementariedad entre propiedad intelectual y competencia desleal)", *Cuadernos del Centro de Estudios en Diseño y Comunicación. Ensayos*, 154, 2022, pp. 101-126.

destinatarios la credibilidad y objetividad sobre el producto o servicio, y el concreto efecto de persuasión que tiene el mensaje emitido.

5. IDEAS FINALES

La inclusión de las TIC ha afectado al entorno económico y empresarial de forma específica, en particular, en lo que respecta a la difusión de comunicaciones comerciales. El recurso a las técnicas que se han habilitado en línea para difundir mensajes publicitarios comporta indudables ventajas para las entidades que se establecen en dicho mercado y para dar a conocer su imagen y la de los productos y servicios que ofrecen en el mismo. Si bien, el aprovechamiento de estos recursos en el ejercicio de la actividad de empresa, desde la perspectiva jurídica, precisa del adecuado conocimiento y respeto de las exigencias reglamentarias establecidas. No obstante, uno de los principales inconvenientes pragmáticos del sistema es que las referencias normativas no establecen un régimen sustantivo determinante respecto de las promociones que se remiten por medios electrónicos. Antes bien, se parte de una remisión expresa a la regulación vigente en el ámbito comercial y publicitario, al igual que en cuanto a lo dispuesto en materia de tutela de los datos de carácter personal. Esta última disposición nos permite discernir entre la remisión de mensajes de contenido promocional que se dirigen a un público en general por medios electrónicos, de los que se envían a determinados sujetos en la medida en que el medio que se emplea para su difusión es de titularidad del receptor.

La actual regulación aprobada en relación con la protección de la privacidad y los datos de carácter personal, junto a la Propuesta de Reglamento *e-Privacy*, va a suponer un nuevo cambio en las estrategias comerciales de las empresas del entorno electrónico. Ya que la observancia de las imposiciones y exigencias de ambos textos normativos en el momento anterior a la difusión publicitaria, en lo que concierne a la obtención de los datos e informaciones personales precisos, dificulta la actividad de las entidades. A lo que se añade, la divergencia del contenido previsto en ambos sistemas y que hace compleja su adecuada atención en la práctica. Circunstancias que permiten concluir, de un lado, la necesidad de seguir trabajando en las previsiones de la Propuesta de Reglamento en materia de privacidad en el entorno digital y proponer *lege ferenda* la equivalencia de las disposiciones del RGPD y de la Propuesta a fin de que se permita el tratamiento de la información y los datos del destinatario con fines comerciales en razón del principio de responsabilidad proactiva de las empresas y del cumplimiento riguroso del deber de información previa, y no tanto de la voluntad del afectado manifestada en la configuración de su navegador. De otro, las formas de promocionarse en línea tenderán a basarse en un concepto de segmentación a partir de referencias objetivas y neutras (como es el caso de la publicidad de contexto), más que siguiendo los criterios que interesan al destinatario y que pueden resultar, conjuntamente valorados, datos e informaciones de carácter personal. Asimismo, el esfuerzo que han de realizar las entidades establecidas en el ámbito electrónico para atender las obligaciones impuestas en este sentido está planteando que la gratuidad de la mayor parte de los servicios que se ofrecen en línea deje de ser de dicha consideración.

En todo caso, como es sabido, se impone que el envío de comunicaciones electrónicas cuyo contenido sea comercial estén claramente identificado como tal, al igual que la persona en nombre de la que se difunde. Si bien, el avance de la tecnología y de las plataformas que hacen posible la comunicación en línea y los sistemas de búsqueda han hecho proliferar ciertas prácticas publicitarias que, pese a su pretensión, no siempre atienden al principio de identificación de la naturaleza promocional de la comunicación y de su anunciante, afectando a la percepción que el usuario destinatario tiene respecto de la naturaleza de las comunicaciones recibidas.

En definitiva, las más recientes normas en el ámbito digital, así como las iniciativas jurídicas que se están planteando (mercado digital, servicios digitales, Inteligencia Artificial, datos globales, entre otras) hacen suponer que la sistemática concerniente a la publicidad en línea no es un tema concluso, antes al contrario, continúan las referencias al mismo y la previsión de establecer medidas tendentes a solventar los problemas que se plantean en el ámbito de la seguridad electrónica. Referida no sólo a la perspectiva jurídica de la protección o garantía de la información y datos personales, sino también en un sentido más amplio cuando los usuarios concluyen transacciones o solicitan ciertos servicios de la sociedad de la información, como lo es la remisión de comunicaciones comerciales y la influencia en ellas de las reseñas y comentarios insertados en los canales de comunicación en línea.

BIBLIOGRAFÍA

AA.VV. *Reglamento general de protección de datos. Hacia un nuevo modelo europeo de protección de datos* (Dir. PIÑAR MAÑAS, J.L.), Madrid, 2016.

AA.VV. *El Reglamento General de Protección de Datos: un enfoque nacional y comparado. Especial referencia a la LO 3/2018 de Protección de Datos y garantía de los derechos digitales* (edit. TOMÁS MALLÉN, B./ GARCÍA MAHAMUT, R.), Tirant lo Blanch, Valencia, 2019.

BATANÁS RODRÍGUEZ, S., "Publicidad en redes sociales: la actividad de los *influencers*", en *Estudios sobre Derecho Digital,* (Dir. PEREA ORTEGA), Pamplona, 2021.

BLANCO RUIZ, A./ IGLESIAS RUIZ, J., "El Marketing a través de las redes sociales", *RA&DEM: Revista de Administración y Dirección de empresas,* 5, 2021.

BOTANA GARCÍA, G. A., "Reglamento General para la Protección de Datos de la Unión Europea", *Actualidad civil,* 1, 2016.

CARBAJO CASCÓN, F., "El uso publicitario de marcas de moda ajenas en internet: (complementariedad entre propiedad intelectual y competencia desleal)", *Cuadernos del Centro de Estudios en Diseño y Comunicación. Ensayos,* 154, 2022.

DAVARA RODRÍGUEZ, M. A., "Algunas consideraciones sobre la propuesta de Reglamento Europeo de protección de datos", *Derecho de los negocios,* Año 25, 273, 2014.

FERNÁNDEZ- NÓVOA RODRÍGUEZ, C., *La publicidad encubierta,* Santiago de Compostela, 1989.

HERRÁN ORTIZ, A. I., "Aproximación al derecho a la protección de datos personales en Europa: El reglamento general de protección de datos personales a debate", *Revista de Derecho, Empresa y Sociedad (REDS),* 8, 2016.

JARNE MUÑOZ, P., "El «prosumidor» como figura clave en el desarrollo del derecho del consumo derivado del mercado digital", *Revista CESCO de Derecho de Consumo,* 19, 2016.

LEMA DEVESA, C., "La publicidad engañosa en el moderno Derecho español", en *Estudios Homenaje al profesor Menéndez,* vol. I, Civitas, Madrid, 1996.

LÓPEZ BARRERO, E., "La universalidad en el nuevo Reglamento General de Protección de Datos: el caso del derecho al olvido", *Revista de privacidad y derecho digital,* 4, 2016, (Ejemplar dedicado a: Nuevo Reglamento General de Protección de Datos de la UE (Reglamento (UE) 2016/679).

PANIZA FULLANA, A. "Una nueva era en la privacidad y las comunicaciones electrónicas: la Propuesta de Reglamento del Parlamento Europeo y del Consejo sobre el respeto de la vida privada y la protección de los datos personales en el sector de las comunicaciones electrónicas", *Aranzadi civil-mercantil. Revista doctrinal,* 7, 2017.

- *Protección de datos, cookies y otros instrumentos de navegación. En Publicidad, defensa de la competencia y protección de datos,* Pamplona, 2010.

PLAZA PENADÉS, J., "Implementando el nuevo Reglamento General europeo de Protección de Datos", *Revista Aranzadi de derecho y nuevas tecnologías,* 43, 2017.

SILVAN RODRÍGUEZ, J./ MUÑOZ RODRÍGUEZ, J., "Capítulo 7: Estrategias comerciales: marketing y publicidad (Sección IV.1. Prescriptores (*«influencers» y «bloggers»*): aspectos legales)", en *Fashion Law (Derecho de la Moda),* (Coord. ORTEGA BUENO), Aranzadi, Madrid, 2018.

TATO PLAZA, A., "Aspectos jurídicos de la publicidad a través de líderes de opinión en redes sociales (*«influencers»*)", *Revista de Derecho Mercantil,* 311, 2019.

TOBÍO RIVAS, A. M.ª., "La actual regulación de la publicidad encubierta en España y la práctica publicitaria", *Revista de Derecho Mercantil*, 237, julio/ septiembre, 2000.

VÁZQUEZ RUANO, T., "Alcance actual del derecho de eliminación de los datos personales en relación con los motores de búsqueda", *Cuadernos de Derecho y Comercio*, 70, diciembre, 2018.

- *La protección jurídica de los destinatarios de las comunicaciones comerciales electrónicas*, Marcial Pons, Madrid, 2008.

PARTE TERCERA:

PROPIEDAD INDUSTRIAL E INTELECTUAL

Capítulo 15.

MARCAS Y HUMOR: UNA PAREJA DE HECHO[1]

DRA. Dª BLANCA BAGÓ ORIA

Profesora Contratada Doctora de Derecho Mercantil

Universidad Autónoma de Madrid

Sumario: I. Planteamiento. II. Las parodias como excepción al derecho de propiedad intelectual. A) Función y justificación. B) Delimitación de las parodias. C) Condiciones de aplicación. III. Racionalidad económica común del Derecho de marcas y del Derecho de Propiedad Intelectual. IV. La parodia de las marcas comerciales: el art. 39 LPI en el mercado. Justificación y condiciones. A) La parodia y el riesgo de asociación. B) La información como condicionante. C) El humor y la denigración. V. Conclusiones y probabilidad de la parodia en el derecho de marcas.

Resumen: *El derecho de marcas cumple una función distintiva de determinados productos o servicios que se comercializan en el mercado al diferenciarlos de otros semejantes con los que compite. Junto con esta función esencial, la marca satisface un rol informativo a través de la publicidad, permitiendo a los consumidores que se formen una opinión concreta sobre ese producto, e, incluso, sobre los valores que se le asocian. Esta corriente informativa vincula el Derecho de Marcas y el Derecho de Propiedad Intelectual a través del art. 39 de la LPI. Porque los titulares de marcas ¿tienen que tolerar burlas, críticas o parodias, de forma semejante a como lo hacen las obras de propiedad intelectual con las que, por otro lado, comparten una misma lógica económica?*

1 Este trabajo se ha realizado gracias a la financiación del Proyecto de Investigación del Ministerio de Ciencia e Innovación dirigido por los profesores A. Perdices Huetos; y, B. Bagó Oria, “Gobierno corporativo: el papel de los socios III” (PID2022-138664NB-C21).

Ambas clases de derechos presentan un mismo carácter inmaterial que va a servir de conexión para este propósito. Sin embargo, el contexto es diferente. El campo de la parodia marcaria se localiza en la competencia desleal y resulta más restrictivo que el ámbito equivalente de derechos de autor.

Palabras clave: Parodia; Propiedad Industrial; Marcas; art. 39 LPI; Competencia Desleal; Denigración; art. 9 LCD.

Abstract: *Trademark Law plays a distinctive role for certain products or services allowing differentiation from similar competitors. Along with this essential function, the trademark also fulfils an informative role through advertising, enabling consumers and other stakeholders to create a personal opinion about the product and the values incorporated in it. This stream of information justifies that trademark holders have to tolerate jokes, criticisms, or parodies in a similar way to intellectual property creators, which share the same economic logic and similar intangible character. However, the context differs, and the field of parody within trademarks is located in the methods of unfair competition and, is more restrictive than the one generally observed in intellectual property.*

Key Words: Parody; Industrial Property; Brands; art. 39 LPI; Unfair Competition; Denigrating Acts; art. 9 LCD.

I. PLANTEAMIENTO

Muchas marcas comerciales se presentan como una manifestación de ciertos valores sociales e, incluso, como una expresión artística. Así sucede con la ostentación de un determinado nivel de vida o de sentimientos de bonanza plástica o estética vinculados a cualquier tarro de perfume. Este campo de intersección, que está bastante extendido en la publicidad de las marcas más conocidas, crea un puente entre el Derecho de Propiedad Intelectual y el Derecho de Propiedad Industrial, y permite aplicar ciertas normas de los derechos de autor al sistema de signos distintivos. En concreto, el artículo 39 del Real Decreto Legislativo 1/1996, de 12 de abril, por el que se aprueba el texto refundido de la Ley de Propiedad Intelectual, regularizando, aclarando y armonizando las disposiciones legales vigentes sobre la materia (en adelante LPI). Este precepto reconoce la parodia como una excepción frente a los derechos de exclusiva que tienen los titulares de obras originales.

Este trabajo comienza con una exposición del concepto de parodia del artículo 39 LPI y de sus requisitos, diferenciándolo de otras categorías humorísticas cercanas, porque no todos los fenómenos humorísticos son paródicos. Algunos caen bajo la influencia de textos normativos de naturaleza jurídico-pública, y su fin legislativo puede ser distinto del que prima en la LPI. Después, se mencionan las condiciones que permiten aplicar esa doctrina en el Derecho de la Propiedad Industrial. A estos efectos, la aceptación de la parodia de marcas registradas revela un paralelismo normativo entre las dos clases de lo que podríamos llamar el conjunto único del Derecho de las Creaciones de la Personalidad (o "*Intellectual Property Rights*" en términos anglosajones): de una parte, la Propiedad Intelectual ("*Copy Rights*") y, de otra, la Propiedad Industrial ("*Industrial Property Rights*")[2]. En este planteamiento va a tener importancia la reflexión sobre la racionalidad económica de la parodia, su conexión con el tráfico económico-mercantil y la importancia social que han alcanzado las marcas.

---

2 Nuestra regulación ha diferenciado tradicionalmente ambos cuerpos normativos frente a la tendencia anglosajona. Para una aproximación, v. J. I. PEINADO GRACIA, "La propiedad intelectual: derecho de autor y derechos afines", en *Lecciones de Derecho Mercantil* [A. MENÉNDEZ; y A. ROJO (dirs.)], vol. I., 20ª ed., pp. 191-218, p. 192. Pese a sus diferencias, hay una integración cada vez mayor entre ambos cuerpos. Además, su protección puede coincidir sobre la misma obra; v. A. BERCOVITZ RORIGUEZ-CANO, "Algunas ideas preliminares sobre la relación entre la Propiedad Intelectual y la Propiedad industrial", en *Estudios sobre la ley de propiedad intelectual. Últimas reformas y materias pendientes*, Editorial Dykinson, Madrid, 2016, pp. 65-73, pp. 69-70, y 72.

II. LAS PARODIAS COMO EXCEPCIÓN AL DERECHO DE PROPIEDAD INTELECTUAL

A) Función y justificación

El diccionario de la Real Academia Española define la parodia como una "imitación burlesca" que tiene como objeto a una persona o a una de sus acciones, obras o comportamientos. Desde un punto de vista histórico, la parodia es el arte del bufón; aquel personaje singular que no hería el honor de los cortesanos, sino que, por el contrario, tenía la potestad real de ironizar sobre su orgullo y petulancia. Era un "derecho de sana ironía" que se legitimaba en proporción al ingenio de la crítica y que cumplía una función específica: informar al Rey del doble juego de sus súbditos y de sus verdaderas intenciones. Hoy en día, su fundamento y legitimidad es semejante. La parodia es el humor con una función de formación y divulgación pública[3]. Y esta función de crítica informativa funda su aceptación legal: el interés general justifica que las críticas sobre una determinada obra lleguen al público y le proporcionen criterios suficientes para contrastar y formar su propio juicio.

Al respecto, el legislador occidental ha previsto una excepción a los derechos exclusivos que correspondan al titular de la obra porque, en otro caso y dada su naturaleza irónica, sería poco probable que el autor original concediera permiso al parodista para criticarle o burlarse de su esfuerzo[4]. Esta excepción

---

3 Sobre el fundamento de la parodia, v. la reflexión de M. SOL MUNTAÑOLA en *El régimen jurídico de la parodia*, Marcial Pons, Madrid, 2005, pp. 115 ss.

4 La parodia no es otra cosa que una burla y, por lo tanto, es incómoda para el destinatario. Exigir la falta absoluta de denigración o de burla hace imposible parodiar; v. *infra* II.C y IV.C. No obstante, F. PÉREZ BES, "Aproximación a la figura de la parodia en el Derecho de la

legal es un "uso justificado" de derechos de autor ajenos y se conoce como *Fair Use* en el derecho anglosajón[5]. Por la misma razón tampoco es eficiente prever una compensación al autor de una obra original. Si la parodia se condiciona a una licencia obligatoria, se desincentiva el espíritu crítico: cualquier persona racional valorará la probabilidad de éxito de la parodia antes de realizarla, deduciendo su coste[6]. Por lo tanto, una compensación obligatoria reduciría el número de críticas útiles.

En nuestro Derecho, el art. 39 LPI permite la parodia como excepción al *ius prohibendi* del titular de la obra parodiada, que no podrá impedir la burla alegando una infracción de sus de-

---

Propiedad Intelectual", en *El derecho de autor y las nuevas tecnologías*, Madrid, 2008, pp. 359-382.

5 Las excepciones por "uso justificado" (*Fair Use*) de los derechos de autor ajenos tienen un fundamento económico en términos de costes de transacción; v. R. POSNER, "When is Parody Fair Use?", *J. of Legal Stud.*, 21 (1992), pp. 67-78, p. 69.

6 La parodia también contiene creatividad original, por lo que no supone un enriquecimiento injusto por defecto. Además, se centra en obras conocidas que ya habrán obtenido su rendimiento previo, por lo que el daño económico a la obra parodiada no será realmente significativo; v. el notable trabajo de A. PERDICES HUETOS, "La muerte juega al Gin Rummy (La parodia en el derecho de autor y de marcas)", *Pe.i.*, 3 (1999), pp. 9-53, pp. 16-19 y 30-32. También v. POSNER cuando señala que la parodia puede tener más éxito que la obra parodiada, aunque no por ello es conveniente reconocer una licencia obligatoria inversa; v. *J. of Legal Stud.*, 21 (1992), p. 73. No obstante, sí es favorable a una compensación, M. A. EINHORN, "Miss Scarlett's License Done Gone!: Parody, Satire, and Economic Reasoning", *Cardozo Arts & Entertainment L. J.*, 20 (2002), nº 3, pp. 588-610. Para PEINADO GRACIA, "La propiedad intelectual", I[20], pp. 210-211 no se reproduce la polémica de la compensación por copia privada o puesta a disposición del público, por parte de publicaciones periódicas.

rechos de autor, ni tampoco reclamar una compensación[7]. Es una norma breve, pero que plantea problemas interpretativos. El primero es identificar a qué humor se refiere entre las distintas clases de ejercicios irónicos que son posibles. Y el segundo, determinar los requisitos que la parodia tiene que cumplir para encuadrarse dentro de esta norma y beneficiarse de su excepción.

B) Delimitación de las parodias

1. Una parodia es, por definición, un acto de humor irónico o una burla. Ahora bien, esta ironía puede recaer bien sobre un hecho, obra determinada o persona, o bien puede consistir en un puro ejercicio sarcástico. Las parodias que nos interesan son las primeras. Se describen como parodias *referenciales* porque tienen una referencia previa (la obra, el hecho o la persona). Y por esta razón, son las únicas que pueden entrar en conflicto con los derechos de autor que recaigan sobre el objeto concreto de una chanza. En cambio, las ironías abstractas o *no referenciales* no se enfrentan con ningún derecho registrado de terceros y, por consiguiente, son una manifestación del derecho de libre expresión, y su marco legal será el derecho constitucional correspondiente.

2. Otra distinción es aquella que sistematiza las parodias referenciales en función de cuál sea el objetivo de la burla. Y aquí, las cosas no están tan claras. Cuando el humor se centra en una persona, podemos estar ante una *caricatura,* como en

---

7 Es un límite frente al derecho de transformación asociado a los derechos intelectuales del autor; v. P. CÁMARA ÁGUILA, "El concepto de parodia en el Derecho comunitario: la sentencia del Tribunal UE de 3 de septiembre de 2014", en *Estudios sobre la ley de propiedad intelectual. Últimas reformas y materias pendientes,* Editorial Dykinson, Madrid, 2016, pp. 109-119, p. 118.

el caso de las viñetas humorísticas de los periódicos clásicos sobre los políticos de moda; o ante el *pastiche* del art. 70 del Real Decreto-ley 24/2021, de 2 de noviembre, de transposición de directivas de la Unión Europea, que parece centrada en todo un conjunto artístico, mezcla de ideas o estilos ajenos, pero también en una especie de caricatura informática, más conocida como *meme* (en adelante RDL 24/2021).

Cuando el objeto es un género o un conjunto de personas o actitudes se tratará de una *sátira*, al margen de su propósito moralizador o lúdico[8]. Un ejemplo clásico de este grupo es "*El ingenioso caballero Don Quijote de la Mancha*", que en su día pretendió burlarse de los libros de caballería[9]. Otro ejemplo más moderno podría ser el género burlesco propio del s. XX, con una mezcla de sátira, teatro y entretenimiento para adultos, cuyo objetivo es incomodar o incluso molestar, burlándose de costumbres o normas sociales. Frente a esta última categoría, la *parodia* que nos interesa se centra en un objetivo diferente: es la burla o crítica en clave de humor de una obra artística original, concreta e identificable, respecto de la que su autor tiene reconocida la exclusividad de su explotación económica.

3. La anterior clasificación del humor referencial determina la regulación positiva que corresponde y, con ello, la legalidad de la burla. Tradicionalmente se ha considerado que caricaturas y sátiras caen en el ámbito material del Derecho Pú-

---

8 Su significado no coincide exactamente con el vocablo inglés *Satire*, que es una burla frente a una obra concreta, pero que no cumple con alguno de los requisitos que definen a las parodias; v. W. M. LANDES; y, R. A. POSNER, *La estructura económica del Derecho de Propiedad Intelectual e Industrial*, Madrid, 2006, p. 201. Tambien v. L. BRADFORD, "Parody and Perception: Using cognitive Research to expand Fair Use in Copyright", *Boston College Law Review*, 46 (2005), nº 4, pp. 705-770, pp. 736 ss.

9 PERDICES HUETOS, *Pe.i.*, 3 (1999), pp. 28-29.

blico y, en concreto, en el enfrentamiento entre los derechos constitucionales de libertad de expresión y el desarrollo de la personalidad privada. Son formas de humor que solo puede desenvolverse dentro de los límites que establece la Constitución para la protección de los derechos subjetivos, por lo que no se aplica la LPI en este contexto[10].

En realidad, pastiche y caricatura deberían compartir espacio legal con la parodia en nuestra LPI por exigencias del Derecho comunitario como excepciones equivalentes a los derechos patrimoniales exclusivos del titular (DDASI 2001)[11].

---

[10] PERDICES HUETOS, *Pe.i.*, 3 (1999), p. 31. Respecto a la caricatura puede consultarse R. DE VERDA Y BEAMONTE, "Las intromisiones legítimas en los derechos a la propia imagen y a la propia voz. Un estudio del art. 8.2 de la Ley Orgánica 1/1982, de 5 de mayo, a la luz de la reciente jurisprudencia", *La Ley*, 4 (2007), pp. 1390-1402.

[11] El art. 5.3.k) de la Directiva 2001/29/CE del Parlamento Europeo y del Consejo, de 22 de mayo de 2001, relativa a la armonización de determinados aspectos de los derechos de autor y derechos afines a los derechos de autor en la sociedad de la información (en adelante, DDASI 2001) permite que los Estados miembros puedan prever la reproducción del contenido de derechos propiedad intelectual "*cuando el uso se realice a efectos de caricatura, parodia o pastiche*". Entre nosotros, y al contrario de lo que sucede con la trasposición de la directiva en otros ordenamientos europeos, las tres clases continúan separadas legalmente. El pastiche no se ha incluido en la LPI, aunque sí en el ámbito digital a través del RDL 24/2021; v. A. B. PERDICES HUETOS, "El pastiche, ¿más acá o más allá de la parodia? A propósito del artículo 70 del Real Decreto-ley 24/2021, de 2 de noviembre y su subsunción en el artículo 39 de la Ley de Propiedad Intelectual", en *Homenaje al Profesor Alberto Bercovitz*, UNED, Madrid, 2023, pp. 1-25, p. 4 (en prensa). Analiza su diferenciación con la parodia (p. 9), y su concepto y el requisito del humor como vía de mejora con la perspectiva del mercado y de la personalidad (pp. 21-23).
La relativa uniformidad de estos límites en los países miembros de la UE permite utilizar con cuidado su doctrina o jurisprudencia como referencia. En Alemania, la reforma del 23 de junio de 2021

Por ahora, nuestro Derecho privado regula por separado la parodia y el pastiche, mientras que ignora a la caricatura, cuyos límites se encuentran en la Ley Orgánica 1/1982, de 5 de mayo, de Protección Civil del Derecho al Honor, a la Intimidad Personal y Familiar y a la Propia Imagen, en cuanto exageración de la imagen de una persona. Ahora bien, la norma comunitaria

---

(BGBl. I S. 1858) introdujo las tres formas en el parágrafo 51a de la *Urheberrechtsgesetz* vom 9. September 1965 (BGBl. I S. 1273), dejando sin contenido el anterior parágrafo 24 que había permitido libremente la parodia a través de la excepción de "usos gratuitos". En Francia, y desde el 3 de julio de 1992, el art. 122.5.4º de la *Loi n° 92-597 du 1 juillet 1992 relative au Code de la propriété intellectuelle,* establece la parodia, el pastiche o la caricatura como límites a los derechos de autor exclusivos del titular una vez que se hayan puesto a disposición del público. De forma similar, su art. 211.3.4º. Más limitadamente, en Italia se ha adaptado la directiva mediante el art. 102 *nonies* de la LEGGE 22 *aprile* 1941, n. 633 *Protezione del diritto d'autore e di altri diritti connessi al suo esercizio* (041U0633) que desde su modificación de 12 de diciembre de 2021 permite la caricatura, pastiche o parodia de los derechos de autor, pero solo respecto a los contenidos que los propios autores introduzcan en la red. La tradición italiana considera innecesario hacer otra mención porque el art. 70 ya permite la crítica de obras originales, siempre y cuándo se cite detalladamente.

El Reino Unido modificó en 2014 su legislación de derechos de autor para adaptarse a la Directiva (antes del Brexit). El art. 30a de la *Copyright, Designs and Patents Act* 1988, conforme a la modificación de 1 de febrero de 2021, excluye la infracción de las obras originales por justo uso (*Fair Use*) con el fin de caricatura, parodia o pastiche, declarando inaplicables las cláusulas contractuales que pretendan evitarlo.

Por su parte, el parágrafo 107 del Title 17 of the *United States Code,* que contiene la *Copyright Act* 1976 y sus modificaciones posteriores, regula, conforme a la redacción de 1992, las limitaciones a los derechos exclusivos de autor o *Copyrights* (*Fair Use*) de forma casuísitca atendiendo a su fin de crítica, ausencia de finalidad concurrencial o ánimo de lucro; naturaleza de la obra original protegida; porción de la obra original utilizada; y efecto de ese uso sobre el valor de la obra o respecto a un mercado potencial.

citada en nota incluye esta deformación de la imagen, junto con el pastiche y la parodia[12]. Habrá de atenderse al carácter público de la persona caricaturizada y al uso social de su contenido, buscando un equilibrio con el ejercicio del derecho a la libertad de expresión.

La sátira, por su parte, no está regulada, por lo que tampoco está restringida con carácter general. Aunque puede enfrentarse al control ocasional derivado de los límites al derecho constitucional de libertad de expresión. Su falta de atención por el legislador explica que este grupo funcione como un cajón de sastre para encuadrar aquellos ejercicios humorísticos que no puedan ser calificados técnicamente como parodias o como otras burlas referenciales[13].

C) Condiciones de aplicación.

El régimen jurídico de la parodia se localiza en el Derecho Privado; y, en concreto, en el art. 39 de la LPI. Las burlas de obras originales que cumplan los presupuestos del concepto legal de parodia, obligan a su autor a soportar la ironía crítica sin poder reclamar ninguna compensación económica[14].

---

12 PERDICES HUETOS, "El pastiche, ¿más acá o más allá de la parodia?", pp. 6-7.

13 Se acerca de esta manera al concepto anglosajón de *Satire*, v. supra nt. 8.

14 El concepto de la LPI y su ámbito material es distinto del concepto autónomo que describe la Directiva DDASI 2001 en opinión de la sentencia del Tribunal de Justicia de la Unión Europea (en adelante TJUE), *Johan Deckmyn* y *Vriheidfonds* vs. *Helena Vandersteen* y otros, asunto C-201/143 (ECLI:E:C:2014:2123); concepto que incluye a la caricatura y al pastiche como ya se ha señalado. Sostiene I. GARROTE FERNÁNDEZ-DÍEZ que el carácter patrimonial de los derechos de propiedad intelectual marca los límites de este concepto uniforme de las parodias y burlas asimiladas. Los derechos morales del autor no

Ahora no se trata de decidir qué clase de derecho es preferente (libertad de expresión o derecho de propiedad sobre bienes inmateriales), sino de analizar el humor para concluir si es posible su subsunción en el supuesto de hecho de la regla privada. Podría decirse que el propio concepto de parodia constituye el límite a los derechos de autor, mientras que, a la inversa; la sátira y la caricatura no pueden llegar más allá de los derechos fundamentales de otros sujetos[15].

1. El primer requisito de la parodia es ser una *obra derivada* (arts. 11.5 y 21.1 LPI)[16]. La parodia legal es una modificación o

---

son uniformes en la UE: la DDASI 2001 solo armoniza los derechos de reproducción de carácter patrimonial. Además, tampoco incluye los derechos de transformación de la obra original. Se rechaza que el TJUE se centre en la parodia como excepción a los derechos de reproducción (como sucede en el art. 22.1 de la Ley belga de Derechos de autor de 30 de junio de 1994 que el TJUE analiza), en vez de examinarla como una transformación de la obra original; v. "El equilibrio entre los derechos a la libertad de expresión y a la propiedad intelectual en la carta de derechos fundamentales de la Unión Europea: el caso de la parodia con finalidad de crítica política", AFDUAM, 21 (2017), pp. 265 292, p. 269 y 275. Cada Estado miembro puede incluir más requisitos de los establecidos en ese marco general de derecho de reproducción, regulando también los derechos morales asociados o el derecho de transformación (en especial, pp. 289 ss.). Por su parte, CÁMARA ÁGUILA se pregunta si esta sentencia no introduce también mínimos comunes respecto del derecho moral; v. "Concepto de parodia", p. 118. Cree que la sentencia analiza una caricatura y no una parodia (p. 119).

15 CÁMARA ÁGUILA p. 118) critica la omisión de la tradición jurídico constitucional de los Estados miembros en la interpretación del TJUE; v. "Concepto de parodia", pp. 110-111.

16 La doctrina ha discutido si la parodia configura una obra original, derivada o, incluso, un tercer género. Defiende el carácter de obra original R. SÁNCHEZ ARISTI, *La propiedad intelectual sobre las obras musicales*, Granada, 1999, pp. 481-482, nt. 95. Por su parte, entiende correctamente que la parodia es obra derivada, PERDICES HUETOS,

transformación de una obra preexistente, pero con una aportación significativa; esto es, un esfuerzo creativo.

Lo que significa que el parodista ha de poder utilizar elementos de la obra original, y que, al mismo tiempo, un espectador del original podrá reconocer la obra parodiada, pero también distinguirá en qué consiste la ironía. La relación entre la obra humorística y la obra burlada tiene que ser evidente, sin que sea necesaria una intrincada reflexión[17]. Por lo tanto, la primera consecuencia es que la parodia solo tiene sentido si se realiza respecto de obras conocidas, e incluso muy conocidas, pues es necesario que el público reconozca la referencia con facilidad.

El carácter derivado también plantea qué grado de utilización de la obra original es admisible. Porque si se expropia en exceso, quizás se trate de un plagio y no de una parodia. Por el contrario, si se emplean escasos elementos de aquella creación quizás no sea posible reconocer la obra criticada; en cuyo caso, tampoco estaríamos hablando de una parodia sino de una obra diferente que utiliza aspectos de otra sin permiso. La respuesta ha de adaptarse a cada supuesto: aquella proporción o aquellos elementos que sean necesarios, pero suficientes, para identificar la obra original[18].

Pe.i., 3 (1999), p. 25. En cambio, S. DÍAZ ALABART, soluciona el problema sosteniendo que no es ni lo uno ni lo otro, sino otra cosa; v. "Comentario al art. 39 LPI. Parodia", en *Comentarios a la Ley de Propiedad Intelectual*, [R. BERCOVITZ RODRÍGUEZ-CANO (coord.)], Tecnos, Madrid, 1997, 2ª ed., pp. 662-684, p. 677.

17 La parodia es una distorsión o exageración del original; v. PERDICES HUETOS, *Pe.i.*, 3 (1999), p. 19.

18 Por este motivo, POSNER, *J. of Legal Stud.*, 21 (1992), pp. 71-72 y, en especial, p. 74, indica que la verdadera parodia no tiene necesidad de "robar" del original porque se dirige, precisamente, al público que ya la reconoce. Por su lado, SOL MUNTAÑOLA, *Régimen jurídico de la*

Al mismo tiempo, la correspondencia entre ambas composiciones no puede justificar la ausencia de inventiva. La parodia tiene que ser una *obra* en si misma y, por lo tanto, ha de mostrar una actividad creativa mínima o una idea artística propia, aun construida sobre el objeto de su burla[19]. El art. 39 LPI no permite el plagio o humor que consista en simples retoques a la obra original. Solo teniendo en cuenta este "*test de originalidad*" se entiende la exigencia normativa de que la obra parodiada no se confunda con la original. Resulta superfluo advertir que los plagios no son parodias.

2. El segundo requisito de la parodia es su carácter *antitemático.* Significa que su principal objetivo (*Target Parody*) se encuentra en la obra original de la que se hace sana ironía. Se trata de un aspecto consustancial a todo el género, porque una parodia no es sino una crítica específica de una obra de referencia. De ahí que la parodia en sentido jurídico haya de diferenciarse de aquellas otras burlas que sólo utilizan la obra original como vehículo o instrumento para conseguir otros fines (*Weapon Parody*); como el humor simple o por diversión, o la crítica de un colectivo (en cuyo caso, podríamos estar ante una sátira).

En general parece difícil que la burla instrumental encaje en el ámbito material del art. 39 LPI[20]. Si falta este requisito, habrá un uso no consentido de obra ajena y se tendrá que

parodia, pp. 149 ss. ofrece varios criterios para determinar la cantidad admisible que puede usarse de la obra parodiada.

19 En cuanto derecho moral, este carácter no forma parte del concepto uniforme de parodia en la DDASI 2001; v., *supra* nt 14. También CÁMARA ÁGUILA, "Concepto de parodia", pp. 113-114; y de GARROTE, AFDUAM, 21 (2017), p. 269 criticando la omisión del requisito de originalidad propia.

20 PERDICES HUETOS, *Pe.i.*, 3 (1999), pp. 20-21. Un tratamiento antitemático es el de la canción "*Am I black or white?*" que es una parodia del video "*Black or White*" de Michael Jackson, en donde se

responder por la infracción de los derechos de autor; incluso cuando el propio montaje de la burla sea creativo. La obra puede ser buena, incluso crítica, pero no será una parodia en sentido jurídico[21]. Al menos, en la interpretación actual de la norma, pues el TJUE maneja un concepto autónomo de parodia en el marco de la Directiva DDASI 2001que puede permitir la burla no antitemática[22].

---

ataca la ingenuidad que expresa el video original de creer que el mundo no es racista.

La diferencia entre ambos usos del humor (*parodia* técnicamente o *Target Parody* de un lado, y de otro, *Weapon Parody* o llamada también *Satire*) puede encontrarse en POSNER, *J. of Legal Stud.*, 21 (1992), pp. 71 y 73. Se ilustra en el caso norteamericano *Campbell v. Acuff-Rose Music Inc.*, 510 U.S. 569 (1994) con la burla por parte del grupo de rap "*2 Live Crew*" de la canción "*Oh, Pretty Woman*" de Roy Orbison y William Dees. Sus criterios se han generalizado para distinguir la parodia como excepción jurídica en propiedad intelectual. No obstante, la doctrina Campbell y las diferencias entre *Target* y *Weapon Parody* se han ido relativizando para casos similares, señalando que, al final, el objetivo de estas últimas no es confundir, sino divertir.

21 DÍAZ ALABART, "Comentario al art. 39"[2], pp. 663 ss. También PERDICES HUETOS, Pe.i., 3 (1999), p. 16. En cambio, GARROTE sostiene que el art. 39 LPI también permite una interpretación diferente y que el concepto podría incluir las parodias instrumentales, para dar entrada a la burla política que prima la libertad de expresión sobre el derecho de propiedad intelectual; v. AFDUAM, 21 (2017), pp. 283-285. Lo critica CÁMARA ÁGUILA, "Concepto de parodia", p. 116. La primera idea aparece en la SAP de Madrid de 2-II-2000 con el uso de la melodía "*A la lima y al limón*" en el espacio de humor "*La parodia nacional*": se afirma que es un uso meramente instrumental, dirigido contra terceros y no contra la propia obra, pero que tal uso es paródico y no infringe los derechos de autor porque el espacio televisivo no los "explota". También reconoce los "derechos de segunda generación" de los herederos del autor.

22 Con todo, esta condición está presente en la mayor parte de los ordenamientos europeos que regulan la parodia, conforme a su

Este presupuesto también exige que el público sea capaz de localizar la obra parodiada en el centro del humor e identificar su carácter antitemático. Lo que puede ser complicado cuando se planteen dudas sobre la finalidad real de la burla. La apreciación pública, además, tendrá que verificarse de forma objetiva, al margen de la finalidad real del humorista[23].

Por lo tanto, si la primera condición requería que la obra original fuese relativamente notoria para una mayoría significativa; esta supone que también han de serlo las líneas directivas de la parodia o su pretensión irónica[24].

3. La parodia solo estará protegida por el art. 39 LPI cuando sea una *obra cómica.* Cuando no lo sea, no habrá parodia porque sin humor no hay crítica lícita.

La justificación de la parodia reside en el gran potencial que tiene el humor o la burla como arma crítica, disuasoria o preventiva. Puede conseguir que el autor de la obra original varíe su conducta creativa si se siente suficientemente afectado por la parodia o por la reacción consecuente de su público[25]. Al mismo tiempo que este público adquiere nuevos datos que le ayudan a formar una opinión independiente sobre la obra gracias a la parodia.

La dificultad de este requisito es que resulta relativamente fácil decidir qué obra no es cómica, mientras que lo contrario es más complicado. No todos tenemos el mismo sentido del humor. Al respecto se han propuesto diversos criterios genera-

---

ejercicio legislativo de trasposición de la Directiva DDASI 2001; v. GARROTE, AFDUAM, 21 (2017), pp. 283-285.

23 GARROTE, AFDUAM, 21 (2017), p. 270.

24 Véase el ejemplo que se ofrece respecto al uso publicitario de una frase de Lady MACBETH en PERDICES HUETOS, *Pe.i.*, 3 (1999), p. 33.

25 PERDICES HUETOS, *Pe.i.*, 3 (1999), pp. 22-23.

les, que permitan identificar el humor (y con él, la parodia) de forma objetiva. Entre ellos destaca la exigencia de una *percepción razonable* sobre lo que es humorístico[26]. O la exigencia de una forma de expresión que deforme la obra original y ponga de manifiesto aspectos grotescos o burlescos, que llamen la atención sobre ella[27]. Al final, sin embargo, la decisión parece depender del humor que tenga el Juez que pueda llegar a valorar la parodia[28].

4. La norma positiva establece dos condiciones más: que la parodia no "*implique riesgo de confusión con la misma*" obra que se parodia y que no "*se infiera un daño a la obra original o a su autor*"[29]. Además, esta excepción "*no podrá interpretarse de manera tal que permita su aplicación de forma que cause un perjuicio injustificado a los intereses legítimos del autor o que vaya en detrimento de la explotación normal de las obras a que se refieran*" (art. 40 bis LPI).

---

26 Los criterios comparados norteamericanos han marcado pautas de lo que puede ser el humor legal de la parodia. Para valorar tanto este requisito como el anterior se manejan diversos elementos objetivos como el "*test de sustitución*" entre el objeto de la burla y otro objeto con el que se asocia; o la "*percepción razonable del público*" que permite delimitar los usos permitidos y secundarios (y no solo respecto de la parodia de obras protegidas por la propiedad intelectual); v. BRADFORD, *Boston College Law Review*, 46 (2005), nº 4, pp. 768-769. También, v. D. A. SIMON, "Reasonable Perception and Parody in Copyright Law", *Utah L. Rev.*, 3 (2010), pp. 779-858, pp. 815 ss. y pp. 830-832.

27 CÁMARA ÁGUILA, "Concepto de parodia", pp. 112-113.

28 Insiste en la importancia del humor L. LITTLE, "Regulating Funny: Humor and the Law", *Cornell L. Rev.*, 94 (2009), pp. 1235-1292, pp. 1236-1239 al señalar que el humor puede tener consecuencias positivas o ser rechazable dependiendo del contexto; lo que ha de valorarse por los jueces.

29 GARROTE, sostiene que el riesgo de confusión es un requisito adicional de la LPI española frente al concepto uniforme de la DD Directiva DDASI 2001; v. AFDUAM, 21 (2017), pp. 289-290.

Tales pautas aluden a la llamada regla de los tres pasos o criterio de derecho internacional que establece, frente a los derechos exclusivos de propiedad intelectual, (1) que sus límites estén expresamente previstos en la Ley, tengan un contenido claro y sea objeto de interpretación restrictiva; (2) que no impidan la explotación normal de la obra original; y (3), que no causen un perjuicio injustificado a los intereses legítimos (morales o patrimoniales del titular de los derechos)[30].

Por fin, se ha indicado que la capacidad de la parodia para transmitir ideas o críticas en el contexto de la libertad de expresión no puede transgredir el límite del orden público[31].

III. RACIONALIDAD ECONÓMICA COMÚN DEL DERECHO DE MARCAS Y DEL DERECHO DE PROPIEDAD INTELECTUAL.

Suele aceptarse que nuestro Derecho de Propiedad Intelectual asigna a los autores el monopolio exclusivo sobre sus creaciones artísticas porque reconoce su esfuerzo y desea incentivarlo otorgándoles todas las ganancias económicas deri-

30 Esta norma fue introducida por el artículo 9 (2) del Convenio de Berna para la Protección de las Obras Literarias y Artísticas de 9 de septiembre de 1886; y se recoge en el art. 5.5 DDASI 2001. Sobre el análisis de este criterio internacional, y sus posibilidades de aplicación directa, v. S. LÓPEZ MAZA, "La posibilidad de utilización directa por el juez de la regla de los tres pasos", en *Estudios sobre la ley de propiedad intelectual. Últimas reformas y materias pendientes*, Editorial Dykinson, Madrid, 2016, pp. 297-342, pp. 305-306, que defiende su aplicación judicial.

31 También GARROTE, AFDUAM, 21 (2017), pp. 271-272, al referirse a los valores constitucionales de los países miembros de la UE, y en especial, de la Carta Europea de los Derechos Fundamentales como límite al "*principio general de tolerancia*" frente a la parodia política.

vadas de su obra[32]. Y también se acepta que las asignaciones exclusivas en materia de Propiedad Industrial, como sucede con las marcas, obedecen a una idea diferente: la distinción, respecto de otros competidores, del producto que se comercializa y de su origen[33]. Esta diferencia en el bien jurídico que protege cada norma podría ser un obstáculo para aplicar el art. 39 LPI a los derechos de Propiedad Industrial. Sin embargo, la función distintiva no es el único fin que defienden las normas mercantiles.

Parte de la racionalidad económica que legitima la protección de las creaciones artísticas y de las marcas es común[34]. De forma semejante a las primeras, las marcas son el resultado de un proceso de creación (y tienen un contenido intelectual determinado). Pero es un proceso que evoluciona, conforme la empresa invierte en ellas a lo largo del tiempo. Por este motivo no es suficiente con proteger legalmente la función iden-

---

32 R. A. POSNER, "Antitrust in the New Economy", *John M. Olin Law & Econo. W. P.*, nº 106, 2001, pp. 1-12, pp. 3-4. No obstante, y frente a esta justificación, la teoría económica posterior plantea objeciones al perjuicio real que ocasiona la no asignación de exclusivas a los autores.

33 Sobre el contenido y facultades que concede el derecho en marca, v. una aproximación en A. PÉREZ DE LA CRUZ, "La propiedad industrial e intelectual I. Teoría general. Signos distintivos", en *Curso de Derecho Mercantil,* [R. URIA; y, A. MENÉNDEZ (dirs.)], Navarra, 2ª ed., 2006, vol. I, pp. 401-427, pp. 416-417. También A. BERCOVITZ RORIGUEZ-CANO, "Concepto de marca", en *Comentarios a la Ley de Marcas,* [A. BERCOVITZ RORIGUEZ-CANO (dir.)], Navarra, 2003, pp. 117-130, pp. 121-122. Los límites a este haz de facultades se encuentran en los usos leales del comercio y de la industria que exigen el uso indirecto de la marca ajena para el normal desarrollo de la empresa.

34 PERDICES HUETOS, *Pe.i.*, 3 (1999), pp. 12-14. Reconoce la proximidad PÉREZ DE LA CRUZ, "La propiedad industrial e intelectual I. Teoría general. Signos distintivos", I², p. 403.

tificativa de los signos distintivos y registrados frente a otros signos iguales o similares (v. el art. 34.2 de la Ley 17/2001, de 7 de diciembre de Marcas -en adelante, LM- que prohíbe la transformación de los signos distintivos de un competidor para identificar los propios productos). También resulta legalmente necesario preservar la reputación de la empresa y sus inversiones, incluido su esfuerzo en publicidad, en comunicación sobre la calidad del producto y en acumulación de prestigio[35]. Y en la misma línea es preciso preservar el valor económico agregado de la marca; es decir, el incremento de valor que acumula respecto al coste de su creación, más la inscripción en la oficina correspondiente de patentes y marcas, evaluando, por último, la información que transmite al mercado sobre el producto o servicio que identifica. El valor de una buena marca cambia con su utilización y la información que transmite al mercado sobre el producto va transformándose.

Por lo tanto, y desde el punto de vista de la racionalidad económica, los derechos de Propiedad Industrial e Intelectual tienen en común la protección de un esfuerzo intelectual cuyo valor es sensible y depende de la reputación[36]. Esta informa-

---

35 Resume las funciones de las marcas J. I. PEINADO GRACIA, "Derecho Industrial II: la marca como signo distintivo de los productos o servicios. El nombre comercial como distinción del empresario en el mercado", en *Lecciones de Derecho Mercantil* [A. MENÉNDEZ; y A. ROJO (dirs.)], vol. I., 20ª ed., pp. 245-272, p. 246. BERCOVITZ RORIGUEZ-CANO, "Concepto de marca", pp. 121-123, resalta su utilidad como garantía de la autorización del titular. También reconoce su estrecho vínculo con la función publicitaria, aunque su concepto de homogeneidad matiza la función de calidad de la marca.

36 No obstante, LANDES y POSNER sostienen en *Estructura económica del Derecho de Propiedad Intelectual e Industrial*, pp. 220-222 que si la marca se usase libremente por los competidores se perdería el valor por reputación; mientras que esto no ocurre en derechos de autor donde las copias no autorizadas no eliminan el valor de la obra, solo reducen los incentivos de sus autores y su compensación.

ción es valiosa y se protege legalmente en ambos casos, favoreciendo su correcta formación e impidiendo que los terceros usen la creación ajena y se aprovechen indebidamente de su esfuerzo, al mismo tiempo que se encauzan los intercambios eficientes para proteger los derechos del titular mediante licencias que garanticen intercambios eficientes[37].

IV. LA PARODIA DE LAS MARCAS COMERCIALES: EL ARTÍCULO 39 LPI EN EL MERCADO. JUSTIFICACIÓN Y CONDICIONES.

1. Hoy en día, las marcas funcionan como "medidores" de una forma de vida determinada y pueden alcanzar una gran influencia en el comportamiento individual y comunitario; especialmente entre ciertos sectores de población. Por esta razón, es conveniente poder burlarse de una marca registrada cuando la burla funcione como una parodia clásica y favorezca una opinión pública informada sobre el producto o servicio que identifica. Incluso es probable que la crítica sea socialmente más necesaria en marcas que en derechos de autor, pues si existe un interés público en permitir que los ciudadanos se formen una opinión propia sobre obras artísticas, mayor ha de ser ese interés colectivo en una valoración adecuada de los productos que se consumen[38]. Máxime si se considera que gran parte de los consumidores son jóvenes y niños.

---

37 En su propio sistema defiende el solapamiento de los derechos de exclusiva intelectual e industrial en la protección del valor expresivo de las obras; v. BRADFORD, *Boston College Law Review*, 46 (2005), nº 4, p. 750.

38 Se ha señalado que el carácter paródico se observa con más claridad en sede de marcas que respecto a los derechos de autor; v. W. McGEVERAN, "Rethinking Trademark Fair Use", *IOWA L. Rev.*, 94

Una parodia efectiva es una herramienta útil que incrementa la información sobre los bienes que identifica una marca, utilizando el humor para resaltar algún aspecto negativo del producto. De esta manera puede influir en la formación de precios justos[39]. E incluso en la política comercial del empresario. Porque la reacción de los titulares de las marcas parodiadas no se va a dirigir tanto a proteger sus signos, como a contener los daños económicos que conlleve el reproche de la burla para evitar el riesgo de pérdida de clientela; lo que puede suponer una actuación positiva para el consumidor.

En el Derecho comparado hay ejemplos de parodias informativas y de su influencia en el mercado. Por ejemplo, la denuncia humorística -y también un tanto tétrica- que *Greenpeace* realizó hace unos años sobre la marca "*Kit Kat*" de la empresa *Netslé*. Entre sus acciones destacaron la deformación de los signos marcarios para sustituir la expresión "*KitKat*" por "*Killer*" (asesino); la imagen del clásico paquete rojo de chocolate abierto, pero sustituyendo las barritas tradicionales por unos dedos ensangrentados de primate; o la parodia del eslogan publicitario ("*Take a Break*" o "*Tómate un respiro*"), que convertía al empleado amante de la marca en un verdadero caníbal. Tras su introducción en el mercado, esta campaña paródica consiguió que la empresa modificase su política de aprovisionamiento y revisase la compra de aceite de palma, cuya extrac-

(2008), pp. 49-124, p. 69. Al respecto, v. los casos jurisprudenciales sobre la muñeca Barbie (p. 52).

39 PERDICES HUETOS, *Pe.i.*, 3 (1999), pp. 34 y 43-44 considera que la información ya está en el mercado y que la parodia se limita a abundar sobre ella, por lo que el debate debería de trasladarse al análisis de la libertad de expresión, antes que a la defensa de la libre formación de los precios.

ción perjudicaba gravemente a la flora y fauna de Indonesia, en especial, al hábitat de los orangutanes[40]. Porque la crítica ponía de manifiesto esta consecuencia indirecta de la fabricación del producto de chocolate.

2. Desde esa perspectiva puede fundarse la existencia de un interés general en que la marca sea objeto de críticas, e incluso de críticas paródicas[41]. El bloqueo de la parodia de marcas no perjudica tanto a un derecho fundamental, como al conjunto del tráfico económico[42].

De hecho, nuestra Ley mercantil ya protege ese objetivo informativo al priorizar que el mercado disponga de información contrastada sobre los productos o servicios que se ofertan. Su objetivo de que el consumidor pueda formarse una opinión adecuada antes de decidir. Se trata de una finalidad de política legislativa que inspira diversos artículos de la Ley 3/1991, de 10 de enero, de Competencia Desleal (en adelante LCD) y de la Ley 34/1988, de 11 de noviembre General de Publicidad (en adelante LGP). Su formulación prioriza la información del mercado por encima del reconocimiento y protección de los

---

40 La campaña (y otras acciones paródicas, incluido un video y la alteración gráfica de la marca) desaparecieron de la web de *Greenpeace*, cuando se consiguió la promesa de cambio por parte de Netslè. El orangután de Greenpeace se vistió de fiesta. No obstante, la asociación ecologista ha denunciado el incumplimiento de las promesas empresariales.

41 También M. MARZETTI, "Speechless Trademarks? Dilution Theory Meets Freedom of Speech", *WIPO Collection of Paper,* 2005, pp. 1-27, p. 12. Sobre la información que transmite la publicidad en el doble contexto de la libertad de expresión y el mercado norteamericano se recomienda A. RUBÍ PUIG, "Publicidad y libertad de expresión. La doctrina de la *Commercial Speech* en la jurisprudencia del Tribunal Supremo de los EEUU", *InDret,* octubre 2005, nº 311, pp. 1-24.

42 C. GEIGER, "Trade Marks and Freedom of Expression–The Proportionality of Criticism", IIC, 2007, pp. 317-327, p. 320.

derechos exclusivos[43]. Hoy en día se considera que la información comercial es un bien público, y no una simple herramienta de intercambio comercial.

Ahora bien, la normativa mercantil no regula directamente la parodia. Las normas mencionadas solo pueden aplicarse de forma indirecta a este fenómeno. Bien mediante una interpretación teológica que atienda a las pautas generales marcadas por el legislador en el llamado Derecho del mercado; bien a través de la censura de los actos desleales prohibidos por la LCD.

> En ese sentido, destaca el Derecho norteamericano que sí ha recogido expresamente el *Fair Use* de los derechos de marca en el apartado 3.A.ii del parágrafo 1125 (*False designations of origin, false descriptions, and dilution forbidden*) del Capítulo 22 (*Trademarks*) del *Título* 15 (*Commerce and Trade*) del *US CODE* (recopilación oficial y consolidada de todas las normas con rango de ley federal promulgadas por el Congreso estadounidense).
> En su versión de 7 de julio de 2023 permite expresamente utilizar las marcas ajenas para *"identifying and parodying, criticizing, or commenting upon the famous mark owner or the goods or services of the famous mark owner"*. Además, y conforme a un concepto más amplio, se excluirá de la prohibición, el uso justo que consista en *"advertising or promotion that permits consumers to compare goods or services"*. También se excluyen *"All forms of news reporting and news commentary"* (parágrafo 1125.3.B); y *"Any noncommercial use of a mark"* (parágrafo 1125.3.C). Todos estos usos *"not be actionable as dilution by blurring or dilution by tarnishment under this subsection"* (parágrafo 1125.3). Merece la pena reproducir el texto original, sin traducir.
> Por otra parte, este ordenamiento ya aplicaba a las marcas la doctrina del *"Fair Use"* de los derechos de autor; coincidiendo en este punto con la mayoría de los ordenamientos europeos.

43 Por todos R. ALONSO SOTO, "Derecho de la competencia IV. Competencia desleal y publicidad", en *Curso de Derecho Mercantil,* [R. URIA; y, A. MENÉNDEZ (dirs.)], Navarra, 2ª ed., 2006, vol. I, pp. 373-400, pp. 374 ss, y 394 ss.

Esa ausencia regulatoria es coherente con la escasa repercusión que ha tenido la parodia marcaria en nuestra práctica. Pero al mismo tiempo, resulta llamativa frente a la situación comparada occidental, donde se ha producido un trasvase generalizado de la doctrina de la parodia; especialmente cuando los signos distintivos se utilizan con una finalidad instrumental de denuncia social o política[44]. Sin embargo, la solución de la parodia no debería localizarse solo en el equilibrio entre la libertad de expresión (Derecho Público) y los derechos privados sobre bienes inmateriales; sino que también tendría que atender a las normas del mercado[45].

---

44 Tradicionalmente, la denuncia social o política no se ha dirigido directamente contra el producto, sino que presenta un carácter instrumental. Como el uso del eslogan de *Master Card* por parte del candidato Ralph Nader, en las primarias del año 2000. Denunció determinadas conductas de sus competidores con la sentencia "*there are somethings money can buy, for everything else there's MasterCard*" (el original era "*can´t buy*"). Se sostuvo que el público podía percibir de forma razonable el carácter paródico; v. *MasterCard Int'l Inc. v. Nader 2000 Primary Comm., No. 00 Civ. 6068, 2004 WL 434404, at *13 (S.D.N.Y. Mar. 8, 2004).* Puede verse un comentario breve en J. W. MARSHALL, y, N. J. SICILIANO, "The Satire/Parody Distinction in Copyright and Trademark Law. Can Satire Ever Be a Fair Use?", en http://www.tabberone.com/Trademarks/CopyrightLaw/Parody/ParodySatireABA.pdf, pp. 1-17, pp. 9 ss. En cambio, se negó el mismo carácter al uso de la canción "*This Land*" de Woody Guthrie en el sketch humorístico sobre George W. Bush y John Kerry en las presidenciales de 2004 por entenderse que el empleo de esta canción -con derechos de autor- era un uso instrumental o *Satire.*

45 GEIGER analiza el enfrentamiento entre marcas y libertad constitucional de expresión, así como la función social de aquellas, y su incidencia en los derechos de autor; v. IIC, 2007, pp. 318 ss. Observa la inoportunidad de que el derecho de marcas pueda funcionar como una especie de censor privado de la crítica social. Este autor recoge la doctrina jurisprudencial expuesta en varios casos, como, por ejemplo, en *Mattel Inc. v. Walking Mountain Productions,* 353 F.3d 792 (9th Cir. 2003) por el que se negó que una exposición de fotografías llamada "*Food Chain Barbie*" violara

3. La laguna normativa podría cubrirse en nuestro Derecho con la aplicación analógica del art. 39 LPI, junto con su desarrollo doctrinal y jurisprudencial. La analogía está justificada considerando la similitud de la función paródica entre ambas clases de derechos exclusivos y la común racionalidad económica y legislativa que presentan los derechos de autor y las marcas, como parte de un cuerpo normativo mayor de derechos inmateriales[46].

La única prevención es el respeto a sus diferencias y la consideración de la distinta diana del humor paródico: el valor artístico (derechos de autor) o el valor empresarial (derechos de marca). Esto explica que mientras la parodia aboca a un equilibrio entre la libertad de expresión y las perspectivas legítimas del titular en materia de propiedad intelectual, la legislación mercantil tiene que priorizar los objetivos legislativos de carácter informativo del Derecho del mercado asociados a la parodia en su enfrentamiento con los derechos exclusivos de marca. Por lo tanto, el funcionamiento del mercado condiciona la respuesta normativa frente a la parodia y obliga a subor-

---

los derechos de Propiedad Industrial del titular de la marca *Barbie*. También en McGEVERAN, *IOWA L. Rev.*, 94 (2008), p. 52.
En Alemania, y hasta las últimas reformas, la parodia sobre marcas se fundamentaba en la protección constitucional de los derechos fundamentales, que obligaba al titular de la marca a tolerar el uso de sus signos distintivos; v. K.-H. FEZER, *Markenrecht*, 4ª ed., München, 2009, § 14, Rn. 819-820, Rn. 819; y algo más matizado en R. INGERL; y, C. ROHNKE, Markengesetz, 3ª ed., München, 2010, § 14, Rd. 216-217 al señalar la importancia de la percepción de la parodia (y de las circunstancias concretas de cada caso) por el tráfico mercantil. El uso de la marca a estos efectos era "libre".

46 De forma inversa, la doctrina ha aceptado que el derecho de marcas ampare diversos supuestos que también quedan protegidos por el derecho de propiedad intelectual, a pesar de la ampliación consecuente del ámbito temporal de protección; v. PEINADO GRACIA, "La marca", I[20], p. 252.

dinar los derechos sobre bienes inmateriales. Incluso puede decirse que estos signos exclusivos han de ceder para cumplir su función social en cuanto derechos de propiedad. La función principal de toda marca es la promoción de los productos y servicios que identifica, y la atracción por convicción de un determinado sector de consumidores; pero esa atracción ha de ser leal. En caso de faltar información necesaria, la parodia puede ayudar a reestablecer el equilibrio.

La aplicación analógica exige los mismos requisitos que en cualquier parodia de la LPI: carácter derivado; obra antitemática y humor. Si no se cumplen, no habrá excepción al uso de los derechos exclusivos sobre signos distintivos. Ahora bien, en materia de Propiedad Industrial será necesario añadir una condición más para adaptar la parodia a las exigencias propias y al contexto competitivo en donde actúan las marcas: tampoco habrá verdadera parodia cuando la finalidad del humor sea marcadamente concurrencial. Lo que implica reducir tanto el riesgo de asociación, como de aprovechamiento de la reputación ajena. Es una interpretación que, además, encaja en los arts. 39 y 40 bis LPI que prohíben, respectivamente, las burlas que infieran daño a la obra original o a su autor, así como otros usos no autorizados que perjudiquen al titular o vayan en detrimento de su explotación.

A) La parodia y el riesgo de asociación

1. Las parodias son obras derivadas que utilizan elementos de la obra original, pero, al mismo tiempo, muestran una creatividad propia. No son simples copias. Por lo tanto, en la parodia de una marca hay que comprobar dos aspectos: el empleo restringido de elementos ajenos y la aportación original.

La primera consecuencia es que el parodista ha de poder utilizar la misma combinación de signos distintivos que constituye el derecho registrado sin que esta acción suponga una infracción del derecho exclusivo del titular. La segunda es que ese uso ha de ser el suficiente para que el público sea capaz de reconocer la marca que sufre la ironía. Son dos consecuencias que se importan directamente desde el art. 39 LPI.

Ahora bien, se plantea una cuestión nueva porque, si bien la parodia usual no puede tomar de la referencia más de lo que sea necesario, la burla de una marca sí podría utilizarla por completo siempre que lo hiciese en un contexto determinado e irónico. El carácter derivado aparece en la deformación del conjunto de signos, que conserva la información respecto al origen del producto. La parodia sigue siéndolo, aunque se empleen todos los signos distintivos como elemento central del humor. De hecho, no se entendería si no es con el empleo del conjunto de signos que componen la propia marca, incluso cuando se distorsionen o modifiquen. La marca tiene que reconocerse. Además, el juicio paródico no recae sobre la *copia* de esa creación, sino sobre la *utilización* de los mismos signos con un contenido informativo distinto. Por eso, la aportación creativa se encuentra antes en el contexto o en la presentación humorística de la crítica que en la propia obra o en sus elementos[47].

2. El juicio sobre la proporción de la obra parodiada que puede aceptarse es ajeno a las marcas porque también se excluye la posibilidad de *plagio*. La Ley de Marcas no va a ser la legislación de referencia para el análisis de la parodia. Al fin y al cabo, este ejercicio no se vincula al intento de registro de una marca que se burle de otra registrada anteriormente (y con la que pueda confundirse si acaso por aproximación -art.

---

47 Sin embargo, el derecho comparado se ha planteado que una copia excesiva de la marca hace que la parodia sea pobre, resulte vulnerable a la legislación de marcas, y pueda confundir al consumidor; v. LITTLE, *Cornell L. Rev.*, 94 (2009), pp. 1265-1266, que sostiene que el humor marca la diferencia.

6.1 LM-). Tampoco se trata de un competidor que *identifique* sus productos con signos distintivos similares a los de una marca conocida y preexistente (arts. 8 y 34.2 LM). El contexto paródico presupone que el humorista siempre va a reconocer la titularidad de la marca original: no pretende hacerla pasar por propia, sino burlarse de ella. Incluso en supuestos fraudulentos de falsas parodias que busquen un aprovechamiento indebido. Por lo tanto, no cabe copia *parcial* porque no es posible confundir la marca original y el esfuerzo humorístico[48].

Con independencia de la finalidad de la crítica o de su efectividad, los destinatarios del producto original sabrán distinguir entre la marca *seria* y su distorsión. La marca continuará realizando su función principal: identificar los productos o servicios, sus condiciones y origen, para que los consumidores elijan en función de sus preferencias.

En cambio, cuando se perciban señales incorrectas sobre qué productos identifica qué marca, o cuáles son sus condicio-

---

[48] PERDICES HUETOS, *Pe.i.*, 3 (1999), pp. 38-39.
M. del R. FERNANDO MAGARZO lo observa también, en otro ámbito, al resaltar la ausencia de confusión entre anuncios publicitarios en los que aparezcan signos distintivos; v. "La protección de las creaciones publicitarias a través de la figura de la publicidad confusionista, en la doctrina del jurado de la publicidad", en *El derecho de autor y las nuevas tecnologías*, Madrid, 2008, pp. 195-218, p. 217. Analiza las decisiones del organismo privado de control, y destaca que la ausencia de confusión excluye la imitación o reproducción publicitaria con cualquier fin en las resoluciones que aplican el Código de Conducta Publicitaria de la Asociación para la Autorregulación de la Comunicación Comercial de 19 de diciembre de 1996.
En la doctrina comparada; v. POSNER, *J. of Legal Stud.*, 21 (1992), p. 74; McGEVERAN, *IOWA L. Rev.*, 94 (2008), p. 67; y, M SPENCE, "Intellectual Property and the Problem of Parody", *The Law Quarterly Rev.*, 114 (1998) pp. 594-620, p. 598.

nes o su procedencia, sí existirá riesgo de confusión, y una infracción consecuente del derecho de marca. Y no habrá humor paródico. De ahí que la parodia excluya el riesgo a que alude el art. 39 LPI. Y, a la inversa, si se crea este riesgo, puede afirmarse, sin necesidad de mayor análisis, que no existe parodia, sino un acto de imitación de la marca (quizás humorístico, pero no paródico); o una violación de los derechos de exclusiva del titular, que puede examinarse desde la LM o, en su defecto, desde la LCD[49], tal y como muestra el siguiente ejemplo.

---

[49] El ejemplo muestra una infracción de marca registrada y un riesgo de confusión. Sin embargo, el caso se planteó de forma distinta entre los juristas norteamericanos, donde el riesgo de confusión se interpreta de forma muy estricta. El *reality* "*Nathan for You*" intentaba ayudar a pequeñas empresas en dificultades con innovadoras (y humorísticas) campañas de marketing. El 29 de julio de 2014, el humorista y presentador, Nathan Fielder propuso a una cafetería de Los Ángeles "parodiar" la marca Starbucks, añadiendo "*Dumb*". La idea se hizo famosa en todo el mundo, y consiguió un gran éxito durante las pocas horas que se puso en marcha, con colas de interesados en lograr un café *Dumb*. Las autoridades cerraron la cafetería por falta de licencia y Starbucks no llegó a pleitear; aunque ya había anunciado que "*si bien apreciaban el humor*", solicitaban que no se usase su marca. En general se aceptó que el público destinatario de la marca distinguía perfectamente entre ambos conjuntos de signos distintivos gracias al contexto, por lo que se excluía el riesgo de confusión. Si acaso, podía hablarse de riesgo de dilución de la función distintiva de la marca (*blurring*) o de su valor de calidad (*tarnishment*); lo que hubiera permitido al dueño de Starbucks impedir el uso de su marca renombrada. Este riesgo de asociación no depende de la existencia de competencia entre el titular y el imitador, y opera al margen de la imitación o confusión entre marcas; v. la "*Trademark Dilution Revision Act of 2006*" (en adelante, TDRA 2006).
M. FULLER ("<Fair Use> Trumps Likelihood of Confusion in Trade Marks", *B.C. Intell. Prop. & Tech. F.*, 2006, pp. 1-18, pp. 10 y ss.), recoge ocho elementos que, a su juicio, la jurisprudencia ha identificado como factores que incrementan el *likelihood of confusion*: debilidad de la marca parodiada (con la dificultad de reconocer que el uso de la

marca es paródico); similitud entre los signos distintivos; proximidad de uso entre los bienes; calidad del producto con el que se compara la marca; potencial de sustitución; satisfacción de los compradores; evidencia de confusión; coincidencia entre los canales de distribución de los bienes; y pretensión de asociación del parodista. Se apreció tal riesgo de confusión en el supuesto declarado no paródico de *Mutual of Omaha Insurance Co. v. Novak,* 836 F.2d 397 (8th Cir. 1987) que analizó la deformación de los usos distintivos de la compañía aseguradora por parte de *Novak* mediante la broma para textiles en camisetas "*Mutant of Omaha*" y "*Nuclear Holocaust Insurance*". La doctrina ha criticado, junto con el voto disidente, que no se reconociera el mensaje político que esta ironía transmitía. También *Harris Research Inc., v. Lydon,* 505 F. Supp 2d 1161 (N.D. UT. 2007) apreció riesgo de confusión entre la marca *ChemDry* y *ChemWho?* porque los productos y servicios eran similares (limpieza en seco de moquetas) y podían competir entre si. La parodia consistía en una pegatina similar en camisetas y cajas de muestras, acompañada del eslogan "'*Stickin It to the Little Guy*". Esta vez, la diferencia fortaleza entre las marcas no fue suficiente.
En cambio, no se apreció riesgo de confusión en el caso Jordache Enterprises Inc. v. Hogg Wyld Ltd., 828 F.2d. 1482, 1486 (10th Cir. 1987) que sostuvo el carácter paródico de la marca original Jordache para vaqueros, por parte de los también vaqueros Lardashe para mujeres de tallas grandes y su crítica de los pantalones perfectos (el símbolo grafico -varias líneas haciendo un nudo, bajo la cabeza de un caballo- se había estrechado hasta parecer una especie de gran trasero, y se había añadido el dibujo de un cerdito sonriendo encima). La sentencia estableció que la falta de significado en la palabra Lardashe y las diferentes representaciones animales eran suficientes diferencias para evitar el riesgo de confusión. Cabe indicar que el tribunal no dio importancia al testimonio de uno de los directivos al que preguntaron si la empresa original había concedido una franquicia a la imitadora, pero sí admitió una encuesta en donde se diferenciaban con claridad ambas marcas. La asociación se establecía (continuaba la sentencia), a los solos efectos paródicos y no dañaba la marca original. También conviene recordar Harris Research Inc., v. Lydon, 505 F. Supp 2d 1161 (N.D. UT. 2007).

Lo anterior se apuntala con el principio registral de especialidad que impera en el Derecho de los signos distintivos[50]. Esta regla niega a los titulares de una marca registrada la facultad de impedir el registro de los mismos signos, así como el uso de una marca semejante, cuando los productos, servicios o empresas que identifiquen no puedan confundirse en modo alguno con los suyos. El presupuesto es la falta de competencia directa entre los empresarios o, más correctamente, la imposibilidad de confusión entre los bienes que se ofertan en mercados diferentes. La Ley limita el reconocimiento de uso exclusivo a aquellas situaciones en que sea necesario. En consecuencia, si los derechos exclusivos de carácter industrial no pueden impedir el uso del mismo conjunto de signos distintivos cuando no hay riesgo de confusión, en menor medida pueden obstaculizar su uso paródico cuando la ironía se percibe claramente por el mercado y la burla no tiene una finalidad concurrencial[51].

---

50 Sobre este principio y sus límites, v. PEINADO GRACIA, "La marca", I[20], pp. 247.

51 De forma similar, GEIGER, IIC, 2007, p. 323. BRADFORD destaca esta circunstancia como una diferencia importante entre la protección de las marcas y los derechos de autor porque el ámbito de protección es más restringido en aquellas; v. *Boston College Law Review*, 46 (2005), nº 4, pp. 746 ss.

Por otro lado, y como se señala a continuación, el empleo de una marca ajena en un contexto paródico podría suponer un acto desleal, pero difícilmente una falsificación[52]. La parodia se acerca antes al concepto de engaño, confusión, o aprovechamiento de la reputación ajena, e incluso a la alteración de la libre concurrencia, que a la imitación de una marca. Por eso, la licitud del empleo de una marca ajena depende de la procedencia de la parodia como crítica humorística y del análisis de su puesta en escena, antes que del uso de los signos distintivos[53]. Al final se trata de analizar la buena o la mala fe del comportamiento irónico[54].

3. Para decidir si la parodia de marcas satisface la primera condición no basta con excluir la imitación simple de los signos. También hay que descartar que la crítica promueva un

---

[52] La imitación de los signos distintivos se perseguirá como actos desleales, mientras que la falsificación de marcas que identifiquen productos bien conocidos infringirá derechos de propiedad. Por lo tanto, es posible la confusión sin infracción del derecho de marcas por la simple similitud entre los signos distintivos utilizados, porque el riesgo basta como presupuesto de la deslealtad; v. R. ALONSO SOTO, "Derecho de la Competencia", en *Lecciones de Derecho Mercantil* [A. MENÉNDEZ; y A. ROJO (dirs.)], vol. I., 20ª ed., pp. 273-341, pp. 320, 322-23. La SAP de Barcelona de 24-IV-2002 analizó correctamente el supuesto no paródico de las bebidas alcohólicas y la *Metro Goldlwin Mayer* desde el criterio de la deslealtad. Pero sostuvo que la anterior LM no protegía a las marcas renombradas y obligaba a acudir a la regulación de la LCD. Al respecto, v. *infra* nt. 63 sobre el carácter renombrado.

[53] En sentido similar, PERDICES HUETOS, *Pe.i.*, 3 (1999), p. 42-43; y, P. PORTELLANO DIEZ, *La imitación en el Derecho de la competencia desleal*, Madrid, 1995, pp. 577-578.

[54] Para KÖHLER la valoración de la parodia se realiza desde el derecho de marcas o de la competencia desleal, dependiendo del renombre de la marca; v. H. KÖHLER, *Wettbewerbsrecht*, [H. KÖHLER; y, J. BORNKAMM (dirs.)], 28ª ed., München 2010, § 4, Rd. 7.9a.

riesgo de asociación entre los productos y servicios identificados con la marca parodiada y cualesquiera otros; porque permitiría a un tercero aprovecharse del prestigio o reputación de los primeros (art. 12 LCD). En este caso no se trataría de una parodia, sino de un acto ilícito que, incluso podría afectar al valor distintivo de la marca original.

a) El aprovechamiento de la reputación ajena del art. 12 LCD no se refiere a una simple imitación ilícita de la marca, sino a un acto especial de deslealtad, que se considera una modalidad mixta entre el acto de engaño del art. 5 LCD y la *asociación* entre productos de distinto origen del art. 6.2 LCD[55]. Este riesgo de asociación aparecerá siempre que 1) un destinatario objetivo sea capaz de diferenciar los productos parodiados o su origen, de aquellos otros con los que el humor los relaciona (y, por lo tanto, no haya riesgo de confusión); y al mismo tiempo 2) interprete de forma razonable, que puede existir alguna clase de relación jurídica o económica entre el titular de la marca parodiada y el parodista o un tercero, o entre los distintos productos y servicios.

El simple riesgo de asociación será suficiente para entender que la burla marcaria no es una parodia legal porque no cumple el requisito de ser una obra derivada, pero original. Se tendrá que analizar conforme a las reglas usuales del mercado. Lo que debería permitir al titular bloquear el uso de su marca poque el humor no se habrá realizado con pretensión paró-

---

55 Sobre confusión y riesgo de asociación en la Ley de Marcas y sus diferencias, junto con la consideración de este último como acto desleal, v. M. CURTO POLO, "Marcas anteriores", en *Comentarios a la Ley de Marcas,* [A. BERCOVITZ RORIGUEZ-CANO (dir.)], Navarra, 2003, pp. 213-232, pp. 226-230; y ALONSO SOTO, "Derecho de la Competencia", I[20], pp. 320 ss.; y "Derecho de la competencia IV. Competencia desleal y publicidad", I[2], pp. 382-383. Centrados en la parodia, SOL MUNTAÑOLA, *Régimen jurídico de la parodia,* pp. 163-164.

dica, sino con otro fin; seguramente concurrencial[56]. Los destinatarios de la crítica han de reconocer la parodia de forma inequívoca y la información marquista que contenga el humor no puede desorientarlos sobre el origen de otros productos y servicios, ni insinuar asociaciones equívocas con productos o servicios distintos de los parodiados[57]. La burla no será paródica, con independencia de que se cumplan o no los requisitos

---

56 Correctamente, la SAP de Valencia de 16-IV-2003 que impide a la Textil Conquense SA utilizar un monigote para identificar a sus vaqueros "enrollados", por la fácil asociación con la marca comunitaria de unos pantalones similares de la empresa *Levi Strauss & Co.*

57 El riesgo de asociación entre distintas marcas ha guiado la admisión o exclusión de la parodia en muchas sentencias del Derecho comparado; especialmente en Norteamérica, donde suele descartarse el riesgo de confusión, que se interpreta de forma estricta, incluso cuando la broma tiene fines concurrenciales. Por otro lado, la TDRA 2006 permite al titular evitar el uso de su marca si se considera que la asociación entre distintas marcas afecta a su valor distintivo o a su prestigio; v. *supra* nt 49 e *infra* 75. Así, en una de las primeras sentencias norteamericanas sobre parodia de marcas: un cartel semejante al muy conocido de las *Girl Scout*; incluido el eslogan "*Be Prepared*", pero con una figura embarazada. Aunque se rechazó que hubiese parodia, el tribunal advirtió que la indignación que despertó el diseño no podía equipararse a la *confusión* de marcas, sino que se analizaba por la *asociación* entre los valores transmitidos por esos signos; v. *Girl Scouts of the United States v.Personality Posters Mfg*, 304 F. Supp. 1228 (S.D.N.Y. 1969). También se apreció riesgo de asociación entre la marca Coca Cola y el poster de "*Enjoy Cocaina*", en la resolución del caso *Coca-Cola Co. v. Gemini Rising Inc*, 346 F. Supp. 1183 (E.D.N.Y. 1972). Este fallo mostraba una línea jurisprudencial sobre el riesgo de asociación distinta de la más estricta defendida por el fallo de la *Girl Scout*; v. D. KESSLER, "The Parody Defense: Is Anyone Still Laughing?", *Summer Intellectual Property Law Conference*, Toronto, 2004, pp. 1-18, p. 5. BRADFORD sostiene que hoy es difícil que el tribunal norteamericano vuelva a apreciar el riesgo de asociación en el poster de "*Enjoy Cocaina*" tal y como hizo en su día; v. *Boston College Law Review*, 46 (2005), nº 4, pp. 755-756.

que exige el art. 12 LCD. Por otro lado, esta exclusión de la parodia no exige que el aprovechamiento desleal se haya materializado económicamente[58].

Por eso, el criterio para apreciar la existencia de ese riesgo descansa en la creencia generalizada del público al que se destinan esos productos o servicios[59]. Hay que atender a "*la percepción razonable del público*" para delimitar los usos permitidos de

---

En el caso *World Wrestling Federation Entertainment Inc. v. Big Dog Holdings, Inc.*, 280 F. Supp. 2d 413, 442-43 (W.D. Pa. 2003) se admitió el carácter paródico de la representación perruna de los luchadores (y sus atributos marcarios) por parte de la productora WWFE al entender que el tratamiento era humorístico y no existía posibilidad alguna de malinterpretar ni asociar su origen.
Es una interpretación que se reprodujo en casos como el de *Louis Vuitton Malletier SA v. Haute Diggity Dog LLC*, 507 F.3d 252 (4th Cir. 2007), y la supuesta ironía de cómo un bolso que vale 50 $ puede pasar a costar más de 1000 $ y acabar entre las mandíbulas de un animal: se admitió la parodia entre los bolsos de lujo de la primera marca y los juguetes masticables para mascotas que imitan sus signos distintivos (como por otra parte ya hacía la misma empresa con otras marcas de lujo). O de forma similar en la parodia de *Tommy Hilfiger Licensing Inc. v. Nature Labs LLC*, 221 F. Supp. 2d 410, 416 (S.D.N.Y. 2002) con el uso de sus signos distintivos en una fragancia para perros, "*Timmy Holedigger*".

58 No obstante, BRADFORD sostiene que la protección de las marcas exige demostrar un daño sin que baste alegar el aprovechamiento de la reputación ajena o la dilución del valor de la marca por asociación; mientras que, en derechos de autor, el uso sin permiso es suficiente para presumir la existencia de ese daño; v. *Boston College Law Review*, 46 (2005), nº 4, pp. 746 ss.

59 La apreciación del público destinatario afirmó el riesgo de asociación en el caso *Michelob* [*Anheuser-Busch Inc. v. Balducci Publications* 1228 F.3d 769 (8th Cir. 1994), y 513 U.S. 1112 (1995)]. La empresa cervecera estaba contaminando el agua con sus fábricas. La reacción fue parodiar su etiqueta con *Michelob-Oily* y transformar su eslogan de "*One Taste and You'll Drink It Dry*" en "*One Taste and You'll Drink It Oily*". El tribunal no reconoció el carácter paródico al aceptar una

los derechos inmateriales. Se trata de un criterio importado de la parodia de los derechos de propiedad intelectual, que puede adaptarse al contexto del mercado. De hecho, tiene más sentido aplicado a los consumidores, que al público general de obras intelectuales o artísticas[60].

b) La asociación de productos mediante la deformación del conjunto original de signos puede llegar a afectar a su valor distintivo. Tales supuestos de dilución exigen que el riesgo de asociación sea tal que la broma reduzca apreciablemente su funcionalidad. Esto es, que la marca pierda capacidad distintiva y no pueda cumplir correctamente su principal función en el mercado. Este efecto, conocido como "*blurring*", disminuye conforme aumenta el renombre de la marca. Al mismo tiempo, es más probable que exista esa pérdida de la capacidad distintiva como efecto directo de la burla cuando la marca identifique productos o servicios accesorios, o no directamente relacionados con su contenido original[61].

---

encuesta en la que la mayoría de los entrevistados (poco más de la mitad) creyó que la cerveza estaba contaminada con aceite.

60 En este sentido, BRADFORD, *Boston College Law Review,* 46 (2005), nº 4, pp. 768-769, estaca cómo la percepción de los consumidores se infiltra inversamente en materia de derechos de autor. Por su parte, otorga importancia a la percepción de la parodia en general por parte del tráfico económico, INGERL; y, ROHNKE, *Markengesetz*³, § 14, Rd. 216-217.

61 La sentencia dictada en *Pizzeria Uno Corp. v. Temple,* 747 F.2d 1522, 1527 (4th Cir. 1984) exponía brevemente los criterios para valorar el riesgo de pérdida de funcionalidad por asociación. Criterios que condensa en seis la posterior TDRA 2006: el carácter renombrado de la marca parodiada; su carácter distintivo; el carácter exclusivo o de lujo de la marca renombrada; el grado de similitud con la marca imitadora; la existencia de un riesgo de asociación; o la pretensión de aprovecharse de la reputación de la marca conocida.

La dilución de la marca también puede producirse cuando la parodia afecte negativamente al valor que tenga asociada esa marca como indicación de calidad y de garantía (efecto "*tarnishment*"). En este caso, el efecto sobre la reputación de la marca dependerá de la identificación de los productos y servicios (por ejemplo, juguetes para niños) y de su sensibilidad frente a una burla concreta (por ejemplo, una parodia de tipo sexual). También entonces podrá apreciarse una relación de proporcionalidad inversa con la fama de la marca, pues la marca fuerte será menos vulnerable a valores negativos[62].

En general, a mayor renombre o fortaleza de la marca, menor será la probabilidad de que una parodia pueda disminuir la efectividad de una marca o afectar a su valor reputacional. Lo que no impide, como veremos, que afecte de algún modo al valor agregado de la marca renombrada (entendido como reputación y prestigio).

B) La información como condicionante

El segundo de los requisitos que tiene que cumplir la parodia está relacionado con el apartado anterior: ser antitemática. La burla tiene que hacer diana directamente sobre el producto o servicio que la marca identifica (o algún aspecto de su proceso de elaboración). Se trata de una condición clave para

---

62 Sobre la parodia y los efectos de dilución del valor de la marca v. *infra* siguiente epígrafe. En el Derecho norteamericano pueden consultarse los argumentos de la sentencia del caso *Louis Vuitton Malletier SA v. Haute Diggity Dog LLC*, 507 F.3d 252 (4th Cir. 2007). Y también la apelación de *Starbucks Corp. v. Wolfe's Borough Coffee Inc.*, 559 F.Supp.2d 472 (S.D.N.Y. June 5, 2008) que tuvo que analizar la sentencia de primera instancia que había apreciado riesgo de asociación en el uso de signos distintivos para identificar café, pero descartó que esta circunstancia dañara la reputación de la marca original o su fuerza distintiva.

diferenciar las parodias marcarias de las simples imitaciones en clave de humor, e implica dos cuestiones: que ese producto o servicio sea el objetivo de la crítica, y que pueda reconocerse como el núcleo de la burla.

1. El carácter antitemático requiere, en primer lugar, que sea posible *reconocer* la obra original, lo que en materia de propiedad industrial supone que la marca que se critica sea bien conocida por el mercado. Aún más, si la parodia tradicional satisface esta condición cuando se refiere a las obras de la llamada cultura popular, que son accesibles a la mayoría del público; en nuestro ámbito, esta condición solo aparecerá frente a aquellas marcas que todo el mercado identifica: esto es, respecto a las tradicionales marcas renombradas[63].

---

[63] El Real Decreto-ley 23/2018, de 21 de diciembre, de transposición de directivas en materia de marcas, transporte ferroviario y viajes combinados y servicios de viaje vinculados modificó el art. 8 LM, derogando la diferencia entre marcas notorias (bien conocidas por los destinatarios usuales de un producto o servicio determinado) y renombradas (conocidas por todo el mercado, aunque no se trate de consumidores de ese producto o servicio). De todas formas, esta diferencia no tiene relevancia en el contexto de la parodia, pues solo es posible si la marca se reconoce en general.
No obstante, la STJ de Madrid de 28-X-2005 examinó la reclamación de "*Corporación Dermoestética*" contra el registro de una marca simplemente denominativa que identificaba a un grupo teatral alternativo ("*Corporación Antiestética*"). Llegó a la conclusión de que la marca burlada era notoria y que la protección del titular solo habría sido posible cuando el ataque humorístico se hubiese originado en un contexto destinado al mismo público. Quizás la respuesta acertada habría sido asumir que la marca era renombrada, pero que la burla era paródica. En el fondo de la sentencia existía otra razón: el tribunal observó, correctamente, que resultaba excesivo impedir la burla social de un producto conocido, pese a la crítica. Reconoció la razón que legitima una parodia, o, al menos, el derecho a expresarse libremente.

Esa afirmación es coherente con la razón legitimadora de la parodia: la crítica humorística es un bien público, pero solo frente a obras o marcas bien conocidas porque solo entonces es efectiva como mecanismo transmisor de información[64]. Además, hay que tener en cuenta que la burla de marcas poco conocidas podría infringir la Ley 15/2007, de 3 de julio, de Defensa de la Competencia (en adelante, LDC 2007), porque crearía barreras de acceso al mercado frente a productos de empresas nuevas y propiciaría monopolios de marcas ya establecidas. Incluso podría sostenerse que la LDC 2007 permite que las empresas de nueva incorporación puedan utilizar la parodia, cumpliendo sus requisitos, para burlarse de marcas de empresas consolidadas, y que éstas no podrán impedirlo alegando la infracción de sus derechos de propiedad industrial[65].

2. Otro de los elementos que forman parte del carácter antitemático es que la burla caiga directamente *sobre el objeto que identifica la marca,* y no se limite a los signos externos. Y que, además, no se trate de una burla *genérica* del producto.

a) Por lo tanto, la parodia tiene que ser informativa; ya sea respecto a algún aspecto de los productos o servicios que esa marca señaliza; ya sobre sus características de consumo o sobre su procedencia. Es necesario que exista un reproche concre-

---

64 El carácter paródico es más fácil de reconocer conforme la marca es fuerte; v. McGEVERAN, IOWA L. Rev., 94 (2008), p. 69. Sobre todo, si el uso de la marca ajena no es competitivo; v. *infra* nt. 73.

65 La actuación de empresas con dominio del mercado en contra de empresas que intentan introducirse es un abuso prohibido por la LDC; v. ALONSO SOTO, "Derecho de la Competencia", I[20], pp. 282-283. Esta preocupación se menciona en la jurisprudencia de dos famosos supuestos norteamericanos: "*The North Face*" v. "*The South Butt*", y *Jordache Enterprises Inc. v. Hogg Wyld Ltd.*, 828 F.2d. 1482, 1486 (10th Cir. 1987). Es un criterio que se tiene en cuenta para valorar la existencia de riesgo de asociación en la jurisprudencia comparada norteamericana; v. *supra* nts. 49 y 57.

to que aporte nuevos elementos de juicio a los consumidores para que éstos tomen sus decisiones sobre los productos identificados por la marca[66].

Como ejemplo, obsérvese la diferencia entre estos dos ejercicios críticos del mismo servicio comercial. Solo uno transmite información: la insistencia desleal de la marca sobre el consumidor para forzar la voluntad privada.

---

66 *Greenpeace* ha criticado con éxito varias marcas francesas, logrando que los tribunales reconozcan el carácter paródico de su intervención y su derecho a expresarse por encima de la protección de la marca. En este contexto cabe mencionar varios casos de denuncia antitemática favorable a la parodia de la Corte de Casación francesa; v. las parodias citadas por GEIGER de las marcas *Camel* (un clásico de la parodia), *Esso, Areva* y *Danone,* con denuncias, en general, sobre los daños medioambientales que provocan (IIC, 2007, pp. 320 ss.).
Otros supuestos paródicos del derecho comparado aparecen en el eslogan del periódico Bild ("*Bild Dir Keine Meinung*" o "*no formes tu opinión*", en vez del original "*Bild Dir Deine Meinung*", es decir, "*forma tu propia opinión*" (OLG Hamburg de 4.6.1998–3 U 246-97); y en la campaña contra la subida de precios de Telekom que utilizó el mismo diseño de sus signos distintivos, pero con la expresión "*Teuerer*" (más caro) [v. sentencia de la *Kammergericht* 20.08.1996 - 5 U 4311/96 ("*Alles wird teurer*")].
La jurisprudencia norteamericana ofrece muchos ejemplos. Mientras algunos presentan una crítica clara y aportan información al mercado, otros otorgan preferencia al humor, y no resultan informativas (y con ello se encuadran en el ámbito de la libertad de expresión); v. *supra* nts. 49 y 57. También el supuesto de *Mattel Inc. v. MCA Records Inc., 296 F.3d 894, 902 (9th Cir. 2002)* que declaró probada la crítica de los valores que representa la muñeca *Barbie* por parte de la canción "*Barbie Girl*"; o, el caso mencionado de *Louis Vuitton Malletier SA v. Haute Diggity Dog LLC,* 507 F.3d 252 (4th Cir. 2007).

En realidad, esta condición es una exigencia de la propia naturaleza de las normas que regulan el mercado. Es la misma regla que explica también, por ejemplo, que se exonere del reproche de deslealtad a los actos que afecten objetivamente al buen nombre de la marca, siempre que aporten información veraz, conveniente y pertinente al mercado (v. art. 9 LCD sobre la denigración e *infra* epígrafe siguiente). O que se permita la publicidad comparativa, que es lícita -e incluso en clave de humor-, pero a condición de que ofrezca información adicional y que no se limite a una comparación genérica de los bienes, sino que empareje extremos o condiciones concretas de esos productos que sean comparables, esenciales, pertinentes, verificables y representativos[67]. Este equilibrio tiene en cuenta que el Derecho de Propiedad Industrial no sólo recompensa la invención o construcción intelectual del empresario, sino que obedece a una función preferente: facilitar la identidad de los productos y la elección de los consumidores, transmitiendo información verídica sobre el producto, condiciones, calidad, producción y origen[68]. Por lo tanto, si consideramos que la marca es un instrumento informativo sobre los productos o servicios que se ofertan, su parodia encaja de forma coherente

---

67 En general, v. ALONSO SOTO, "Derecho de la Competencia", I[20], pp. 321-323.

68 Admite el reconocimiento legal y jurisprudencial de la función informativa de la marca en favor de sus consumidores, aunque la critica, BERCOVITZ RORIGUEZ-CANO, "Concepto de marca", p. 121.

en este sector normativo porque cumple una función informativa al ser una denuncia de algunas de sus condiciones, o efectos negativos, pero bajo el disfraz de una burla.

b) La segunda consecuencia es que la parodia sea antitemática porque se dirija contra los elementos o condiciones de *ese* producto determinado. Es decir, no es admisible utilizar los signos de una marca como símbolo o representación de toda una categoría de productos o servicios; ni siquiera en el caso de que la parodia contenga una denuncia concreta que sea común a todos ellos.

Esa crítica transmitiría información errónea al mercado, al dar la impresión de que la empresa parodiada es la que merece mayor reproche entre todas las demás. La burla crearía una asociación injusta entre la condición denunciada y la marca concreta[69]. Y el titular difícilmente podría "subsanar" el defecto ni defenderse de una condición que es común a otras marcas semejantes. En este sentido, es ilustrativo el

[69] LANDES; y POSNER, *Estructura económica del Derecho de Propiedad Intelectual e Industrial*, pp. 212-213: es el efecto *psicológico* llamado de "heurística de disponibilidad".
En este sentido, la STJ de Madrid de 28-X-2005 ya mencionada respecto al registro de la marca denominativa "*Corporación Antiestética*" para un grupo teatral. No estaba claro si la ironía semántica era un simple vehículo para otro fin (el impacto o transmisión de una idea transgresora del teatro). Pero en cualquier caso, no era una burla antitemática. La compañía de teatro había creado un grupo de denuncia en la web llamada "*Corporación Malaestética*". La ironía del nombre servía a los autores para recoger las negligencias de diversos servicios de cirugía estética (no solo de esa marca).

rechazo del carácter paródico de las campañas antitabaco centradas en la marca Camel por los tribunales de varios países[70].

3. La *simple* imitación o comparación de productos, aunque sea irónica, no basta para satisfacer el carácter antitemático si falta contenido informativo. El contexto humorístico no puede servir de excusa para utilizar una marca ajena y lograr cualquier otro fin particular que sea distinto al informativo sobre ciertos aspectos del producto o servicio de la marca deformada. O, de otra forma, la parodia marcaria no puede utilizarse de forma instrumental (*Weapon Target*). De ahí que la falta de información que se asocia a ejercicios de humor no antitemáticos permita priorizar la defensa de las inversiones del titular de la marca renombrada: en principio, el uso no paródico exige permiso del titular[71].

---

70 Como ejemplo sirva la resolución 13.09.1988 4 Ob 48/78 *GRUR Int* 1989, 326 "*Camel-Werbung*". El tribunal alemán no reconoció el carácter paródico de la expresión "*Nür ein Kamel Geht meilenweit für eine Zigarette*" ("*solo un camello recorre millas por un cigarrillo*"), cuando el original afirmaba "*Ich geh´meilenweit für CAMEL-Filter*" (más o menos "*haré millas por filtros Camel*"), ni tampoco el diseño que lo acompañaba (un esqueleto andante subido a un camello), por entender que la marca era el objeto de una burla que, en realidad, correspondía a todos los productos similares, ya que se trataba de una campaña antitabaco. En cambio, sí se reconoció la parodia en la campaña antitabaco que jugaba con la expresión "Marlboro" para transformarla en "Mordoro", pues el verbo "matar" en alemán es "*mörden*"; v. BGH UV ZR 246/82, 17-IV-1984, GRUR 1984, 684. También v. *infra* nt. 92.

71 De forma semejante GEIGER, IIC, 2007, p. 323.
No puede hablarse de parodia en la publicidad frente a simples anuncios con sentido del humor que han de regularse por la LGP. Correctamente en algunas decisiones arbitrales de la Asociación para la Autorregulación de la Comunicación Comercial; v., por ejemplo, la de 3-VI-2009 con un anuncio publicitario de Orange que muestra los problemas de una mujer mayor y gallega con la utilización de la informática y los equívocos que le plantean vocablos como "papelera", "ratón", o "ventana".

a) En consecuencia, no habrá verdadera parodia cuando la burla persiga una finalidad directamente concurrencial, tenga algún rasgo competitivo o se dirija contra una empresa o su reputación (y no contra algún aspecto de sus productos). Será probable que, entonces, nos encontremos ante un acto competitivo realizado de mala fe. Seguramente será una imitación o un ejercicio publicitario comparativo propio del art. 10 LCD; o se tratará de un acto denigratorio del art. 9 LCD (v. *infra* epígrafe siguiente); o de un intento de resaltar ciertos signos distintivos a costa de la notoriedad de otros ajenos con los que se asocia, y para promover productos propios o de un tercero (art. 12 LCD)[72]. Todos estos casos serán parodias instrumentales, diseñadas con el fin de competir. Se trata de una categoría de humor que concentra la mayor parte de las objeciones doctrinales y jurisprudenciales frente a las parodias marcarias[73].

---

72 PERDICES HUETOS, *Pe.i.*, 3 (1999), p. 34-35; incluida la pérdida de funcionalidad de la marca, que ve afectado su valor distintivo.

73 INGERL; y, ROHNKE, *Markengesetz*[3], § 14, Rd. 203. Aquí se localizan muchos de los ejemplos jurisprudenciales del derecho comparado: ejercicios de humor que carecen del carácter antitemático y cuyo fin es concurrencial; v. PERDICES HUETOS, *Pe.i.*, 3 (1999), p. 42-43. Claramente en el caso alemán de la sátira nominativa "*Deutsche Pest*" en color amarillo y con claras referencias a la marca "*Deutsche Post*" para una empresa de control de plagas (LG Hamburg GRUR 2000, 514–Deutsche Pest). El tribunal le negó la protección constitucional como expresión artística.

Además de los supuestos rechazados por crear riesgo de asociación (v. *supra* nt. 57), la jurisprudencia de EEUU ofrece ejemplos de usos no paródicos por tratarse de un uso concurrencial de marca ajena. Por ejemplo, en *Hard Rock Café Licensing Corp. v. Pacific Graphics Inc.* 776 F. Supp. 1454 (W.D. Wash. 1991) se rechaza la parodia con la mención en camisetas y otras prendas de la expresión "*Hard Rain Café*" en un contexto distintivo similar al de la marca del demandante; en *Harley-Davidson Inc. v. Grottanelli,* 164, F 3d 806, 813 (2d Cir. 1999) por usar la marca sin fin adicional o informativo; o en *Mickey Mouse*

Un caso ilustrativo es la imitación irónica de la marca de ropa deportiva extrema (en especial, de montañismo), "*The North Face*" (es decir, la cara norte) por los textiles cómodos para gente poco aventurera, identificada como "*The South Butt*" (el extremo sur, aunque "*Butt*" acepta más traducciones jocosas como ojete, culata o topetazo)[74]. Entre nosotros, esta ironía constituiría un ejercicio ilícito de imitación marcaria; que también podría calificarse como un aprovechamiento desleal de la reputación ajena porque crea un riesgo de asociación entre los productos implicados (con lo que tampoco cumpliría la primera condición de la parodia)[75].

Ty Inc. V. Publications International Ltd, 2002 WL 1068020, at 2 (7th Cir. May 30, 2002).

74 "*The South Butt*" se presentaba humorísticamente como ropa destinada para "*those of us who enjoy the relaxed life of couches, cafés, malls, and beaches. In our store we have clothing for things other than playing polo and climbing mountains*". El caso terminó en sede transaccional, pero revela un problema en aumento que hace a empresas pequeñas ignorar las consecuencias económicas de imitar o parodiar a las marcas fuertes. Puede consultarse "*The Law Blog*" para un breve comentario (http://blogs.wsj.com/law/2010/06/24/the-south-butt-v-the-north-face/).

75 La jurisprudencia norteamericana es variable y es frecuente encontrar fallos donde se acepta la ironía o el contenido crítico como ejercicio del derecho de libertad de expresión, incluso cuando lo realiza un competidor. Se sostiene que hacer de la propia marca una parodia de otra no evita automáticamente la protección del *Fair Use*, sino que solo la hace más problemática. Por ejemplo, en el caso de la parodia "*Oh, Pretty Woman*" ya mencionado se explicitó que el carácter

La regulación de la parodia en sede de Propiedad Intelectual ofrece un criterio para identificar el carácter antitemático del humor. Se trata de exigir que la parodia no ofrezca un sustitutivo de la obra parodiada. Ahora bien, el criterio de sustitución del producto parodiado por el que identifica la burla no es suficiente en materia de marcas y ha de completarse con otro más genérico de naturaleza concurrencial. Este segundo criterio negará el carácter de parodia a aquellos usos humorísticos de marcas ajenas que sean hechas *por empresarios para* la promoción de sus productos, *sean o no competidores directos* de la marca parodiada. Por eso, la burla no será antitemática cuando su autor la construya *para actuar* en el mercado, aunque no

---

comercial de algunos elementos de la parodia no constituiría una presunción en contra; aunque al mismo tiempo se diferenció entre la parodia que persigue un comentario crítico, y la farsa paródica cuya finalidad es llamar la atención o lograr una ganancia comercial. La discusión se centra en el *riesgo de asociación* (y, en especial, en el daño que la imitación conlleva al valor distintivo de la marca parodiada para diferenciar sus productos en el mercado en general visto en el epígrafe anterior). La pretensión de "hacer reír" ha de estar clara para los destinatarios de ambas marcas, al igual que su distinción, y suele considerarse que este fin evita el daño a la marca original. La valoración parece depender también del contexto social en el que se mueve la marca. Ejemplos muy claros ya mencionados son la burla de los vaqueros para mujeres de tallas grandes *Jordache Enterprises Inc. v. Hogg Wyld Ltd.*, 828 F.2d. 1482, 1486 (10th Cir. 1987) o los bolsos masticables para mascotas *Louis Vuitton Malletier SA v. Haute Diggity Dog LLC*, 507 F.3d 252 (4th Cir. 2007). El argumento es que falta una competencia *directa* y que tanto los destinatarios como los precios de referencia son suficientemente diferentes para distinguir los productos y no asociarlos. En cambio, se negó la parodia y se estimó riesgo reputacional para la marca original en *Anheuser-Busch Inc. v. VIP Products LLC*, 4 2008 CV 00358 (E.D. Mo. Oct. 16, 2008), por la asociación entre la marca de cerveza *Budweiser* y el juguete para perros *Buttwipper*.

ofrezca productos sustitutos de su objetivo[76]. Ambos empleos de derechos exclusivos ajenos (usar la marca ajena para competir contra su titular; o para atraer una clientela diferente *mediante el humor sobre cualquier otra clase de producto conocido*) han de ser considerados usos no paródicos[77]. Requieren el permiso del titular y el consiguiente pago de una licencia[78].

Al mismo tiempo, el carácter empresarial del autor solo permite construir una presunción de humor no paródico. No es, un dato concluyente. Hay que atender a la finalidad de la burla: tiene que haberse construido para competir. O por lo menos, ha de ser un vehículo objetivamente adecuado para este fin: participar en el mercado y servir a la promoción de ciertos productos o servicios[79].

---

76 Por ejemplo, el caso de la SAP de Barcelona de 24-IV-2002 analizó la publicidad de un fabricante de bebidas alcohólicas que ironizaba sobre el león rugiente de la *Metro Godlwin Mayer*.
La jurisprudencia alemana ofrece un supuesto parecido en el caso *Lucky Strikes vs. Absolut Vodka*–OLG Köln, Urteil vom 23. Juli 2004, Az.: 6 U 77/04 con las dos marcas mencionadas. Además, cabe destacar los fallos ya clásicos de "*Mars*" and "*Nivea*", ambos para vender preservativos, y ambos jugando con el reconocimiento de los eslóganes y signos distintivos de las marcas de referencia ("*Mars te mueve… en el sexo, en el trabajo y en el juego*" y "*Es tut NIVEAU als das erste mal*"); v. respectivamente, BGH GRUR 1994, 808, 809/810–Markenverunglimpfung I MARS y, BGH GRUR 1995, 57–Markenverunglimpfung II NIVEA.

77 POSNER, *J. of Legal Stud.*, 21 (1992), p. 73. En su opinión, se trata de "farsa" antes que de una "sátira": su fin suele ser lúdico y no suele contener ninguna crítica contra el producto burlado.

78 PERDICES HUETOS, *Pe.i.*, 3 (1999), pp. 45-46. Salvo aplicación del art. 36 LM; v. PÉREZ DE LA CRUZ, "La propiedad industrial e intelectual I. Teoría general. Signos distintivos", I^2, p. 417.

79 BRADFORD señala que el resultado importa en la parodia de marcas (p. 709), y presta atención especial a cómo actúa la parodia y su interacción con el *merchandising* de obras intelectuales; v. *Boston College Law Review*, 46 (2005), nº 4, pp. 740 ss. LANDES; y POSNER destacan la importancia del resultado para la valoración del consumidor y,

b) En general, el Derecho no ampara la utilización sin permiso de derechos marcarios de exclusiva cuando el humor no tenga carácter antitemático; ni siquiera cuando exista una finalidad de denuncia social[80].

Por ejemplo, la utilización de una deformación reconocible de la marca y envoltorios de chocolates Lindt por parte de la Fundación de Ayuda contra la Drogadicción con el objetivo de denunciar el consumo de hachís. En este caso, el diseñador vinculó la marca (y el producto) con el consumo reprobable de un producto diferente. Al no tratarse de un ejercicio antitemático, la chanza no constituye una parodia y puede analizarse como un posible acto desleal de denigración de la marca ajena o de perjuicio a su reputación o valor (efecto *tarnishment*)[81].

Ahora bien, que ese uso instrumental no constituya una parodia marcaria, no quiere decir que sea automáticamente reprochable. Una marca es una creación original, incluso puede tener cierto valor artístico, pero su finalidad no es directamente agradar, sino vender (tanto productos o servicios concretos, como sensaciones o ilusiones de forma de vida), por lo que solo se reconoce como derecho exclusivo para este fin. Las normas concurrenciales limitan el uso de las marcas cuando se utilizan por competidores o por otros agentes del mercado para reducir la cuota del titular de forma desleal; o cuando se emplean contra sus derechos de exclusiva afectando al valor

también para juzgar el riesgo de confusión; v. *Estructura económica del Derecho de Propiedad Intelectual e Industrial*, pp. 212-213.

80 V. *supra* nts. 69 y 70.

81 De forma semejante, POSNER, *J. of Legal Stud.*, 21 (1992), pp. 73-74; v. *infra* epígrafe C.

agregado de la marca o a su carácter distintivo. Pero no existe una prohibición absoluta de cualquier uso fuera del mercado.

El empleo de las marcas en sátiras de denuncia social que solo manejan los signos distintivos con un carácter lúdico o

artístico, o incluso provocador, podrían ampararse en el derecho de libertad de expresión (normalmente artística dada la naturaleza de los signos distintivos)[82]. Hay dos condiciones. Primero, que la sátira se refiera a marcas renombradas; especialmente cuando se consideren iconos culturales. Y segundo, que el humor no persiga un fin directamente comercial, aunque pueda ser inevitable un lucro indirecto (como en la obra de Forges que acompaña estas letras)[83].

---

82 No obstante, GARROTE afirma que las *weapon parody* o instrumentales son parodias incluidas en el ámbito del art. 39 LPI, y que la discusión doctrinal ha de tener en cuenta que la Directiva DDASI 2001 equipara los conceptos de "parodia" y "caricatura"; v. AFDUAM, 21 (2017), p. 286.

83 Para PERDICES HUETOS, *Pe.i.*, 3 (1999), p. 45, la finalidad de esta clase de humor ha de valorarse en el origen, no en el resultado final, pues los promotores de la crítica pueden comercializar la broma. También advierte que el aprovechamiento de la reputación, en realidad, es inevitable (p. 48, nt. 104). Admite de forma restringida las parodias instrumentales por exigencias de la libertad de expresión. Para SOL MUNTAÑOLA la finalidad comercial solo es un indicio y no puede confundirse con la pretensión de obtener algún beneficio económico; v. *Régimen jurídico de la parodia*, pp. 246-247.

Como ejemplo puede mencionarse el caso de *Lila Postkarte* (I ZR 159/02, 3 February 2005; BGH GRUR 2005, 583). La tarjeta discutida iba firmaba por *Rainer María Milka* y usaba signos distintivos que permitían identificar a la marca *Milka* como la parodiada (color lila y expresión *Milka*). Contenía una referencia textual a las vacas al

Al margen de lo anterior, no siempre es conveniente que el titular de la marca reaccione frente a esa clase de sátiras o frente a cualquier ejercicio de humor. Estas críticas no paródicas aportan publicidad, lo que pueden incrementar el conocimiento de los valores asociados a su marca por parte del público[84]. Además, una reacción de la empresa puede tener efectos negativos si se atribuye al titular un sentimiento subjetivo de soberbia, o incluso replantea la veracidad de la crítica que antes solo se consideraba divertida. Es probable que la mejor táctica del empresario sea ignorar las burlas que no tengan una finalidad claramente competitiva, o que no afecten gravemente a su prestigio[85].

---

satirizar el poema "*Wandrers Nachtlied*" o "*Canción nocturna del caminante*" de Göethe con juegos fonéticos (el poema original decía "*Über allen Gipfeln, ist Ruh, in allen Wipfeln, spürest du, kaum einen Hauch; die Vögelein schweigen im Walde. Warte nur, balde, Ruhest du auch*" cuya traducción aproximada sería "*Sobre las cumbres hay paz, apenas percibes algo sobre las copas porque los pájaros se han callado. Espera un momento, que pronto descansarás tú también*"; la parodia lo cambiaba por "*Über allen Wipfeln ist Ruh, irgendwo blökt eine Kuh. Muh!*" o, aproximadamente "*Hay paz y tranquilidad por encima de las copas de los árboles; en algún lugar muge una vaca. Muu!*"). Para el comentario a esta resolución de C. BORN, "*Zur Zulässigkeit einer humorvollen Markenparodie*–Anmerkung zum Urteil des BGH „Lila-Postkarte", GRUR, 3 (2006), pp. 192-194.

84 En general, una burla puede tener efectos positivos en cuanto a la reputación de la marca porque, si tiene éxito, puede incrementar las ventas del producto o servicio que identifica la broma, reforzando su imagen de forma positiva; v. POSNER, *J. of Legal Stud.*, 21 (1992), p. 73.

85 En realidad, la posibilidad de que la marca se vea afectada por "*usos no comerciales*" de denuncia social (sátira no paródica) y que los consumidores confundan o asocien la marca a la denuncia es pequeña. El propósito de ese empleo habrá sido divertir, no identificar ni denunciar directamente sus productos; v. McGEVERAN, *IOWA L. Rev.*, 94 (2008), pp. 104-105. Por eso puede aceptarse que el Derecho

C) El humor y la denigración

1. El tercer requisito de la parodia es el humor. La ironía tiene que ser ingeniosa, de tal manera que recaiga directamente sobre el aspecto reprochable del producto que identifican esos signos distintivos, y que ayude a sus destinatarios a percibir fácilmente el contenido de la denuncia.

Este requisito es difícil de identificar. El humor se relaciona con el carácter antitemático de la parodia porque el ejercicio crítico pone en evidencia la información que se intenta transmitir mediante la deformación grotesca, humorística o incisiva de los signos distintivos[86]. Al mismo tiempo, es una burla objetivamente incómoda para el empresario titular de la marca. Con frecuencia se sentirá atacado o denigrado o verá peligrar su reputación.

En cualquier caso, el contexto de mercado en el que se desarrolla la parodia exige que el humor se someta al filtro del art. 9 LCD y a su prohibición de denigración inútil. Es el único precepto de la LCD cuya aplicación puede coexistir con una verdadera parodia marcaria.

> La imitación entre competidores (riesgo de confusión) y el riesgo de asociación con productos ajenos se excluyen explícitamente cuando existe una parodia; v. *supra* epígrafes anteriores. Entonces, el supuesto no es informativo, sino concurrencial.
> Del mismo modo, también ha de excluirse que la parodia pueda implicar un acto de comparación entre productos y servicios, por más que los términos de los antiguos arts. 6 y 6 bis LGP, aludieran al art. 9 LCD con bastante imprecisión. Estas normas permitían la comparación objetiva *"entre una o más características esenciales, pertinentes, verificables y represen-*

---

no bloquea la utilización de una marca registrada cuando se maneje en la recreación o disfrute artístico o intelectual de quien la usa.

[86] CÁMARA ÁGUILA, "Concepto de parodia", pp. 112-113. La parodia es, en este sentido, un acto de transformación de la obra original sin permiso del titular.

tativas de bienes o servicios", que tuviesen la misma finalidad o utilidad, incluido el precio. Y esta comparación podía hacerse mediante un humor ácido o irónico. Sin embargo, ambas reglas ya no están en vigor desde el 1 de enero de 2010, cuando se remitió la cuestión a la LCD, y se propició una mejora técnica de legislativa.

Por lo demás, la publicidad comparativa no regula la parodia. La comparación presupone la competencia entre los sujetos enfrentados en el mercado. La burla en la publicidad comparativa siempre tiene una determinada finalidad instrumental o *Weapon Parody*; mientras que la parodia o utiliza los derechos ajenos como el propio objeto de la burla, buscando una finalidad no competitiva (*Target Parody*). La identidad del humorista suele ser distinta[87].

2. La premisa de partida es que la parodia es una crítica irónica y, por eso, puede ser despiada. Al mismo tiempo se tolera porque transmite información real al mercado sobre los productos o servicios que identifica la marca. Estos presupuestos suponen que la verdadera parodia encaja en la Ley si no traspasa los límites del art. 9 LCD (que "*considera desleal la realización o difusión de manifestaciones sobre la actividad, las prestaciones, el establecimiento o las relaciones mercantiles de un tercero que sean aptas para menoscabar su crédito en el mercado, a no ser que sean exactas,*

---

87 El enfoque de la denigración en el uso de la marca ajena era distinto antes de la reforma del art. 6 bis LGP. Utilizaba este concepto como un límite que no podía transgredirse por una publicidad comparativa lícita, mientras que la parodia asume que los términos del humor serán hirientes.
No obstante, LANDES y POSNER (v. *Estructura económica del Derecho de Propiedad Intelectual e Industrial*, pp. 210 ss.) incluyen la publicidad comparativa jocosa entre los tres grupos de parodias en el derecho de marcas. Los dos siguientes están formados por "farsas" (competidores y riesgo de confusión), y por las burlas realizadas sin afán de competir. Para los autores, las últimas siempre serán sátiras porque no conciben que los terceros no empresarios tengan otra pretensión diferente que divertir.

verdaderas y pertinentes"). Por lo tanto, no va a existir denigración cuando sea posible justificar la burla teniendo en cuenta la información veraz, comprobable y concreta que se transmite al mercado (v. *infra* punto 4).

Lo anterior supone, en primer lugar, que la información que se comunica tendrá que ser cierta. En segundo lugar, que el humor habrá de enfocarse en algún aspecto del producto o servicio que la marca identifica, evitando centrarse solo en el titular de la empresa. En este sentido el párrafo segundo del art. 9 LCD distingue con claridad la esfera personal de la esfera empresarial, estableciendo que ni siquiera la veracidad o pertinencia de las afirmaciones evitarán el carácter desleal de las ironías "*que tengan por objeto la nacionalidad, las creencias o ideología, la vida privada o cualesquiera otras circunstancias estrictamente personales del afectado*"[88]. Obsérvese, por lo tanto, que es posible admitir burlas ciertas contra el titular de la marca, si hay alguna referencia a la empresa o al producto. Por lo demás, el segundo párrafo del art. 9 LCD resulta superfluo respecto de la parodia, dado que tales ejercicios de humor tampoco cumplirían la condición de ser ironías antitemáticas.

3. Por fin, el humor también ha de ser pertinente en un doble aspecto. Por un lado, la pertinencia aplicada a la parodia se refiere al carácter apropiado de esta ironía como vehículo para transmitir la información al mercado sobre los productos o servicios, sus condiciones o su origen. Este mensaje ha de estar claro, o más claro, a través del humor. El ataque paródico ha de ser eficaz como medio transmisivo porque la simple diversión no es suficiente, dado que no transmite ningún dato útil e incumple el requisito ya visto de ser antitemático. Además, aumenta la probabilidad de infringir el art. 9 LCD[89].

---

88 ALONSO SOTO, "Derecho de la Competencia", I[20], pp. 321-322.

89 No obstante, el simple humor sin diana social no es necesariamente denigratorio y puede ampararse en la libertad de expresión; v. *supra*

Por otro lado, este aspecto se refiere a la proporcionalidad del humor en función de su mensaje central. En este sentido, es posible que un enfoque determinado, como la burla chabacana o pornográfica, no resulte pertinente porque la misma información podría haberse transmitido sin ese carácter y hubiera resultado igual de efectiva[90]. Si tal cosa ocurre, ese ejercicio no será ni paródico ni admisible.

a) La valoración de la proporcionalidad ha de tener en cuenta que los productos y servicios que se identifican mediante las marcas se encuentran fuera del alcance negociador del público en general. La parodia es eficaz (y suele ser proporcional) porque solo esta clase de humor consigue que los titulares reaccionen frente a la certeza o la repercusión de la información que contiene una burla. Una parodia que tenga éxito quizás impulse un cambio empresarial; lo que puede ser deseable cuando la crítica se dirija contra ciertas condiciones negativas o peligrosas de los productos o servicios. En este sentido, una parodia puede lograr que el empresario y titular de la marca tome alguna de estas decisiones (o varias a la vez): seleccionar otra combinación de signos distintivos para identificar sus productos o servicios; invertir en publicidad para modificar la apreciación del público sobre su marca como efecto de la pa-

---

epígrafe anterior. Como ejemplo, la decisión arbitral ya mencionada de la Asociación para la Autorregulación de la Comunicación Comercial de 3-VI-2009. Además de los casos ya citados, pueden mencionarse los ejemplos de la jurisprudencia alemana recogidos por PERDICES HUETOS (Pe.i., 3 (1999), p. 34), en donde se rechazó que hubiese parodia marcaria, pero se falló en favor del humor, rechazando la denigración: *Lusthansa,* en vez de *Lufthansa* (OLG Frankfurt GRUR 1982, 319–Lusthansa) ("*Lust*" significa "deseo"); o "*Bums Mal Wieder*", es decir, un coloquial "*hagámoslo otra vez*", en vez de "*Bayerische Motoren Werke*", respecto a la marca conocida como BMW (BGH GRUR 1986, 759, 760–BMW).

90 De forma similar, CÁMARA ÁGUILA, "Concepto de parodia", p. 113.

rodia; llevar a juicio al parodista porque su comportamiento es denigratorio y desleal (o también porque exista una infracción de su derecho de propiedad industrial o se cree una asociación que afecta al valor distintivo o reputacional de su marca); o por fin, alterar la base de la información clave de la parodia para solucionar la deficiencia, asumiendo la información que se transmite al mercado. Esto último puede ser probable que suceda cuando el empresario no sea capaz de demostrar que los elementos temáticos de la burla que ponen en entredicho las condiciones o la calidad de sus productos son incorrectos. En cualquier caso, estos efectos benefician a la calidad de información del mercado y justifican la excepción de la parodia desde el punto de vista la competencia.

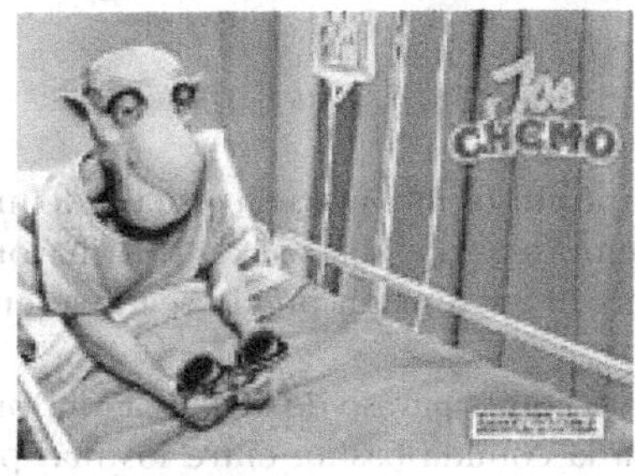

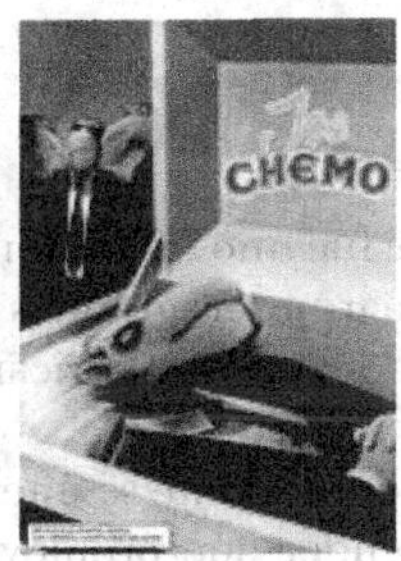

La parodia mencionada de la marca "*Kit Kat*" realizada por *Greenpeace* es paradigmática al respecto, pero no es la única[91]. La campaña de Joe Chemo es un caso claro de parodia marcaria puesta en marcha por las asociaciones de consumidores de EEUU contra el signo distintivo de Camel, denunciando la atracción de la marca sobre los menores y el efecto que tenía sobre ellos para que comenzaran a fumar. Se sostuvo que la popularidad del camello entre los niños era semejante a la de Micky Mouse. La campaña comenzó en 1990 y consiguió despertar simpatías insospechadas mediante la estampa de un

[91] Al respecto, v. *supra* inicio del epígrafe IV.

camello sin pelo y triste en su cama del hospital tras recibir sesiones de quimioterapia. La compañía modificó su actitud, y también se prohibió usar la imagen del camello. Además, la campaña impulsó un cambio de actitud contrario al uso de signos que pudiesen atraer negativamente a los menores en ciertos productos[92].

b) Lo anterior plantea si una crítica irónica puede ser denigrante (y desleal), con independencia del mensaje que contiene.

En principio, la valoración del contexto humorístico tendrá que hacerse *ad hoc*, sin que sea posible excluir ningún enfoque *a priori*, pues lo contrario reduciría el valor de la parodia como vehículo informativo (e incluso podría considerarse una restricción de la libertad de expresión). Con todo, la probabilidad

---

92 Este fue uno de los compromisos incluidos en el acuerdo marco que firmaron seis grandes empresas de tabacos con una mayoría de los Estados norteamericanos. La campaña puede seguirse en http://www.joechemo.org.

Algo semejante se intentó con el payaso de la marca McDonalds por entender que promovía la comida basura entre los más pequeños. Concretamente, se solicitó su jubilación anticipada para que se reuniese en la Residencia de Jubilados con el vaquero de Marlboro y el camello de Camel. La empresa optó por retirar el personaje; algo en lo que también influyó su uso en ataques de violencia .... en una parodia de Halloween (v., por ejemplo, https://www.chicagotribune.com/business/ct-ronald-mcdonald-clowns-1013-biz-20161012-story.html)

La marca *Camel* ha sido parodiada en varios países (lo que quizás convierte a este conjunto de signos en una especie de hito de la parodia). Ya se ha comentado que Alemania rechazó el carácter paródico en general, si bien el tribunal negó la razón al titular de la marca en una de las instancias (LG Köln 28 (78) O 479/80). La Corte de Casación francesa también analizó esta misma crítica; pero su resolución fue favorable a la parodia, admitiendo su uso burlesco por el Comité Nacional contra las Enfermedades Respiratorias y la Tuberculosis que la utilizó como símbolo genérico del tabaco [v. su sentencia de 19-X-2006 (también citada en GRUR Int 2008, 166)].

de que el humor no sea pertinente (y no esté justificado como parodia), aumenta conforme el ataque se hace más agresivo y la denigración que conlleva la burla se vuelve insostenible: el centro se desplaza desde la información sobre ciertos aspectos de estos productos, al propio ejercicio irónico. La parodia deja de serlo y se convierte en una sátira no antitemática, y probablemente denigratoria[93].

---

93 De hecho, los supuestos judiciales de denigración se concentran en burlas antitemáticas o instrumentales que no aportan información al mercado y cuya gracia suele ser zafia o suelen mostrar un componente sexual. Así con claridad en la botella reconocible de Coca-Cola para la película clasificada X "Alice", tal y como detalla PORTELLANO DIEZ, en *Imitación en el Derecho de la Competencia Desleal*, pp. 577-578. Aunque esta clase de burla no siempre es ilícita a pesar de la zafiedad si puede ampararse en la libertad de expresión. La existencia de un mensaje suficiente puede excluir el carácter denigratorio.
En el Derecho comparado cabe mencionar el clásico *L.L. Bean, Inc. v. Drake Publishers Inc.*, 107 S. Ct en 3254, 97 L. Ed. 2d 753 (1987), que permitió el uso y deformación de la marca ajena de ropa de abrigo (*Bean*) para comunicar ideas o puntos de vista a través de un catálogo ficticio (*L.L. Beam`s Back-To-School-Sex-Catalog*); catálogo que apareció en una revista para adultos (*High Society*) con maniquís en pose sexual y escasos de ropa. En cambio, Alemania parece mostrar un denominador común en negar el amparo de estos supuestos denigratorios bajo el derecho de expresión artística. Por ejemplo, en los casos no antitemáticos ya mencionados de preservativos, o los citados por FEZER como denigratorios (v. *Markenrecht*[4], § 14, Rn. 820): se emplean juegos de palabras con los signos distintivos para que éstos den a entender algo diferente, normalmente provocador, pero manteniendo el contexto gráfico de la marca renombrada.
Inversamente se ha planteado la conveniencia de acudir a la protección del derecho de marcas frente a la parodia de ideas, sentimientos o símbolos religiosos, destacando que este recurso no es el más apropiado; v. D. A. SIMON, "Register Trademarks & Keep the Faith: Trademarks, Religions & Identity", IDEA, 49 (2009), pp. 233-312, pp. 252-261.

Aunque solo *probablemente.* La simple constatación de la grosería no resta valor al mensaje que transmite esa forma, ni niega la parodia. El último criterio en Derecho Privado para decidir si el humor empleado es admisible o no, es el filtro de la buena fe del art. 4 LCD. Este tamiz debería determinar qué formas de parodia son admisibles (porque revelan una crítica justificada) y cuáles son rechazables (porque se realizan de mala fe y, objetivamente sirven antes al descrédito del producto, o del titular de la marca, que a su fin informativo). Es el mismo criterio que alumbra el párrafo segundo del art. 9 LCD: no habrá parodia, sino exageración crítica, cuando la ironía se convierta en un ejercicio abusivo del humor[94].

4. Por último, puede plantearse si el humor paródico siempre tiene un resultado indirecto en la reputación empresarial, perjudicando el valor de la marca por asociación negativa de los consumidores (efecto *tarnishment*) o por un afán de notoriedad excesivo del autor de la crítica que provoque un perjuicio innecesario a la marca de referencia. También si este efecto permite bloquear la parodia, de forma semejante a lo que sucede, por ejemplo, con las imitaciones de invenciones; que, en principio, son libres, pero que pueden excluirse cuando afecten negativamente a la reputación de la marca.

El punto de partida es que el art. 9 LCD sí permite que la parodia tenga un efecto negativo sobre la reputación. Y que

[94] Algunas campañas emprendidas por *Greenpeace* plantean este dilema. Al respecto, v. las advertencias de la Corte de Casación francesa sobre las formas excesivamente provocadoras que empleaba la denuncia frente a Areva (empresa francesa de energía nuclear, ya absorbida en parte por una empresa pública) sobre la gestión peligrosa de los residuos radiactivos y su repercusión en los países del tercer mundo: se deformó la marca para que la "A" mayúscula que la identifica, tuviera una sombra: tres aspas radiactivas, y una calavera en el centro. La asociación ganó el pleito al demostrar su veracidad (*Greenpeace France et al vs. Areva,* 8 de abril de 2008, sentencia Nº 418).

este resultado no puede calificarse como denigratorio de forma automática si la burla es correcta (veraz y pertinente). Frente a la protección de la marca ha de superponerse el interés del mercado a la información. De hecho, la parodia busca esta repercusión a través de su carácter antitemático a fin de que la empresa modifique sus productos y servicios o altere los valores asociados que son objeto de la burla (y de los que el público va a ser consciente gracias a la parodia). Por lo tanto, la mancha en la reputación no la impide, sino que es consustancial con esa burla. Además, la aplicación analógica del art. 39 LPI solo procede frente a marcas fuertes (renombradas y bien conocidas por cualquier consumidor), que deberían de ser capaces de soportar una reacción temporal del mercado.

Sin embargo, no hay libertad paródica absoluta. Los límites se establecen en el art. 9 LCD y se completan con el deber genérico de lealtad del art. 4 LCD[95]. Como se ha señalado y merece la pena recalcar, la parodia podrá excluirse cuando el humor afecte a la reputación de la empresa de forma muy grave, y este efecto no guarde proporción con lo que hubiera sido previsible en tales circunstancias. Entonces, el efecto negativo superará su valor informativo. Este equilibrio también habrá de valorar su efecto en el mercado y en el comportamiento de los consumidores, así como su capacidad para diferenciar entre la marca y su parodia (que es la primera condición de la parodia marcaria).

El control último será judicial, aunque es posible identificar algunos criterios generales. La desproporción será relativa-

---

95 Lo que está en sintonía con los tres pasos marcados por el art. 40 bis LPI, y el art. 5.5. de la Directiva DDASI 2001: que legitimidad de la parodia no se interprete de tal manera que "*permitan su aplicación de forma que causen un perjuicio injustificado a los intereses legítimos del autor o que vayan en detrimento de la explotación normal de las obras a que se refieran*" (art. 40 bis LPI).

mente frecuente en parodias que tengan referencias pornográficas o que traspasen los límites de la Ley, el orden público o las buenas costumbres conforme a la interpretación actualizada del art. 1255 C.c. Hay que tener en cuenta que la pertinencia del humor es cambiante y se relaciona con las convicciones sociales que reflejan la doctrina o la jurisprudencia sobre la caricatura y la sátira a lo largo del tiempo; lo que, además, explica la influencia del derecho de libertad de expresión artística en la parodia en general[96]. Por la misma razón, podrán bloquearse aquellos ejercicios irónicos que afecten a productos especialmente susceptibles a esa clase de humor (marcas de juguetes y parodia sexuales, por ejemplo)[97].

---

[96] Es el justo equilibrio de que habla CÁMARA ÁGUILA, "Concepto de parodia", p. 117.

[97] Sobre la tendencia comparada a rechazar la parodia en determinados ejercicios humorísticos con elementos sexuales, también v. LITTLE, *Cornell L. Rev.*, 94 (2009), pp. 1271-1272 y Se apreció el daño a la reputación en la dudosa parodia de *Pfizer Inc. v. Sachs,* 652 F. Supp. 2d 512, 525 (S.D.N.Y. 2009): o cómo empañar la reputación de Viagra ejercitando una empresa publicitaria mediante una *performance* de adultos, al colocar la marca sobre un viejo cohete militar, repartir condones, y, además, amenazar con desmayar a dos modelos montando el viejo misil frente a las oficinas de *Pfizer.*

También cabe mencionar la decisiva sentencia en materia de dilución del valor de la marca, conforme al estándar de la TDRA original, conocida como *Moseley v. V Secret Catalogue Inc.*, 537 U.S. 418 (2003) (su revisión por el Tribunal Supremo se encuentra en 2008 WL 2152189 WD Ky): la marca industrial creada por Víctor and Cathy Moseley para referirse a una pequeña tienda dedicada a lencería y diversos juguetes y artilugios eróticos para adultos en Elizabethtown (Kentucky), fue declarada denigratoria para la renombrada *Victor´s Secret.* En cualquier caso, el Derecho norteamericano no suele estimar una repercusión negativa derivada de la parodia, salvo que la cuestión clave sea decidir si hay una imitación sin libertad de expresión y si el fin es lucrativo. De hecho, en materia de derechos de autor suele incluir como parodias ciertos ejercicios artísticos que claramente pueden dañar la imagen de la obra de referencia. Es el caso de *Smith*

V. CONCLUSIONES Y PROBABILIDAD DE LA PARODIA EN EL DERECHO DE MARCAS

Una verdadera parodia marcaria es un ataque crítico contra algún aspecto de un producto o servicio que identifica una marca registrada, de tal manera que se utiliza el humor para completar la información del mercado con datos ciertos, exactos y pertinentes. Esto permitirá al consumidor tomar decisiones racionales. Se trata de un fin legislativo que es prioritario para el Derecho del mercado, tal y como refleja el Derecho de la Competencia, o la LCD. Sus normas también pueden aplicarse a las burlas, excluyendo su ejercicio, o estableciendo sus límites. La parodia, por otro lado, es un mecanismo considerablemente más barato para transmitir esa información que la reclamación judicial o administrativa contra el empresario que comercialice bienes o servicios defectuosos por cualquier motivo.

Ese es el fundamento de la aplicación analógica del art. 39 LPI, cuya doctrina puede aprovecharse, sin olvidar que la parodia marcaria no es una mera expresión de derechos fundamentales, por lo que la naturaleza jurídica de las marcas puede condicionarla. Por eso, existirá una parodia marcaria cuando se cumplan los mismos requisitos de la parodia de obras intelectuales y artísticas (carácter derivado, carácter antitemático y humor vehicular proporcional); pero habrá dos condiciones más. Una, que la parodia solo se dirija contra una marca renombrada. Y, dos, que el humor carezca de una finalidad concurrencial valorada de forma objetiva. Lo que requiere analizar la capacidad para competir del propio humor o del humorista, y, en especial, la ausencia de un efecto sustitutivo (entre la marca parodiada y la que se ve favorecida por la parodia). Enton-

---

v. Wal-Mart Stores Inc., 537 F.Supp.2d 1302 (N.D. GA. 2008) y la parodia de carácter nazi de la marca de *Wal-Mart* por parte de un editor.

ces, el titular no podrá impedir el uso de su derecho de marca; salvo que pruebe que la burla irónica traspasa los límites que señala el art. 9 LCD o el principio de buena fe del art. 4 LCD.

Con todo, la parodia no es un mecanismo neutral, puede ser incisivo y agresivo. El art. 9 LCD permite filtrar la información de la burla paródica exigiendo que la información sea cierta y que el humor utilizado resulte pertinente. Para valorar la pertinencia hay que atender a cada caso en concreto: tanto a las circunstancias que identifican y explican la parodia, como a la valoración social de lo que resulte adecuado en términos sarcásticos. Para ello, resulta conveniente atender a los criterios jurisprudenciales del art. 1255 C.c. o del derecho fundamental de libertad de expresión.

En cualquier caso, la parodia es una excepción del art. 39 LPI al régimen general, por lo que tiene que ser objeto de interpretación restringida también en materia de marcas. Especialmente porque el ámbito del derecho de signos distintivos es más reducido que el que corresponde a los derechos de autor: solo a los fines informativos en el mercado. De hecho, será poco probable que las parodias marcarias cumplan todos los requisitos necesarios.

A modo ilustrativo pueden señalarse algunos aspectos que excluirán la existencia de la parodia marcaria: que el objeto de la burla sea general (y no se centre en sus productos, calidad o composición, o en su procedimiento de fabricación); que exista humor sobre los productos o servicios que la marca identifica, pero no se critique ningún aspecto del producto en concreto por lo que este humor no ofrezca información al mercado; que transmita información que ya era bien conocida por el público, con lo que la injuria sería gratuita; que se cebe con la reputación del titular (tanto de forma directa como indirecta); que la parodia recaiga sobre una marca poco conocida; que la ironía cree una asociación que afecte gravemente a la reputación o al valor distintivo de la marca; que la burla promocione otros productos o servicios o los asocie con los bienes que identifica la marca deformada, con independencia de la condición de empresario del humorista; o por supuesto, que el humorista sea un competidor del titular de la marca burlada.

BIBLIOGRAFÍA

ALONSO SOTO, R., "Derecho de la competencia IV. Competencia desleal y publicidad", en *Curso de Derecho Mercantil,* [R. URIA; y, A. MENÉNDEZ (dirs.)], Navarra, 2ª ed., 2006, vol. I, pp. 373-400.

- "Derecho de la Competencia", en *Lecciones de Derecho Mercantil* [A. MENÉNDEZ; y A. ROJO (dirs.)], vol. I., 20ª ed., pp. 273-341.

BRADFORD, L., "Parody and Perception: Using cognitive Research to expand Fair Use in Copyright", *Boston College Law Review,* 46 (2005), nº 4, pp. 705-770.

BERCOVITZ RORIGUEZ-CANO, A., "Algunas ideas preliminares sobre la relación entre la Propiedad Intelectual y la Propiedad industrial", en *Estudios sobre la ley de propiedad intelectual. Últimas reformas y materias pendientes,* Editorial Dykinson, Madrid, 2016, pp. 65-73.

- "Concepto de marca", en *Comentarios a la Ley de Marcas,* [A. BERCOVITZ RORIGUEZ-CANO (dir.)], Navarra, 2003, pp. 117-130.

BORN, C., "Zur Zulässigkeit einer humorvollen Markenparodie–Anmerkung zum Urteil des BGH „Lila-Postkarte", GRUR, 3 (2006), pp. 192-194.

CÁMARA ÁGUILA, P., "El concepto de parodia en el Derecho comunitario: la sentencia del Tribunal UE de 3 de septiembre de 2014", en *Estudios sobre la ley de propiedad intelectual. Últimas reformas y materias pendientes,* Editorial Dykinson, Madrid, 2016, pp. 109-119.

CURTO POLO, M., "Marcas anteriores", en *Comentarios a la Ley de Marcas,* [A. BERCOVITZ RORIGUEZ-CANO (dir.)], Navarra, 2003, pp. 213-232.

DE VERDA Y BEAMONTE, R., "Las intromisiones legítimas en los derechos a la propia imagen y a la propia voz. Un estudio del art. 8.2 de la Ley Orgánica 1/1982, de 5 de mayo, a la luz de la reciente jurisprudencia", *La Ley,* 4 (2007), pp. 1390-1402.

DÍAZ ALABART, S., "Comentario al art. 39 LPI. Parodia", en *Comentarios a la Ley de Propiedad Intelectual,* [R. BERCOVITZ RODRÍGUEZ-CANO (coord.)], Tecnos, Madrid, 1997, 2ª ed., pp. 662-684.

EINHORN, M. A., “Miss Scarlett’s License Done Gone!: Parody, Satire, and Economic Reasoning”, *Cardozo Arts & Entertainment L. J.*, 20 (2002), nº 3, pp. 588-610.

FERNANDO MAGARZO, M. del R., “La protección de las creaciones publicitarias a través de la figura de la publicidad confusionista, en la doctrina del jurado de la publicidad”, en *El derecho de autor y las nuevas tecnologías*, Madrid, 2008, pp. 195-218.

FEZER, K.-H., *Markenrecht*, 4ª ed., München, 2009, § 14, Rn. 819-820.

FULLER, M., “<Fair Use> Trumps Likelihood of Confusion in Trade Marks”, *B.C. Intell. Prop. & Tech. F.*, 2006, pp. 1-18.

GEIGER, C., “Trade Marks and Freedom of Expression–The Proportionality of Criticism”, IIC, 2007, pp. 317-327.

GARROTE FERNÁNDEZ-DÍEZ, I., “El equilibrio entre los derechos a la libertad de expresión y a la propiedad intelectual en la carta de derechos fundamentales de la Unión Europea: el caso de la parodia con finalidad de crítica política”, AFDUAM, 21 (2017), pp. 265-292.

INGERL, R.; y, C. ROHNKE, *Markengesetz*, 3ª ed., München, 2010, § 14, Rd. 216-217.

KESSLER, D., “The Parody Defense: Is Anyone Still Laughing?”, *Summer Intellectual Property Law Conference*, Toronto, 2004, pp. 1-18.

KÖHLER, H., *Wettbewerbsrecht*, [H. KÖHLER; y, J. BORNKAMM (dirs.)], 28ª ed., München 2010, § 4, Rd. 7.9a.

LANDES, W. M.; y, R. A. POSNER, *La estructura económica del Derecho de Propiedad Intelectual e Industrial*, Madrid, 2006.

LITTLE, L., “Regulating Funny: Humor and the Law”, *Cornell L. Rev.*, 94 (2009), pp. 1235-1292.

LÓPEZ MAZA, S., “La posibilidad de utilización directa por el juez de la regla de los tres pasos”, en *Estudios sobre la ley de propiedad intelectual. Últimas reformas y materias pendientes*, Editorial Dykinson, Madrid, 2016, pp. 297-342.

MARSHALL, J. W.; y, N. J. SICILIANO, “The Satire/Parody Distinction in Copyright and Trademark Law. Can Satire Ever Be a Fair Use?”, en http://www.tabberone.com/Trademarks/CopyrightLaw/Parody/ParodySatireABA.pdf.

MARZETTI, M., “Speechless Trademarks? Dilution Theory Meets Freedom Of Speech”, *WIPO Collection of Paper*, 2005, pp. 1-27.

McGEVERAN, W., "Rethinking Trademark Fair Use", *IOWA L. Rev.*, 94 (2008), pp. 49-124.

PEINADO GRACIA, J. I., "La propiedad intelectual: derecho de autor y derechos afines", en *Lecciones de Derecho Mercantil* [A. MENÉNDEZ; y A. ROJO (dirs.)], vol. I., 20ª ed., pp. 191-218.

- "Derecho Industrial II: la marca como signo distintivo de los productos o servicios. El nombre comercial como distinción del empresario en el mercado", en *Lecciones de Derecho Mercantil*, [A. MENÉNDEZ; y A. ROJO (dirs.)], vol. I., 20ª ed., pp. 245-272.

PERDICES HUETOS, A., "La muerte juega al Gin Rummy (La parodia en el derecho de autor y de marcas)", *Pe.i.*, 3 (1999), pp. 9-53

- "El pastiche, ¿más acá o más allá de la parodia? A propósito del artículo 70 del Real Decreto-ley 24/2021, de 2 de noviembre y su subsunción en el artículo 39 de la Ley de Propiedad Intelectual", en *Homenaje al Profesor Alberto Bercovitz*, UNED, Madrid, 2023, pp. 1-25 (en prensa).

PÉREZ BES, F., "Aproximación a la figura de la parodia en el Derecho de la Propiedad Intelectual", en *El derecho de autor y las nuevas tecnologías*, Madrid, 2008, pp. 359-382.

PÉREZ DE LA CRUZ, A., "La propiedad industrial e intelectual I. Teoría general. Signos distintivos", en *Curso de Derecho Mercantil*, [R. URIA; y, A. MENÉNDEZ (dirs.)], Navarra, 2ª ed., 2006, vol, I, pp. 401-427.

PORTELLANO DIEZ, P., *La imitación en el Derecho de la competencia desleal*, Madrid, 1995.

POSNER, R. A., "When is Parody Fair Use?", *J. of Legal Stud.*, 21 (1992), pp. 67-78.

- "Antitrust in the New Economy", *John M. Olin Law & Econo., W. P.* nº 106, 2001, pp. 1-12.

RUBÍ PUIG, A., "Publicidad y libertad de expresión. La doctrina de la Commercial Speech en la jurisprudencia del Tribunal Supremo de los EEUU", *InDret*, octubre 2005, nº 311, pp. 1-24.

SÁNCHEZ ARISTI, R., *La propiedad intelectual sobre las obras musicales*, Granada, 1999.

SIMON, D. A., "Reasonable Perception and Parody in Copyright Law", *Utah L. Rev.*, 3 (2010), pp. 779-858.

- "Register Trademarks & Keep the Faith: Trademarks, Religions & Identity", IDEA, 49 (2009), pp. 233-312, pp. 252-261.

SOL MUNTAÑOLA, M., *El régimen jurídico de la parodia,* Marcial Pons, Madrid, 2005.

SPENCE, M., "Intellectual Property and the Problem of Parody", *The Law Quarterly Rev.,* 114 (1998) pp. 594-620.

Capítulo 16.
LAS RECIENTES Y FUTURAS 'HECHURAS' LEGISLATIVAS DEL DISEÑO INDUSTRIAL EUROPEO

MARÍA ISABEL CANDELARIO MACÍAS[1]

Profesora Titular de Derecho Mercantil,
Universidad Carlos III de Madrid

SUMARIO: 1.- Introducción. 2.- La legislación europea vigente del diseño industrial. 2.1. La Ley 20/2003, de protección jurídica del diseño industrial. 3.- Las propuestas legislativas europeas sobre el dibujo y modelos. 4.- Reflexiones finales. 5.- Bibliografía.

1.- INTRODUCCIÓN.

La realidad que nos circunda e informa procedente de las acciones, estrategias y políticas de la Unión Europa (*vgr.*, Pacto Verde)[2] nos muestra, que estamos ante una sociedad que persi-

---

[1] ORCID: 0000-0002-8646-9242. Esta contribución es fruto resultante de la investigación que se encuadra en el Proyecto con referencia: TED2021-130344B-I00, *Desafíos y Retos de la ordenación de las innovaciones de cambio climático,* financiado por MCIN/AEI/10.13039/501100011033 y por la UE NextGenerationEU/PRTR como IP. Representa, a su vez, parte de la Comunicación presentada y expuesta en el IVº Congreso Internacional Carlos Fernández-Novoa, Universidad de Vigo, 23 y 24 de octubre de 2023.

[2] Comunicación de la Comisión al Parlamento Europeo, al Consejo Europeo, al Comité Económico y Social Europeo y al Comité de las Regiones, 11

gue amparar y proyectar la digitalización -con la introducción de nuevas tecnologías emergentes: Inteligencia Artificial (IA)[3], *Big Data, Blockchain*[4], realidad aumentada, entre otras-, que confluyen en la Industria 4.0, que es el origen de una nueva revolución —la conocida como Cuarta Revolución Industrial— y, agregado a ello,

---

de diciembre de 2019: *El Pacto Verde Europeo* [COM (2019) 640 final]. *El Pacto Verde pretende disociar el crecimiento económico del uso de los recursos y garantizar que todas las regiones y ciudadanos de la Unión participen en una transición socialmente justa hacia un sistema económico sostenible, de manera que ninguna persona ni territorio se queden atrás. Va a contribuir al objetivo de crear una economía al servicio de los ciudadanos, reforzar la economía social de mercado de la Unión y garantizar que esté preparada para el futuro y genere estabilidad, empleo, crecimiento e inversión sostenible* [en línea], https://eur-lex.europa.eu/legal-content/ES/TXT/HTML/?uri=CELEX:52019DC0640&from=ES [Consulta: 11/02/2022].

3 FERNÁNDEZ MUÑOZ, D., "Diseño y desarrollo de una lámpara de mesa, y evaluación de la posible integración de la Inteligencia Artificial en el proceso de diseño", Tesis Doctoral, Universitat Politècnica de València [en línea], (2023), https://riunet.upv.es/handle/10251/195790, [Consulta: 07/10/2023.]. CHÁVEZ VALDIVIA, A. K., "Entre el derecho y los sistemas creativos: una nueva dimensión del diseño de moda por medio de la inteligencia artificial", *Revista de Derecho Privado*, 43, 2022, 353-386. A nivel prelegislativo, véase, la Propuesta de Directiva del Parlamento Europeo y del Consejo *relativa a la adaptación de las normas de responsabilidad civil extracontractual a la inteligencia artificial* (Directiva sobre responsabilidad en materia de IA), COM/2022/496 final, 28.9.2022. MARTÍN CASALS, M., «Las propuestas de la Unión Europea para regular la responsabilidad civil por los daños causados por sistemas de inteligencia artificial», *InDret*, 3, 2023, 55-100.

4 JIMÉNEZ SERRANÍA, V., "La Blockchain como medio de protección del diseño: "Design blockchain by design"", *Cuadernos del Centro de Estudios en Diseño y Comunicación, Ensayos*, 106, 2022, 204-226.

la querencia en la transformación sostenible[5] -cambio climático[6]

---

5 Los Objetivos de Desarrollo Sostenible (ODS), que fueron delineados el 25 de septiembre del 2015 por la Asamblea General de las Naciones Unidas (ONU) para abordar los grandes retos globales, vino a perfilar una agenda y un compromiso de desarrollo que afronte desafíos y necesidades globales actuales, focalizándose en una programación de 17 grandes objetivos, que deberían cumplirse en 2030. *Cfr.*, más en https://www.un.org/es/impacto-acad%C3%A9mico/page/objetivos-de-desarrollo-sostenible A tal efecto, hay dos ODS que concurren en el análisis del diseño industrial cuando a éste le calificamos de ecodiseño, partiendo de lo general, hemos de señalar que se ubican en el ODS 9: *Construir infraestructura resiliente, promover la industrialización inclusiva y sostenible y fomentar la innovación,* que es la promoción de la propiedad industrial en sus diferentes manifestaciones. Y, de otro, en correlación al ODS 13: *Adoptar medidas urgentes para combatir el cambio climático y sus efectos.* Cierto es que estos ODS bien puede interrelacionarse con otros de los contenidos en la Agenda, *vgr.,* ODS 12: «Consumo y producción sostenibles».

6 Reflejo de ello lo encontramos en la 28º edición de la Conferencia de las Partes (COP 28) sobre el cambio climático organizada por Naciones Unidas, que se celebrará entre los días 30 de noviembre y 12 de diciembre de 2023 en los Emiratos Árabes Unidos. Encuentra su cuadro de actuación precedente en la Convención Marco de las Naciones Unidas sobre el Cambio Climático (CMNUCC), que fue adoptada en Nueva York, 9 de mayo de 1992, [en línea], https://unfccc.int/resource/docs/convkp/convsp.pdf Para abordar el cambio climático y sus impactos negativos, los líderes mundiales en la Conferencia de las Naciones Unidas sobre el Cambio Climático (COP21), en París, realizaron un avance más el 12 de diciembre de 2015 con el histórico Acuerdo de París, *cfr.,* [en línea], https://www.un.org/es/climatechange/paris-agreementTambién, en el ámbito europeo, véase el Reglamento (UE) 2021/1119 del Parlamento Europeo y del Consejo, de 30 de junio de 2021, por el que se establece el marco para lograr la neutralidad climática y se modifican los Reglamentos (CE) n.º 401/2009 y (UE) 2018/1999 («Legislación europea sobre el clima») (DO L 243 de 9 de julio de 2021), https://eur-lex.europa.eu/legal-content/ES/TXT/PDF/?uri=CELEX:32021R1119 Predica en su Considerando (7): La acción por el clima debe ser una oportunidad para todos los sectores de la economía de la Unión de contribuir a asegurar el liderazgo industrial en materia de innovación en el plano mundial.

y economía circular[7]- y, el fomento constante y recurrente de la sociedad del conocimiento[8].

Cabalmente, una de las modalidades de la propiedad industrial que puede atraer y canalizar los precedentes ejes de

---

Y, (11): (…) La transformación digital, la innovación tecnológica y la investigación y el desarrollo son también factores importantes para alcanzar el objetivo de neutralidad climática. En el ámbito nacional, la legislación generada en torno al cambio climático se recoge en https://www.miteco.gob.es/en/cambio-climatico/legislacion/documentacion/normativa-y-textos-legales/default.aspx A nivel doctrinal, véase, *in extenso,* AA.VV., *Green innovations and IPR management,* (Dirs., KIRCHNER, A. y KIRCHNER-FREIS, I.), Wolters Kluwer, 2013.

7 Bajo este contexto, nos encontramos con un instrumento de especial calado ilustrado en la Propuesta de Reglamento del Parlamento Europeo y del Consejo, por el que se instaura un marco para el establecimiento de requisitos de diseño ecológico aplicables a los productos sostenibles y se deroga la Directiva 2009/125/CE. COM (2022) 142 final 2022/0095 (COD), 30 de marzo de 2022. Véase, además, [en línea], https://www.rqueerre.com/blog/propuesta-de-reglamento-diseno-ecologico/ Y, [en línea], (24 de octubre de 2022), https://www.ihobe.eus/actualidad/tapia-defiende-en-consejo-ministros-medio-ambiente-union-europea-un-nuevo-reglamento-sobre-ecodiseno-para-impulsar-economia-circular, [Consulta: 15/12/2022.]. Al respecto, *vid.,* ECIJA_Informe_Nueva-Directiva-ecodiseno_Sostenibilidad, en https://ecija.com/wp-content/uploads/2022/05/ECIJA_Informe_Nueva-Directiva-ecodiseno_Sostenibilidad.pdf [en línea], [Consulta: 16/03/2023.].

8 *Un plan de acción en favor de la propiedad intelectual para apoyar la recuperación y la resiliencia de la UE,* puede atenderse a las diferentes iniciativas e informes en https://www.europarl.europa.eu/doceo/document/TA-9-2021-0453_ES.html [en línea], [Consulta: 27/12/2022.). También, véase, *El cambio climático y la P.I.* como política de actuación de la WIPO [en línea], https://www.wipo.int/policy/es/climate_change/ Y, en https://www.wipo.int/policy/es/news/climate_change/2022/news_0001.html [en línea], [Consulta: 28/12/2022.). Al respecto, LASTIRI SANTIAGO, M., «Reestructurando el derecho de propiedad industrial: hacia la transición ecológica y digital», *La Ley Mercantil,* 90, abril 2022, 1-36.

interés[9] se ve reflejado en el diseño industrial[10] o, empleando la terminología europea, los dibujos y modelos industriales. La legislación europea y su afectación en el derecho nacional español en torno al diseño industrial coexisten y cumplen ya los 20 años de existencia. Cierto que durante este tiempo la normativa no ha estado exenta de polémicas, primero, por dejar ciertos límites sin reglamentación armonizada para la protección del diseño (por ejemplo, no cubre las interconexiones entre los componentes).

En segundo lugar, existe un desacuerdo sobre el alcance de la protección por diseños de las piezas de recambio de productos complejos o "*must match*"–piezas de recambio, que deben encajar exactamente en el lugar del diseño que están reemplazando-. Se asumió el compromiso ("*the freeze plus solution*")[11].

---

9 Apunta GASPARINI, G., "Il Green Design e le problematiche legali del 3D printing" [en línea], (21 de abril de 2023), en https://dirittoaldigitale.com/2023/04/21/green-design-3d-printing/ [Consulta: 13/10/2023.], "(...) en comparación con otros derechos de propiedad intelectual, los derechos de diseño pueden ofrecer una forma más eficiente, sencilla y menos costosa de proteger estos nuevos productos. Estos derechos pueden resultar especialmente interesantes para empresas que operan en sectores como la moda, la ingeniería, la automoción y la aeroespacial, que desde hace muchos años son objeto de una presión creciente en relación con su impacto medioambiental".

10 Más en CANDELARIO MACÍAS, Mª. I., "Repensar el diseño industrial: ¿ecodiseño o diseño ecológico-sostenible?", Capítulo 6. En AA.VV., *Oportunidades y Retos de la propiedad industrial en el entorno de cambio climático,* Tirant Lo Blanch, Valencia, 2023, 127-171.

11 *Cfr.,* el artículo 14 de la Directiva 98/71/EC: "Los Estados miembros mantendrán sus leyes existentes sobre piezas de recambio, y pueden cambiarlas sólo de tal forma que se abra el mercado de las piezas de recambio, permitiendo que suministradores adicionales, además de los fabricantes originales, puedan ofrecer el diseño". Hoy en día, nos encontramos con un tratamiento diferenciado de aplicación del art. 14 de la Directiva. En países como Bélgica, Irlanda, Italia, Luxemburgo, Holanda, España y Reino Unido tienen "cláusulas de reparación", permitiendo la

Es verdad que para el amparo del diseño se permite la acumulación de normas y, por tanto, no se excluyen otras posibilidades de protección del diseño, *vgr.*: EEUU (design patents); 3D-trademarks, Copyright (no armonizado).

Y, de otro lado, hay que tener presente que la implementación de los avances y tecnologías abría nuevas ópticas de discusión en torno a la concepción y uso del diseño industrial. Por ejemplo, que sucede con la impresión 3D y 4D[12] (diseños inteligentes que reaccionan al entorno y se transforman con el tiempo) vinculado al empleo y utilización de diseños industriales.

Los 'flecos' pendientes por parte de la vigente normativa se han intentado paliar de algún modo con estudios e informes a lo largo del tiempo[13], pero sin duda la solución más actual y re-

---

protección del diseño sobre productos nuevos, pero dejando la posibilidad a piezas alternativas para la reparación en el *aftermarket.* Por otro lado, nos encontramos a Grecia que conjuga una cláusula de reparación combinada con una protección de 5 años y una remuneración "justa y razonable". Hungría y Letonia han abierto el mercado de las piezas de recambio. Al respecto, cabe señalar que la Directiva se intentó modificar en el año 2004 para introducir la "cláusula de reparación" pero la propuesta finalmente se desdibujó en el año 2014.

12. Para más información, véase: https://www.iberdrola.com/innovacion/que-es-la-impresion-4d. [en línea], [Consulta: 9/10/2023], apunta que: *La impresión 4D recurre a las impresoras 3D para crear objetos tridimensionales vivos sin cables ni circuitos. Lo hace utilizando materiales inteligentes, que pueden programarse para cambiar de forma, color o tamaño cuando reciben un estímulo externo. Es el caso de resinas de hidrogel, polímeros activos o, incluso, tejidos vivos. Se imprimen en 3D con un diseño específico que con el tiempo y al entrar en contacto con la humedad, la luz, la presión o la temperatura, entre otros factores, evolucionan hasta lograr el acabado previsto.*

13. En al año 2016, nos encontramos con: *Legal review on industrial design protection in Europe - Main findings and recommendations* –, véase más [en línea], https://op.europa.eu/en/publication-detail/-/publication/43fd4a5c-6c26-4639-ac9a-281ab57687de [Consulta: 10/10/2023.]. Entre las consideraciones

ferente se contienen en la presentación el 28 de noviembre de 2022 de dos propuestas[14] de reforma, que inciden directamen-

---

más destacables que se proponían y desde lo cual han servido de acicate para la configuración de las nuevas propuestas legislativas mas recientes en el tiempo: Confusión en cuanto a si la "apariencia" en la definición de diseño Art 3 (a) del Reglamento /Art 1 (a) Directiva se limita a los aspectos visuales, o si el concepto de diseño también abarca otros elementos que afectan al aspecto visual como "textura y/o materiales". Confusión en cuanto a si: el requisito de visibilidad sólo se aplica a las partes componentes de productos complejos; la aplicabilidad del requisito de permanecer "visible durante el uso normal". El concepto de componentes de productos complejos (que implican la regla de visibilidad en su uso normal) es una construcción legal conceptualmente difícil; Debe aclararse que el término "producto complejo" se debe aplicar a "productos complejos, costosos y duraderos, como los vehículos motorizados". Recomendación: conservar la noción de producto complejo, pero limitarlo de manera que se dirija específicamente a maquinaria compleja. Se planteaban diferentes interpretaciones con respecto a la prueba-test de funcionalidad requerido para interpretar que el diseño no subsiste en características de la apariencia del producto dictadas exclusivamente por su función técnica. Recomendación: clarificar que en el test para determinar si una cierta característica de apariencia de un producto viene dictada exclusivamente por su función técnica se tendrá en cuenta el grado de libertad del diseñador para delimitar dichas características. Respecto al procedimiento de nulidad, se proporcionaba la recomendación: de hacerse un esfuerzo para ofrecer procedimientos de nulidad rápidos y poco costosos antes las oficinas nacionales. Optimización del régimen de diseños en: 1. Piezas de recambio. 2. 3D-printing: Usuarios directos: Restricción de la copia privada o límites a la misma. Usuarios indirectos: revisión de la posibilidad de la incorporación de la infracción por parte de terceros (como en patentes).

14 Se enumera de forma clara cuáles son los objetivos y finalidad perseguida en el proceso legislativo, diciendo: Las propuestas para modificar el Reglamento (CE) nº 6/2002 del Consejo (el Reglamento sobre diseños comunitarios) y, en paralelo, para refundir la Directiva 98/71/CE (la Directiva sobre diseños) tienen como objetivo alinear el sistema de protección de diseños en la UE con la era digital y hacerlo más accesible y eficiente para los solicitantes. En términos de digitalización,

te sobre el diseño industrial como son una propuesta de Reglamento y de Directiva refundida, respectivamente, modificando las pretéritas legislaciones que vienen a ordenar este activo intangible e intentar responder a los desafíos de la realidad *ut supra* descrita; es decir, ante nuevos hechos, nuevo derecho. Y, siendo conscientes que nos encontramos en pleno proceso de elaboración y fijación prelegislativa. Tampoco puede descuidarse que la legislación europea del diseño se ve impulsada y, como efecto domino y reflejo por la normativa marcaria: Directiva (UE) 2015/2436 del Parlamento europeo y del Consejo, de 16 de diciembre de 2015, *relativa a la aproximación de las legislaciones de los Estados miembros en materia de marcas*[15] (versión refundida) y, el respectivo, Reglamento (UE) 2017/1001[16] del Parlamento Europeo y del Consejo de 14 de junio de 2017 sobre la *marca de la Unión Europea* (versión codificada).

El objeto de nuestra investigación en esta aportación es, precisamente, delinear las principales hilaturas sobre los que se asientan la futura reglamentación del diseño industrial en Europa, partiendo *ab initio* de la vigente legislación.

---

la actualización propuesta de los requisitos para representar diseños permitiría a los solicitantes presentar nuevos tipos de diseños digitales (por ejemplo, mediante el uso de tecnologías de impresión 3D). En términos de eficiencia, las propuestas pretenden abaratar y simplificar los procedimientos de solicitud y agilizar los procedimientos de registro, al tiempo que garantizan una mayor previsibilidad y seguridad jurídica para los diseñadores individuales, las PYME y las industrias intensivas en diseño que buscan protección de diseños en la UE. Véase, "Revision of the EU legislation on design protection" [en línea], (*Briefing* 07/07/2023), en https://www.europarl.europa.eu/thinktank/es/document/EPRS_BRI(2023)751401 [Consulta: 12/10/2023.].

15 *DOUE* L 336, de 23.12.2015.

16 *DOUE* L 154, de 16.6.2017.

2.- LA LEGISLACIÓN EUROPEA VIGENTE DEL DISEÑO INDUSTRIAL.

Existen dos grandes instrumentos legales que sustentan la disciplina de tutela del diseño industrial. De un lado, nos encontramos en el año 1998[17], la Directiva 98/71/CE del Parlamento Europeo y del Consejo, de 13 de octubre de 1998, *sobre la protección jurídica de los dibujos y modelos*[18], que se incorporó a nuestro sistema legal[19], precisamente, trámite la Ley 20/2003, objeto de referencia *infra*. De otro lado, tenemos como marco legal: el Reglamento (CE) 6/2002, del Consejo, de 12 de

---

17 Los antecedentes de la Directiva se ubican, especialmente, en el año 1991 con la confección y publicación del Libro Verde (*Commission Green Paper on Industrial Desing)*. Planteaba como objetivos generales: Obtener un documento que sirva como base para consultas subsiguientes con Administraciones nacionales y sectores interesados. Analizar los problemas fundamentales. Recoger las opiniones de los Estados Miembros y proponer posibles soluciones. El objetivo final: Armonizar las legislaciones y crear un sistema de protección del diseño.

18 *DOCE* Nº. 289, de 28 de octubre de 1998.

19 Los objetivos perseguidos por esta Directiva 98/71/CE se ilustran en: Acercar a las legislaciones nacionales. Garantizar el libre movimiento de mercancías que incorporan un diseño. Garantizar la libre competencia en la UE. Estamos ante una Directiva de mínimos sólo aplicable a aspectos sustantivos. En muchos aspectos, la Directiva ofrece a los Estados miembros libertad para regular los diseños. No excluye otras posibilidades de protección del diseño. Los requisitos básicos para obtener un diseño registrado deben ser idénticos en todos los países. De esta suerte, define lo que constituye un diseño; establece criterios de protección (un diseño debe ser nuevo y tener carácter singular); determina la duración de la protección (mínima de 5 años y máximo de 25 años); delimita el alcance de protección (el diseñador tendría el derecho exclusivo de usar el diseño y evitar que cualquier tercero lo use); establece ciertos límites para la protección del diseño (por ejemplo, no cubre las interconexiones entre los componentes, también fija reglas sobre cuándo el registro de un diseño es inválido o se considera caducado, entre otras consideraciones.

diciembre de 2001[20], *sobre los dibujos y modelos comunitarios, que incluye tanto el diseño registrado como el no registrado, con efectos uniformes en toda la Unión Europea.* Las normas enunciadas son las que se quieren analizar de seguido porque constituyen nuestro derecho vigente y, a la par, son las susceptibles de modificaciones a futuro.

2.1. La Ley 20/2003, de protección jurídica del diseño industrial.

De forma sucinta, cabe manifestar que en el derecho español utilizamos el término diseño industrial en lugar de la

---

[20] Reglamento (CE) Nº 6/2002 del Consejo de 12 de diciembre de 2001, sobre *los dibujos y modelos comunitarios* (*DO* CE Nº L 3 de 5.1.2002) modificado por el Reglamento (CE) Nº 1891/2006 del Consejo, de 18 de diciembre de 2006, por el que se modifican los Reglamentos (CE) Nº 6/2002 y (CE) Nº 40/94 para hacer efectiva la adhesión de la Comunidad Europea al Acta de Ginebra del Arreglo de La Haya relativo al Registro internacional de dibujos y modelos industriales (*DO* CE Nº L 386 de 29.12.2006). Atiéndase al Considerando (7): *Una mejor protección de los dibujos y modelos industriales no sólo estimulará las aportaciones de los creadores a la brillante trayectoria comunitaria en este ámbito, sino que fomentará también la innovación y la creación de nuevos productos y las inversiones en su fabricación.* Y, (10): *No deberá obstaculizarse la innovación tecnológica mediante la concesión de la protección que se otorga a dibujos y modelos a características dictadas únicamente por una función técnica. Se sobreentiende que ello no implica que un dibujo o modelo haya de poseer una cualidad estética. Del mismo modo, no deberá obstaculizarse la interoperabilidad de productos de fabricaciones diferentes haciendo extensiva la protección a dibujos y modelos de ajustes mecánicos; por consiguiente, las características del dibujo o modelo que queden excluidas de la protección por estos motivos no deberán tenerse en cuenta cuando se trate de determinar si otras características del dibujo o modelo cumplen los requisitos de protección. (11) Los ajustes mecánicos de los productos modulares pueden constituir un elemento importante de las características innovadoras de estos últimos y una ventaja fundamental para su comercialización, por lo que deberán ser objeto de protección.*

terminología empleada en la ordenación europea: dibujos y modelos. La razón de ser nos la aclara la Exposición de Motivos de la Ley 20/2003[21], de diseño industrial, en adelante LDI, por cuanto que *se ha preferido utilizar el término diseño industrial, que es el empleado en el lenguaje común para designar la forma proyectada para los objetos de uso que serán fabricados en serie. El mantenimiento de la terminología tradicional en la versión española de los convenios internacionales vigentes y de la legislación comunitaria no debería plantear ningún problema de interpretación, puesto que tampoco en esos textos se aplica a los dibujos y modelos un régimen legal diferenciado que justifique la diferencia denominativa.*

Siguiendo con el preámbulo de la Ley 20/2003, nos deja muy claro que en *la aprobación de esta ley se ha tenido en cuenta que la normativa sobre protección nacional del diseño industrial coexistirá con la comunitaria.* Adviértase que se enfatiza en el preámbulo de la LDI, que bajo el diseño industrial: *tanto la norma comunitaria como esta ley se inspiran en el criterio de que el bien jurídicamente protegido por la propiedad industrial del diseño es, ante todo, el valor añadido por el diseño al producto desde el punto de vista comercial, prescindiendo de su nivel estético o artístico y de su originalidad. El diseño industrial se concibe como un tipo de innovación formal referido a las características de apariencia del producto en sí o de su*

---

21 *Cfr.*, Ley 20/2003, de 7 de julio, de *Protección Jurídica del Diseño Industrial. BOE* Nº. 162 de 8 de julio de 2003. La utilización del término diseño industrial, el cual sustituye a "dibujos y modelos industriales". De conformidad con la Exposición de Motivos de la mencionada Ley, "la distinción entre modelos y dibujos industriales, correspondiente a los diseños tridimensionales y bidimensionales respectivamente, no se traduce realmente en un tratamiento legal diferenciado" (...) "Por ello se ha preferido utilizar el término diseño industrial, que es el empleado en el lenguaje común para designar la forma proyectada para los objetos de uso que serán fabricados en serie". Al respecto, OTERO LASTRES, J.M., "Reflexiones sobre el diseño industrial", *Anuario de la Facultad de Derecho (Universidad de Alcalá)*, 1, 2008, 217-235.

ornamentación. Ello no impide que el diseño original o especialmente creativo pueda acogerse además a la tutela que le brinda la propiedad intelectual, ya que ambas formas de protección son, como es sabido, independientes, acumulables y compatibles[22]. En efecto, para obtener un entendimiento certero de que sea un diseño industrial como modalidad de la propiedad industrial, hemos de tener muy presente lo que se ordena en el preámbulo de la LDI, al apuntar: (…) *un diseño puede ser altamente creativo y funcional a la vez*[23]. *Hay que tener en cuenta que la industria del diseño incluye sectores muy diversos y que no pocas veces la creatividad de los diseñadores se mueve en el seno de tendencias o márgenes de sensibilidad compartida, común a los gustos o modas de la época. La preocupación*

---

22 Singular y esclarecedora parece, en este sentido, la STJUE de 12 de septiembre de 2019 (caso CONFEMEL) (ECLI:EU:C:2019:721) y, la argumentada sentencia de la Audiencia Provincial de Barcelona, de 06 de marzo de 2020, RES:512/2020 REC:560/2019. A nivel doctrinal, *vid.*, los comentarios de RUIZ MUÑOZ, M., "Diseño industrial y derecho de autor en Europa la acumulación en algunos derechos nacionales armonizados", *Actas de derecho industrial y derecho de autor*, tomo 27, 2006-2007, 381-424.VIVAS TESÓN, I., "La tutela del diseño industrial por el derecho de autor", *Revista Aranzadi de Derecho Patrimonial*, 30, 2013, 407-426. STAMATE, E., "La Protección del diseño industrial en la encrucijada entre el derecho de propiedad industrial, el de propiedad intelectual y el derecho contra competencia desleal", tesis doctoral, Universitat Pompeu Fabra, defendida el 2018-02-16 [en líneas], http://hdl.handle.net/10803/462971 [Consulta: 10/02/2023.]. CUEVA DE CAÑAS, J.A., "Sentencia del Tribunal de Justicia de la Unión Europea de 12 de septiembre de 2019 (C-683/17): ¿ha arrojado el TJUE luz sobre la acumulación de protección mediante diseño industrial y Propiedad intelectual?", *Comunicaciones en propiedad industrial y derecho de la competencia*, 89, enero-abril, 2020, 163-180. AMOR CORDERO, C. y SANMARTÍN, J.A. y MONEGIER, H., "Acumulación de protecciones: diseño industrial y derechos de autor. Umbral de originalidad necesario", *Comunicaciones en propiedad industrial y derecho de la competencia*, 97, septiembre-diciembre 2022,107-121.

23 *In totum, vid.*, SEMPERE MASSA, I.L., "El diseño funcional: debates proteccionistas", *La Ley mercantil*, 44, febrero, 2018.

por garantizar una protección efectiva, pero sin bloquear la creación independiente de nuevos diseños estuvo muy presente en la elaboración de la norma comunitaria que ha inspirado la presente regulación[24].

La noción legal del diseño industrial viene perfilada en el art.1. 2: *A los efectos de esta ley se entenderá por:*

a) Diseño: la apariencia de la totalidad o de una parte de un producto, que se derive de las características de, en particular, las líneas, contornos, colores, forma, textura o materiales del producto en sí o de su ornamentación.

b) Producto: todo artículo industrial o artesanal, incluidas, entre otras cosas, las piezas destinadas a su montaje en un producto complejo, el embalaje, la presentación, los símbolos gráficos y los caracteres tipográficos, con exclusión de los programas informáticos.

c) Producto complejo: un producto constituido por múltiples componentes reemplazables que permiten desmontar y volver a montar el producto.

Se descuelga de este concepto legal de diseño industrial un conjunto variopinto de características y propiedades, que confluyen en la apreciación de que sea diseño industrial. Es consabido que la LDI española coincide de forma considerable con el contenido tanto de la Directiva como el Reglamento de

---

24 Se sigue aclarando en el proemio de la norma una de las cuestiones más controvertidas en torno al diseño industrial como es qué sucede con las 'piezas de recambio'. Se declara: *La aprobación de la Directiva comunitaria sólo fue posible mediante una solución transitoria de mantenimiento del «statu quo» en el conflictivo tema de la utilización de diseños de componentes con fines de reparación de productos complejos para restituirles su apariencia original. El compromiso a que se llegó fue la instauración de un régimen transitorio resumido en la fórmula «congelación más liberalización» que en esencia obliga a los Estados miembros a mantener en vigor el régimen jurídico aplicable al uso de diseños de estos componentes con fines de reparación, y sólo autoriza los cambios dirigidos a liberalizar el mercado de dichos componentes mientras dure el régimen transitorio.*

dibujos y modelos comunitarios, -como no podía ser de otro modo-. El diseño industrial tiene que cumplir una serie de condicionantes para ser susceptible de protección legal, requisitos recogidos en el art.5 de la LDI, al ordenar: "podrán registrarse los diseños que sean nuevos y posean carácter singular"[25]. En efecto, dos son los requisitos de configuración/fondo del diseño industrial, de un lado, la novedad *ex* art. 6 LDI y, de otro, la singularidad contenida en el art. 7[26] LDI. Ni que decir tiene

---

25 Explica y se razona en el expositivo de la norma estas exigencias del siguiente modo: *Las condiciones de protección del diseño industrial son por ello puramente objetivas: la cobertura legal alcanza a los diseños dotados de novedad y singularidad según los criterios adoptados por la directiva comunitaria. En aplicación de estos criterios se registran los diseños que producen en el usuario informado una impresión de conjunto diferente a la de los demás diseños, y que, en el momento en que se solicita la protección, no hayan podido llegar a ser conocidos en el curso normal de los negocios por los círculos especializados en el sector de que se trate de que operan en la Comunidad Europea. Cfr., in totum,* CANDELARIO MACÍAS, Mª.I., *La Creatividad e Innovación empresarial: la tutela del diseño industrial en el Mercado Interior*, Eurobask, Vitoria, 2007. CANDELARIO MACÍAS, Mª. I., "El valor de las formas: la defensa del diseño industrial", en monográfico, *Revista de la Contratación Electrónica*, 99, diciembre 2008, 29-59. *In totum,* BLANCO ESGUEVILLAS, I., *La protección jurídica y eficacia del diseño industrial no registrado*, Editorial Reus S.A., Madrid, 2017.

26 Manda el artículo 7, *Carácter singular: 1. Se considerará que un diseño posee carácter singular cuando la impresión general que produzca en el usuario informado difiera de la impresión general producida en dicho usuario por cualquier otro diseño que haya sido hecho accesible al público antes de la fecha de presentación de la solicitud de registro o, si se reivindica prioridad, antes de la fecha de prioridad. 2. Para determinar si el diseño posee carácter singular se tendrá en cuenta el grado de libertad del autor para desarrollar el diseño.* Interpreta este condicionante, entre otras, la STS 1658/2017 del 05 de mayo, Sala de lo Civil, magistrado ponente Rafael Saraza Jimena: "(...) El Tribunal de Justicia de la Unión Europea ha declarado que debe entenderse como un concepto intermedio entre el de consumidor medio, aplicable en materia de marcas, al que no se exige ningún conocimiento específico y que, por lo general, no realiza una comparación directa entre las marcas en

que el registro se convierte en un requisito formal fundamental y eficaz por cuanto que *la concesión de un derecho exclusivo con efectos «erga omnes» se vincula al registro al igual que ocurre con otras modalidades de propiedad industrial, con las ventajas derivadas de la seguridad jurídica que ello conlleva. No obstante, el diseño no registrado goza de una protección comunitaria específica, establecida en el reglamento comunitario antes citado, frente a los actos de explotación no autorizada de las copias del diseño, que dura tres años contados desde la fecha en la que por primera vez haya sido hecho accesible al público en la Comunidad Europea y se extiende automáticamente a todos los diseños que cumplan las condiciones establecidas directamente en la norma comunitaria,* tal y como se expresa en la memoria justificativa de la LDI. Es conveniente traer a colación aquí, que *se registran tanto los diseños meramente ornamentales como los funcionales, con exclusión de aquéllos cuyas características vengan exclusivamente impuestas por su función técnica. La separabilidad de la forma y la función es lo que permite que la forma externa de un producto utilitario pueda ser protegida como diseño, cuando las características de apariencia revisten además novedad y singularidad. También se preserva la interoperabilidad de productos de diferentes fabricantes ex-*

---

pugna, y el de experto en el sector, con amplias competencias técnicas». De este modo, el concepto de «usuario informado» puede entenderse referido a un usuario que presenta no ya un grado medio de atención, sino un especial cuidado, ya sea debido a su experiencia personal, ya a su amplio conocimiento del sector de que se trate (sentencias del TJUE de 20 de octubre de 2011, asunto C–281/10 P, caso PepsiCo, Inc. contra Grupo Promer Mon Graphic SA , y de 18 de octubre de 2012, asuntos acumulados C- 101/11 P y C-102/11 P, caso Neuman y Galdeano contra José Manuel Baena Grupo S.A.)». 3.- De acuerdo con esta definición, el usuario informado, a efectos de valorar la concurrencia del requisito de singularidad del diseño, está vinculado al sector industrial de que se trate, puesto que la experiencia personal o el amplio conocimiento de los diseños existentes en la categoría de productos en cuestión que caracterizan a un usuario como "informado" van necesariamente referidos a un determinado sector industrial. (...)".

cluyendo de la protección mediante diseño las interconexiones y ajustes mecánicos, con excepción de las que permiten el ensamblaje y conexión de productos mutuamente intercambiables dentro de un sistema modular (al respecto, *vid.*, Exposición de Motivos de la LDI, art. 2, dedicado al registro y art. 11[27]).

3.- LAS PROPUESTAS LEGISLATIVAS EUROPEAS SOBRE EL DIBUJO Y MODELOS.

El 28 de noviembre de 2022, la Comisión Europea ha publicado las propuestas de Reglamento y Directiva para flexibilizar

---

27 *Cfr.*, artículo 11. *Diseños impuestos por su función técnica y diseños de interconexiones.* Véase, a su vez, la Sentencia de la Audiencia Provincial de La Coruña, de 11/10/2017 RES:331/2017 REC:345/2017, se manifiesta en el Fundamento Jurídico Tercero de la resolución: "El concepto clave sobre el que se construye el elemento inmaterial viene constituido por la apariencia, a la que se refiere el Libro Verde sobre la protección jurídica del diseño elaborado por la Comisión europea, al afirmar que "se ocupa de la protección jurídica del aspecto externo -la apariencia- de los productos", es decir de su aspecto visible. En el invocado artº 1.2 a) se señala en dónde habrá apreciarse las características que conforman el aspecto externo de un objeto, es decir en "las líneas, contornos, colores, forma, textura o materiales del producto en sí o de su ornamentación". El diseño no es algo baladí, sino un valor adicional al producto, que incide directamente en el consumidor a la hora de proceder a su adquisición, al hacerlo más atractivo y/o funcional. Es por ello que en la Exposición de Motivos de la Ley se señale que "se registran tanto los diseños meramente ornamentales como los funcionales, con exclusión de aquéllos cuyas características vengan exclusivamente impuestas por su función técnica". Los requisitos necesarios para que proceda otorgar protección jurídica al diseño industrial son la novedad y el carácter singular, a los que se refieren los arts. 6 y 7 de la LDI". Más en LEMA DEVESA, C., "El diseño dictado por la función técnica y el diseño de interconexiones", *Revista de Derecho Mercantil*, 295, 2015, 361-379.

y reforzar[28] la protección de los dibujos y modelos (diseños industriales)[29] y, tendrá su reflejo en el derecho nacional[30], oportunamente, convirtiéndose en nuestro foco de atención en esta aportación.

Hemos puesto de relieve como la Unión Europea está preocupada por alcanzar una legislación acorde a las nuevas realida-

---

28 *Cfr.*, Proyecto de Informe sobre la propuesta de Directiva del Parlamento Europeo y del Consejo sobre la protección jurídica de los dibujos y modelos (refundición) (COM(2022)0667 – C9-395/2022 – 2022/0392(COD)), Comisión de Asuntos Jurídicos. Ponente: Gilles Lebreton [en línea], (15.6.2023), https://www.europarl.europa.eu/doceo/document/JURI-PR-749961_ES.pdf [Consulta: 12/12/2023.], donde se descuelga el planteamiento de la unidad en la diversidad. El Parlamento Europeo acogió con satisfacción la voluntad de la Comisión de modernizar la legislación de la Unión sobre la protección de los dibujos y modelos con el fin de apoyar mejor la transición a una economía digital y sostenible, pidió a la Comisión que armonizara aún más los procedimientos de solicitud y anulación de los Estados miembros, y le sugirió que reflexionase sobre la armonización de la Directiva 98/71/CE y el Reglamento (CE) n.º 6/2002 a fin de crear una mayor seguridad jurídica.

29 Véase la hoja de ruta [en línea]: https://ec.europa.eu/info/law/better-regulation/have-your-say/initiatives/12610-Propiedad-intelectual-revision-de-las-normas-de-la-UE-sobre-diseno-industrial-Reglamento-sobre-dibujos-y-modelos-_es Comenta estas propuestas REY, A., "Propuesta de Reglamento y Directiva sobre diseño industrial" [en línea], (15 de diciembre de 2022), https://www.cuatrecasas.com/es/spain/articulo/propuesta-de-reglamento-y-directiva-sobre-diseno-industrial [Consulta: 22/12/2022.]. También, en COM (2022) 667 final 2022/0392 (COD), 28 de noviembre de 2022, https://www.oepm.es/export/sites/oepm/comun/documentos_relacionados/PDF/2023/ConsultaPublica_Propuesta_Directiva_dibujos_y_modelos.pdf

30 *Cfr.*, SUEIRAS, C., "El diseño en la UE, a examen: ¿Hacia una nueva Directiva?" [en línea], (12 de enero de 2021), https://blogip.garrigues.com/disenos/el-diseno-en-la-ue-a-examen-hacia-una-nueva-directiva?cn-reloaded=1 [Consulta: 3/11/2022.).

des de neutralidad climática y liderazgo digital[31] y, es por ello, que se viene trabajando desde antes del año 2020 en aras de actualizar, modernizar y simplificar la legislación sobre dibujos y modelos[32], que cuenta con más de 20 años de recorrido[33] y vigencia. De esta suerte, nos encontramos con la publicación de las ya referidas propuestas de 28 de noviembre de 2022 de la COM (2022) 666: Propuesta de Reglamento del Parlamento Europeo y del Consejo por el que se modifica el Reglamento (CE) n.º 6/2002 del Consejo, sobre *los dibujos y modelos comunitarios*[34], y se deroga el Reglamento (CE) n.º 2246/2002 de la Comisión[35]. Y, la COM (2022) 667: Propuesta de Directiva del Parlamento Europeo y del Consejo sobre *la protección jurídica de*

---

31 Véase el informe de la OMPI, SCT/44/6 REV.4, 4 de abril de 2022, dónde se pone de manifiesto la relevancia del diseño industrial asociado a nuevas realidades virtuales como el metaverso o teclados láser virtuales, pantallas y tecnologías que cada vez inundan más los mercados. Cada uno de estos arriban al mercado y necesitan de nuevos diseños de interfaces gráficas de usuario y otros tipos de nuevos diseños, al respecto, [en línea], https://www.wipo.int/edocs/mdocs/sct/fr/sct_44/sct_44_6_rev_4.pdf

32 Se relata las diferentes propuestas legislativas y la relevancia del diseño industrial en el ámbito de la Unión Europea [en línea], https://single-market-economy.ec.europa.eu/industry/strategy/intellectual-property/industrial-design-protection_en [Consulta: 23/01/2023.].

33 Más en DONAUD, F., «La proposition de réforme européenne du droit des dessins ou modèles» [en línea], (11 Janvier 2023), https://blip.education/la-proposition-de-reforme-europeenne-du-droit-des-dessins-ou-modeles-par-flora-donaud-avocate-au-sein-du-cabinet-greffe-et-chargee-denseignement-au-ceipi [Consulta: 17/02/2023.].

34 Más en GARCÍA VIDAL, A., (Coord.). *El diseño comunitario. Estudios sobre el Reglamento (CE) núm. 6/2002,* Thomson Reuters-Aranzadi, Cizur Menor, Navarra, 2012.

35 *Cfr.*, https://eur-lex.europa.eu/legal-content/ES/TXT/?uri=CELEX:52022PC0666

los dibujos y modelos (refundición)[36]. Señalemos que los operadores interesados tenían hasta el 31 de enero de 2023 para presentar sus comentarios e interpretaciones y, *a posteriori*, estar listos para el presente y futuro debate legislativo[37]. Sea como fuere, téngase presente que ambas propuestas quieren reforzar y simplificar la mecánica de actuación de los dibujos y modelos con una reglamentación más armonizada y fuerte[38], tal y como venimos reiterando. Deteniéndonos en las principales novedades que se descuelgan de estas dos propuestas legales, cabe comenzar reseñando que se cambia el término de dibujos y modelos industriales comunitarios por el de la "Unión Europea"[39]. Se sigue abundando en la peculiar naturaleza jurídica que muestra esta modalidad de la propiedad industrial y, por ende, siga siendo beneficiaria de la protección acumulada que puede acoger el dibujo y modelo en consonancia con las disposiciones legales vigentes. En efecto, se mantiene el prin-

---

[36] *Cfr.*, https://eur-lex.europa.eu/legal-content/ES/TXT/?uri=CELEX:52022PC0667

[37] LACOVAZZI, V., "Disegni e modelli industriali: più semplifici le registrazioni e le riparazioni di prodotti complessi" [en línea], (29 de diciembre de 2022), https://www.ipsoa.it/documents/quotidiano/2022/12/29/disegni-modelli-industriali-semplifici-registrazioni-riparazioni-prodotti-complessi [Consulta: 17/04/2023.].

[38] "Propiedad intelectual: el Consejo adopta dos posiciones sobre la legislación en materia de protección de dibujos y modelos" [en línea], (25/09/2023), https://www.consilium.europa.eu/es/press/press-releases/2023/09/25/intellectual-property-council-adopts-two-positions-on-designs-protection-legislation/ [Consulta: 27/10/2023].

[39] Véase lo que estipula la propuesta de Reglamento en el artículo 1, apartado 1, se sustituye por el texto siguiente: «2) El dibujo o modelo que cumpla los requisitos establecidos en el presente Reglamento se denominará en lo sucesivo "dibujo o modelo de la Unión Europea" ("dibujo o modelo de la UE")». 3) En todos los artículos, el término «dibujo o modelo comunitario» se sustituye por «dibujo o modelo de la UE» y se introducen los cambios gramaticales que sean necesarios".

cipio de acumulación de protecciones, tal y como se deriva del art. 96.2 de la propuesta de Reglamento y art. 23 de la propuesta de Directiva, de forma que un dibujo o modelo sea auxiliado tanto por el sistema legal procedente del derecho de autor «*siempre que se cumplan los requisitos del Derecho de la Unión en materia de derechos de autor*». Luego, se consagra y se retiene aquí la acumulación, que ya venía reconociéndose legalmente y por la jurisprudencia[40]. Adviértase que la propuesta de Directiva viene a ofrecer la posibilidad a los Estados miembros, que eliminen de su derecho nacional, -en el momento de la transposición de la norma europea-, el diseño industrial no registrado[41], quedando sólo el registrado. En este sentido, se manifiesta el art. 3[42] de la propuesta de Directiva[43].

En lo tocante a la noción legal de "dibujo o modelo" se define por la propuesta de Reglamento en el art. 3. 1) como: *la*

---

40 La acumulación no debe percibirse como un "riesgo" o incluso un "peligro" (TJUE, 12 de septiembre de 2019, COFEMEL, asunto C-683/17). Por el contrario, brinda una mejor protección en beneficio de los sectores, fuente de empleo, textil, joyería o incluso mueble. Estos últimos están muy apegados a la acumulación, lo que les evita costosos depósitos, y les permite proteger creaciones emblemáticas que en ocasiones superan los 25 años.

41 ALEGRE, R., "El diseño comunitario no registrado y la industria de la moda" [en línea], (1 de junio de 2023), https://www.cuatrecasas.com/es/spain/propiedad-intelectual/art/diseno-comunitario-no-registrado-y-la-industria-de-la-moda [Consulta: 13/10/2023.].

42 Disciplina el artículo 3, *Requisitos de protección 1. Los Estados miembros protegerán los dibujos y modelos exclusivamente mediante el registro de estos y conferirán derechos exclusivos a sus titulares de conformidad con lo dispuesto en la presente Directiva.*

43 Puede entenderse dicha postura porque el diseño industrial no registrado tenía su causa en la legislación del Reino Unido, si bien cuándo éste deja de pertenecer a la UE, decae su uso, amén de las problemáticas prácticas que esta configuración de protección plantea en la realidad.

apariencia de la totalidad o de una parte de un producto que se derive de las características especiales de, en particular, línea, configuración, color, forma, textura o material del producto en sí o de su decoración, incluidos el movimiento, la transición o cualquier otra forma de animación de esas características.

Hay que llamar la atención del contenido legal, que se varía el término 'ornamentación' empleado en la vigente disciplina legal, por la expresión 'decoración', dando a entender mayor amplitud desde una óptica empresarial. *Ítem* más, tal y como se descuelga del tenor literal, se amplían las cualidades-rasgos que construyen la apariencia o forma del objeto o producto al introducir «*el movimiento, la transición o cualquier otra forma de animación de esas características*», a tal fin, *cfr.*, art. 3.1, de la propuesta de Reglamento y, su similar *ex* art. 2, relativo a las definiciones en la propuesta de Directiva.

Como puede inferirse también aquí se está dando entrada y esgrimiendo las nuevas tecnologías digitales[44], así como las nuevas realidades que supone el metaverso[45] o realidad au-

---

44 Se justifica en el preámbulo de la propuesta de Directiva por cuanto "(…) esté mejor preparada de cara a los futuros avances tecnológicos, así como proporcionar una seguridad jurídica y una transparencia mayores en cuanto a la materia susceptible de protección de los dibujos y modelos".

45 El metaverso, etimológicamente "más allá del universo", es un entorno virtual digital persistente en el que los usuarios interactúan a través de avatares, que pueden moverse, encontrarse con amigos o incluso comprar objetos. GUIMBERTEAU, B., "Le métavers et le droit des dessins ou modèles", [en línea], (6 Février 2023),https://blip.education/le-metavers-et-le-droit-des-dessins-ou-modeles-un-article-de-boriana-guimberteau-avocate-associee-au-sein-du-cabinet-stephenson-harwood-et-magali-courroye-avocate-collaboratrice-au-sein-du-meme [Consulta: 18/02/2023]. MARTÍNEZ CRESPO, A., "Utilización de elementos protegidos por Diseño Industrial en el Metaverso". En *Derecho de los videojuegos: aspectos jurídicos y de negocio,* Aranzadi, 2023, pp. 719-721.

mentada o virtual. En otras palabras, para adaptarse al mundo tecnológico y a los avances digitales, la definición de diseño industrial se está ampliando y redefiniendo.

Queremos pensar que la lista de características-propiedades no es exhaustiva y, de hecho, se podía plantear la posibilidad -al igual que sucede con las marcas[46]-, de la incorporación de la particularidad sonora[47], pero parece que no es el caso, salvo que entendamos dentro de la animación unos acordes sonoros para su recreación. Sea como fuere, nos encontramos ante un gran desafío y recorrido -el metaverso[48]- o mundo paralelo en torno a la protección virtual de los dibujos y modelos, ya más avanzado y explorado en el ámbito de las marcas[49]. Es verdad,

---

46 CANDELARIO MACÍAS, Mª.I., "Perspectivas futuras en torno a la conceptualización legal de la marca", *Revista Crítica de Derecho Inmobiliario,* año nº. 95, 772, marzo-abril, 2019, 1041-1060. Inclusive, atendamos a las denominadas marcas multimedia: "El factor decisivo es si la marca multimedia (combinación de imagen y sonido) es capaz de atraer la atención de un consumidor, de forma que la marca no se perciba como banal, simple puramente informativa, o una simple combinación de sonidos, si no como un signo verdaderamente distintivo (véase la resolución: 13/09/2016, T-408/15, SON D'UN JINGLE SONORE PLIM (sound mark), EU:T:2016:468, § 45, 46)".

47 DICHIO SUÁREZ, L.A., "La percepción sonora como marco de análisis: procesos de hibridación entre ambiente y foley en videojuegos", *Cuadernos del Centro de Estudios en Diseño y Comunicación.* Ensayos, (Ejemplar dedicado a: Insistencias: viejas inquietudes, nuevas preguntas de los game studies), 160, 2022, 109-125.

48 *In extenso,* SERRANO ACITORES, A., *Metaverso y Derecho,* Editorial Tecnos, Madrid, 2022. CRUZ ÁNGELES, J., "Los guardianes de acceso al metaverso. (Re)pensando el Derecho de la competencia de la Unión Europea", *Cuadernos de Derecho Transnacional,* vol. 15, 1, marzo 2023, 275-296, en particular, p.276, realiza una aproximación a qué sea metaverso y sus diferentes acepciones.

49 Al respecto, LASTIRI, SANTIAGO, M., "Los desafíos del Derecho de Marcas en los mundos virtuales como el: *Second Life*", *Revista de Contratación Electrónica,* 99, 2008, 123-169. GARCÍA VIDAL, A., "La

pues, que estamos ante una nueva definición de dibujo y modelo industrial, que integra la noción de objeto animado y este relevante cambio facilitará la presentación de dibujos y modelos de productos virtuales[50].

En parecida sintonía, se extiende la noción de producto, introduciendo la posibilidad que los objetos estén o no incorporados en un soporte físico o, bien se materialicen en formato digital, siempre que no sean programas de ordenador[51] al

---

propiedad industrial en el metaverso", *Comunicaciones en propiedad industrial y derecho de la competencia,* 96, mayo-agosto, 2022, 17-26. RAMOS, A., "El metaverso, los TNF y los derechos de propiedad intelectual: ¿reglamentar o no reglamentar?", *Revista de la OMPI,* 2, [en línea], (junio de 2022), https://www.wipo.int/wipo_magazine/es/2022/02/article_0002.html [Consulta: 18/02/2023.].

50 Los derechos de dibujo y modelo existen para proteger el diseño de un producto, incluidas formas, colores o materiales, del uso no autorizado. A medida que el diseño y la tecnología evolucionan, es importante que la ley se actualice, especialmente, para proteger los derechos de los diseñadores en los nuevos mundos digitales, como en el "metaverso" virtual y en plataformas de juegos como Fortnite y Pokémon Go. Al respecto, RUBINGH, N., "Droit Européen des dessins et modèles: mises à jour en cours" [en línea], (18 janvier 2023), https://www.village-justice.com/articles/droit-europeen-des-dessins-modeles-mises-jour-cours,44819.html [Consulta: 18/02/2023.].

51 Directiva 2009/24/CE del Parlamento Europeo y del Consejo de 23 de abril de 2009, sobre *la protección jurídica de programas de ordenador, DOUE* L 111, de 5.5.2009. Real Decreto Legislativo 1/1996, de 12 de abril, *por el que se aprueba el texto refundido de la Ley de Propiedad Intelectual, regularizando, aclarando y armonizando las disposiciones legales vigentes sobre la materia. BOE* N°. 97, de 22 de abril de 1996. Artículo 10, *Obras y títulos originales, 1. Son objeto de propiedad intelectual todas las creaciones originales literarias, artísticas o científicas expresadas por cualquier medio o soporte, tangible o intangible, actualmente conocido o que se invente en el futuro, comprendiéndose entre ellas: (...) i) Los programas de ordenador. 2. El título de una obra, cuando sea original, quedará protegido como parte de ella.*

ser tutelados por el derecho de autor, como es sabido. Por lo tanto, los objetos pueden visualizarse en un gráfico, si son corpóreos o físicos, pero también se permite que el objeto pueda captarse mediante disposición espacial. Traigamos a colación lo que se decreta y entiende en el art. 3. 2) de la propuesta de Reglamento -a semejanza el art. 2 de la propuesta de Directiva-, como: "producto": *todo artículo industrial o artesanal distinto de los programas informáticos, con independencia de que esté incorporado a un objeto físico o de que se materialice en formato digital, incluidos:*

a) embalajes, juegos o conjuntos de artículos, estructuras, disposición espacial de elementos destinados a formar, en particular, un entorno interior, y piezas destinadas a su montaje en un producto complejo;

b) obras o símbolos gráficos, logotipos, patrones de superficie, caracteres tipográficos e interfaces gráficas de usuario.

Al hilo de lo descrito, la idea que subyace con las nuevas propuestas promovidas por la Comisión Europea es redefinir los términos "diseño" y "producto", con el fin de protegerlos al ritmo de los avances tecnológicos y no ocasionar una brecha de inseguridad jurídica en torno a las creaciones formales ilustradas en el diseño industrial.

Huelga decir que el concepto de dibujo y modelo se enriquece en sus diferentes matices con las nuevas incorporaciones a qué sean estos en consonancia con los tiempos. De suerte que el producto designa cualquier artículo industrial o artesanal, que pueda ser "incorporado a un objeto físico" o incluso ser presentado "en formato digital". Podemos intuir, por tanto, que se está introduciendo la posibilidad de registrar nuevos tipos de dibujos y modelos y, por ende, su amparo legal se amplía siempre a los elementos visualmente perceptibles, como interfaces gráficas[52] de usuario, logotipos y conjuntos de

---

52 La nueva edición de la Clasificación de Locarno, que entró en vigor el 1 de enero de 2023, ahora incluye "interfaces gráficas de usuario de

artículos. Tampoco puede pasar desapercibido que esta ampliación del concepto de diseño industrial en lo que hace al producto no va a estar exenta de problemas de interpretación al incluir elementos como logotipos y patrones de superficie, que pueden distorsionar o, mejor dicho, hacer más difícil su delimitación con respecto a las marcas y, en particular, con las marcas tridimensionales[53] y, de ahí la necesidad de tener que estar al caso *ad hoc*.

A mayor abundamiento, en torno a la incorporación de las tecnologías en esta materia, buen ejemplo, nos lo demuestra el art. 26 de la propuesta de Directiva en sede de *representación del dibujo y del modelo* por su detalle y precisión y, encontrar rasgos impensables hace unos años. Expresa el artículo 26: *(...) 1. La representación del dibujo o modelo a que se refiere el artículo 25, apartado 1, letra c), será clara, precisa*[54]*, coherente y de una calidad tal que permita distinguir claramente y publicar todos los detalles del objeto para el que se solicita protección.*

---

realidad aumentada [para visualización en pantalla]" (ID nº. 105098) en la clase 1-04, que refleja el actual desarrollo y se tiene en cuenta los nuevos entornos digitales. Véase más [en línea], https://www.wipo.int/classifications/es/news/locarno/2022/news_0002.html

53 SEMPERE MASSA, Iván L., *La protección de las formas como marca tridimensional,* Tirant Lo Blanch, 2011, pp. 1-178. LOUREDO CASADO, S., "La nueva interpretación de las prohibiciones relacionadas con las marcas tridimensionales al hilo de la sentencia Gömböc", *La Ley mercantil,* 74, 2020, 3 y ss.

54 Evoca a lo disciplinado en sede de marcas en el art. 3, apartado b), Directiva 2015/2436 del Parlamento Europeo y del Consejo de 16 de diciembre de 2015 *relativa a la aproximación de las legislaciones de los Estados miembros en materia de marcas* (versión refundida): *ser representados en el registro de manera tal que permita a las autoridades competentes y al público en general determinar el objeto claro y preciso de la protección otorgada a sus titulares.* Y, *ex* art. 4 del Reglamento (UE) 2017/1001 del Parlamento Europeo y del Consejo de 14 de junio de 2017 *sobre la marca de la Unión Europea* (Versión codificada).

2. Podrá consistir en cualquier forma de reproducción visual del dibujo o modelo, ya sea en blanco y negro o en color. La reproducción podrá ser estática, dinámica o animada y se llevará a cabo por cualquier medio adecuado, utilizando la tecnología generalmente disponible, incluidos dibujos, fotografías, vídeos o formación de imágenes / modelización por ordenador.

3. La reproducción mostrará todos los aspectos del dibujo o modelo cuya protección se solicita, en una o varias perspectivas. Además, podrán proporcionarse otros tipos de perspectivas con el fin de detallar más las características específicas del dibujo o modelo, en particular los siguientes:

a) perspectivas ampliadas, en las que se muestre parte del producto por separado en una escala mayor;

b) perspectivas de corte o sección, en las que se muestre una parte transversal del producto;

c) perspectivas explosionadas, en las que las piezas desmontadas de un producto se muestren por separado en una sola perspectiva; o

d)perspectivas parciales, en las que las partes de un producto se muestren por separado en distintas perspectivas.

4. Cuando la representación contenga distintas reproducciones del dibujo o modelo o incluya más de una perspectiva, estas deberán ser coherentes entre sí, y el objeto del registro quedará determinado por todas las características visuales de dichas perspectivas o reproducciones consideradas de manera conjunta. (…).

Repárese que se facilita la representación del diseño industrial, apreciando que se extiende a elementos gráficos, digitales, modelados por ordenador, en movimiento o representados en vídeo[55]. Se deriva, también, del relato legal que se flexibiliza

---

[55] *Vid.*, la reseña: "Des changements à venir dans le système européen de protection des dessins et modèles" [en línea], (20 de junio de

el procedimiento de registro y, con ello, se abaratan las tasas[56] asociadas, a saber:

- Se simplifica la presentación de diseños en una solicitud de registro (por ejemplo, mediante el envío de archivos de video);
- Se combina más de un dibujo y modelo en una sola aplicación.

Luego, las nuevas normas harán que la protección de los dibujos y modelos de la UE registrados sean más accesibles, eficientes y convenientes, en especial, para los diseñadores individuales y las PYMEs, que les resultarán más simplificados los trámites de acceso al diseño.

En lo atinente al criterio de visibilidad, bajo el ámbito de las normas tanto europeas como nacional, ahora, se demanda el criterio de visibilidad de los objetos y productos, en particular, en los productos complejos. En las propuestas de reforma no se requiere el mencionado condicionante de la visibilidad, salvo en el momento de la solicitud. En este sentido, se expresa el considerando 10 y art. 18 bis de la propuesta de Reglamento y considerando 18 y art. 15[57] de la propuesta de Directiva. Enton-

---

2023), en https://www.acbm-avocats.com/commission-europeennes-droit-dessin-modele-reforme/ [Consulta: 16/10/2023.].

56 *Vid.*, nota de prensa: "Proprietà intellettuale: presentate nuove regole per snellire e semplificare le procedure di registrazione" [en línea], https://www.ipsoa.it/documents/quotidiano/2022/11/30/proprieta-intellettuale-presentate-nuove-regole-snellire-semplificare-procedure-registrazione [Consulta: 15/02/2023.].

57 La propuesta de la Directiva estipula en su artículo 15, *objeto de la protección: Se concederá protección a aquellas características de apariencia de un dibujo o modelo registrado que se muestren de forma visible en la solicitud de registro.*

ces, la visibilidad[58] sólo se circunscribe «*a las características de la apariencia de un dibujo o modelo registrado que se muestren de forma visible en la solicitud de registro*». La razón de ser se entresaca en los diferentes considerandos de las propuestas que buscan mayor seguridad jurídica[59]. No obstante, hay que precisar que la ausencia de visibilidad como condicionante -salvo en la solicitud- puede provocar inconvenientes en la representación de los dibujos y modelos virtuales, de ahí que se tenga que recomendar presentar varias reproducciones del dibujo o modelo y considerar un objeto desde diferentes ángulos porque las partes no visibles en la reproducción no estarán protegidas.

En el punto referido a los derechos otorgados al titular del dibujo o modelo, las propuestas inciden en varios aspectos, una de las novedades es la relativa al alcance y extensión de los derechos del titular inherentes al dibujo y modelo industrial

---

58 REY, A., "Propuesta de Reglamento y Directiva sobre diseño industrial", 15 de diciembre de 2022, *op.ult.cit.*

59 Sobre la visibilidad se enmienda el Considerando (18) de la propuesta de Directiva del siguiente modo: *Si bien las características de los dibujos y modelos necesitan ser visibles para beneficiarse de la protección acordada a estos productos, no es necesario que estas características sean visibles en todo momento o en una situación concretos para poder beneficiarse de esta protección de los dibujos y modelos, como excepción a este principio, no debe extenderse la protección a aquellos componentes que no sean visibles durante la utilización normal de un producto, o a aquellas características de un componente que no sean visibles cuando éste se encuentra montado o que, en sí mismas, no reúnan los requisitos de novedad y carácter singular; Por tanto, aquellas características del dibujo o modelo de los componentes de un producto complejo que queden excluidas de la protección por estos motivos no deben tenerse en cuenta al objeto de determinar si otras características del dibujo o modelo cumplen o no los requisitos de protección.* Más en Proyecto de Informe sobre la propuesta de Directiva del Parlamento Europeo y del Consejo sobre la protección jurídica de los dibujos y modelos (refundición) (COM (2022)0667 – C9-395/2022 – 2022/0392(COD)), *op.cit.*p.7.

(*ex* art. 19 de la propuesta de Reglamento; art. 16 de la propuesta de Directiva). Se ordena que el titular, de conformidad con el art. 19.1 de la propuesta de Reglamento, conferirá: *derecho exclusivo de utilización y de prohibir su utilización por terceros sin el consentimiento del titular,* y, en el punto 2: *en particular* a terceros *ex* art.19.2: «d) crear, descargar, copiar y compartir o distribuir a otros cualquier soporte o software que registre el dibujo o modelo con el fin de permitir la elaboración de un producto contemplado en la letra a): fabricar, ofrecer, poner en el mercado o utilizar un producto al que se encuentre incorporado el dibujo o modelo o al que este se haya aplicado". Se enfatiza aquí la expresión *utilización* y, *en particular.* El uso de la expresión "en particular" demuestra la intención del legislador de no limitar las utilizaciones particulares del dibujo y modelo[60]. En relación con este tópico, apuntemos que resulta cierto que ya la Comisión propuso limitar la excepción "para uso personal" añadiendo un requisito de compatibilidad con las prácticas comerciales leales y la explotación normal de un dibujo o modelo. De hecho, el artículo 20 del Reglamento 6/2002, disciplina *la limitación de los derechos conferidos por el dibujo o modelo comunitario. 1. Los derechos conferidos por el dibujo o modelo comunitario no podrán ejercerse respecto de:*

a) los actos realizados en privado y con fines no comerciales;

b) los actos realizados con fines experimentales;

c) los actos de reproducción realizados con fines de cita o docentes, siempre que dichos actos sean compatibles con los usos comerciales, no menoscaben la explotación normal del dibujo o modelo y se mencione la fuente (…).

Destáquese de lo expresado que las propuestas van más allá e incrementan la lista de derechos exclusivos del propietario

---

60 *Cfr.,* GUIMBERTEAU, B., "Le métavers et le droit des dessins ou modèles", *op.cit.*

del dibujo o modelo. En efecto, se incorporan nuevos derechos exclusivos, en concreto, referidos al derecho a impedir "la creación, descarga, copia, intercambio o distribución a terceros de cualquier medio o software que registre el diseño con el fin de permitir la fabricación de un producto en el que se aplique o incluye el diseño".

Se incide en el planteamiento que entre las incorporaciones destacables de la legislación europea proyectada reside en establecer nuevas limitaciones[61] de los derechos del titular de un dibujo o modelo *ex* art. 20[62] de la propuesta de Reglamento;

---

61 Teniendo en cuenta la jurisprudencia NINTENDO (TJUE, 27 de septiembre de 2017, asuntos C-24/16 y C-25/16), la Comisión logra un equilibrio entre derechos y libertades fundamentales. En tal sentido, añade a la lista exhaustiva de limitaciones apropiadas a los derechos exclusivos conferidos por el registro, "(d) los actos realizados para identificar un producto o para referirse a él como del titular del dibujo o modelo» y aquellos «e) realizados con fines de comentario, crítica o parodia», de las que además hay muy poca litigiosidad y que habrá que definir con precisión. Al respecto, DONAUD, F., «La proposition de réforme européenne du droit des dessins ou modèles», *op. ult.cit.*

62 Prescribe el artículo 20 de la propuesta: *Limitación de los derechos conferidos por un dibujo o modelo de la UE.*
1. Los derechos conferidos por un dibujo o modelo de la UE no podrán ejercerse respecto de:
a) los actos realizados en privado y con fines no comerciales;
b) los actos realizados con fines experimentales;
c) los actos de reproducción realizados con fines de cita o docentes;
d) los actos realizados con el fin de identificar un producto como el del titular del derecho sobre el dibujo o modelo o con el fin de referirse a tal producto;
e) los actos realizados con fines de comentario, crítica o parodia;
f) el equipamiento de buques y aeronaves que estén matriculados en un tercer país y que sean introducidos temporalmente en territorio de la Unión;
g) la importación en la Unión de piezas de recambio y accesorios destinados a la reparación de los buques y aeronaves a los que se refiere la letra f);
h) la ejecución de las labores de reparación de los buques y aeronaves a los que se refiere la letra f).

art. 18 de la propuesta de Directiva. Bajo esta línea argumentativa e interpretativa, si atendemos a la letra a), art 20, ya anotado y referido (*1. Los derechos conferidos por un dibujo o modelo de la UE no podrán ejercerse respecto de: a) los actos realizados en privado y con fines no comerciales),* nos planteamos: ¿cuál será el alcance de la limitación relativa a los actos realizados de forma privada o con fines no comerciales en el contexto de la impresión 3D? y, ¿cómo va a incidir el añadido de las limitaciones d) y e), art. 20 (literalmente, prescribe: (*d) los actos realizados con el fin de identificar un producto como el del titular del derecho sobre el dibujo o modelo o con el fin de referirse a tal producto; e) los actos realizados con fines de comentario, crítica o parodia*) en orden a complicar la reglamentación y su interpretación práctica?, *ítem más,* considerando que ya existe suficiente legislación previa y conexa con la legislación de derechos de autor y marcaria.

Las limitaciones a los derechos de los titulares de dibujos y modelos, a nuestro juicio, deben aparecer reflejada de forma clara, toda vez que puede plantear problemas de seguridad jurídica en la querida armonización del sistema legal en toda la Unión Europea.

Se puede inferir aquí, también, que la impresión 3D[63] de un dibujo o modelo será considerada como una forma de utilización, requiriendo previamente la autorización del titular del dibujo y modelo para poder imprimirlo en 3D legalmente

---

2. El apartado 1, letras c), d) y e), solo será de aplicación cuando los actos sean compatibles con prácticas comerciales leales y no perjudiquen indebidamente la explotación normal del dibujo o modelo y, en el caso de la letra c), cuando se mencione la fuente del producto al que se encuentre incorporado o se haya aplicado el dibujo o modelo.

63 *Cfr.*, GRIFFIN, J., *The State of Creativity: The Future of 3d Printing, 4d Printing and Augmented Reality*, Elgar Law, Technology and Society. Cheltenham, UK, Edward Elgar, 2019.

(*cfr.*, considerando 11[64] de la propuesta de Reglamento). Se entiende que si el escaneo y la impresión 3D[65] permiten reproducir fácil y rápidamente diseños complejos: la legislación europea sobre dibujos y modelos deberá ofrecer amparo contra este tipo de uso. No se escapa, pues, que el alcance de los derechos sobre el diseño puede suscitar algunas dudas cuando los productos se crean o fabrican mediante impresión 3D. La pregunta es si será suficiente con lo estipulado en la reforma. De cualquier manera, hay que significar que, con las nuevas propuestas de la UE, los diseños confeccionados mediante la impresión 3D van a tener cierta tutela legal y supervisión.

Igualmente, se ha de retener la posibilidad que se le abre al titular del dibujo o modelo industrial registrado por cuanto hace a establecer una indicación de registro para informar al público, *ex* art. 26 bis[66] de la propuesta de Reglamento y, *pari*

---

64 Se declara: *El uso de tecnologías de impresión 3D en distintos ámbitos de la industria va en aumento, lo que plantea dificultades a los titulares de derechos sobre dibujos y modelos a la hora de impedir de manera efectiva que se copien ilegítimamente sus dibujos y modelos protegidos. Por consiguiente, procede disponer que crear, descargar, copiar y poner a disposición de cualquier soporte o software que registre el dibujo o modelo, con el fin de reproducir un producto que infrinja el dibujo o modelo, constituya una utilización del dibujo o modelo para la que el titular del derecho debe dar su autorización.*

65 *La impresión 3D, se trata de un archivo de diseño asistido por computadora, más comúnmente conocido como "CAD", que proporciona datos para imprimir un modelo 2D o 3D, generalmente mediante un proceso de unión de materiales capa por capa. Algunos expertos de la industria predicen que la impresión 3D revolucionará por completo la fabricación y el comercio minorista. Sin embargo, desde la perspectiva de la protección del diseño, algunos expertos han descubierto que el uso de la impresión 3D puede facilitar potencialmente las infracciones del diseño.* Al respecto, GASPARINI, G., "Il Green Design e le problematiche legali del 3D printing", *op.ult.cit.*

66 *Cfr.*, artículo 26 bis. *Símbolo de registro. El titular de un dibujo o modelo de la UE registrado podrá informar al público de que el dibujo o modelo está registrado mostrando la letra D rodeada por un círculo en el producto al que*

passu, art. 24 de la propuesta de Directiva. Se permitirá a los titulares de derechos colocar el símbolo D en un círculo y agregado el número de registro para concienciar al público sobre el registro de diseños. Esta facultad, sin embargo, puede plantear inconvenientes aplicativos y de interpretación, toda vez que aquellas que no lleven las siglas en el dibujo o modelo, puede dar lugar a pensar que no se encuentra protegido y podría lanzarse un mensaje equívoco. Para solventar tal situación, no debería ser potestativo 'podrá', sino obligatorio a imagen y semejanza con el *copyright* (derechos de autor) o la R de registro en las otras modalidades de la propiedad industrial. A partir de la aprobación de las reglas europeas, nos podemos encontrar con un nuevo símbolo Ⓓ para que lo utilicen los titulares de derechos de dibujo y modelo. Este símbolo informará al público de la protección otorgada al diseño. Aunque el símbolo ya se utiliza extraoficialmente, la EUIPO lo hará oficial y frecuente y, a su vez, también puede ir acompañado del número de registro o de un enlace al registro.

También, se ha atendido por la reforma a otra cuestión controvertida y vital para el buen deambular de esta legislación proyectada como es la cláusula de reparación respecto al amparo de las piezas de recambio (*ex* art. 20[67] bis de la propuesta

---

se ha incorporado o al que se ha aplicado. Tal indicación de dibujo o modelo podrá ir acompañada del número de registro del dibujo o modelo o contener un hiperenlace a la inscripción del dibujo o modelo en el Registro.

67 *Cfr.*, artículo 20 bis, *Cláusula de reparación: 1. No se conferirá protección a un dibujo o modelo de la UE que constituya un componente de un producto complejo de cuya apariencia dependa el dibujo o modelo del componente y que se utilice, en el sentido del artículo 19, apartado 1, con el único fin de reparar dicho producto complejo para restituirle su apariencia inicial. 2. El apartado 1 no podrá ser invocado por el fabricante o el vendedor de un componente de un producto complejo que no haya informado debidamente a los consumidores, mediante una indicación clara y visible en el producto o de otra forma adecuada, sobre el origen del producto que vaya a utilizarse a*

de Reglamento; art. 19[68] de la propuesta de Directiva)[69]. Esta cuestión no está resuelta en el derecho vigente y ha sido dejada a la libertad de los diferentes Estados Miembros.

---

efectos de la reparación del producto complejo, de modo que puedan elegir con conocimiento de causa entre los productos competidores que puedan utilizarse para la reparación.

68 Prescribe el artículo 19 *Cláusula de reparación 1. No se concederá protección a un dibujo o modelo registrado que constituya un componente de un producto complejo de cuya apariencia dependa el dibujo o modelo del componente y que se utilice, en el sentido del artículo 16, apartado 1, con el único fin de reparar dicho producto complejo para restituirle su apariencia inicial. 2. El apartado 1 no podrá ser invocado por el fabricante o el vendedor de un componente de un producto complejo que no haya informado debidamente a los consumidores, mediante una indicación clara y visible en el producto o de otra forma adecuada, sobre el origen del producto que se va a utilizar para reparar el producto complejo, de modo que puedan escoger con conocimiento de causa entre los diferentes productos competidores que puedan utilizarse para la reparación. 3. Cuando, en el momento de la adopción de la presente Directiva, el Derecho interno de un Estado miembro prevea la protección de los dibujos y modelos en el sentido del apartado 1, el Estado miembro, no obstante lo dispuesto en dicho apartado, continuará proporcionando tal protección a los dibujos y modelos cuyo registro se haya solicitado antes de la entrada en vigor de la presente Directiva hasta el … [OP: insértese la fecha correspondiente a diez años a partir de la fecha de entrada en vigor de la presente Directiva*].

69 Las modificaciones propuestas están guiadas por dos objetivos generales: reforzar la seguridad jurídica y recordar las posiciones ya expresadas por el Parlamento Europeo. Las más importantes se refieren a la sustitución del concepto de «origen» del producto, que es demasiado impreciso, por el concepto de «identidad del fabricante» del producto (n.º 8 y n.º 14), y la sustitución del plazo de diez años para la aplicación de la cláusula de reparación a los dibujos y modelos cuyo registro haya sido solicitado antes de la entrada en vigor de la nueva Directiva, considerado excesivamente largo, por un plazo de tres años (n.º 15). Proyecto de Informe sobre la propuesta de Directiva del Parlamento Europeo y del Consejo sobre la protección jurídica de los dibujos y modelos (refundición) (COM (2022)0667 – C9-395/2022 – 2022/0392(COD)), *op.cit.*p.16.

Ahora, con las reformas proyectadas tienden a aproximar y dar una solución unívoca en el ámbito de la Unión Europea trámite el sistema de amparo de los dibujos y modelos industriales de las piezas de recambio[70]. Se zanja esta temática, que había suscitado diferentes inconvenientes, entre otros, afectando al derecho de la competencia y encontrándonos con una legislación dispar[71]. La solución es otorgar amparo a través de los dibujos y modelos a los componentes de productos com-

---

70 Según nota de prensa: "Proprietà intellettuale: presentate nuove regole per snellire e semplificare le procedure di registrazione" [en línea], https://www.ipsoa.it/documents/quotidiano/2022/11/30/proprieta-intellettuale-presentate-nuove-regole-snellire-semplificare-procedure-registrazione [Consulta: 15/02/2023], "permitir la reproducción de diseños originales con el fin de reparar productos complejos: al introducir una "cláusula de reparación" en toda la UE en la Directiva de Diseño, las nuevas reglas ayudarán a abrir y aumentar la competencia en el mercado de repuestos. Esto es especialmente importante en el sector de la reparación de automóviles, donde debería ser legalmente posible en todos los países de la UE reproducir piezas de carrocería idénticas que "deben coincidir" para su reparación y restaurar su aspecto original. La "cláusula de reparación" propuesta debería tener efectos jurídicos inmediatos solo para los diseños futuros, mientras que los diseños ya protegidos deberían permanecer cubiertos durante un período transitorio de diez años".

71 Se ha de atender a la enmienda vertida para el Considerando (34) de la Propuesta de Directiva: *Las diferencias en las legislaciones de los Estados miembros sobre la utilización de los dibujos y modelos protegidos con objeto de permitir la reparación de un producto complejo para restituirle su apariencia inicial, cuando el producto al que se aplique o incorpore el dibujo o modelo constituya el componente dependiente de la forma de un producto complejo, afectan directamente al establecimiento y el funcionamiento del mercado interior. Estas diferencias falsean la competencia y el comercio dentro del mercado interior y crean inseguridad jurídica, tal y como lo señaló el Parlamento Europeo en su Resolución de 11 de noviembre de 2021.* Proyecto de Informe sobre la propuesta de Directiva del Parlamento Europeo y del Consejo sobre la protección jurídica de los dibujos y modelos (refundición) (COM (2022)0667 – C9-395/2022 – 2022/0392(COD)), *op.cit.*p.10.

plejos, que se empleen con la sola finalidad de reparar dicho producto complejo y, con ello, devolver su apariencia original.

Al incorporar la "cláusula de reparación" incrementará la competencia en el mercado de postventa, en especial, de gran utilidad en el sector automovilístico al ser posible reproducir las piezas de recambio, lo que provocará que los consumidores tengan una mayor oferta de elección para poder reparar los productos complejos, piénsese en piezas de carrocería[72] de un vehículo idénticas a las originales, que se hacen necesarias para restaurar el aspecto original del vehículo. Se disciplina de forma contundente en los preceptos de las propuestas, -ya anotados-, que sean solo los fabricantes o vendedores de un componente de un producto complejo los que pueden argüir esta cláusula[73] como defensa, siempre que se haya informado

---

72 Resulta relevante en el ámbito de la reparación de automóviles, de esta suerte en todos los países de la UE debe ser jurídicamente posible reproducir piezas de carrocería idénticas y coincidentes para su reparación, a fin de restituir su apariencia original. La «cláusula de reparación» propuesta solo debe tener efectos jurídicos inmediatos para futuros dibujos y modelos, mientras que los dibujos y modelos ya protegidos deben seguir estando cubiertos durante un período transitorio de diez años.

73 Hemos de atender al actual art. 110 del Reglamento (CE) nº. 6/2002, donde con la normativa propuesta la cláusula pasara de tener este carácter transitorio a ser definitiva.

de forma debida a los consumidores del origen[74] del producto, que se va a usar para reparar el producto complejo[75].

Una de las cuestiones más sensibles con la que se enfrentan todas las modalidades de la propiedad industrial y, en este caso, los dibujos y modelos es la falsificación y piratería de productos. De ahí que las propuestas vengan a ampliar los medios para frenar dichas prácticas en orden a que no transiten[76] productos falsificados por el territorio de la UE o se encuentren

---

74 Se quiere sustituir el término origen por identidad del fabricante. Se dice: *2. El apartado 1 no podrá ser invocado por el fabricante o el vendedor de un componente de un producto complejo que no haya informado debidamente a los consumidores, mediante una indicación clara y visible en el producto o de otra forma adecuada, sobre la identidad del fabricante del producto que se va a utilizar exclusivamente para reparar el producto complejo, de modo que puedan escoger con conocimiento de causa entre los diferentes productos competidores que puedan utilizarse para la reparación. Esta indicación de la identidad del fabricante incluirá al menos el nombre del fabricante, la dirección de su domicilio social y su nacionalidad.* Proyecto de Informe sobre la propuesta de Directiva del Parlamento Europeo y del Consejo sobre la protección jurídica de los dibujos y modelos (refundición) (COM (2022)0667 – C9-395/2022 – 2022/0392(COD)), *op.cit.*, p.15.

75 Se atendería, de este modo, al contenido de la sentencia ACACIA (TJUE, 20 de diciembre de 2017, asuntos C-397/16 y C-435/16), donde la cláusula de reparación, también conocida como cláusula de "must-match", se focaliza en ser: estrictamente limitada a partes de productos complejos condicionados por su forma; invocada como defensa por el fabricante o el vendedor que habrá informado debidamente al consumidor mediante una indicación "clara y visible" de que se trata de un repuesto; y aplicable únicamente a futuros registros.

76 Se prevé para asegurar el respeto a la libertad de circulación, que los derechos del titular del dibujo o modelo se extinguen si el titular de la mercancía prueba que el producto es legal en el país de destino final, rompiendo así con la NOKIA jurisprudencia y PHILIPS (TJUE, 1 de diciembre de 2011, asuntos C446/09 y C-495/09), que colocaba la carga de la prueba en el titular del derecho.

en otra situación aduanera sin ser despachados a libre práctica[77]. En efecto, el art. 16 de la propuesta de Directiva y 19, en particular, punto 3º del Reglamento, vienen a posibilitar tal derecho. De este modo, la Comisión alinea el régimen de las mercancías en tránsito con el adoptado para las marcas, permitiendo la retención en la aduana y, -con ello, tal y como indicábamos-, para combatir mejor la falsificación[78]. De esta suerte, se tiende a ampliar el alcance de los derechos para luchar contra las infracciones y la falsificación.

---

[77] En lo tocante a las medidas de lucha contra la falsificación, se enmienda el texto de la propuesta de Directiva, Considerando (29): *Con el fin de reforzar más eficazmente la protección de los dibujos y modelos y luchar contra la falsificación, tal y como lo solicitó el Parlamento Europeo en su Resolución de 11 de noviembre de 2021, y en consonancia con las obligaciones internacionales de los Estados miembros en el marco de la Organización Mundial del Comercio (OMC), en particular el artículo V del Acuerdo General sobre Aranceles Aduaneros y Comercio, relativo a la libertad de tránsito, y, por lo que se refiere a los medicamentos genéricos, la Declaración relativa al Acuerdo sobre los ADPIC y la salud pública, el titular de un derecho sobre un dibujo o modelo registrado debe tener derecho a impedir que terceros introduzcan productos procedentes de terceros países en el Estado miembro en el que el dibujo o modelo esté registrado sin que sean despachados a libre práctica cuando el dibujo o modelo se incorpore o se aplique sin autorización y de manera idéntica a dichos productos o cuando el dibujo o modelo no pueda distinguirse en sus aspectos esenciales de la apariencia de dichos productos.* Más en Proyecto de Informe sobre la propuesta de Directiva del Parlamento Europeo y del Consejo sobre la protección jurídica de los dibujos y modelos (refundición) (COM (2022)0667 – C9-395/2022 – 2022/0392(COD)), *op.cit.*, p.8.

[78] Reglamento (UE) n.º 608/2013 del Parlamento Europeo y del Consejo, de 12 de junio de 2013, *relativo a la vigilancia por parte de las autoridades aduaneras del respeto de los derechos de propiedad intelectual y por el que se deroga el Reglamento (CE) n.º 1383/2003 del Consejo* (DO L 181 de 29.6.2013, p. 15). Y, como complemento, el Reglamento (UE) nº 952/2013 del Parlamento Europeo y del Consejo, de 9 de octubre de 2013, por el que se establece el *código aduanero de la Unión. DOUE* nº. 269, de 10 de octubre de 2013.

Otro de los aspectos más significativos viene dado por lo previsto en el art. 30 de la propuesta de Reglamento -y que acoge la propuesta de Directiva-, que es permitir el aplazamiento de la publicación del dibujo y modelo hasta un período de *30 meses desde la fecha de presentación de la solicitud o, si se reivindica prioridad, desde la fecha de prioridad.* También, se delimitan requisitos para la representación de diseños y aplicaciones múltiples (sin la misma Clase Locarno)[79]. De igual modo, se reduce y simplifica el importe de las tasas de diseño de la UE, ya referidos.

Se incorporan otras cuestiones de relevancia y, -que por razones de espacio-, no se entra a examinar, entre ellas, cabe subrayar un tema ya contemplado en nuestra legislación[80] actual tras las últimas modificaciones habidas en la materia. En efecto, la posibilidad de introducir un procedimiento administrativo de nulidad, según se disciplina en el art. 31 de la propuesta de Directiva, de este modo se fortalece la funcionalidad de las oficinas de registro con el establecimiento de un procedimiento administrativo de "declaración de nulidad" de dibujos o modelos registrados, dejando a los Estados libres

---

79 Manda el artículo 27 de la Propuesta de Directiva: *Solicitudes múltiples Podrán incluirse distintos dibujos y modelos en una solicitud múltiple de dibujo o modelo registrado. Esta posibilidad no estará sujeta al requisito de que los productos a los que se vaya a incorporar o aplicar el dibujo o modelo pertenezcan a la misma clase de la Clasificación Internacional de Dibujos y Modelos Industriales.*

80 En el ámbito de las marcas, *cfr.*, la reforma en materia de nulidad y caducidad y su conocimiento por la OEPM, con entrada en vigor: 14 de enero de 2023 (Disposición final séptima, Real Decreto-ley 23/2018, de 21 de diciembre, *de transposición de directivas en materia de marcas, transporte ferroviario y viajes combinados y servicios de viaje vinculados, BOE* Nº. 312 de 27 de diciembre de 2018). Por vía directa: a la OEPM (arts. 51, 52, 54 y 58, y Disposición adicional primera, apartado segundo, Ley 17/2001, de 7 de diciembre, *de Marcas,* LM) y, por vía reconvencional: jurisdicción ordinaria (arts. 51, 52, 54 y 58, y Disposición adicional primera, apartado segundo, LM).

de elegir entre la jurisdicción ordinaria o especializada y la administración para resolver estos asuntos. De igual manera, se incorporan medidas de coherencia legislativa, ya aludida, entre ambas disposiciones, *vgr.*, es lo ordenado en los arts. 13, 21[81] y 29 de la propuesta de Directiva sobre temas como son las causales de denegación del registro y el examen de fondo, entre otras. Nótese que es relevante que existan unas mismas causas de denegación de diseño en orden a que las oficinas de registro empleen criterios armonizados. Sobre este aspecto, hay que apreciar que el diseño industrial no tiene una vida tan extensa como la marca derivada de su configuración legal y naturaleza, por cuanto que tiene un tiempo limitado a diferencia de la modalidad de la marca, que puede durar toda una vida si se siguen pagando las tasas correspondientes, *a sensu contrario*, reténgase que el diseño su vida suele ser corta e, inclusive, no llegar a completar la totalidad de su vida en el registro hasta los 25 años permitidos por la ley. Al punto, que si se observa la litigiosidad alrededor del diseño industrial por razón de la caducidad resulta insignificante, este extremo se ha de tener en consideración y, de ahí que sea conveniente atender a unos mismos modos de proceder en torno a las causales de denegación del registro de diseño en todo el ámbito de la UE, así como la caducidad y la nulidad. Por todo lo precedente, resul-

[81] Ordena el artículo 21 *Derechos basados en el uso anterior con respecto a un dibujo o modelo de la UE registrado 1. Podrá invocar el derecho basado en el uso anterior cualquier tercero que pueda demostrar que, antes de la fecha de presentación de la solicitud o, en caso de reivindicación de la prioridad, antes de la fecha de la prioridad, ha comenzado a utilizar de buena fe en el Estado miembro de que se trate, o ha realizado preparativos serios y efectivos para ello, un dibujo o modelo incluido en el ámbito de la protección del derecho sobre un dibujo o modelo registrado que no sea copia de este. 2. El derecho basado en el uso anterior facultará a esos terceros a explotar el dibujo o modelo para la finalidad para la que hayan comenzado a utilizarlo, o para la que hubieran realizado preparativos serios y efectivos, antes de las fechas de solicitud o de prioridad del derecho sobre el dibujo o modelo registrado.*

ta conveniente la coherencia y el efecto 'espejo' entre ambas propuestas legislativas al punto que se disciplina el uso anterior *ex* art. 21 de la propuesta de Directiva, siguiendo la estela del Reglamento al contemplar la defensa basada en el uso anterior, que proporciona una protección útil para las personas que "han invertido de buena fe" antes de la fecha de prioridad de un dibujo o modelo.

En lo tocante al ámbito temporal de aplicación de las propuestas examinadas, hay que precisar que la futura Directiva europea sobre los dibujos y modelos deberán transponerse al derecho nacional de cada país en un plazo de 2 años, si bien se baraja la posibilidad que este tiempo se amplíe a 36 meses para proporcionar mayor tiempo de maniobrabilidad. Mientras que el Reglamento al no ser necesaria su transposición será aplicable dentro de los 3 meses siguientes a su entrada en vigor. El calendario de votaciones en el Pleno del Parlamento no es definitivo y está sujeto a cambios en cualquier momento, si bien, dicho lo precedente, las fechas previstas para la votación actualmente son las siguientes: 1) Refundición Directiva sobre dibujos y modelos y 2) Reglamento sobre dibujos y modelos: MARZO 2024 (11-14.03 – Estrasburgo).

4.- REFLEXIONES FINALES.

La reforma legal trámite las propuestas de Directiva y Reglamento sobre dibujo y modelo de la UE quieren armonizar y potenciar esta modalidad de la propiedad industrial. En concreto, alinear y poner al día las normas actuales al proceso de transición digital y economía circular y verde promovida por la UE. De esta suerte, se pretende simplificar el proceso de registro de dibujos y modelos, ajustar las tasas a pagar de conformidad al tamaño de las empresas y mejorar la complementariedad entre las organizaciones de los diferentes países miembros. Con todo ello, se pretende abrir una serie de oportunidades y posibilidades al incorporar una legislación clara, competitiva, moderna y predecible, con la introducción de nuevas propiedades en la configuración de diseños y potenciado el registro, amén de atender a las necesidades, que vienen impuestas por realidades como el metaverso y las tecnologías cada vez más sofisticadas, inclusive, en el modo de entender la representación y la utilización de los derechos sobre el dibujo y modelo a través de la impresión 3D y, habría que incluir también la 4D.

Adviértase de la circunstancia que las propuestas legales europeas abogan por ofrecer una representación del diseño, que ya no tanto va a reflejarse en maquetas o soportes físicos, sino que se va a manifestar en formatos digitales (*vgr.*, realidad aumentada o virtual), que pueden alterar o redimensionar un dibujo y modelo, con un abaratamiento de costes y riesgos que vienen asociados al uso o la fabricación de prototipos tradicionales, amén de coadyuvar a la labor de los creadores-diseñadores. El tener un marco legal referente genera que el amparo de los diseños industriales sea más económico y simplificado en toda la UE. *Ergo*, la legislación proyectada -en su versión definitiva- ayudará a mejorar aún más las condiciones en las que las empresas pueden innovar. No se desconoce que se ha resuelto un tema controvertido que ha arrastrado el derecho vigente como es garantizar que los diseños se puedan reproducir para piezas de repuesto, lo que permite a los consumidores más opciones al reparar productos complejos, *vgr.*, en el sector de la automoción o de electrodomésticos, sin ir más lejos.

Además, se estaría atendiendo a la esencia que subyace en el sustrato del diseño como modalidad de la propiedad industrial: "lo atractivo está en la forma" y, a la par, la perseguida: "unidad en la diversidad legislativa", siempre que se superen determinados escollos, siendo el más significativo en materia de diseño europeo: el reconocimiento de la cláusula de reparación para piezas de recambio en productos complejos, es decir, tener un mercado único de piezas de repuesto para reparación del producto complejo (abrir el mercado de recambios a la competencia), así como establecer consecuencias y límites asociados a la impresión 3D.

BIBLIOGRAFÍA.

AMOR CORDERO, C. y SANMARTÍN, J.A. y MONEGIER, H., "Acumulación de protecciones: diseño industrial y derechos de autor. Umbral de originalidad necesario", *Comunicaciones en propiedad industrial y derecho de la competencia,* 97, septiembre-diciembre, 2022, 107-121.

BLANCO ESGUEVILLAS, I., *La protección jurídica y eficacia del diseño industrial no registrado,* Editorial Reus S.A., Madrid, 2017.

CANDELARIO MACÍAS, Mª.I., *La Creatividad e Innovación empresarial: la tutela del diseño industrial en el Mercado Interior,* Eurobask, Vitoria, 2007.

CANDELARIO MACÍAS, Mª.I., "El valor de las formas: la defensa del diseño industrial", en monográfico, *Revista de la Contratación Electrónica,* 99, diciembre, 2008, 29-59.

CANDELARIO MACÍAS, Mª.I., "Perspectivas futuras en torno a la conceptualización legal de la marca", *Revista Crítica de Derecho Inmobiliario,* año nº. 95, 772, marzo-abril, 2019, 1041-1060.

CANDELARIO MACÍAS, Mª. I., "Repensar el diseño industrial: ¿ecodiseño o diseño ecológico-sostenible?", Capítulo 6. En AA.VV., *Oportunidades y Retos de la propiedad industrial en el entorno de cambio climático,* Tirant Lo Blanch, Valencia, 2023, pp. 127 a 171.

CRUZ ÁNGELES, J., "Los guardianes de acceso al metaverso. (Re)pensando el Derecho de la competencia de la Unión Europea", *Cuadernos de Derecho Transnacional,* vol. 15, núm. 1, marzo, 2023, 275-296.

CUEVA DE CAÑAS, J.A., "Sentencia del Tribunal de Justicia de la Unión Europea de 12 de septiembre de 2019 (C-683/17): ¿ha arrojado el TJUE luz sobre la acumulación de protección mediante diseño industrial y Propiedad intelectual?", *Comunicaciones en propiedad industrial y derecho de la competencia,* 89, enero-abril, 2020, 163-180.

DICHIO SUÁREZ, L.A., "La percepción sonora como marco de análisis: procesos de hibridación entre ambiente y foley en videojuegos", *Cuadernos del Centro de Estudios en Diseño y Comunicación. Ensayos,* (Ejemplar dedicado a: Insistencias: viejas inquietudes, nuevas preguntas de los game studies), 160, 2022,109-125.

DONAUD, F., «La proposition de réforme européenne du droit des dessins ou modèles», [en línea], (11 Janvier 2023), https://blip.

education/la-proposition-de-reforme-europeenne-du-droit-des-dessins-ou-modeles-par-flora-donaud-avocate-au-sein-du-cabinet-greffe-et-chargee-denseignement-au-ceipi [Consulta: 17/02/2023.].

GARCÍA VIDAL, A., (Coord.). *El diseño comunitario. Estudios sobre el Reglamento (CE) núm. 6/2002,* Thomson Reuters-Aranzadi, Cizur Menor Navarra, 2012.

GARCÍA VIDAL, A., "La propiedad industrial en el metaverso", *Comunicaciones en propiedad industrial y derecho de la competencia,* 96, 2022, 17-26.

GASPARINI, G., "Il Green Design e le problematiche legali del 3D printing", [en línea], (21 de abril de 2023), https://dirittoaldigitale.com/2023/04/21/green-design-3d-printing/[Consulta: 13/10/2023.].

GRIFFIN, J., *The State of Creativity: The Future of 3d Printing, 4d Printing and Augmented Reality. Elgar Law, Technology and Society.* Cheltenham, UK, Edward Elgar, 2019.

GUIMBERTEAU, B., "Le métavers et le droit des dessins ou modèles", [en línea], (6 Février 2023), https://blip.education/le-metavers-et-le-droit-des-dessins-ou-modeles-un-article-de-boriana-guimberteau-avocate-associee-au-sein-du-cabinet-stephenson-harwood-et-magali-courroye-avocate-collaboratrice-au-sein-du-meme [Consulta: 18/02/2023.].

LACOVAZZI, V., "Disegni e modelli industriali: più semplifici le registrazioni e le riparazioni di prodotti complessi", [en línea], (29 de diciembre de 2022), https://www.ipsoa.it/documents/quotidiano/2022/12/29/disegni-modelli-industriali-semplifici-registrazioni-riparazioni-prodotti-complessi [Consulta: 17/04/2023.].

LASTIRI SANTIAGO, M., «Reestructurando el derecho de propiedad industrial: hacia la transición ecológica y digital», *La Ley Mercantil,* 90, abril, 2022), 1-36.

LEMA DEVESA, C., "El diseño dictado por la función técnica y el diseño de interconexiones", *Revista de Derecho Mercantil,* 295, 2015, 361-379.

MARTÍNEZ CRESPO, A., "Utilización de elementos protegidos por Diseño Industrial en el Metaverso". En *Derecho de los videojuegos: aspectos jurídicos y de negocio,* Aranzadi, 2023, pp. 719-721.

OTERO LASTRES, J.M., "Reflexiones sobre el diseño industrial", *Anuario de la Facultad de Derecho (Universidad de Alcalá),* 1, 2008, 217-235.

REY, A., "Propuesta de Reglamento y Directiva sobre diseño industrial", [en línea], (15 de diciembre de 2022), https://www.cuatrecasas.com/es/spain/articulo/propuesta-de-reglamento-y-directiva-sobre-diseno-industrial [Consulta: 22/12/2022].

RUBINGH, N., "Droit Européen des dessins et modèles: mises à jour en cours", [en línea], (18 janvier 2023), https://www.village-justice.com/articles/droit-europeen-des-dessins-modeles-mises-jour-cours,44819.html [Consulta: 18/02/2023.].

RUIZ MUÑOZ, M., "Diseño industrial y derecho de autor en Europa la acumulación en algunos derechos nacionales armonizados", *Actas de derecho industrial y derecho de autor*, tomo 27, 2006-2007, 381-424.

SEMPERE MASSA, I.L., "El diseño funcional: debates proteccionistas", *La Ley mercantil*, 44, febrero, 2018.

Capítulo 17.

DERECHO DE AUTOR E INTELIGENCIA ARTIFICIAL: DELIMITACIÓN DE LAS EXCEPCIONES Y LIMITACIONES DEL DERECHO DE REPRODUCCIÓN

MARTA CERNADAS LÁZARE

Profesora Ayudante Doctora de Derecho Mercantil de la Universidade da Coruña

I. INTRODUCIÓN

La coexistencia de los Derechos de Propiedad Industrial e Intelectual con la Inteligencia Artificial (en adelante, IA) se encuentra lejos de mostrarse pacífica. Mientras ambas realidades están condenadas a convivir, en ocasiones, el carácter exclusivo de estos derechos choca con la *vis* expansiva de esta tecnología. Esta tensión ha sido apuntada y referenciada tanto por el legislador como por la doctrina especializada. No obstante, las reflexiones de ambos no han logrado alcanzar un acuerdo unánime sobre cómo afrontar las necesidades impuestas por la realidad de esta tecnología.

Este trabajo tiene como objetivo analizar una de las tensiones actuales entre la IA y el derecho de autor. En concreto, el aspecto sobre el que versa esta contribución es la posible infracción del derecho de autor por parte de la IA. Con el fin de abordar esta cuestión, es preciso analizar cuáles de los derechos protegibles a través del derecho de autor se ven vulnerados por la aparición de la IA. En este contexto, cabe apuntar que es el derecho de reproducción el que se ve afectado por los sistemas de IA. No obstante, debe analizarse si es posible aplicar alguna de las excepciones y limitaciones contenida en la normativa de Derecho de autor para determinar el carácter infractor o no de la IA.

II. EL DERECHO DE REPRODUCCIÓN

El derecho de autor confiere a su titular una serie de derechos tanto de carácter moral como patrimonial. Este elenco configura la protección del autor de una obra original al tiempo que articula el *ius prohibendi* conferido al mismo. Por lo que se refiere a los derechos de contenido patrimonial, cabe destacar el derecho de reproducción, el cual forma parte de las facultades o derechos de contenido patrimonial que se confieren al autor de una obra original y es objeto de estudio en este trabajo.

Se ha de señalar que el derecho de reproducción es una de las facultades más relevantes conferidas a los autores.[1] Sin embargo, como se verá más adelante, este no puede entenderse sin sus límites o excepciones dado que solo de esta manera

---

1 La relevancia de este derecho ha sido reseñada en numerosas ocasiones por parte de la doctrina, *vid.* GARROTE FERNÁNDEZ-DÍEZ, I., «Artículo 9», en *Comentarios al Convenio de Berna para la protección de las obras literarias y artísticas*, BERCOVITZ RODRÍGUEZ-CANO, R. (Coord.), Tecnos, Madrid, 2013, p. 730; BENTLY, L., SHERMAN, B., GANGJEE, D. y JOHNSON, P., *Intellectual Property Law*, 5ª edición, Oxford University Press, Oxford, 2018, p. 144; GINSBURG, J., «Copyright», en *The Oxford Handbook of Intellectual Property Law*, DREYFUSS, R. y PILA, J. (eds.), Oxford University Press, Oxford, 2018, p. 501; entre otros.

puede conocerse de forma concreta cuál es el alcance de este derecho. Esto se debe en parte a la redacción de los textos legales que reconocen y configuran este derecho.

A nivel internacional, el derecho de reproducción se encuentra regulado en el artículo 9 del Convenio de Berna. Dicho precepto establece que «los autores de obras literarias y artísticas protegidas por el presente Convenio gozarán del derecho exclusivo de autorizar la reproducción de sus obras por cualquier procedimiento y bajo cualquier forma».[2] Por su parte, en la UE, el derecho de reproducción se encuentra recogido en el artículo 2 de la Directiva 2001/29,[3] que establece que: «los Estados miembros establecerán el derecho exclusivo a autorizar o prohibir la reproducción directa o indirecta, provisional o permanente por cualquier medio y en cualquier forma, de la totalidad o parte: a) A los autores, de sus obras; [...]».[4]

Como se aprecia, ninguno de los dos textos contiene una definición como tal sobre qué ha de entenderse por reproducción. No obstante, cabe inferir que el derecho de reproducción se refiere a toda copia realizada de la obra. Si bien, a diferencia del texto internacional, la Directiva resulta más precisa al especificar que se incluye toda «reproducción directa o indirecta, provisional o permanente por cualquier medio y en cualquier forma, de la totalidad o parte» de una obra original. De esta forma, el Derecho de la UE cierra el debate nacido en

---

2 Artículo 9.1 del Convenio de Berna para la protección de las obras literarias y artísticas, del 9 de septiembre de 1886, revisado en Berlín el 13 de noviembre de 1908 y en Roma el 2 de junio de 1928, en adelante, Convenio de Berna.

3 Directiva 2001/29/CE del Parlamento Europeo y del Consejo, de 22 de mayo de 2001, relativa a la armonización de determinados aspectos de los derechos de autor y derechos afines a los derechos de autor en la sociedad de la información, en adelante, Infosoc.

4 Artículo 2. *a)* de la Directiva Infosoc.

el plano del Convenio en torno a si las reproducciones efectuadas a través de internet se encuentran cubiertas por el derecho de reproducción o no.[5]

No obstante, a pesar de este mayor detalle en la normativa de la Unión, el alcance del derecho de reproducción no se encuentra plenamente delimitado. Por ello, es preciso acudir a la jurisprudencia del Tribunal de Justicia para determinar cuál es el alcance concreto de este importante derecho conferido a los titulares de derecho de autor. En particular, el *leading case* es la sentencia *Infopaq*,[6] en la que el alto Tribunal interpreta el artículo 2 de la Directiva Infosoc.

En este pronunciamiento, el Tribunal de Luxemburgo declaró que tanto los considerandos de la Directiva como la propia redacción del precepto determinan que el alcance de la protección conferida debe entenderse en sentido amplio.[7] Esta amplitud interpretativa implica, por consiguiente, la expansión del derecho de reproducción. De hecho, en el citado asunto, el Tribunal de Justicia concluyó que «una actividad

---

[5] En este sentido, *vid.* GARROTE FERNÁNDEZ-DÍEZ, I., «Artículo 9», *op. cit.*, p. 730. Según GARROTE FERNÁNDEZ-DÍEZ, el carácter expansivo y completo de la definición del derecho de reproducción del artículo 2 de la Directiva Infosoc, deja claro que se incluye dentro de este «tanto las reproducciones meramente efímeras o técnicas que se hacen durante el proceso de transmisión de las obras por Internet, como las copias en memoria temporal o RAM que se producen en el ordenador del usuario». Según el citado autor esta cuestión permite superar el debate originado en el seno del Convenio de Berna.

[6] Sentencia del Tribunal de Justicia de 16 de julio de 2009, asunto C-5/08, *Infopaq International A/S vs Danske Dagblades Forening* [ECLI:EU:C:2009:465], en adelante, *Infopaq*.

[7] Apartados 40 a 43 de la sentencia *Infopaq*. En concreto, en el apartado 41 del citado pronunciamiento, el Tribunal de Luxemburgo declara que «el vigésimo primer considerando exige una interpretación amplia de las actividades protegidas por el derecho de reproducción».

realizada en el contexto de un procedimiento de recopilación de datos, por la que se almacena en memoria e imprime un extracto de una obra protegida formado por once palabras constituye una reproducción parcial (...) si expresa la creación intelectual de su autor».[8] En concreto, el Tribunal entendió que «la reelaboración de un extracto de una obra protegida por el derecho de autor, concretamente un total de once palabras consecutivas (...) será una reproducción parcial (...) si el citado extracto contiene algún elemento capaz de expresar la creación intelectual propia del autor».[9]

III. EL COPYRIGHT Y SUS EXCEPCIONES

El derecho de autor no concede a su titular un derecho absoluto sobre su obra. Al igual que sucede con los Derechos de Propiedad Industrial, el Derecho de Propiedad Intelectual cuenta con una serie de excepciones que delimitan su alcance. Es decir, mediante este elenco de excepciones y limitaciones, el derecho de exclusiva otorgado se ve acotado. Esta limitación tiene como objetivo el equilibro justo entre los derechos de los autores –titulares del derecho– y los usuarios.[10]

---

8 Apartado 51 de la sentencia *Infopaq*.

9 Apartado 48 de la sentencia *Infopaq*.
GARROTE FERNÁNDEZ-DÍEZ indica que la sentencia *Infopaq* «señala de manera contundente que las excepciones o límites a los derechos de autor han de ser objeto de interpretación restrictiva, porque suponen una derogación para un caso singular del principio general, que es la concesión de un derecho exclusivo al titular». GARROTE FERNÁNDEZ-DÍEZ, I., «Artículo 9», *op. cit.*, p. 814.

10 En este sentido se expresa el considerando 6 de la Directiva (UE) 2019/790 del Parlamento Europeo y del Consejo, de 17 de abril de 2019, sobre los derechos de autor y derechos afines en el mercado único digital y por la que se modifican las Directivas 96/9/CE y 2001/29/CE. En él, el legislador europeo explica que el objetivo de

La justificación que rodea el reconocimiento de excepciones o limitaciones es diversa en función de cuál sea la excepción en sí. De este modo, cabe fundamentar alguna excepción o limitación en la defensa y protección de derechos fundamentales como puede ser el derecho a la libertad de expresión e información;[11] o, por otra parte, en una decisión política que busca beneficiar ciertas prácticas que no representan un perjuicio real ni económico para el titular del derecho. De esta forma, tal y como sucede en otros Derechos de Propiedad Industrial, la fundamentación de la excepción puede ir desde el equilibrio de derechos hasta la innocuidad del uso del bien inmaterial objeto de protección.

La potestad de prohibir la reproducción de una obra sin la correspondiente autorización de su titular se ve, por consiguiente, limitada por un elenco de disposiciones normativas que contienen excepciones y limitaciones a este derecho. Tanto a nivel internacional como en la UE, los textos legales recogen cuáles son las situaciones en las que el derecho de reproducción cede. No obstante, la configuración de las excepciones o, mejor dicho, de los usos permitidos de obras sujetas a derechos de autor, es diferente en función de los países. Si

las excepciones y limitaciones recogidas por la Directiva es «lograr un justo equilibrio entre los derechos e intereses de los autores y otros titulares de derechos, por una parte, y los usuarios, por otra».

11 Por lo que se refiere a la interrelación entre el derecho de autor y los derechos fundamentales, *vid.* Geiger, C., «"Fair Use" through Fundamental Rights in Europe: When Freedom of Artistic Expression Allows Creative Appropriations and Opens Up Statutory Copyright Limitations», en *The Cambridge Handbook of Copyright Limitations and Exceptions,* BALGANESH, S.; WEE LOON, N. W.; y SUN, H. (eds.), Cambridge University Press, 2021. En esta obra, el autor valora la mayor flexibilidad que la doctrina del *fair use* confiere a la aplicación de las excepciones y limitaciones relativas a la libertad de expresión, en comparación con el sistema de la Unión Europea.

bien, todas estas modalidades parten de un precepto común que es el artículo 9.2 del Convenio de Berna. Este precepto recoge la denominada regla de los tres pasos –*three-step test*– y establece que «[s]e reserva a las legislaciones de los países de la Unión la facultad de permitir la reproducción de dichas obras en determinados casos especiales, con tal que esa reproducción no atente a la explotación normal de la obra ni cause un perjuicio injustificado a los intereses legítimos del autor».

De este artículo han surgido dos fórmulas distintas para configurar las excepciones y limitaciones: por un lado, el sistema de lista exhaustiva –o sistema de *numerus clausus*–[12] y, por otro, el sistema de cláusula abierta.[13] En la UE, el sistema implementado por las Directivas puede ser considerado como híbrido

---

12 Tal y como explica GARROTE FERNÁNDEZ-DÍEZ, la lista exhaustiva «es coherente con la concepción del derecho de autor como parte integrante del derecho de propiedad (en el caso de España, previsto en el art. 33 CE), sin perjuicio del componente personal o moral que está presente en él. De acuerdo con dicha concepción, el derecho del autor, como el de todo propietario, debe extenderse a cualquier utilización económica de su obra, sin más limitaciones que la propia ley prevea (arts. 428 y 429 CC y arts. 2 y 17 LPI)». «Ello provoca que en los sistemas de la tradición del *droit d'auteur* no pueda haber *stricto sensu* lagunas en cuanto a la protección de los autores. Si una conducta no está expresamente autorizada por la Ley, queda dentro del *ius prohibendi* del autor. Y a estos efectos no importa lo relevante o justo que nos parezca el interés jurídico que se pretenda favorecer o garantizar con el límite: la conducta no será lícita si no cuenta con una autorización de los derechohabientes o una habilitación legal». GARROTE FERNÁNDEZ-DÍEZ, I., «Artículo 9», *op. cit.*, pp. 750 y 751.

13 Un ejemplo de los países que emplean este sistema es Estados Unidos de América. El artículo 107 del Copyright Act of 1976 establece que «[*n*] *otwithstanding the provisions of sections 106 and 106A, the fair use of a copyrighted work, including such use by reproduction in copies or phonorecords or by any other means specified by that section, for purposes such as criticism, comment, news reporting, teaching (including multiple copies for classroom use), scholarship, or research, is not an infringement of copyright. In determining*

dado que se han implementado ambos sistemas. Por un lado, se alinea con el sistema de lista exhaustiva o de *numerus clausus*, debido a que en el elenco de Directivas en materia de Propiedad Intelectual se recogen situaciones concretas en las que el derecho de autor se ve limitado o excepcionado.[14] No obstante, también se incluye dentro de la normativa de la Unión la regla de los tres pasos –*three-step test*– en alguna de las Directivas.[15]

Cabe reseñar que a pesar de que, en numerosas ocasiones, los términos excepción y limitación se usan como sinónimos, estos no deben ser considerados como tales. Si bien en ocasiones parecen emplearse como sinónimos o, mejor dicho, de forma intercambiable, lo cierto es que cada uno de estos términos aluden a una situación específica, concreta y propia. Al fin y al cabo, las consecuencias derivadas de una y otra no son

whether the use made of a work in any particular case is a fair use the factors to be considered shall include—
(1) the purpose and character of the use, including whether such use is of a commercial nature or is for nonprofit educational purposes;
(2) the nature of the copyrighted work;
(3) the amount and substantiality of the portion used in relation to the copyrighted work as a whole; and
(4) the effect of the use upon the potential market for or value of the copyrighted work.
The fact that a work is unpublished shall not itself bar a finding of fair use if such finding is made upon consideration of all the above factors».

14 A título de ejemplo cabe cita el artículo 5.1 de la Directiva Infosoc.

15 La *three-step test* se encuentra recogida en el artículo 5.5 de la Directiva Infosoc; en el artículo 6.3 de la Directiva 2009/24/CE del Parlamento Europeo y del Consejo, de 23 de abril de 2009, sobre la protección jurídica de programas de ordenador; y en los artículos 6.3, 7.5 y 8.2 de la Directiva 96/9/CE del Parlamento Europeo y del Consejo, de 11 de marzo de 1996, sobre la protección jurídica de las bases de datos.
Esta regulación ha sido criticada por GARROTE FERNÁNDEZ-DÍEZ, I., «Artículo 9», *op. cit.*, pp. 806 y ss.

asimilables. Es decir, mientras que la excepción constituye el reconocimiento de un derecho para el usuario y, por consiguiente, no es necesario que se compense al titular.[16] Por su parte, ante una limitación, el titular de derechos de autor ve limitado su *ius prohibendi* pero, a cambio, percibe una suerte de compensación o remuneración.[17]

Esta diferencia ha sido señalada también por el propio Tribunal de Justicia en la sentencia *Wort*.[18] En este asunto, el Tribunal declaró que el «derecho exclusivo puede ser, según las circunstancias, o totalmente eliminado, como excepción, o solo limitado. No se descarta que tal limitación pueda suponer, parcialmente, en función de las distintas situaciones particulares que regula, una exclusión, una restricción, o incluso el mantenimiento de dicho derecho».[19]

---

16 RENDAS, T., «Are copyright-permitted uses 'exceptions', 'limitations' or 'user rights'? The special case of Article 17 CDSM Directive», *Journal of Intellectual Property Law & Practice*, vol. 17, nº 1, 2022, pp. 56 y ss. Señala el autor que «[e]*xceptions are traditionally understood as legal provisions that derogate from the content of another rule with a general character, working as external defeating conditions of that general rule*».

17 Asimismo, respecto a las diferencias entre excepción y limitación, *vid.* GARROTE FERNÁNDEZ-DÍEZ, I., «Artículo 9», *op. cit.*, pp. 748 y 749.

18 Sentencia del Tribunal de Justicia de 27 de junio de 2013, asuntos acumulados C-457/11 a C-460/11, *Verwertungsgesellschaft Wort (VG Wort) vs Kyocera, Epson Deutschland GmbH, Xerox GmbH (C-457/11), Canon Deutschland GmbH (C-458/11)*; y, por otra parte, *Fujitsu Technology Solutions GmbH (C-459/11), Hewlett-Packard GmbH (C-460/11) vs Verwertungsgesellschaft Wort (VG Wort)* [ECLI:EU:C:2013:426], en adelante sentencia *Wort*.

19 Apartado 34 de la sentencia *Wort*.

1. Minería de textos y datos

Una de las excepciones y limitaciones a las que se somete el derecho de reproducción es la minería de textos y datos. Esta delimitación del derecho de reproducción fue introducida por la Directiva sobre los derechos de autor y derechos afines en el mercado único digital.[20] El objetivo de esta norma es equilibrar dos tensiones contrapuestas: el disfrute de los derechos conferidos a los autores de obras originales y el desarrollo de sistemas de IA.[21]

No debe obviarse que los sistemas de IA requieren el uso de textos y datos para nutrirse y funcionar correctamente. Por ello, la Directiva de 2019 trata de dar respuesta a esta necesidad sin desposeer a los titulares de derechos de autor de su protección.[22] No obstante, ha de apuntarse que la configuración de

---

20 Directiva (UE) 2019/790 del Parlamento Europeo y del Consejo, de 17 de abril de 2019, sobre los derechos de autor y derechos afines en el mercado único digital y por la que se modifican las Directivas 96/9/CE y 2001/29/CE.

21 Tal y como señala el legislador de la UE, la minería de textos y datos busca analizar grandes cantidades de información para descubrir conocimientos y tendencias. Aunque es ampliamente utilizada, esta práctica reviste cierta incertidumbre legal en la Unión Europea, ya que puede implicar acciones protegidas por derechos de autor y el derecho *sui generis* sobre bases de datos. Esta incertidumbre afecta a universidades, organismos de investigación y a instituciones culturales que requieren autorización de titulares de derechos para realizar estas actividades, a menos que se apliquen excepciones o limitaciones. *Vid.* considerando 8 de la Directiva sobre los derechos de autor y derechos afines en el mercado único digital.

22 Así en el considerando 6 de la Directiva sobre los derechos de autor y derechos afines en el mercado único digital, antes comentado, se declara que «[l]as excepciones y limitaciones establecidas en la presente Directiva tienen por objeto lograr un justo equilibrio entre los derechos e intereses de los autores y otros titulares de derechos, por una parte, y los usuarios, por otra. Únicamente pueden aplicarse

la excepción y limitación de minería de textos y datos ha sido objeto de numerosas críticas al entenderse que no cumple con el objetivo de fomentar una IA segura, ética y sin sesgos debido al limitado acceso a textos y datos que la configuración de las excepciones confiere a estas empresas de IA.[23]

La técnica empleada por el legislador europeo en la Directiva sobre los derechos de autor y derechos afines en el mercado único digital es la siguiente. En primer lugar, se procede a definir en el artículo 2 de la citada norma la minería de textos y datos como «toda técnica analítica automatizada destinada a analizar textos y datos en formato digital a fin de generar información que incluye, sin carácter exhaustivo, pautas, tendencias o correlaciones». Y, a continuación, se establecen dos tipos de excepciones y/o limitaciones. Por un lado, en su artículo 3 se regula una excepción obligatoria para todos los Estados miembros; y, por otra parte, en el artículo 4, el legislador europeo otorga a los Estados miembros la posibilidad de elegir entre establecer una excepción o una limitación.[24]

---

en determinados casos especiales que no sean incompatibles con una explotación normal de las obras u otras prestaciones y no perjudiquen injustificadamente a los intereses legítimos de los titulares de derechos».

23 En este sentido, resulta de sumo interés: GONZÁLEZ OTERO, B., «Las excepciones de minería de textos y datos más allá de los derechos de autor: La ordenación privada contraataca» en *Propiedad intelectual y mercado único digital europeo,* SAIZ GARCÍA, C. y EVANGELIO LLORCA, R. (dir.), Tirant lo Blanch, Valencia, 2019; GEIGER, C., «The Missing Goal-Scorers in the Artificial Intelligence Team: Of Big Data, the Fundamental Right to Research and the failed Text and Data Mining limitations in the CSDM Directive», », en *Intellectual Property and Sports, Essays in Honour of P. Bernt Hugenholtz,* Kluwer Law International, 2021; NORDEMANN, J. y PUKAS, J., «Copyright exceptions for AI training data –Will there be an international level playing field?», *Journal of Intellectual Property Law & Practice,* vol. 17, nº 2, 2022.

24 La técnica seguida por el legislador europeo también ha sido objeto de críticas por parte de la doctrina, la cual considera que la potestad

Por lo que se refiere a la excepción obligatoria del artículo 3, esta tiene como objetivo permitir «las reproducciones y extracciones realizadas por organismos de investigación e instituciones responsables del patrimonio cultural con el fin de realizar, con fines de investigación científica, minería de textos y datos de obras u otras prestaciones a las que tengan acceso lícito».[25]

Se trata, pues, de una excepción al derecho de reproducción obligatoria cuando la minería de textos y datos tiene como fin la investigación científica. La configuración de esta excepción implica que no cabe ni compensación económica ni el empleo de ninguna técnica de bloqueo.[26] Pero, para ello, es preciso que se cumplan una serie de requisitos.

En primer lugar, esta excepción solo operará cuando el fin perseguido por la técnica de minería sea el de la investigación científica y siempre que se adopten las medidas de seguridad adecuadas para la conservación de las copias de las obras protegidas.[27] En segundo lugar, solo podrán beneficiarse de esta excepción, es decir, únicamente existirá la excepción, cuando la actividad de minería de textos y datos sea llevada a cabo por organismos de investigación e instituciones responsables del

---

conferida a los Estados miembros tiene por objeto fragmentar el panorama jurídico en la UE. En este sentido, *vid.* MELETTI, B., «A review of empirical evidence on Copyright exceptions», *CREATe Working Papers*, 2021/9, p. 2.

25 Artículo 3.1 de la Directiva sobre los derechos de autor y derechos afines en el mercado único digital.

26 Respecto a la no compensación a los autores, *vid.*, GRIFFITHS, J., SYNODINOU, T. y XALABARDER, R., «Comment on the European Copyright Society Addressing Selected Aspects of the Implementation of Articles 3 to 7 of the Directive (EU) 2019/790 on Copyright in the Digital Single Market», *GRUR International*, vol. 72, nº 1, 2023, p. 29.

27 Artículo 3.2 de la Directiva sobre los derechos de autor y derechos afines en el mercado único digital.

patrimonio cultural.[28] Por último, el acceso a las obras protegidas debe ser legítimo. Si bien esta obligación de acceso lícito es un elemento fundamental para la aplicación de la excepción, el legislador europeo no se ha referido a qué ha de entenderse por acceso lícito. Esta tarea corresponderá a los Estados miembros y, tal y como apunta la doctrina, se trata de una cuestión de máxima relevancia dado que de ello depende la propia aplicación de la excepción, así como la seguridad de los sistemas de IA.[29]

Asimismo, resulta preciso apuntar que esta excepción al derecho de reproducción no puede ser bloqueada por los titulares de derechos de autor. La propia norma establece que las únicas medidas que pueden adoptar los titulares son aquellas destinadas a garantizar la seguridad e integridad de las redes y bases de datos en las que estén almacenadas las obras, por lo

---

[28] El artículo 2 de la Directiva sobre los derechos de autor y derechos afines en el mercado único digital contiene la definición tanto de organismo de investigación como de institución responsable del patrimonio cultural. Según dicho precepto será considerado como organismo de investigación: «una universidad, incluidas sus bibliotecas, un instituto de investigación o cualquier otra entidad cuyo principal objetivo sea realizar investigaciones científicas o llevar a cabo actividades educativas que también impliquen realizar investigaciones científicas:
a) sin ánimo de lucro o reinvirtiendo todos los beneficios en sus investigaciones científicas, o
b) conforme a una misión de interés público reconocida por un Estado miembro, de tal manera que una empresa que ejerza una influencia decisiva en dicho organismo no pueda gozar de acceso preferente a los resultados generados por tales investigaciones científicas».
Por su parte, se define institución responsable del patrimonio cultural como «una biblioteca o un museo accesibles al público, un archivo o una institución responsable del patrimonio cinematográfico o sonoro».

[29] GRIFFITHS, J., SYNODINOU, T. y XALABARDER, R., «Comment on the European...», *op. cit.*, p. 26.

que fuera de este objetivo no cabe adoptar ninguna otra medida.[30] Esta prohibición implica que los titulares de derechos de autor no están legitimados a emplear ningún tipo de acción técnica o contractual que implique *de facto* una anulación o bloqueo.[31] Del mismo modo, se excluye de esta excepción la capacidad de ejercitar mecanismos *opt-out*, que sí están previstos para otro tipo de situaciones de minería de textos y datos.

Por su parte, en el artículo 4 de la Directiva sobre los derechos de autor y derechos afines en el mercado único digital, el legislador europeo ha dado la posibilidad a los Estados miembros de elegir si regulan la minería de textos y datos como excepción o como límite. Es importante puntualizar que esta potestad solo se refiere al carácter que reviste la previsión, pero no a la obligatoriedad de inclusión en la normativa nacional. Tal precepto declara que «los Estados miembros establecerán una excepción o limitación a los derechos (...) con respecto a las reproducciones y extracciones de obras y otras prestaciones accesibles de forma legítima para fines de minería de textos y datos».[32]

Por consiguiente, se trata de una excepción o limitación al derecho de reproducción que producirá efectos diversos en función de la fórmula elegida por el legislador nacional para su transposición. De este modo, en el supuesto en el que se opte por una excepción no cabría esperar una compensación económica para los titulares de derecho de autor. Sin embargo, de configurar esta previsión como limitación sí podría recibirse una compensación o remuneración económica por parte de estos titulares de derecho de autor. Si bien, tal y como señala la

---

30 Artículo 3.3 de la Directiva sobre los derechos de autor y derechos afines en el mercado único digital.

31 GRIFFITHS, J., SYNODINOU, T. y XALABARDER, R., «Comment on the European...», *op. cit.*, p. 27.

32 Artículo 4.1 de la Directiva sobre los derechos de autor y derechos afines en el mercado único digital.

doctrina, el reconocimiento de una compensación económica no sería deseable, dado que ello podría poner en peligro la efectividad de esta disposición.[33]

La limitación o excepción contenida en el artículo 4 tiene por objeto regular las técnicas de minería de textos y datos con otros fines distintos a la investigación, dentro de los cuales se incluyen también los fines comerciales. Por ello, los sujetos que pueden llevar a cabo estas técnicas de minería de textos y datos serán, en abstracto, cualquier usuario y no únicamente los organismos de investigación o las instituciones responsables del patrimonio cultural.

Sin embargo, estos beneficiarios solo tendrán tal consideración si se cumplen las exigencias de la disposición. Esto es, la excepción o limitación contiene dos requisitos fundamentales que han de darse de forma cumulativa para que el acto de reproducción no sea constitutivo de infracción. Por un lado, al igual que en la excepción del artículo 3, se requiere que el acceso a las obras protegidas sea legítimo. Y, por otra parte, es necesario que los titulares de derecho de autor no hayan empleado el mecanismo *opt-out.*

Este mecanismo de *opt-out* se recoge en el apartado 3 del artículo 4 de la Directiva. Dicho precepto señala que «[l]a excepción o limitación establecida en el apartado 1 se aplicará a condición de que el uso de las obras y otras prestaciones a que se refiere dicho apartado no esté reservado expresamente por los titulares de derechos de manera adecuada, como medios de lectura mecánica en el caso del contenido puesto a la disposición del público en línea». Es decir, la excepción o limitación quedará sin efecto si los titulares han declarado ex-

33 GRIFFITHS, J., SYNODINOU, T. y XALABARDER, R., «Comment on the European...», *op. cit.*, p. 29.

presamente su reserva.[34] Consecuentemente, cabe acoger las palabras de GÓNZALEZ OTERO en las que se refiere al artículo 4 como aquella «de obligatoria implementación para los Estados miembros, pero no imperativa para los particulares».[35]

IV. LA INFRACCIÓN DEL DERECHO DE REPRODUCCIÓN POR UNA IA

Es pacífico afirmar que los sistemas de IA utilizan obras susceptibles de estar protegidas por derecho de autor. La propia configuración técnica de esta tecnología necesita de estas obras para su entrenamiento y correcto funcionamiento. Este uso es susceptible de ser calificado como una infracción del derecho de reproducción. No obstante, esta cuestión no se encuentra exenta de matices y controversia. Tal y como se ha observado en este recorrido por la normativa aplicable, el derecho de reproducción puede verse acotado por excepciones y limitaciones.

No obstante, para determinar si existe o no una infracción del derecho de autor por parte de la IA es necesario tener en cuenta que la interrelación entre el Derecho de autor y la IA se encuentra presente en dos fases. Por un lado, la fase de entrenamiento o '*training*' conlleva el riesgo de que entre los datos utilizados para alimentar y entrenar los sistemas de IA se encuentren obras protegidas por derechos de autor. Y, por otra parte, cuando la IA genera su resultado final también existe el peligro de que este pueda infringir derechos de autor.

---

34 Respecto a las técnicas del mecanismo *opt-out, vid.*, GRIFFITHS, J., SYNODINOU, T. y XALABARDER, R., «Comment on the European…», *op. cit.*, pp. 29 y 30.

35 GONZÁLEZ OTERO, B., «Las excepciones de minería…» *op. cit.*, p.

1. El empleo de obras protegidas como input

La primera fase en la que existe el riesgo de que la IA infrinja el derecho de autor es cuando se nutre el sistema. El comúnmente denominado *input* de la IA se refiere a la información o datos de entrada –*input*– que se proporcionan a un sistema durante su fase de entrenamiento. Estos datos pueden adoptar diversas formas, como conjuntos de imágenes, secuencias de texto o datos numéricos, dependiendo de la naturaleza de la tarea para la cual está diseñada la IA. Durante esta fase, el modelo procesa y analiza estos datos para identificar patrones y relaciones, ajustando sus parámetros internos en función de la retroalimentación proporcionada por los resultados esperados.[36]

Es cierto que muchos de los datos e información que alimentan los sistemas de IA son de libre acceso, pero entre estos datos puede haber también obras protegidas a través de derechos de autor. El empleo de obras protegidas como *input* puede constituir una infracción del derecho de reproducción conferido a su titular. No obstante, como se ha comentado, el hecho de emplear textos y datos no siempre implicará la existencia de una infracción del citado derecho dado que existen excepciones y limitaciones al mismo. De hecho, podría afirmarse que gracias a la excepción y limitación relativa a la minería de textos y datos no existe tal infracción del derecho de reproducción. Sin embargo, esta afirmación no sería absoluta. El problema por el cual no puede darse una respuesta firme

36 Una explicación más detallada puede encontrarse en: SOBEL, B., «A Taxonomy of Trining Data: Disenangling the Mismatched Rights, Remedies, and Rationales for Restricting Machine Learning», en *Artificial Intelligence & Intellectual Property,* Oxford University Press, Oxford, 2021, pp. 223 y ss.; y GUADAMUZ, A., «A Scanner Darkly: Copyright Infringement in Artificial Intelligence Inputs and Outputs» (26 de febrero de 2023), pp. 3 y ss., disponible en: https://ssrn.com/abstract=4371204.

deriva de la propia configuración de la excepción y limitación de los artículos 3 y 4 de la Directiva sobre los derechos de autor y derechos afines en el mercado único digital.

Como se ha apuntado, ambas previsiones contienen una serie de requisitos para su aplicación. De este modo, para poder aplicar el artículo 3 de la citada Directiva es necesario que la minería de textos y datos se lleve a cabo únicamente con fines de investigación científica, por organismos de investigación o instituciones responsables del patrimonio cultural y solo cuando exista un acceso lícito a estos textos y datos. Estos criterios impiden que las empresas privadas que desarrollan sistemas de IA puedan beneficiarse de la excepción.

Por lo que se refiere a los requisitos de la excepción o limitación recogida en el artículo 4 de la Directiva sobre los derechos de autor y derechos afines en el mercado único digital, estos pueden parecer sencillos de cumplir. Es más, *a priori*, puede creerse que la flexibilidad en cuanto a los beneficiarios de la excepción o limitación y la posibilidad de realizar la minería de textos y datos con cualquier fin permiten que las empresas que desarrollan sistemas de IA sean amparadas por esta disposición, siempre que el acceso a las obras sea legítimo. Sin embargo, el mecanismo de *opt-out* incluido por el legislador europeo provoca que la aplicación del artículo 4 no resulte tan simple.

Mediante el citado mecanismo, los titulares de derechos de autor tienen la potestad de prohibir el uso de sus obras en minería de textos y datos, esto es, de dejar sin efecto la excepción o limitación. Si bien, esta posibilidad solo tendrá efecto si los titulares de derechos manifiestan su voluntad de manera expresa y adecuada. Por consiguiente, en caso de conflicto por entenderse que es posible que exista una infracción de derecho de autor, la solución del mismo requiere verificar el uso del mecanismo de *opt-out* y valorar su idoneidad.[37]

A la vista de la configuración de los artículos 3 y 4 de la Directiva, puede afirmarse que no todas las entidades o empresas que desarrollan sistemas de IA cuentan con las mismas oportunidades de acceso a los textos y datos. La regulación diferencia claramente entre los organismos de investigación e instituciones responsables del patrimonio cultural y empresas desarrolladoras de sistemas de IA, al beneficiar a estos primeros sobre los segundos. Pero, las diferencias de tratamiento no terminan aquí. El coste que lleva aparejada una demanda por infracción de derechos de autor, unido a la incertidumbre que rodea la normativa, provoca que no todas las empresas de IA puedan asumir los mismos riesgos.[38] Asimismo, cabe apuntar que, ante la ausencia de una excepción o limitación, las empresas de sistemas de IA deben solicitar la autorización de los titulares de derechos de autor para usar sus obras como *inputs.* Claramente este hecho implica que no todas las empresas puedan permitirse económicamente los costes aparejados.[39]

Las diferencias derivadas del régimen normativo tienen una fuerte incidencia en el mercado y la competencia debido

---

37 La inseguridad que rodea el mecanismo de *opt-out* ha provocado que la empresa de IA, OpenAI, haya creado su propio sistema de *opt-out,* el cual puede solicitarse a través de su propio formulario. Este formulario se encuentra disponible en: https://share.hsforms.com/1_OuT5tfFSpic89PqN6r1CQ4sk30.
Respecto a los mecanismos de *opt-out* y a la relación IA-autores, *vid.*, STROWEL, A., «ChatGPT and Generative AI Tools: Theft of Intellectual Labor?», *IIC,* vol. 54, 2023.

38 GONZÁLEZ OTERO, B., «Las excepciones de minería ...» *op. cit.*

39 GARCÍA VIDAL, A., «Propiedad Intelectual y minería de textos y datos: estudio de los artículos 3 y 4 de la Directiva (UE) 2019/790», *ADI,* 40, p. 107 y ss.

a que no se asegura un acceso a los datos simétrico.[40] Ello tiene un impacto directo en la capacidad de desarrollar sistemas de IA seguros que no adolezcan de sesgos, que cuenten con una información y datos actualizados y que no sean imparciales.[41] No se puede obviar que la calidad y la representatividad del conjunto de *inputs* son factores críticos que influyen en la capacidad del modelo para generalizar y desempeñarse eficazmente en situaciones no vistas durante el despliegue. Por ello, se aboga por el reconocimiento de un 'derecho de lectura' o un 'derecho a aprender' para los sistemas de IA, que permita excepcionar el derecho de autor de forma homogénea para favorecer el desarrollo de IAs seguras e imparciales.[42]

---

40 JIMÉNEZ SERRANÍA, V., «Datos, minería e innovación: *¿qvo vadis,* Europa? Análisis sobre las nuevas excepciones para la minería de textos y datos», *Cuadernos de Derecho Transnacional,* vol. 12, nº 1, 2020, p. 258.

41 La necesidad de contar con la mayor cantidad de información y datos ha sido reconocida por el propio Parlamento Europeo en la Resolución del Parlamento Europeo de 20 de octubre de 2020, sobre los derechos de propiedad intelectual para el desarrollo de las tecnologías de inteligencia artificial (2020/2015(INI)) P9_TA (2020)0277, puntos 17 y 18.

Por lo que se refiere a la política legislativa de la UE en relación con la IA, *vid.,* FERNÁNDEZ CARBALLO-CALERO, P., *La Propiedad Intelectual de las obras creadas por inteligencia artificial,* Aranzadi, Cizur Menor, 2021, pp. 30 y ss.

42 LEMLEY, M., y CASEY., B., «Fair Learning», *Texas Law Review,* vol. 99, nº 4, 2021; CASPERS, M., y GUIBAULT, L., «A right to 'read' for machines: assessing a black-box analysis exception for data mining», *Proceedings of the Association for Information Science and Technology,* vol. 53, nº 1, 2016; QUANG, J., «Does Training AI Violate Copyright Law?», *Berkeley Technology Law Journal,* vol. 36, 2021.

2. *El empleo de obras protegidas como output*

El término *output* se refiere al resultado generado por una IA después de procesar un conjunto de datos de entrada –*inputs*–. Este resultado puede adoptar diversas formas según cuál sea la tarea encargada a la IA, por lo que los *outputs* pueden ir desde una clasificación, un valor numérico o, en los últimos modelos, la generación de contenido multimedia, como imágenes, texto o música.[43] Durante el proceso de entrenamiento del modelo, los parámetros internos se ajustan utilizando algoritmos de optimización para hacer que la predicción del *output* se acerque lo más posible al resultado esperado. La calidad del output se evalúa utilizando métricas específicas que están relacionadas con los objetivos de la tarea en cuestión. Además, la capacidad del modelo para aplicar lo que ha aprendido a nuevas situaciones o datos, conocido como *machine learning*, es crucial para su rendimiento y mejora de los sistemas.

El *output* generado por la IA, debido a su naturaleza, puede ser infractor de derechos de autor. Esta potencialidad existe debido a que la los actuales sistemas de IA generativa tienen por objetivo la creación de *outputs* más sofisticados, susceptibles de recibir la consideración de obras 'creativas'.[44] En con-

---

43 Respecto al funcionamiento de los sistemas de IA y la generación del *output, vid.*, MILITSYNA, K., «Human Creative Contribution to AI-Based Output – One Just Can('t) Get Enough», *GRUR International,* vol. 72, nº 10, 2023; y, GUADAMUZ, A., «Do Androids Dream of Electronic Copyright? Comparative Analysis of Originality in Artificial Intelligence Generated Works», en *Artificial Intelligence & Intellectual Property,* Oxford University Press, Oxford, 2021, pp. 149 y ss.; GILLOTE, J., «Copyright Infringement in AI-Generated Artworks», *UC Davis Law Review,* vol. 53, nº 5, 2020, pp. 2660 a 2665.

44 Por lo que se refiere a los *outputs* como obras creativas, *vid.*, FERNÁNDEZ CARBALLO-CALERO, P., *La Propiedad Intelectual ..., op. cit.*, pp. 44 y ss.; FERNÁNDEZ CARBALLO-CALERO, P., *25 Things you should know about artificial intelligence and copyright,* Aranzadi, Cizur Menor,

creto, esta posible infracción puede darse por dos motivos distintos: por una parte, como consecuencia de una regurgitación de los *inputs* empleados en el aprendizaje del sistema de IA;[45] y, por otro lado, porque el *output* generado por la IA tenga la consideración de obra derivada.[46] Si bien, a pesar de la novedad en cuanto al sujeto infractor, las infracciones de derecho de autor derivadas del *output* no implican nuevas perspectivas jurídicas, más allá de la determinación de la responsabilidad.

V. REFLEXIONES

Los derechos de autor y los sistemas de IA están destinados a convivir e interrelacionarse. Sin embargo, esta cuestión plantea una gran complejidad. La tensión entre la exclusividad de los derechos y la expansión de la tecnología presenta desafíos significativos, especialmente en lo que respecta al derecho de reproducción. Esta tensión no ha sido solventada mediante la

---

2022, pp. 33 a 41; GUADAMUZ, A., «A Scanner Darkly: Copyright Infringement in Artificial Intelligence Inputs and Outputs» (26 de febrero de 2023), pp. 22 y ss., disponible en: https://ssrn.com/abstract=4371204.

45 Esta potencialidad respecto a una eventual infracción derivada de una regurgitación ha sido reconocida por las propias empresas titulares de las IA generativas. En el caso de DALL·E 2, OpenAI ha declarado que «[*w*]*e observed that our internal predecessors to DALL·E 2 would sometimes reproduce training images verbatim. This behavior was undesirable, since we would like DALL·E 2 to create original, unique images by default and not just "stitch together" pieces of existing images. Additionally, reproducing training images verbatim can raise legal questions around copyright infringement, ownership, and privacy*». Disponible en: https://openai.com/research/dall-e-2-pre-training-mitigations.

46 GUADAMUZ, A., «A Scanner Darkly: Copyright Infringement in Artificial Intelligence Inputs and Outputs» (26 de febrero de 2023), pp. 22 y ss., disponible en: https://ssrn.com/abstract=4371204.

introducción de excepciones y limitaciones al derecho de reproducción. La normativa de la UE relativa a las excepciones y limitaciones para la minería de textos y datos presenta, como se ha visto en el trabajo, varios puntos débiles que obstaculizan su aplicación y, consecuentemente, inciden en la seguridad jurídica.

La diferenciación entre los organismos de investigación e instituciones responsables del patrimonio cultural y las empresas de IA, así como la posibilidad de ejercitar el mecanismo de *opt-out* por parte de los titulares, plantean interrogantes sobre la equidad en el acceso a datos. Ello tiene un claro impacto en el mercado y la competencia, al igual que en la calidad de los sistemas de IA. Es indiscutible que los sistemas de IA requieren de datos para su entrenamiento y desarrollo, y que solo a través de los datos se pueden diseñar IAs que sean imparciales y seguras. En este contexto, la asimetría en el acceso a los datos genera un problema para lograr el fin de promover la IA ética que pretende el legislador de la UE.

En la otra cara del problema, los titulares de derechos de autor tratan de proteger su propiedad intelectual ante el empleo de sus obras en sistemas de IA. Es cierto que muchos autores han optado por un libre acceso a sus obras para que la IA las utilice como *inputs*, pero otros no han consentido –ni quieren consentir– este uso. Estos titulares tienen un derecho exclusivo que les reconoce un *ius prohibendi* que pueden ejercitar. Ante esta situación, resulta claro que la tarea de equilibrar los intereses de los titulares de derechos y las necesidades de la IA reviste gran complejidad.

Las tensiones en conflicto requieren una respuesta uniforme para toda la UE que pasa obligatoriamente por una decisión política sobre cuál es el interés que se va a primar: el *ius prohibendi* del derecho de reproducción o el fomento de una IA ética, imparcial y segura. De esta respuesta dependerá el atractivo de la Unión para las empresas desarrolladoras de IA, pero también de la calidad de las IAs que emplearemos en el futuro.

BIBLIOGRAFÍA

BENTLY, L., SHERMAN, B., GANGJEE, D. y JOHNSON, P., *Intellectual Property Law,* 5ª edición, Oxford University Press, Oxford, 2018

CASPERS, M., y GUIBAULT, L., «A right to 'read' for machines: assessing a black-box analysis exception for data mining», *Proceedings of the Association for Information Science and Technology,* vol. 53, nº 1, 2016

FERNÁNDEZ CARBALLO-CALERO, P., *La Propiedad Intelectual de las obras creadas por inteligencia artificial,* Aranzadi, Cizur Menor, 2021

FERNÁNDEZ CARBALLO-CALERO, P., *25 Things you should know about artificial intelligence and copyright,* Aranzadi, Cizur Menor, 2022

GARCÍA VIDAL, A., «Propiedad Intelectual y minería de textos y datos: estudio de los artículos 3 y 4 de la Directiva (UE) 2019/790», *ADI,* 40

GEIGER, C., «"Fair Use" through Fundamental Rights in Europe: When Freedom of Artistic Expression Allows Creative Appropriations and Opens Up Statutory Copyright Limitations», en *The Cambridge Handbook of Copyright Limitations and Exceptions,* BALGANESH, S.; WEE LOON, N. W.; y SUN, H. (eds.), Cambridge University Press, Cambridge, 2021

GEIGER, C., «The Missing Goal-Scorers in the Artificial Intelligence Team: Of Big Data, the Fundamental Right to Research and the failed Text and Data Mining limitations in the CSDM Directive», en *Intellectual Property and Sports, Essays in Honour of P. Bernt Hugenholtz,* Kluwer Law International, 2021

GILLOTE, J., «Copyright Infringement in AI-Generated Artworks», *UC Davis Law Review,* vol. 53, nº 5, 2020

GINSBURG, J., «Copyright», en *The Oxford Handbook of Intellectual Property Law,* DREYFUSS, R. y PILA, J. (eds.), Oxford University Press, Oxford, 2018

GONZÁLEZ OTERO, B., «Las excepciones de minería de textos y datos más allá de los derechos de autor: La ordenación privada contraataca» en *Propiedad intelectual y mercado único digital europeo,* SAIZ GARCÍA, C. y EVANGELIO LLORCA, R. (dir.), Tirant lo Blanch, Valencia, 2019

GRIFFITHS, J., SYNODINOU, T. y XALABARDER, R., «Comment on the European Copyright Society Addressing Selected Aspects of the Implementation of Articles 3 to 7 of the Directive (EU) 2019/790 on Copyright in the Digital Single Market», *GRUR International,* vol. 72, nº 1, 2023

GUADAMUZ, A., «A Scanner Darkly: Copyright Infringement in Artificial Intelligence Inputs and Outputs» (26 de febrero de 2023), disponible en: https://ssrn.com/abstract=4371204

GUADAMUZ, A., «Do Androids Dream of Electronic Copyright? Comparative Analysis of Originality in Artificial Intelligence Generated Works», en *Artificial Intelligence & Intellectual Property*, Oxford University Press, Oxford, 2021

JIMÉNEZ SERRANÍA, V., «Datos, minería e innovación: *¿qvo vadis,* Europa? Análisis sobre las nuevas excepciones para la minería de textos y datos», *Cuadernos de Derecho Transnacional*, vol. 12, nº 1, 2020

LEMLEY, M., y CASEY., B., «Fair Learning», *Texas Law Review*, vol. 99, nº 4, 2021

MELETTI, B., «A review of empirical evidence on Copyright exceptions», *CREATe Working Papers*, 2021/9

MILITSYNA, K., «Human Creative Contribution to AI-Based Output – One Just Can('t) Get Enough», *GRUR International*, vol. 72, nº 10, 2023

NORDEMANN, J. y PUKAS, J., «Copyright exceptions for AI training data –Will there be an international level playing field?», *Journal of Intellectual Property Law & Practice*, vol. 17, nº 2, 2022

QUANG, J., «Does Training AI Violate Copyright Law?», *Berkeley Technology Law Journal*, vol. 36, 2021

RENDAS, T., «Are copyright-permitted uses 'exceptions', 'limitations' or 'user rights'? The special case of Article 17 CDSM Directive», *Journal of Intellectual Property Law & Practice*, vol. 17, nº 1, 2022

SOBEL, B., «A Taxonomy of Trining Data: Disenangling the Mismatched Rights, Remedies, and Rationales for Restricting Machine Learning», en *Artificial Intelligence & Intellectual Property*, Oxford University Press, Oxford, 2021

STROWEL, A., «ChatGPT and Generative AI Tools: Theft of Intellectual Labor?», *IIC*, vol. 54, 2023

Capítulo 18.

EL CARÁCTER DISTINTIVO DE LA MARCA EN LA ERA DE LA INTELIGENCIA ARTIFICIAL

TRADEMARK DISTINCTIVENESS IN THE AGE OF ARTIFICIAL INTELLIGENCE

IRENE FILGUEIRA LOUREIRO

Investigadora predoctoral contratada de Derecho Mercantil de la Universidade da Coruña

Resumen: El carácter distintivo de la marca es un concepto de gran importancia en Derecho de marcas, al constituir un requisito esencial para el registro de un signo como marca y un factor decisivo para la determinación del ámbito de protección del que esta gozará una vez registrada. Su apreciación representa una tarea particularmente compleja, que presenta una serie de características que dificultan que pueda ser llevada a cabo de manera autónoma por sistemas de Inteligencia Artificial, como pueden ser la necesidad de un elevado grado de conocimiento del mercado, la consideración de la perspectiva del consumidor medio o la ausencia de reglas fijas o automáticas que la tecnología pueda replicar con independencia de las circunstancias del caso concreto.

Palabras clave: carácter distintivo, función esencial, distintividad sobrevenida, riesgo de confusión, Derecho de marcas, Inteligencia Artificial, aprendizaje automático, apreciación automatizada

Abstract: The distinctive character of a trademark is a concept of great importance in trademark law, as it is an essential requirement for the registration of a sign as a trademark and a decisive factor in determining the scope of protection it will enjoy once registered. Its assessment represents a particularly complex task, as it has a series of characteristics that make it difficult for it to be carried out autonomously by Artificial Intelligence systems. Examples of this are the need for a high degree of market knowledge, the consideration of the average consumer's perspective or the absence of fixed or automatic rules that the technology can replicate regardless of the circumstances of the specific case.

KEYWORDS: distinctive character, essential function, secondary meaning, likelihood of confusion, trademark law, Artificial Intelligence, machine learning, automated assessment

I. INTRODUCCIÓN

El carácter distintivo de la marca se erige como un concepto fundamental en el Derecho de marcas, al revestir su apreciación y determinación de especial relevancia en cada una de las fases de la vida de la marca[1].

Debido a la importancia de este concepto para el Derecho de marcas, cabe preguntarse si la apreciación del carácter distintivo puede ser delegada en sistemas de Inteligencia Artificial y, aun en el caso de que dicha tarea pudiese ser llevada a cabo de manera eficaz por la tecnología, si esto sería aconsejable. Con el fin de resolver esta cuestión, el presente trabajo ha dividido su estudio en dos fases: la primera de ellas, dedicada al concepto del carácter distintivo de la marca y a su apreciación por el Tribunal de Justicia de la Unión Europea y, la segunda, a la identificación de los posibles obstáculos que podrían dificultar su apreciación por la Inteligencia Artificial.

1 REY-ALVITE VILLAR, M., "El carácter distintivo de la marca tridimensional en la jurisprudencia de la Unión Europea", *Cuadernos de derecho transnacional*, vol. 6, nº1, 2014, pp. 295-329, p. 307.

II. EL CARÁCTER DISTINTIVO DE LA MARCA EN SEDE DE REGISTRO

El carácter distintivo de la marca ha sido definido por la jurisprudencia del Tribunal de Justicia de la Unión Europea (en adelante, TJUE) como la capacidad o aptitud de la marca para identificar los productos y servicios para los que ha sido registrada, atribuyéndoles una procedencia empresarial determinada y, por lo tanto, permitiendo distinguir dichos productos o servicios de los de otras empresas[2].

Así entendido, el carácter distintivo de la marca se encuentra íntimamente relacionado con su función esencial[3], consistente en garantizar al consumidor o usuario final la identidad de origen del producto que con ella se designa, permitiéndole distinguir sin confusión posible dicho producto de los que tienen otra procedencia[4]. De este modo, el requisito de carácter distintivo tiene como finalidad que todo signo registrado como marca sea apropiado para cumplir con la función que le es propia, esto es, la función de indicación de origen[5]. Para satisfacer

---

2 Sentencia de 29 de abril de 2004, Henkel, asuntos acumulados C-456/01 P y C-457/0 P, ECLI:EU:C:2004:258, apartado 34, entre otras.

3 MAROÑO GARGALLO, M. M., "Marcas no tradicionales: Especial referencia a la marca patrón, la marca de posición y la marca de color", *Cuadernos de derecho transnacional,* vol. 15, nº1, 2023, pp. 491-516, p. 502.

4 Sentencia de 17 de octubre de 1990, HAG II, C-10/89, ECLI:EU:C:1990:359, apartado 14. Del mismo modo, sentencia de 29 de septiembre de 1998, Canon, C-39/97, ECLI:EU:C:1998:442, apartado 28; sentencia de 29 de abril de 2004, Henkel, asuntos acumulados C-456/01 P y C-457/0 P, ECLI:EU:C:2004:258, apartado 48; sentencia de 8 de mayo de 2008, Eurohypo, C-304/06 P, ECLI:EU:C:2008:261, apartado 56 y, más recientemente, sentencia de 4 de junio de 2020, Glaxo Group, T-187/19, ECLI:EU:C:2020:444, apartado 37.

5 Recuerda el Prof. FERNÁNDEZ-NÓVOA que, de acuerdo con la jurisprudencia comunitaria, «un signo carente de carácter distintivo

tal propósito, es suficiente con que la marca «permita al público distinguir el producto o servicio que designa de los que tienen otro origen comercial y llegar a la conclusión de que todos los productos o servicios que identifica han sido fabricados, comercializados o prestados bajo el control del titular de dicha marca, al que se puede hacer responsable de su calidad»[6].

La necesidad de distintividad del signo tiene dos manifestaciones[7]. En primer lugar, el art. 4 de la Ley 17/2001, de 7 de diciembre, de Marcas (en adelante, LM) y, del mismo modo, el art. 4 del Reglamento (UE) 2017/1001 del Parlamento Europeo y del Consejo, de 14 de junio de 2017, sobre la marca de la Unión Europea (en adelante, RMUE), establecen que podrán constituir marcas todos los signos que sean apropiados para «distinguir los productos o servicios de una empresa de los de otras empresas». Por otro lado, tanto el art. 5.1 LM como el art. 7.1 RMUE –en sus apartados a) y b)– establecen que no podrán registrarse como marca los signos que «no puedan constituir marca por no ser conformes al artículo 4» ni aquellos «que carezcan de carácter distintivo», respectivamente.

De este modo, el carácter distintivo de la marca se configura, de un lado, como un requisito esencial para el registro de la marca[8] y, de otro, como una prohibición absoluta de registro.

---

en relación con los correspondientes productos o servicios no puede desempeñar la función básica de la marca; a saber, denotar el origen empresarial de los productos o servicios», *vid.* FERNÁNDEZ-NÓVOA, C., *Tratado sobre Derecho de marcas,* 2ª edición, Marcial Pons, Madrid, 2004, p. 173.

[6] Sentencia de 18 de junio de 2002, Koninklijke Phillips Electronics NV, C-299/99, ECLI:EU:C:2002:377, apartado 47.

[7] RUIPÉREZ DE AZCÁRATE, C., *El carácter distintivo de las marcas,* Editorial Reus, Madrid, 2008, p.33.

[8] De acuerdo con el Prof. GÓMEZ SEGADE, «la capacidad o fuerza distintiva es un requisito esencial de todo signo distintivo, el alfa y el omega del derecho los signos, que no por casualidad se denominan

No obstante, el concepto de carácter distintivo no es idéntico en ambos casos, sino que es posible distinguir entre carácter distintivo abstracto y concreto, en función de si nos encontramos en uno u otro supuesto.

1. Carácter distintivo abstracto y concreto

La distinción entre el carácter distintivo abstracto y concreto de la marca reviste especial importancia en el ámbito de las prohibiciones absolutas. Esto se debe, principalmente, a que tanto el art. 5.1 LM como el art. 7.1 RMUE dedican sus dos primeros apartados a la ausencia de carácter distintivo, al establecer, en su apartado a), que no podrán registrarse como marca los signos «que no puedan constituir marca por no ser conformes al artículo 4» y, en el apartado b), que no podrán registrarse como marca los signos «que carezcan de carácter distintivo».

Esta reiteración de la falta de carácter distintivo como motivo de denegación absoluto podría no suponer problema interpretativo alguno de ser considerada de forma aislada[9], es decir, podría constituir una mera redundancia normativa si de la misma no se derivase ninguna consecuencia adicional. Sin embargo, así como la ausencia de carácter distintivo a la que se refiere la prohibición absoluta tipificada en el apartado b) puede ser subsanada si, debido al uso que se ha hecho del signo,

---

justamente "signos distintivos"», *vid.* GÓMEZ SEGADE, J.A., "Fuerza distintiva y «secondary meaning» en el derecho de los signos distintivos", *Cuadernos de derecho y comercio,* nº 16, 1995, pp. 175-200, p.179.

9 MARCO ALCALÁ, L.A., "La tipificación de la falta de carácter distintivo como motivo de denegación absoluto en la nueva Ley Española de Marcas", *Actas de derecho industrial y derecho de autor,* 22, 2001, pp. 111-142, p. 116.

este «hubiese adquirido un carácter distintivo»[10], la primera de las prohibiciones absolutas vinculada al concepto de marca es, en cambio, insuperable[11].

Este problema interpretativo encuentra su solución en la atribución de diferentes ámbitos de aplicación a uno y otro precepto[12]: mientras que el apartado a) de los arts. 5.1 LM y 7.1 RMUE alude al carácter distintivo abstracto de la marca, el apartado b) se refiere al carácter distintivo concreto[13].

El carácter distintivo abstracto, en el sentido de los arts. 5.1.a) LM y 7.1.a) RMUE, puede ser definido como la distintividad del signo en sí mismo considerado, es decir, como su capacidad para diferenciar bienes o servicios en términos generales[14] sin ser puesto en relación con los productos o servicios objeto de la solicitud[15]. Dicho de otro modo, el carácter distintivo abstracto alude a «la aptitud general de un signo para

---

10 De acuerdo con la literalidad de los arts. 5.2 LM y 7.3 RMUE, «no se denegará el registro de una marca de conformidad con lo dispuesto en el apartado 1, letras b), c) o d) si, antes de la fecha de concesión del registro, debido al uso que se ha hecho de la misma, hubiese adquirido un carácter distintivo».

11 FERNÁNDEZ-NÓVOA, C., *Tratado sobre Derecho…*, cit., p. 155.

12 Sobre la reiteración de la ausencia de carácter distintivo como motivo de denegación absoluto y las posibles soluciones interpretativas, *vid.* MARCO ALCALÁ, L.A., "La tipificación de…", cit., p. 116.

13 Esta interpretación, importada de la doctrina alemana, fue defendida por el Prof. FERNÁNDEZ-NÓVOA: «a fin de fijar el ámbito respectivo de las prohibiciones sentadas por las letras a) y b) del artículo 5.1 es aconsejable seguir la vía trazada por la doctrina alemana, la cual contrapone en este punto dos conceptos: la capacidad distintiva abstracta y la capacidad distintiva concreta», *vid.* FERNÁNDEZ-NÓVOA, C., *Tratado sobre Derecho…*, cit., p. 162.

14 RUIPÉREZ DE AZCÁRATE, C., *El carácter distintivo…*, cit., p. 33.

15 GARCÍA PÉREZ, R., *El Derecho de Marcas de la UE en la Jurisprudencia del Tribunal de Justicia,* Wolters Kluwer, Madrid, 2019, p. 104.

constituir una marca»[16]. De acuerdo con esta definición, carecerían de capacidad distintiva abstracta sólo aquellos signos «que no son aptos para diferenciar ninguna clase imaginable de productos o servicios»[17].

Por otro lado, el carácter distintivo de la marca en el sentido de los arts. 5.1.b) LM y 7.1.b) RMUE alude al carácter distintivo concreto, entendido como la capacidad de la marca para identificar el producto para el que se solicita el registro, atribuyéndole una procedencia empresarial determinada y, por consiguiente, para distinguir este producto de los de otras empresas[18]. De este modo, para que el signo cumpla con el requisito absoluto enunciado en los arts. 5.1.b) LM y 7.1.b) RMUE no es suficiente con que tenga aptitud diferenciadora en abstracto, sino que su distintividad debe poder afirmarse también en concreto, en relación con los productos o servicios específicos para los que se ha solicitado su registro[19].

---

16 Sentencia de 9 de septiembre de 2010, Borko-Marken-Import Matthiesen GmbH & Co. KG, C-265/09 P, ECLI:EU:C:2010:508, apartados 36 y 37. De acuerdo con el Prof. GARCÍA PÉREZ, el Tribunal realiza en la citada sentencia una distinción entre el carácter distintivo abstracto y concreto, si bien se refiere al primero como «carácter distintivo *ab initio*», *vid.* GARCÍA PÉREZ, R., *El Derecho de...*, cit., p. 105.

17 FERNÁNDEZ-NÓVOA, C., *Tratado sobre Derecho...*, cit., p. 162.

18 Sentencia de 8 de abril de 2003, Linde, asuntos acumulados C-53/01 y C-55/01, ECLI:EU:C:2003:206, apartado 40. En el mismo sentido, sentencia de 29 de abril de 2004, Procter & Gamble, asuntos acumulados C-468/01 P a C-472/01 P, ECLI:EU:C:2004:259, apartado 32; sentencia de 8 de mayo de 2008, Eurohypo, C-304/06 P, ECLI:EU:C:2008:261, apartado 66.

19 Sentencia de 25 de septiembre de 2002, Viking-Umwelttechnick GmbH, T-316/00, ECLI:EU:T:2002:225, apartados 24-26; sentencia de 29 de abril de 2004, Procter & Gamble, asuntos acumulados C-468/01 P a C-472/01 P, ECLI:EU:C:2004:259, apartado 30; sentencia de 29 de abril de 2004, Henkel, C-456/01 P, ECLI:EU:C:2004:258, apartados 30-33.

2. *La apreciación de la prohibición absoluta relativa a los signos carentes de carácter distintivo*

Como se avanzó en el apartado anterior, la apreciación del carácter distintivo concreto de la marca, en el sentido de los arts. 5.1.b) LM y 7.1.b) RMUE, requiere una valoración en concreto de los distintos elementos concurrentes[20]: por una parte, en relación con los productos y servicios para los que se solicita el registro y, en segundo lugar, tomando en consideración la percepción que el público destinatario de los productos o servicios tiene de dicho signo[21].

Toda vez que los productos o servicios estén destinados al público en general[22] –esto es, a todos los consumidores– la apreciación del carácter distintivo de la marca deberá tomar como referencia al consumidor medio[23], que se define como un consumidor «normalmente informado y razonablemente atento y perspicaz»[24]. De acuerdo con la jurisprudencia del

---

[20] MAROÑO GARGALLO, M. M., "Marcas no tradicionales…", cit., p. 502.

[21] Sentencia de 18 de junio de 2002, Koninklijke Phillips Electronics NV, C-299/99, ECLI:EU:C:2002:377, apartado 59; sentencia de 9 de octubre de 2002, Ultraplus, T-360/00, ECLI:EU:T:2002:244, apartado 43; sentencia de 7 de octubre de 2004, Mag Instrument Inc., C-136/02 P, apartado 30; sentencia de 8 de mayo de 2008, Eurohypo, C-304/06 P, ECLI:EU:C:2008:261, apartado 67; sentencia de 12 de julio de 2012, Wir machen das Besondere einfach, C-311/11 P, ECLI:EU:C:2012:460, apartado 24.

[22] GARCÍA PÉREZ, R., *El Derecho de…*, cit., p.114.

[23] El prototipo del «consumidor medio» tiene su origen en el Derecho de la competencia desleal en concreto, en el asunto *Gut Springenheide GmbH* (*vid.* sentencia de 16 de julio de 1998, Gut Springenheide GmbH, C-210/96, ECLI:EU:C:1998:369, apartados 30, 31 y 37) y fue trasladado al Derecho de marcas en el asunto *Lloyd* (*vid.* sentencia de 22 de junio de 1999, Lloyd, C-342/97, ECLI:EU:C:1999:323, apartados 25 y 26).

[24] Entre otras, sentencia de 8 de abril de 2003, Linde, asuntos acumulados C-53/01 a C-55/01, ECLI:EU:C:2003:206, apartado 41; sentencia de 29

TJUE, la figura del consumidor medio se caracteriza por percibir la marca «como un todo, cuyos diferentes detalles no se detiene a examinar»[25], y que «rara vez tiene la posibilidad de comparar directamente las marcas», por lo que «debe confiar en la imagen imperfecta que conserva en la memoria»[26]. En concordancia con lo anterior, la apreciación del carácter distintivo de la marca deberá tomar en consideración la impresión de conjunto producida por el signo, con el objeto de llegar a una conclusión sobre si este reviste, o no, carácter distintivo[27]. A este respecto, para que sea posible afirmar el carácter distintivo de la marca, es suficiente con que la marca tenga un carácter distintivo mínimo[28].

Por último, resulta conveniente resaltar que apreciación del carácter distintivo, en el sentido de los arts. 5.1.b) LM y 7.1.b)

---

de abril de 2004, Henkel, asuntos acumulados C-456/01 y C-457/0 P, ECLI:EU:C:2003:258, apartado 35; sentencia de 9 de marzo de 2006, Matratzen Concord AG, C-421/04, ECLI:EU:C:2006:164, apartado 24.

25 Sentencia de 11 de noviembre de 1997, Sabèl, C-251/95, ECLI:EU:C:1997:528, apartado 23.

26 Sentencia de 22 de junio de 1999, Lloyd, C-342/97, ECLI:EU:C:1999:323, apartado 26.

27 La doctrina de la imagen imperfecta o *imperfect recollection* del consumidor medio resulta aplicable, además de a la apreciación del riesgo de confusión, a la apreciación del carácter distintivo, *vid.* sentencia de 6 de mayo de 2003, Libertel, C-104/01, ECLI:EU:C:2003:244, apartado 64. De acuerdo con el Prof. García Pérez, esto es confirmado expresamente por el TJUE en los apartados 43 y 44 de la sentencia de 29 de abril de 2004, Procter & Gamble, asuntos acumulados C-468/01 P a C-472/01 P, ECLI:EU:C:2004:259 –no traducida–, *vid.* García Pérez, R., *El Derecho de...*, cit., p.115.

28 Sentencia de 27 de febrero de 2002, LITE, T-79/00, ECLI:EU:T:2002:42, apartado 28. En el mismo sentido, sentencia de 28 de junio de 2017, Aromasensations, T-479/16, ECLI:EU:T:2017:441, apartado 19 o sentencia de 3 de abril de 2019, See More. Reach More. Treat More., T-555/18, ECLI:EU:T:2019:213, apartado 19.

RMUE, debe realizarse *a priori*, sin tener en cuenta el uso efectivo del signo en el mercado[29].

3. La relación entre la ausencia de carácter distintivo y otras prohibiciones absolutas

Toda vez que ha sido expuesto el concepto de carácter distintivo y su relevancia como prohibición absoluta de registro, resulta conveniente realizar determinadas consideraciones sobre la relación existente entre la prohibición concerniente a los signos carentes de carácter distintivo y otras prohibiciones absolutas de registro.

Las prohibiciones absolutas de registro –enunciadas en los arts. 5.1 LM y 7.1 RMUE– pretenden impedir el acceso al registro de aquellos signos que, por determinadas razones, no resultan aptos para cumplir con las funciones propias de la marca[30]. Cada una de estas prohibiciones absolutas o motivos de denegación absolutos es, de acuerdo con la jurisprudencia del TJUE, independiente de las demás y requiere de un examen por separado[31], en atención al concreto interés general

---

29 Sentencia de 19 de septiembre de 2001, Henkel, T-337/99, ECLI:EU:T:2001:221, apartado 44; sentencia de 7 de octubre de 2004, Mag Instrument, C-136/02 P, ECLI:EU:C:2004:592, apartado 24; sentencia de 21 de octubre de 2004, Erpo Möbelwerk, C-64/02 P, ECLI:EU:C:2004:645, apartado 19 y, en especial, sentencia de 29 de abril de 2004, Procter & Gamble, asuntos acumulados C-468/01 P a C-472/01 P, ECLI:EU:C:2004:259, apartado 61, en la que se confirma la postura de la OAMI de que el criterio del uso de la marca, a efectos de la determinación del carácter distintivo de esta, únicamente puede ser planteada en el ámbito del art. 7.3 RMUE, esto es, en el marco de la apreciación del distintividad sobrevenida o *secondary meaning*.

30 RUIPÉREZ DE AZCÁRATE, C., *El carácter distintivo...*, cit., p.30.

31 Sentencia de 8 de abril de 2003, Linde, asuntos acumulados C-53 a C-55/01, ECLI:EU:C:2003:206, apartado 67; sentencia de 12

que subyace a cada una de ellas[32]. Dicho interés general puede no ser idéntico para todas las prohibiciones absolutas, sino que «puede, e incluso debe» reflejar distintas consideraciones, en función del concreto motivo de denegación a ser examinado[33].

No obstante lo anterior, resulta posible identificar ciertas similitudes o coincidencias entre la prohibición absoluta de registro relativa a los signos carentes de carácter distintivo y otras prohibiciones absolutas, en particular, aquellas relativas a los signos descriptivos y los signos habituales, tipificadas en los apartados c) y d) de los arts. 5.1 LM y 7.1 RMUE, respectivamente. Así lo reconoce la jurisprudencia del TJUE, de acuerdo con la cual, a pesar de tratarse de prohibiciones independientes, «existe una superposición evidente de sus respectivos ámbitos de aplicación»[34]. Esto se debe principalmente a que,

---

de febrero de 2004, Koninklijke KPN Nederland NV, C-363/99, ECLI:EU:C:2004:86, apartado 67.

32 Sentencia de 18 junio 2002, Philips, C-299/99, ECLI:EU:C:2002:377, apartado 77; sentencia de 8 de abril de 2003, Linde, asuntos acumulados C-53/01 a C-55/01, ECLI:EU:C:2003:206, apartado 71; sentencia de 6 de mayo de 2003, Libertel, C-104/01, ECLI:EU:C:2003:244, apartado 51; sentencia de 12 de febrero de 2004, Campina Melkunie BV, C-265/00, ECLI:EU:C:2004:87, apartado 34; sentencia de 12 de febrero de 2004, Koninklijke KPN Nederland VN, C-363/99, ECLI:EU:C:2004:86, apartado 68.

33 Sentencia de 29 de abril de 2004, Henkel, asuntos acumulados C-356/01 P y C-357/0 P, ECLI:EU:C:2004:258, apartados 45 y 46; sentencia de 16 de septiembre de 2004, SAT.1 SatellitenFernsehen GmbH, C-329/02 P, ECLI:EU:C:2004:532, apartado 25. Acerca del interés general específico tomado en consideración para cada una de las prohibiciones absolutas, *vid.* sentencia de 4 de mayo de 1999, Windsurfing Chiemsee, asuntos acumulados C-108/97 y C-109/97, ECLI:EU:C:1999:230, apartados 25 a 27.

34 Sentencia de 4 de octubre de 2001, Merz & Krell GmbH, C-517/99, ECLI:EU:C:2001:510, apartados 35 y 36; sentencia de 12 de febrero de 2004, Koninklijke KPN Nederland NV, C-363/99, ECLI:EU:C:2004:86,

como se expondrá a continuación, tanto los signos descriptivos como los signos habituales carecen también, por definición, de carácter distintivo[35].

En especial, en lo que se refiere a los signos descriptivos, tanto la LM como el RMUE impiden –en sus arts. 5.1.c) y 7.1.c), respectivamente– que puedan ser registrados como marca los signos «que se compongan exclusivamente de signos o indicaciones que puedan servir en el comercio para designar la especie, la calidad, la cantidad, el destino, el valor, la procedencia geográfica o la época de obtención del producto o de la prestación del servicio u otras características de los productos o servicios». En este sentido, los signos descriptivos pueden ser definidos como aquellos que «pueden servir, en el uso normal desde el punto de vista del público relevante, para designar, directamente o mediante la mención de una de sus características esenciales, un producto o un servicio como aquel para el que se solicita el registro»[36].

Esta prohibición absoluta relativa a los signos descriptivos encuentra su fundamento, de un lado, en su falta de capacidad distintiva[37]. Porque, lejos de indicar el origen empresarial

---

apartado 67; sentencia de 12 de febrero de 2004, Campina Melkunie BV, C-265/00, ECLI:EU:C:2004:87, apartado 18.

35 Al identificarse en cierto grado con los productos o servicios que designan –y en relación con los cuales se solicita el registro del signo como marca– resultan incapaces de diferenciar el concreto origen empresarial del que estos proceden y, por ende, de cumplir con la función esencial de la marca, *vid.* REY-ALVITE VILLAR, M., "El carácter distintivo…", cit., p. 305

36 Sentencia de 20 de septiembre de 2001, Procter & Gamble, C-383/99, ECLI:EU:C:2001:461, apartado 99; sentencia de 9 de octubre de 2002, Ultraplus, T-360/00, ECLI:EU:T:2002:244, apartado 22.

37 GARCÍA VIDAL, Á., *El uso descriptivo de la marca ajena,* Marcial Pons, Madrid, 2000, p. 144. El Prof. GARCÍA VIDAL argumenta que, «al contrario de lo que ocurre con los signos contrarios a la Ley, al orden

de los pertinentes productos o servicios, los signos descriptivos proporcionan al público información acerca de las propiedades y características de mismos[38]. Así lo entiende también la jurisprudencia del TJUE, de acuerdo con la cual «una marca denominativa que es descriptiva de las características de los productos o servicios (...) carece necesariamente, como consecuencia de ello, de carácter distintivo con respecto a esos mismos productos o servicios»[39].

Esto no implica, por otro lado, que se pueda llegar a la conclusión de que una marca goza de carácter distintivo con respecto a determinados productos o servicios «por la sola razón de que no los describe»[40]. Antes al contrario, un signo puede carecer de carácter distintivo con respecto a ciertos productos o servicios «por razones distintas a su eventual carácter descriptivo»[41], lo que ocurrirá, asimismo, «si el público a quien se dirige no puede percibir en ese signo una indicación del origen comercial de los productos»[42].

---

público o a las buenas costumbres», la prohibición absoluta relativa a los signos descriptivos no es de carácter general. Antes al contrario, la naturaleza descriptiva debe valorarse necesariamente respecto del concreto producto o servicio y bajo la perspectiva del público pertinente («cuando el público las entienda como tal»).

38 Fernández-Nóvoa, C., *Tratado sobre Derecho...*, cit., p. 186.

39 Sentencia de 12 de febrero de 2004, Koninklijke NPN Nederland NV, C-363/99, ECLI:EU:C:2004:86, apartado 86; sentencia de 12 de febrero de 2004, Campina Melkunie BV, C-265/00, ECLI:EU:C:2004:87, apartado 19.

40 Sentencia de 12 de febrero de 2004, Koninklijke KPN Nederland NV, C-363/99, ECLI:EU:C:2004:86, apartado 70.

41 Sentencia de 12 de febrero de 2004, Koninklijke KPN Nederland NV, C-363/99, ECLI:EU:C:2004:86, apartado 86; sentencia de 12 de febrero de 2004, Campina Melkunie BV, C-365/00, ECLI:EU:C:2004:87, apartado 19.

42 Sentencia de 9 de octubre de 2002, Ultraplus, T-360/00, ECLI:EU:T:2002:244, apartado 30, y jurisprudencia citada.

En este sentido, es posible concluir que la prohibición absoluta relativa a los signos desprovistos de carácter distintivo «abarca todos los supuestos en que un signo no puede distinguir los productos o servicios de una empresa de los de otras empresas»[43], que no se encuentran limitados a aquellos casos en los que un determinado signo pueda ser considerado descriptivo o habitual. Por el contrario, los motivos de denegación referidos a la ausencia de carácter distintivo y a los caracteres descriptivo y habitual «tienen, cada uno de ellos, un ámbito de aplicación y no son ni interdependientes ni excluyentes los unos de los otros»[44].

4. La distintividad sobrevenida de la marca o *secondary meaning*

Otra nota en común de las prohibiciones absolutas de registro relativas signos carentes de carácter distintivo, descriptivos y habituales –en el sentido de los apartados b), c) y d) de los arts. 5.1 LM y 7.1 RMUE, respectivamente– es que, al contrario de lo que sucede respecto de la prohibición absoluta relativa a los signos carentes de carácter distintivo abstracto, estas pueden llegar a ser subsanadas, de acuerdo con lo dispuesto por los arts. 5.2 LM y 7.3 RMUE. En este sentido, el texto legal establece que «no se denegará el registro de una marca de conformidad con lo dispuesto en el apartado 1, letras b), c) o d), si antes de la fecha de concesión del registro, debido al uso que se ha hecho de la misma, hubiese adquirido un carácter distintivo»[45].

43 GARCÍA PÉREZ, R., *El Derecho de...*, cit., p.174.

44 Sentencia de 26 de octubre de 2000, Trustedlink, T-345/99, ECLI:EU:T:2000:246, apartado 31.

45 De acuerdo con REY-ALVITE VILLAR, el hecho de que los signos descriptivos y habituales puedan acceder al registro en caso de que se pruebe que han adquirido carácter distintivo como consecuencia de

La posibilidad de que un determinado signo *prima facie* carente de carácter distintivo pueda adquirirlo como consecuencia del uso que se ha realizado del mismo en el mercado implica que el carácter distintivo, lejos de ser un «requisito de contornos fijos e inmutables», se erige como un concepto dinámico «que puede experimentar cambios decisivos a lo largo del tiempo en virtud de diversas circunstancias»[46] que pueden afectar a la capacidad de ese signo de ser registrado como marca. Así, es posible distinguir, de acuerdo con el Prof. GÓMEZ SEGADE, entre signos inherentemente distintivos y no inherentemente distintivos, pudiendo estos últimos adquirir lo que en la doctrina norteamericana se conoce como *secondary meaning*, y que el Prof. GÓMEZ SEGADE ha preferido denominar «distintividad sobrevenida»[47].

En este sentido, la adquisición de distintividad de un signo como consecuencia de su uso, o distintividad sobrevenida, pue-

---

un uso anterior, constituye una confirmación legal de que «tampoco los signos descriptivos y habituales poseen carácter distintivo de manera inherente, o no podrían adquirirlo posteriormente a través de su uso en el mercado», *vid.* REY-ALVITE VILLAR, M., "El carácter distintivo...", cit., p. 313.

46 GÓMEZ SEGADE, J.A., "Fuerza distintiva y...", cit., p.181.

47 De acuerdo con el Prof. GÓMEZ SEGADE, el concepto empleado por la doctrina norteamericana –que implica la adquisición de un "segundo significado"– puede resultar equívoco para referirse al fenómeno de la adquisición de carácter distintivo de un signo como consecuencia de su uso en el mercado. Esto se debe, por un lado, a que existen determinadas ocasiones en la que una denominación no distintiva, por ser de fantasía, carecerá de un "primer" significado. Además, el concepto de "*secondary meaning*" no debe ser entendido como de subsidiariedad del significado distintivo, sino únicamente como posterior en el tiempo. Es por ello por lo que, de acuerdo con el Profesor, «para evitar cualquier error, podría hablarse de "distintividad sobrevenida"», *vid.* GÓMEZ SEGADE, J.A., "Fuerza distintiva y...", cit., pp.182 y ss.

de ser definida como «un fenómeno que implica mutaciones semánticas o simbólicas, en virtud del cual un signo originariamente desprovisto de capacidad distintiva, por consecuencia fundamentalmente de su uso, a los ojos de los consumidores se convierte en identificador de los productos o servicios de un determinado empresario»[48]. Implica, por lo tanto, la asociación mental por parte del público pertinente de la denominación de que se trate con la empresa que produce tales bienes o servicios[49]. Siempre que esto ocurra, «no cabe poner en tela de juicio que [el] signo pueda convertirse en una marca válida»[50].

Puede observarse, por lo tanto, que al contrario de lo que ocurre en la apreciación del carácter distintivo *ex* arts. 5.1 LM y 7.1 RMUE –consistente en un examen *a priori,* basado en las cualidades intrínsecas del signo y desprovisto de toda consideración del signo en el mercado– el uso realizado del signo por la empresa en el mercado resulta fundamental en la apreciación de la distintividad sobrevenida[51].

La jurisprudencia del TJUE ha establecido una serie de factores que han de ser tomados en consideración para la apreciación de la adquisición de carácter distintivo sobrevenido por un determinado signo, entre los que se encuentran «la cuota

---

48 GÓMEZ SEGADE, J.A., "Fuerza distintiva y...", cit., pp. 181 y 182. De acuerdo con el Profesor, la institución de la distintividad sobrevenida «constituye el reconocimiento legal de los efectos psicológicos que los símbolos del tráfico producen en la mente de los consumidores».

49 GARCÍA VIDAL, Á., *El uso descriptivo…,* cit., 146.

50 FERNÁNDEZ-NÓVOA, C., *Tratado sobre Derecho…,* cit., p. 203.

51 El Prof. FERNÁNDEZ-NÓVOA apunta que, en este punto, la adquisición de distintividad sobrevenida por un signo parte del mismo presupuesto que la adquisición de notoriedad, consistente en «el uso de un signo que desemboca en un resultado: la difusión del signo entre el público», *vid.* FERNÁNDEZ-NÓVOA, C., *Tratado sobre Derecho…,* cit., p. 205.

de mercado poseída por la marca, la intensidad, la extensión geográfica y la duración del uso de esta marca, la importancia de las inversiones hechas por la empresa para promocionarla, la proporción de los sectores interesados que identifica el producto atribuyéndole una procedencia empresarial determinada gracias a la marca, así como las declaraciones de Cámaras de Comercio e Industria o de otras asociaciones profesionales»[52].

De acuerdo con el Tribunal, dicha apreciación exige de «un examen basado en la casuística»[53], en el que todos los factores pertinentes han de ser apreciados globalmente[54] con el fin de determinar si el signo en cuestión resulta apto para identificar el producto de que se trate atribuyéndole una procedencia empresarial determinada y permitiendo distinguirlo de los de otras empresas.

A modo de conclusión, resulta interesante apuntar que la adquisición de distintividad sobrevenida por un signo *prima facie* carente de carácter distintivo, esto es, el hecho de que el mismo sea percibido por el público pertinente como un indicador del origen comercial de los productos o servicios para los que se ha solicitado el registro, «justifica el desconocimiento de las circunstancias subyacentes de interés general, previstas en el apartado 1, letras b) a d), del mismo artículo, que exigen que las marcas puedan ser utilizadas libremente para

---

52 Sentencia de 4 de mayo de 1999, Windsurfing Chiemsee, asuntos acumulados C-108/97 y C-109/97, ECLI:EU:C:1999:230, apartado 51.

53 Sentencia de 4 de mayo de 1999, Windsurfing Chiemsee, asuntos acumulados C-108/97 y C-109/97, ECLI:EU:C:1999:230, apartado 43.

54 Sentencia de 7 de julio de 2005, Nestlè, C-353/03, ECLI:EU:C:2005:432, apartado 31, y jurisprudencia citada.

evitar la creación de una ventaja competitiva ilegítima a favor de un único operador económico»[55].

III. EL CARÁCTER DISTINTIVO Y LA PROTECCIÓN DE LA MARCA: ESPECIAL MENCIÓN AL RIESGO DE CONFUSIÓN

La importancia del carácter distintivo de la marca no se limita a su condición como requisito esencial para el registro de la misma, sino que su apreciación resulta también relevante para delimitar el grado de protección del que esta gozará una vez ha sido registrada.

Como se ha expuesto en apartados anteriores, para que un determinado signo pueda ser registrado como marca es necesario que revista un carácter distintivo mínimo, suficiente para cumplir con la función que le es propia, al permitir al consumidor identificar los productos o servicios en el mercado como procedentes de una determinada empresa y distinguirlos de los de tienen un origen empresarial diferente. Esto implica, consecuentemente, que todas las marcas registradas deben gozar de cierto carácter distintivo.

---

[55] Sentencia de 4 de julio de 2017, Pirelli, T-81/16, ECLI:EU:T:2017:463, apartado 69. Apunta la Profa. MAROÑO GARGALLO que es responsabilidad de las autoridades competentes velar por «una aplicación atinada» de esta excepción que constituye la adquisición de distintividad sobrevenida, al permitir el acceso al registro de signos *a priori* carentes de carácter distintivo, descriptivos o habituales, «especialmente cuando afecta a marcas que implican elementos que usualmente pueden ser utilizados por los restantes operadores», *vid.* MAROÑO GARGALLO, M. M., "Marcas no tradicionales…", cit., p. 510.

No obstante, el carácter distintivo constituye un «problema de grado»[56], en el sentido de que no todas las marcas poseen la misma capacidad distintiva, siendo posible distinguir diferentes niveles de intensidad[57]. Así, por un lado, existirán marcas con un carácter distintivo mínimo –suficiente para acceder al registro– y otras con un carácter distintivo elevado, ya sea esto de forma intrínseca –por las particularidades del signo– o por el grado de conocimiento que hubiesen adquirido en el mercado[58]. En sintonía con lo anterior, se establece un principio fundamental en el Derecho de marcas: cuanto mayor sea la capacidad distintiva de una marca, mayor será también su grado de protección[59]. Así, las marcas con elevado carácter distintivo, o marcas fuertes[60], gozan de una tutela reforzada ante eventuales infracciones del derecho de marca, en especial, en lo referente a la existencia de riesgo de confusión y a la protección de la marca de renombre.

En primer lugar, en lo que se refiere al riesgo de confusión, este puede ser definido como el riesgo de que, por ser

---

56 García Pérez, R., "El riesgo de confusión en el Derecho de marcas de la Unión Europea", *Revista Aranzadi Civil-Mercantil,* nº8, 2011, pp. 47-112, p. 93.

57 Cernadas Lázare, M.: *La dilución de la marca de renombre,* Marcial Pons, Madrid, 2019, p. 243.

58 De acuerdo con Prof. Fernández-Novoa, esta es la causa que «contribuye más eficazmente a fortalecer el carácter distintivo de la marca. Porque si es así que el público es el protagonista del proceso de consolidación de la marca como bien inmaterial, es indudable que a medida que aumenta el grado de conocimiento de una marca por parte del público, se incrementará correlativamente la aptitud de la marca para diferenciar los correspondientes productos o servicios», *vid.* Fernández-Novoa, C., Otero Lastres, J. M., Botana Agra, M.: *Manual de la propiedad industrial,* Marcial Pons, 3ª ed., Madrid, 2017, p. 560.

59 García Vidal, Á., *El uso descriptivo…*, cit., 159.

60 Fernández-Nóvoa, C., *Tratado sobre Derecho…*, cit., p. 283.

un signo idéntico o similar a una marca anterior registrada y por ser también idénticos o similares los productos o servicios que estos identifican en el mercado, «el público pueda creer que los correspondientes productos o servicios proceden de la misma empresa o, en su caso, de empresas vinculadas económicamente»[61]. Así entendido, el riesgo de confusión opera en dos planos distintos. Por un lado, es uno de los motivos de denegación relativos para el registro de un signo como marca –de acuerdo con los arts. 6.1.b) LM y 8.1.b) RMUE– y por otro, protagoniza una de las facultades conferidas al titular de la marca, al permitirle prohibir el uso realizado por un tercero, sin su consentimiento, de cualquier signo en relación con productos o servicios, cuando dicho uso pueda causar riesgo de confusión en el público, de acuerdo con los arts. 34.2.b) LM y 9.2.b) RMUE.

El carácter distintivo de la marca como factor relevante en la apreciación del riesgo de confusión fue introducido por la jurisprudencia del TJUE en el asunto *Sabèl*, al establecer que «el riesgo de confusión es tanto más elevado cuanto mayor resulta ser el carácter distintivo de la marca anterior»[62]. Esta línea jurisprudencial fue posteriormente matizada en el asunto *Canon*, en el que se establece que «aquellas marcas que tienen un elevado carácter distintivo, bien intrínseco, o bien gracias a lo conocidas que son en el mercado, disfrutan de una mayor protección que las marcas cuyo carácter distintivo es menor», por lo que «el carácter distintivo de la marca anterior, y, en particular, su renombre, debe tenerse en cuenta para apreciar si la similitud entre los productos o los servicios designados

---

[61] Sentencia de 29 de septiembre de 1998, Canon, C-39/97, ECLI:EU:C:2008:442, apartado 29.

[62] Sentencia de 11 de noviembre de 1997, Sabèl, C-251/95, ECLI:EU:C:1997:528, apartado 24.

por las dos marcas es suficiente para generar un riesgo de confusión»[63].

De acuerdo con la jurisprudencia del TJUE, la apreciación del carácter distintivo de la marca anterior deberá tomar en consideración, «en particular, las cualidades intrínsecas de la marca, incluido el hecho de que esta carezca, o no, de cualquier elemento descriptivo de los productos o servicios para los que ha sido registrada, la cuota de mercado poseída por la marca, la intensidad, la extensión geográfica y la duración del uso de esta marca, la importancia de las inversiones hechas por la empresa para promocionarla, la proporción de los sectores interesados que identifica los productos o servicios atribuyéndoles una procedencia empresarial determinada gracias a la marca, así como las declaraciones de Cámaras de Comercio e Industria o de otras asociaciones profesionales»[64].

Puede observarse, por lo tanto, que los criterios establecidos por el TJUE para la apreciación del carácter distintivo de la marca anterior coinciden con las pautas enunciadas en el asunto *Windsurfing Chiemsee* en relación con la adquisición de distintividad sobrevenida. De acuerdo con el Prof. Fernández-Nóvoa, «esta coincidencia no debería sorprendernos porque (...) la adquisición de un carácter distintivo en virtud del uso de un signo y el reforzamiento del carácter distintivo de un sig-

---

63 Sentencia de 29 de septiembre de 1998, Canon, C-39/97, ECLI:EU:C:1998:442, apartados 18 y 24.

64 Sentencia de 22 de junio de 1999, Lloyd, C-342/97, ECLI:EU:C:1999:323, apartado 23. De acuerdo con el Prof. García Pérez, en interpretación de la sentencia citada, algunos de los elementos enumerados por el Tribunal están dirigidos a apreciar el carácter distintivo intrínseco de la marca –como la presencia de elementos descriptivos– mientras que otros están relacionados con la notoriedad de la marca en el mercado –por ejemplo, las inversiones realizadas por el titular, *vid.* García Pérez, R., *El Derecho de...*, cit., p. 346.

no son –bien miradas las cosas– fenómenos estructuralmente equivalentes»[65].

Por otro lado, en lo que se refiere a la protección de la marca de renombre, tanto la LM como el RMUE prevén una tutela mayor de este tipo de marcas, con independencia de si los productos o servicios identificados por un signo posterior pueden ser considerados idénticos o similares a los distinguidos por la marca de renombre. Del mismo modo que ocurre en sede de riesgo de confusión, la protección reforzada opera, de un lado, como una prohibición relativa de registro –tipificada en los arts. 8.1 LM y 8.5 RMUE– y, de otro, como una potestad del titular de la marca de renombre para prohibir el uso realizado por un tercero no autorizado que comporte una infracción de su derecho de marca –reconocida en los arts. 34.1.c) LM y 9.1.c) RMUE–. En este sentido, el titular de la marca de renombre estará facultado para impedir el registro o, en su caso, prohibir el uso realizado por un tercero sin justa causa, de un signo idéntico o similar a la marca cuando del uso del mismo «se pudiera obtener una ventaja desleal del carácter distintivo o del renombre de la marca anterior, o dicho uso pudiera ser perjudicial para dicho carácter distintivo o dicho renombre».

Como se puede observar, el carácter distintivo de la marca protagoniza dos de los cuatro supuestos concretos a los que se extiende la protección reforzada de la marca de renombre y que configuran el esquema cuatripartito que caracteriza el actual Derecho europeo[66]: el menoscabo y el perjuicio al carácter distintivo de la marca.

En lo que se refiere al perjuicio al carácter distintivo de la marca de renombre, también denominado «dilución», «menoscabo» o «difuminación», ha sido definido por la jurispru-

---

65 FERNÁNDEZ-NÓVOA, C., *Tratado sobre Derecho…*, cit., p. 288.

66 FERNÁNDEZ-NÓVOA, C., *Tratado sobre Derecho…*, cit., p. 412.

dencia del TJUE como la «debilitación de la capacidad de dicha marca para identificar como procedentes de su titular los productos o servicios para los que se registró y respecto de los cuales se ha utilizado, dado que el uso de la marca posterior da lugar a la dispersión de la identidad de la marca anterior y de su presencia en la mente del público»[67]. En otras palabras, la utilización del signo por parte de personas distintas a su titular, con respecto a productos o servicios diferentes a aquellos que distingue la marca de renombre, puede provocar la pérdida de la capacidad del signo «para atestiguar ante los ojos de los consumidores que todos los productos o servicios que la portan proceden de un único origen empresarial»[68].

Distinto del perjuicio al carácter distintivo es el aprovechamiento indebido del carácter distintivo, al que también se ha referido el TJUE como «ventaja desleal del carácter distintivo», o con los términos «parasitismo» o «*free-riding*». En este caso, la infracción de la marca de renombre se vincula a la obtención de una ventaja por el tercero del uso de un signo idéntico o similar a la marca, que incluye, «en particular, los casos en los que, gracias a una transferencia de la imagen de la marca o de las características proyectadas por esta hacia los productos designados por el signo idéntico o similar, existe una explotación manifiesta de la marca de renombre»[69]. En estos supuestos, el tercero utiliza para sí la elevada capacidad distintiva y el poder

---

67 Sentencia de 27 de noviembre de 2008, Intel, C-252/07, ECLI:EU:C:EU:2008:655, apartados 29 y 76.

68 Tato Plaza, A., "Introducción al régimen jurídico de la marca notoria y la marca renombrada en la nueva ley española de marcas", *IUS ET VERITAS,* nº31, 2005, pp. 30-38, p. 34.

69 Sentencia de 18 de junio de 2009, L´Oréal, C-487/07, ECLI:EU:C:2009:378, apartado 41. En términos similares, sentencia de 22 de septiembre de 2011, Interflora, C-323/09, ECLI:EU:C:2011:604, apartado 74.

de atracción de que goza el signo entre el público, «facilitando así la penetración de sus nuevos productos en el mercado»[70].

IV. APRECIACIÓN DEL CARÁCTER DISTINTIVO DE LA MARCA POR LA INTELIGENCIA ARTIFICIAL

Como se ha expuesto hasta el momento, la apreciación del carácter distintivo de la marca es una tarea compleja, de particular relevancia en el Derecho de marcas, y de cuyo resultado depende tanto la posibilidad de que un determinado signo pueda ser registrado como marca como el grado de protección del que esta gozará una vez registrada. Es precisamente por ello por lo que cabe preguntarse si, en un contexto marcado por la irrupción y el desarrollo de la Inteligencia Artificial (en adelante, IA), así como por su creciente implantación en gran variedad de sectores, la apreciación del carácter distintivo de la marca puede ser delegada en este tipo de tecnologías y, aun si ese fuese el caso, si esto sería aconsejable.

1. La Inteligencia Artificial y el Derecho de marcas

En lo que se refiere a la existencia de herramientas basadas en la IA en el ámbito del Derecho de marcas, ya sea como instrumento de apoyo a los encargados de las oficinas o como un recurso disponible para consumidores y titulares de derechos, es posible identificar ciertos ámbitos en los que su desarrollo e implantación han sido particularmente acusados.

Esto ocurre, de un lado, en lo tocante a la clasificación de los productos o servicios, tarea para la que se han desarrollado diversas aplicaciones que, mediante el empleo de algoritmos

---

70 TATO PLAZA, A., “Introducción al régimen…”, cit., p. 34.

de IA[71], realizan recomendaciones sobre la clase o clases de la Clasificación Internacional de Niza que resultaría apropiada para designar los productos o servicios en referencia a los cuales se formulan las solicitudes de registro. Un ejemplo de este tipo de iniciativas puede ser encontrado en *TMClass*[72], una aplicación desarrollada por la EUIPO y las Oficinas Nacionales de la Unión Europea en colaboración con la OMPI[73] que, mediante una base de datos armonizada, sirve como instrumento de apoyo a los solicitantes de las oficinas participantes.

Del mismo modo, la Oficina de Propiedad Industrial de Singapur (IPOS) ha puesto a disposición de usuarios y titulares de derechos la herramienta *International Classification of Goods and Services (ICGS) Autochecker*[74], cuyo funcionamiento se sirve de sistemas de IA de Procesamiento de Lenguaje Natural (NLP, por sus siglas en inglés)[75] que, al ser entrenados con la base de datos de ítems «preautorizados» de la IPOS[76], pretenden servir de apoyo a los solicitantes en la selección de la clase o clases correspondientes a los productos o servicios en cuestión.

---

71 Gangjee, D.S., "Eye, robot: Artificial Intelligence and Trade Mark Registers" en *Transition and Coherence in Intellectual Property Law*, Cambridge University Press, 2019, p. 178.

72 Disponible en https://tmclass.tmdn.org/ec2/

73 https://tmclass.tmdn.org/ec2/static/html/about-es.html

74 El *software* puede ser descargado mediante los enlaces publicados por la Oficina de Propiedad Intelectual de Singapur, disponibles, en su última versión, en https://www.ipos.gov.sg/docs/default-source/resources-library/trade-marks/infopacks/classification-of-goods-and-services-ipos-website_jan2022.pdf

75 Gangjee, D.S., "Eye, robot: Artificial...", cit., p. 179.

76 Documento explicativo de la Oficina de Propiedad Intelectual de Singapur sobre el funcionamiento de la herramienta *International Classification of Goods and Services (ICGS) Autochecker*, disponible en https://www.ipos.gov.sg/docs/default-source/resources-library/trade-marks/infopacks/classification-of-goods-and-services-ipos-website_jan2022.pdf

Por otro lado, también en relación con los productos o servicios identificados por la marca, es posible destacar la herramienta *Similarity*[77], cuya finalidad es la de aportar al usuario información sobre la eventual identidad o semejanza de los mismos, al permitir la búsqueda y comparación entre dos concretos productos o servicios más allá de su encuadramiento en la Clasificación de Niza[78]. En este sentido, la búsqueda realizada por el usuario generará como resultado una lista de decisiones o resoluciones anteriores de las oficinas participantes en las que se incluya algún tipo de manifestación sobre el grado de semejanza existente entre los términos introducidos en el formulario de búsqueda[79].

Otro ámbito en el que es posible identificar la existencia de un número significativo de herramientas y aplicaciones basadas en la IA es en el de la comparación de los signos o marcas que, mediante la búsqueda de texto y tecnología de reconocimiento de imágenes, permiten a usuarios y titulares de derechos consultar si existe alguna marca anterior idéntica o similar al signo que se pretende registrar como marca. Este es el caso de *eSearch plus,* disponible en el ámbito de la EUIPO[80], o de la *Australian Trade Mark Search,* ofrecida por la Oficina de Propiedad Intelectual de Australia (IP Australia)[81]. Ambas han sido desarrolladas por TrademarkVision, que se sirve de tecnología avanzada de reconocimiento de imágenes basada en IA para analizar los colores, formas y texturas de estas, con

---

77 Disponible en: https://euipo.europa.eu/sim/

78 MIGUEL CARVALHO, M., "Inteligência artificial e violaçao da marca", en *El Derecho de marcas y de la competencia ante las tecnologías de vanguardia,* Tirant lo Blanch, Valencia, 2023, pp. 185-208, p. 203.

79 https://euipo.europa.eu/sim/search

80 Disponible en: https://euipo.europa.eu/eSearch/

81 Disponible en: https://search.ipaustralia.gov.au/trademarks/search/quick

el fin de detectar imágenes semejantes que consten en la base de datos de marcas de la EUIPO o de IP Australia, en su caso[82].

2. *La apreciación del carácter distintivo de la marca por sistemas de Inteligencia Artificial*

Al contrario de lo que ocurre en otros ámbitos, en los que es posible identificar una creciente presencia e importancia de sistemas de IA que sirven como instrumento de apoyo a consumidores y titulares de derechos para el registro o protección de la marca, existen pocas herramientas basadas en esta tecnología que incluyan una apreciación automatizada del carácter distintivo de la marca, pudiendo ser mencionadas al menos dos oficinas de propiedad industrial e intelectual que ofrecen esta posibilidad.

Por un lado, se encuentra IP Australia, que cuenta con una herramienta dirigida a examinadores y encargados de la oficina denominada *Smart Assessment Toolkit,* que se sirve de modelos de *machine learning* con el objetivo de identificar potenciales problemas para el registro de un determinado signo como marca. El *software* incluye lo que es definido como una forma de evaluación del carácter distintivo de la marca, de acuerdo con la cual un determinado signo podría ser considerado descriptivo para los productos o servicios seleccionados o contener un «término genérico común» dentro de la categoría de

---

[82] De acuerdo con la página de Clarivate, propietaria de TrademarkVision, su tecnología ofrece «potentes soluciones en la nube basadas en la Inteligencia Artificial y adaptadas a las administraciones públicas y las oficinas de propiedad intelectual, para que la búsqueda y clasificación de marcas y diseños industriales sea más rápida, clara y precisa». Disponible en: https://clarivate.com/products/ip-intelligence/trademark-research-and-protection/trademark-vision/

productos o servicios en cuestión[83]. La herramienta utiliza una combinación de Procesadores del Lenguaje Natural, bases de datos conformadas por informes y resoluciones anteriores de la Oficina y diccionarios de sinónimos con el objetivo de determinar si el signo en cuestión es susceptible de cumplir con los requisitos necesarios para ser registrado como marca[84].

Por otro lado, la Oficina de Propiedad Intelectual de Singapur ha desarrollado la aplicación *Trade Marks Distinctiveness Checker* que, basada también en la tecnología *machine learning*, tiene como objetivo determinar automáticamente el carácter distintivo de las marcas denominativas[85]. Se trata de una herramienta dirigida principalmente a los funcionarios de la oficina, si bien puede ser utilizada también por solicitantes, que pretende servir como una primera aproximación a la apreciación del carácter distintivo de la marca. De cumplir con la función para la que ha sido creada, aceleraría el proceso de examen de la marca y, por lo tanto, reduciría el tiempo de resolución de las solicitudes de registro[86].

Además de las mencionadas aplicaciones, creadas de forma específica para servir como instrumento de apoyo a las oficinas de propiedad industrial, existen determinados ensayos que han planteado la posibilidad de que herramientas de uso generalizado, como pueden ser grandes motores de búsqueda

---

83 GANGJEE, D.S., "Eye, robot: Artificial…", cit., p. 184.

84 GANGJEE, D.S., "Eye, robot: Artificial…", cit., p. 184. En el mismo sentido, MOERLAND, A., FREITAS, C., "Artificial intelligence and trade mark assessment", en *Artificial Intelligence & Intellectual Property*, Oxford University Press, Oxford, 2021, pp. 266-291, p. 276.

85 INTA EMERGING ISSUES COMMITTEE, "Use of Artificial Intelligence by IP Registries", 2019, p. 2.

86 WIPO, "Meeting of Intellectual Offices (IPOS) on ICT strategies and Artificial Intelligence (AI) for IP administration", 2018, p. 38.

o conocidas aplicaciones de *chatbot*, puedan resultar eficientes en la determinación del carácter distintivo de la marca.

Este es el caso, por ejemplo, de un estudio experimental desarrollado por OUELLETTE, que defiende que Google, con su complejo algoritmo y resultados públicos, ofrece una forma sencilla de evaluar el carácter distintivo en casos de infracción de los derechos de marca[87]. La autora parte de la premisa de que, al evaluar la capacidad distintiva de una determinada marca mediante la búsqueda de la misma en Google, si esta es intrínsecamente distintiva o comercialmente fuerte los primeros diez resultados arrojados por el buscador estarán relacionados con la marca[88]. Es posible mencionar también, de forma anecdótica, el estudio llevado a cabo por GOODHUE y WEI[89], cuyo objetivo era probar la capacidad de Chat GPT para evaluar el carácter distintivo de la marca. Para ello, entrenaron al algoritmo con datos relativos a resoluciones anteriores de la Oficina de Propiedad Industrial de Estados Unidos (USPTO) que obtuvieron mediante búsquedas manuales realizadas a través del Trademark Electronic Search System (TESS) y utilizaron *prompts* en los que se especificaba que la respuesta debía indi-

---

87 OUELLETTE, L.L., "The Google Shortcut to Trademark Law", *California Law Review*, vol. 102, 2014, pp. 351-408.

88 En este sentido, de acuerdo con lo expuesto por OUELLETTE, en la mayoría de los casos objeto de estudio fue posible identificar una correlación similar entre la apreciación del grado de distintividad de la marca por los tribunales y el número de resultados arrojados por Google que vinculaban el término buscado a la marca en cuestión, *vid.* OUELLETTE, L.L., "The Google Shortcut...", cit., pp. 376 y ss.

89 Se dice de forma anecdótica porque en el propio estudio se reconoce que la intención del mismo es permitir al usuario acelerar el proceso previo a la elección del signo, aun cuando esto pueda derivar en «decisiones más simples, menos sofisticadas, menos informadas legalmente (y) potencialmente jurídicamente erróneas», *vid.* GOODHUE, J.D., WEI, Y., *Classification of Trademark Distinctiveness using OpenAI GPT 3.5 model*, 2023, p. 2.

car si la marca era genérica, descriptiva, sugestiva, arbitraria o de fantasía, de acuerdo con la clasificación norteamericana, así como ejemplos de signos correspondientes a cada una de estas categorías.

3. Problemas de la apreciación automatizada del carácter distintivo de la marca por la Inteligencia Artificial

A pesar de los limitados avances en el desarrollo de herramientas basadas en la IA para llevar a cabo la apreciación del carácter distintivo de la marca, lo cierto es que se trata de una tarea compleja, dependiente del contexto y relativamente subjetiva, siendo posible identificar ciertas cuestiones que dificultan que su determinación pueda ser llevada a cabo de forma automatizada[90].

En primer lugar, lo que las aplicaciones desarrolladas por las oficinas de propiedad intelectual de Australia y Singapur realizan es, en realidad, un análisis del carácter descriptivo del signo[91]. Esta es una tarea relativamente más sencilla para la IA. El potencial de las tecnologías de Procesamiento de Lenguaje Natural y del entrenamiento de algoritmos con diccionarios y compendios de sinónimos permiten determinar si un determinado signo denominativo posee un significado en la lengua

[90] MOERLAND, A., FREITAS, C., "Artificial intelligence and...", cit., p. 279.

[91] MOERLAND y FREITAS afirman que, de las herramientas sometidas a análisis (esto es: la de la WIPO, EUIPO, IP Australia e IPOS), únicamente la australiana demostró resultar eficaz, en la práctica, para la identificación de eventuales problemas de descriptividad. La búsqueda realizada para probar esta funcionalidad de las herramientas consistió en la búsqueda del signo "apple" en relación con la comercialización de fruta, *vid.* MOERLAND, A., FREITAS, C., "Artificial intelligence and...", cit., p. 276.

del público relevante y, si así fuese, si este se encuentra relacionado con los productos o servicios para los cuales se solicita el registro del signo como marca.

Sin embargo, tal y como ha sido expuesto en apartados anteriores, a pesar de que todo signo descriptivo «carece necesariamente, como consecuencia de ello, de carácter distintivo»[92] no es posible llegar a la conclusión de que una marca goza de carácter distintivo con respecto a determinados productos o servicios «por la sola razón de que no los describe»[93]. En este sentido, el análisis del carácter descriptivo realizado por las mencionadas herramientas permitiría negar el carácter distintivo de un signo, en el caso de que se llegase a la conclusión de que este tiene un significado descriptivo para los productos o servicios seleccionados[94], pero no afirmarlo, en caso contrario[95].

Incluso reconociendo el potencial limitado de estas herramientas para realizar una primera aproximación a la aprecia-

---

92 Sentencia de 12 de febrero de 2004, Koninklijke NPN Nederland NV, C-363/99, ECLI:EU:C:2004:86, apartado 86; sentencia de 12 de febrero de 2004, Campina Melkunie BV, C-265/00, ECLI:EU:C:2004:87, apartado 19.

93 Sentencia de 12 de febrero de 2004, Koninklijke KPN Nederland NV, C-363/99, ECLI:EU:C:2004:86, apartado 70.

94 Moerland, A., Freitas, C., "Artificial intelligence and...", cit., p. 285.

95 En este punto, consideramos apropiado alejarnos del razonamiento seguido por Moerland y Freitas, de acuerdo con quienes, si un determinado término no tiene un significado que se corresponda con los productos o servicios en cuestión no es descriptivo y, por lo tanto, «puede ser considerado distintivo», *vid.* Moerland, A., Freitas, C., "Artificial intelligence and...", cit., p. 285. Como se ha insistido a lo largo del presente trabajo, no es posible llegar a una conclusión sobre la distintividad de un signo, respecto a determinados productos o servicios, por la única razón de que no los describe. Se trata de prohibiciones independientes, que requieren de una apreciación separada y a los que subyacen intereses generales que reflejan diferentes consideraciones.

ción del eventual carácter descriptivo de un signo denominativo, la tarea se torna más compleja en el caso de las marcas compuestas de varios elementos, algunos de los cuales podrían ser considerados descriptivos de los productos o servicios y otros distintivos. De acuerdo con Moerland y Freitas, un posible punto de partida para el análisis de estos casos sería determinar si el elemento dominante de la impresión de conjunto producida por el signo puede ser considerado descriptivo de los productos o servicios en cuestión, con el fin de evaluar la descriptividad de la marca considerada en su conjunto[96].

Realizar tal apreciación implicaría que la IA debería ser capaz de identificar, a partir de resoluciones o sentencias anteriores con las que pudiese haber sido entrenada a tal fin, cuál de todos los elementos que componen una determinada marca es el dominante. Sin embargo, resulta muy difícil que una herramienta basada esta tecnología pueda llevar a cabo esta apreciación[97], debido a que no existen normas fijas o automáticas para la determinación del elemento dominante de una marca compuesta, al depender de las circunstancias concretas del caso, así como de la percepción del público destinatario de la categoría de productos o servicios implicados[98].

En este sentido, incluso aquellos razonamientos que es posible encontrar con una mayor frecuencia en la jurisprudencia del TJUE, no resultan aplicables automáticamente en todos los

---

[96] Moerland, A., Freitas, C., "Artificial intelligence and…", cit., p. 285.

[97] De acuerdo con el Prof. García Pérez, el entrenamiento de sistemas de IA marcas con jurisprudencia en materia de marcas, «no plantea un problema cuantitativo, ya que existe una abundancia suficiente de resoluciones y sentencias, pero si un problema de uniformidad», *vid.* García Pérez, R., "Derecho de marcas e inteligencia artificial: ¿hacia una apreciación automatizada del riesgo de confusión?, en *Nuevas tendencias en el Derecho de la competencia y de la propiedad industrial III*, Comares, Granada, 2022, pp. 287-300, p. 294.

[98] Moerland, A., Freitas, C., "Artificial intelligence and…", cit., p. 285.

casos[99]. Ejemplos de ello pueden ser encontrados en la consideración de que, en las marcas mixtas que contienen elementos denominativos y gráficos, el elemento denominativo es dominante[100]; o en la consideración de que, por regla general, el consumidor tiende a prestar más atención a la parte inicial de la marca que a su parte final[101]. Tampoco en estos casos es posible realizar una interpretación sistemática aplicable a todo supuesto, que permitiese una identificación automática del elemento dominante de una determinada marca compuesta.

Por otro lado, como ha sido expuesto en apartados anteriores, la apreciación del carácter distintivo debe tomar en consideración la percepción que el público destinatario de los productos o servicios tiene del signo en cuestión, lo que implica, en un primer lugar, determinar cuál es el público relevante de los productos o servicios comercializados y, en segundo lugar, cuál es el grado de atención del consumidor medio de dicho público para la categoría de productos o servicios contemplada.

---

99 En este sentido, en lo que se refiere a la jurisprudencia en materia de marcas, «el Tribunal de Justicia rechaza las aplicaciones automáticas, estandarizadas. Muy al contrario, al Tribunal le repugnan las aplicaciones automáticas y exige prestar atención a los matices del caso concreto», *vid.* García Pérez, R., "Derecho de marcas...", cit., p. 293.

100 Sentencia de 17 de julio de 2008, Aire Limpio, C-488/06 P, ECLI:EU:C:2008:420, apartado 55: «(...) en contra de lo que afirma la recurrente, de dicha jurisprudencia [en referencia a la del Tribunal de Justicia] no se desprende en absoluto que, en el caso de marcas mixtas que contienen tanto elementos gráficos como denominativos, deba considerarse sistemáticamente que estos son dominantes».

101 Sentencia de 22 de mayo de 2012, Penteo, T-585/10, ECLI:EU:T:2012:521, apartado 67. En el marco de la apreciación del riesgo de confusión entre los signos PENTEO y XENTEO, el Tribunal sostiene que, si bien «la parte inicial de las marcas denominativas puede atraer la atención del consumidor en mayor medida de las siguientes», en el caso concreto estudiado, la diferencia en las dos primeras letras no es suficiente para neutralizar la similitud de los signos en conflicto.

Realizar tales consideraciones requiere de un elevado grado de conocimiento del mercado y del comportamiento de compra del consumidor. Para que un sistema de IA pudiese, siquiera plantearse, tomar en consideración la percepción del consumidor medio de una determinada categoría de productos o servicios, necesitaría ser entrenada con una gran cantidad de datos de mercado que le permitiesen identificar, por ejemplo, qué concretos consumidores se sienten atraídos por qué tipo de marcas, cuáles son las circunstancias en que se produce el proceso de compra, o cual es la utilización y destino de los productos y servicios[102].

En este sentido, aun en el remoto caso de que fuese posible disponer de tal información, resulta difícil imaginar que un determinado algoritmo pudiese ser entrenado para identificar cuál el público de referencia y comprender qué circunstancias resultan relevantes para determinar el nivel de atención del mismo para un concreto producto o servicio[103]. Se trata de apreciaciones que revisten un carácter particularmente subjetivo y dependiente del contexto, cuyos matices, al menos en la actualidad, no pueden ser replicados por sistemas de IA[104].

La apreciación automatizada del carácter distintivo de la marca resulta incluso más compleja en aquellos casos en los que

---

102 MOERLAND, A., FREITAS, C., "Artificial intelligence and...", cit., pp. 285 y 286.

103 De acuerdo con MOERLAND y FREITAS, «resulta cuestionable que los datos de entrenamiento permitan siempre a la tecnología identificar una regla o unos parámetros de ponderación claros», *vid.* MOERLAND, A., FREITAS, C., "Artificial intelligence and...", cit., p. 286.

104 KATYAL, S., KESARI, A., "Trademark Search, Artificial Intelligence, and the Role of the Private Sector", *Berkeley Technology Law Journal,* 2021, pp. 501-588, p. 530: «the subjectivity and complexity of trademark law´s doctrinal test would be difficult to replicate with an AI-driven system since they are presently unable to reflect the nuanced of these tests».

este opera como un factor relevante en la apreciación del riesgo de confusión, para lo que, al igual que sucede con la apreciación de la distintividad sobrevenida, se requiere disponer de datos sobre el conocimiento de la marca en el mercado[105].

Plantear esta posibilidad supondría tener acceso a bases de datos que aporten información relevante en relación con presencia de la marca en el mercado, como podrían ser las de minoristas o distribuidores de los productos o servicios en cuestión, grandes superficies o potentes motores de búsqueda[106]. Actualmente, el entrenamiento de los algoritmos que son utilizados por las oficinas de marcas se limita a resoluciones o sentencias anteriores o, en su caso, a información sobre marcas registradas que conste en el registro. Al menos por el momento, no se han desarrollado herramientas basadas en IA que recopilen datos en internet[107] o tengan acceso a informa-

---

105 Recordemos que, de acuerdo con la jurisprudencia del TJUE, son factores relevantes para la determinación del carácter distintivo de la marca anterior «... la cuota de mercado poseída por la marca, la intensidad, la extensión geográfica y la duración del uso de esta marca, la importancia de las inversiones hechas por la empresa para promocionarla, la proporción de los sectores interesados que identifica los productos atribuyéndoles una procedencia empresarial determinada gracias a la marca, así como las declaraciones de Cámaras de Comercio e Industria o de otras asociaciones profesionales», sentencia de 22 de junio de 1999, Lloyd, C-342/97, ECLI:EU:C:1999:323, apartado 23.

106 Moerland, A., Freitas, C., "Artificial intelligence and...", cit., p. 280.

107 De acuerdo con INTA, la Oficina de Propiedad Industrial de Noruega pretende utilizar robots entrenados por los usuarios para realizar búsquedas en páginas web, si bien «no está claro si la intención es utilizar esta herramienta para determinar el carácter distintivo de las marcas denominativas», *vid.* INTA Emerging Issues Committee, "Use of Artificial...", cit., p. 3.

ción relevante propiedad de otros agentes económicos, lo que parece improbable que suceda en el corto plazo[108].

V. CONCLUSIÓN

En los últimos años, ha sido evidente el crecimiento exponencial en la creación y desarrollo de herramientas basadas en Inteligencia Artificial, abarcando una gran variedad de sectores, incluido el ámbito del Derecho de marcas. Estas tecnologías tienen el potencial de automatizar tareas simples y repetitivas, particularmente aquellas que requieren escasa discrecionalidad por parte del examinador o registrador. El objetivo subyacente es agilizar diversos procesos, como la resolución de solicitudes de marca, con la consiguiente mejora en la eficiencia operativa de las oficinas de marcas.

A pesar de estos avances, la apreciación del carácter distintivo de una marca sigue siendo una tarea intrínsecamente compleja y altamente subjetiva, fuertemente influenciada por el contexto. No existen normas o reglas fijas que la Inteligencia Artificial pueda aprender y aplicar de manera automática, especialmente tomando en consideración la falta de información relevante sobre el funcionamiento del mercado o la necesidad de incorporar la perspectiva del consumidor medio de los productos o servicios. Estos elementos constituyen factores cruciales que obstaculizan la capacidad de la Inteligencia Artificial para desempeñar esta función de manera autónoma, al menos en el estado actual de la técnica.

Por lo tanto, al menos en la situación actual, el papel de la Inteligencia Artificial deberá limitarse a servir como un ins-

---

[108] MOERLAND, A., FREITAS, C., "Artificial intelligence and...", cit., p. 280.

trumento de apoyo a registradores o examinadores, pero en ningún caso podrá sustituir la intervención humana.

BIBLIOGRAFÍA

CERNADAS LÁZARE, M., *La dilución de la marca de renombre,* Marcial Pons, Madrid, 2019.

FERNÁNDEZ-NÓVOA, C., *Tratado sobre Derecho de marcas,* 2ª edición, Marcial Pons, Madrid, 2004.

FERNÁNDEZ-NOVOA, C., OTERO LASTRES, J. M., BOTANA AGRA, M.: *Manual de la propiedad industrial,* 3ª edición, Marcial Pons, Madrid, 2017.

GANGJEE, D.S., "Eye, robot: Artificial Intelligence and Trade Mark Registers" en *Transition and Coherence in Intellectual Property Law,* Cambridge University Press, 2019.

GARCÍA PÉREZ, R., "Derecho de marcas e inteligencia artificial: ¿hacia una apreciación automatizada del riesgo de confusión?, en *Nuevas tendencias en el Derecho de la competencia y de la propiedad industrial III,* Comares, Granada, 2022, pp. 287-300.

GARCÍA PÉREZ, R., *El Derecho de Marcas de la UE en la Jurisprudencia del Tribunal de Justicia,* Wolters Kluwer, Madrid, 2019.

GARCÍA PÉREZ, R., "El riesgo de confusión en el Derecho de marcas de la Unión Europea", *Revista Aranzadi Civil-Mercantil,* nº8, 2011, pp. 47-112.

GARCÍA VIDAL, Á., *El uso descriptivo de la marca ajena,* Marcial Pons, Madrid, 2000.

GÓMEZ SEGADE, J.A., "Fuerza distintiva y «secondary meaning» en el derecho de los signos distintivos", *Cuadernos de derecho y comercio,* nº 16, 1995, pp. 175-200.

GOODHUE, J.D., WEI, Y., *Classification of Trademark Distinctiveness using OpenAI GPT 3.5 model,* 2023. Disponible en SSRN: https://ssrn.com/abstract=4351998

INTA EMERGING ISSUES COMMITTEE, "Use of Artificial Intelligence by IP Registries", 2019.

KATYAL, S., KESARI, A., "Trademark Search, Artificial Intelligence, and the Role of the Private Sector", *Berkeley Technology Law Journal,* 2021, pp. 501-588.

MARCO ALCALÁ, L.A., "La tipificación de la falta de carácter distintivo como motivo de denegación absoluto en la nueva Ley Española de Marcas", *Actas de derecho industrial y derecho de autor,* 22, 2001, pp. 111-142.

Maroño Gargallo, M. M., "Marcas no tradicionales: Especial referencia a la marca patrón, la marca de posición y la marca de color", *Cuadernos de derecho transnacional,* vol. 15, nº1, 2023, pp. 491-516.

Miguel Carvalho, M., "Inteligência artificial e violaçao da marca", en *El Derecho de marcas y de la competencia ante las tecnologías de vanguardia,* Tirant lo Blanch, Valencia, 2023, pp. 185-208.

Moerland, A., Freitas, C., "Artificial intelligence and trade mark assessment", en *Artificial Intelligence & Intellectual Property,* Oxford University Press, Oxford, 2021, pp. 266-291.

Ouellette, L.L., "The Google Shortcut to Trademark Law", *California Law Review,* vol. 102, 2014, pp. 351-408.

Rey-Alvite Villar, M., "El carácter distintivo de la marca tridimensional en la jurisprudencia de la Unión Europea", *Cuadernos de derecho transnacional,* vol. 6, nº1, 2014, pp. 295-329.

Ruipérez de Azcárate, C., *El carácter distintivo de las marcas,* Editorial Reus, Madrid, 2008.

Tato Plaza, A., "Introducción al régimen jurídico de la marca notoria y la marca renombrada en la nueva ley española de marcas", *IUS ET VERITAS,* nº31, 2005, pp. 30-38.

WIPO, "Meeting of Intellectual Offices (IPOS) on ICT strategies and Artificial Intelligence (AI) for IP administration", 2018.

Capítulo 19.

ALGUNAS CONSIDERACIONES SOBRE LA NULIDAD ABSOLUTA POR MALA FE COMO ÚLTIMA SOLUCIÓN A LOS CONFLICTOS PERMANENTES ENTRE FAMILIAS DE MARCAS

BELÉN GARCÍA ÁLVAREZ[1]

SUMARIO: I. INTRODUCCIÓN.–II. MARCAS Y FAMILIAS DE MARCAS. III. LA ACCION DE NULIDAD ABSOLUTA. 1. Consideraciones previas. 2. La acción de nulidad absoluta por mala fe. 2.1. Marco temporal. 2.2. Prueba de la mala fe. 2.3. Grado de nulidad. 2.4. Concepto de mala fe. 2.5. Algunas cuestiones sobre procedimiento y órgano competente.- IV. CONCLUSIONES. – VI. BIBLIOGRAFIA.

---

1 Profesora Encargada Doctora de Derecho mercantil. Universidad de Deusto. Dirección de correo electrónico: belen.garcia@deusto.es.
Trabajo realizado en el marco del Equipo de investigación "Constitución económica y justicia social" reconocido por el Gobierno Vasco para el período 2022-2025 (IT1768-22) y en el marco del Proyecto de Investigación «La transformación del Derecho de la Competencia, de los mercados y de los sistemas de pago tras la digitalización», financiado por el Ministerio de Ciencia, Innovación (Ref. PID2022-139741OB-C22).

CONTENTS: I. INTRODUCTION.- II.– TRADEMARKS AND TRADEMARK FAMILIES.- III. THE ACTION FOR ABSOLUTE NULLITY. 1. General remarks. 2. The action for Absolute Nullity due to Bad Faith. 2.1. Temporal aspect. 2.2. Burden of proof of Bad Faith. 2.3. Extension of nullity. 2.4. Concept of Bad Faith. 2.5. Some Remarks about Procedure. IV. CONCLUSIONS. – VI. BIBLIOGRAPHY.

RESUMEN: Se pueden dar conflictos permanentes entre familias de marcas que comparten algún elemento distintivo, y supuestos en que los mecanismos ordinarios de la legislación marcaria no se puedan emplear. Igualmente, el recurso a la vía de la competencia desleal en estos casos resulta muy complicada en especial por la postura de los Tribunales. Por todo ello, la única solución puede consistir en que uno de los titulares de esas familias de marcas interponga la acción de nulidad absoluta por mala fe. Esta acción además ha pasado recientemente a ser competencia de la OEPM.

Palabras clave: marcas; familias de marcas; nulidad absoluta; mala fe; competencia desleal.

ABSTRACT

Permanent conflicts may arise between families of trademarks that share some distinctive element, and cases in which the ordinary mechanisms of trademark legislation cannot be used. Likewise, resorting to unfair competition in these cases is very complicated, especially due to the position of the Courts in Spain. For all these reasons, the only solution may be for one of the owners of these trademark families to file an action for absolute nullity due to bad faith. Recently, this action for absolute nullity must be filed before the Registry Office and not before the ordinary Courts.

Keywords: trademarks; trademark families; absolute nullity; bad faith; unfair competence.

I. INTRODUCCION

Los signos distintivos como parte de la propiedad industrial son esenciales para competir en el mercado por parte de cualquier empresa, cuyo titular sea una persona física o una persona jurídica, que realice actividades económicas en el mercado.

Por ello, en muchas ocasiones las empresas tienen una familia de marcas relacionadas o no entre ellas que las permiten diferenciarse de las demás empresas que ofrecen servicios o productos similares o análogos. Las marcas condensan también la información sobre las prestaciones y sus características, así como sobre las empresas y sobre su reputación. Por esta razón, la publicidad comercial subraya los signos distintivos correspondientes de cada empresa.

Pues bien, en el marco de las relaciones de competencia en el mercado pueden existir conflictos entre familias de marcas, que por diversas razones no se puedan arreglar conforme a los instrumentos ordinarios de la legislación marcaria. En este contexto, la nulidad absoluta por mala fe puede llegar a ser la única solución para enmendar los problemas de competencia, y garantizar así en definitiva una competencia leal en el mercado.

En este trabajo se pretende analizar si el mecanismo de la nulidad absoluta por mala fe prevista en la legislación marcaria puede usarse como el último recurso en caso de conflicto entre familias de marcas, teniendo en cuenta la postura restrictiva de los Tribunales en cuanto a resolver problemas de este tipo conforme a la legislación en materia de competencia desleal. Por ello, primeramente, se examinará el concepto de familias de marcas y sus funciones. A continuación, se abordará la acción de nulidad absoluta por mala fe, incidiendo en especial en el concepto de la mala fe. Finalmente, se expondrán una serie de conclusiones sobre el objeto de este trabajo.

II. MARCAS Y FAMILIAS DE MARCAS

El régimen jurídico de los signos distintivos en España, es decir, de las marcas y de los nombres comerciales, se encuentra fundamentalmente en la Ley 17/2001, de 7 de diciembre, de Marcas (en adelante, LM). La marca es todo signo que sea apropiado para distinguir los productos o los servicios de una empresa de los de otras empresas y ser representado en el Registro de Marcas de la Oficina Española de Patentes y de Marcas (en adelante, OEPM) de manera tal que permita a las autoridades competentes y al público en general determinar el objeto claro y preciso de la protección otorgada a su titular (art. 4 LM). El nombre comercial, por su parte, es todo signo susceptible de representación gráfica que identifica a una empresa en el tráfico mercantil y que sirve para distinguirla de las demás empresas que desarrollan actividades idénticas o similares (art. 87 LM)[2].

No contiene la LM ninguna mención a las familias de marcas[3], aunque lógicamente permite que una persona física o jurídica sea la titular de más de una marca, no existiendo límite alguno, más allá del económico por el coste anual de su mantenimiento en el Registro de Marcas de la OEPM.

Es, por tanto, una creación jurisprudencial, que acredita no solamente la titularidad, sino también la utilización efectiva y conocimiento por el público de varias marcas que comparten unas características distintivas comunes. Se suele considerar que hay una familia de marcas cuando se dan al menos tres marcas registradas por el mismo titular que presenten un elemento distintivo común y una misma estructura, y además se demuestre que todas ellas se utilizan en el mercado de manera

---

2 Como se puede apreciar la definición de nombre comercial no se ha adecuado al cambio en el concepto de marca tras la reforma de la LM mediante el Real Decreto-ley 23/2018, de 21 de diciembre, de transposición de directivas en materia de marcas, transporte ferroviario y viajes combinados y servicios de viaje vinculados (en adelante, Real Decreto-ley 23/2018), que traspuso la Directiva (UE) 2015/2436 del Parlamento Europeo y del Consejo, de 16 de diciembre de 2015, relativa a la aproximación de las legislaciones de los Estados miembros en materia de marcas (en adelante, Directiva 2015/2436).

3 En este trabajo cuando se hable de marcas, se deberá entender que se alude tanto a marcas como a nombres comerciales.

suficiente para ser conocidas por el público y atribuirse a un mismo origen empresarial[4].

Se puede dudar sobre si el reconocimiento de la existencia de una familia de marcas proporciona una distintividad reforzada o mayor a cada marca que forme parte de dicha familia ante un tercero que pretenda registrar un signo idéntico o similar, o si por el contrario es solamente un factor o un criterio más o menos relevante a tomar en consideración a la hora de examinar el riesgo de confusión con una nueva marca aspirante a registro[5]. Eso sí, no es necesario para apreciar la existencia de una familia de marcas que dichas marcas sean conocidas por el público en general[6].

III. LA ACCION DE NULIDAD ABSOLUTA

1. Consideraciones previas

Se prevé en la LM y en el Reglamento (UE) n.° 2017/1001 del Parlamento Europeo y del Consejo, de 14 de junio de 2017,

---

4 PEREZ LLUNA, A., "Las "familias" o "series" de marcas", *Actualidad jurídica Aranzadi,* N° 924, 2016, pp. 1-8.

5 Véase al respecto, por ejemplo, la STJCE de 5 de julio de 2016, T 518/13, ECLI:EU:T:2016:389 (TOL 5.764.223) que trató una demanda de los titulares de McDonald's y su familia de marcas, McMUFFIN, McRIB, McFLURRY, CHICKEN McNUGGETS, McCHICKEN y otras, que reproducen íntegramente un mismo elemento distintivo, concretamente el elemento "Mc". Esto puede llevar a que el público pueda establecer mentalmente un vínculo entre dichas marcas y provocar una transferencia de la imagen y de la reputación de la familia de marcas McDonald's a los productos designados por la otra marca en conflicto.

6 GARCIA PEREZ, R., "La protección reforzada de la marca que goza de renombre ", *El Derecho de Marcas de la UE en la Jurisprudencia del Tribunal de Justicia* , edición n° 1, LA LEY 3804/2019 *passim.*

sobre la marca de la Unión Europea (en adelante, RMUE) un sistema de extinción de las marcas que presenten algún tipo de inconveniente o defecto que impida el mantenimiento de su registro en la OEPM[7]. Hay que tener en cuenta que cuando se alude a la extinción de la marca, ésta puede ser parcial y solo extenderse a alguna o algunas de las clases de productos o servicios para los cuales está registrada la marca (arts. 51.4., 52.5. y 54.2. LM; art. 62 RMUE). En esta dirección, se prevén dos mecanismos, la nulidad y la caducidad. La caducidad supone que la marca concedida fue válida hasta el momento en que concurrió una causa de caducidad, y, en consecuencia, su extinción (art. 60.1. LM; art. 62 RMUE). Sin embargo, la nulidad conlleva que la marca nunca se debió conceder por concurrir en ella un vicio que no debió permitir su registro (art. 60.2. LM; art. 62 RMUE)[8].

En la nulidad debe distinguirse entre la nulidad relativa y la nulidad absoluta. La nulidad relativa se da cuando la marca posterior registrada incurre respecto de algún derecho anterior en alguna de las prohibiciones relativas previstas en la propia LM (art. 52 en relación con arts. 6-10 LM; art. 60 en relación con art. 8 RMUE). La acción de nulidad relativa tiene

---

7 Conviene destacar además la existencia de las Prácticas Comunes de examen para marcas o diseños (en adelante, CP o *Common Practices*) que se han ido adoptado por parte de las Oficinas Nacionales de Registro Europeas y de la Oficina de la Propiedad Intelectual de la Unión Europea (en adelante, EUIPO) con el fin de establecer criterios comunes relativos a ciertos aspectos del examen de marcas y de diseños o modelos industriales más allá de lo establecido en las Directivas comunitarias.

8 POSADAS MARTÍNEZ, A., "La solicitud de marca efectuada con mala fe: una revisión del principio de buena fe registral y de las situaciones de hecho protegidas en el ordenamiento marcario español y comunitario", *LA LEY mercantil*, 6, Septiembre 2014, LA LEY 6587/2014, p. 6.

indirectamente un plazo de ejercicio de 5 años, ya que el artículo 52.2. LM y el art. 61 RMUE recogen la denominada institución de caducidad por tolerancia[9]. Según esta institución, el titular de un derecho anterior, en concreto, de una marca anterior, nombre comercial anterior, de otro derecho de propiedad industrial o intelectual anterior, de una denominación social anterior o de un nombre civil o seudónimo anterior, que haya tolerado el uso de una marca posterior registrada durante un período de cinco años consecutivos con conocimiento de dicho uso, no podrá solicitar en lo sucesivo la nulidad de la marca posterior basándose en dicho derecho anterior para los productos o los servicios para los cuales se hubiera utilizado la marca posterior. De la misma manera el titular de la marca posterior no podrá oponerse al uso del derecho anterior, a pesar de que ese derecho ya no pueda invocarse contra la marca posterior. En cambio, la nulidad absoluta puede darse bien porque el signo registrado como marca contraviene lo dispuesto en el artículo 5 LM y en el art. 7 RMUE que recoge las prohibiciones absolutas de registro, bien porque el solicitante al presentar la solicitud de la marca hubiera actuado de mala fe (art. 51.1.LM y art. 59.1. RMUE). Además, la acción de nulidad absoluta, al contrario de lo que sucede con la acción de nulidad relativa o con la acción de caducidad, es imprescriptible (art. 51.2. LM; art. 59 RMUE). El hecho de que la acción de nulidad absoluta sea imprescriptible y que la causa relativa a la mala fe no supone que el signo distintivo en sí no pueda ser usado y registrado como marca y/o nombre comercial convierten en principio a esta causa en un último remedio para solucionar un conflicto entre dos personas titulares de marcas y/o familias de marcas enfrentadas por ello a lo largo de los

---

9 GARCIA PEREZ, R., "La prescripción por tolerancia", en *El Derecho de Marcas de la UE en la Jurisprudencia del Tribunal de Justicia,* edición nº 1, LA LEY 3817/2019 *passim.*

años[10]. Por ello, nos vamos a centrar en el análisis de la acción de nulidad absoluta por mala fe, y no en las demás causas de nulidad sea esta absoluta o relativa.

2. La acción de nulidad absoluta por mala fe

2.1. Marco temporal

En principio la fecha en la que se debe fijar el examen de la solicitud de nulidad absoluta por mala fe es la de la presentación de la solicitud de registro de la marca afectada[11]. Sin embargo, no puede evitarse tener en cuenta elementos o factores que se hayan producido tanto antes como después de la solicitud para en realidad poder acreditar la mala fe del solicitante del signo distintivo. Así se reconoce de hecho en la Parte D sobre Anulación de las Directrices sobre marcas y dibujos o

---

10 Se plantea en MASSAGUER, J., "La protección jurídica de la marca registrada posterior (O la vida de una marca en las rendijas del sistema)", *LA LEY mercantil*, 74, Noviembre 2020, LA LEY 14185/2020, pp. 9-10, una cuestión delicada como es la situación del titular de una marca anterior que no puede interponer una acción de nulidad relativa contra el titular de una marca posterior por causa de la tolerancia de su uso, en concreto, si el recurso a la mala fe se debe plantear únicamente en sede de nulidad absoluta o si se pueden interponer acciones civiles por infracción del derecho de marca y plantear en la demanda la mala fe y la no aplicación de la limitación del art. 41 bis 2 en relación con el art. 52.2 de la LM. El autor considera que no hay problema en usar la segunda vía, pero desde luego no es una cuestión que esté tan clara, y por ello en este trabajo solo hacemos referencia a la primera.

11 Así también en VARIOS, *Manual informativo sobre Nulidad y Caducidad Administrativa*, OEPM, [en línea], (2022), <https://www.oepm.es/export/sites/oepm/comun/documentos_relacionados/Publicaciones/Folletos/Manual_Nulidad_y_Caducidad_Administrativa.pdf >, [Consulta:22/10/2023], p. 6.

modelos de la EUIPO (en adelante, Directrices EUIPO), que entraron en vigor el pasado 31 de marzo de 2023. Se alude, entre otros hechos anteriores, a "la existencia de un registro de la marca en un Estado miembro, en la Oficina o en otra jurisdicción; las circunstancias en las que se creó la marca y el uso que de ella se hizo desde su creación" (punto 3.3.1. Directrices EUIPO). En cuanto a los hechos posteriores, la atención se centra en si se ha hecho uso de la marca desde su registro. En esta dirección, se echa en falta la alusión también al uso de la marca, a cómo se lleva a cabo ese uso, es decir, si dicho uso se puede considerar desleal atendiendo a las circunstancias concurrentes.

2.2. Prueba de la mala fe

El derecho de marca nace en principio con el registro del signo como tal, el registro tiene en consecuencia un carácter constitutivo, que supone el establecimiento de un principio de buena fe registral[12]. En este sentido, la nulidad por mala fe es una cláusula de cierre o válvula de escape del sistema registral.

Por consiguiente, la mala fe no se presume, por lo que debe probarse suficientemente[13].

2.3. Grado de nulidad

La solicitud de nulidad en principio podrá comprender la totalidad o una parte de los productos o servicios para los que

---

[12] Así en la Exposición de Motivos de la LM. Véase también GARCIA SEDANO, T., "El concepto de mala fe y Ley de Marcas", *Práctica de Tribunales,* núm.115, Julio-Agosto 2015, LA LEY 4628/2015 *passim.*

[13] Así también en Directrices EUIPO, punto 3.3.3., y en, entre otras, en la Sentencia 13 de diciembre de 2012, T-136/11, Pelikan, EU:T:2012:689, 57, (TOL 3.297.758).

esté registrada la marca impugnada (art. 58.3. LM; art. 59.3. RMUE).

Sin embargo, en el supuesto que nos ocupa de la nulidad absoluta por mala fe, la nulidad debería extenderse en principio a todas las clases de productos o servicios para los cuales esté registrada la marca anulada, porque la protección del interés general de que el tráfico mercantil sea leal lleva a esa conclusión[14]. Otra cuestión es que el solicitante de la nulidad solo pida la nulidad de la marca para determinadas clases de productos o servicios por considerar que solamente en relación a ellos la solicitud se hizo de mala fe, o que la mala fe del registro solo se diese respecto de algunas clases de productos o servicios para los cuales se registró la marca[15].

2.4. Concepto de mala fe

La legislación marcaria ni define ni delimita el concepto de mala fe[16] (art. 51 LM y art. 52.1.b) RMUE)[17]. Y, por ello, se plantea si hay que remitirse sin más al concepto general de la mala fe en el Derecho civil, y si hay que valorarla desde una perspectiva objetiva, o subjetiva, o ambas perspectivas.

---

14 Así en Directrices EUIPO, punto 3.3.5., citando Sentencia de TJUE 11 de julio de 2013, T-321/10, EU:T:2013:372, 48, (TOL 9.917.190).

15 ESPIGARES HUETE, J.C., "Solicitud de registro de marca. Prácticas desleales y mala fe", *Revista Lex Mercatoria,* Vol. 14, 2020, p. 75.

16 Cabe señalar que hay un Proyecto de CP13, relativo a "Solicitudes de marca de mala fe" pendiente de aprobación aún a fecha de octubre de 2023 que será muy importante a la hora de orientar tanto a los posibles solicitantes de nulidad absoluta de mala fe, como a los posibles demandados.

17 Así también en las Conclusiones de la Abogada General Sharpston de 11 de junio de 2009 en el caso Lindt Goldhase, C-529/07, EU:C:2009:361, (TOL 2.156.590).

Nuestro Alto Tribunal pareció poner inicialmente el acento en el aspecto subjetivo de la mala fe a la hora de interpretar la Ley de Marcas de 1988[18]. Posteriormente la interpretación se fue objetivizando[19]. Así en la STS de 11 de mayo de 2011 (TOL 2.182.933) se dice que:

"La mala fe a que se refiere la norma española se entiende no en sentido psicológico, como mero conocimiento de una determinada situación jurídica, sino en el sentido ético u objetivo de modelo o estándar de comportamiento admisible socialmente en las circunstancias concurrentes".

Pues bien, se considera que se trata de un concepto autónomo que debe interpretarse de manera uniforme por todos los EEMM según las pautas establecidas en su Jurisprudencia por parte del Tribunal de Justicia de la Unión Europea (TJUE)[20].

Una posible definición de la mala fe, según las Conclusiones del Conclusiones de la Abogada General Sharpston de 11 de junio de 2009 en el caso Lindt Goldhase, C-529/07, EU:C:2009:361, (TOL 2.156.590), sería que es "la conducta que se aparta de los principios aceptados de comportamiento ético o prácticas comerciales y empresariales leales". En las Directrices EUIPO, punto 3.3.2., se continúa diciendo que la acción de nulidad absoluta por mala fe "cumple el objetivo de interés general de impedir los registros de marcas que sean abusivos o contrarios a las prácticas leales en el comercio o

18 Véase, por ejemplo, la STS de 25 de enero de 2007 (TOL 1.036.568), y POSADAS MARTÍNEZ, A., "La solicitud de marca efectuada con mala fe:", *op.cit.*, pp. 7-9.

19 Véanse, por ejemplo, las SSTS de 23 de noviembre de 2010 (TOL 2.009.068), la de 13 de enero de 2021 (TOL 8.323.740) y la de 7 de febrero de 2012 (TOL 2.443.387).

20 Véase Sentencia TJUE de 27 de junio de 2013, C-320/12, EU:C:2013:345 (TOL 9.915.683). Así también en VARIOS, *Manual sobre Nulidad y Caducidad, op.cit.*, p. 6.

en los negocios. Estos registros son contrarios al principio de que el derecho de la Unión Europea no puede ampliarse para incluir las prácticas abusivas por parte de un comerciante, que impiden lograr el objetivo de la legislación en cuestión (23/05/2019, T-3/18 & T-4/18, ANN TAYLOR / ANNTAYLOR et al., EU:T:2019:357, § 33)".

En todo caso, se deberá realizar una valoración global de todas las circunstancias presentes en cada supuesto de hecho. La Jurisprudencia ha destacado algunos factores sobre otros a la hora de determinar si ha existido mala fe por parte del demandando a la hora de solicitar la marca impugnada o no[21].

En primer lugar, no es suficiente para apreciar mala fe, pero es un factor determinante para poder apreciarla el hecho de que la marca impugnada sea idéntica o similar al signo al que hace referencia el demandante en la acción de nulidad. Esta identidad[22] o similitud debe causar un riesgo de confusión por la identidad o similitud de las clases de bienes o servicios afectados, o en caso de marcas de renombre con independencia de las clases de bienes o servicios afectados.

En segundo lugar, aunque no es en sí mismo un factor suficiente[23], es importante que el titular de marca impugnada en base a la mala fe conozca o pueda haber conocido razonablemente el signo idéntico o similar aludido por el demandante en la acción de nulidad y que se presta a confusión por un tercero para productos o servicios idénticos o similares, o para cualquier clase de producto o servicio en el supuesto de las

---

21 Se recogen también de manera ordenada en las Directrices EUIPO, punto 3.3.2.1.

22 Sentencia del TJUE 1 de febrero de 2012, T-291/09, EU:T:2012:39, (TOL 9.917.064).

23 Sentencia del TJUE 11 de junio de 2009, C-529/07, EU:C:2009:361, (TOL 9.920.480).

marcas de renombre[24]. Existe dicho conocimiento cuando es una marca de renombre la afectada y alegada por el demandante de la nulidad, o cuando se han mantenido relaciones comerciales,[25] o de otro tipo con el solicitante de la nulidad que puede indicar que se ha podido conocer su marca, o cuando el uso de la marca ha sido prolongado y se usa en un sector económico concreto y el demandado en la acción de nulidad pertenece también a dicho sector.

En tercer lugar, la existencia de una intención desleal por parte del demandado, un factor subjetivo que deberá determinarse atendiendo a las circunstancias concurrentes en cada caso. Hay mala fe, por tanto, cundo se pretende explotar el renombre de la marca parasitariamente, y puede ser un indicio de que no hay precisamente mala fe en caso de un uso efectivo de la marca sea o no mediante licencias. La existencia de una relación directa o indirecta entre las partes también puede ser un indicio de mala fe.

En cuarto lugar, hay otros factores que han sido señalados por la práctica de las Oficinas de Registro o por los Tribunales con menor intensidad como las circunstancias en que se creó el signo, y cómo se utilizó en sus inicios, la naturaleza de la marca solicitada si se trata de la forma y presentación de un producto, el grado de distintividad y de notoriedad de la marca, o la solicitud de una compensación económica del titular de la marca impugnada al solicitante de la nulidad[26].

---

24 Se puede considerar un hecho notorio el hecho de que se trate de una marca histórica, de renombre. Sentencia del TJUE 8 de mayo de 2014, T-327/12, EU:T:2014:289, (TOL 9.915.207).

25 Sentencia del TJUE 11 de julio de 2013, T-321/10, EU:T:2013:372, (TOL 9.917.190).

26 Este último factor deberá interpretarse junto con el resto de las circunstancias concurrentes, dado que puede ser un indicio de mala fe o no. Será especialmente un indicio de mala fe si no hay un uso

A su vez, la Jurisprudencia ha considerado que no hay mala fe cuando se solicita una marca europea de un signo que goza de renombre a nivel nacional; la amplitud de las clases de productos o servicios para los cuales se registra un signo como marca siempre que haya intención de comercializar en el futuro[27], y en general decisiones que pueden considerarse una estrategia normal u ordinaria comercial o de marketing por parte de una empresa[28].

Por consiguiente, se considera que para que una marca se haya solicitado de mala fe debe probarse a través de indicios pertinentes y coherentes que el titular de la marca impugnada no tuviese intención de utilizar dicha marca, porque el registro fue con fines especulativos[29], o que su intención fuese evitar que un tercero entrase en el mercado[30], o que el registro se produce tras la violación de tratos precontractuales o contractuales o postcontractuales[31]. Se alude en definitiva a que el solicitante del registro no quiso competir lealmente, sino perjudicar los intereses de terceros contrariando las practicas leales y honestas en el mercado, o con la intención de obtener un

efectivo del signo impugnado, la compensación que se pide es muy elevada y solo se pretende un acto de "piratería".

27 Sentencia del TJUE de 14 de febrero de 2012, T-33/11, EU:T:2012:77, (TOL 2.516.940).

28 Sentencia del TJUE de 14 de febrero de 2012, T-33/11, EU:T:2012:77, (TOL 2.516.940) y Sentencia del TJUE 1 de febrero de 2012, T-291/09, EU:T:2012:39, (TOL 9.917.064) .

29 POSADAS MARTÍNEZ, A., "La solicitud de marca efectuada con mala fe:", *op.cit.*, p. 12.

30 Así en las Directrices EUIPO, punto 3.3.2.1.

31 LOBATO GARCÍA-MIJÁN, M., *Comentario a la Ley 17/2001, de Marcas*, Aranzadi, Cizur Menor, 2007 y MARCO ALCALÁ, L. A., "Causas de nulidad absoluta (artículo 51)", *Comentario a la Ley de Marcas,* Vol.I, Bercovitz Rodríguez-Cano (Dir.) García-Cruces (Dir. Adj.), Aranzadi, Cizur Menor, 2008.

derecho exclusivo para fines distintos de los que deben cumplir las marcas[32]. En esta dirección, la Jurisprudencia del TJUE incide especialmente en las funciones de la marca[33]. Esto es, no solo se trata de garantizar la función esencial de la marca, la de servir para diferenciar, para que los consumidores puedan conocer la procedencia del producto o servicio, sino también para que puedan conocer su calidad, sus características en la medida en que la marca informa sobre ello, condensa dicha información[34].

2.5. Algunas cuestiones sobre procedimiento y órgano competente

La solicitud de nulidad absoluta se debe presentar por vía directa ante la OEPM (art. 58.1. a) LM), y solo por vía de reconvención ante la jurisdicción civil, concretamente ante los Juzgados de lo Mercantil (DA 1°.2. LM)[35]. Este cambio competencial entró en vigor este 14 de enero de 2023 tal como señaló

---

32 Véanse Directrices EUIPO, punto 3.3.2.1., y, entre otras, la Sentencia TJUE de 12 de septiembre de 2019, C-104/18 P, EU:C:2019:724, (TOL 7.481.190).

33 GARCIA PEREZ, R., “La acción de nulidad de la marca”, *El Derecho de Marcas de la UE en la Jurisprudencia del Tribunal de Justicia,* edición 1, LA LEY 3824/2019, *passim* y POSADAS MARTÍNEZ, A., “La solicitud de marca efectuada con mala fe:”, *op. cit.*, p. 6.

34 Se hace referencia también a las funciones de comunicación, inversión o publicidad, en particular, en las Sentencias de 18 de junio de 2009, C-487/07, EU:C:2009:378 (TOL 9.920.544), y de 23 de marzo de 2010, C-236/08, EU:C:2010:236 (TOL 1.796.044).

35 En las Directrices EUIPO, punto 3.3., se establece qué no será pertinente la acción de nulidad absoluta por mala fe en los procedimientos de examen ni en los de oposición, es decir, en el marco de los procedimientos de registro, por lo que solo cabe mediante solicitudes presentadas directamente a la EUIPO o vía reconvención en procedimientos de infracción.

la DF7° del Real Decreto-Ley 23/2018[36]. Hay dudas sobre si este cambio legislativo que otorga competencia directa a las Oficinas de Registro para conocer de las acciones de nulidad absoluta por mala fe supondrá alguna modificación en la interpretación de esta causa de nulidad absoluta o no[37]. En definitiva, si las Oficinas de Registro serán menos propensas a estimar casos de mala fe que los órganos jurisdiccionales en cuanto que supone revisar decisiones de ellos mismos en un pasado más o menos lejano. En todo caso, el cambio legislativo era obligatorio dado que el artículo 45 de la Directiva 2015/2436 no dejaba margen alguno al imponer la obligación de un procedimiento administrativo de nulidad y de caducidad de las marcas, revisable eso sí por los Tribunales.

Si hay una marca comunitaria, hay que tener en cuenta que los Juzgados de la Marca Comunitaria "[…] serán competentes en exclusiva para conocer de los litigios civiles que deriven de la presente Ley cuando se ejerciten de manera acumulada acciones concernientes a marcas de la Unión y nacionales o internacionales idénticas o similares; o si existiere cualquier otra conexión entre las pretensiones y al menos una de ellas esté basada en un registro o solicitud de marca de la Unión" (DA 1°.3. LM).

Tendrá legitimación activa "cualquier persona física o jurídica, así como las agrupaciones u organismos que representen a fabricantes, productores, prestadores de servicios o comerciantes y las asociaciones de consumidores y usuarios, legalmente constituidas e inscritas conforme a la legislación estatal

---

36 Conforme a la DA1°.1. LM las normas contenidas en el Título XII de la Ley 24/2015, de 24 de julio, de Patentes (en adelante, LP), serán de aplicación en todo aquello que no sea incompatible con su propia naturaleza o contrario a lo previsto en la misma.

37 GIMENO BEVIA, V., "La nulidad de la marca nacional", *LA LEY mercantil*, núm. 58, Mayo 2019, LA LEY 7129/2019 *passim*.

o autonómica que les resulte de aplicación, que se consideren perjudicados y tengan capacidad procesal" (art. 58.1.a) LM).

El procedimiento se regula detalladamente en los arts. 58-63LM y en los arts. 58-61ter del Real Decreto 687/2002, de 12 de julio, por el que se aprueba el Reglamento para la ejecución de la Ley 17/2001, de 7 de diciembre, de Marcas (en adelante, Reglamento de Marcas)[38].

Cabe destacar que según la DA 5º LM los plazos máximos de resolución de que dispone la OEPM son de 24 meses en los procedimientos de nulidad desde la fecha de recepción de la solicitud de nulidad. Si no se cumplen estos plazos, se considerará desestimada la solicitud de nulidad por silencio administrativo, por lo que se abre la puerta al solicitante de la nulidad para acudir a los Tribunales.

La resolución que ponga fin al procedimiento por nulidad podrá ser recurrida en alzada ante el Director de la OEPM, una vez agotada la vía administrativa se podrá recurrir a las secciones especializadas en materia mercantil de las Audiencias Provinciales (art. 52.1 13.º bis LEC) y en casación al Tribunal Supremo.

Por último, debe destacarse una cuestión importante dentro del procedimiento que tiene que ver con uno de los posibles medios de defensa del demandado, como es el planteamiento de la excepción de prueba de uso[39], que puede plantear el de-

---

38 Sobre el procedimiento, vid., *in extenso*, por todos, MASSAGUER, J., "La acción y el procedimiento de nulidad administrativa en materia de marcas", *LA LEY mercantil*, 102, Mayo 2023, LA LEY 4481/2023 *passim*. Resulta también útil en este aspecto VARIOS, *Manual sobre Nulidad y Caducidad, op.cit.*

39 VARIOS, *Manual informativo sobre prueba de uso. Un nuevo medio de defensa*, OEPM [en línea] (2021), < https://www.oepm.es/export/sites/oepm/comun/documentos_relacionados/Publicaciones/

mandado al demandante o solicitante de la nulidad absoluta por mala fe. El demandante que habrá alegado una marca o marcas anteriores en conflicto con la marca posterior tendrá que acreditar en ese caso su uso efectivo en España para todas las clases de productos o servicios para los que la/s tenga registrada/s con los requisitos temporales de una máximo de 5 años desde la fecha de registro y que no puede interrumpirse después durante más de 5 años consecutivos. Si no ha habido ese uso, tendrá que justificar las razones para ello (arts. 39 y 41.2. LM). En especial, en el supuesto de familias de marcas en conflicto permanente el demandante se arriesga a perder su/s marca/s si la prueba de uso no se considera suficiente[40], a pesar de que es cierto que el procedimiento no prevé un pronunciamiento especifico de caducidad de la/s marca/s anterior/s por falta de uso en el marco del procedimiento de nulidad administrativa, es decir, no hay una especie de reconvención administrativa[41]. Lo que se produce es en principio únicamente la desestimación de la solicitud de nulidad administrativa. Sin embargo, no cabe duda del riesgo existente de que la parte demandada inste posteriormente ante la OEPM la declaración de caducidad por falta de uso de las marcas alegadas en el procedimiento de nulidad absoluta por mala fe, e incluso de otras

Folletos/Manual_de_prueba_de_uso_marzo_2021.pdf>, [Consulta: 22/10/2023].

40 Hay que tener en cuenta aquí el problema adicional que puede surgir en torno al uso efectivo de su/s marca/s por parte del solicitante de la nulidad absoluta por mala fe en una forma que puede diferir en mayor o menor medida de la registrada en su momento. Al respecto cabe destacar la importancia de VARIOS, *CP 8: uso de la marca en una forma que difiera de la registrada*, EUIPO [en línea] (2020), <https://www.oepm.es/export/sites/oepm/comun/documentos_relacionados/Publicaciones/Folletos/Manual_de_prueba_de_uso_marzo_2021.pdf>, [Consulta: 22/10/2023].>, [Consulta: 22/10/2023].

41 MASSAGUER, J., "La acción y el procedimiento de nulidad administrativa en materia de marcas", *op.cit.*, pp. 15-17.

que formen parte de la misma familia de marcas del solicitante de la nulidad absoluta por mala fe, y que dicha solicitud tenga éxito tras el pronunciamiento previo e indirecto de la propia OEPM.

V. CONCLUSIONES

Primero.- Son habituales los supuestos en que una empresa es titular de una familia de marcas, que tienen un elemento distintivo común con el fin de reforzar aún más la función diferenciadora, de marketing o publicidad y de condensación de información y de reputación de los signos usados por dicha empresa y las distintas clases de productos o servicios que ofrece en el mercado. No es necesario que se trate de marcas conocidas por el público en general.

Segundo.- En este contexto relativamente habitual de familias de marcas puede ser más frecuente la existencia de conflictos con marcas o familias de marcas posteriores que pueden no solucionarse con los instrumentos jurídicos habituales como pueden ser las oposiciones al registro, los recursos, la nulidad relativa e incluso la caducidad.

Tercero. – Precisamente en este tipo de situaciones se puede plantear si la nulidad absoluta por mala fe constituye la ultima vía o recurso para resolver los conflictos permanentes y enquistados entre familias de marcas de distintos titulares que guardan ciertas similitudes y que pueden conllevar riesgo de confusión actual o potencial.

Cuarto. – Se entiende que el concepto de mala fe es un concepto autónomo, que debe analizarse en cada caso dadas las circunstancias concurrentes en principio en el momento de la solicitud de la marca posterior impugnada por haberse solicitado de mala fe. La interpretación del concepto de mala fe por parte de los Tribunales, especialmente por los Tribunales europeos, parece remitirse en el fondo a la idea de la deslealtad, de una competencia no leal o deshonesta en el mercado. A pesar de ello, resulta muy difícil por la interpretación restrictiva de los Tribunales españoles emplear la vía de la competencia desleal para resolver estos conflictos en principio marcarios.

Quinto. – El tiempo dirá si el hecho de que la competencia para declarar por vía directa la nulidad absoluta por mala fe haya pasado a la OEPM supone un cambio, más allá de poder reducir el coste y el tiempo de espera para su resolución. Además, resulta difícil saber por anticipado si la conducta de la OEPM puede ser más restrictiva o menos restrictiva a la hora de estimar la nulidad absoluta por mala fe, dado que se trata de revocar un acto propio reconociendo su error al conceder el derecho de marca en su momento. En cualquier caso, la decisión de la OEPM lógicamente es revisable por los Tribunales.

BIBLIOGRAFIA

ESPIGARES HUETE, J.C., "Solicitud de registro de marca. Prácticas desleales y mala fe", *Revista Lex Mercatoria,* Vol. 14, 2020, pp. 71-83.

FERNÁNDEZ-NOVOA, C., "Capítulo XXXVI. Nulidad y Caducidad", en *Manual de la Propiedad Industrial,* Fernández-Novoa, Otero Lastres y Botana Agra, Madrid, 2017

GARCIA PEREZ, R. "La prescripción por tolerancia", en *El Derecho de Marcas de la UE en la Jurisprudencia del Tribunal de Justicia,* edición nº 1, LA LEY 3817/2019.

GARCIA PEREZ, R., "La protección reforzada de la marca que goza de renombre", en *El Derecho de Marcas de la UE en la Jurisprudencia del Tribunal de Justicia* , edición nº 1, LA LEY 3804/2019.

GARCIA PEREZ, R., "La acción de nulidad de la marca", *El Derecho de Marcas de la UE en la Jurisprudencia del Tribunal de Justicia,* edición 1, LA LEY 3824/2019.

GARCIA SEDANO, T., "El concepto de mala fe y Ley de Marcas", *Práctica de Tribunales,* 115, Julio-Agosto 2015, LA LEY 4628/2015.

GIMENO BEVIA, V., "La nulidad de la marca nacional", *LA LEY mercantil,* 58, Mayo 2019, LA LEY 7129/2019.

LOBATO GARCÍA-MIJÁN, M., *Comentario a la Ley 17/2001*, de Marcas, Aranzadi, Cizur Menor, 2007.

MARCO ALCALÁ, L. A., "Causas de nulidad absoluta (artículo 51)", en *Comentario a la Ley de Marcas*, Vol.I, Bercovitz Rodríguez-Cano (Dir.) García-Cruces (Dir. Adj.), Aranzadi, Cizur Menor, 2008.

MASSAGUER, J., "La protección jurídica de la marca registrada posterior (O la vida de una marca en las rendijas del sistema)", *LA LEY mercantil*, 74, Noviembre 2020, LA LEY 14185/2020.

MASSAGUER, J., "La acción y el procedimiento de nulidad administrativa en materia de marcas", *LA LEY mercantil*, 102, Mayo 2023, LA LEY 4481/2023.

POSADAS MARTÍNEZ, A., "La solicitud de marca efectuada con mala fe: una revisión del principio de buena fe registral y de las situaciones de hecho protegidas en el ordenamiento marcario español y comunitario", *LA LEY mercantil*, 6, Septiembre 2014, LA LEY 6587/2014.

VARIOS, *Manual informativo sobre Nulidad y Caducidad Administrativa*, OEPM, [en línea], (2022), <https://www.oepm.es/export/sites/oepm/comun/documentos_relacionados/Publicaciones/Folletos/Manual_Nulidad_y_Caducidad_Administrativa.pdf >, [Consulta:22/10/2023].

VARIOS, *Manual informativo sobre prueba de uso. Un nuevo medio de defensa*, OEPM [en línea] (2021), < https://www.oepm.es/export/sites/oepm/comun/documentos_relacionados/Publicaciones/Folletos/Manual_de_prueba_de_uso_marzo_2021.pdf>, [Consulta: 22/10/2023].

VARIOS, *CP 8: uso de la marca en una forma que difiera de la registrada*, EUIPO [en línea] (2020), <https://www.oepm.es/export/sites/oepm/comun/documentos_relacionados/Publicaciones/Folletos/Manual_de_prueba_de_uso_marzo_2021.pdf>, [Consulta: 22/10/2023].>, [Consulta: 22/10/2023].

Capítulo 20.
ALGUNAS NOTAS SOBRE LA ACCIÓN DE INDEMNIZACIÓN DE DAÑOS POR VIOLACIÓN DEL SECRETO EMPRESARIAL

RAMÓN MIGUEL GIRONA DOMINGO[1]

I. INTRODUCCIÓN

Las acciones en defensa del secreto empresarial han experimentado un impulso legal muy importante con la ley 1/2019, de 20 de febrero de secretos empresariales (LSE) que, sin embargo, no ha tenido la debida correspondencia procesal en los juzgados. De las acciones singulares[2] previstas en el artículo 9 LSE, destaca la acción de indemnización de daños y perjuicios por ser la más apta para reaccionar frente a violaciones del secreto y a la que se presta especial atención tanto respecto de su contenido económico como "a la facilitación de su cálculo y liquidación"[3].

El propósito de esta comunicación es plantear algunos aspectos esenciales de la acción de daños y perjuicios y resolver algunas cuestiones que consideramos importantes a nivel dogmático como i) ¿qué necesidad subyace para establecer una acción específica y singular de daños en materia de secretos

---

1 Abogado. Profesor asociado del Departamento de Derecho Mercantil "Manuel Broseta Pont" de la Universidad de Valencia.

2 GÓMEZ SEGADE, J.A., "La nueva Ley de Secretos Empresariales", *Actas de Derecho Industrial,* (2019-2020), p. 159.

3 Exposición de Motivos LSE

empresariales?; ii) ¿qué naturaleza jurídica tiene la acción de daños causados por violación de secretos empresariales?; junto con otras más prácticas como iii) ¿cómo se calcula el daño en este tipo de procedimientos?; iiii) ¿cuáles son los métodos de cálculo y qué elementos engloba?

II. EL SECRETO EMPRESARIAL Y LAS RAZONES QUE JUSTIFICAN UNA ACCIÓN SINGULAR DE INDEMNIZACIÓN DE DAÑOS Y PERJUICIOS

Todo el mundo tiene un concepto previo o prejurídico si se quiere de lo que es secreto. Secreto es algo que es desconocido para la mayoría y conocido por unos pocos. Este es el concepto que utiliza el artículo 1 LSE, como aquella información que no es de general conocimiento dentro del círculo de personas que utilizan ese tipo de información ni es fácilmente accesible para ellas. El objeto sobre el que recae es potencialmente ilimitado, ya que la ley se refiere a cualquier información o conocimiento (tecnológico, científico, industrial, comercial, organizativo o financiero). Estos conocimientos pueden ser de lo mas prosaicos y ordinarios como por ejemplo las fórmulas o recetas de cocina (Coca-Cola, KFC), fórmulas químicas (WD-40) o pueden ser más extravagantes (como el libro de jugadas de un equipo de *football*, o el sistema de fichajes de un equipo de *baseball*[4]) o complejos algoritmos matemáticos (lista de *best-sellers* del *New York Times*).

Además, para que sea objeto de protección jurídica, es necesario que esa información tenga un valor empresarial, actual

[4] LEWIS, M., *Moneyball*, Norton & Co, New York, 2004, donde se explica con todo lujo de detalles la revolución que supuso la utilización de un algoritmo secreto para evaluar jugadores de baseball antes de ser fichados.

o potencial, que le reporte una ventaja o utilidad precisamente por ser secreto (como por ejemplo el algoritmo de búsqueda de Google que es propio y que al ser desconocido le da una doble ventaja competitiva, a saber: i) es exclusivo y en el de un monopolio de hecho, no teniendo competencia ene l sector; y ii) no puede ser objeto de alteración por terceros en su beneficio, puesto que al no conocerse no puede falsearse[5].

Un tercer elemento que exige el artículo 1 LSE es que se adopten por el titular del secreto las medidas razonables para mantener el conocimiento secreto. Se exige una conducta proactiva por parte del titular para mantener el secreto mediante medidas de protección de todo tipo que impidan su divulgación u obtención indebida, ya sean jurídicas (acuerdos de confidencialidad), tecnológicas (medidas de ciberseguridad), físicas (cajas fuertes, como las que guardan la fórmula secreta de la Coca-Cola y de la que únicamente dos directivos tienen las llaves acceso)[6].

Una de las características del secreto empresarial tal como lo hemos definido es su fragilidad, de manera que es muy fácil de lesionar pero muy difícil de reparar[7]. Trazando un símil podemos decir que existen derechos y situaciones jurídicas que pueden asimilarse a bolas de goma que cuando se lesionan, caen. Sin embargo con los mecanismos y remedios procesales adecuados puede restablecerse la situación anterior a la lesión.

---

5 GALLOWAY, S., *The Four*, Portfolio, New York, 2008, en el que se desarrolla la idea de la gran ventaja competitiva de Google, de cómo protege su algoritmo, considerado su joya de la corona y como consiguió echar del mercado a Yahoo.

6 PENDERGAST, M., *Dios Patria y Coca-Cola*, Vergara Business, Buenos Aires, 2001.

7 BASOZABAL ARRÚE, X., "Método triple de cómputo del daño: la indemnización del lucro cesante en las leyes de protección industrial e intelectual", *Anuario de Derecho Civil*, 1997, p. 1270.

Otros derechos por el contrario son como bolas de cristal y una vez caen, una vez se vulneran, son muy difíciles de reconstruir. Esto pasa precisamente con los secretos empresariales en los que su violación supone la automática pérdida o destrucción del mismo. Por otro lado la protección que dispensa el ordenamiento jurídico es *ex post*, no *ex ante*, de modo que no hay un derecho en exclusiva que se conceda al titular del secreto, se deja en sus manos la protección, física, jurídica y técnica del secreto. El derecho tan solo reacciona con posterioridad a la infracción.

Con todo ello queremos significar que una vez divulgado el secreto de manera generalizada, éste queda destruido y pierde su valor económico. La pérdida de este activo inmaterial puede producir sin duda la desaparición completa de un participante en el mercado, terminando con su monopolio de hecho, obligándole a competir con otros agentes económicos que no tuvieron que realizar la inversión inicial necesaria para obtener el conocimiento secreto.

En íntima relación con lo anterior cabe añadir que en materia de secreto no hay una protección territorial. La infracción de la patente en un territorio queda limitada a este, pero la infracción del secreto puede tener efectos fatales en la totalidad del territorio mundial debido a la interconexión de los mercados, la globalización de los medios de producción y velocidad a la que circula actualmente la información. Todo ello aboga por la existencia de una acción de daños singular y con características propias.

III. CONCEPTO Y NATURALEZA DE LA ACCIÓN DE DAÑOS

La específica acción de daños que se configura en materia de secretos empresariales se encuentra imbuida de dos finalidades que sirven para delimitarla, a saber, por un lado una finalidad de compensación del contenido económico del secreto y por otro una finalidad preventiva.

El principal objetivo de la acción de daños es intentar preservar en la medida de lo posible y compensar la integridad del contenido económico del derecho ante supuestos de violación de secretos. El artículo 9.1 g) LSE recoge la acción de indemnización de daños y perjuicios cuando intervenga dolo o culpa del infractor, señalando que será adecuada a la lesión realmente sufrida como consecuencia de la violación de secretos. Para lograr esta compensación integral, la acción tiene una cierta naturaleza híbrida, albergando elementos del derecho clásico de daños como el resarcimiento de los perjuicios sufridos y otros elementos más próximos a la restitución por enriquecimiento del infractor como veremos.

Un objetivo presente en la acción de daños, aunque de menor intensidad es la prevención futura de conductas de violación de secretos[8]. Esta finalidad puede apreciarse en dos aspectos: uno negativo, el propio de intentar evitar que se produzcan en el futuro situaciones de infracción bajo la amenaza de una indemnización económica, aunque sin llegar al extremo de utilizar elementos de carácter puramente punitivo. Y, por otro lado, desde un vertiente que podemos denominar positiva está representada por una mayor facilidad del titular del secreto en el ejercicio de la acción de daños y en el resarcimiento integral.

IV. LOS DAÑOS INDEMNIZABLES

Como hemos mencionado más arriba, con la indemnización de daños y perjuicios se busca una compensación integral

---

8 MASSAGUER FUENTE, J., Acciones y procesos por infracción de derechos de propiedad industrial, Civitas, Navarra, 2018, p. 54.

de la situación jurídica vulnerada. De ahí que el artículo 10.1 LSE establezca en su primer párrafo que para la valoración del daño se tendrán en cuenta todos los factores pertinentes como son los perjuicios económicos sufridos por el titular del secreto, incluido el lucro cesante; el enriquecimiento injusto obtenido por el infractor; otros elementos que no sean de orden económico como el perjuicio moral; y finalmente también podrán incluirse los gastos de investigación para la preparación del procedimiento legal.

Por otro lado, el segundo párrafo de artículo 10.1 LSE se refiere a la posibilidad de que la indemnización consista en una cantidad a tanto alzado que incluya al menos, y entre otros aspectos, el importe que la demandada habría tenido que pagar al titular del secreto por la concesión de una licencia que le hubiera permitido utilizarlo durante el período en el que su utilización podría haberse prohibido.

Teniendo en cuenta el contenido de la indemnización como lo define el artículo 10 LSE, podemos afirmar que el mismo va más allá del principio de indemnidad o resarcimiento, introduciendo criterios de equivalencia, pero no ya de una manera alternativa o compatible como ocurre en patentes, marcas o diseños. Se produce en sede de secreto empresarial una reinterpretación de la teoría del triple daño, puesto que se manejan cumulativamente criterios resarcitorios, con elementos restitutorios propios del enriquecimiento injusto, adoptando incluso esta nomenclatura. Pero esto no quiere decir que se reconozcan dos acciones (una de daños y otra separada de enriquecimiento injusto) sino que este último se convierte en un criterio de cálculo un daño normativo. Esto no excluye que pueda instarse separadamente la acción de enriquecimiento injusto, cuando, por ejemplo falte el dolo o la culpa en el agente infractor, lo que inhabilita para ejercer la acción de indemnización de daños ex art. 9.1 g) LSE[9].

Se incluye además el daño moral dentro el criterio de las consecuencia negativas (primer párrafo del artículo 19.1 LSE), pero a la vista de lo ya resuelto por la STJUE 17 marzo 2016 con ocasión del artículo 140 de la Ley de Propiedad Intelectual con una redacción similar, e interpretando el artículo 13 de la Directiva2014/48/CE (Directiva *enforcement)*, hay que colegir que en la medida en que con el daño moral se compensa el daño producido exclusivamente en la esfera moral, este es compatible con la suma a tanto alzado (segundo párrafo del art. 10.1 LSE) cuya finalidad es restituir el daño patrimonial.

Por lo que se refiere a la existencia del daño conviene poner de relieve que aunque la regla general es tener que probar la existencia del mismo (tanto la existencia, el "*an*", como el importe, el "*quantum*"), es admisible, en casos puntuales, igualmente la aplicación de la doctrina del daño "*ex re ipsa*" que se aplica de manera generalizada en materia de responsabilidad civil. Existen ejemplos tanto en propiedad industrial como en competencia desleal y en concreto en la Sentencia del Tribual Supremo núm. 279/2002 de 1 de abril de 2002 (Tol 4975446) sobre demanda dirigida por una empresa contra antiguos trabajadores por apreciar la existencia de competencia y violación de secretos empresariales y aprovechamiento indebido de su reputación en el mercado. Se aplica esta doctrina cuando el daño se derive fatalmente de la actuación ilícita, esto es cuando sea consecuencia forzosa, inevitable y natural del hecho in-

---

9 MASSAGUER FUENTES, J., "De nuevo sobre la protección jurídica de los secretos empresariales (a propósito de la Ley 1/2019 , de 20 de febrero, de secretos empresariales)", *Actualidad Jurídica Uría Menéndez*, nº 51, 2019, p.69.

fractor. La existencia de daños *ex re ipsa* se puede apreciar, por ejemplo, en conductas como la transmisión y venta de mercancías infractoras por quien representa la competencia del titular o el licenciatario que sublicencia sin permiso del titular, incurriendo en definitiva en un incumplimiento contractual que indefectiblemente va a producir un daño[10].

V. EL CÁLCULO DEL DAÑO

En los casos de vulneración de secretos empresariales resulta difícil determinar la realidad y causa de los daños y perjuicios sufridos y también la cuantificación de los mismos. Para la determinación de su cómputo el artículo 10 LSE establece los dos métodos alternativos de cálculo señalados anteriormente, el que incluye todos los factores pertinentes que afectan a la indemnización (párrafo primero) y el que se basa en la determinación de una licencia hipotética (párrafo segundo)[11].

En materia de lucro cesante destaca la sentencia de la Audiencia Provincial de Barcelona (Sección 15ª) núm. 853/2022, de 22 de mayo de 2022 (Tol 8999393) condenó al demandado al pago de una indemnización por haber incumplido un pacto de no divulgación de secretos empresariales y con ello haber frustrado una expectativa de negocio valorada en casi cuatro

---

10 Sobre la aplicabilidad del daño *ex re ipsa* en materia de secretos empresariales ver GIRONA DOMINGO, R. M., *Las acciones civiles en defensa del secreto empresarial,* Atelier, Barcelona, 2021, pp. 257-259.

11 Sobre la licencia hipotética y su finalidad de evitar la desprotección del titular en casos en los que es difícil acreditar los beneficios obtenidos por el infractor ver FERNÁNDEZ-NÓVOA RODRÍGUEZ, C., *El enriquecimiento injustificado en el Derecho industrial,* Marcial Pons, Madrid, 1997, p. 760.

millones y medio de euros. Para la determinación de la indemnización se tuvo en cuenta un informe pericial que tenía en cuenta las proyecciones económicas de las ganancias que se esperaban obtener con el negocio de explotación de un hotel. Los informes periciales de carácter económico se convierten en esenciales en este tipo de procedimientos como se advirtió, bajo el anterior artículo 13 LCD, en la Sentencia de la Audiencia Provincial de Asturias núm. 637/2021, de 21 de junio de 2021 (Tol 85885409) que para la elaboración del análisis económico comparó la proyección en un mercado normal en el que el titular explotaba el secreto con un mercado "alterado" por la irrupción del competidor-infractor.

La determinación del enriquecimiento injusto ofrece muchas dificultades en la práctica debido a la falta de información que prestan los demandados. La sentencia de la Audiencia Provincial de Barcelona (Sección 15ª) núm. 151/2021 de 30 de julio de 2021 (Tol 8640287), no encontrando acertado el informe del actor y ante la imposibilidad de obtener información económica del demandado concedió una indemnización salomónica de cien mil euros que consideró "ajustada" a las circunstancias, sin mayor explicación adicional.

Por lo que se refiere a la regalía hipotética, no hemos encontrado ninguna resolución judicial que se acoja a este método de cálculo, lo que confirma la dificultad de su apreciación. En nuestra opinión, el método de la suma a tanto alzado no es tan objetivo como puede parecer a primera vista, ya que tan solo podrá determinar con acierto la cuantía que hubiera tenido que pagar el infractor cuando el titular del secreto utilice como forma de explotación del mismo la licencia, de otro modo obliga a realizar una difícil, por hipotética, estimación de su valor. En definitiva debe criticarse la libre alternatividad de las dos opciones del artículo 10.1 LSE y reservarse la segunda para cuando el titular utilice el licenciamiento de los conocimientos secretos como forma de explotación[12].

VI. CONCLUSIÓN

En conclusión, la acción de daños en materia de secreto empresarial está dotada de particularidades que la configuran como singular por la especial naturaleza de los secretos. Por otro lado cabe señalar que se trata de una regulación que a pesar de estar en vigor desde el año 2019 no se ha testado suficientemente en el foro pero que a buen seguro será objeto de interpretación por los jueces e iremos viendo como se nutre la ley de estas interpretaciones. Las razones de su escaso éxito procesal se encuentra en las reticencias que aún existen por los titulares de secretos empresariales de judicializar sus controversias[13] y por la cicatería probatoria de los demandantes que no consiguen trasladar al Juez el carácter secreto y valioso de la información cuya protección solicitan. Por nuestra parte se han ofrecido en estas escasa líneas algunas ideas al respecto de la acción de indemnización de daños y perjuicios, teniendo en cuenta que, como decía el Fred Hoyle, más vale ser interesante y estar equivocado que ser aburrido y estar en lo cierto.

---

12 GIRONA DOMINGO, R. M., *ob. cit.* p. 296.

13 Este es uno de los resultados del análisis contenido en APLIN, T., RADAUER, A., BADER, M., SEARLE, N., *The Role of EU Trade Secrets Law in the Data Economy: An Empirical Analysis,* Springer, 2023

Capítulo 21.

LA PROPIEDAD INDUSTRIAL A LA LUZ DE LA ACTIVIDAD JURISPRUDENCIAL DEL TRIBUNAL DE JUSTICIA DE LA COMUNIDAD ANDINA. NUEVO PARADIGMA EN LA RESOLUCIÓN DE CONFLICTOS

JUAN PABLO GONZALES BUSTOS
Profesor Lector de Derecho mercantil
Universitat Rovira i Virgili

SUMARIO: 1. INTRODUCCIÓN. 2. LA COMUNIDAD ANDINA COMO ORGANIZACIÓN INTERNACIONAL. 3. EL TRIBUNAL DE JUSTICIA DE LA COMUNIDAD ANDINA. 3.1. Acerca de las competencias del Tribunal de Justicia. 3.2. Situación actual del Tribunal de Justicia. 4. CODIFICACIÓN DE LAS SENTENCIAS DEL TRIBUNAL DE JUSTICIA. 5. RESULTADOS DEL TRABAJO Y DISCUSIÓN. 5.1. Análisis descriptivo de las sentencias del Tribunal de Justicia. 5.2. Análisis exploratorio de las decisiones interpretadas por el Tribunal de Justicia. 5.3. Análisis descriptivo de la interpretación de la Decisión 486. 6. CONCLUSIONES. BIBLIOGRAFÍA.

1. INTRODUCCIÓN

La última década hemos asistido a un incremento considerable de trabajos que analizan la labor desarrollada por las cortes de justicia en diferentes contextos. En el ámbito Latinoamericano, en estos trabajos se analiza, por ejemplo, como el diseño institucional de un determinado país puede condicionar la estabilidad judicial[1]; y como esta estabilidad, junto con la independencia judicial, pueden llegar a afectar al crecimiento económico de un determinado país[2]. Otros trabajos centraron su atención en analizar como determinados grupos de colaboradores de los operadores jurídicos pueden llegar a modelar el comportamiento judicial e influir en la forma en que se construyen las sentencias en las altas cortes de justicia[3]. Otros centraron su atención en analizar los procesos electorales para la designación de jueces y magistrados a las altas cortes de justicia[4]. Por último, estudios recientes centraron su atención en analizar aquellos factores que pueden llegar a incidir en la designación de más mujeres a las altas cortes de justicia[5]. La mayoría de estos trabajos tuvieron como objeto de estudio a las altas cortes de justicia de 18 países latinoamericanos, realizando estudios comparativos entre las cortes de justicia de estos países.

---

1 *Vid.* LARA BORGES, O., CASTAGNOLA, A. y PÉREZ LIÑÁN, A., "Diseño constitucional y estabilidad judicial en América Latina, 1900-2009", *Política y Gobierno,* 19, núm. 1, 2012, pp. 3-40.

2 *Vid.* BASABE SERRANO, S. y CURVALE, C., "El impacto de la (in) estabilidad judicial en el crecimiento económico en América Latina. Un Análisis en perspectiva histórica", *Política y Gobierno,* 23, núm. 2, 2016, pp. 279-303.

3 *Vid.* CORTEZ SALINAS, J., "Secretarios de estudio y cuenta en la Suprema Corte de México. Un actor especial pero olvidado", *Política y Gobierno,* 26, núm. 2, 2019, pp. 219-236.

4 *Vid.* DRISCOLL, A. y NELSON, M. J., "Crónica de una elección anunciada. Las elecciones judiciales de 2017 en Bolivia", *Política y Gobierno,* 26, núm. 1, 2019, pp. 41-64.

5 *Vid.* BASABE SERRANO, S., "¿En qué medida la independencia judicial incide sobre la presencia de mujeres en altas cortes de justicia? América latina en perspectiva compara", *Política y Gobierno,* 27, núm. 1, 2020, pp. 1-15.

Otros trabajos dirigieron su atención a analizar la labor desarrollada por cortes de justicia de naturaleza regional, por ejemplo, la Corte Interamericana de Derechos Humanos[6]. En estos trabajos se analizan las antinomias que puede existir entre las normas convencionales creadas por la Corte Interamericana y la norma nacional de sus Países miembros. Otros trabajos extienden su ámbito de estudio y analizan la labor desarrollada por cortes de justicia más globales, por ejemplo, la Corte Internacional de Justicia de las Naciones Unidas. En este grupo de trabajos se analiza, por ejemplo, la sentencia acerca de la disputa marítima ente Perú y Chile[7]; o, la sentencia sobre el asunto de la obligación de negociar un acceso al Océano Pacífico[8] interpuesto por Bolivia contra Chile. Estos últimos, siempre a partir de un caso concreto.

Esto que se acaba de señalar pone de manifiesto que la investigación académica ha tenido en cuenta este tópico de investigación, no solo en el ámbito latinoamericano, sino también en otros contextos, por ejemplo, el europeo[9] o el nor-

---

6 *Vid.* CASTILLO CÓRDOVA, L., "La inaplicación del Derecho Convencional creado por la Corte Interamericana de Derechos Humanos en relación al derecho a la vida del concebido", *Revista Chilena De Derecho,* 48, núm. 3, 2021, pp. 1-24.

7 *Vid.* LÓPEZ ESCARCENA, S., "La disputa marítima entre Perú y Chile: Comentario de la Sentencia de la Corte Internacional de Justicia, de fecha 27 de enero de 2014", *Revista Chilena De Derecho,* 47, núm. 3, 2014, pp. 925-951.

8 *Vid.* LÓPEZ ESCARCENA, S., "El asunto de la obligación de negociar un acceso al Océano Pacífico. Comentario de la sentencia de la Corte Internacional de Justicia, de fecha 1 de octubre de 2018", *Revista Chilena De Derecho,* 47, núm. 3, 2020, pp. 925-951.

9 *Vid.* GARRETT, G., KELEMEN, R. D. y SCHULZ, H., "The European Court of Justice, National Governments, and Legal Integration in the European Union", *International Organization,* 52, núm. 1, 1998, pp. 149-176; YEUNG, T. Y.-C., OVÁDEK, M. y LAMPACH, N., "Time efficiency as a measure of court performance: evidence from the

teamericano[10]. No ocurre lo mismo cuando nos referimos a las cortes de justicia de naturaleza subregional, como el Tribunal de Justicia de la Comunidad Andina (Tribunal de Justicia o Tribunal). Este Tribunal, con pocas excepciones[11], ha recibido menos atención por parte de la investigación académica.

Al Tribunal de Justicia se le ha encomendado declarar la legalidad del Ordenamiento jurídico de la Comunidad Andina e interpretarlo para su aplicación uniforme en toda la Comunidad. Para el ejercicio de estas funciones se le ha asignado un conjunto de competencias; de entre estas competencias, quizás la de mayor relevancia sea la solicitud de interpretación prejudicial, dado que representa un poco más del 96% de la actividad de este Tribunal. La interpretación prejudicial, como su propio nombre lo indica, tiene por finalidad interpretar el verdadero alcance y finalidad de las disposiciones del Ordenamiento jurídico andino, principalmente, de las decisiones comunitarias.

La interpretación de las decisiones comunitarias por parte del Tribunal de Justicia ha dotado de mayor contenido al Derecho comunitario andino, contribuyendo sustancialmente a su consolidación. Esta actividad resolutiva del Tribunal se ha incrementado de forma constante y significativa los últimos

---

Court of Justice of the European Union", *European Journal of Law and Economics*, 53, núm. 2, 2022, pp. 209-234.

10 *Vid.* CALDEIRA, G. A. y WRIGHT, J. R., "Organized Interests and Agenda Setting in the U.S. Supreme Court", *The American Political Science Review*, 82, núm. 4, 1988, pp. 1109-1127; KENNEY, S. J., "Beyond principals and agents: Seeing courts as organizations by comparing référendaires at the European Court of Justice and law clerks at the U.S. Supreme Court", *Comparative political studies*, 33, núm. 5, 2000, pp. 593-625.

11 *Vid.* ALTER, K. J. y HELFER, L. R., *Transplanting International Courts. The Law and Politics of the Andean Tribunal Justice*, Oxford University Press, Oxford, 2017.

años. Según se desprende de su informe de gestión de 2019[12], el Tribunal de Justicia pasó de 182 sentencias emitidas en 2014 a 734 sentencias en 2019, habiéndose multiplicado por cuatro las causas resueltas por el Tribunal en ese periodo de tiempo. Este dato es relevante y llama la atención, sobre todo, si se lo compara con Tribunales de similares características, por ejemplo, el Tribunal de Justicia de la Unión Europea (Tribunal europeo o TJUE). Este último, el Tribunal europeo, llegó a emitir un total de 865 sentencias judiciales en el mismo periodo analizado[13].

A primera vista la diferencia no parece ser significativa y, en condiciones normales, no llamaría la atención; sin embargo, se debe tener en cuenta que se trata de dos Tribunales que forman parte de dos organizaciones internacionales de diferentes dimensiones, como son la Comunidad Andina (CAN) y la Unión Europea (UE). Teniendo en cuenta que la CAN cuenta con una cuarta parte de la población de la UE y con solo cuatro países miembros ¿qué hace que el Tribunal de Justicia de la CAN haya llegado a emitir un número similar de sentencias que el Tribunal de Justicia de la UE?

Algunas posibles explicaciones de este crecimiento pueden encontrarse en el hecho de que en los últimos años se ha observado una tendencia creciente a judicializar la política comercial de la CAN, dando lugar a una suerte de activismo judicial, donde las cortes de justicia adquieren un papel proactivo en la formulación de estas políticas[14]; repercutiendo, en definitiva, en la labor del Tribunal de Justicia.

---

12 *Vid.* TJCA. *Informe de labores de gestión 2019. Período: del 16 de enero de 2019 al 15 de enero de 2020.* Quito: TJCA, 2020.

13 *Vid.* TJUE, *Informe anual 2019. Actividad judicial,* Unidad de publicaciones y Medios de comunicación electrónicos, Luxemburgo, 2020.

14 *Vid.* DE LOMBAERDE, P., KINGAH, S. y RETTBERG, A., "Presentación: Procesos de integración política, social y económica", *Colombia*

Sin duda alguna, el crecimiento de más de 400% en la actividad del Tribunal de Justica invita a seguir analizando este Tribunal, ya que, hasta donde conocemos, son pocos los trabajos que analizan de forma directa al Tribunal de Justicia de la CAN. Esta ausencia de trabajos específicos sobre este Tribunal es sorprendente, dado que la CAN representa, tras la UE, una de las organizaciones internacionales más desarrolladas[15], integrada por un conjunto de órganos e instituciones comunitarias, cuyo objetivo principal es la de velar por el interés general de la Comunidad.

La poca dedicación que la investigación académica ha prestado a la CAN pone en evidencia la necesidad de analizar, no solo esta organización internacional, sino también, a una de sus instituciones más representativas, como es su Tribunal de Justicia. En este sentido, con el presente trabajo se pretende aportar mayor claridad en la comprensión acerca de la labor desarrollada por el Tribunal de Justicia de la CAN.

En el desarrollo del trabajo se lleva adelante un análisis descriptivo y exploratorio de la actividad desarrollada por el Tribunal de Justicia de la CAN. Este análisis permitirá tener una visión general acerca de la situación actual de la jurisprudencia del Tribunal. Este análisis se realiza con el objetivo de cuantificar las sentencias del Tribunal de Justicia, identificar los procedimientos más frecuentes, así como los preceptos más interpretados por el Tribunal de Justicia; a partir de ahí, formular recomendaciones tendentes a avanzar en la labor desarrollada por el Tribunal.

Este análisis se elaboró a partir de la construcción de una base de datos original que contiene todas las sentencias emiti-

---

Internacional, 81, 2014, p. 19.

15 *Vid.* ACOSTA PUERTAS, J., "La desintegración andina", *Revista Nueva Sociedad, Democracia y Política en América Latina*, 204, 2006, p. 5.

das por el Tribunal de Justicia en el periodo 2019. Se ha tomado como periodo de análisis 2019 por ser el periodo anterior a la declaración de la emergencia sanitaria provocada por el COVID-19, último periodo en el que el Tribunal tuvo la oportunidad de desarrollar sus actividades de forma habitual.

Las principales conclusiones del trabajo señalan que el Tribunal de Justicia ha dedicado aproximadamente el 80% de su actividad a interpretar una sola decisión: la Decisión 486. De esta Decisión, un solo precepto, el artículo 136, fue objeto de interpretación en 336 oportunidades, lo que representa un poco más del 57% de la actividad del Tribunal. En otras palabras, en el periodo analizado, más de la mitad de la actividad del Tribunal se ha centrado en interpretar el contenido de este artículo. Estos y otros hallazgos invitan a esta organización internacional y, en particular, a su Tribunal de Justicia, a reflexionar acerca de las competencias asignadas al Tribunal, así como la forma de desarrollarlos. Tal vez sea hora de oír los reclamos de la investigación académica y avanzar hacia la adopción de principios o doctrinas aceptados por instituciones de similares características[16], por ejemplo, la doctrina del acto claro o acto aclarado. No es que se cuestione la labor desarrollada por el Tribunal, pero, como se verá, llama la atención los hallazgos expuestos en el trabajo.

---

16 *Vid.* BUENO MARTÍNEZ, P. y PEROTTI, A. D., "La teoría del acto aclarado ¿Resulta necesaria su aplicación en el marco de la interpretación prejudicial andina?", *Revista de Actualidad Jurídica*, 14, 2005, p. 133; TOBÓN FRANCO, N., "La doctrina del acto claro y la interpretación prejudicial en la Comunidad Andina", *Revista Vniversitas*, 109, 2005, p. 468.

2. LA COMUNIDAD ANDINA COMO ORGANIZACIÓN INTERNACIONAL

El 26 de mayo de 1969 fue suscrito el Acuerdo de Integración Subregional Andino, dando inicio al proyecto de integración conocido como "Grupo Andino" (hoy CAN). El Acuerdo entró en vigor el 16 de octubre de 1969 y fue designado con el nombre de Acuerdo de Cartagena. Este Acuerdo fue objeto de varias modificaciones por medio de Protocolos y Tratados Constitutivos, siendo uno de los más importante el Protocolo de Trujillo de 1996[17]. El Protocolo de Trujillo creó la CAN, en remplazo del Grupo Andino, como una organización subregional con personalidad jurídica internacional, integrada por sus Países miembros (Bolivia, Colombia, Ecuador y Perú) y por los órganos e instituciones del Sistema Andino de Integración (SAI). La importancia del Protocolo de Trujillo radica en el hecho de que en él se introdujo el principio de supranacionalidad, consagrando los principios de primacía, aplicación y efecto directo del Derecho comunitario, haciendo que las normas andinas sean de obligado cumplimiento para los Países miembros[18] a partir de su publicación en la Gaceta Oficial del Acuerdo de Cartagena (GOAC).

Esto que se acaba de mencionar ha llevado a algunos autores a señalar que la CAN fue la primera gran iniciativa que apuntaba a una verdadera integración entre países en vías de desarrollo; ya que, fue la primera organización latinoamericana en exhibir una red completa de órganos e instituciones

---

17 *Vid.* COMUNIDAD ANDINA, *Protocolo de Trujillo Modificatorio del Acuerdo de Cartagena*, 1996.

18 *Vid.* GODOY, H. y GONZÁLEZ ARANA, R., "La crisis de la CAN: El caso de los actores internos", *Revista Investigación y Desarrollo*, 17, núm. 2, 2009, pp. 350-367.

comunitarias[19]; agrupadas en una estructura estable, no existiendo otro proceso de integración con el tejido institucional como el de la CAN[20].

En lo que respecta a su estructura institucional, el SAI se encuentra integrado por seis órganos principales, dos instituciones consultivas, dos instituciones financieras y, una Universidad. A estos órganos e instituciones se les ha encomendado diferentes competencias, desde políticas y normativas, hasta jurisdiccionales, deliberantes, ejecutivas, financieras, educativas y consultivas. De entre estas, quizás las de mayor importancia sean el Consejo Andino de ministros de Relaciones Exteriores (Consejo Andino), la Comisión de la CAN (Comisión), el Tribunal de Justicia y la Secretaria general; ya que, en ellas se concentra la mayor parte de la actividad desarrollada por esta organización internacional.

El Consejo Andino y la Comisión recibieron el mandato de aprobar las decisiones comunitarias que regirán el día a día de la Comunidad, estas decisiones forman parte del Ordenamiento jurídico andino. Al Tribunal se le ha encomendado declarar la legalidad de las decisiones e interpretarlos para su aplicación uniforme en los cuatro Países miembros. Por su parte, la

---

19 *Vid.* CASAS CASAS, A. y CORREA, M. E., "¿Qué pasa con la Comunidad Andina de Naciones – CAN?", *Revista Papel Político,* 12, núm. 2, 2007, p. 598; SOLARES GAITE, A., *Integración: Teoría y Procesos. Bolivia y la Integración* [en línea], (2010), www.eumed.net/libros/2010e/814/. [consulta 15 de febrero de 2022.], p. 184; VELA ORBEGOZO, B., "La encrucijada del proceso andino de integración", *Revista OASIS: Observatorio de Análisis de los Sistemas Internacionales,* 12, 2007, p. 427.

20 *Vid.* MALDONADO LIRA, H., *Pacto andino. Mercado de la integración del año 2000,* Editorial Universitaria, Caracas, 1996, p. 22; MOLANO CRUZ, G. y KINGAH, S., "Addressing human rights in the court of justice of the Andean Community and the tribunal of the Southern African Development Community", *Colombia Internacional,* 81, 2014, p. 101.

Secretaría General ha sido constituida como el órgano ejecutivo de la CAN y se le ha encomendado actuar únicamente en función de los intereses de la Comunidad.

Esta estructura institucional ha llevado a algunos autores a señalar que la CAN se inspiró en la experiencia de la entonces Comunidad Económica Europea (hoy UE), adquiriendo de esta un cierto grado de parentesco[21]. En opinión de otros autores[22], la CAN y la UE pueden ser consideradas como dos esquemas de integración similares, en ambas organizaciones existen instituciones comunitarias con similares competencias, por ejemplo: el Tribunal de Justicia de la UE y el Tribunal de Justicia de la CAN[23].

Es verdad que se trata de dos organizaciones internacionales similares, con órganos e instituciones comunitarias a las que se les ha encomendado competencias también similares. Sin embargo, no se debe perder de vista que al mismo tiempo nos encontramos ante dos organizaciones diferentes entre sí. Por ejemplo, la UE está formada por 27 Estados miembros, en cambio, la CAN solo por cuatro Países miembros; la UE cuenta

---

21 *Vid.* ACOSTA PUERTAS, J., "La desintegración andina… *op. cit.*, p. 5; SALAZAR SANTOS, F., "La personalidad jurídica internacional de la organización creada por el Acuerdo de Cartagena", *Revista Integración Latinoamericana*, 84, 1983, p. 26; SALMÓN GÁRATE, E., "Evolución institucional de la Comunidad Andina: Perspectivas y problemas", en *Derecho Comunitario Andino,* Fondo Editorial, Lima, 2003, p. 29.

22 *Vid.* FUENTES FERNÁNDEZ, A., "Situación actual y perspectiva de la Comunidad Andina", *Revista OASIS*: *Observatorio de Análisis de los Sistemas Internacionales,* 12, 2007, p. 364.

23 *Vid.* ALTER, K. J. y HELFER, L. R., "Legal Integration in the Andes: Law-Making by the Andean Tribunal of Justice", *European Law Journal,* 17, núm. 5, 2011, p. 701; ALTER, K. J., HELFER, L. R. y SALDIAS, O., "Transplanting the European Court of Justice: The Experience of the Andean Tribunal of Justice", *American Journal of Comparative Law,* 60, núm. 3, 2012, p. 629.

con una población aproximada de 446 millones de habitantes, en cambio, la CAN con una población aproximada de 111 millones de habitantes. Estas solo son dos de las principales diferencias apreciables a simple vista y, sin duda alguna, repercutirán en la labor desarrollada por los órganos e instituciones de ambas organizaciones internacionales, entre estas, del Tribunal de Justicia.

En base a lo que se acaba de señalar, no cabe duda de que la CAN es considerada como una de las organizaciones internacionales más representativas de Latinoamérica; sin embargo, la importancia de la CAN no se ve reflejada en la investigación académica, ya que, no son muchos los trabajos que se detienen a analizar la labor desarrollada por esta organización internacional. La mayoría de los trabajos se limitan a realizar una descripción de la CAN, así como de su estructura institucional, sin entrar a analizar las funciones que desarrollan sus órganos e instituciones.

Algunas excepciones son los trabajos en el que se analiza los programas de coordinación de las políticas macroeconómicas fijadas por la CAN. En este trabajo se analiza si los Países miembros han mejorado, o no, su desempeño macroeconómico a nivel internacional[24]. Otros trabajos se detienen a analizar la aproximación de las legislaciones de los Países miembros. En este trabajo se examina la labor realizada por las instituciones comunitarias para alcanzar una convergencia legislativa en determinadas materias[25]. Esto que se acaba de señalar pone de manifiesto la necesidad de realizar estudios específicos, no solo

---

24 *Vid.* GÓMEZ OLAYA, Á. P., "Una evaluación del Programa de Convergencia Macroeconómica de la Comunidad Andina de Naciones: el caso colombiano", *Colombia Internacional,* 81, 2014, pp. 167-202.

25 *Vid.* GONZALES BUSTOS, J. P., "La armonización normativa de los impuestos indirectos en la Comunidad Andina", *Revista de Derecho (Valdivia),* 32, núm. 1, 2019, pp. 217-236.

de la CAN, sino también, de sus instituciones más representativas, por ejemplo, de su Tribunal de Justicia.

3. EL TRIBUNAL DE JUSTICIA DE LA COMUNIDAD ANDINA

La creación del Tribunal de Justicia de la CAN se remonta a mayo de 1979, donde fue constituida como Tribunal de Justicia del Acuerdo de Cartagena[26]. Tras un largo proceso de ratificación, entró en vigor en mayo de 1983 e inició formalmente sus actividades el 2 de enero de 1984, en Quito, Ecuador. En mayo de 1996, tras la suscripción del Protocolo de Cochabamba[27], cambio su denominación por el de Tribunal de Justicia de la Comunidad Andina. El Tribunal fue instituido como el órgano jurisdiccional de la CAN[28], es de carácter permanente, supranacional y comunitario; instituido para declarar la legalidad del Derecho comunitario y asegurar su interpretación y aplicación uniforme en los cuatro Países miembros. Como órgano supranacional, cuenta con jurisdicción y competencia en toda la Comunidad.

Las normas comunitarias que reglamentan el funcionamiento del Tribunal de Justicia se encuentran dispuestas en los artículos 40 y 41 del Acuerdo de Cartagena[29]; en su Tratado de creación y sus protocolos modificatorios[30], en la Decisión

---

26 COMUNIDAD ANDINA, *Tratado de Creación del Tribunal de Justicia del Acuerdo de Cartagena,* 1979.

27 COMUNIDAD ANDINA, *Protocolo de Cochabamba Modificatorio del Tratado de Creación del Tribunal de Justicia del Acuerdo de Cartagena,* 1999.

28 COMUNIDAD ANDINA, *Decisión 563 de la Comisión de la CAN sobre Codificación del Acuerdo de Integración Subregional (Acuerdo de Cartagena). GOAC,* 940.

29 *Ibidem.*

30 COMUNIDAD ANDINA, *Protocolo de Cochabamba… op. cit.*, 1999.

472[31], de Codificación del Tratado de Creación del Tribunal de Justicia de la Comunidad Andina; la Decisión 500[32], sobre el Estatuto del Tribunal de Justicia de la Comunidad Andina; y, el Reglamento Interno del Tribunal de Justicia[33].

3.1. Acerca de las competencias del Tribunal de Justicia

Para el ejercicio de sus funciones se le ha asignado seis competencias, como son: la acción de nulidad, la acción de incumplimiento, la interpretación prejudicial, el recurso por omisión o inactividad, la jurisdicción laboral y la función arbitral. De entre estas competencias, quizás la de mayor importancia sea la solicitud de interpretación prejudicial, dado que representa un poco más del 96% de la actividad del Tribunal. La interpretación prejudicial puede ser concebida como el vehículo jurídico a disposición de los jueces nacionales de los Países miembros a través del cual pueden obtener del Tribunal de Justicia la interpretación y alcance del Ordenamiento jurídico andino, esto, con miras a su aplicación uniforme en todo el territorio de la Comunidad.

Con relación a la aplicación uniforme del Derecho comunitario, es necesario señalar que los jueces nacionales de los Países miembros no cuentan con facultades para interpretar las normas del Derecho comunitario andino, pero sí con la obligación de aplicar estas normas en el territorio de la Comunidad. En este sentido, se ha establecido un sistema de división

---

31 COMUNIDAD ANDINA, *Decisión 472 de la Comisión de la CAN sobre Codificación del Tratado de creación del Tribunal de Justicia de la Comunidad Andina. GOAC,* 483.

32 COMUNIDAD ANDINA, *Decisión 500 de la Comisión de la CAN sobre el Estatuto del Tribunal de Justicia de la Comunidad Andina. GOAC,* 680.

33 *Vid.* TJCA, *Informe de labores de gestión 2019. Período: del 16 de enero de 2019 al 15 de enero de 2020.* Quito: TJCA, 2020.

del trabajo y de colaboración entre el Tribunal de Justicia y los jueces nacionales[34]. Con la interpretación prejudicial el Tribunal coadyuva con el juez nacional en la configuración de la sentencia en la causa sometida a su conocimiento en un proceso interno.

La solicitud de interpretación prejudicial podrá ser facultativa u obligatoria. Será facultativa cuando la sentencia que emita el juez nacional sea susceptible de recurso conforme al Derecho interno; en este caso, el procedimiento interno podrá continuar, incluso, se podrá dictar sentencia sin haber recibido respuesta por parte del Tribunal. En cambio, será obligatoria en aquellos casos en que la sentencia que emita el juez nacional sea de única o última instancia conforme al Derecho interno; en este caso, el procedimiento interno deberá suspenderse hasta obtener la interpretación solicitada al Tribunal; lo que podría afectar a la resolución de las causas iniciadas en las cortes de justicia nacionales, contribuyendo a la retardación de justicia, pues se tendrá que esperar respuesta por parte del Tribunal.

Cabe remarcar que, en el contexto andino, la interpretación prejudicial tiene una finalidad práctica, es decir, de aplicación a un caso concreto; lo que significa que el juez nacional de un País miembro deberá enviar tantas consultas como procesos conozca donde deba aplicarse una norma comunitaria. Esto que se acaba de señalar, como tendremos oportunidad de ver más adelante, hace que el Tribunal reciba y acumule una cantidad considerable de procesos.

Las otras competencias ejercidas por el Tribunal con cierta frecuencia son la acción de incumplimiento y la acción de nulidad. La acción de incumplimiento es el instrumento jurídico

---

[34] TJCA, Proceso 1-IP-87, sentencia de 3 de diciembre de 1987. *GOAC*, 28, 1988.

mediante el cual el Tribunal está llamado a supervisar el cumplimiento de las obligaciones adquiridas por los Países miembros[35]. En este sentido, corresponde al Tribunal velar por la recta aplicación del Derecho comunitario y garantizar que los Países miembros cumplan las normas que lo integran[36]. Esta acción tiene por finalidad el restablecimiento del Derecho comunitario infringido por parte de uno de los Países miembros.

Por su parte, la acción de nulidad tiene por finalidad garantizar la legalidad de los actos de los órganos e instituciones del SAI. Por medio del ejercicio de esta acción, el Tribunal controla la legalidad, cuestiona, y si cabe, declara la nulidad de las decisiones del Consejo Andino o de la Comisión y de las Resoluciones de la Secretaría general, cuando estas sean acordadas con violación del Ordenamiento jurídico andino[37]; incluso, aquellas que hubieran sido aprobadas por desviación de poder.

Las otras competencias asignadas al Tribunal, como son, el recurso por omisión o inactividad, la función arbitral y la jurisdicción laboral, son competencias que son ejercidas de forma residual por parte del Tribunal. En conjunto, el ejercicio de estas competencias representa tan solo el 0.5% de la actividad del Tribunal.

3.2. Situación actual del Tribunal de Justicia

El ejercicio de las competencias que acabamos de señalar le ha permitido al Tribunal de Justicia conocer y resolver un nú-

---

35 TJCA, Proceso 1-AI-96, sentencia de 30 de octubre de 1996. *GOAC*, 234, 1997.

36 *Ibidem.*

37 TJCA, Proceso 79-AN-2000, sentencia del 19 de octubre de 2001. *GOAC*, 730, 2001.

mero elevado de procesos. Según consta en su página web, hasta diciembre de 2021, el Tribunal ha resuelto un total de 6.427 procesos judiciales; de los cuales, 6.190 fueron procesos de interpretación prejudicial, 131 acciones de incumplimiento, 72 acciones de nulidad, 22 demandas laborales, 10 recursos por omisión y, 2 demandas arbitrales[38]. El ejercicio de estas competencias y la aplicación de los principios de primacía, aplicación y efecto directo del Derecho comunitario, consagrados en los primeros artículos de su Tratado Constitutivo[39], le ha permitido dotar del mayor contenido al Derecho comunitario andino, contribuyendo sustancialmente a su consolidación. Además, esta extensa actividad le ha permitido constituirse como el tercer Tribunal Internacional más activo del mundo, ubicado solo por detrás de la Corte Europea de Derechos Humanos y del Tribunal de Justicia de la UE[40].

Esto que se acaba de señalar no hace otra cosa que poner de manifiesto la importancia del Tribunal de Justicia de la CAN y de las cortes de justicia en general. Sin embargo, esto no se ve reflejado en la investigación académica, ya que, son pocos los trabajos que se detiene a analizar la labor desarrollada por este Tribunal. Algunas excepciones son los trabajos desarrollados

---

[38] TJCA, *Reseña del Tribunal de Justicia de la Comunidad Andina* [en línea], (2022), https://www.tribunalandino.org.ec/index.php/nosotros/resena/. [Consulta 15 de marzo de 2022.]

[39] COMUNIDAD ANDINA, *Protocolo de Cochabamba… op. cit.*, 1999, arts. 1-4.

[40] *Vid.* ALTER, K. J. y HELFER, L. R., "Legal Integration in the Andes… *op. cit.*, p. 701; ALTER, K. J. y HELFER, L. R., *Transplanting International Courts… op. cit.*, p. 3; MOLANO CRUZ, G. y KINGAH, S., "Addressing human rights in the court… *op. cit.*, p. 113.

por Alter y Helfer[41]; Alter y otros[42] y por Molano y Kingah[43]. En estos trabajos se realizan estudios comparativos del Tribunal de Justica de la CAN con su homólogo europeo, el Tribunal de Justicia de la UE; y con el Tribunal de la Comunidad de Desarrollo de África Meridional. De ahí la necesidad de seguir analizando, con mayor detalle, la labor desarrollada por el Tribunal de Justicia de la CAN, esto, con el objetivo de contribuir con la literatura especializada sobre este tópico de investigación.

4. CODIFICACIÓN DE LAS SENTENCIAS DEL TRIBUNAL DE JUSTICIA

Para el desarrollo del trabajo se ha confeccionado una base de datos original con información obtenida de fuentes secundarias; en concreto, se ha acudido a la GOAC[44]. Se ha optado por utilizar fuentes de información secundaria para recopilar la información, ya que así se ha procedido en la investigación empírica sobre Tribunales de Justicia[45].

---

41 *Vid.* ALTER, K. J. y HELFER, L. R., "Legal Integration in the Andes... *op. cit.*; ALTER, K. J. y HELFER, L. R., *Transplanting International Courts... op. cit.*

42 *Vid.* ALTER, K. J., HELFER, L. R. y SALDIAS, O., "Transplanting the European Court of Justice... *op. cit.*

43 *Vid.* MOLANO CRUZ, G. y KINGAH, S., "Addressing human rights in the court... *op. cit.*

44 Acceso vía web en http://www.comunidadandina.org/Normativa.aspx. [20/11/2022].

45 *Vid.* ABDULHADI, A., "Cortes judiciales, gobernadores y legisladores en las provincias argentinas: patrones de cambio de jueces (1983-2011)", *Revista de Ciencia Política,* 40, núm. 3, 2020, p. 627; ALTER, K. J. y HELFER, L. R., *Transplanting International Courts... op. cit.*

Para la construcción de la base de datos se ha llevado adelante un registro de todas las publicaciones que aparecieron en la GOAC para el periodo 2019. El registro de las publicaciones de la GOAC se ha realizado entre el 1 de enero de 2019 y el 30 de junio de 2020. El registro se ha extendido hasta junio de 2020 debido a que se ha identificado un conjunto de sentencias del Tribunal de Justicia emitidas en 2019, pero que fueron publicadas en 2020.

Se ha tomado como periodo de análisis 2019 por ser el periodo anterior a la declaración de la emergencia sanitaria provocada por la pandemia del COVID-19, último periodo en el que el Tribunal tuvo la oportunidad de desarrollar sus actividades de forma habitual.

En la construcción de la base de datos, el registro inicial arrojó un total de 993 documentos publicados en la GOAC correspondientes al año 2019, entre las publicaciones que aparecen en la GOAC, se encontraron, entre otros documentos: decisiones andinas, resoluciones y dictámenes de la Secretaría General, acuerdos de complementación y, principalmente, sentencias del Tribunal de Justicia. Como el objetivo del trabajo se centra en analizar las sentencias del Tribunal de Justicia, se procedió a seleccionar de entre las 993 publicaciones, aquellas publicaciones que correspondan al Tribunal, más concretamente, las sentencias del Tribunal de Justicia. Así pues, se procedió a establecer cuáles de las 993 publicaciones se correspondían con sentencias del Tribunal. Esta nueva búsqueda arrojó un total de 734 sentencias publicadas por el Tribunal de Justicia en el periodo analizado.

Una vez seleccionadas las sentencias del Tribunal que formarán parte del estudio se procedió a extraer la información pertinente. De estas sentencias se obtuvieron los datos necesarios para el desarrollo del trabajo, tales como: tipo de proceso, país de procedencia, corte consultante, tipo de caso, actor principal, demandado, decisión demandada y, artículos que fueron objeto de interpretación por parte del Tribunal.

La técnica utilizada para la recolección de la información fue el análisis de contenidos, ya sea por medio de la búsqueda de palabras clave o por la lectura minuciosa de las sentencias. Habiendo realizado la selección y recogida de la información y, habiendo concluido la confección de la base de datos, la muestra final del trabajo fue un panel de datos compuesto por 734 observaciones[46] para el periodo 2019.

5. RESULTADOS DEL TRABAJO Y DISCUSIÓN

En este apartado se lleva adelante un análisis descriptivo y exploratorio de la actividad desarrollada por el Tribunal de Justicia. Este análisis permitirá tener una visión general acerca de la situación actual de la jurisprudencia del Tribunal. Este análisis se realiza con el objetivo de cuantificar las sentencias del Tribunal de Justicia, identificar los procedimientos más frecuentes, identificar las decisiones más observadas, así como identificar los artículos más interpretados por parte del Tribunal de Justicia. En este apartado también se realiza la discusión de los resultados obtenidos.

5.1. Análisis descriptivo de las sentencias del Tribunal de Justicia

El análisis descriptivo del trabajo se elaboró teniendo en cuenta todas las sentencias del Tribunal de Justicia del periodo

---

46 *Vid.* GODOY USON, M. P., WALKER HITSCHFELD, E. y ZEGERS RUIZ-TAGLE, M., "Análisis del primer intento de imponer autorregulación sobre gobierno corporativo en Chile: resultados de un oxímoron", *Revista Chilena De Derecho*, 45, núm. 1, 2019, p. 191.

2019. En la siguiente tabla (Tabla 1) se muestran las sentencias del Tribunal clasificadas por tipo de causas judiciales resultas.

Tabla 1: Sentencias del Tribunal de Justicia del periodo 2019

Tipo de causas judiciales	Sentencias emitidas	%
Interpretación prejudicial	728	99.18
Acción de nulidad	2	0.27
Acción de incumplimiento	2	0.27
Demanda laboral	1	0.14
Arbitraje	1	0.14
TOTAL	734	100

Fuente: Elaboración propia.

Según se observa en la Tabla 1, en el periodo 2019, el Tribunal de Justicia de la CAN tuvo la oportunidad de emitir un total de 734 sentencias judiciales en diferentes procedimientos. Este primer dato es relevante, sobre todo, si se lo compara con Tribunales internacionales de similares características, por ejemplo, el Tribunal de Justicia de la UE. Este último, el Tribunal europeo, llegó a emitir un total de 865 sentencias judicial en el mismo periodo analizado[47]. A primera vista la diferencia no parece ser significativa y, en condiciones normales, no llamaría la atención; sin embargo, se debe tener en cuenta que se trata de dos Tribunales internacionales que forman parte de dos organizaciones internacionales de diferentes dimensiones, como son la CAN y la UE. Por una parte, la CAN se encuentra formada por cuatro Países miembros y cuenta con una población aproximada de 111 millones de habitantes; por su parte, la UE, en 2019, estaba formada por 28 Estados miembros y contaba con una población aproximada de 446 millones de habitantes. Estas diferencias sí son significativas y debería afectar de forma directa al número de procedimientos iniciados y concluidos en cada uno de los Tribunales mencionados. Si esto es así, que hace que el Tribunal

---

47 *Vid.* TJUE, *Informe anual 2019, op. cit.*

de Justicia de la CAN haya llegado a dictar un número similar de sentencias que el Tribunal de Justicia de la UE.

Una posible explicación de este extremo puede encontrase en el hecho de que, en el contexto andino, un procedimiento iniciado ante el Tribunal de Justicia tiene una finalidad práctica, es decir, de aplicación a un caso concreto. En aplicación de esta finalidad práctica, todo juez nacional de un País miembro deberá enviar tantas consultas como procesos conozca donde deba aplicarse una normativa comunitaria; incluso, en aquellos casos en los que el Tribunal ya se había pronunciado claramente sobre el asunto planteado[48]. Este hecho hace que el Tribunal de Justicia reciba y admita a trámite una cantidad considerable de procesos judiciales.

Los hallazgos de la Tabla 1 también informan que, de las 734 sentencias emitidas por el Tribunal en el periodo analizado, 728 sentencias fueron emitidas dentro de un procedimiento de interpretación prejudicial, dos en demandas de nulidad, dos en demandas de incumplimiento, una en demanda laboral y una en demanda arbitral. Este dato es relevante, ya que, pone de manifiesto que la actividad principal del Tribunal se ha centrado básicamente en interpretar las normas que forman parte del Ordenamiento jurídico andino, principalmente, de las decisiones comunitarias.

En efecto, del total de sentencias emitidas por el Tribunal, más del 99% fueron sentencias dentro de procesos de solicitudes de interpretación prejudicial de alguna norma comunitaria; lo que significa que menos del 1% de la actividad del Tribunal está orientada hacia la resolución de otro tipo de procedimientos encomendados a este Tribunal.

48 Vid. ALTER, K. J. y HELFER, L. R., *Transplanting International Courts... op. cit.*, pp. 63 y 124.

5.2. Análisis exploratorio de las decisiones interpretadas por el Tribunal de Justicia

El análisis de las sentencias del Tribunal de Justicia también ha permitido establecer, entre otras cosas, qué disposiciones del Ordenamiento jurídico andino (Decisiones andinas) han sido objeto de interpretación por parte del Tribunal. La siguiente tabla (Tabla 2) resume esta información.

Tabla 2: Decisiones de la CAN interpretadas por el Tribunal de Justicia

Decisión interpretada	Número de veces interpretada	%
486	588	80,8%
571	37	5,1%
351	33	4,5%
571 y OMC	28	3,8%
344	12	1,6%
462	6	0,8%
Otros	24	3,3%
TOTAL	728	100%

Fuente: Elaboración propia.

El análisis de las decisiones interpretadas por el Tribunal de Justicia ha permitido establecer, entre otras cosas, qué disposiciones del Ordenamiento jurídico andino han sido objeto de interpretación. Los hallazgos de la Tabla 2 muestran que el Tribunal ha dedicado la mayor parte de su actividad a interpretar el contenido de una sola decisión andina, la Decisión 486. Esta Decisión ha sido interpretada por parte del Tribunal en 588 oportunidades en el periodo analizado; es decir, el 80,8% de la actividad del Tribunal se ha centrado en interpretar alguno de los preceptos contenidos en esta Decisión.

En realidad, este hallazgo no es nuevo, investigaciones anteriores ya habían llegado a la misma conclusión al señalar que la mayor parte de la actividad del Tribunal se había centrado en la interpretación de la Decisión 486[49]. Para llegar a estas conclusiones, estos trabajos tomaron como referencia los informes anuales emitidos por el propio Tribunal. Nuestros hallazgos confirman estas investigaciones previas y ofrece evidencia nueva sobre este tópico de investigación, hallazgos que se obtuvieron a partir de la construcción de una base de datos original que contiene todas las sentencias del Tribunal de Justicia para el periodo 2019. Esto nos permitió, no solo señalar que decisión es la más interpretada, sino también, como se verá más adelante, qué disposiciones de esta decisión han sido objeto de interpretación por parte del Tribunal.

Los hallazgos de la Tabla 2 también informa acerca de la segunda decisión más interpretada por el Tribunal, la Decisión 571. A diferencia de la anterior, esta Decisión ha sido interpretada solo en 37 oportunidades en el mismo periodo analizado; lo que representa el 5,1% de la actividad del Tribunal. Esta Decisión regula el valor en aduana de las mercancías importadas a territorio comunitario, lo que ha dado lugar a que, en algunas oportunidades, en la interpretación de esta Decisión también se haya hecho mención a normativa internacional, principalmente, a la proveniente de la Organización Mundial del Comercio. Un aspecto importante a destacar del análisis de estas dos primeras decisiones es el abismo que existe entre una y otra decisión.

La Tabla 2 también informa acerca de otras decisiones interpretadas por el Tribunal en el periodo analizado. Según se observa en la referida Tabla, el conjunto de estas decisiones apenas llega al 14% del total de la actividad realizada por el Tribunal. De entre estas, la mayoría ha sido objeto de interpretación en pocas oportunidades. En realidad, en el periodo analizado, de las más de 400 decisiones que se encuentran en

---

49 *Vid.* MOLANO CRUZ, G. y KINGAH, S., "Addressing human rights in the court... *op. cit.*, p. 114.

vigor en la CAN[50], tan solo han sido objeto de interpretación por parte del Tribunal 21 decisiones; es decir, un poco más del 5% de las Decisiones andinas.

Esto que se acaba de señalar invita a esta organización internacional y, principalmente, a su Tribunal de Justicia, a reflexionar acerca del ejercicio de las competencias asignadas a este. Como se ha señalado, el Tribunal ha sido constituido como el órgano supranacional de la CAN, al mismo se le ha encomendado, entre otras cosas, declarar la legalidad del Ordenamiento jurídico andino y asegurar su interpretación y aplicación uniforme en todos los Países miembros; algo que, visto lo visto, no parece cumplirse a cabalidad, ya que, solo han sido objeto de interpretación por parte del Tribunal 21 decisiones comunitarias. En otras palabras, aproximadamente el 95% de las decisiones de la CAN, no han sido analizadas o interpretadas por el Tribunal; si este alto porcentaje de decisiones no han sido objeto de análisis o interpretación, difícilmente se puede afirmar que se esté produciendo una interpretación y aplicación uniforme de las decisiones comunitarias en los Países miembros.

5.3. Análisis descriptivo de la interpretación de la Decisión 486

El análisis descriptivo de la Decisión 486 muestra las disposiciones que fueron objeto de interpretación por parte del Tribunal de Justicia. Ahí se observa el número de veces que un artículo fue interpretado, el porcentaje que representa sobre el total, así como la descripción de los artículos. La siguiente tabla (Tabla 3) sintetiza esta información.

---

50 Según se observa en la página web de la CAN, a la fecha de finalización del trabajo (noviembre de 2023), se han aprobado un total de 918 decisiones andinas, de las cuales, aproximadamente, 400 se encuentran en vigor.

Tabla 3: Artículos de la Decisión 486 interpretados por el Tribunal de Justicia.

Art.	Total	%	Descripción
136	336	57,1	Requisitos para el registro de marcas
135	150	25,5	Requisitos para el registro de marcas
151	99	16,8	Procedimiento de registro de marcas
224	81	13,8	Signos distintivos notoriamente conocidos
228	75	12,8	Signos distintivos notoriamente conocidos
230	70	11,9	Signos distintivos notoriamente conocidos
134	28	4,8	Requisitos para el registro de marcas
137	19	3,2	Requisitos para el registro de marcas
Arts. Interpretados una vez	36	6,1	Varios

Fuente: Elaboración propia.

La Decisión 486 estableció un Régimen Común sobre Propiedad Industrial en la CAN y fue aprobada el 14 de septiembre del año 2000. Esta Decisión contiene 280 artículos y tres disposiciones transitorias, distribuidos en 16 Títulos y 38 Capítulos.

El análisis descriptivo de la Decisión 486 muestra que no todas las disposiciones de esta Decisión fueron objeto de interpretación por parte del Tribunal. En realidad, solo fueron interpretados 116 artículos; un poco más del 40% de esta Decisión. También se ha de mencionar que no todos los artículos fueron interpretados en la misma proporción. Algunos artículos fueron interpretados en muchas oportunidades; otros en cambio, fueron interpretados en pocas oportunidades, incluso, una sola vez.

Los hallazgos del análisis de la Decisión 486 muestra que, un solo precepto, el artículo 136, fue objeto de interpretación en 336 oportunidades, lo que representa un poco más del 57% de la actividad del Tribunal. En otras palabras, en el periodo analizado, más de la mitad de la actividad del Tribunal se ha centrado en interpretar, entre otras cosas, el contenido de este artículo.

La Tabla 3 también muestra que otro precepto, el artículo 135, fue objeto de interpretación en 150 oportunidades, lo que representa el 25,5% de la actividad del Tribunal, un porcentaje también elevado. Con diferencia, estos son dos de los artículos más interpretados por el Tribunal en el periodo analizado. Lejos se encuentran la interpretación de los artículos 151, 224, 228 y 230; de media, estos artículos fueron interpretados en 81 oportunidades, lejos de las 336 interpretaciones realizadas del artículo 136.

La Tabla 3 también informa acerca de aquellos preceptos que fueron interpretados en pocas oportunidades, por ejemplo, 36 artículos (arts. 3, 4, 7, 8, 9 y otros) fueron objeto de interpretación en una sola oportunidad. Entre ambos extremos se encuentran un poco más de 50 artículos de esta Decisión que también fueron interpretados por el Tribunal.

Si dirigimos nuestra mirada a la descripción de los artículos, se observa que dos de los artículos más interpretados (arts. 135 y 136) forman parte del conjunto de preceptos dedicados a reglamentar los requisitos a cumplir para la obtención del registro de una marca en la CAN. Estos requisitos se encuentran previstos en el Capítulo I del Título VI de la Decisión 486, dedicado, de forma general, a las marcas. Este Capítulo está formado por cuatro preceptos, los artículos 134, 135, 136 y 137. Este dado es relevante, ya que, según se observa en la Tabla 3, los cuatro artículos fueron interpretados en algún momento por el Tribunal. En conjunto, si excluimos duplicidades, es decir, aquellos procesos en los que fueron interpretados de forma conjunta algunos de estos artículos, encontramos que el 66% de las sentencias del Tribunal sobre la Decisión 486 estuvieron dedicadas a interpretar el contenido de este Capítulo.

Es verdad que para obtener este dato (66%) se ha tenido en cuenta solo las sentencias del Tribunal donde se interpreta la

Decisión 486, es decir, 588 sentencias. Quizás este dato no sea muy preciso, ya que no se ha tenido en cuenta la totalidad de las sentencias emitidas por el Tribunal. Recordemos, el total de sentencias emitidas por el Tribunal en el periodo analizado fue de 734 sentencias; si tenemos en cuenta este número, el porcentaje de sentencias donde se analiza los artículos 134 a 137 disminuye algo, hasta el 52,9%. Este dato sí que podría considerarse preciso, ya que tiene en cuenta el total de sentencias emitidas por el Tribunal en el periodo analizado.

Este dato es llamativo, ya que, prácticamente indica que un poco más de la mitad de la actividad del Tribunal se ha centrado en interpretar un conjunto reducido de cuatro artículos de una sola decisión, cuatro artículos en los que se establecen una serie de requisitos para solicitar el registro de una marca en cualquiera de los Países miembros de la CAN. Este hallazgo no es nuevo, investigaciones anteriores ya habían llegado a la misma conclusión al señalar que la mayor parte de la actividad del Tribunal de Justicia se había centrado en disputas de propiedad intelectual; principalmente; en temas relacionados con los registros de marcas en la región andina[51]. De hecho, la propiedad intelectual ha ocupado durante mucho tiempo un lugar privilegiado en la actividad jurisprudencial del Tribunal de Justicia.

También se ha de señalar que los trabajos de investigación sobre la Decisión 486 no son nuevas. En efecto, la investigación académica ha realizado estudios específicos sobre esta Decisión dada su importancia para la CAN. En estos trabajos se analiza la aplicación de la Decisión 486 por las instituciones nacionales de los Países miembros[52]; en otros se realiza un es-

---

51 *Vid.* ALTER, K. J. y HELFER, L. R., *Transplanting International Courts... op. cit.*, pp. 51 y 53.

52 *Vid.* METKE MÉNDEZ, R., "Obligatory Trademark Use Under Decision 486 of the Commission of the Andean Community", *Estudios Socio-Jurídicos*, 9, núm. 2, 2007, pp. 82-110.

tudio comparado con la normativa nacional e internacional[53]; otros dan un paso más y se animan a sugerir modificaciones a la Decisión[54]. En todos, de forma directa o indirecta, se analiza la interpretación del Tribunal sobre esta Decisión, en la mayoría de los casos, a partir de un caso concreto. Nuestro trabajo amplía estos estudios y es el primero en analizar la totalidad de las sentencias del Tribunal en el periodo de referencia sobre esta Decisión, esto nos permite llegar a conclusiones originales que aportan mayor claridad acerca de las funciones del Tribunal de Justicia.

6. CONCLUSIONES

Los hallazgos del trabajo invitan a esta organización internacional, la CAN y, en particular, a su Tribunal de Justicia, a reflexionar acerca del ejercicio de las competencias asignadas a este Tribunal. No es que se cuestione o se ponga en duda la labor desarrollada por el Tribunal, pero, como se ha señalado, llama la atención los hallazgos expuestos en el trabajo. Es verdad que el Tribunal de Justicia de la CAN es considerado como el tercer Tribunal Internacional de Justicia más activo del mundo, sin embargo, este dato podría resultar algo artificial. Como se ha visto, aproximadamente un 50% de los procesos podrían

---

[53] *Vid.* LÓPEZ SUAREZ, R. A., "Non-prejudicial disclosures: in search of a harmonized approach", *Revista La Propiedad Inmaterial*, 26, 2018, pp. 74-73.

[54] *Vid.* SANDOVAL GUTIERREZ, J. F., "Compensation of damages caused with infringement to the intellectual property. A system which avoid the legal tradition", *Revista La Propiedad Inmaterial*, 23, 2017, pp. 47-68; SCHIANTARELLI GONZÁLEZ, J. P., "The regulation of the trade name in Peru: Lag and challenge", *Derecho PUCP*, 74, 2015, pp. 113-126.

evitarse, puesto que en estos existe coincidencia en los preceptos de los cuales se solicita interpretación prejudicial por parte del Tribunal. A la misma conclusión se ha llegado en trabajos previos donde también se ha evidenciado la existencia de una cantidad considerable de procesos en los que existe similitud en los hechos reclamados.

Esto que se acaba de mencionar pone de manifiesto la necesidad de replantear la labor desarrollada por el Tribunal de Justicia de la CAN. Recordemos, en el ámbito andino, la consulta prejudicial tiene una finalidad práctica, es decir, de aplicación a un caso concreto, lo que significa que el juez nacional tiene la obligación de enviar tantas consultas como procesos conozca donde deba aplicarse una norma comunitaria. Esta fue la postura adoptada por el Tribunal desde su primera sentencia de interpretación prejudicial (proceso 1-IP-87), criterio que fue reiterando proceso tras proceso por muchos años. Este hecho ha dado lugar a que los tribunales nacionales se hayan visto obligados a plantear reiteradamente preguntas similares sobre el Derecho andino, incluso cuando el Tribunal ya se había pronunciado claramente sobre el contenido de estas preguntas; por su parte, el Tribunal venía proporcionando las mismas respuestas a estas preguntas caso tras caso.

Tomando como referencia lo hasta aquí señalado, nuestro trabajo sugiere que el Tribunal valore la posibilidad de adoptar principios o doctrinas aceptados por instituciones de similares características, por ejemplo, la doctrina del acto claro o acto aclarado. Si el Tribunal accediera a aplicar esta doctrina, muchos de estos procesos no llegarían al Tribunal. A su vez, el hecho de que la respuesta del Tribunal a las consultas planteadas sea breve, tal vez pueda servir de aliciente para que más personas acudan al Tribunal solicitando la interpretación de más disposiciones del Ordenamiento jurídico andino; así como el inicio de otras competencias ante el Tribunal. La incorporación de esta doctrina por parte del Tribunal de Justicia significaría una reforma importante para este Tribunal, no de su Protocolo de constitución o de su estructura de funcionamiento, sino, en la forma de llevar adelante las funciones que se le ha encomendado. Sin duda alguna, esto significará un cambio cualitativo de las actividades desarrolladas por el Tribunal.

BIBLIOGRAFÍA

ABDULHADI, A., "Cortes judiciales, gobernadores y legisladores en las provincias argentinas: patrones de cambio de jueces (1983-2011)", *Revista de Ciencia Política*, 40, núm. 3, 2020, pp. 617-642.

ACOSTA PUERTAS, J., "La desintegración andina", *Revista Nueva Sociedad, Democracia y Política en América Latina*, 204, 2006, pp. 4-13.

ALTER, K. J. y HELFER, L. R., "Legal Integration in the Andes: Law-Making by the Andean Tribunal of Justice", *European Law Journal*, 17, núm. 5, 2011, pp. 701-715.

ALTER, K. J. y HELFER, L. R., *Transplanting International Courts. The Law and Politics of the Andean Tribunal Justice*, Oxford University Press, Oxford, 2017.

ALTER, K. J., HELFER, L. R. y SALDIAS, O., "Transplanting the European Court of Justice: The Experience of the Andean Tribunal of Justice", *American Journal of Comparative Law*, 60, núm. 3, 2012, pp. 629-664.

BASABE SERRANO, S. y CURVALE, C., "El impacto de la (in)estabilidad judicial en el crecimiento económico en América Latina. Un Análisis en perspectiva histórica", *Política y Gobierno*, 23, núm. 2, 2016, pp. 279-303.

BASABE SERRANO, S., "¿En qué medida la independencia judicial incide sobre la presencia de mujeres en altas cortes de justicia? América latina en perspectiva compara", *Política y Gobierno*, 27, núm. 1, 2020, pp. 1-15.

BUENO MARTÍNEZ, P. y PEROTTI, A. D., "La teoría del acto aclarado ¿Resulta necesaria su aplicación en el marco de la interpretación prejudicial andina?", *Revista de Actualidad Jurídica*, 14, 2005, pp. 133-152.

CALDEIRA, G. A. y WRIGHT, J. R., "Organized Interests and Agenda Setting in the U.S. Supreme Court", *The American Political Science Review*, 82, núm. 4, 1988, pp. 1109-1127.

CASAS CASAS, A. y CORREA, M. E., "¿Qué pasa con la Comunidad Andina de Naciones – CAN?", *Revista Papel Político*, 12, núm. 2, 2007, pp. 591-632.

CASTILLO CÓRDOVA, L., "La inaplicación del Derecho Convencional creado por la Corte Interamericana de Derechos Humanos en relación al derecho a la vida del concebido", *Revista Chilena De Derecho*, 48, núm. 3, 2021, pp. 1-24.

COMUNIDAD ANDINA, *Decisión 472 de la Comisión de la CAN sobre Codificación del Tratado de creación del Tribunal de Justicia de la Comunidad Andina. GOAC*, 483, pp. 5-13.

COMUNIDAD ANDINA, *Decisión 500 de la Comisión de la CAN sobre el Estatuto del Tribunal de Justicia de la Comunidad Andina. GOAC*, 680, pp. 2-24.

COMUNIDAD ANDINA, *Decisión 563 de la Comisión de la CAN sobre Codificación del Acuerdo de Integración Subregional (Acuerdo de Cartagena). GOAC*, 940, pp. 1-28.

COMUNIDAD ANDINA, *Protocolo de Cochabamba Modificatorio del Tratado de Creación del Tribunal de Justicia del Acuerdo de Cartagena*, 1999.

COMUNIDAD ANDINA, *Protocolo de Trujillo Modificatorio del Acuerdo de Cartagena*, 1996.

COMUNIDAD ANDINA, *Tratado de Creación del Tribunal de Justicia del Acuerdo de Cartagena*, 1979.

CORTEZ SALINAS, J., "Secretarios de estudio y cuenta en la Suprema Corte de México. Un actor especial pero olvidado", *Política y Gobierno*, 26, núm. 2, 2019, pp. 219-236.

DE LOMBAERDE, P., KINGAH, S. y RETTBERG, A., "Presentación: Procesos de integración política, social y económica", *Colombia Internacional*, 81, 2014, pp. 19-24.

DRISCOLL, A. y NELSON, M. J., "Crónica de una elección anunciada. Las elecciones judiciales de 2017 en Bolivia", *Política y Gobierno*, 26, núm. 1, 2019, pp. 41-64.

FUENTES FERNÁNDEZ, A., "Situación actual y perspectiva de la Comunidad Andina", *Revista OASIS: Observatorio de Análisis de los Sistemas Internacionales*, 12, 2007, pp. 361-365.

GARRETT, G., KELEMEN, R. D. y SCHULZ, H., "The European Court of Justice, National Governments, and Legal Integration in the European Union", *International Organization*, 52, núm. 1, 1998, pp. 149-176.

GODOY USON, M. P., WALKER HITSCHFELD, E. y ZEGERS RUIZ-TAGLE, M., "Análisis del primer intento de imponer autorregulación sobre gobierno corporativo en Chile: resultados de un oxímoron", *Revista Chilena De Derecho*, 45, núm. 1, 2019, pp. 179-210.

GODOY, H. y GONZÁLEZ ARANA, R., "La crisis de la CAN: El caso de los actores internos", *Revista Investigación y Desarrollo*, 17, núm. 2, 2009, pp. 350-367.

GÓMEZ OLAYA, Á. P., "Una evaluación del Programa de Convergencia Macroeconómica de la Comunidad Andina de Naciones: el caso colombiano", *Colombia Internacional*, 81, 2014, pp. 167-202.

GONZALES BUSTOS, J. P., "La armonización normativa de los impuestos indirectos en la Comunidad Andina", *Revista de Derecho (Valdivia)*, 32, núm. 1, 2019, pp. 217-236.

KENNEY, S. J., "Beyond principals and agents: Seeing courts as organizations by comparing référendaires at the European Court of Justice and law clerks at the U.S. Supreme Court", *Comparative political studies*, 33, núm. 5, 2000, pp. 593-625.

LARA BORGES, O., CASTAGNOLA, A. y PÉREZ LIÑÁN, A., "Diseño constitucional y estabilidad judicial en América Latina, 1900-2009", *Política y Gobierno*, 19, núm. 1, 2012, pp. 3-40.

LÓPEZ ESCARCENA, S., "El asunto de la obligación de negociar un acceso al Océano Pacífico. Comentario de la sentencia de la Corte Internacional de Justicia, de fecha 1 de octubre de 2018", *Revista Chilena De Derecho*, 47, núm. 3, 2020, pp. 925-951.

LÓPEZ ESCARCENA, S., "La disputa marítima entre Perú y Chile: Comentario de la Sentencia de la Corte Internacional de Justicia, de fecha 27 de enero de 2014", *Revista Chilena De Derecho*, 47, núm. 3, 2014, pp. 925-951.

LÓPEZ SUAREZ, R. A., "Non-prejudicial disclosures: in search of a harmonized approach", *Revista La Propiedad Inmaterial*, 26, 2018, pp. 74-73.

MALDONADO LIRA, H., *Pacto andino. Mercado de la integración del año 2000*, Editorial Universitaria, Caracas, 1996.

METKE MÉNDEZ, R., "Obligatory Trademark Use Under Decision 486 of the Commission of the Andean Community", *Estudios Socio-Jurídicos*, 9, núm. 2, 2007, pp. 82-110.

MOLANO CRUZ, G. y KINGAH, S., "Addressing human rights in the court of justice of the Andean Community and the tribunal of the Southern African Development Community", *Colombia Internacional*, 81, 2014, pp. 99-127.

SALAZAR SANTOS, F., "La personalidad jurídica internacional de la organización creada por el Acuerdo de Cartagena", *Revista Integración Latinoamericana*, 84, 1983, pp. 19-43.

SALMÓN GÁRATE, E., "Evolución institucional de la Comunidad Andina: Perspectivas y problemas", en *Derecho Comunitario Andino*, Fondo Editorial, Lima, 2003, pp. 19-56.

SANDOVAL GUTIERREZ, J. F., "Compensation of damages caused with infringement to the intellectual property. A system which avoid the legal tradition", *Revista La Propiedad Inmaterial*, 23, 2017, pp. 47-68.

SCHIANTARELLI GONZÁLEZ, J. P., "The regulation of the trade name in Peru: Lag and challenge", *Derecho PUCP*, 74, 2015, pp. 113-126.

SOLARES GAITE, A., *Integración: Teoría y Procesos. Bolivia y la Integración* [en línea], (2010), www.eumed.net/libros/2010e/814/. [consulta 15 de febrero de 2022.]

TJCA, *Informe de labores de gestión 2019. Período: del 16 de enero de 2019 al 15 de enero de 2020*. Quito: TJCA, 2020.

TJCA, Proceso 1-AI-96, sentencia de 30 de octubre de 1996. *GOAC*, 234, 1997.

TJCA, Proceso 1-IP-87, sentencia de 3 de diciembre de 1987. *GOAC*, 28, 1988.

TJCA, Proceso 79-AN-2000, sentencia del 19 de octubre de 2001. *GOAC*, 730, 2001.

TJCA, *Reseña del Tribunal de Justicia de la Comunidad Andina* [en línea], (2022), https://www.tribunalandino.org.ec/index.php/nosotros/resena/. [Consulta 15 de marzo de 2022.]

TJUE, *Informe anual 2019. Actividad judicial*, Unidad de publicaciones y Medios de comunicación electrónicos, Luxemburgo, 2020.

TOBÓN FRANCO, N., "La doctrina del acto claro y la interpretación prejudicial en la Comunidad Andina", *Revista Vniversitas*, 109, 2005, pp. 461-482.

VELA ORBEGOZO, B., "La encrucijada del proceso andino de integración", *Revista OASIS: Observatorio de Análisis de los Sistemas Internacionales*, 12, 2007, pp. 425-432.

YEUNG, T. Y.-C., OVÁDEK, M. y LAMPACH, N., "Time efficiency as a measure of court performance: evidence from the Court of Justice of the European Union", *European Journal of Law and Economics*, 53, núm. 2, 2022, pp. 209-234.

Capítulo 22.

EVOLUCIÓN JURISPRUDENCIAL EN MATERIA DE PROTECCIÓN DE DISEÑOS DESDE LA SENTENCIA DEL TRIBUNAL DE JUSTICIA DE LA UNIÓN EUROPEA DE 12 DE SEPTIEMBRE DE 2019 (COFEMEL VS G-STAR RAW)

JULIA LAGO MUÑOZ
Becaria FPU- Universidad de Salamanca
julamu@usal.es

SUMARIO: I. EL ASUNTO COFEMEL ANTE EL TJUE. II. LA DECISIÓN DEL SUPREMO PORTUGUÉS. III: SENTENCIAS AL HILO DE COFEMEL (12 DE SEPTIEMBRE DE 2019 EN ADELANTE) IV. BIBLIOGRAFÍA

RESUMEN: La sentencia del Tribunal de Justicia de la Unión Europea en el asunto que enfrentaba a las compañías portuguesas Cofemel y G-Star Raw CV interpretó el artículo 2, letra a), de la Directiva 2001/29/CE en el sentido de que se opone a que una normativa nacional confiera protección con arreglo a los derechos de autor a los modelos de prendas de vestir controvertidos en el litigio principal, en atención a que, más allá de su finalidad práctica, generan un efecto visual propio y considerable desde el punto de vista estético.

El Tribunal de Justicia de Unión Europea consideró contraria al Derecho comunitario la norma portuguesa que supedita la protección de los diseños a la existencia de un efecto estético, optando así por un criterio débil de originalidad (más cerca del sistema de acumulación absoluta que de la acumulación restringida).

PALABRAS CLAVE: OBRA, DISEÑO, ORIGINALIDAD, DERECHOS DE AUTOR.

I. EL ASUNTO COFEMEL ANTE EL TJUE.

"La interpretación subjetiva del concepto de originalidad que ha mantenido en los últimos años el TJUE abre la puerta por derecho de autor a casi cualquier diseño[1]*".*

La Sentencia del Tribunal de Justicia de la Unión Europea que nos ocupa trae causa del conflicto surgido entre dos empresas textiles: la holandesa G-STAR RAW CV y la portuguesa COFEMEL SOCIEDADE DE VESTUARIO, S.A. El 30 de agosto de 2013, G-STAR interpuso una demanda contra COFEMEL porque consideraba que estaba comercializando vaqueros y otras prendas de ropa bajo una marca TIFFOSI que constituía una imitación de diseños de G-STAR. Sostuvieron que incurrían en un acto de competencia desleal.

La discusión se centraba en la condición de "obras" de los diseños de G-STAR (alegación de la demandante), frente a lo cual COFEMEL aducía que carecían del requisito de originalidad para ser calificados como tales. Dado que el Código de Autor portugués no precisa el grado de originalidad necesario para calificar de obra de arte aplicada a determinados objetos, el Tribunal Supremo de Portugal remitió al Tribunal de Justicia de la Unión Europea una cuestión prejudicial para determinar si la Directiva 2001/29/CE del Parlamento Europeo y del Consejo, de 22 de mayo de 2001, relativa a la armonización de determinados aspectos de los derechos de autor y derechos

---

1 MARISCAL, P e HIPÓLITO, I en cap. 8 de Tratado de Derecho de la moda,Aranzadi, pág 331, nota 9.

afines a los derechos de autor en la sociedad de la información, se opone a que una normativa nacional confiera protección con arreglo a los derechos de autor a modelos como los modelos de prendas de vestir controvertidos en el litigio principal, en atención a que, más allá de su finalidad práctica, estos generan un efecto visual propio y considerable desde el punto de vista estético.

El TJUE centró su respuesta a la cuestión en los conceptos de originalidad e identificabilidad, que deben converger de forma acumulativa. Para considerar a un objeto original, en el sentido de que el mismo constituye una creación intelectual propia de su autor, resulta al mismo tiempo necesario y suficiente, en palabras del Tribunal, "*que refleje la personalidad de su autor, manifestando las decisiones libres y creativas del mismo*". Y añaden que, "el concepto de «obra», a que se refiere la Directiva 2001/29, implica necesariamente la existencia de un objeto identificable con suficiente precisión y objetividad".

Para que un modelo industrial pueda ostentar protección como propiedad intelectual, no es preciso que ostente una altura creativa especial, más elevada que otras obras distintas, sino que basta que pueda considerarse obra en el sentido que expresa la sentencia en el apartado 29[2].

---

[2] El apartado 29 señala: El concepto de «obra» que contemplan el conjunto de estas disposiciones constituye, tal como resulta de una reiterada jurisprudencia del Tribunal de Justicia, una noción autónoma del Derecho de la Unión que debe ser interpretada y aplicada de manera uniforme y que supone la concurrencia de dos elementos acumulativos. Por una parte, este concepto implica que existe un objeto original, en el sentido de que el mismo constituye una creación intelectual propia de su autor. Por otra parte, la calificación como obra se reserva a los elementos que expresan dicha creación intelectual (véanse, en este sentido, las sentencias de 16 de julio de 2009, Infopaq International, C 5/08, EU:C:2009:465, apartados 37 y 39, y de 13 de noviembre de 2018, Levola Hengelo, C 310/17,

El Tribunal de Justicia (Sala Tercera) declara: El artículo 2, letra a), de la Directiva 2001/29/CE del Parlamento Europeo y del Consejo, de 22 de mayo de 2001, relativa a la armonización de determinados aspectos de los derechos de autor y derechos afines a los derechos de autor en la sociedad de la información, debe interpretarse en el sentido de que se opone a que una normativa nacional confiera protección con arreglo a los derechos de autor a modelos como los modelos de prendas de vestir controvertidos en el litigio principal, en atención a que, más allá de su finalidad práctica, generan un efecto visual propio y considerable desde el punto de vista estético; aunque ERDOZAIN corrige la traducción al opinar que debería haberse empleado la expresión "sobre la base de que" o "bajo el argumento" en lugar de "en atención a que". Destaca además la importancia en la ratio decidendi de la sentencia del TJUE del apartado 30[3], que viene a decir que la obra es una prolonga-

EU:C:2018:899, apartados 33 y 35 a 37, y la jurisprudencia citada). El Tribunal de Justicia de la Unión Europea está afirmando que no es compatible con el Derecho europeo la idea de que cada Estado pueda establecer un concepto distinto de obra caracterizado por la exigencia de una mayor o menor altura creativa. Basta analizar si el diseño merece ser calificado como obra en el sentido propio de la protección de los derechos de autor, es decir, que el objeto original constituya una creación intelectual propia del autor, para lo cual es suficiente que refleje la personalidad del autor, manifestando las decisiones libres y creativas del mismo. En este sentido se pronunció la AP de Barcelona en una sentencia de 6 de marzo de 2020.

3 En palabras del TJUE, para que un objeto pueda considerarse original, resulta al mismo tiempo necesario y suficiente que refleje la personalidad de su autor, manifestando las decisiones libres y creativas del mismo (véanse, en este sentido, las sentencias de 1 de diciembre de 2011, Painer, C-145/10, EU:C:2011:798, apartados 88, 89 y 94, y de 7 de agosto de 2018, Renckhoff, C-161/17, EU:C:2018:634, apartado 14).

ción de la personalidad creativa de su autor, en la que este se ve reflejado. Sin llegar a ser un reconocimiento de la protección del estilo, viene a suponer un avance en esa dirección.

La obra debe ser objetivable, implica necesariamente un objeto identificable con precisión y objetividad y en el proceso de identificación debe ser expresada de forma objetiva. A juicio de ERDOZAIN, la cuestión más importante está en el margen de maniobra creativo que deja la funcionalidad al diseñador. La protección de un diseño de una prenda y la protección de esa prenda como obra artística no se excluyen entre sí. Con independencia de su uso comercial o no (en el caso de haberlo esto no le resta protección, sino que lo convierte en obra de arte aplicado), de lo que se trata es de la libertad de elección de la forma artística que el autor quiera darle a su obra.

Los diseños de moda solo quedan protegidos por el derecho de autor si existe "altura creativa" muy notable o apreciable objetivamente o, en palabras del Tribunal, no es suficiente que la obra genere *"un efecto visual propio y considerable desde el punto de vista estético"* más allá de su funcionalidad práctica. No obstante, la protección recaería sobre la expresión o diseño creado, y por tanto la apariencia entendida como exteriorización característica de una forma determinada no quedaría completamente protegida. Formas parecidas o similares o que fuesen evolución de la primera y supusiesen un aprovechamiento de la esencia creativa del autor, quedarían impunes y podrían utilizarse sin que el derecho de autor pudiese evitar su uso comercial.

Concluye que el derecho de autor es insuficiente para la protección jurídica del trade dress entendido como imagen comercial transmitida por una obra o diseño o como mínimo limita su protección a supuestos de caracterización muy elevada, para cuya apreciación se tenderá a la protección basada en la decisión subjetiva[4].

Escierto que el TJUE pone en riesgo de vaciado al derecho de propiedad industrial, en este caso el diseño industrial, dado que se inclina hacia una apertura demasiado amplia del derecho de autor, y así señala SUÑOL: "La doctrina establecida en la sentencia que comentamos, en la medida en que, como hemos visto, prima facie no excluye de la tutela conferida por el derecho de autor a los diseños que presenten elementos funcionales, no solo hace que la protección de los diseños mixtos a través del sistema de diseño sea, en la mayoría de los casos, innecesaria. sino que además malogra la valoración que ha hecho el legislador acerca de qué diseños que integran lo funcional con lo formal merecen (o no) ser protegidos y durante cuánto tiempo. Todo lo cual perjudica, a su vez, el delicado equilibrio que ha establecido entre el interés del creador del diseño y el interés de la generalidad en disponer de nuevas formas externas para aplicarlas a los productos. Pues, en efecto, los diseñadores obviarán el sistema de protección jurídica del diseño si pueden obtener de forma más fácil y menos costosa un derecho sobre sus creaciones que se prolonga mucho más allá en el tiempo."[5]

II. LA DECISIÓN DEL SUPREMO PORTUGUÉS.

Una vez resuelta la cuestión prejudicial por parte del Tribunal de Justicia de la Unión Europea, quedaba por dilucidar cuál sería la decisión al respecto del Tribunal Supremo portugués, remitente de la misma. La cuestión esencial a decidir

---

4 Tratado de Derecho de la Moda, Volumen I capitulo 7, pags 320-324.

5 SUÑOL, Á.: Comentario a la Sentencia del TJUE de 12-IX-2019 sobre la protección de los diseños por derecho de autor (asunto C-683/17) https://almacendederecho.org/cuando-los-arboles-no-dejan-ver-el-bosque

en el recurso era si los modelos de pantalón "ARC" y el diseño gráfico incorporado en los estampados de los modelos de sudadera/camiseta "ROWDY" gozan de la protección que confiere el derecho de autor. El Alto Tribunal portugués señaló que se hacía necesario determinar la definición exacta del ámbito de protección de la norma en el art. 2do, No. 1, al. i), del Código de los Derechos de Autor y Derechos Conexos (CDADC)1, cuyo contenido es el siguiente:

"(...) en este campo de la indumentaria, las ideas y conceptos suelen expresarse en tendencias (o en el llamado "fondo común de la moda" mencionado en la sentencia recurrida), que, sin embargo, se integran en el dominio público, naturalmente no están protegidos por derechos de autor".[6]

Incide el Tribunal portugués en su fundamentación jurídica en la importancia de no confundir el trade dress con el Derecho de autor, ni la novedad y singularidad de la que gozan los diseños industriales registrados con el concepto de originalidad a la luz del Derecho de autor.

El Tribunal consideró que los hechos probados eran insuficientes para poder concluir que los modelos de indumentaria en cuestión fuesen originales, en el sentido de ser creación intelectual de su autor, reflejo de su libertad de elección, de su personalidad, de su particular percepción del mundo, de la naturaleza y de las cosas, expresada (con precisión y objetividad) a través del acto creativo, trascendiendo la mera visión utilitarista/funcional. El fallo expresa que los modelos en cuestión no eran susceptibles de ser calificados como "obra", a la luz del art. 2, nº 1, al. i), de la CDADC, en la interpretación conforme al Derecho de la Unión: se acuerda revocar la sentencia recurrida, absolviendo en consecuencia al demandado (Cofemel) de lo solicitado.

---

6 Traducción libre de la Sentencia del Supremo Tribunal da Justiça de Portugal tras la resolución de la cuestión prejudicial por el TJUE.

III: SENTENCIAS AL HILO DE COFEMEL (12 DE SEPTIEMBRE DE 2019 EN ADELANTE).

1. Año 2020:

Sentencia de la Audiencia Provincial de Madrid (Sección23ª) 44/2020, de 21 enero.

El recurso versaba acerca del plagio de dibujos característicos de la marca "Desigual" en una serie de prendas y el posible encaje de la conducta en los delitos contra la propiedad industrial. Se declaró la inviabilidad de la pretensión de la parte recurrente, fundamentada por la Audiencia en el contenido de la sentencia del Tribunal de Justicia de la Unión Europea de 12 de septiembre de 2019 en el asunto C-683/17 entre "Cofemel–Sociedade de Vestuário, S.A." y "G-Star Raw CV": *"...habiendo delimitado previamente en el apartado 29 el concepto de obra con base en dos elementos, esto es, la existencia de un objeto original, en el sentido de que el mismo constituya una creación intelectual propia de su autor, y reservando su calificación como obra a los elementos que expresan dicha creación intelectual, en el apartado 51...*

...declara finalmente el TJUE, que "El artículo 2, letra a) , de la Directiva 2001/29/CE del Parlamento Europeo y del Consejo, de 22 de mayo de 2001 , relativa a la armonización de determinados aspectos de los derechos de autor y derechos afines a los derechos de autor en la sociedad de la información, debe interpretarse en el sentido de que se opone a que una normativa nacional confiera protección con arreglo a los derechos de autor a modelos como los modelos de prendas de vestir controvertidos en el litigio principal, en atención a que, más allá de su finalidad práctica, generan un efecto visual propio y considerable desde el punto de vista estético" , compartiendo este Tribunal, al amparo de los razonamientos efectuados por el TJUE, la interpretación efectuada en la sentencia del Juzgado de lo Penal "a quo" que ha sido recurrida a la hora de considerar que, en el presente caso, los diseños del grupo "Desigual" inscritos en el Registro de la Propiedad Intelectual, al ser

incorporados a las prendas de vestir, no lesionan los derechos de autor desde la perspectiva del artículo 270 del Código Penal, sin que la misma quepa ser calificada como errónea, irracional o inmotivada.

Se desestimó el recurso de apelación planteado, habiendo de ratificarse en su integridad la resolución impugnada.

Sentencia de la Audiencia Provincial de Barcelona (Sección15ª) 402/2020, de 25 febrero.

Se alega un supuesto plagio en anuncios de televisión, que se declara inexistente por la Audiencia por incurrir en falta de originalidad: se trata de meras grabaciones audiovisuales que no quedan amparadas por la normativa frente al plagio, únicamente cuentan con los derechos referidos a las meras grabaciones audiovisuales que la Ley de Propiedad Intelectual reconoce al producto. Los anuncios no expresaban el espíritu creador de manera original, los elementos aparentemente diferenciadores que no tienen especial entidad y que se encuentran en anuncios de otros competidores. Tampoco existía competencia desleal. En el fundamento jurídico quinto, la Audiencia señala que *"Para que una grabación audiovisual tenga la consideración de obra audiovisual es necesario que se acredite que es una creación original* y menciona la decisión del TJUE en Cofemel: *"18. Tal y como se refleja en la cita jurisprudencial anterior, el TJUE considera que una creación es original cuando refleja una creación intelectual propia de su autor. Parece que el TJUE opta por una concepción subjetiva del término "obra", aunque debe indicarse que cuando el propio Tribunal ha abordado estas cuestiones ha exigido que la creación refleje la personalidad del autor. Estos pronunciamientos se complementan con dos precisiones hechas por el Tribunal en el propio asunto Painer...Por lo tanto, el TJUE no sólo exige que la obra sea creación del autor, sino que, además, exige que en esa creación se refleje su impronta personal. El TJUE deja que, en último término, al tribunal nacional la comprobación en cada caso concreto.* La Audiencia analiza las conclusiones del Abogado General para determinar lo que el TJUE entiende como reflejo de la personalidad del autor: *"La categoría de "creación intelectual propia de su autor" es el elemento principal de la definición de la obra. Con posterioridad, esta definición ha sido desarrollada en la jurisprudencia del Tribunal de Justicia, que ha considerado que una creación intelectual es propia de su autor cuando refleja su personalidad. … Los elementos tales como el trabajo intelectual y la pericia del autor no pueden, en sí mismos, justificar la protección del objeto en cuestión a través del derecho de autor cuando este trabajo y esta pericia no expresen ninguna originalidad. Por último, es necesario que el objeto de la protección del derecho de autor se identifique con suficiente precisión y objetividad."*

Sentencia del Juzgado de lo Mercantil nº 3 de Valencia 489/2020, de 13 marzo.

El actor no es titular de derechos de exclusiva por la creación de una obra fotográfica por carecer de originalidad el repertorio fotográfico en que pretende fundar ese derecho. Se trata de meras fotografías de prensa sin derechos de carácter moral. Se remite la sentencia a la doctrina del TJUE en Cofemel, y así *"…una "impresión visual propia y considerable", como eufemismo análogo a la noción de la "altura creativa" empleada por la Sala Primera, no es condición suficiente, ni tampoco necesaria, para que una obra obtenga protección por el derecho de autor. Optar de manera absoluta por reglas de una u otra naturaleza para interpretar el significado de la "originalidad" exigible a una obra, entraña riesgos. Un abuso del criterio objetivo ("la altura creativa del objeto creado") puede conducirnos a confundir la originalidad exigible a la obra con su novedad, como juicio comparativo por asimilación a otras categorías del derecho de exclusiva como la patente. A su vez, vemos que la jurisprudencia del TJUE trata de dotar de contenido un criterio jurídico indeterminado, la noción de "originalidad", mediante la creación de una regla de la misma clase indeterminada, que es esa expresión sobre "el reflejo de la personalidad de su autor" en la sentencia Painer. De este modo, la opción del TJUE por una aproximación subjetiva de la noción de originalidad sigue planteando la necesidad de realizar un examen del caso concreto. Si establecemos un umbral de exigencia laxo para esa noción, concluiremos afirmando que cualquier obra, como creación de su autor, es susceptible de protección a través de la legislación en materia de propiedad intelectual. Por el contrario, si establecemos un umbral de exigencia demasiado elevado, para señalar que la única obra protegible es la que expresa de manera reconocible la personalidad de un autor, seguramente excluiremos de cualquier ámbito de protección la inmensa generalidad de las creaciones."*

AP Barcelona (Sección15ª), sentencia núm. 512/2020 de 6 marzo.

Se declara la existencia de plagio de una farola colocada en la ciudad de Doha sin la autorización de su autora. Se trataba de un diseño original que se aparta de forma notable de las formas existentes, en el cual predominan los aspectos puramente creativos sobre los funcionales. Se ha producido una infracción de los derechos a la paternidad de la obra y el derecho a la integridad de la obra y se condena a la retirada de la vía pública de las farolas infractoras. La Audiencia profundiza en la posibilidad de la acumulación de protecciones como propiedad intelectual y como propiedad industrial para concluir que solo puede contemplarse en determinadas situaciones. La sentencia contó con un voto particular. Realiza la Audiencia un análisis pormenorizado del pronunciamiento de TJUE en el Fundamento Jurídico quinto, corrigiendo decisiones previas: *"27. La STJUE de 12 de septiembre de 2019 SIC (TJCE 2019, 186) (caso Cofemel) (ECLI:EU:C:2019:721) nos obliga a precisar mejor (cuando no a corregir, al menos en parte) la postura que expresamos en nuestra Sentencia de 26 de abril de 2019 (caso sillas). La cuestión esencial que se sometió al Tribunal Europeo fue si, para poder tener protección como obra de autor, era aceptable que los Estados pudieran en su normativa interna exigir una especial altura creativa y la respuesta que dio el tribunal es que, para que un modelo industrial pueda ostentar protección como propiedad intelectual, no es preciso que ostente una especial altura creativa, esto es, una altura creativa más elevada que cualesquiera otras obras distintas, sino que basta que pueda considerarse como "obra" en el sentido que la propia sentencia expresa en su apartado 29 (apartado 48).*

(...) Para la Audiencia, a tenor de Cofemel, no es compatible con el derecho europeo la idea de que cada Estado pueda establecer un concepto distinto de obra caracterizado por la exigencia de una mayor o menor altura creativa. Basta analizar si el diseño merece ser calificado como obra, en el sentido que es propio de la protección de los derechos de autor, esto es, que el objeto original constituya una creación intelectual propia del autor, para lo que basta que refleje la personalidad propia del autor, manifestando las decisiones libres y creativas del mismo. Destaca la posibilidad de doble protección consagrada en Cofemel, pero incidiendo en las precisiones realizadas por el TJUE: solo es admisible "en determinadas situaciones" cuya concreción corresponde al juez nacional y el sentido de la protección es distinto en cada uno de esos regímenes jurídicos en conflicto. Con la protección que se concede a los dibujos y modelos se pretende evitar la imitación a cargo de los competidores, mientras los derechos de autor tienen otra función.

"30. En suma, el Tribunal Europeo (...) reconoce la necesidad de distinguir entre el ámbito de protección de cada uno de esos sistemas y, en última instancia, reenvía a los jueces nacionales la tarea de concretar cómo debe llevarse a cabo el acotamiento de la protección en cada uno de los ámbitos, con el propósito de impedir que puedan resultar frustradas las finalidades que persigue cada uno de esos sistemas de protección." Resume la Audiencia Provincial la doctrina que expresa la referida sentencia: el reconocimiento de una protección mediante derechos de autor a un objeto protegido como dibujo o modelo no puede ir en menoscabo de la finalidad y la eficacia respectivas de estas dos protecciones (esto es, como diseño y como derecho de autor) y aunque en virtud del Derecho de la Unión la protección de los dibujos y modelos y la protección asociada a los derechos de autor puedan concederse de forma acumulativa a un mismo objeto, dicha acumulación solo puede contemplarse en determinadas situaciones. Aluden asimismo a la necesidad de evitar el riesgo de vaciado del sistema de protección de los diseños industriales, lo cual exige

establecer ciertos límites al interpretar el ámbito de protección de los derechos de autor, señalando que la Sentencia del caso Cofemel deja claro que el camino no se encuentra en la exigencia de un más alto grado de creatividad y que la vía hay que encontrarla al interpretar lo que se considera como obra a los efectos de protección como derecho de autor. Para la Audiencia, *"la cuestión está en cómo debe enjuiciarse la originalidad para evitar que la doble protección pueda repercutir en perjuicio de esos dos sistemas distintos de protección. Para ello creemos que resulta necesario determinar qué componentes del diseño son relevantes a los efectos de determinar si ha existido una toma de decisiones libres y creativas por parte del autor de la obra. Y, en ese sentido, las dudas pueden proceder de dos aspectos distintos:*

a) Los meramente estéticos.

b) Los relacionados con la funcionalidad de la obra.

A juicio de la Audiencia, *"Resulta inevitable que se produzcan situaciones de doble protección a través de las normas sobre derechos de autor y de las normas sobre diseño, a la vez que la idea de que esa doble protección constituye un riesgo que es preciso minimizar en la medida en la que resulte necesario, en beneficio del sistema de regulación del diseño industrial, que es el régimen que resulta expuesto en mayor medida como consecuencia de esa doble acumulación. Y, para lograr esta última finalidad, si bien en último extremo será el juez nacional quien deberá encontrar los criterios que permitan establecer cuáles han de ser esos límites, no por ello el derecho comunitario deja de ofrecer algunos criterios valiosos.(...)Por tanto, los aspectos meramente estéticos no pueden ser tomados en consideración a efectos de determinar si ha existido una toma de decisiones libres y creativas."*

La sentencia contó con un voto particular: "*La actora no ha identificado ni esos elementos ni su originalidad. En consecuencia, no se puede reconocer la protección como obra artística a la apariencia singular de una farola, como creo respetuosamente que hace la decisión mayoritaria, separándose de la doctrina legal de Cofemel.*"

Sentencia del Tribunal de Justicia de la Unión Europea (Sala Quinta), de 11 de junio de 2020.

La protección del derecho de autor se aplica a un producto (bicicleta plegable) cuya forma es parcialmente necesaria para la obtención de un resultado técnico cuando ese producto constituye una obra original resultante de una creación intelectual, ya que, por medio de esa forma, su autor expresa su capacidad creativa de manera original adoptando decisiones libres y creativas de modo que la citada forma refleja su personalidad, extremo que corresponde comprobar al órgano jurisdiccional nacional teniendo en cuenta la totalidad de los elementos pertinentes del litigio principal.

El sistema de protección de la propiedad industrial sobre diseño, más limitado en el tiempo, podría verse debilitado si se ampliase demasiado la protección de los derechos de autor. Tras Cofemel, el Tribunal de Justicia de la Unión Europea dejó en manos de los jueces nacionales la valoración caso por caso para determinar si es aplicable la protección por derechos de autor sin desvirtuar el sistema de protección. Para proteger un diseño como propiedad intelectual es preciso que tenga el grado de creatividad y originalidad necesario para ser protegido como obra artística. Y aquí aparecen las discusiones doctrinales (mayor altura creativa vs no cabe exigir un grado de creatividad más elevado).

La decisión del TJUE en este caso se basa en los pronunciamientos de Cofemel y se centra en el predominio de aspectos puramente creativos en el producto en cuestión, lo que según el TJUE determina que merezca la protección como derecho de autor. Parten del hecho de que la obra cuya protección se solicita es, ante todo, un diseño industrial, esto es, una obra destinada para un uso industrial, de lo cual se deriva que los aspectos fundamentales de la obra son los que tienen que ver con el diseño, esto es, con una determinada apariencia, pero que, dado su destino industrial, no son irrelevantes otros aspectos que sí están relacionadas con su presentación al público. De no ser así, esto es, si fuera completamente irrelevante desde la perspectiva de los derechos del autor a la integridad de la obra la forma en la que la misma se presenta al público, la propia imagen del autor podría verse comprometida.

Sentencia de la Audiencia Provincial de Madrid (Sección28ª) 266/2020, de 19 junio.

Se declaró la existencia de copia servil de una obra audiovisual con la correspondiente infracción de derechos de propiedad intelectual correspondientes al titular. Señala la Audiencia que "se comete infracción de derechos de propiedad intelectual tanto cuando se produce una copia servil, lo que implica con nitidez la mera reproducción de la obra genuina como cuando se realiza una copia de lo sustancial de ella (de manera que se constate una coincidencia estructural en lo básico y fundamental–sentencia de la Sala 1ª del TS nº 1024/2008, de 18 de diciembre SIC (RJ 2009, 534) , y los precedentes en ella mencionados–aunque puedan percibirse diferencias en lo accesorio, lo meramente superpuesto o lo modificado de manera no trascendental, que podrían servir para tratar de enmascarar lo copiado). Además de que cabría apreciar, como modalidad alternativa infractora a la de la vulneración del derecho de exclusiva a la reproducción, el que, si llegara además a alumbrarse, de manera inconsentida, una obra derivada, con su divulgación y explotación se estaría poniendo de manifiesto una violación del derecho exclusivo a operar la transformación de la primigenia (artículo 21 del TR de la LPI). En todos esos casos se estarían vulnerando los derechos de exclusiva correspondientes al titular de los derechos sobre la obra originaria (artículo 17 del TR de la LPI)."

Los recurrentes discuten la atribución de originalidad a una obra. La Audiencia se remite a la jurisprudencia del TJUE: la consideración como obra protegida por el derecho de autor depende de la concurrencia de dos circunstancias que deben darse de modo cumulativo: creación que pueda considerarse original y materializada en un objeto identificable con suficiente precisión y objetividad, que recoja los elementos que expresan esa creación intelectual (Brompton, Cofemel, Infopaq, Levola). La originalidad, según la jurisprudencia del TJUE, implica que el objeto debe constituir una creación intelectual propia de su autor que debe reflejar su personalidad, manifestando decisiones libres y creativas del mismo. No podrá haberla cuando la realización de un objeto haya venido determinada por consideraciones técnicas, reglas u otras exigencias que no han dejado espacio al ejercicio de la libertad creativa.

Sentencia del Tribunal Supremo (Sala de lo Civil, Sección 1ª) 537/2020, de 16 octubre.

Se discute la infracción de un diseño comunitario registrado referente a una plancha de asar, y afirma el Supremo que "En materia de diseño, puesto que con su protección se "pretende salvaguardar objetos que, aun siendo nuevos e individualizados, presentan carácter práctico y se conciben para la producción en masa" (STJUE de 12 de septiembre de 2019, asunto C-683/17 SIC (TJCE 2019, 186), Cofemel, apartado 50), los tribunales habrán de confrontar sensorialmente los distintos objetos o productos en liza, en relación con el diseño protegido. Es decir, en atención a lo que es objeto de protección, como el juicio versa sobre la impresión general ofrecida por el aspecto formal de esos objetos (en este caso, las planchas de asar), es imprescindible que el tribunal confronte los distintos objetos en relación con el diseño protegido."

2. Año 2021:

Sentencia del Tribunal Supremo (Sala de lo Civil, Sección 1ª) 82/2021, de 16 febrero.

Se deniega la inscripción en el Registro de la Propiedad Intelectual de la faena de un torero por resultar muy difícil identificar de forma objetiva en qué consistiría la creación artística original al objeto de reconocerle los derechos de exclusiva propios de una obra de propiedad intelectual. En palabras del Tribunal: *"(...) la reciente sentencia del Tribunal de Justicia de la Unión Europea de 12 de septiembre de 2019, caso Cofemel. Esta sentencia recuerda que el concepto de obra constituye una noción autónoma del Derecho de la Unión Europea, que supone la concurrencia de dos elementos cumulativos: debe existir un objeto original que constituya una creación intelectual propia de su autor; y la consideración de obra se reserva a los elementos que expresan dicha creación intelectual:*

(...) Es aquí donde, en aplicación de la doctrina del TJUE, expuesta primero en la sentencia de 13 de noviembre de 2018 (C-310/17), Levola Hengelo , y reiterada después en la sentencia de 12 de septiembre de 2019 (C-683/17 (TJCE 2019, 186)), Cofemel , radica el principal escollo para que pueda reconocerse a la lidia del toro la consideración de obra objeto de propiedad intelectual. La pretendida creación intelectual (artística) debería quedar expresada de forma que pudiera identificarse con suficiente precisión y objetividad, aun cuando esta expresión no fuera necesariamente permanente (STJUE de 13 de noviembre de 2018, Levola Hengelo, C- 310/17). Ha de ser expresada de forma objetiva para que tanto quienes deban velar por la protección de los derechos de exclusiva inherentes al derecho de autor, como los particulares, puedan estar en condiciones de conocer con claridad y precisión el objeto protegido (SSTJUE 13 de noviembre de 2018, Levola Hengelo , y 12 de septiembre de 2019, Cofemel).

Sentencia de la Audiencia Provincial de Madrid (Sección28ª) 204/2021, de 21 mayo.

Se trataba de un supuesto de obra en colaboración. Se acreditó una relación de jerarquía y subordinación entre las partes, y los derechos de autor sobre obras pictóricas divulgadas solo bajo la firma del demandado. Según la Audiencia, *"Es difícil pensar que el demandante, por sí solo, sobre todo con el ritmo de vida que éste llevaba (continuos viajes de promoción, etc), no negado por D. Julián y documentado además en autos, hubiera podido conseguir que sus ideas fueran llevadas al lienzo, y de manera tan manifiestamente fecunda, pues las obras ejecutadas son numerosas, si no hubiera contado con la aportación artística de Dª. Eva María. No hay que perder de vista que un cuadro es una obra de arte que se identifica con la plasmación de un resultado artístico concreto, fruto de su ejecución, con lo que no bastaba con haber concebido una idea al respecto, sino que había que conseguir materializarla en un soporte que es lo que constituye la expresión artística final que caracteriza la obra pictórica. No hay que perder de vista que un cuadro es una obra de arte que se identifica con la plasmación de un resultado artístico concreto, fruto de su ejecución, con lo que no bastaba con haber concebido una idea al respecto, sino que había que conseguir materializarla en un soporte que es lo que constituye la expresión artística final que caracteriza la obra pictórica. La consideración como una «obra» protegida por el derecho de autor, según la jurisprudencia del TJUE, depende de la concurrencia dos circunstancias que deben darse de modo cumulativo: 1º) que exista una creación que pueda considerarse original; y 2º) que esté materializada en un objeto identificable con suficiente precisión y objetividad, el cual recoja los elementos que expresan esa creación intelectual (sentencias del TJUE de 11 de junio de 2020, asunto Brompton Bicycle Ltd, C-833/18 (TJCE 2020, 138), de 12 de septiembre de 2019 (TJCE 2019, 186), asunto COFEMEL, C-683/17, de 16 de julio de 2009 (TJCE 2009, 228), asunto Infopaq International, C 5/08, y de 13 de noviembre de 2018 (TJCE 2018, 255), asunto Levola Hengelo, C 310/17)."*

<u>Sentencia del Tribunal Supremo (Sala de lo Penal, Sección 1ª) 884/2021, de 17 noviembre.</u>

Se trata de un recurso contra una sentencia ya mencionada en la que era parte la marca Desigual. Se declara aquí la inexistencia de delitos contra la propiedad intelectual e industrial. La acusada registró una serie de dibujos semejantes a los ya registrados por Desigual, creyendo que una vez obtenido el registro podía comercializarlos libremente.

Se hacía necesario determinar si lo que se reproduce es la obra protegida por los derechos de la propiedad intelectual o el producto que incorpora la misma, pero una obra plástica protegida registralmente no pierde su protección por el derecho de propiedad intelectual cuando se aplica a un producto (en el caso bolsos, monederos, neceseres), porque el artículo 10 de la Ley de Propiedad Intelectual otorga protección a las "obras plásticas aplicadas". El recurso transcribía parcialmente la sentencia del TJUE de 12 de septiembre de 2019.

Sentencia de la Audiencia Provincial de Asturias (Sección1ª) 1030/2021, de 25 noviembre.

Se declaró la existencia de plagio de un libro: era una obra original copiada sustancialmente. A tenor de la sentencia, *"La exigencia de originalidad requiere un mínimo nivel de singularidad y novedad, de altura creativa suficiente, sin olvidar que se ha relativizado este requisito por exigencias de protección en el mercado de productos o servicios que incorporan creaciones de escaso nivel, pues el presupuesto primordial para que la creación humana merezca la consideración de obra es que sea original, cuyo requisito, en una perspectiva objetiva, consiste en haber creado algo nuevo, que no existía anteriormente, es decir, la creación que aporta y constituye novedad objetiva frente a otra preexistente, siendo original la creación novedosa y esa novedad objetiva es la que determina el reconocimiento como obra y la protección intelectual que se atribuye a su creador (en este sentido, STS de 24 de junio de 2004 (RJ 2004, 4318)). En relación con este requisito, la doctrina suele distinguir dos tipos de originalidad: subjetiva, debe existir una cierta altura creativa; y, objetiva, novedad, haber creado algo distinto a lo ya existente. Y, suele señalarse, también, que hoy día, debido a que los avances técnicos permiten una aportación mínima del autor, la tendencia es hacia la idea objetiva de originalidad, que precisa una novedad en la forma de expresión de la idea."*

Además, se hace referencia a la jurisprudencia del Tribunal Supremo que, con carácter general, para distinguir las obras susceptibles de propiedad intelectual de otras creaciones, ha señalado que la obra es resultado de una creación individualizada y personalizada, con una paternidad en concepto de autor, producto de la inteligencia. Se hace mención de la STS ya vista de 16 de febrero de 2021, que traía a colación el caso Cofemel para determinar las exigencias para considerar una obra original. *"(...) el concepto de obra constituye una noción autónoma del Derecho de la UE, que supone la concurrencia de dos elementos cumulativos: debe existir un objeto original que constituya una creación intelectual propia de su autor; y la consideración de obra se reserva a los elementos que expresan dicha creación intelectual"*.

3. Año 2022:

Sentencia de la Audiencia Provincial de Islas Baleares 638/2022, de 21 de junio.

Esta sentencia declaró la inexistencia de plagio de una obra artística (piano vegetal), tras señalar que el factor de recognoscibilidad o diferenciación de la obra, imprescindible para atribuir un derecho de exclusiva, requiere que la originalidad tenga una relevancia mínima, pues no resulta adecuado conceder derechos de exclusiva a creaciones que constituyen parte del patrimonio cultural común de la sociedad; además de la necesidad de precisar sobre qué se pide el reconocimiento de obra, en qué consistiría la creación intelectual, sobré qué se atribuirían al autor los derechos morales y patrimoniales consiguientes. "*Precisa la existencia de un objeto identificable con suficiente precisión y objetividad,hHa de ser expresada de forma objetiva para que tanto quienes deban velar por la protección de los derechos de exclusiva inherentes al derecho de autor, como los particulares, puedan estar en condiciones de conocer con claridad y precisión el objeto protegido (SSTJUE 13 de noviembre de 2018 (TJCE 2018, 255), Levola Hengelo , y 12 de septiembre de 2019 (TJCE 2019, 186), Cofemel).*"

Sentencia de la Audiencia Provincial de Barcelona (Sección15ª) 1332/2022, de 14 septiembre.

Declaró la existencia de plagio en dibujos de cartoncillos y etiquetas tras recordar que en lo concerniente al concepto de obra y al requisito de la originalidad, la jurisprudencia del Tribunal de Justicia de la Unión Europea ha venido estableciendo de forma reiterada que se trata de un concepto comunitario, lo que desplaza las diversas concepciones nacionales. Mencionan la STJUE de 11 de junio de 2020 en el asunto Brompton Bicycle y reitera que tanto en aquel como en el caso Cofemel el TJUE declaró que no son admisibles la diversidad de criterios nacionales, que el único concepto de originalidad válido en el derecho de autor en la Unión Europea es el criterio subjetivo mixto, según el cual es original la creación intelectual propia del autor que refleje su personalidad y sea fruto de decisiones libres creativas, en el sentido de que no venga condicionada por consideraciones técnicas propias del objeto creativo. Y que, por lo tanto, quedaría descartado el criterio de exigir cierta altura creativa aplicado por los tribunales de algunos países, como España. Recuerdan el concepto de obra que el Tribunal de Justicia de la Unión Europea precisa en Cofemel , recordando que "la personalidad libre y creativa se puede apreciar (intuir o determinar) a partir de una obra (como expresión de la creación intelectual) que no sea copia de otra anterior y presente una impronta o singularidad creativa, por mínima que sea. Si la obra, como expresión creativa, presenta una singularidad artística respecto a lo ya conocido en el mismo sector de referencia, podrá presumirse original -porque esa singularidad refleja una personalidad creativa de su autor- siempre que no sea copia de otra anterior."

Sentencia de la Audiencia Provincial de Barcelona (Sección 15ª) 1639/2022, de 14 noviembre.

Se estimaron los derechos de propiedad intelectual sobre la prueba final del concurso de televisión "Pasapalabra" conocido como "El Rosco": acreditada la titularidad de la actora y su falta de consentimiento ni cesión de sus derechos, condenan a una indemnización de daños y perjuicios calculado por el método de la regalía hipotética, y 50.000 euros por daños morales.

La protección solo se reserva a un objeto original, para lo cual resulta al mismo tiempo necesario y suficiente que refleje la personalidad de su autor, manifestando las decisiones libres y creativas del mismo (FJ 30, Cofemel).

Sentencia de la Audiencia Provincial de Madrid (Sección28ª) 843/2022, de 14 noviembre.

Declaró la inexistencia de plagio en un proyecto arquitectónico por falta de originalidad, señalando que *El Tribunal de Justicia se ha pronunciado sobre las exigencias que ha de reunir una realización para que se le reconozca como obra objeto de propiedad intelectual en sentencia de 12 de septiembre de 2019, C-683/17 (TJCE 2019, 186), Cofemel, ECLI: EU:C:2019:721. Tras recordar que el concepto de obra constituye, según resulta de la jurisprudencia del Tribunal de Justicia, una noción autónoma del Derecho de la Unión que debe ser interpretada y aplicada de manera uniforme y que supone la concurrencia de dos elementos acumulativos, a saber, la existencia de un objeto original, en el sentido de que el mismo constituye una creación intelectual propia de su autor, y la reserva de la calificación como obra a los elementos que expresan dicha creación intelectual, el Tribunal de Justicia se refiere al primero de dichos elementos en los siguientes términos."*

Sentencia de la Audiencia Provincial de Madrid (Sección29ª) 545/2022, de 1 diciembre.

El litigio versaba sobre una serie de productos con diseños que reproducían mandalas como los de Desigual. Reiteran lo dicho en su momento por el Tribunal Supremo, "una obra plástica protegida registralmente, no pierde su protección por el derecho de propiedad intelectual cuando se aplica a un producto (en el caso bolsos, monederos, neceseres), porque el artículo 10 de la Ley de Propiedad Intelectual otorga protección a las "obras plásticas aplicadas".

Sentencia del Juzgado de lo Mercantil núm.6 de Madrid 45619/2022, de 23 diciembre.

Se declaró por el juzgador la inexistencia de plagio en formato televisivo de contenido musical. En cuanto al concepto de originalidad sobre los elementos singulares del programa/formato televisivo protegible, recuerdan la sentencia de la Audiencia de Barcelona, con cita de la sentencia del Tribunal de Justicia de la Unión Europea de 12 de septiembre de 2019 (TJCE 2019, 186) (C 683/2017; Cofemel), que afirmó que "... el concepto de "obra" (...) constituye (...) una noción autónoma del Derecho de la Unión que debe ser interpretada y aplicada de manera uniforme".

Ese concepto supone según el TJUE la concurrencia de dos elementos cumulativos: implica la existencia de un objeto original, en el sentido de que el mismo constituye una creación intelectual propia de su autor. Por otra parte, la calificación como obra se reserva a los elementos que expresan dicha creación intelectual.

"La protección solo se reserva a un objeto original, para lo cual resulta al mismo tiempo necesario y suficiente que refleje la personalidad de su autor, manifestando las decisiones libres y creativas del mismo (FJ 30, Cofemel) ...".

4. Año 2023:

Sentencia de la Audiencia Provincial de Valencia 506/2023, de 24 de febrero.

El Juzgado de lo mercantil había dictado sentencia estimatoria de acciones declarativas (propiedad intelectual y marcas), condenando al demandado a cesar en el uso de las referidas marcas y en las actividades de promoción y publicidad de eventos relacionados con la discoteca PUZZLE donde apareciesen los logos smilings y puzzlitos de RIMALPA. Además, se declaró el derecho de RIMALPA a ser indemnizado por la violación de sus derechos de autor. La Sala asume que la protección que se otorga no sólo al dibujo o diseño industrial, sino también en otros ámbitos de la propiedad industrial, puede acumularse a la protección dispensada al derecho de autor, ahora bien, al hilo de lo expuesto por el Tribunal Europeo, recuerdan que habrá que tener en cuenta que la acumulación no puede ser la norma sino la excepción, por los peligros que entraña, dado que puede desnaturalizar la protección otorgada por la propiedad industrial (especialmente si atendemos al plazo de duración de dicha protección de unos u otros).

Concluyen que el hecho de que una creación esté o haya estado protegida o sea susceptible de serlo como diseño, dibujo industrial, patente, modelo de utilidad o marca, no supone un cambio en los requisitos que deben concurrir para entender que estamos en presencia de una obra susceptible de protección a través de los derechos de autor, interpretación que consideran acorde al Derecho de la Unión." La sentencia no se limita a mencionar lo establecido por el TJUE, sino que analiza el riesgo de dejar sin sentido la protección que otorga el diseño industrial: *"El reconocimiento de esta doble protección puede perjudicar tal régimen de propiedad industrial, pues podría vaciarlo de contenido o hacerlo desaparecer al resultar poco atractivo, ya que podría permitir dar continuidad por la vía de la propiedad intelectual a ciertos derechos económicos fundamentales que habrían caducado según la norma específica de la propiedad industrial, tales como el derecho de exclusividad de explotación industrial en masa o de disposición para el consumo masivo." "…para evitar esa sobreprotección, … debería distinguirse entre el reconocimiento del derecho y el alcance de mismo respecto del derecho de exclusiva, y … una cosa es reconocer que un dibujo o diseño industrial además es una creación original, y por tanto susceptible de la doble protección (diseño industrial y propiedad intelectual), y otra cosa es que con ello el titular de ambos derechos pueda excluir o prohibir (en ejercicio de los derechos de exclusiva que ambos le otorgan) lo mismo."*

Sentencia del Juzgado de lo Mercantil núm.3 de Madrid 104/2023, de 3 marzo.

La aparición de un arreglista como coautor en el registro en SGAE y en los ejemplares publicados de los discos originarios no supone que existiese coautoría. La participación del arreglista en la composición de las obras a que se refiere la demanda no afectó al proceso creativo, quedando limitada en algunos casos a la introducción de arreglos que no suponen la creación de una obra derivada, y en todos los casos a la transcripción de la obra a una partitura y a su posterior inscripción en el repertorio de la SGAE. En ningún caso dicho registro crea una presunción legal de titularidad del derecho a favor de quien aparece como tal en el mismo. *"(...) para que los arreglos atribuibles al Sr. Manuel atribuyan a éste derechos de propiedad intelectual que justifiquen su coautoría sobre la obra derivada, es necesario que se puedan predicar de aquellos aquellos requisitos propios de la obra protegida por el TRLPI. Sobre esta cuestión, la STJUE de 12.9.2019, asunto Cofemel , considera que una creación es original cuando refleja una creación intelectual propia de su autor, esto es, cuando refleja la personalidad del autor, lo que el TJUE considera que tiene lugar cuando el autor ha podido expresar su capacidad creativa al realizar la obra tomando decisiones libres y creativas (STJUE 4.10.2011) asunto Football Association Premier League y otros , C-403/08 y C-429/08)."*

Sentencia de la Audiencia Provincial de Alicante (Sección8ª) 226/2023, de 26 de abril.

Dos sociedades pertenecientes a un mismo grupo empresarial, una titular de los derechos de propiedad industrial relacionados con los productos que el grupo comercializa, y otra que tiene asignada la distribución de tales productos a nivel mundial como licenciataria, que habría infringido derechos de propiedad industrial e intelectual y realizado actos de competencia desleal. La Audiencia estima el recurso parcialmente y recuerda el concepto amplio de obra extraíble de la sentencia del TJUE de 12 de septiembre de 2019), caso Cofemel.

Sentencia de la Audiencia Provincial de Barcelona (Sección15ª) 350/2023, de 12 mayo.

Nuevamente se refiere la Audiencia Provincial de Barcelona al asunto Cofemel, en esta ocasión con motivo de un recurso en materia de defensa de la competencia, propiedad intelectual e industrial e infracción de derechos.

"14. (…)no hay originalidad si el objeto ha venido determinado por consideraciones técnicas, reglas u otras exigencias que no dejen espacio a la libertad creativa.

17. No podemos compartir con la recurrente su alegación de que el dibujo que se reproduce en los hechos probados y que representa dos cañas de bambú cruzadas, carece completamente de originalidad. En nuestra opinión, el dibujo es original y merece ser protegido como obra, sin que para valorar esta condición sea necesario tener en cuenta el destino de los productos sobre cuyos envases se va a reproducir, concretamente utensilios para el baño, así como tampoco el hecho de que no se haya previamente registrado. Tampoco es relevante para valorar la concurrencia de los requisitos de la obra protegible el hecho de que existan dibujos que representen cañas de bambú similares al que explota la actora similitudes."

Sentencia de la Audiencia Provincial de Alicante (Sección8ª) 277/2023, de 19 mayo.

La actora ejercitó dos acciones acumuladas, de competencia desleal y de infracción de derechos de propiedad intelectual tras la inclusión por el demandado de textos con instrucciones de construcción de circuitos y fotografías en un folleto. Recuerda la Audiencia el concepto amplio de obra del TJUE en Cofemel y estima parcialmente la demanda, declarando una infracción de derechos de propiedad intelectual y la realización de actos de competencia desleal.

Sentencia de la Audiencia Provincial de Valencia (Sección9ª) 320/2023, de 23 mayo.

El caso analizaba la supuesta copia de unas viñetas, señalando que, pese a los razonamientos del informe pericial de la parte demandada, las viñetas objeto del procedimiento sí revisten el carácter original para considerar que se tratan de obras objeto de protección del derecho de propiedad intelectual. "Y ello porque concurren los requisitos expuestos en la jurisprudencia de referencia: la jurisprudencia comunitaria ha sido recogida, también, por el Tribunal Supremo en su sentencia 82/2021, de 16 de febrero de 2021 y en la que nuestro alto tribunal destaca que: " 4. Encontramos estas exigencias en la reciente sentencia del TJUE de 12 de septiembre de 2019 (C-683/17), caso Cofemel. Esta sentencia recuerda que el concepto de obra constituye una noción autónoma del Derecho de la UE, que supone la concurrencia de dos elementos cumulativos: debe existir un objeto original que constituya una creación intelectual propia de su autor; y la consideración de obra se reserva a los elementos que expresan dicha creación intelectual…".

Sentencia de la Audiencia Provincial de Alicante (Sección8ª) 351/2023, de 22 junio.

El demandante es titular de un diseño comunitario no registrado de un puf. Según el tribunal, no se produce infracción del diseño porque no existe novedad ni carácter singular. El informe pericial insistía en la descripción de los elementos que otorgan novedad y originalidad al Puf Season mini, por lo que merecía en su opinión ser incluido en el concepto amplio de "obra" que resulta de la STJUE dictada en el caso Cofemel, debiendo dárseles protección como tal al amparo del art. 10.1.e TRLPI: i) líneas puras, elementos geométricos simples, que se traducen en elegancia; ii) simplicidad formal: se eliminan aristas al situar las costuras en el centro del redondeo de las esquinas, terminando en el encuentro con el redondeo del plano horizontal superior, lo que se traduce en sensación de confort; iii) simplicidad geométrica: esta es su singularidad creativa y la originalidad en la resolución formal. Todo lo anterior son decisiones creativas libres del autor, no condicionadas por su funcionalidad, concluía la apelante.

En definitiva, la decisión del TJUE en el asunto Cofemel parece inclinarse hacia un concepto de originalidad reforzado; si bien rechaza el efecto estético como criterio para considerar obra. Se trataría de una "originalidad creativa": no se puede exigir el plus de originalidad, pero puede que es Tribunal europeo esté admitiendo un plus de creatividad.

Como se ha visto, quienes van a concretar los vagos términos en que resuelve el TJUE serán los tribunales nacionales en su actividad diaria.

BIBLIOGRAFÍA.

BERCOVITZ RODRÍGUEZ-CANO, RODRIGO, (2017), "Comentarios a la Ley de propiedad intelectual : Real Decreto Legislativo 1/1996, de 12 de abril, por el que se aprueba el Texto Refundido de la Ley de Propiedad Intelectual, regularizando, aclarando y armonizando las disposiciones legales vigentes sobre la materia". Madrid, Tecnos.

GANDÍA SELLENS, MARÍA ARÁNZAZU, CASTELLÓ PASTOR, JOSÉ JUAN (2017) "Comentarios a la Ley de propiedad intelectual." Valencia: Tirant lo Blanch.

MASSAGUER, JOSÉ (2020): "Acciones y procesos de infracción de derechos de propiedad industrial." Cizur Menor (Navarra): Civitas Thomson Reuters.

ORTEGA BURGOS, ENRIQUE., ANTÓN JUÁREZ, ISABEL., GARCÍA PÉREZ, FRANCISCO JAVIER, (2022): "Tratado de Derecho de la Moda (fashion law) : Volumen. I, Propiedad Industrial e Intelectual, Contratación mercantil, Derechos de las nuevas tecnologías, penal y aduanas." Cizur Menor (Navarra): Thomson Reuters Aranzadi.

SUÑOL, ÁUREA, 2019, "Comentario a la Sentencia del TJUE de 12-IX-2019 sobre la protección de los diseños por derecho de autor (asunto C-683/17)" online en: https://almacendederecho.org/cuando-los-arboles-no-dejan-ver-el-bosque

Capítulo 23.

¿LA LIMITACIÓN DE LA LISTA DE PRODUCTOS Y SERVICIOS ES UNA SOLUCIÓN ADECUADA PARA SOLVENTAR CONFLICTOS ENTRE MARCAS Y DENOMINACIONES GEOGRÁFICAS PROTEGIDAS?

ÁNGEL MARTÍNEZ GUTIÉRREZ[1]

SUMARIO: I. APROXIMACIÓN AL PROBLEMA. II. NEFASTA CONSECUENCIAS DERIVADAS DE LA PRÁCTICA ADMINISTRATIVA. III. ARGUMENTACIÓN CONTRARIA A DICHA EXESIS ADMINISTRATIVA. POSICIÓN DEL TRIBUNAL SUPREMO. IV. A MODO DE COROLARIO.

I. APROXIMACIÓN AL PROBLEMA

Pese a la claridad de la normativa reguladora de las figuras de calidad agroalimentarias en este punto, la práctica diaria de los Registros de marcas español y comunitario revela, en supuestos conflictivos flagrantes, una particular exégesis que viene a tensionar la protección dispensada en la Unión Europea

1 Catedrático de Derecho Mercantil de la Universidad de Jaén. Rector del Real Colegio de España en Bolonia (Italia)–martinez@ujaen.es

y lesiona los intereses de naturaleza dispar que subyacen en la tutela de aquéllas. Desconociendo la obligación de proteger de oficio estos títulos de calidad agroalimentaria anclados al territorio e inaplicando las prohibiciones absolutas o motivos de denegación de carácter absoluto contenidos en la normativa marcaria, ambos Registros vienen adoptando reiteradamente resoluciones contrarias a los intereses de la figura de calidad, al permitir la inscripción registral de marcas integradas por todo o parte del nombre protegido para diferenciar productos idénticos a los amparados.

A través de una simple limitación de la lista de productos que acompaña la solicitud de registro, los examinadores -por cierto, no movilizados de oficio y activados por terceros- desestiman la oposición presentada por el órgano de gestión de la figura de calidad o ignoran las observaciones de terceros presentadas, entre otros, por el Ministerio de Agricultura, concediendo finalmente la inscripción de semejantes marcas geográficas que, con una claridad meridiana, vienen a solaparse con una concreta figura de calidad. Parece, pues, que la adecuación entre la información suministrada por la estructura del signo y las características de los productos o servicios permitiría dicha inscripción, al no comprometer la función distintiva del origen geográfico desarrollada por las figuras de calidad, ni inducir a error a los consumidores.

El análisis de los antecedentes registrales de la OEPM permite constatar un hecho nada desdeñable. Y es que, aun cuando su práctica ha ido evolucionando con el paso de los años, lo cierto es que en dicho proceso evolutivo puede identificarse, en síntesis, una triple circunstancia que permite la solución a estos conflictos entre marcas y figuras de calidad agroalimentarias: (i) solo cabe sustentar la existencia de un conflicto cuando los consumidores puedan entender la marca controvertida como una falsa indicación geográfica; (ii) la aplicación en este ámbito conflictivo de la práctica utilizada para superar el riesgo de engaño de aquellos signos que, ofreciendo una información geográfica particular, no se veía correspondida por los productos a los que iba dirigida; y (iii) la posibilidad de enjugar el conflicto mediante la aportación del certificado de inscripción emitido por el órgano de gestión de la figura de calidad, lo que habría de interpretarse como autorización expresa ([2]).

Por su parte, la práctica de la EUIPO encuentra su fundamento actualmente en las *Directrices relativas al examen de las marcas de la Unión Europea aprobadas por la EUIPO mediante la Decisión del Director Ejecutivo núm. EX – 23-2, de 24 de marzo de 2023 (con entrada en vigor el día 31 de marzo).* Hasta la preparación relativamente reciente de este documento, la denegación de la marca controvertida se fundamentó en la evocación de la figura de calidad, la lesión del orden público y la oposición presentada con base en ésta, a la luz todo ello de la jurisprudencia comunitaria dictada en este ámbito ([3]).

Ha sido con la adopción de este instrumento interno de armonización de la práctica del Registro europeo cuando se ha previsto expresamente una solución específica al conflicto que aquí nos ocupa. La lectura de este documento permite deducir que esta institución europea, lejos de mostrar una mayor sensibilidad por la tutela de estas figuras de calidad comunitarias, transita hacia una solución lesiva de los intereses colectivos que subyacen en aquéllas. En estas Directrices puede leerse, con relación al motivo de denegación absoluto contenido en el ar-

---

[2] () REDONDO MARTINEZ, I., "Experiencia sobre la protección de las figuras de calidad en sede la Oficina Española de Patentes y Marcas" en MARTINEZ GUTIERREZ, A., y VÁZQUEZ RUANO, T. (dirs), *Indicaciones geográficas y marcas: luces y sombras de una obligada convivencia comercial,* 1ª edic., Reus, Madrid, 2022, págs. 83 a 108.

[3] () MELGAR, V., "Experiencias sobre la protección de las figuras de calidad en sede la EUIP" en *Indicaciones geográficas y marcas...*, cit., págs. 109 y 110.

tículo 7.1º j) RMUE, que las objeciones formuladas con arreglo a este precepto "*...podrán desestimarse si los productos pertinentes se restringen para cumplir el pliego de condiciones de la IG en cuestión*". Otro tanto se apunta con relación al motivo de denegación relativo contemplado en el artículo 8.6º RMUE. Constituye, desde luego, una solución que ha recalado en la *Guía de Examen de Prohibiciones de Registro* que tiene adoptada la OEPM, donde puede leerse, con relación a la prohibición contenida en el artículo 5.1º h) LM cuanto sigue; a saber: "*Cuando el signo solicitado incurra en esta prohibición se procederá al suspenso de fondo con indicación acerca de si existe la posibilidad de subsanarlo limitando la lista de productos solicitados indicando que los mismos se encuentran amparados por la DOP/IGP en cuestión*".

II. NEFASTA CONSECUENCIAS DERIVADAS DE LA PRÁCTICA ADMINISTRATIVA

Como resultado de esta particular interpretación, se produce la consolidación de una marca controvertida en el Registro (que no en el mercado) y, por tanto, la atribución de un derecho de exclusiva sobre el nombre protegido de carácter público a un particular (y no al órgano de gestión de la figura de calidad). Intereses públicos de carácter colectivo y privado de carácter individual confluyen en semejante escenario conflictual, cuya coordinación en la práctica no resulta nada fácil.

Es verdad que, mientras no se decida el uso de la marca en el tráfico económico, el derecho marcario resulta aparentemente inocuo, al quedar relegado el conflicto a un plano claramente registral. El propio sistema marcario tiene, sin embargo, resortes para expulsar aquellos signos especulativos no llamados a ser usados en el mercado o usados de una forma testimonial o simbólica, de tal manera que la acción de caducidad por falta de cumplimiento de la carga de uso permitiría a medio plazo enjugar el Registro de estos signos distintivos potencialmente lesivos.

Sin embargo, decimos aparentemente inocuo porque la mera titularidad registral de ese signo provoca evidentes efectos negativos para la figura de calidad. Por un lado, una inscripción del género provoca, a nuestro modo de ver, un claro aprovechamiento privado, por parte de un tercero ajeno al círculo de usuarios legítimos, no sólo de las inversiones promocionales, de carácter público y privado, realizadas por el órgano de gestión, sino también de la notoriedad y prestigio de la figura de calidad, lo que puede cuantificarse y monetarizarse a través de la cesión posterior del título a un tercero. De hecho, una inflación de signos distintivos integrados por el nombre protegido puede provocar -así lo tiene afirmado recientemente el legislador comunitario- una dilución o debilitamiento del nombre protegido.

Pero además, la inscripción de semejante signo obliga a los órganos de gestión de las figuras de calidad, por otro lado, a invertir tiempo y dinero no siempre disponibles para combatirla en un doble frente. Obsérvese que, además investigar en la práctica comercial la utilización hipotética de dicho signo controvertido para corroborar la corrección del producto diferenciado y su adecuación a las características del pliego, el Consejo Regulador se ve compelido, en ejercicio de una competencia pública atribuida por la Administración competente, al ejercicio de acciones administrativas y judiciales para la defensa de los intereses colectivos subyacentes en la concreta figura de calidad.

En estas circunstancias, creemos que debería abrirse una profunda reflexión sobre esta tesis hermenéutica defendida, hasta la fecha, por los Órganos administrativos que monopolizan la gestión de la propiedad industrial en España y Europa, respectivamente. Y, en este sentido, creemos que no faltan razones para sostener una posición contraria a semejante planteamiento administrativo. Veámoslas.

III. ARGUMENTACIÓN CONTRARIA A DICHA EXESIS ADMINISTRATIVA. POSICIÓN DEL TRIBUNAL SUPREMO

A la vista de cuanto antecede, creemos que la interpretación de estos motivos de denegación absolutos y relativos existentes en la normativa marcaria y en aquella otra sobre protección de las figuras de calidad resulta incorrecta por las razones que trataremos de expresar seguidamente ([4]).

a) Las Directrices de la EUIPO carecen de valor jurídico.

Debe partirse de un hecho nada desdeñable que parece haberse preterido por los examinadores de los Registros de marcas; a saber, aun cuando las Directrices relativas al examen de las marcas de la Unión Europea transitan hacia esta interpretación lesiva de los intereses colectivos subyacentes en estas figuras de calidad, debe subrayarse que constituye un fundamento insuficiente a estos efectos por carecer de valor jurídico. En efecto, en la introducción de este denso documento puede leerse que *"…las Directrices de la Oficina no constituyen actos jurídicos, sino normas de conducta autoimpuestas adoptadas mediante una decisión administrativa…"*. Otro tanto puede decirse de las instrucciones existentes dentro de la OEPM.

---

[4] () Vid., MARTÍNEZ GUTIÉREZ, A., Denominaciones de origen e indicaciones geográficas en la Unión Europea, 1ª edic., Marcial Pons, Madrid, 2018, pp. 97 y ss.; ID., "Protección europea de las figuras de calidad agroalimentarias. Tutela ex officio" en *Indicaciones geográficas y marcas…*, op. cit., págs. 15 a 41.

b) *Las figuras de calidad son dominio público. Imposibilidad de apropiación individual.*

Ha de subrayarse igualmente que las figuras de calidad reconocidas e inscritas en el Registro comunitario son dominio público y, por tanto, no pueden ser adquiridos o apropiados por los particulares. Léanse, en este sentido, el artículo 10.1º Ley 2/2011, de 25 de marzo, de Calidad Agroalimentaria y Pesquera de Andalucía, donde se afirma que *"Los nombres geográficos protegidos de las DOP, IGP e IGBE son bienes de dominio público y no pueden ser objeto de apropiación individual, venta, enajenación o gravamen. La titularidad de estos bienes de dominio público corresponde a la Comunidad Autónoma de Andalucía cuando comprenda exclusivamente el territorio de esta Comunidad"*. Recuerda este carácter demanial del nombre protegido el artículo 8.4º del Real Decreto 1335/2011, de 3 de octubre, por el que se regula el procedimiento para la tramitación de las solicitudes de inscripción de las denominaciones de origen protegidas y de las indicaciones geográficas protegidas en el registro comunitario y la oposición a ellas.

Siendo así, y aun cuando la prohibición de registro de estos signos no hace distinciones, creemos que el registro de una marca del género solo podría impulsarse y obtenerse por quien tiene la titularidad del nombre o, en su caso, por quien tiene atribuidas funciones públicas delegadas relativas a la gestión, promoción y defensa del nombre; esto es, los Consejos Reguladores. Fuera de estos casos, el solicitante carecería de legitimación activa para depositar semejante solicitud de inscripción marcaria. O dicho con otras palabras, al tratarse de un bien demanial perteneciente a la Comunidad Autónoma y gestionado por un Consejo Regulador, ningún tercero podría apropiarse del mismo, ni gravarlo a través del registro de marcas que implique la atribución de derechos de exclusiva a su favor.

c) Reconocimiento de un derecho de uso de la figura de calidad a favor de operadores económicos.

Cabe destacar la existencia de un argumento literal nada irrelevante que, como es notorio, constituye el primer criterio hermenéutico contemplado en el artículo 3.1º del Código Civil. Y es que los artículos que dibujan el derecho de exclusiva de las figuras de calidad, solo reconocen un derecho de uso a favor de los operadores económicos inscritos, cuyo ejercicio debe ser conforme a las exigencias contempladas en el pliego de condiciones. Léase el artículo 12.1º R(UE) 1151/2012, donde se afirma que *"Las denominaciones de origen protegidas y las indicaciones geográficas protegidas podrán ser utilizadas por cualquier operador que comercialice productos conformes al pliego de condiciones que les sea aplicable"*.

Se trata, pues, de un derecho de usar que se encuentra condicionado a un requisito que, en la práctica, implica (i) la inscripción del operador en los registros existentes en el Consejo Regulador, (ii) su sometimiento a la auditoría a desarrollar por el órgano de control que permita confirmar la aptitud de sus instalaciones para la obtención del producto protegido, (iii) el abono de las cuotas aprobadas por el Consejo Regulador y (iv) el cumplimiento, junto al pliego, de la normativa interna aprobada por acuerdos plenarios de éste. No cabe ninguna duda que, si un operador económico cumple semejante nivel de exigencias normativas, satisface sus cuotas de pertenencia al Consejo Regulador y obtiene el certificado positivo del órgano de control, quedará autorizado para utilizar -no para registrar- el nombre protegido en el etiquetado de los productos a modo de indicación de procedencia cualificada, lo que vendrá a suministrar información en el mercado sobre su origen geográfico, pero también sobre aquellas características físico-químicas y organolépticas que son garantizadas y certificadas a los consumidores mediante las contraetiquetas (certificados de origen) suministradas por el propio Consejo Regulador.

Ahora bien, este derecho de usar no se reconoce al operador económico ajeno a dicha agrupación de operadores económicos que no goza de derecho alguno sobre la figura de calidad, por lo que ni puede usar del nombre con relación a sus productos (art. 12.1° R(UE) 1151/2012), ni mucho menos podría obtener una exclusiva sobre el nombre protegido mediante el registro de una marca geográfica. Sostiene esta tesis, por ejemplo, la reciente Sentencia del Tribunal Supremo de 12 de abril de 2021, dictada en el conflicto suscitado entre la DOP Ribera del Duero y la marca "Lar de Duero" para diferenciar vinos acogidos a la citada DOP, y que ha venido a confirmar la Sentencia dictada por el Tribunal Superior de Justicia de Madrid de 5 de marzo de 2020, donde se revocaba la resolución de concesión de la marca controvertida que había sido dictada por la OEPM desestimando las pretensiones del Consejo Regulador. En dicha Sentencia del Alto Tribunal, se asevera, con remisión a otros pronunciamientos recientes (SSTS de 20 de noviembre, 10 y 17 de diciembre de 2020), que la marca solicitada "Lar de Duero" puede "*...inducir a error al público sobre la naturaleza, calidad o procedencia geográfica de los productos, pues los consumidores pueden creer que los vinos protegidos por la marca tienen el respaldo de la Denominación de Origen "Ribera del Duero", siendo así que no solo no consta la autorización del Consejo Regulador de la Denominación de Origen Protegida, sino que fue dicho Consejo Regulador quien interpuso el recurso contencioso-administrativo contra la resolución administrativa que había autorizado el registro de la marca...* ". Además, y con relación a la prohibición de signos engañosos contenida en la normativa de marcas, se asevera que ha de interpretarse "*...en el sentido de que no procede que accedan al registro aquellos signos que incorporen en el elemento denominativo términos o vocablos identificativos o evocadores de una Denominación de Origen..., que produzcan en los consumidores una falsa impresión sobre las características o verdadera naturaleza del producto o acerca de su calidad o su procedencia geográfica, sin necesidad de acreditar que con la inscripción de la marca nacional se persiga un interés ilegítimo,* *pues la finalidad objetiva de la prohibición absoluta que analizamos es tratar de evitar la profusión de marcas que tengan un carácter engañoso respecto de la información que transmiten al consumidor…”.*

d) El derecho de uso de las figuras de calidad no implica el derecho de registrar una marca y obtener un derecho de exclusiva sobre el nombre protegido.

Constituye un argumento ofrecido por el Tribunal General (Sala Décima) con ocasión de la Sentencia de 1 de diciembre de 2021, dictada en el asunto T-700/20 (STEIRISCHES KÜRBISKERNÖL G.G.A.), donde, ocupándose del citado precepto, asevera en su parágrafo 45 que “*…la circunstancia, suponiéndola acreditada, de que, en la fecha de presentación de la solicitud de registro, los productos designados por la marca controvertida reunían los requisitos establecidos por el Reglamento n.º 1151/2012 para gozar de la protección de las indicaciones geográficas protegidas no afecta a este examen. Por una parte, esta circunstancia solo significa que, con arreglo al artículo 12 del Reglamento n.º 1151/2012, el operador que comercializa esos productos puede utilizar la indicación geográfica de que se trata, sin que ello le confiera, no obstante, el derecho a utilizar tal indicación como marca. Por otra parte, los productos en cuestión pueden dejar de reunir esos requisitos en el futuro. Pues bien, incluso en tal supuesto la marca controvertida seguiría llevando el símbolo IGP y podría, en su caso, inducir al público a error sobre el origen o las propiedades de los productos designados por ella*”.

Constituye una tesis que se encuentra ratificada además por la literalidad del artículo 14.1º del Reglamento (UE) nº 1151/2012. Obsérvese, en este sentido, cómo bajo el título “*(r)elaciones entre marcas, denominaciones de origen e indicaciones geográficas*”, dicho artículo impone la denegación o, en su caso, la anulación de la marca controvertida que haya sido solicitada en fecha posterior a aquélla de prioridad de la figura de calidad, cuando concurra cumulativamente una triple circunstancia; a saber, la preexistencia de una indicación geográfica protegida; la solicitud en fecha posterior de una marca incursa en alguna de las circunstancias descritas en el artículo 13 y, por último, la identidad productiva de los signos en liza, esto es, la aplicación del signo pretendido "*...a un producto del mismo tipo que la denominación de origen o indicación geográfica...*". La rotundidad de la letra del precepto es manifiesta y su deducción, por otra parte, no se encuentra subordinada a ninguna otra condición, por lo que puede deducirse contra operadores inscritos o no en el Consejo Regulador que gestiona la figura de calidad afectada.

e) La limitación de la lista de productos no elimina la totalidad de consecuencias negativas sobre la figura de calidad derivadas de semejante marca controvertida.

Debe subrayarse además que la limitación de la lista de productos no elimina la totalidad de las consecuencias negativas susceptibles de producirse en la figura de calidad con ocasión del registro de semejante marca geográfica. Aun cuando dicha limitación pudiera enjugar -según la tesis administrativa- el ricsgo de engaño ínsito en el signo controvertido por la perfecta correspondencia existente entre la información transmitida por el signo y los productos a los que va referido, lo cierto es que nuestro Tribunal Supremo ha venido a negar esta interpretación. Consúltense, por ejemplo, las Sentencias de 20 de noviembre, 10 y 17 de diciembre de 2020, dictadas en asuntos relativos a la protección del Cava (frente a las marcas *Deepsea Cava, Cavarquia Barcelona y Cava Brot Vins de Taller*), así como la Sentencia de 12 de abril de 2021 relativa a la DOP Ribera del Duero (frente a la marca *Lar de Duero*), donde puede leerse cuanto sigue:

> *"...procede señalar que cuando el solicitante de la marca novel incluye términos identificativos o evocadores de una Denominación de Origen, sin poseer ningún título legitimador*

que demuestre su capacidad de disposición de los productos protegidos por dicha Denominación de Origen, y reivindique exclusivamente productos amparados por la propia Denominación de Origen, habría que valorar si se produce fraude de ley, dada la relación de interdependencia existente entre el signo cuyo registro se pretende y los productos que se designan, por cuanto puede ser uno de los elementos determinantes del juicio sobre el error que es susceptible de producirse en el público acerca de la naturaleza, calidad u origen geográfico del producto designado, cuya valoración corresponde, en primer término, a la Oficina Española de Patentes y Marcas, y, en último término, a los tribunales de lo contencioso-administrativo.

A tal efecto, cabe poner de relieve que, tal como se desprende de la doctrina jurisprudencial de la Sala de lo Contencioso-Administrativo del Tribunal Supremo, así como del Tribunal de Justicia de la Unión Europea, el Derecho de marcas constituye un elemento esencial de un sistema de competencia no falseada, cuyo objeto específico es garantizar la libre competencia y la transparencia del mercado, impidiendo que accedan al registro signos marcarios que distorsionen el tráfico económico o jurídico del producto o servicio reivindicado. Pero, a la vez, el Derecho de Marcas cumple la función esencial de garantizar al consumidor la capacidad de elección del producto o servicio ofrecido, para lo cual el signo marcario debe ofrecerle una información fidedigna sobre el origen y la calidad de los productos o servicios designados, permitiéndole distinguir, sin riesgo de error o confusión posible, dichos productos de los que tienen otra procedencia.

En suma, estimamos que el Tribunal de instancia no ha infringido el artículo 5.1 g) de la Ley 17/2001, de 7 de diciembre , de Marcas, en relación con lo dispuesto en el artículo 4 del citado texto legal, al apreciar que concurre el presupuesto de aplicación de la citada prohibición absoluta, puesto que partiendo del contexto interpretativo de la referida disposición marcaria que hemos expuesto, mantenemos que <u>no resulta irrazonable la valoración del riesgo de error que se puede producir en el público interesado que consume vinos espumosos, que podría entender que los productos ofrecidos bajo la marca "Deepsea cava" están elaborados de acuerdo con los métodos tradicionales, auspiciados por el Consejo Regulador de la Denominación de Origen Cava, y que, en consecuencia, gozan de una</u>

> *calidad equivalente a los elaborados conforme a los pliegos de condiciones de la citada Denominación de Origen Protegida.*
>
> *Debemos precisar, además, que la aplicación de la prohibición absoluta de acceso al registro de marcas contemplada en el artículo 5.1 g) de la Ley 17/2001, de 7 de diciembre, de Marcas, tiene un carácter autónomo respecto de la aplicación de las demás causas de prohibición absoluta previstas en la referida disposición legal, en cuanto goza de sustantividad propia debido a la marcada especialidad del presupuesto de poder inducir al público a error acerca de la naturaleza, calidad o procedencia geográfica del producto, que determina la exclusión de aquellos signos que resulten claramente engañosos o no transmitan una información fidedigna sobre la procedencia o la calidad del producto o servicio designados, aunque se aprecia una cierta conexión sistemática con las prohibiciones absolutas tipificadas en los apartados c), f) y h) de la Ley de Marcas."*

Pero es más, al ir referido a productos del mismo tipo que la denominación de origen, semejante signo distintivo incurre en algunas de las conductas prohibidas por el artículo 13.1º R(UE) 1151/2012. Piénsese, por ejemplo, que la inclusión del topónimo protegido en dicha marca para diferenciar esa tipología de productos podría interpretarse como (i) un uso indebido, al no gozar de autorización alguna por parte del Consejo Regulador; (ii) una imitación, que ha de definirse conforme a las pautas interpretativas de las marcas comerciales; (iii) un aprovechamiento de la reputación ajena; (iv) un riesgo de dilución del nombre protegido, o mucho más evidente, (v) un supuesto de evocación que se ha interpretado recientemente en la STJUE (Sala Quinta) de 9 de septiembre de 2021, asunto C-783/19 (Champanillo), fundamento jurídico 66, como sigue: "*...la «evocación» a que se refiere dicha disposición, por una parte, no exige, como requisito previo, que el producto amparado por una DOP y el producto o el servicio cubierto por el signo controvertido sean idénticos o similares y, por otra parte, queda acreditada cuando el uso de una denominación hace surgir, en la mente de un consumidor* *europeo medio, normalmente informado y razonablemente atento y perspicaz, un vínculo suficientemente directo y unívoco entre esa denominación y la DOP. La existencia de tal vínculo puede resultar de varios elementos, en particular, la incorporación parcial de la denominación protegida, la semejanza fonética y visual entre ambas denominaciones y la similitud que de ella se deriva, y aun a falta de tales elementos, de la proximidad conceptual entre la DOP y la denominación de que se trate o incluso de una similitud entre los productos amparados por esa misma DOP y los productos o servicios amparados por esa misma denominación. En el marco de esta apreciación, corresponde al órgano jurisdiccional remitente tener en cuenta todos los elementos pertinentes en torno al uso de la denominación de que se trate…".*

Es evidente, pues, que una marca integrada por el topónimo protegido para diferenciar productos del mismo tipo conformes con el pliego de condiciones de la figura de calidad lesionada incurre en un supuesto de evocación, toda vez que permite en la mente del consumidor semejante vinculación prohibida entre la marca y la figura de calidad. Conexión prohibida que, a nuestro modo de ver, se ve fortalecida a través de la propia referencia incluida en la lista de productos sobre su adecuación a las condiciones y requisitos previstos en el pliego de condiciones de la figura de calidad. Así lo ha afirmado recientemente la Sentencia del Juzgado de lo Mercantil núm. 1 de Granada, de Marcas, Patentes y Protección Jurídica del Diseño Industrial, de 7 de diciembre de 2022, que ha venido a anular la marca "JAÉN PURO" que había sido registrada para diferenciar aceites de oliva virgen extra amparados por la IGP Aceite de Jaén.

A partir de esta evocación, se podría sustentar, siguiendo al Tribunal de Justicia, un aprovechamiento de reputación ajena por parte de la marca controvertida (Sentencia de 14 de septiembre de 2017, dictado en el asunto C-56/16P (Porto/Port), en cuyos fundamentos jurídicos 115 y 123 se asevera que "*…no puede considerarse que la incorporación en una marca de una denominación protegida en virtud del Reglamento n.o 1234/2007,* *como la denominación de origen «Port», explote la reputación de la denominación de origen, en el sentido del artículo 118 quaterdecies, apartado 2, letra a), inciso ii), de dicho Reglamento, cuando tal incorporación no lleva al público pertinente a asociar esta marca o los productos para los que se registró la marca con la denominación de origen de que se trate o el producto vitivinícola para el que ésta se protege...*" y que "*...puede haber «evocación» incluso si no existe riesgo alguno de confusión entre los productos considerados, ya que lo que importa es especialmente que no se cree en la mente del público una asociación de ideas sobre el origen del producto, y que un operador no aproveche indebidamente la reputación de una indicación geográfica protegida (véase, en particular, la sentencia de 21 de enero de 2016, Viiniverla, C-75/15, EU:C:2016:35, apartado 45)...*").

f) **El pretendido registro de marca debe calificarse de fraude de ley.**

La aceptación de tesis interpretativa sustentada por las Oficinas de marcas sobre la viabilidad de estos signos controvertidos integrados por la totalidad o parte del topónimo protegido para diferenciar productos del mismo tipo que aquéllos protegidos a condición de que sean respetuosos con las condiciones del pliego, burla la protección de las figuras de calidad a través de la aparente eliminación del riesgo de engaño. Sin embargo, bien miradas las cosas, podríamos sustentar que nos encontramos ante un auténtico fraude de ley prohibido por el artículo 6.4° Cc donde se ordena que *"los actos realizados al amparo del texto de una norma que persigan un resultado prohibido por el ordenamiento jurídico, o contrario a él, se considerarán ejecutados en fraude de ley y no impedirán la debida aplicación de la norma que se hubiere tratado de eludir"*. Obsérvese cómo la mera limitación de la lista de productos enjuga el riesgo de engaño de la marca controvertida, pero deja irresolutos otros efectos lesivos para las figuras de calidad agroalimentarias que también concurren como, por ejemplo, el aprovechamiento de la reputación ajena o el peligro de dilución del signo protegido.

g) La aplicación analógica del Derecho de marcas depone en contra.

Si acudimos al Derecho de marcas y los aplicamos analógicamente al presente escenario conflictual, podemos obtener una conclusión nada desdeñable; a saber, que la normativa aplicable al signo distintivo por excelencia depone en contra de esta posibilidad. Obsérvese cómo, por un lado, la doble identidad se encuentra reprendida por definición en el ámbito marcario, dotando una protección absoluta a la marca registrada, por lo que resulta extraño la admisión de semejante supuesto en el ámbito de las figuras de calidad.

Del mismo modo, debe subrayarse, por otro lado, el punto de incongruencia en este planteamiento defendido por las Oficinas de marcas; a saber, si la protección reconocida a las marcas (también de las figuras de calidad) se extiende a supuestos en los que los signos controvertidos son similares y van referidos a productos semejantes (no idénticos), ¿cómo es posible que se niegue protección a las figuras de calidad frente a signos (cuasi) idénticos destinados a la diferenciación de productos idénticos, esto es, de la misma tipología y respetuosos con las condiciones del pliego de la figura de calidad concreta?.

Pero además, ha de resaltase para finalizar que semejante supuesto controvertido está claramente superado en el ámbito del Derecho de marcas, al que debemos acudir -una vez más- de forma analógica. Piénsese, en este sentido, cómo un distribuidor de productos de un fabricante que sea además licenciatario de la marca no puede registrar para sí el signo licenciado. Y es que, aun cuando no concurriría un supuesto de confusión de orígenes empresariales de los productos (al derivar todos ellos de la misma empresa), las marcas idénticas estarían en manos de dos empresarios diferentes, por lo que no parece que la falta de lesión de la función principal de la marca (a la sazón, función distintiva del origen empresarial) sea determinante para negar la protección al signo licenciado en semejante supuesto.

IV. A MODO DE COROLARIO

A la vista de cuanto antecede, creemos que la práctica administrativa aquí examinada carece de fundamento jurídico sólido y debe ser corregida a la mayor brevedad posible, siguiendo así la interpretación propuesta por el Tribunal Supremo, lo que vendrá a dotar de una protección más acabada a los intereses colectivos subyacentes en las figuras de calidad. Una marca conformada por un nombre protegido para diferenciar productos idénticos a los que aquél diferencia debe resultar inviable por definición, esté o no inscrito el operador que la impulsa. Y ello, sobre todo, por carecer de legitimación para usar y apropiarse a través de la exclusiva de un nombre demanial. Ahí deben estar atentas las Oficinas que han de servir -creemos- de filtro de estos signos controvertidos más flagrantes, a lo que están obligadas no solo por el control de oficio de las prohibiciones absolutas previsto en el art. 20.1° LM o de los motivos absolutos contemplado en el artículo 42.1° RMUE, sino también por el artículo 13.3° R(UE)1151/2012.

La intervención de los Consejos Reguladores, por su parte, debería quedar relegada, en el ámbito registral o judicial, a los casos más discutibles referidos, por ejemplo, a marcas integradas por indicaciones indirectas de procedencia y, sobre todo, a la defensa de los nombres protegidos fuera de la sede registral donde -como es notorio- no existe control administrativo alguno.

BIBLIOGRAFÍA

MARTÍNEZ GUTIÉREZ, Á., *Denominaciones de origen e indicaciones geográficas en la Unión Europea,* Marcial Pons, Madrid, 2018.

"Protección europea de las figuras de calidad agroalimentarias. Tutela ex officio" en MARTINEZ GUTIERREZ, A., y VÁZQUEZ RUANO, T. (dirs), *Indicaciones geográficas y marcas: luces y sombras de una obligada convivencia comercial,* 1ª edic., Reus, Madrid, 2022, pp. 15 a 41.

MELGAR, V., "Experiencias sobre la protección de las figuras de calidad en sede la EUIP" en MARTINEZ GUTIERREZ, A., y VÁZQUEZ RUANO, T. (dirs), *Indicaciones geográficas y marcas: luces y sombras de una obligada convivencia comercial*, 1ª edic., Reus, Madrid, 2022, pp. 109 a 126.

REDONDO MARTINEZ, I., "Experiencia sobre la protección de las figuras de calidad en sede la Oficina Española de Patentes y Marcas" en MARTINEZ GUTIERREZ, A., y VÁZQUEZ RUANO, T. (dirs), *Indicaciones geográficas y marcas: luces y sombras de una obligada convivencia comercial*, 1ª edic., Reus, Madrid, 2022, pp. 83 a 108.

Capítulo 24.
LA ESTRATEGIA DE LA UNIÓN EUROPEA PARA LA PROTECCIÓN DE LOS PRODUCTOS DE CALIDAD Y ORIGEN

PILAR MONTERO GARCÍA-NOBLEJAS[1]
Profesora Titular de Derecho Mercantil. Universidad de Alicante
Directora de Magister Lvcentinvs, Máster en Propiedad Intelectual e Innovación Digital de la Universidad de Alicante

I. INTRODUCCIÓN

Lo Unión Europea se caracteriza por proteger los productos con determinadas características vinculadas a un origen geográfico mediante el sistema de las indicaciones geográficas[2] como derechos de propiedad intelectual. Esta figura se carac-

---

1 Este estudio ha sido financiado por el proyecto de investigación para grupos reconocidos como Grupos de Investigación de Excelencia, titulado: "PROTECCIÓN DE LA INNOVACIÓN EN AGRICULTURA EN LA ERA DIGITAL" (Proyectos de Grupos de Investigación de Excelencia Gen. Valenciana Prometeo: CIPROM/2021/57), dirigido por las profesoras Esperanza GALLEGO SÁNCHEZ y Nuria FERNÁNDEZ PÉREZ.

2 En este trabajo se va a emplear el término "indicación geográfica" como concepto que engloba a la vez las denominaciones de origen y las indicaciones geográficas, de conformidad con la terminología empleada por la Comisión en las últimas reformas que son objeto de comentario en el presente trabajo.

teriza en la actualidad como un signo distintivo de calidad, si bien se trata de una institución que ha evolucionado con el tiempo, de forma diversa en los distintos países, como consecuencia de las diferentes tradiciones. Así, es posible apreciar una tendencia más generalizada a su uso en los países mediterráneos, fundamentalmente Francia, Italia, España y Portugal. Se trata de un derecho de propiedad intelectual que ha sido utilizado por la Unión Europea como sistema de apoyo a la política agrícola común, aspecto que permite potenciar determinadas funciones específicas de estos derechos.

Las indicaciones geográficas cumplen una gran variedad de funciones, porque, además de informar a los consumidores sobre las características de determinados productos, vinculadas a un origen geográfico concreto, así como a recompensar a los productores, también cumplen funciones adicionales como mecanismo de promoción del turismo de las regiones, de ordenación del territorio, de mejora de la calidad de los productos, de ayuda a las pequeñas y medianas empresas, así como de creación de empleos cualificados a escala local.

Como consecuencia de la tradición que caracteriza estos derechos de propiedad intelectual, la normativa de la Unión Europea ha regulado estos derechos por sectores de productos, en lugar de optar por un derecho de propiedad intelectual unitario con independencia de los productos a los que se protege.

Hasta ahora, existían cuatro reglamentos uno para cada tipo de productos, cubriendo el vino, las bebidas espirituosas y los productos agrícolas y alimenticios. Sin que existiera ningún sistema específico para los productos artesanales e industriales, que quedaban bajo la soberanía de los Estados. Existiendo por tanto una desigualdad entre Estados dentro de la Unión Europea, dado que algunos como Portugal o Francia, tenían este sistema, y en cambio otros como España o Italia carecían de un sistema unitario específico para la protección de este tipo de productos.

La Unión Europea se encuentra inmersa en un proceso de reforma del sistema de indicaciones geográficas de carácter global y que viene impulsado por dos sectores diferentes. Por una parte, tenemos la reforma promovida por la Dirección General de Agricultura y Desarrollo Rural de la Comisión (DGAGRI), incluida en su plan de acción, y que ya se preconizaba en la estrategia "De la granja a la mesa" publicada en mayo de 2020[3]. Se trata de una reforma que se enmarca también en el programa de trabajo de la Comisión como parte de las iniciativas REFIT, vinculadas al Green Deal europeo. Es esta una iniciativa que pretende reformar los reglamentos existentes relativos a las indicaciones geográficas de los productos agrícolas (vinos, bebidas espirituosas y productos agrícolas y alimenticios), así como a otros sistemas de calidad (en particular las especialidades tradicionales garantizadas).

Además de esta reforma, también se puso en marcha otra reforma del sistema consistente en la creación de un sistema de indicaciones geográficas para la protección de los productos artesanales e industriales. Se trata de una propuesta derivada de la revisión del sistema de propiedad intelectual por parte de la Dirección General de Mercado Interior, Industria, Emprendimiento y PYME (DG GROW). El plan de acción de la Comisión en materia de propiedad intelectual pretendía mejorar el sistema de protección de las indicaciones geográficas para hacerlo más eficaz, como elemento de promoción de la sostenibilidad social, medioambiental y económica de la economía rural, además de la necesidad de proteger el patrimonio cultural europeo[4].

---

3 Productos agrícolas–revisión de las normas de comercialización de la UE 19-1-2021.

4 Comunicación de la Comisión al Parlamento Europeo, al Consejo, al Comité Económico y Social Europeo y al Comité de las Regiones: "Aprovechar al máximo el potencial innovador de la UE: un plan de acción sobre propiedad intelectual para respaldar la recuperación y la resistencia de la UE", de 25 de noviembre de 2020.

La existencia de estas dos reformas en paralelo pone de manifiesto la voluntad de la Unión Europea de reforzar el sistema de indicaciones geográficas como derechos de propiedad intelectual en su conjunto. Del análisis de ambas reformas se aprecia el objetivo general de la Comisión de poder ofrecer un marco jurídico para las indicaciones geográficas guiado por los mismos principios y con un contenido cada vez más homogéneo. De esta manera es posible constatar que se están dando pasos para lograr un marco jurídico para las indicaciones geográficas fuerte y coherente en el seno de la Unión.

II. LA APUESTA DE LA UNIÓN EUROPEA POR MANTENER EL SISTEMA DE INDICACIONES GEOGRÁFICAS PARA PRODUCTOS ARTESANALES E INDUSTRIALES

1. Etapas preparatorias de la aprobación del Reglamento

Una de las primeras manifestaciones de la voluntad de la Comisión de proteger las indicaciones geográficas de los productos artesanales e industriales se encuentra en el estudio encargado por la Dirección General de Agricultura de la Comisión Europea (DG AGRI), que dio lugar a la presentación de un informe sobre la protección de los productos distintos del vino, las bebidas espirituosas y los productos agrícolas o alimenticios como indicaciones geográficas[5]. En este estudio se puso de manifiesto la insuficiencia de los instrumentos jurídicos existentes a nivel nacional en los distintos Estados miembros

[5] Estudio sobre la protección de las indicaciones geográficas de productos distintos de los vinos, las bebidas espirituosas, los productos agrícolas o los productos alimenticios. Noviembre de 2009 (Insight Consulting, Agridea y OriGin).

de la Unión Europea para la protección de estos productos. La Comisión expresó esta preocupación en su Comunicación de 2011[6] en la que proponía un análisis detallado del marco jurídico de protección de las indicaciones geográficas de los productos distintos de los agrícolas en los Estados miembros y sus consecuencias para el mercado interior.

Posteriormente, se encargó otro estudio externo sobre la protección jurídica de las indicaciones no agrícolas en el mercado único[7]. Este informe destacaba la importancia del patrimonio de los países de la Unión Europea en materia de productos tradicionales de valor añadido e identificaba un total de 834 productos que podrían beneficiarse de este tipo de protección[8]. Por ello, la Comisión organizó una consulta pública en 2013 para debatir los resultados del estudio e iniciar un debate sobre la necesidad de una protección más eficaz de las indicaciones geográficas de los productos no agrícolas a escala europea.

A raíz de este estudio, la Comisión publicó un Libro Verde[9], con un cuestionario para los sectores implicados con vistas a

---

6 Comunicación "Un mercado único de los derechos de propiedad intelectual. Estimular la creatividad y la innovación para el crecimiento económico, el empleo de calidad y la excelencia de los productos y servicios en Europa", de 24 de mayo de 2011,

7 Estudio sobre la protección de las indicaciones geográficas de los productos no agrícolas en el mercado interior, 18 de febrero de 2013, (Insight Consulting, REDD, OriGIn).

8 En Francia, los productos objeto de protección eran el encaje de Le Puy, el Moustier Faïence, el granito de Bretaña y el Monoï de Tahití. En España, zapatos de Elche, cuero de Ubrique y cerámica de Totana.

9 Libro Verde: "Enhancing European Know-How: Possible extension of the protection of EU geographical indications to non-agricultural products", de 15/7/2014, (COM 2014) 469 final.

evaluar un futuro marco regulador a escala de la UE[10]. En este libro se destacaba la utilidad de promover la protección de este tipo de productos, dada la enorme riqueza de productos artesanales e industriales en los países europeos. El informe subrayaba que estos productos incorporan conocimientos y técnicas tradicionales europeos y constituyen un elemento clave del patrimonio cultural, además de apoyar la economía cultural y creativa.

Posteriormente, el 6 de octubre de 2015, el Parlamento Europeo aprobó una Resolución sobre la posible ampliación de la protección de las indicaciones geográficas de la Unión Europea a los productos, poniendo como ejemplo la experiencia adquirida en el sector agroalimentario[11].

En 2020, se presentó un nuevo informe encargado por la Dirección General de Mercado Interior, Industria, Emprendimiento y Pymes (DG GROW)[12]. Este informe tenía como objetivo evaluar los factores que limitan la disponibilidad de productos no auténticos y las prácticas comerciales engañosas, también evaluaba el valor de la protección sui generis de las indicaciones geográficas para los consumidores, así como el impacto de esta protección en los consumidores. Se analizaban los diversos sistemas posibles de protección de las indicaciones geográficas comparando todos los instrumentos de propiedad intelectual, para así poder evaluar si sería factible alcanzar el

---

10 Como el Český křišťál (cristal de Bohemia), los tartanes escoceses, el mármol de Carrara o la Meissner Porzellan (porcelana de Meissen).

11 Resolución del Parlamento Europeo, de 6 de octubre de 2015, sobre la posible ampliación de la protección de las indicaciones geográficas de la Unión Europea a productos no agrícolas (2015/2053(INI)) (2017/C 349/01). Diario Oficial de la Unión Europea 17.10.2017.

12 "Estudio sobre los aspectos económicos de la protección de las denominaciones de origen en la Unión Europea para los productos no agrícolas".

mismo nivel de protección mediante otros instrumentos jurídicos (especialmente marcas).

A su vez el Parlamento Europeo también emitió otro informe sobre las Indicaciones geográficas para productos no agrícolas[13]. Posteriormente, en el año 2020 se presentó otro informe, encargado por la misma Dirección General de Mercado Interior, Industria, Emprendimiento y PYME (DG GROW), titulado *"Estudio sobre las normas de control y observancia de la protección de las indicaciones geográficas de productos no agrícolas en la Unión Europea"*. Este informe examina el control y la aplicación de los productos no agrícolas de origen geográfico protegidos por mecanismos de propiedad intelectual. Basándose en investigaciones documentales y de campo, el estudio analiza seis sistemas de protección existentes en relación con sus mecanismos de control y observancia, elaborando un estudio de caso para cada sistema. Posteriormente, en el año 2021, se publicó un nuevo informe titulado "Estudio sobre control y normas de observancia para la protección de las indicaciones geográficas de productos no agrícolas en la Unión Europea"[14]. Este último estudio examina el control y la observancia de los productos no agrícolas de arraigo geográfico protegidos por mecanismos de propiedad intelectual, presentando tres modelos de control y aplicación en el marco de un sistema potencial a escala de la Unión Europea para la protección de productos no agrícolas geográficamente arraigados.

El 13 de abril de 2022 se publicó finalmente la Propuesta de Reglamento relativo a la protección de las indicaciones geográficas de los productos artesanales e industriales y por el que se modifican los Reglamentos (UE) 2017/1001 y (UE)

---

13 "Geographical indications for nonagricultural products Cost of Non-Europe Report", 2019.

14 "Study on control and enforcement rules for geographical indication (GI) protection for non-agricultural products in the EU", 2021.

2019/1753 del Parlamento Europeo y del Consejo y la Decisión (UE) 2019/1754 del Consejo.

Se trata de una Propuesta que se enmarca en la política industrial de la Unión Europea, tal como se establece en la Comunicación de la Comisión titulada *"Actualizar la nueva estrategia industrial para 2020: Reforzar el mercado único para relanzar Europa"*, con el objetivo de relanzar el turismo europeo y ayudar a las regiones y PYME más desfavorecidas. La Propuesta también comparte objetivos específicos con la futura estrategia de la Unión Europea sobre textiles sostenibles, que pretende crear un mejor entorno comercial y normativo para los textiles sostenibles y circulares en la Unión Europea[15].

2. La creación de un nuevo derecho de propiedad intelectual para productos artesanales e industriales en la Unión Europea

2.1. Objetivos del Reglamento

En el Diario Oficial de la Unión Europea de 27 de octubre de 2023 se publicó el Reglamento 2411 de 18 de octubre de 2023 relativo a la protección de las indicaciones geográficas de productos artesanales e industriales y por el que se modifican los Reglamentos (UE) 2017/1001 y (UE) 2019/1753.

El Reglamento introduce un artículo en el que expone los objetivos del Reglamento, artículo que no estaba en la Propuesta de Reglamento. En este precepto se mencionan como objetivos del mismo: la creación de un sistema de la Unión para la protección de las indicaciones geográficas de produc-

---

15 COMUNICACIÓN DE LA COMISIÓN AL PARLAMENTO EUROPEO, AL CONSEJO, AL COMITÉ ECONÓMICO Y SOCIAL EUROPEO Y AL COMITÉ DE LAS REGIONES Estrategia para la circularidad y sostenibilidad de los productos textiles Bruselas, 30.3.2022.

tos artesanales e industriales, en particular mediante el establecimiento de disposiciones relativas a las tareas, las responsabilidades y los derechos necesarios para que los productores gestionen las indicaciones geográficas, también en respuesta a la demanda social de productos sostenibles. En segundo lugar, la creación de un procedimiento sencillo y eficiente de registro de las indicaciones geográficas que tenga en cuenta la protección adecuada de los derechos de propiedad intelectual. En tercer lugar, a la generación de valor añadido al contribuir a la competencia leal en el mercado. En cuarto lugar, a la generación de información fiable y garantía de autenticidad para el consumidor de los productos designados mediante una indicación geográfica. En quinto lugar el establecimiento de unos controles y un cumplimiento efectivo en relación con las indicaciones geográficas para productos artesanales e industriales y su comercialización en toda la Unión, incluyendo el comercio electrónico y garantizando la integridad del mercado interior. Y, finalmente, lograr un desarrollo económico local que contribuya a la protección del saber hacer y del patrimonio común[16].

2.2. Justificación del Reglamento

El Reglamento menciona varios motivos como justificaciones para la creación de este nuevo derecho de propiedad intelectual. Así se precisa que uno de los motivos es la necesidad de cumplir plenamente las obligaciones internacionales en especial para adecuarse, al Acta de Ginebra del Arreglo de Lisboa relativo a las Denominaciones de Origen y las Indicaciones Geográficas que prevé la posibilidad de proteger las indicaciones geográficas de productos tanto agrícolas como no agríco-

---

[16] Cfr. Art. 2 Reglamento 2411 de 18 de octubre de 2023 relativo a la protección de las indicaciones geográficas de productos artesanales e industriales. En adelante Reglamento 2411.

las[17]. Y por ello, la norma resalta la necesidad de establecer un vínculo con el sistema internacional de registro y protección basado en el Acta de Ginebra.

Este sistema también facilitará el acceso a los mercados de terceros países a través de acuerdos comerciales con la Unión y desarrollará todo el potencial de las indicaciones geográficas de los productos artesanales e industriales. Esto es así en la medida en que antes de este Reglamento, la Unión Europea no podía ofrecer reciprocidad en la protección para este tipo de productos artesanales provenientes, por ejemplo, de América Latina o India.

El Reglamento pretende también solucionar el actual panorama fragmentado y complejo, con varios sistemas de protección de las indicaciones geográficas para productos artesanales e industriales a nivel de los Estados miembros. Esta situación podía ocasionar mayores costes e inseguridad jurídica para los productores, y desincentivar la inversión en la artesanía tradicional de la Unión. De esta manera se considera que la existencia de un sistema de protección de la Unión armonizado es esencial a la hora de crear la seguridad jurídica necesaria para todas las partes interesadas, así como de prevenir las vulneraciones de los derechos de propiedad intelectual.

La introducción de este sistema resultará beneficiosa también para los consumidores, al mejorar la concienciación en relación con la autenticidad de los productos. Adicionalmente tendrá un efecto económico positivo en las microempresas y las pequeñas y medianas empresas (PYMES), al reforzar la competitividad, y supondrá un efecto positivo general en el

---

17 Decisión (UE) 2019/1754 del Consejo, de 7 de octubre de 2019, relativa a la adhesión de la Unión Europea al Acta de Ginebra del Arreglo de Lisboa relativo a las Denominaciones de Origen y las Indicaciones Geográficas (DO L 271 de 24.10.2019, p. 12).

empleo, el desarrollo y el turismo en las zonas rurales y las regiones menos desarrolladas.

La protección específica de las indicaciones geográficas se reconoce con el objetivo de conservar y desarrollar el patrimonio cultural en el de la artesanía y la industria. Por ese motivo el Reglamento establece un procedimiento eficaz para el registro a nivel de la Unión de las indicaciones geográficas de los productos artesanales e industriales, teniendo en cuenta las especificidades locales y regionales. Se pretende de este modo que las tradiciones de producción y comercialización se mantengan y se mejoren.

Este Reglamento se prevé que proporcione incentivos para la elaboración de productos de calidad, que contribuya a la lucha contra la falsificación, que garantice la amplia disponibilidad de productos de calidad para los consumidores y que contribuya a la creación de puestos de trabajo valiosos y sostenibles. Esto puede ayudar a su vez a evitar la tendencia a la despoblación, especialmente de las zonas rurales y las regiones menos desarrolladas.

Este Reglamento evidencia también la preocupación de la Comisión por la transición digital y verde. Si bien, en lo que se refiere a la sostenibilidad podemos apreciar que únicamente encontramos en los objetivos del Reglamento, así como en las funciones de las agrupaciones de productores, y siempre en clave voluntaria[18].

2.3. Fundamento de la reforma

La base jurídica en la que la Comisión fundamenta este nuevo Reglamento constituye una información especialmente significativa para comprender el objetivo del legislador euro-

---

18 Artículos 2 y 45 del Reglamento 2411.

peo. El nuevo Reglamento toma como base jurídica el artículo 118.1 del TFUE sobre propiedad intelectual y el artículo 207.2 del TFUE sobre política comercial común.

El Reglamento no menciona, como base jurídica de la reforma, la protección del patrimonio cultural de la Unión Europea establecido en el artículo 167 del TFUE. La necesidad de lograr una protección de este patrimonio se menciona en los considerandos 7 y 9 del Reglamento, según los cuales el sistema de indicaciones geográficas de los productos artesanales e industriales debe garantizar el mantenimiento y la valorización de las tradiciones de producción y comercialización ayudando a conservar y desarrollar el patrimonio cultural y el saber hacer tradicional[19]. Del mismo modo, en los objetivos del Reglamen-

---

[19] Considerando 7 Reglamento 2411 "*La elaboración de productos con una fuerte vinculación a una zona geográfica específica depende a menudo del saber hacer local y suele basarse en la utilización de métodos de producción locales arraigados en el patrimonio cultural y social de la región de origen de dichos productos. Una protección eficaz de la propiedad intelectual tiene potencial para contribuir al incremento de la rentabilidad y el atractivo de las profesiones artesanales tradicionales. La protección específica de las indicaciones geográficas se reconoce con el objetivo de conservar y desarrollar el patrimonio cultural en el sector agrario y en el de la artesanía y la industria. Por lo tanto, deben crearse unos procedimientos eficaces para el registro a nivel de la Unión de las indicaciones geográficas de los productos artesanales e industriales, que tengan en cuenta las especificidades locales y regionales. El sistema de protección de las indicaciones geográficas de productos artesanales e industriales que prevé el presente Reglamento debe garantizar que las tradiciones de producción y comercialización se mantengan y se mejoren*". Considerando 9: "*Para ello, es necesario garantizar una competencia leal para los productores de productos artesanales e industriales en el mercado interior; garantizar el acceso de los consumidores a una información fiable sobre esos productos; conservar y desarrollar el patrimonio cultural y el saber hacer tradicional; garantizar que las indicaciones geográficas de productos artesanales e industriales se registren de manera eficiente, tanto a nivel de la Unión como a nivel internacional; prever controles efectivos y una garantía del cumplimiento en relación con las indicaciones geográficas de productos*

to se ha introducido la voluntad de lograr un desarrollo económico local que contribuya a la protección del saber hacer y del patrimonio común. Esta justificación se encuentra también en una de las enmiendas del Parlamento Europeo sobre la reforma de los productos agrícolas, en la que se afirmaba expresamente que la política de calidad de la Unión Europea *no puede definirse únicamente como un mecanismo de protección de la propiedad intelectual de las indicaciones geográficas*[20].

El Reglamento de indicaciones geográficas para productos artesanales e industriales refuerza el carácter de derechos de propiedad intelectual de estos signos distintivos, lo cual contrasta con la normativa de indicaciones geográficas para productos agrícolas[21]. Se trata de una opción coherente con la naturaleza jurídica de las indicaciones geográficas como derechos de naturaleza colectiva, así como con la base jurídica del presente Reglamento. Con la expresión "derecho colectivo" no se hace referencia a una "propiedad colectiva", sino que se trata de un derecho que se otorga como un todo a cada uno de los productores que tienen derecho a utilizarlo, por respetar

---

artesanales e industriales en todo el mercado interior, también en el comercio electrónico; y establecer un vínculo con el sistema internacional de registro y protección basado en el Acta de Ginebra."

20 Justificación de la enmienda 14 al considerando 14 del INFORME sobre la propuesta de Reglamento del Parlamento Europeo y del Consejo que modifica los Reglamentos (UE) nº 1308/2013 por el que se crea una organización común de mercados agrícolas, (UE) nº 1151/2012 sobre los regímenes de calidad de los productos agrícolas y alimenticios, (UE) nº 251/2014 sobre la definición, designación, presentación, etiquetado y protección de la indicación geográfica de los productos vitivinícolas aromatizados, (UE) nº 228/2013 por el que se establecen medidas específicas en el sector agrícola en favor de las regiones ultraperiféricas de la Unión y (UE) nº 229/2013 por el que se establecen medidas específicas en el sector agrícola en favor de las islas menores del mar Egeo.

21 Vid. Infra apartado 4.2. Objetivo de la reforma y potenciales novedades.

los requisitos establecidos en el pliego de condiciones y en la normativa correspondiente[22].

Precisamente por esta caracterización como derecho de propiedad intelectual, el Reglamento atribuye la competencia del registro y tramitación de las indicaciones geográficas de productos artesanales e industriales de la Unión Europea a la Oficina de Propiedad Intelectual de la Unión Europea (EUIPO), tal y como se establece en los países de la Unión Europea que tienen regulado este sistema de protección a nivel nacional[23].

---

[22] MONTERO GARCÍA-NOBLEJAS, P. *Denominaciones de origen e indicaciones geográficas,* Valencia, 2016, pp. 223 y ss. Considerando 11 del Reglamento 2411: *"Las indicaciones geográficas de productos artesanales e industriales, que tienen una calidad, renombre u otra característica determinada vinculada al lugar de producción, otorgan un derecho colectivo que pueden ejercer todos los productores de una zona geográfica definida que cumplan los requisitos y que deseen adherirse a un pliego de condiciones, de conformidad con el presente Reglamento."*

[23] Así pueden citarse por ser países vecinos Portugal, por la antigüedad del sistema, y Francia por ser el país pionero en la protección de las indicaciones geográficas, vid. MARIE-VIVIEN, D., "Indications géographiques de produits agricoles et artisanaux", *HAL,* 15, Oct. 2012; BOUCHE, N., "Les indications géographiques protégeant les produits industriels et artisanaux", *Propriété Industrielle,* Lexisnexis, Avril, 2016, págs. 18 y ss. Y en Portugal vid. por todos RIBEIRO DE ALMEIDA, A. F., *A Autonomia Jurídica da Denominação de Origem. Uma perspectiva transnacional. Uma garantia de qualidade,* Wolters Kluwer, Coimbra editora, Coimbra, 2010.

3. Principales características específicas del régimen aplicable a los productos artesanales e industriales protegidos por indicación geográfica

3.1. Sistema inspirado en el de los productos agrícolas

El Reglamento presenta un régimen que, aunque basado en el sistema existente para los productos agrícolas en el Reglamento 1151/2012, mantiene ciertas diferencias, con el objetivo de hacer el sistema más flexible y fácil de aplicar. Es importante destacar que la Propuesta de Reglamento consideraba que era poco probable que esta iniciativa tuviera efectos negativos en lo que se refiere al impacto sobre la competencia, dado que el número de productos susceptibles de beneficiarse de este sistema a nivel de la Unión Europea se estimaba reducido. Por lo tanto, se afirma que es muy poco probable que la propuesta cree o refuerce poder de mercado. Por el mismo motivo, la propuesta no preveía un impacto significativo en el presupuesto de la Unión Europea, dadas las competencias y la autofinanciación de la Oficina de Propiedad Intelectual de la Unión Europea (EUIPO)[24]. La propuesta afirmaba que los costes no parecían significativos[25], especialmente considerando el limitado número de solicitantes potenciales de protección de indicaciones geográficas para productos artesanales e industriales en la Unión Europea. En este sentido se prevén unos 300 registros en 10 años.

---

[24] Sobre la base del análisis realizado por expertos externos, el coste del registro a nivel nacional se estima en unos 7.500 euros por indicación geográfica, el coste de los controles aleatorios para los Estados miembros se estima en unos 100 euros por indicación geográfica y el coste de la solicitud se estima en unos 3.900 euros.

[25] Se calcula que suponen unos 860.000 euros anuales para el conjunto de la UE (suponiendo que se registren cada año 30 indicaciones geográficas de productos artesanales e industriales).

Es posible apuntar en este sentido que el número de productos susceptibles de adquirir esta protección podría ser superior, pues se trata de un instrumento de propiedad intelectual de una importancia capital para los países y las regiones. Por este motivo, y en aras a proteger el propio sistema de actuaciones que puedan hacer peligrar su eficacia, será necesario que las autoridades competentes en el examen y valoración de los requisitos de registro lleven a cabo su labor de acuerdo con parámetros lo más objetivos posibles. Solo de este modo tendrán esta protección los productos que realmente la merezcan, respetando así los objetivos del sistema, junto una adecuada protección de la competencia. Así, en los considerandos del Reglamentos se afirma que los requisitos de protección de este derecho de propiedad intelectual exigen que deba asegurarse que solo los productos con una fuerte vinculación a una zona geográfica puedan beneficiarse de la protección prevista en el Reglamento[26].

3.2. Exhaustividad de la competencia de la Unión Europea para un sistema de calidad único

El Reglamento ha optado por un sistema que mantiene la exhaustividad de la competencia de la Unión Europea sobre este derecho de propiedad intelectual, como es el caso de las indicaciones geográficas agrícolas[27]. Por este motivo, se prevé que las indicaciones geográficas que existan anteriormente en los registros nacionales dejarán de existir un año después de la fecha de entrada en vigor del nuevo sistema. A tal fin, los Estados miembros deberán informar a la Comisión y a la Ofi-

---

26 Considerando 8 del Reglamento 2411.

27 Vid. Ampliamente para el sistema agrícola MONTERO GARCÍA-NOBLEJAS, P. *Denominaciones de origen e indicaciones geográficas, op. cit.*, pp. 165 y ss.

cina de Propiedad Intelectual de la Unión Europea (EUIPO) de las denominaciones legalmente protegidas o establecidas por el uso que deseen registrar y proteger. Es preciso resaltar la importancia de esta comunicación que debe realizarse por las autoridades competentes de los diversos Estados miembros, puesto que, en caso de que no se cumplan estas indicaciones, las pérdidas para las regiones y los países pueden ser considerables.

La Comisión ha optado por un sistema de calidad único para las indicaciones geográficas artesanales e industriales, a diferencia del sistema establecido en el sector agrícola. Se ha creado así solamente la protección mediante la figura de la indicación geográfica, sin posibilidad de protección mediante la figura de las denominaciones de origen. Es decir, que en este ámbito no habrá diferencias entre los productos cuyas fases de producción se desarrollen todas ellas en la zona geográfica definida, y aquéllos en los que solo una de las dos fases de producción tenga lugar en la zona geográfica definida. O entre los que se vinculen al territorio únicamente por la existencia de una reputación, o por vínculos físicos.

Esta diferencia se ha justificado por la necesidad de establecer un sistema sencillo y eficaz para productores y consumidores. No obstante, esta reforma podía haber planteado también la oportunidad de admitir diversos niveles de protección dependiendo de las figuras, de manera que la elección por una u otra tuviera alguna relevancia práctica[28]. Pues, en otro caso, el mercado va a elegir una u otra figura por motivos ajenos a los requisitos de protección, normalmente por la facilidad del registro, con el riesgo de aumentar la confusión el mercado

---

28 RIBEIRO DI ALMEIDA, A. "O Caminho (Diferente da marca de prestigio) para a proteçao das denominaçoes de origen reputadas", *Revista de Direito intelectual* n. 01-2022, pp. 245 y ss.

de las indicaciones geográficas[29]. Adicionalmente, el hecho de que se elija únicamente la figura de las indicaciones geográficas supone una elección que exigirá una adaptación y formación de los consumidores de los países mediterráneos en los que la figura de la denominación de origen tiene más implantación.

Un elemento especialmente importante para permitir la identificación de estos productos en el mercado se refiere al símbolo de la Unión Europea que identifica a los productos protegidos. De conformidad con el Reglamento, el símbolo de la Unión establecido para las indicaciones geográficas protegidas en virtud del Reglamento delegado (UE) n.º 664/2014 de la Comisión será aplicable a las indicaciones geográficas de productos artesanales e industriales[30].

3.3. Requisitos de protección

A imagen de los que sucede en el caso de las agrícolas, el Reglamento otorga protección a un nombre, siempre y cuando el producto que identifica cumpla determinadas características. Así, para que el nombre de un producto artesanal o industrial pueda acogerse a la protección como indicación geográfica, el producto deberá ser originario de un lugar, región o país

29 Para un estudio en detalle sobre esta cuestión y propuestas de mejora en CRUPI, M., *A Pragmatic approach to the link to origin: EU PODs and PGIs for registration, innovation and trade in origin products,* 2022.

30 Reglamento Delegado (UE) n.º 664/2014 de la Comisión, de 18 de diciembre de 2013, por el que se completa el Reglamento (UE) n.º 1151/2012 del Parlamento Europeo y del Consejo en lo que se refiere al establecimiento de los símbolos de la Unión para las denominaciones de origen protegidas, las indicaciones geográficas protegidas y las especialidades tradicionales garantizadas y en lo que atañe a determinadas normas sobre la procedencia, ciertas normas de procedimiento y determinadas disposiciones transitorias adicionales (DO L 179 de 19.6.2014, p. 17).

específicos, tener una calidad, renombre u otra característica determinada se pueda atribuir fundamentalmente a su origen geográfico, y al menos una de sus fases de producción debe tener lugar en la zona geográfica definida. A diferencia de los anteriores reglamentos, en este se excluyen de la protección de las indicaciones geográficas los productos contrarios al orden público.

En relación con el ámbito de aplicación, el Reglamento abarca los productos artesanales e industriales. Entendiendo por producto artesanal e industrial los productos: producidos totalmente a mano, o con ayuda de herramientas manuales o digitales, o por medios mecánicos, siempre que la contribución manual sea un componente importante del producto acabado, o producidos de manera normalizada, incluida la producción en serie y mediante el uso de máquinas.

3.4. Procedimiento de registro

El Reglamento confía la gestión de este nuevo derecho a la Oficina de Propiedad Intelectual de la Unión Europea (EUIPO) en colaboración con los Estados. Se prevé así un punto de registro único de la Unión Europea y una protección uniforme, por considerar que de esta forma los productores tendrán la posibilidad de proteger e informar sobre la calidad de unos productos procedentes de un origen geográfico en el mercado interior.

El procedimiento de solicitud y registro será totalmente digital con el objetivo de reducir la carga administrativa. La Oficina de Propiedad Intelectual de la Unión Europea (EUIPO) se encargará de gestionar este registro electrónico de indicaciones geográficas accesible al público, que tendrá por nombre: Registro de Indicaciones Geográficas de Productos Artesanales e Industriales de la Unión Europea. Se garantiza de este modo que se pueda proporcionar un acceso directo y rápido a la información sobre todas las indicaciones geográficas registradas. A su vez, y para facilitar la prueba del registro, se prevé la posibilidad de descargar un extracto oficial del registro, que podrá utilizarse como certificado auténtico.

En coherencia con su carácter de derecho colectivo, el reglamento prevé como sistema que las solicitudes de registro de indicaciones geográficas deben ser presentadas por agrupaciones de productores. No obstante, teniendo en cuenta las particularidades de este derecho de propiedad intelectual, se ha admitido que exista la posibilidad de que sea solicitante una autoridad local o regional designada por un Estado miembro o una entidad privada designada por un Estado miembro. Si bien, en tales casos, la solicitud deberá exponer los motivos de dicha designación. Además, se menciona expresamente que debe permitirse que una entidad local o regional del Estado miembro de origen preste asistencia a la agrupación de productores solicitante. Se trata de una cuestión relevante, dado el carácter de PYME de los productores, y la falta de recursos. Por este motivo se muestra especialmente importante llevar a cabo u adecuado desarrollo de esta recomendación.

El procedimiento de registro se asimila al establecido para las indicaciones geográficas agrícolas, en la medida en que se prevén dos fases del procedimiento, una nacional y otra de la Unión Europea. Con fases de examen, así como de oposición, tanto en la fase nacional como de la Unión Europea. Otra característica típica del régimen general de las indicaciones geográficas agrícolas en la Unión Europea es el hecho de que no existan tasas de registro, a diferencia de lo que sucede con los demás derechos de propiedad intelectual. En este caso, en cambio, el Reglamento prevé tasas de registro, aunque moderadas, para las indicaciones geográficas artesanales e industriales. Se dispone en este sentido que se tengan en cuenta las necesidades específicas de las microempresas que son las beneficiarias naturales de este sistema. No obstante, estas tasas solo se cobrarán por los Estados miembros en la primera fase del registro. Durante la segunda fase del procedimiento de registro, la Oficina de Propiedad Intelectual de la Unión Europea (EUIPO) no cobrará tasas de registro, a excepción del denominado procedimiento de registro directo.

El procedimiento de registro directo es también una especialidad de este nuevo derecho de propiedad intelectual. Se trata de un supuesto excepcional en que los Estados miembros podrán renunciar a la obligación de designar una autoridad nacional responsable de la primera fase del registro de las indicaciones geográficas de productos artesanales e industriales. Para que pueda admitirse esta posibilidad el Reglamento exige que se den dos condiciones: que el Estado miembro demuestre que no dispone de un sistema nacional para la gestión de las indicaciones geográficas de los productos artesanales e industriales y que dicho Estado presente a la Comisión una solicitud de exclusión voluntaria acompañada de una evaluación que demuestre que el interés local en proteger los productos artesanales e industriales mediante una indicación geográfica es bajo[31]. Para los supuestos en los que no exista la fase nacional, se prevé que la Oficina de Propiedad Intelectual de la Unión Europea pueda cobrar costes de registro, así como para los supuestos de las solicitudes de indicaciones geográficas de productos artesanales e industriales procedentes de terceros países, como podrán ser los productos de China y la India[32].

---

31 Vid. Art. 19 Del Reglamento2411.

32 El número total de indicaciones geográficas registradas para productos artesanales e industriales nacionales en estos países se estima entre 400 y 800. Propuesta de Reglamento relativo a la protección de las indicaciones geográficas de productos artesanales e industriales y por el que se modifican los Reglamentos (UE) 2017/1001 y (UE) 2019/1753 del Parlamento Europeo y del Consejo y la Decisión (UE) 2019/1754 del Consejo. pp. 16. CRUPI, M., "How to protect Indian products in the European Union: fragmented protection of non-agricultural geographical indications", *La Ley mercantil*, Nº. 54 (enero), 2019.

3.5. Organizaciones de productores

El Reglamento resalta el papel esencial que desempeñan las organizaciones de productores, tanto en el proceso de solicitud de registro de indicaciones geográficas, como en los procedimientos de modificación de los pliegos de condiciones y de anulación del registro. En aras a facilitar su actividad, el Reglamento especifica el papel de estas agrupaciones de productores, declarando que deberán operar de una manera transparente, abierta y no discriminatoria y que permita a todos los productores del producto designado mediante una indicación geográfica unirse a la agrupación de productores en cualquier momento[33]. El Reglamento prevé además el derecho de uso que debe presidir cualquier sistema de indicaciones geográficas. De esta manera se dispone que las indicaciones geográficas registradas podrán ser utilizadas por cualquier productor de un producto que cumpla el pliego de condiciones correspondiente[34]. Se garantiza de este modo el principio de puerta abierta que debe presidir todo régimen de indicaciones geográficas[35]. Cabe señalar en cambio que, a diferencia de la propuesta de reforma del sistema de indicaciones geográficas agrícolas, este Reglamento no prevé la existencia de agrupaciones de productores reconocidas.

---

33 Art. 45 del Reglamento 2411.

34 Art. 47 del Reglamento 2411.

35 MONTERO GARCÍA-NOBLEJAS, P. *Denominaciones de origen e indicaciones geográficas, op. cit.*, págs. 255 y ss. Principio que se encuentra actualmente en el art. 46 Del Reglamento 1151/2012 para productos agroalimentarios, así como en el art. 36 de la Propuesta de Reglamento relativo a las indicaciones geográficas de vinos, bebidas espirituosas y productos agrícolas y a los regímenes de calidad de los productos agrícolas de la Unión Europea, por el que se modifican los Reglamentos (UE) n.º 1308/2013, (UE) 2017/1001 y (UE) 2019/787 y se deroga el Reglamento (UE) n.º 1151/2012.

3.6. Controles

Una de las características esenciales del régimen de estos derechos de propiedad intelectual se refiere a los controles de los productos. Esto es así porque la función fundamental de este signo distintivo es asegurar a los terceros que el producto tiene unas determinadas características certificadas, que se atribuyen fundamentalmente a su origen geográfico. De este modo, el establecimiento de los controles se muestra como una característica esencial de este tipo de protección. Así se pronuncia el Reglamento en sus considerandos, en los que se pone de manifiesto que el valor añadido de las indicaciones geográficas radica en la confianza de los consumidores. Y que esta confianza solo puede estar fundamentada si el registro de las indicaciones geográficas va acompañado de una verificación y unos mecanismos de control eficaces y eficientes. Por ello, los consumidores esperan que toda indicación geográfica esté amparada por sólidos sistemas de verificación y control[36].

Con esta finalidad el Reglamento dispone un sistema de control en el que intervienen el sector público y el sector privado. De este modo los productores estarán sujetos a un sistema, basado en la autodeclaración de un productor, que verifique el cumplimiento del pliego de condiciones antes y después de que el producto se comercialice. Cada Estado miembro deberá designar autoridades competentes para la verificación del cumplimiento y el seguimiento, que puede ser o no la misma autoridad de la fase nacional de registro. La opción de admitir una autodeclaración se ha visto por algunos sectores como un posible debilitamiento de la función certificadora.

Como alternativa al procedimiento de verificación basado en la autodeclaración, los Estados miembros podrán establecer un procedimiento de verificación basado en la revisión del

36 Considerando 50 del Reglamento 2411.

cumplimiento por una autoridad competente o un tercero. Procedimiento que deberá incluir controles del cumplimiento del pliego de condiciones, tanto antes como después de la comercialización del producto. En ambos casos, la autoridad competente podrá delegar en organismos de certificación de productos o en personas físicas determinadas funciones de control relacionadas con la comprobación del origen geográfico o el proceso de producción del producto.

3.7. Ámbito de protección

En relación con el ámbito de la protección de estos derechos, debe resaltarse que el Reglamento prevé una amplia protección que incluye la protección contra la evocación, tal y como sucede para los productos agrícolas[37]. El Reglamento incorpora la definición de la evocación derivada de las resoluciones del Tribunal de Justicia de la Unión Europea[38]. Si bien debe resaltarse que las últimas modificaciones del texto de la propuesta de modificación para los productos agrícolas sugieren que esta definición podría desaparecer para las indicaciones geográficas agrícolas. Si este fuera el caso, y se mantiene la definición para los productos artesanales e industriales, nos

[37] Sobre la evolución de este concepto por las última sentencias del Tribunal de Justicia vid. RIBEIRO DI ALMEIDA, A., "A «evocação» nas denominações de origem e indicações geográficas – comentário ao acórdão do Tribunal de Justiça de 2 de maio de 2019, processo C-614/17", Revista de Direito Intelectual 1 2/2019 (2020), págs. 219 y ss.

[38] Artículo 40.1 del Reglamento 2411: "*A efectos del apartado 1, letra b), se considerará que se ha producido la evocación de una indicación geográfica, en particular, cuando en la mente de un consumidor europeo medio — que esté normalmente informado y sea razonablemente atento y perspicaz— se cree un vínculo suficientemente directo y claro con el producto amparado por la indicación geográfica registrada*".

encontraríamos con un grado de protección desigual entre ambos tipos de indicaciones geográficas, circunstancia que no sería acorde con la voluntad unificadora de la Comisión.

Es posible destacar que una de las mayores preocupaciones del Reglamento ha sido asegurar la protección de las indicaciones geográficas en línea, especialmente frente al registro de nombres de dominio infractores. Así se explica en los considerandos del Reglamento que la protección debe aplicarse tanto en entornos fuera de línea como en entornos en línea, incluidos los nombres de dominio en internet. Y por ello el ámbito de protección se extiende expresamente a las mercancías vendidas a través de medios de venta a distancia, como el comercio electrónico, así como a cualquier uso de un nombre de dominio que sea contrario al ámbito de protección[39].

En particular se precisa también que, de cara a la aplicación de la Ley de Servicios Digitales, toda la información relacionada con la publicidad, la promoción y la venta de mercancías que vulnere la protección de las indicaciones geográficas debe considerarse contenido ilícito[40]. Por este motivo el Reglamento incluye un precepto específico sobre la protección de los derechos de las indicaciones geográficas en los nombres de dominio, disponiendo que los registros de nombres de dominio territorial de primer nivel establecidos en la Unión garantizarán que en cualquier procedimiento alternativo de resolución de litigios relativo a nombres de dominio se reconozcan las indicaciones geográficas registradas como un derecho que se pueda invocar en dichos procedimientos[41]. Finalmente, se dis-

---

39 Artículo 40 del Reglamento 2411.

40 Artículo 3, letra h), del Reglamento (UE) 2022/2065 del Parlamento Europeo y del Consejo, de 19 de octubre de 2022, relativo a un mercado único de servicios digitales y por el que se modifica la Directiva 2000/31/CE (Ley de servicios digitales).

41 Artículo 46 del Reglamento 2411.

pone una obligación para la Comisión puesto que se le otorga hasta el 2 de junio de 2026 para llevar a cabo una evaluación de la viabilidad de un sistema de información y alerta contra el uso abusivo de indicaciones geográficas de productos artesanales e industriales en el sistema de nombres de dominio, y para presentar un informe con sus principales conclusiones al Parlamento Europeo y al Consejo, acompañado, en su caso, de una propuesta legislativa[42].

4. LA PROGRESIVA ARMONIZACION DE LAS INDICACIONES GEOGRÁFICAS AGRÍCOLAS

4.1. Evolución legislativa

La Comisión inició una evaluación de la política de la Unión Europea sobre indicaciones geográficas del sector agrícola y especialidades tradicionales garantizadas para el periodo 2008, que se aprecia en el Libro Verde sobre la calidad de los productos agrícolas: normas de comercialización, requisitos de producción y regímenes de calidad[43].

En esta evaluación, la Comisión resaltó que se aprecia una falta de conocimiento y comprensión de esta política de regímenes de calidad por parte de los consumidores en algunos Estados miembros. También puso de manifiesto deficiencias en los sistemas de control de los productos, señalando la existencia de un amplio margen de mejora del marco jurídico, así como la necesidad de introducir nuevas prioridades políticas como la adaptación a las transiciones ecológica y digital.

---

[42] Artículo 72.2 del Reglamento 2411.

[43] Libro Verde sobre la calidad de los productos agrícolas: normas de comercialización, requisitos de producción y regímenes de calidad. Bruselas, 15.10.2008.

De octubre de 2020 a septiembre de 2021, la Comisión trabajó en un estudio de impacto en el que se examinaron tres opciones políticas para la reforma del sistema de indicaciones geográficas agrícolas. La primera opción consistiría en mejorar los instrumentos ya existentes y proporcionar apoyo adicional a los productores, a las autoridades nacionales, así como a otras partes interesadas. La segunda opción reforzaría la protección de las indicaciones geográficas mediante un conjunto único de procedimientos de control para todos los sectores y la elaboración de normas detalladas sobre la aplicación de las indicaciones geográficas en línea. Y la tercera opción consistiría en crear un reglamento único que contuviera las mismas normas para todos los sectores, logrando una unificación total de los regímenes. Al final, la segunda opción fue la preferida, optándose por la propuesta de un reglamento único de indicaciones geográficas para todos los sectores agrícolas con un contenido limitado de normas comunes, manteniendo al mismo tiempo normas específicas para vinos y bebidas espirituosas en sus respectivos reglamentos[44]. De esta manera el 31 de marzo de 2022 se publica la Propuesta de Reglamento relativo a las indicaciones geográficas de vinos, bebidas espirituosas y productos agrícolas y a los regímenes de calidad de los productos agrícolas de la Unión Europea, por el que se modifican los Reglamentos (UE) n.º 1308/2013, (UE) 2017/1001 y (UE) 2019/787 y se deroga el Reglamento (UE) n.º 1151/2012.

El Comité Económico y Social Europeo (CESE) aprobó su dictamen el 13 de julio de 2022. En él afirmaba que las indicaciones geográficas constituyen *"un sistema muy específico que es mucho más que un derecho de propiedad intelectual"*. El Comité Eu-

---

[44] BLASETTI, R.C., "Strengthening the EU System of Geographical Indications: Impact on Farmers and Food Producers around the World Get access Arrow", *GRUR International*, Volume 72, Issue 2, February 2023, págs. 107 y ss.

ropeo de las Regiones (CDR) aprobó por su parte un dictamen sobre la propuesta de la Comisión el 30 de noviembre de 2022. En este documento, aunque se apoya la introducción de un conjunto único de normas de procedimiento, se recomienda mantener las especificidades de cada sector y se sugiere la necesidad de replantearse algunas cuestiones. Tras los informes de la Comisión de Agricultura y Desarrollo Rural y de la Comisión de Asuntos Jurídicos, el dictamen del Comité Europeo de las Regiones sobre la reforma del sistema de indicaciones geográficas vio la luz en marzo de 2023.

Posteriormente, el 3 de mayo de 2023, se publicó el informe sobre la propuesta de Reglamento del Parlamento Europeo y del Consejo relativo a las indicaciones geográficas de los vinos, bebidas espirituosas y productos agrícolas en la Unión Europea y a los regímenes de calidad de los productos agrícolas, por el que se modifican los Reglamentos (UE) nº 1308/2013, (UE) 2017/1001 y (UE) 2019/787 y se deroga el Reglamento (UE) nº 1151/2012.

4.2. Objetivo de la reforma y potenciales novedades

El objetivo general de la revisión del sistema de indicaciones geográficas agrícolas es facilitar la adopción de este sistema en toda la Unión, como instrumento de propiedad intelectual accesible a todos los agricultores y productores con productos vinculados por sus características o su reputación a un lugar geográfico de producción específico. Mediante esta reforma no se propone modificar la estructura básica de los sistemas de indicaciones geográficas agrícolas. Es por ello por lo que los Estados miembros conservarán sus competencias en el procedimiento de registro a escala de la Unión Europea. Del mismo modo se mantiene la amplia protección dispensada a estos derechos de propiedad intelectual, las características específicas de los sectores vitivinícola y de las bebidas espirituosas, así como la aplicación de medidas coercitivas a escala nacional en virtud del Reglamento sobre controles oficiales y derechos de propiedad intelectual[45].

Esta reforma incluye un conjunto de normas destinadas a establecer un sistema coherente que ayude a los productores a comunicar mejor las cualidades, características y propiedades de sus productos protegidos por una indicación geográfica, y a garantizar una información adecuada a los consumidores. La propuesta también aclara y mejora el sistema de especialidades tradicionales garantizadas, considerando que no se le ha sacado todo el partido necesario. Si se aprecia el número de registros de este tipo de sistema de calidad, se observa que en la actualidad hay registradas 87 especialidades tradicionales garantizadas, frente a 3.847 indicaciones geográficas. También es significativo que los países mediterráneos que más registran indicaciones geográficas, por orden de registros Italia, Francia, España y Portugal, acumulan 2225 del total, es decir, casi un 58% de los registros de indicaciones geográficas. Y estos cuatro países tienen 15 especialidades tradicionales garantizadas de 87, es decir, un 17% del total. En todo caso, es relevante resaltar que las especialidades tradicionales garantizadas no son derechos de propiedad intelectual, aspecto importante a la hora de implementar toda la normativa trasversal sobre propiedad intelectual.

La propuesta de reforma de los reglamentos agrícolas supone un cambio importante en términos de base jurídica del Reglamento puesto que se unifica para todos los productos agrícolas, vinos y bebidas espirituosas. Así se mencionan como

---

45 Vid. Reglamento 882/2004 de 29 de abril de 2004 sobre los controles oficiales efectuados para garantizar la verificación del cumplimiento de la legislación en materia de piensos y alimentos y la normativa sobre salud animal y bienestar de los animales.

artículos que fundamentan esta propuesta el precepto relativo a los derechos de propiedad intelectual (artículo 118 del TFUE), así como a el fundamento clásico de la Política Agrícola Común (artículo 43 del TFUE). Se trata de un cambio significativo, dado que esta base jurídica relativa a los derechos de propiedad intelectual no se encontraba en todos los reglamentos precedentes[46].

Uno de los cambios más importantes acometidos por esta reforma pretende la simplificación y armonización de determinados procedimientos, así como a la creación de un sistema único y exclusivo de indicaciones geográficas agrícolas (que abarque nombres de vinos, bebidas espirituosas y productos

---

46 Los primeros reglamentos sobre indicaciones geográficas de la Unión Europea no calificaban todos estos signos distintivos como propiedad intelectual y no todos hacían referencia los ADPIC, (1994). El primer reglamento que hizo referencia a la propiedad intelectual fue el segundo reglamento de productos agrícolas (reglamento 510/2006) con una mención a los ADPIC y, posteriormente, esta referencia al ADPIC también se puede encontrar en el reglamento de bebidas espirituosas (reglamento 110/2008). Es interesante apreciar la base jurídica de los derechos de propiedad intelectual se incorpora por primera vez en el Reglamento 1151/2012 de 21 de noviembre de 2012 sobre los regímenes de calidad de los productos agrícolas y alimenticios. Este reglamento de productos agrícolas se refiere nueve veces a la propiedad intelectual y el respeto de los derechos de propiedad intelectual se establece como un objetivo del Reglamento. Podemos ver una diferencia con el resto de los reglamentos en que sólo hacen referencia a la propiedad intelectual una vez, con una referencia a los ADPIC en el reglamento de bebidas espirituosas, y ninguna referencia en el caso de vinos y vinos aromatizados, dado que la referencia se hace al artículo 114 del TUF. Vid. MONTERO GARCÍA-NOBLEJAS, P., "Towards a core unitary legal regime for Geographical Indications in the European Union digital market", *Oxford Journal of Intellectual Property Law & Practice*, Volumen 16, Número 4-5, Abril-Mayo 2021, págs. 427-434

agrícolas). También se prevé la posibilidad de incluir requisitos de sostenibilidad en la producción de las indicaciones geográficas, si bien de forma voluntaria.

La propuesta acoge el desarrollo de la jurisprudencia de la Unión Europea incorporando definiciones en la propuesta de Reglamento que afectan a diversos ámbitos, como en especial, a la definición del concepto "indicación geográfica", así como también al ámbito de su protección. Se proponen en este sentido normas específicas sobre el uso de indicaciones geográficas como ingredientes, se revisa el concepto de términos genéricos, el registro de indicaciones geográficas homónimas, así como su relación con las marcas.

Otro objetivo declarado de la reforma se refiere a dar más poder a las agrupaciones de productores mediante derechos y normas adicionales aplicables a ciertas agrupaciones de productores que se calificarían como agrupaciones reconocidas. El texto también pretende mejorar la aplicación de los controles y reforzar la protección de las indicaciones geográficas en el mercado digital.

En el informe sobre la propuesta de Reglamento del Parlamento Europeo y del Consejo de 3 de mayo de 2023, se introdujeron cambios significativos si se compara con la primera propuesta. Así, por ejemplo, se reducen las competencias de la Oficina de Propiedad Intelectual de la Unión Europea (EUIPO), y se introducen otros cambios de calado como la eliminación de la codificación de la evocación, que seguirá siendo interpretada por los tribunales[47], o ciertos cambios en el sistema de protección en el ámbito digital en relación con otros signos distintivos como son los nombres de dominio.

---

[47] Enmienda 170 Propuesta de reglamento Artículo 33–apartado 1 bis (nuevo)

De conformidad con la evolución del proceso legislativo, se aprecia que la reforma de los regímenes de calidad agrícolas da un paso atrás respecto de algunas de las modificaciones más relevantes que se habían propuesto, considerando las diferentes opiniones manifestadas dentro de los sectores afectados. No obstante, habrá que esperar a los textos definitivos para analizar el impacto de la reforma en su totalidad.

5. CONCLUSIONES PRELIMINARES

Del análisis de ambas reformas se aprecia una voluntad de la Comisión de mejorar y unificar la protección específica de las indicaciones geográficas, con la finalidad de salvaguardar y promocionar el patrimonio cultural, tanto en el sector agrícola, como en el artesanal e industrial. Debe valorarse positivamente el esfuerzo que están realizando en este proceso legislativo por todos los agentes implicados en los derechos de propiedad intelectual, especialmente por el hecho de que se trata de instrumentos esenciales para la protección del patrimonio cultural y gastronómico de los Estados miembros.

Sería un gran avance si se pudiera orientar la nueva normativa hacia el desarrollo de un sistema uniforme de indicaciones geográficas a escala de la Unión Europea, sin que eso comporte descuidar las necesidades específicas de determinados sectores que necesitan tenerse en cuenta[48]. Esto permitiría una protección más eficaz de los nombres que designan productos amparados por este derecho de propiedad intelectual, tanto dentro como fuera de la Unión Europea.

---

48 MONTERO GARCÍA-NOBLEJAS, P., "Towards a core unitary legal regime for Geographical Indications in the European Union digital market", *op. cit.* págs. 427-434.

Las indicaciones geográficas tienen un papel estratégico en la transformación industrial de Europa, y constituyen una herramienta especialmente adecuada para alcanzar los objetivos del Pacto Verde Europeo. Los productores de la Unión Europea, que trabajan para preservar los conocimientos tradicionales merecen un marco jurídico eficaz, seguro y sólido. Por ello, esta modernización del sistema de indicaciones geográficas nos permitirá competir en los mercados internacionales, con un instrumento que ponga en valor los valores y tradiciones de los países de la Unión Europea en la década de la transición verde y digital.

BIBLIOGRAFÍA

BOTANA AGRA/MAR MAROÑO GARGALLO, "Las piedras ornamentales como objeto protegible por denominación de origen", ADI, 14, 1991-1992, págs. 207 y ss;

BLAKENEY, M., *The Protection of Geographical Indications*, Cheltenham, Edward Elgar, 2019.

BLASETTI, R.C., "Strengthening the EU System of Geographical Indications: Impact on Farmers and Food Producers around the World Get access Arrow", *GRUR International*, Volume 72, Issue 2, February 2023, págs. 107 y ss.

BOUCHE, N., "Les indications géographiques protégeant les produits industriels et artisanaux", *Propriété Industrielle*, Lexisnexis, Avril, 2016, págs. 18 y ss.

CRUPI, M., "How to protect Indian products in the European Union: fragmented protection of non-agricultural geographical indications", *La Ley mercantil*, Nº. 54 (enero), 2019.

-*A Pragmatic approach to the link to origin: EU PODs and PGIs for registration, innovation and trade in origin products*, 2022.

FERNANDEZ-MARTOS, A.J., "Protección de las indicaciones geográficas y la Organización Mundial del Comercio", *Rioja tercer milenio*, La Rioja, 2006, págs. 117 y ss.

MARIE-VIVIEN, D., "Indications géographiques de produits agricoles et artisanaux", *HAL*, 15, Oct. 2012

MONTERO GARCÍA-NOBLEJAS, P. *Denominaciones de origen e indicaciones geográficas*, Valencia, 2016.

- "Signos distintivos de calidad para productos no agrícolas", *ADI Actas de derecho industrial y derecho de autor*, Tomo 38, 2017-2018, págs. 245 y ss.

-"Towards a core unitary legal regime for Geographical Indications in the European Union digital market", *Oxford Journal of Intellectual Property Law & Practice*, Volumen 16, Número 4-5, Abril-Mayo 2021, págs. 427-434.

RIBEIRO DI ALMEIDA, A. *A Autonomia Jurídica da Denominação de Origem. Uma perspectiva transnacional. Uma garantia de qualidade*, Wolters Kluwer, Coimbra editora, Coimbra, 2010.

-"A «evocação» nas denominações de origem e indicações geográficas – comentário ao acórdão do Tribunal de Justiça de 2 de maio de 2019, processo C-614/17", Revista de Direito Intelectual 1 2/2019 (2020), págs. 219-251.

-"O Caminho (Diferente da marca de prestigio) para a proteçao das denominaçoes de origen reputadas", *Revista de Direito intelectual* n. 01-2022, pp. 245-267.